HUMANITIES AND SOCIETY

黑格尔导读

Alexandre Kojève

[法国] 亚历山大 · 科耶夫 著　姜志辉 译

译林出版社

图书在版编目（CIP）数据

黑格尔导读 /（法）亚历山大·科耶夫著；姜志辉译．
南京：译林出版社，2021.10（2024.8重印）
（人文与社会译丛 / 刘东主编）
ISBN 978-7-5447-8785-7

Ⅰ.①黑… Ⅱ.①亚… ②姜… Ⅲ.①黑格尔（Hegel，Georg Wilhelm Friedrich 1770—1831）－哲学思想－研究 ②存在主义－哲学思想 Ⅳ.①B516.35 ②B086

中国版本图书馆 CIP 数据核字（2021）第 143258 号

黑格尔导读 ［法国］亚历山大·科耶夫／著 姜志辉／译

责任编辑 王瑞琪
特约编辑 陆元昶
装帧设计 胡 苨
校 对 王 敏
责任印制 单 莉

原文出版 Editions Gallimard, 1947
出版发行 译林出版社
地 址 南京市湖南路 1 号 A 楼
邮 箱 yilin@yilin.com
网 址 www.yilin.com
市场热线 025-86633278
排 版 南京展望文化发展有限公司
印 刷 江苏凤凰通达印刷有限公司
开 本 880 毫米 ×1230 毫米 1/32
印 张 21.375
插 页 2
版 次 2021 年 10 月第 1 版
印 次 2024 年 8 月第 3 次印刷
书 号 ISBN 978-7-5447-8785-7
定 价 98.00 元

主编的话

刘 东

总算不负几年来的苦心——该为这套书写篇短序了。

此项翻译工程的缘起，先要追溯到自己内心的某些变化。虽说越来越惯于乡间的生活，每天只打一两通电话，但这种离群索居并不意味着我已修炼到了出家遁世的地步。毋宁说，坚守沉默少语的状态，倒是为了咬定问题不放，而且在当下的世道中，若还有哪路学说能引我出神，就不能只是玄妙得叫人着魔，还要有助于思入所属的社群。如此嘈嘈切切鼓荡难平的心气，或不免受了世事的恶刺激，不过也恰是这道底线，帮我部分摆脱了中西"精神分裂症"——至少我可以倚仗着中国文化的本根，去参验外缘的社会学说了，既然儒学作为一种本真的心向，正是要从对现世生活的终极肯定出发，把人间问题当成全部灵感的源头。

不宁惟是，这种从人文思入社会的诉求，还同国际学界的发展不期相合。擅长把捉非确定性问题的哲学，看来有点走出自我囿闭的低潮，而这又跟它把焦点对准了社会不无关系。现行通则的加速崩解和相互证伪，使得就算今后仍有普适的基准可言，也要有待于更加透辟的思力，正是在文明的此一根基处，批判的事业又有了用武之地。由此就决定了，尽管同在关注世俗的事务与规则，但跟既定框架内的策论不同，真正体现出人文关怀的社会学说，决不会是医头医脚式的小修小补，而必须以激进亢奋的姿态，去怀疑、颠覆和重估全部的价值预设。有意思的是，也许再没有哪个时代，会有这么多书生想要焕发制度智慧，这既凸显了文明的深层危机，又表达了超越的不竭潜力。

于是自然就想到翻译——把这些制度智慧引进汉语世界来。需要说明的是，尽管此类翻译向称严肃的学业，无论编者、译者还是读者，都会因其理论色彩和语言风格而备尝艰涩，但该工程却绝非寻常意义上的"纯学术"。此中辩谈的话题和学理，将会贴近我们的伦常日用，渗入我们的表象世界，改铸我们的公民文化，根本不容任何学院人垄断。同样，尽管这些选题大多分量厚重，且多为国外学府指定的必读书，也不必将其标榜为"新经典"。此类方生方成的思想实验，仍要应付尖刻的批判围攻，保持着知识创化时的紧张度，尚没有资格被当成享受保护的"老残遗产"。所以说白了：除非来此对话者早已功力尽失，这里就只有激活思想的马刺。

主持此类工程之烦难，足以让任何聪明人望而却步，大约也唯有愚钝如我者，才会在十年苦熬之余再作冯妇。然则晨钟暮鼓黄卷青灯中，毕竟尚有历代的高僧暗中相伴，他们和我声应气求，不甘心被宿命贬低为人类的亚种，遂把逡译工作当成了日常功课，要以艰难的咀嚼咬穿文化的篱笆。师法着这些先烈，当初酝酿这套丛书时，我曾在哈佛费正清中心放胆讲道："在作者、编者和读者间初步形成的这种'良性循环'景象，作为整个社会多元分化进程的缩影，偏巧正跟我们的国运连在一起，如果我们至少眼下尚无理由否认，今后中国历史的主要变因之一，仍然在于大陆知识阶层的一念之中，那么我们就总还有权想象，在孔老夫子的故乡，中华民族其实就靠这么写着读着，而默默修持着自己的心念，而默默挑战着自身的极限！"惟愿认同此道者日众，则华夏一族虽历经劫难，终不致因我辈而沦为文化小国。

一九九九年六月于京郊溪翁庄

先生们！我们正处在一个重要的时代，在这个酝酿思想的时代，精神发生了飞跃，超越了其以前的具体形式，获得了一种新的形式。所有迄今为止流行的观念和概念，甚至世界的联系，都已经解体，像梦幻一样烟消云散。精神的一条新出路开始形成；哲学应首先对它的出现表示欢迎，并加以承认，而有些人仍然对过去依依不舍，在做无力的反抗，但大多数人不知不觉地参与其中。然而，哲学在承认其永恒的同时，应对精神的新出路表示敬意。

黑格尔，1806年的《耶拿讲演》，最后的致辞

对真理的热情，对精神力量的信仰，是哲学的第一条件。因为人是精神，所以人能够且必须想到自己配得上最崇高的东西。人决不应该高估自己的精神的伟大和力量。如果人有这种信仰，那么就没有任何东西能对人隐瞒和作梗。

黑格尔，1816年

目　录

编者按

我们编辑的这部著作有点零散，对此，我们表示歉意。1933年1月至1939年5月，亚历山大·科耶夫先生在高等应用学校（第五专业）讲授“黑格尔宗教哲学”，该讲座实际上是对《精神现象学》进行解读，我们所做的笔记构成了著作的核心。亚历山大·科耶夫目前的工作已不可能让他写一部我们所期待的《黑格尔导读》，我们今天所出版的就是这些笔记，并经过亚历山大·科耶夫先生的亲自审阅。

每年的课程都得到在《高等学校年报》上发表的概要的补充。此外，1937—1938年的最初六讲和1938—1939年的全部讲课，根据我们所能得到的速记本，以全文的形式出版。

最后，“代序”是《精神现象学》第四章A节的注解性译文，发表在1939年1月14日的那一期《测量》上，署名亚历山大·科耶夫先生。

在附录中，我们加入了亚历山大·科耶夫先生的其他文章：

I. 1934—1935年关于实在事物的辩证法和现象学方法的四次讲课的全文；

II. 1933—1934年关于黑格尔哲学中的死亡概念的两次讲课的全文；

III.《精神现象学》的结构（其分段不完全按照Hoffmeister的1937

年第四版——我们的所有引文参照的版本——给出的分段；此外，这个结构能与J.希波利特的法译本匹配）。

*

第二版和第一版的唯一区别是增加了亚历山大·科耶夫先生的附注（436—437页）。

雷蒙·克诺

代　序[①]

Hegel...erfasst die Arbeit als das
Wesen, als das sich bewährende
Wesen des Menschen.*

卡尔·马克思

[人是自我意识。人意识到自己，意识到人的实在性和尊严，所以，人本质上不同于动物，因为动物不能超越单纯的自我感觉的层次。当人"第一次"说出"我"的时候，人意识到自己。因此，通过理解人的"起源"来理解人，就是理解由语言揭示的自我的起源。

然而，关于"思维""理性""知性"等等——一般地说，关于一个存在或"一个认识的主体"的认知的、沉思的、被动的行为的分析，不可能发现"我"这个词，以及自我意识，即人的实在性的起源和所以然。进行沉思的人完全被他所沉思的东西"吸引"；"认识的主体""消失"在被

---

① 《精神现象学》第四章A节的注释性译文，标题是："自我意识的独立和依赖：主人身份和奴隶身份。"注释用方括号里的斜体字印刷（中译本代之以仿宋。——译者）。用连字符连接在一起的词语相当于一个德语单词（中译本取消了连字符。——译者）。

* "黑格尔……把劳动理解为本质，理解为能自我证明的人的本质。"——译者

认识的客体中。沉思揭示客体,而不是揭示主体。通过认识活动和在认识活动中——更确切地说,作为认识活动——向自己显现的是客体,而不是主体。被他所沉思的客体“吸引”的人,只能通过一种欲望“返回自己”:例如,通过食欲。正是一个存在的(有意识)欲望构成了作为自我的这种存在,并在促使这个存在说“我……”的时候揭示了这个存在。正是欲望把在真正的认识中通过自身显示自己的存在变成通过一个不同于客体和与之“对立”的主体向一个“主体”显现的“客体”。正是在“他的”欲望中,通过“他的”欲望,更确切地说,作为“他的”欲望,人才成为人,并且——向自己和他人——显现为一个自我,本质上不同于和完全对立于非我的自我。(人的)自我是一种欲望,或欲望的自我。

人的存在本身,意识到自己的存在,意味着欲望,必须以欲望为前提。因此,人的实在性只能在一种生物的实在性,一种动物的生命之内构成和维持。虽然动物的欲望是自我意识的必要条件,但还不是其充分条件。就动物而言,这种欲望仅仅是自我感觉。

和把人保持在一种被动的宁静中的认识相反,欲望使人变得不宁静,促使人行动。由欲望产生的行动倾向于使人满足,但只能通过“否定”、破坏或至少改变所欲求的客体才能做到这一点:例如,为了果腹,无论如何应该破坏和改变食物。因此,任何活动都是“否定的”。活动在于破坏给定物,绝不是让它处在原来的状态:如果不是在它的存在中,也至少在它的给定形式中。任何与给定物有关的“否定性”必然是主动的。但是,否定的活动不纯粹是破坏性的。因为如果由欲望产生的活动为了满足欲望而破坏一种客观现实,那么它将通过破坏并在破坏中创造一种主观现实来代替它。例如,通过取消与之不同的另一种现实,通过对一种“异己的”“外来的”现实的“消化”和“内化”,吃食物的存在创造和维持它自己的现实。一般地说,欲望的自我是仅仅通过否定活动接受一种实在的肯定内容的空虚,这种否定活动在破坏、改变和“消化”所欲求的非我的时候，满足了欲望。由否定构成的自我的肯定内容，与被否定的非我的肯定内容紧密地联系在一起。因此，如果欲望针对一个“自然的”非我，那么自我也是“自然的”。通过这样的一个欲望的主动满足而产生的自我，将具有与这种欲望所针对的东西相同的性质：这是一个“对象性的”自我，一个仅仅活着的自我，一个动物的自我。这种自然的自我，与自然的客体紧密地联系在一起，只能作为自我感觉向自己和他人显现。它永远不可能到达自我意识。

因此，为了产生自我意识，欲望必须针对一个非自然的客体，针对超越给定现实的某种东西。然而，能超越给定现实的唯一东西是欲望本身。因为被当作欲望的欲望，即获得满足之前的欲望，事实上只不过是一种被揭示的虚无，一种非实在的空虚。欲望是空虚的一种揭示，是一种现实的不存在的显现，因而本质不同于所欲求的物体，不同于一种物体，不同于静态的和给定的实在存在，始终在与本身的同一中维持下去。因此，欲望针对另一个作为欲望的欲望，通过使之满足的否定和消化活动，将创造出一个本质上不同于动物的“自我”的自我。这个自我由欲望“滋养”，本身是在其存在中的欲望。因为欲望作为给定物的否定活动得以实现，所以这个自我的存在本身是活动。这个自我不像动物的“自我”那样，是与本身的“同一”和等同，而是“否定性”。换句话说，这个自我的存在本身是变化，这种存在的普遍形式不是空间，而是时间。因此，对这个自我来说，它在生存中的维持意味着：“不是其所是（作为静态的和给定的存在，作为自然的存在，作为天性），而是（成为）非其所是。”由此得出，这个自我是它本身的结果：通过对（在过去）其所是的否定（在现在），它将是（在将来）其曾经所是，这种否定是为了其将来所是而进行的。在其存在本身中，这个自我是意向的变化，有意的变化，有意识的和有意志的进步。它是超越为其设定和就是它本身的给定物的行为。这个自我是一个自由的（面对给定的现实）、历史的(就本身而言)(人的)个体。正是这个自我,也仅仅是这个自我,作为自我意识向自己和他人显现。

人的欲望必须针对另一个欲望。为了产生人的欲望,首先必须有各种各样的(动物)欲望。换句话说,为了自我意识能从自我感觉中产生,为了人的实在性能在动物的实在性之内形成,这种实在性必须在本质上是多样的。因此,人只能在动物之内出现在世界上。这就是为什么人的实在性只能是社会的。但是,为了动物能成为一个社会,仅仅有欲望的多样性是不够的;动物的每一个成员的欲望必须——或者能够——针对其他成员的欲望。如果人的实在性是一种社会的实在性,那么仅仅作为相互欲求的欲望的整体,社会才是人的社会。人的欲望,更确切地说,人类发生的欲望,构成了一个意识到他的个体性、他的自由、他的历史,以及最后,他的历史性的自由的和历史的个体——所以,人类发生的欲望不同于动物的欲望(动物的欲望构成一个自然的、仅仅活着的、只有其生命感觉的存在),因为人的欲望不针对一个实在的、"肯定的"、给定的客体,而是针对另一个欲望。比如,在男人和女人的关系中,只有当一个欲望不是针对身体,而是针对另一个人的欲望时,只有当一个欲望试图"占有"或"同化"被当作欲望的欲望,也就是说,只有当一个欲望试图在其人的价值中和在其人的个体的实在性中"被欲求"或"被爱"或"被承认"的时候,欲望才是人的欲望。同样,只有当欲望通过另一个人对同样客体的欲望"被间接化",针对一个自然客体的欲望才是人的欲望:欲求其他人所欲求的东西的欲望是人的欲望,因为其他人也希望得到它。因此,从生物学观点看完全无用的一样东西(如装饰品、敌人的军旗),却是人们所欲求的东西,因为其他人也试图得到它。这样的一种欲望只能是人的欲望,人的实在性不同于动物的实在性,只能通过满足这样的欲望的活动产生:人的历史是所欲求的欲望的历史。

但是,如果不考虑这种本质的差异,那么人的欲望类似于动物的欲望。人的欲望也倾向于通过一种否定活动，甚至一种改变和同化活动得到满足。人从欲望得到“滋养”，就像动物从实在的物体得到滋养。人的自我通过人的欲望的主动满足产生，与其“滋养物”紧密地联系在一起，就像动物的身体与其滋养物紧密地联系在一起。

为了人能真正地成为人，为了人能在本质上和实际上区别于动物，人的欲望必须在事实上超越他的动物欲望。然而，一切欲望都是对一种价值的欲望。对动物来说，最高的价值是它的动物生命。归根结底，动物的所有欲望都与保存生命的欲望紧密地联系在一起。而人的欲望超越这种保存生命的欲望。换句话说，只有当人冒着与人的欲望紧密地联系在一起的（动物）生命的危险，人才“被确认”为人。正是在这种危险中并通过这种危险，人的实在性才得以产生，并作为实在性显示出来；正是在这种危险中和通过这种危险，人的实在性才“被确认”，也就是说，才得以显现，得到证实和证明，表明本质上不同于动物的、自然的实在性。这就是为什么谈论自我意识的“起源”，就必须谈论生命危险（为了一个本质上非生命的目的）。

人在冒生命危险，以满足其人的欲望，也就是说，针对另一个欲望的欲望时，人“被确认”为人。然而，欲求一个欲望，就在于试图替代由这种欲望所欲求的价值。因为如果没有这种替代，人们就欲求价值，也就是所欲求的客体，而不是欲望本身。因此，归根结底，欲求另一个人的欲望，就是希望我所是的价值或我所“代表”的价值是另一个人所欲求的价值：我希望他“承认”我的价值就像承认他的价值，我希望他“承认”作为自主的价值的我。换句话说，人的每一个欲望，人类发生的、源于自我意识和人的实在性的欲望，最终和“承认”的欲望紧密地联系在一起。人的实在性赖以“被确认”的生命危险，是一种与这样的欲望紧密地联系在一起的危险。谈论自我意识的“起源”，就必须谈论为了得到“承认”的生死斗争。

如果没有这种为了纯荣誉的生死斗争，也就没有在世界上的人。

事实上，只有与针对另一个欲望的一个欲望，即最终说来——一种承认欲望相关，人的存在才能形成。只有当这些欲望中的至少两个欲望相互对抗，人的存在才能形成。因为天生具有这样的一个欲望的两个存在中的每一个，准备为追求自己的满足奋斗到底，也就是说，准备冒自己的生命危险——因而也把另一个人的生命置于危险的境地——以便得到另一个人“承认”，作为最高价值强加于另一个人，所以，他们的交锋只能是一种生死斗争。只有在这种斗争中和通过这种斗争，人的实在性才能产生、形成、实现，并向自己和其他人显现。人的实在性只能作为“得到承认的”实在性而实现和显现。

但是，如果所有的人——更确切地说，在人的发展道路上的所有人——都以同样的方式行事，那么斗争必然导致一个对手或两个对手同时死亡。一个对手向另一个对手屈服，一个对手在另一个对手死亡之前放弃斗争，一个对手承认另一个对手，而不是使自己得到“承认”，这些情况也许并非可能。但如果事情是这样，那么人的实现和显现则是不可能的。在两个对手进行生死斗争的情况下，这是显而易见的，因为人的实在性——本质上是欲望和与欲望紧密地联系在一起的行动——只能在动物生命之内产生和维持。但是，在只有一个对手被杀的情况下，这依然是不可能的。因为欲望为了成为一种人的欲望而针对的另一个欲望也随之消失。幸存者不可能得到死亡的“承认”，因而不能在他的人性中实现和显现。为了人能作为自我意识实现和显现，刚形成的人的实在性具有多样性是不够的。这种多样性，这种社会性，还必须表示两种本质上不同的人的或人类发生的行为。

为了人的实在性能成为“得到承认的”实在性，两个对手必须在斗争之后仍然活着。然而，只有当他们在斗争中有不同的行为时，这才是可能的。通过不可还原的，甚至不可预测的或“不可推断的”自由行为，他们在斗争时和结束这种斗争时必须是不平等的。虽然不是“命中注定”，但一个对手必须害怕另一个对手，必须拒绝冒生命危险，以满足他的"承认"欲望。他必须放弃自己的欲望和满足另一个对手的欲望:他必须承认其对手,但没有得到对手的承认。不过,这样的"承认",是承认其对手是他的主人,承认自己并且也使人承认他是主人的奴隶。

换句话说,在最初的状态中,人绝不是单纯的人。人必然且本质上要么是主人,要么是奴隶。如果人的实在性只能作为社会的实在性产生,那么只有包括主人身份的因素和奴隶身份的因素,"独立"生存和"依赖"生存,社会才是人的社会——至少在最初。这就是为什么谈论自我意识的起源,就必须谈论"自我意识的独立和依赖,主人身份和奴隶身份"。

如果人的存在仅仅在导致主人和奴隶关系的斗争中并通过这种斗争产生,那么这种存在的逐渐实现和显现就只能根据这种基本的社会关系。如果人不是别的,仅仅是其发展过程,如果人在空间的存在是人在时间中或作为时间的存在,如果被揭示的人的实在性不是别的,就是世界的历史,那么这种历史必定是主人身份和奴隶身份之间相互关系的历史:历史的"辩证法"是主人和奴隶的"辩证法"。但是,如果"正题"和"反题"的对立仅仅在"合题"的调和之内具有一种意义,如果在强意义上的历史必然有一个终结,如果正在发展的人类必然以完成发展的人为顶点,如果欲望必然得到满足,如果人的科学必定具有一种最终和普遍有效的真理的价值——那么主人和奴隶的相互关系最终必然导致他们的"扬弃"。

尽管如此,人的实在性只能作为"得到承认的"实在性在存在中产生和维持。一个人只有得到另一个人、另一些人以及——最终说来——所有其他人的"承认",他才是真正的人:对他本人和其他人来说都是如此。只有当人们在谈论"得到承认的"人的实在性的时候,才能称之为人的实在性,陈述在本义上和强意义上的真理。这就是为什么在谈论自我意识,谈论意识到自己的人的时候,必须说:]

由于自我意识为了另一个自我意识而(自在和自为地)存在,也就是说,自我意识仅仅作为得到承认的实体存在,所以自我意识自在和自为地存在。

…………

承认——自我意识在其统一性之内双重化——这个纯概念,必须在其发展过程中向自我意识显现的方面来考察。[也就是说,不是向谈论自我意识的哲学家,而是向承认另一个人或得到另一个人的承认的意识到自己的人显现。]

这种发展过程首先表明两个自我意识[也就是说,为了得到承认而相互对抗的两个人]的不平等。换句话说,这种发展过程表明在两个端点[相互对抗的两个人]之间的中项[相互承认]的扩展;被当作两个端点的人相互对抗,结果,其中的一个必定是被承认的实体,另一个必定是承认的实体。[最初,希望得到另一个人承认的人不希望承认另一个人。如果他成功了,那么承认就不是相互的:他得到承认,但不承认那个承认他的人。]

最初,自我意识是单纯的自为存在;自我意识通过把[异己的]一切东西排除在它之外的活动与本身保持同一。它的本质和它的绝对对象是为它自己的:自我[与一切东西分离,对立于一切非我的东西的自我]。在这种直接性中,也就是在自为存在的这种给定存在[即不是由一种主动的创造过程产生的存在]中,自我意识是一种特殊的和分离的实体。对自我意识来说,在它之外的东西作为一种没有本质、带着否定实体的特征的对象,为自我意识存在。

但是,[在我们研究的例子中]另一个实体也是一种自我意识:人的个体向人的个体呈现。这些个体以一种直接方式呈现,在一般对象的存在方式中互为地存在。他们是独立的具体形式,进入动物生命的给定存在中的意识。因为在这里,作为一种给定存在而存在的对象被规定为动物生命。他们是还没有互为地完成绝对抽象的[辩证]运动的意识,这种绝对抽象的运动寓于排除一切直接的给定存在之中,这种存在不是别的,就是与本身同一的意识的纯粹否定的给定存在。

换句话说,作为实体,他们还不是作为纯粹的自为存在,即作为自我意识而相互显现。[当"最初的"两个人第一次相遇时,一个人仅仅把另一个人看作一个危险的和敌对的动物,他试图加以消灭,而不是把另一个人看作具有一种独立价值和有自我意识的人。]当然,这两个个体的每一个,都在主观上确认自己;但是,一个人不确认另一个人。这就是为什么他认为自己的主观确定性还没有真实性[也就是说,他的主观确定性还没有显示一种实在性;换句话说,一种客观地、主体间地,甚至普遍地得到承认的,因而存在的和有价值的实体]。因为其主观确定性[关于他对自己的看法和他赋予自己的价值的确定性]的真实性还没有别的内容,仅仅他自己的自为存在向作为独立的对象的自我显现;或者这样说也一样:对象向作为这种自我的纯粹主观确定性的自我显现:[因此,他必须在外部的、客观的现实中重新发现他对自己的内心看法。]但是,根据承认的概念,只有当他为另一个人完成(就像另一个人为他完成)自为存在的纯粹抽象时,这才是可能的:每一个人都通过自己的活动,以及通过另一个人的活动在自己身上完成这种抽象。

[第一次遇到另一个人的"第一个"人已经把一种独立的、绝对的实在性和价值赋予自己:人们能说,他相信自己是人,他具有对存在的"主观确定性"。但是,他的确定性还不是一种知识。他赋予自己的价值可能是虚幻的;他对自己的看法可能是虚假的或离奇的。为了这种看法能具有一种真实性,它必须揭示一种客观的现实,即一种不仅仅试图自为存在,而且也试图为不同于它的现实事物存在的实体。在上述例子中,为了真正地和真实地成为"人",为了如实地认识自己,人必须把他对自己的看法强加于有别于他自己的其他人:他必须要求其他人承认他(在理想的极端情况下:要求所有的其他人承认他)。或者:他

必须把他没有在其中得到承认的(自然和人类)世界改造成一个他能在其中得到承认的世界。把违背人的计划的世界改造成一个与这种计划一致的世界,叫作“行动”“活动”。这种行动——本质上是人的行动,因为它是人性化、人类发生的行动——始于把自己的看法强加于自己所遇到的“第一个”他人的活动。因为这个他人如果是(更确切地说,如果他想成为和相信自己是)人,他也必须如此行事,人类发生的“第一”活动必然采取一种斗争的形式:两个自称是人的存在之间的生死斗争;为了得到对手的承认而进行的为了纯荣誉的斗争。事实上:]

被当作自为存在的纯粹抽象的个体的显现,在于表明其对象性的存在方式的完全否定;换句话说,在于表明自为存在或人的存在与确定的任何存在没有联系,与这种存在的普遍的分离特殊性没有任何联系,与生命没有任何联系。这种显现是一种双重活动:另一个人的活动和我自己的活动。在这种活动是另一个人的活动的情况下,两个人中的每一个人都希望另一个人死去。但是在这种另一个人的活动中,也有第二个方面,即我自己的活动:因为这种活动本身意味着活动者自己的生命危险。因此,在两个意识之间的关系得到规定,以至于这些意识——一个是自为的,另一个是他为的——通过生死斗争被确认。

[“确认”,即提供其证据,就是把每一个意识对自己的价值做出的纯粹主观确定性转变成客观的或普遍有效的和得到承认的真实性。真实性是一种实在性的显现。然而,人的实在性只能在为了得到承认的斗争中和通过承认所包含的生命危险产生与形成。因此人的真实性,或其实在性的显现必须以生死斗争为前提。这就是为什么]人的个体必须参与这种斗争。因为他们必须把他们对自己的自为存在形成的主观确定性上升到真实性的高度,每一个个体必须在他人和自己身上做到这一点。只有通过生命危险,自由才能被确认,并且表明:这不是[有意识和有意志的行为所创造的]给定存在,这不是直接的[自然的,不以(给定物的否定)活动为中介的]存在方式——在其中,自我意识

[在给定的世界中]呈现，这不是被淹没在——对它来说——作为本质的动物生命的延伸中的事实，相反，在动物生命中，没有对它来说不是一个正在消逝的因素的东西。换句话说，只有通过生命危险，才能证实自我不是别的，就是纯粹自我存在。当然，不敢冒生命危险的人的个体不可能作为一个人得到承认。不过，他还没有到达被承认为一个独立的自我意识的真实性。因此，两个个体中的每一个都必须进行生死斗争，就像他必须冒生命危险。因为在他看来，另一个实体并不比他自己有更多的价值。其本质[作为其被承认的人性的实在性和尊严]向他显现为另一个实体[显现为不承认他，因而独立于他的另一个人]。他在自我之外[因为另一个人在承认他，向他表明自己承认他，由此向他表明自己依赖于他，自己不是绝对地不同于他的时候，并没有把他"交给"他自己]。他必须取消他的在自我之外的存在。在这里，[与之不同的]另一个实体是一个作为给定存在而生存，以一种多样化的方式进入[自然世界]的意识。然而，他必须把他的他在当作纯粹的自为存在，即绝对的否定性。[这就是说，只有当人试图把自己强加于另一个人，要求另一个人承认自己的时候，人才是人。最初，因为人实际上还没有得到另一个人的承认，所以，另一个人是其活动的目的，其人的价值和实在性依赖于另一个人的承认，其生命的意义凝聚在另一个人之中。因此，他在"自我之外"。不过，他自己的价值和他自己的实在性对他来说是重要的，他希望拥有其价值和实在性。因此，他必须取消他的"他在"。这就是说，他必须得到另一个人的承认，获得被另一个人承认的确定性。但是，为了这种承认能使他得到满足，他必须知道，他人也是一个人。然而，在最初，他仅仅在另一个人身上看到动物的方面。为了知道这个方面能显示人的一种实在性，他必须看到另一个人也想得到别人的承认，另一个人也准备在承认其作为人的自为存在的斗争中冒生命危险和"否定"其动物生命。因此，他必须向另一个人"挑战"，迫使他介入为了纯荣誉的生死斗争。在斗争中，为了自己不被

杀死，他必须杀死另一个人。在这种情况下，为了得到承认的斗争只能以一个对手的死亡——或两个对手同时死亡告终。]但是，通过死亡得到的确认取消了被认为由此得出的真实性[或被揭示的客观现实]；同样，他也取消了这种自我的主观确定性。因为正如动物生命是意识的自然状态，即没有绝对的否定性的独立性，死亡同样也是意识的自然否定，即没有独立性的否定；因此，否定仍然没有承认所要求的意义。[这就是说，如果两个对手在斗争中丧生，那么"意识"将不复存在；因为在死亡后，人只不过是一具尸体。如果其中的一个对手杀死另一个对手而幸存下来，那么他也不能得到对手的承认；死去的战败者不可能承认胜者的胜利。胜者从自己的存在和价值中得到的确定性仍然是纯主观的，因而没有"真实性"。]确实，通过死亡产生的主观确定性在于两个人都冒生命危险，每一个人都轻视自己的生命和他人的生命。但是，这种确定性不是为经历这种斗争的人产生的。通过死亡，他们取消处在不同于自然存在的这种实体中的他们的意识。这就是说，他们取消了他们自己。[因为人的实在性仅仅在于他生活在一个自然世界中。当然，这个世界对他来说是"异己的"；他必须否定和改造这个世界，并与之做斗争，以便在这个世界中实现自己。但是，如果没有这个世界，如果在这个世界之外，人就什么也不是。]他们作为试图自为存在[也就是说，有意识地独立于世界的其余部分而存在]的端点被取消；但是，本质的因素，即分解为对立的规定性的端点，同样消失在变化的作用中。中项在死亡的统一性中消失，而死亡的统一性分解为死亡的端点，于是，端点仅仅作为给定的存在而存在，[在、通过和为了在一个人试图"消灭"另一个人，"显耀"自己和在消灭另一个人时显耀自己的过程中，]不相互对立。两个人不相互给予，不通过意识相互接受。相反，他们仅仅以一种冷漠的方式作为物体相互摆脱。[因为死亡只不过是一种无意识的东西，而生物冷漠地离开无生命的东西，因为生物不再从无意识的东西中为自己期待任何东西。]他们的杀死行为是抽象的否定。这不是意识[进行的]否定，因为这种否定在取消的同时，保存和保留被取消的实体，由此在取消后继续存在下去。[这种“取消”是“辩证的”，即“扬弃”。它意味着：在取消的同时保存被取消者，被取消者在这种保存的取消中或取消的保存中和通过这种保存升华。被扬弃的实体在（“直接”）给定的自然实体的偶然的（失去意义的，“无意义的”）方面消失：但是，被取消的实体在其本质的（有意义的）方面保存下来；因而以否定作为中介。被取消的实体升华或上升到比其纯粹肯定和静态材料的直接实在性更“综合”和更可理解的存在方式，因为这种直接的实在性不是一种创造活动，即否定给定物的活动的结果。

因此，杀死对手对斗争中的人无任何用处。他必须“扬弃”对手。这就是说，他必须保存对手的生命和意识，仅仅取消其独立性。他必须仅仅消灭作为对手和反抗他的人。换句话说，他必须奴役对手。]

在这种[生死斗争的]体验中为自我意识构成的东西，就是动物生命对他来说与纯粹的自我意识同样重要。在直接的自我意识中，[也就是在“第一个”人中，因为他还没有通过斗争所产生的与另一个人的接触而“被间接化”，][孤独的人的]单纯自我是绝对的对象。但是，为我们或自在地[也就是说，为作者和读者，因为这几行文字所看到的是，人是通过已完成的社会相互作用在历史终结时最终形成的，]这种对象，即自我，就是绝对的中介，它对本质的因素来说具有能继续保持的独立性。[这就是说，实在的和真正的人是它与其他人相互作用的结果；他的自我和他对自己形成的看法通过他在活动中得到的承认而“被间接化”。他的真正的独立性是他通过活动在社会现实中保持的独立性。]这种单纯的统一性[作为孤独的自我]的分解是[人在其“最初的”生死斗争中得到的]最初体验的结果。通过这种体验，产生了一个纯粹的[或“抽象的”，在斗争的危险中“不考虑”（抽象）其动物生命的]自我意识[——胜者]，和一个不仅仅为自己存在也为另一个意识[即为胜者的意识]存在的意识[其实是一具活尸：幸免于死的败者]；这就是说：它作为一个给定存在而存在的意识，换句话说，作为存在于对象性的具体形式之中的意识而存在。两个因素是基本的：因为在最初，他们是不平等的，相互对立的，他们在统一中的反思还不是[其活动的]结果，他们作为两种对立的意识的具体形式。一个意识是独立的意识，对它来说，自为存在是本质。另一个意识是依赖的意识，对它来说，本质是动物生命，即为了另一个实体的存在。前者是主人，后者是奴隶。[奴隶是被战胜的对手，他没有在生命的危险中坚持到底，他没有采用主人的原则：要么战胜，要么死亡。他接受了另一个人给予的生命。他因而依赖另一个人。他宁愿受奴役，也不愿意死去，这就是为什么他活了下来，以奴隶的身份活着。]

主人是自为存在的意识。他不再仅仅是意识的[抽象]概念，而且也是一个自为存在的[实在]意识，他以另一个意识作为自己的中介。也就是说，通过一种意识，他属于与存在，即与这种对象性综合的他自己的本质。[这种“意识”是奴隶，他与自己的动物生命紧密地联系在一起，与物体的自然世界融为一体。在为了纯荣誉的斗争中，他拒绝冒生命危险，他没有上升到动物之上。他这样对待自己，他让主人来决定自己。但是，奴隶在人性的尊严和实在性方面承认主人，他的行为以此为依据。因此，主人的“确定性”不纯粹是主观的和“直接的”，而且也通过另一个人，也就是奴隶的承认被客观化和“间接化”。当奴隶仍然是一个“直接的”、自然的、“兽性的”存在时，主人——通过他的斗争——已经是人性的、“间接的”。面对物体和其他人，他的行为因而也是“间接的”或人性的；这些其他人对他来说仅仅是奴隶。]主人联系于下列两个因素：一方面，联系于被当作物体的物体，即欲望的对象，另一方面，联系于对象性对他来说是本质的东西的意识[也就是联系于奴隶，因为奴隶拒绝冒生命危险，与他所依赖的物体紧密地联系在一起。而主人在这些物体中仅仅看到一种满足其欲望的单纯手段。他取消这些物体，从而满足自己的欲望]。鉴于：1. 被当作自我意识的概念的主人，是自为存在的直接关系，以及2. 他同时作为中介，即作为仅仅通过另一个实体而自为存在的一个自为存在，在当前［也就是在战胜奴隶后］存在，［因为主人之所以是主人，仅仅在于拥有一个承认他是主人的奴隶］，所以主人1. 以一种直接方式联系于两者［也就是联系于物体和奴隶］，2. 以一种间接的方式联系于相对另一个来说两者之一，主人以一种间接的方式，即通过独立的存在，联系于奴隶。奴隶正是依赖于这个存在。这个存在是他的锁链，他在斗争中不能不考虑这个锁链，由于这个原因，他表现为依赖的，具有在其对象性中的独立性。相反，主人是统治这个存在的权力。因为他在斗争中表明，这个存在对他来说仅仅是一种否定的东西。由于主人是统治这个存在的权力，这个存在是统治另一个人［即统治奴隶］的权力，所以主人——在这种［实在的和主动的］三段论中——把另一个人置于他的统治之下。同样，主人以一种间接的方式即通过奴隶联系于一个物体。作为这样的自我意识，奴隶也以一种否定的方式联系于物体，他［辩证地］取消物体。但是——对他来说——物体同时是独立的。因此，他不能通过他的否定行为战胜物体，使之彻底消失，［就像主人“消费”物品那样］。这就是说，他仅仅用劳动改造物体［他制造用于消费的物品，但他自己不消费物品］。相反，对主人来说，［与物体的］直接关系通过这种中介［也就是通过改造自然物体，改造“原材料”，以供（主人）消费的奴隶的劳动］，作为对象的纯粹否定，也就是作为享受而形成。［所有的劳动都是奴隶提供的，主人只需享受奴隶为他制造的物品，并且“否定”物品，破坏物品，“消费”物品就够了。（例如，他食用现成的点心。）］没有在欲望中［也就是说，“在”斗争“之前”的孤独的人独自与自然相处，其欲望直接针对这个自然——没有在他那里］得到满足的东西，在主人那里得到了满足［主人的欲望针对通过奴隶被改造的物品］。主人成功地战胜了物体，在享受中得到了满足。［仅仅由于另一个人（奴隶）的劳动，主人在面对自然时是自由的，满足了自己。但是，只有当他事先在（他的）自然中获得解放，在为了纯荣誉的斗争——本身没有任何“自然”的东西——中冒生命危险，他才成为奴隶的主人。]由于物体的独立性，欲望没有得到满足。相反，主人把奴隶放在物体和他自己之间，然后仅仅与物体的依赖性方面相结合，因此，他以一种纯粹的方式享受物体。至于物体的独立性方面，主人把它留给了用劳动改造物体的奴隶。

正是在这两个因素中，主人得到了另一个意识的承认。因为在这两个因素中，后者被认为是非本质的：一方面，他加工物体，另一方面，他依赖一种特定的存在生存，因而是非本质的。在两种情况下，这个[受奴役的]意识不可能成为存在的主人，不可能到达绝对的否定。因此，承认的这个因素在于另一个意识扬弃自己的自为存在，他自己做了主人对他做的事情。[这就是说：不仅仅主人在另一个人身上看到他的奴隶；而且另一个人也认为自己是奴隶。]承认的另一个因素同样被包含在第一种结果中；这另一个因素是：第二个意识[也就是受奴役的意识]的这种活动就是第一个意识[也就是主人的意识]的活动本身。因为奴隶所做的一切，严格地说，就是主人所做的事情。[既然奴隶只是为了主人，为了满足主人的欲望，而不是为了满足他自己的欲望而劳动，那么主人的欲望就在奴隶中和通过奴隶起作用。]对主人来说，只有自我存在才是本质，他是纯粹的否定力量，对这种力量来说，物体是虚无；因此，在主人和奴隶的关系中，他是纯粹的本质活动。相反，奴隶不是纯粹的本质活动，而是非本质的活动。然而，为了有一种真正的承认，还必须有第三个因素，这个因素在于主人也对自己做他对另一个人做的事情，奴隶也对另一个人做他对自己做的事情。这种不平等的和单边的承认，通过主人和奴隶的关系产生。[因为如果主人把另一个人当作奴隶，那么他自己就不是以奴隶的身份行事；如果奴隶把另一个人当作主人，那么他自己就不是以主人的身份行事。奴隶不冒生命危险，主人是有闲的。

因此，主人和奴隶的关系不是一种本义上的承认。为了理解这一点，我们应该从主人的观点分析这个关系。主人不是唯一把自己当作主人的人。奴隶也把他当作主人。他在人性的实在性和尊严中得到承认。但是，这种承认是单边的，因为他却不承认奴隶的人性的实在性和尊严。他因而得到他不承认的那个人的承认。这就是他的处境的不利之处——悲惨之处。主人为得到承认进行斗争和冒生命危险，但是，他仅仅得到了一种对他来说没有价值的承认。因为他只能是通过他认为有资格承认他的那个人的承认，才可得到满足。所以，主人的态度是一条存在的绝路。一方面，主人之所以是主人，仅仅在于他的欲望不针对一个物体，而是针对另一个欲望，因而有一种被承认的欲望。另一方面，在成为主人后，作为主人，他必须寻求得到承认；只有当他把另一个人当作奴隶，他才能被承认是主人。但是，在他看来，奴隶是一个动物或一个物体。他通过一个物体得到承认。因此，最终说来，他的欲望针对一个物体，而不是——如同最初看起来的那样——针对一个（人的）欲望。因此，主人走错了路。在使之成为主人的斗争之后，他并没有成为在进行这种斗争时他所希望成为的人：被另一个人承认的一个人。所以，如果人只能通过承认才能得到满足，那么以主人身份行事的人永远不可能成为这样的人。因为——在最初——人要么是主人，要么是奴隶，得到满足的人必然是奴隶；更确切地说，成为奴隶的人，经历奴役身份的人，“扬弃”其奴役身份的人。事实上：]

因此，非本质的［或受奴役的］意识——在主人看来——是构成他对自己的主观确定性的真实性［或被揭示的现实］，［因为他只有被奴隶承认是主人时，才“知道”自己是主人］。但是，显而易见，这个对象不符合它的概念。因为主人成为现实的时候，他所得到的东西完全不同于一个独立的意识，［因为他面对一个奴隶］。这不是一个独立的意识，而是一种为他存在的依赖的意识。所以，他在主观上不能像确信一种真实性［或一种被揭示的客观现实］那样，确信自为存在。相反，他的真实性是非本质的意识，以及这种非本质意识的非本质活动。［这就是说：主人的“真实性”是奴隶，以及奴隶的劳动。事实上，之所以其他人承认主人是主人，只是因为他有一个奴隶；主人的生活在于消费奴役劳动的产品，依靠这种劳动和通过这种劳动。]

因此，独立意识的“真实性”是受奴役的意识。确实，受奴役的意识最初是在自我之外，而不是自我意识的真实性，[因为奴隶不是自在地，而是在主人中承认人性的尊严，他在自己的生存中依赖主人]。但是，正如主人身份表明的，其本质是它所希望的东西的反面，奴隶身份在成为现实的过程中——人们也能想象——也成为它以直接方式成为的东西的反面。作为被压抑在自我中的意识，奴隶身份将返回本身，走向反面和成为真正的独立性。

[完整的、绝对自由的、最终和完全通过其本质得到满足的人，在满足中和通过满足变得完善的人，将是“扬弃”其奴隶身份的奴隶。如果有闲的主人身份是一条绝路，那么勤劳的奴隶身份则是一切人的、社会的、历史的进步的源泉。历史是奴隶劳动者的历史。为了理解这一点，需要从奴隶的观点，而不是从主人的观点来考察主人和奴隶的关系(即人的“最初”接触的第一个结果)。]

我们仅仅看到，奴隶处在主人的关系中。但是，奴隶也是自我意识。因此，现在必须考察奴隶自在和自为地是什么。最初，对奴隶来说，主人是本质。因此，自为存在的独立意识对奴隶来说是真实性[或一种被揭示的现实]，然而，对奴隶来说，这种真实性还没有存在于奴隶之中。[奴隶依附于主人。他尊重，他承认“独立”和人的自由的价值和真实性。他还没有在自己身上看到它的实现。他仅仅在另一个人身上看到了它。这就是他的优势。主人不能承认能承认他的另一个人，因而处在一条绝路中。相反，奴隶一开始就承认另一个人(主人)。所以，为了建立相互的承认，因为唯有相互的承认能完全地和最终地实现和满足人，他只需强加于主人，得到主人的承认就够了。当然，为了做到这一点，奴隶必须不再是奴隶：他必须超越自己，“取消”自己的奴隶身份，但是，如果主人不想——和不可能——取消自己的主人身份（因为这对他来说意味着成为奴隶），那么奴隶则非常想不再做奴隶。此外，这种使之成为奴隶的斗争的体验，使之倾向于这种自我取消，自我否定，取消和否定作为一个受奴役自我的自我。当然，在最初，与他的（受奴役的）自我紧密地联系在一起，奴隶在自己身上没有这种“否定性”。他仅仅在主人身上看到了这种否定性，主人在为了得到承认的斗争中冒生命危险，同时实现了这种否定性。］不过，在事实上，奴隶身份在本身中有这种纯粹的否定性和自为存在的真实性［或被揭示的现实］。因为奴隶在本身中体验到这种本质。也就是说，这种受奴役的意识不是为这个或那个，不是在一个或另一个时刻，而是为他［自己的］整个本质感到害怕。因为奴隶体验到对死亡、对绝对主人的焦虑。在这种焦虑中，受奴役的意识在内部解体；它在自身中整个地战栗，一切固有的和稳定的东西在它之中颤抖。不过，纯普遍的［辩证］运动，一切固定的东西的这种解体是自我意识的单纯本质，绝对的否定性，纯粹的自为存在。这种自为存在因而存在于这种受奴役的意识之中。［主人固定在他的主人身份中。他不能自我超越、变化、发展。他必须战胜——成为主人或维持主人身份——或者死亡。人们能杀死他；人们不能改变他，不能教育他。为了做主人，他冒过生命危险。因此，在他看来，主人身份是他不可能超越的最崇高的价值。相反，奴隶最初不想做奴隶。他现在做了奴隶是因为他不愿意为了做主人而冒生命危险。在死亡的焦虑中，他知道（但不理解）一种固定的和稳定的处境，甚至是主人的处境，他不可能竭尽人的存在。他知道生存处境的“虚荣”。他不愿意与主人的处境紧密地联系在一起，他也不再愿意与奴隶的处境紧密地联系在一起。在他身上没有任何固定的东西。他准备应付变化；在他的存在本身中，他是变化、超越、改变、“教育”；从最初的时候开始，在他的本质中，在他的生存本身中，他就是历史的变化。另一方面，他有一个有待实现的实际理想：独立和自为存在的理想，他在其奴隶身份的起源中找到了体现在主人中的这种理想。]自为存在的这个因素也为受奴役的意识而存在。因为在主人中，自为存在对受奴役的意识来说是它的对象。[受奴役的意识知道一个物体是外在的，与之对立，并倾向于占有它。奴隶知道自由意味着什么，他也知道他不是自由的，他想得到自由。如果斗争及其结果的体验使之倾向于超越、进步、历史，那么为主人劳动的奴隶的生命能实现这种倾向。]此外，受奴役的意识不仅仅是[固定的、稳定的和给定的东西的]这种普遍的解体：在为主人的服务中，受奴役的意识现实地[也就是具体地]实现了这种解体。在服务中，[在为另一个人(主人)服务的强迫劳动中，]受奴役的意识扬弃他对在所有特殊的因素中的自然存在的依赖；受奴役的意识用劳动取消这种存在。[主人迫使奴隶劳动。在劳动中，奴隶成了自然的主人。不过，之所以他成为主人的奴隶，只是因为——在最初——他是自然的奴隶，与自然紧密地联系在一起，受制于保存本能，屈从于自然规律。当他通过劳动成为自然的主人时，奴隶从他自己的本性中，从他自己的本能中解放出来，他的本能使之联系于自然，使之成为主人的奴隶。当劳动把奴隶从自然中解放出来时，也把他从主人中解放出来。在给定的、原始的自然世界中，奴隶是主人的奴隶。在技术的、其劳动所改造的世界中，他作为绝对的主人进行统治——至少统治了一天。这种主人身份起源于劳动，起源于给定世界的逐渐改造，起源于在这个世界中给定的人，它完全不同于主人的“直接”主人身份。因此，未来和历史不属于好战的主人，因为他要么战死，要么无限期地处在与本身的同一性中，而是属于奴隶劳动者。奴隶在通过劳动改造世界的同时，超越了给定物和这种给定物在他身上规定的东西；他超越自己，也超越主人，因为主人与他原封不动留下——因为他不劳动——的给定物紧密地联系在一起。如果奴隶在好战的主人的个性中体验到的死亡焦虑是历史进步的必要条件，那么唯有奴隶的劳动才能实现和完成历史进步。]

然而，奴隶在斗争中体验到的，也在服务[他所害怕的主人]的特殊性中体验到的绝对权力感，还只是自在进行的解体。[如果没有这种权力感，也就是说，如果没有焦虑，没有主人引起的恐惧感，人绝不可能做奴隶，因而也不可能到达终极的完善。但是，仅有这种“自在的”，即客观上实在的和必然的处境是不够的。这种（能意识到本身的）完善只能在劳动中和通过劳动到达。因为只有在劳动中和通过劳动，人才能最终意识到他在害怕主人对他拥有的绝对权力时产生的体验的意义、价值和必然性。仅仅在为主人劳动之后，他才理解主人和奴隶之间斗争的必然性和这种斗争所包含的危险与焦虑的价值。]因此，虽然主人引起的焦虑是智慧的开端，但人们仅仅能说，在这种焦虑中，意识为自己存在；然而，在焦虑中的意识还不是自为存在。[在死亡的焦虑中，人意识到自己的实在性，以及活着的简单事实给予他的价值；只有在这种情况下，他才能理解生存的“重要性”。但是，他还没有在其中意识到他的独立性，他的自由的价值和“重要性”，他的人性的尊严。]但是，通过劳动，意识到达自己本身。与物体的非本质关系的方面显然落在因素中[也就是在劳动中]的服侍人的意识身上，这种意识本身相应于在主人意识中的欲望；看来这是因为在这种因素中，物体仍然保持它的独立性。[在劳动中和通过劳动，奴隶看来是服从自然，服从物体，服从“原材料”，而主人满足于消费奴隶制造的物品和享受物品，面对物品是完全自由的。但在事实上，不是这么一回事。当然，][主人的]欲望[在消费物品的时候]为自己保留对对象的纯粹否定，他由此为自己保留了[在享受中体验到的]纯粹的自我感。但是，出于同样的理由，这种满足本身只不过是一种随即消逝的东西；因为它缺少客观的方面，也就是持久的实质的方面。[不劳动的主人不生产任何在其之外持久的东西。他仅仅破坏奴隶的劳动产品。因此他的享受和满足纯粹是主观的：他的享受和满足仅仅与他有关，因而只能通过他得到承认；他的享受和满足没有“真实性”，能向所有人显现的实在性。同样，主人的这种“消费”和有闲的享受来自欲望的“直接”满足，至多只能提供给人少量的快乐；这种享受绝对不可能提供给人完全的和最终的满足。]相反，劳动是一种被压抑的欲望，一种延迟满足的消逝；换句话说，劳动进行培养和教育。[劳动改造世界，教化人，教育人。能够——或必须——劳动的人，必须压抑促使他“直接”“消费”“原始”物品的本能。奴隶只有在压抑自己的本能的时候，才能为主人劳动，也就是为另一个人劳动。他在劳动中超越自己；或者也可以说，他进行自我教育，他在压抑自己的本能的时候，“培养”和“升华”自己的本能。另一方面，他不破坏本来状态的物体。他在通过劳动改造物体的时候，推迟了对物体的破坏；他制造用于消费的物品；也就是说——他“使”物体“成形”。在劳动中，他改造物体，同时也改造自己：他在自我改造和自我教育的同时，使物体和世界成形。他在改造物体和世界的同时，自我教育，自我成形。因此，]与对象的否定关系之所以构成了在永久实体中的这种物体的一个形状，正是因为在劳动者看来，对象有一种独立性。同时，这个否定的中项，即[劳动的]培养活动，是意识的特殊性或纯粹的自为存在。通过劳动，这个自为存在深入到在意识之外的东西中，深入到永久性的因素中。劳动的意识由此到达一种关于独立存在的直观，它在其中直观自己本身。[劳动产品是劳动者的成果。这是他的计划和他的理想的实现：他在产品中并通过产品实现自己，他直观产品的同时，直观自己。不过，和自然物体一样，这种人工产品也是“独立的”，也是客观的，也是不依赖于人。通过劳动，也仅仅通过劳动，人作为人实现自己。只有在生产了一件人工产品之后，人才更实在、更客观地成为他自己，不同于一个自然的存在；只有在这个实在的和客观的产品中，人才真正意识到其主观的人的实在性。只有通过劳动，人才是一个超自然的实在存在，并意识到他的实在性；在劳动中，人是“具体化的”精神，人是历史的“世界”，人是“客观化的”历史。

因此，是劳动“培养或教育”人，使之与动物分离。“被培养或教育的”人，通过其劳动而完善和满足的人，必然不是主人，而是奴隶；或至少是经历过奴役生活的人。不过，如果没有主人，也就没有奴隶。因此，主人是历史的、人类发生的过程的催化；他自己没有主动地参与这个过程；但是，如果没有他，如果没有他的在场，那么这个过程将是不可能的。因为如果人类的历史是劳动的历史，并且这种劳动只有在压抑本能或劳动者的“直接利益”的情况下进行时，才是历史的、社会的、人的，那么劳动必然是为另一个人进行的，劳动必然是一种强迫的、由死亡焦虑引起的劳动。正是这种劳动，也仅仅是这种劳动，解放了人（奴隶），即赋予其人性。一方面，这种劳动创造了一个客观的现实世界，即一个非自然的世界，一个文化的、历史的、人的世界。仅仅在这个世界中，人才过着一种不同于动物（和原始人）在自然中过着的生活。另一方面，焦虑把奴隶与给定的自然和他的动物天性维系在一起，而这种劳动把奴隶从焦虑中解放出来。正是通过在焦虑中为主人服务的劳动，奴隶把自己从使之隶属于主人的焦虑中解放出来。]

然而，[通过劳动使物体]成形的活动不仅仅有一种肯定意义，这种意义在于服侍人的、被当作自为存在的意识为自己构成了一个存在的实体，[这就是说，劳动仍然不同于人得以创造一种纯属人的技术世界的活动，这个技术世界同动物生活的自然世界一样实在]。[通过劳动使物体]成形的活动还有否定的意义，这种意义旨在对抗服侍人的意识的第一因素，即焦虑。因为在物体的成形中，意识固有的否定性，也就是意识的自为存在，仅仅因为意识扬弃作为一个给定的[自然]存在而存在的对立形式，才为自己构成了对象[或世界]。不过，这种客观的否定实体，正是服侍人的意识在它面前颤抖的异己的本质。现在，相反，[在劳动中和通过劳动]这种意识摧毁异己的本质。它把自己表现为在持续的因素中的一个否定实体；它由此为它自己形成，它成为一个自为存在的实体。在主人那里，对受奴役的意识来说，自为存在是另一种自为存在；或者，在这种情况下，自为存在仅仅是为这种意识存在的。在焦虑中，自为存在[已经]在它之中存在。但是，在[通过劳动的]成形中，自为存在为它构成了它自己的东西，由于它自己自在和自为地存在，它最终成了意识。形式[意识设想的概念—计划]，由于在外面的呈现[在意识之外呈现，通过劳动——进入世界的客观现实]，所以对[劳动的]意识来说不能成为一种不同于它的实体。因为这种形式正是纯粹的自为存在；在这种形式中，这个自为存在成为真实的东西[或被揭示的、意识到的客观现实。在通过劳动被实在地改造的世界中，劳动者认出了他自己的成果：他在其中认出了他自己；他在其中看到了他自己的人的实在性；他在其中发现了他的人性，以及他对自己形成的最初的抽象和纯主观看法的实在性，并显示给其他人。]通过这种由自己完成的重新发现自己的过程，[劳动的]意识成了内在的意义或意志；它是在劳动中做到这一点的，虽然它在劳动中似乎仅仅是外在的意义或意志。

[只有经历了奴隶身份，只有通过为另一个人服务的劳动（在他看来，这种劳动体现了焦虑）克服了死亡焦虑后，人才能到达真正的独立。因此，在最初，使人获得解放的劳动必然是奴隶的强迫劳动，奴隶为一个强大的、掌握所有实权的主人服务。]

在这种[意识本身的]返回中，下列两个因素也是必不可少的：[第一]焦虑的因素，[第二][通过劳动的]培养或教育，以及服务。与此同时，一般地说，两个因素是必不可少的。[一方面，]如果没有服务和服从的纪律，焦虑就停留在形式上，不能延伸到意识到存在的客观现实中。[仅仅恐惧，甚至在意识到死亡时恐惧，是不够的。必须在焦虑的情况下生活。不过，以这种方式生活，就是服务于人们所恐惧的某个人，引起或体现焦虑的某个人；就是服务于一个主人（实在的，也就是作为人间的主人，或“升华的”主人——上帝）。服务于一个主人，就是服从他的命令。如果没有这种服务，焦虑就不可能改变生存处境；生存处境就不可能超越其最初的焦虑状态。正是在服务于另一个人的时候，正是在外化的时候，正是在和其他人联系在一起的时候，人才摆脱了由死亡观念引起的奴役性恐惧。另一方面，]如果没有[通过劳动的]教育培养，焦虑就仍然是里面的或内部的和沉默的，意识不能为自己本身形成。[如果没有改造实在的客观世界的劳动，人就不可能真正地改造自己。即使人发生了变化，这种变化也仍然是“内部的”，纯主观的，“沉默的”，仅仅向他一个人显现，不能显现给其他人。这种“内部的”变化不能使他与没有发生变化的世界，与紧密联系于这个不变世界的其他人协调。这种变化把人转变成疯子和罪犯，而他们迟早要被自然的和社会的客观现实消灭。只有劳动能最终使客观世界与最初超越这个世界的主观观念协调，消除影响每一个人的态度的疯狂和罪行因素。由于受到焦虑的影响，人们试图超越使他感到恐惧，使他体验到焦虑，使他不能得到满足的给定世界。]但是，如果意识[通过劳动使物体]成形，又没有体验到最初的绝对焦虑，那么它就只能是本身虚幻的或虚荣的意义或意志。因为这种意识的形式或否定性不是自在的否定性。因此，它的改造活动不可能给予它对自己和对本质的意识。如果意识忍受的不是绝对的焦虑，而仅仅是某种恐惧，那么否定的本质对它来说仍然是一个外部实体，它[自己的]内容没有在其整个范围内受到这种本质的影响。这种意识的自然意识的全部内容仍然没有动摇，这种意识——自在地——属于特定的存在。这样，内在的意义或意志[der eigene Sinn]就是主观的意见[Eigensinn]：一种仍然寓于奴隶身份之内的自由。[由这种劳动强加于给定物的]纯粹形式不可能为这种意识构成本质。同样，被认为延伸到特殊实体的这种形式不是[一种]普遍的教育力量；它不是绝对的概念。相反，这种形式是一种仅仅支配某些物体的灵巧，而不是客观的本质的普遍力量和整体。

[没有体验到死亡焦虑的人，不知道给定的自然世界是与他敌对的，不知道这个世界倾向于杀死他，消灭他，本质上不准备实在地满足他。归根结底，这样的人仍然与给定的世界紧密地联系在一起。他至多想“改造”这个世界，即改变其内容，进行特殊的改造，但不改变其本

质属性。这样的人以“机灵的”改良主义者，甚至以因循守旧者行事，但绝不以真正的革命者行事。不过，他生活在其中的给定世界属于(人的或神的)主人，在这个世界中，他必然是奴隶。能解放他——因而能满足他的活动就不是改良，而是“扬弃”，甚至革命地取消这个世界。然而，对世界的这种革命改造必须以“否定”，整体上否定给定的世界为前提。这种绝对否定的原因只能是由给定世界引起的，更确切地说，由统治这个世界的人，由世界的主人引起的绝对恐惧。不过，(非本意地)产生革命的否定欲望的主人是奴隶的主人。人不可能从给定的世界中解放出来，因为只有当给定的世界整体上为一个(实在的或“升华的”)主人所专有，这个世界才能满足他。然而，只要主人活着，他始终服从他是其主人的世界。之所以只有在生命危险中和通过生命危险，主人才能超越给定的世界，是因为他的死亡“实现”了他的自由。只要他活着，他永无可能到达使之上升到给定世界之上的自由。主人永无可能摆脱他生活在其中的世界，如果这个世界毁灭了，他也一起毁灭。只有奴隶能超越(服从主人的)给定世界而不至于毁灭。只有奴隶能改造培养他和把他置于奴隶身份的世界，并创造一个由他改造的、他在其中将获得自由的世界。只有通过在焦虑中为主人服务的强迫劳动，奴隶才能做到这一点。当然，独自一人的劳动不能使他获得解放。但是，在通过劳动改造世界的同时，奴隶也改造自己，并创造了新的客观条件，使之能重新进行解放斗争，以得到最初由于怕死而失之交臂的承认。因此，最终说来，一切奴役劳动并不实现主人的意志，而是实现奴隶的——尽管最初是无意识的——意志，奴隶——最终——在主人——必然——失败的地方取得胜利。最初依赖人的、服侍人的、受奴役的意识，最终实现和显现了独立的自我意识的理想，这就是它的“真实性”。]

I

1933—1934学年课程

预备性注释

“科学的体系”在《精神现象学》中的地位

黑格尔的“体系”的最初方案（耶拿）：逻辑学→形而上学→自然哲学→精神哲学。

其次，逻辑学和形而上学被认为是等同的（1807年）：《精神现象学》（=导论）→

→逻辑学→{自然哲学
精神哲学}

最后（《哲学全书》）：逻辑学→自然哲学→精神哲学。

（《精神现象学》不再是“体系”的导论，而是成了精神哲学的一部分。）

在《哲学全书》中，自然哲学和精神哲学之间的平行论被抛弃。

上帝不是实在的，既不是作为本质（“逻辑”），也不是作为自然（“存在”）。自然（存在）是本质的否定。自然是抽象的，因为自然不考虑精神。唯有综合，也就是上帝的本质在他那里得到充分实现并展现其本来面目的人是具体的。因此，我们能说：

逻辑学
自然哲学 } →精神哲学

《哲学全书》的精神哲学。提纲：

I. 主观精神：人的个人因素：
  A. 灵魂（人类学）
  B. 意识（现象学）
  C. 精神（Geist）（心理学）
II. 客观精神：仅仅在社会中实现的因素。
III. 绝对精神：
  A. 艺术
  B. 宗教
  C. 哲学

在描述绝对存在的产生过程的历史哲学中，精神哲学到达顶点。

I.B相当于1807年的《精神现象学》的最初两章（意识和自我意识），I.C相当于《精神现象学》的其余部分。

可以说，绝对哲学没有对象，更确切地说，它本身就是自己的主题。唯有整体拥有一个具体的现实，因此，哲学在研究具体现实的同时，也研究整体性。这种整体性既包含意识，也包含绝对哲学（因为黑格尔实现了这种哲学）。

绝对哲学没有外在于它的对象。

“辩证法”：这是一种误解。（参见附录I，447页及以下。）

三阶段的辩证法（正题→反题→合题）不是一种方法。辩证法是事物本身固有的、真正的本质（《哲学全书》，81节），不是一种外在于事物的“艺术”（《哲学全书》，274节）：具体的现实本身是辩证的。

哲学的方法只能是对实在事物的消极直观和纯粹而简单的描述。绝对知识是一种表面的无行动。(《耶拿教程》,1801—1802年。)

哲学家的思想是辩证的,因为这种思想反映(揭示)辩证的实在事物。

我们能把1807年的《精神现象学》设想为:

a) 教育学的导论(第二位的观点);

b) 主体的导论(黑格尔本人必定要进行思考和撰写《精神现象学》);

c) 或者客观地设想为在意识中和通过意识的绝对精神的意识。在历史方面,精神已经实现;但是,精神必须意识到自己;这就是他在思考——以黑格尔的名义——"精神现象学",即精神发展的历史,"显现"或"显示"("现象")时所做的事情。

精神现象学是一种现象学的描述(在胡塞尔的意义上);其对象是作为"存在现象"的人;人在自己的存在中和通过存在向自己显现。精神现象学本身是其最后的"显现"。

[在黑格尔那里,由于一元论的偏见(从《逻辑学》的观点看);由于人的存在并非不同于自然的存在的偏见,《精神现象学》本身被歪曲。]

在精神现象学中有两种倾向:(占统治地位的)古代一元论,以及犹太基督教教义(在黑格尔那里,否定性相当于自由、个体性和死亡的基督教概念)。

黑格尔的方法是一种观念化的抽象(胡塞尔)。他考察一个具体的人,一个具体的时代,但这是为了发现能在其中实现(黑格尔没有提及专门名称)的可能性(即"本质""概念""观念",等等)。

在黑格尔看来,本质不独立于存在。人也不存在于历史之外。因此,黑格尔的精神现象学是"存在的",如同海德格尔的现象学。它必然被当作一种本体论的基础。

[在《逻辑学》中，这种本体论实际上是人类学的；因此，当它解释自然时，就被歪曲了。它不是普遍的，尽管黑格尔认为它是普遍的：它是一种人（“精神”）的本体论，而不是自然的本体论。]

精神现象学考察所有作为存在态度的可能哲学态度。但是，每一种态度都仅仅基于一种唯一的“可能性”。因此，当每一种态度试图表达整个真理时，都是虚假的。它作为绝对哲学的“因素”是真实的。

与黑格尔所认为的不同，精神现象学是一种哲学人类学。它的主题是，作为人的人在历史中的实在存在。在现代的意义上，它的方法是现象学的。因此，这种人类学既不是一种心理学，也不是一种本体论。它试图描述人的整个“本质”，即人的所有“可能性”（认知的、情感的和活动的可能性）。一个时代，一种给定的文化（实际上）只能实现一种唯一的可能性。

标题：科学的体系。

第一部分：精神现象学。

（60页：精神现象学的科学。）

1. 科学=体系=哲学。“科学的”哲学必定是“成体系的”：

科学或体系。

哲学必然是科学的。科学或哲学是“必然的和完整的”；它不是一种个人的思辨。体系必然是循环的；仅仅在这种情况下，它才是必然的和完整的。因此循环性是哲学的（绝对）真理的标准。事实上，这是在唯心主义一元论（也许在广义上）中的真理的唯一可能（内在）标准。当人们证明，如果不能回到出发点，人们就不能超越体系的逻辑发展必然到达的观点（况且，它差不多能始于任何地方）时，人们就证明一种哲学包含可思考的东西的整体（也就是说，这种哲学绝对是真实的）。

在这个意义上，精神现象学有一种循环的特点。

2. 精神现象学的科学=意识经验的科学：

Erfahrung=经验。这是意识(Bewusstsein)为了到达自我意识(Selbstbewusstsein)，也就是为了理解意识是现实本身的必由之路。这条道路是人的历史性的回忆，已实现的世界历史的“回忆”(Erinnerung)。人的历史发展过程是一系列主动的(“否定的”)创造，但是，连续的意识是哲学史的阶段，这些阶段在精神现象学中和通过精神现象学被整合，在其整体性中就是这种精神现象学，表示一系列被动和主观的“经验”(Erfahrung)。

[黑格尔并不始终忠实于他的指导思想。有时，历史的发展过程如同一种永恒的(“预先存在的”)理念(在时间中)的连续实现。古代的(异教)概念与源于犹太基督教的人的历史性的概念相矛盾，后一种概念认为，人是自己造成(已经造成)的东西。在希腊人看来，人(作为理念，一开始)就是其所是。在异教伦理学看来，你应当成为你所是。在基督教伦理学看来，你应当成为非你所是；而“皈依”的伦理学(与“永恒”和自我同一的“斯多葛主义的”伦理学相对立)。]

《精神现象学》的提纲和结构(见附录III)：

全书分为八章(组合成某些章节的A、B、C部分是在事后被引入的)。

A(“意识”)和B(“自我意识”)按逻辑，而不是按时间(同时性)前后排列。在历史中发展变化的东西是完整的(具体的)人，完整的人包含着《精神现象学》的最初五章描述的所有因素。时间性出现在每一部分中。然而，在最初的三个部分(意识、自我、理性)中，这些章节不是按历史排列的，所以，这些部分是“同时的”。

最初五章描述构成完整的(具体的)人的因素。最后三章描述历史的发展过程。因此，第六章的各节对应于历史的诸阶段。在第七章(“宗教”)，历史再次得到描述。这两个方面汇合于描述和实现历史的最终状态，以及作为整部《精神现象学》的综合的第八章(“绝对知识”)。

A、B和C描述广义的意识（即人）的三个方面："自在"（an sich; Bewusstsein=狭义的意识），"自为"（für sich; Selbstbewusstsein=自我意识），自在和自为（an und für sich; Vernunft=理性，前两者的结合）。

A. 人对立于世界；Bewusstsein＝意识。

B. 人意识到他与世界的对立，因此，意识到自己：自我意识。

人分离于：a）世界：道德唯我论（"怀疑主义和斯多葛主义"）。

b）上帝："苦恼的意识"。

C. 人意识到自己与世界的相互作用，人意识到在世界中的自我：完整的意识（理性）。

在第五章（C节）：

A. 人认识到仅仅以生命的方式，而不是精神的方式包含人的世界的统一性。人不是作为人重新回到自然和上帝之中。世界有机体（世界＝动物，而不是精神）的概念。人没有认识到他自己的精神性。科学的自然主义：人和世界融为一体；不是因为世界是精神，而是因为人是自然。

B. 人在世界中的活动：人是理性的动物。

C. 人的活动通向一种绝对的个人主义，从存在本身的观点看，这种个人主义是荒谬的（"不可忍受的"，行不通的）："禽兽的个人主义"。人将到达真正的自我意识，不过，这只能发生在历史过程中。

第六章和第七章（如同A和B部分，是相似的，但顺序颠倒）描述在历史中和通过历史的意识。第六章把历史的发展过程（直至拿破仑）当作一系列（否定"给定物"的）主动创造。第七章（"宗教"）描述在艺术、文学、宗教中和通过艺术、文学、宗教对这些创造（=历史时代）的一系列意识。

第八章：拿破仑完成了历史，黑格尔意识到这一点，"绝对知识"不必再修改和补充，因为在世界将不再有新的东西。因此，这种知识描述现实事物的整体：它是完全的和最终的（永恒的）真理。它将在“体系”（《哲学全书》）中得到阐述。但是，为了做到这一点，必须“完成”历史（拿破仑）和意识到历史的整个发展。这种意识是以这种方式把人引入（einfürht）“科学”（=哲学=绝对知识）的精神现象学。第八章叙述在精神现象学中的绝对知识，因为第八章只能是前几章的概述。在概述的结尾处，一种“超越”重新回到出发点（第一章）：这种循环性证明了整体性，即整体的真理。

《精神现象学》注释

A
意识（A部分，第一章至第三章）

在其消极的、沉思的态度中和作为认识主体的人，对立于被认识到的外部对象（狭义的“意识”=对外部世界的意识）。（同样的人的积极态度将在第四章B节描述。）

I
感觉确定性；或者：这个和意见（第一章A节）

“感觉确定性”。人归结为纯粹的感觉。在世界中，这个相当于人的这种感觉主义的认识态度，意见相当于希腊哲学家的意见。这是“幼稚的”人的认识态度；也许，在特定的状态下，这是低龄儿童（和史前的人？）的认识态度。这是作为人的一般意识，甚至哲学家的意识的“因素”（即构成整体的因素）的必然态度。关于这种态度的描述应该证明人如何从意识（和通过对意识的否定）上升到“知觉”阶段（第二章）。

感觉确定性的内在辩证法的说明；原始人，儿童何以和为什么成为现代人；成年人何以和为什么不满足于这种态度；哲学家何以和为什么超越“感觉主义”。

阶段是连续的，其中的每一个阶段已经被当作和仍然被当作一个完整的哲学体系的基础。对这些体系的批判分析：巴门尼德、古代的原子论、普罗塔戈拉斯，等等。一般的感觉主义。黑格尔把它们归结为其真理的内核，并证明它们如何在历史过程中被超越。

精神现象学不仅仅是一种认识论。哲学研究和描述的是完人，黑格尔的人类学完全不是理智主义的。认识观点的主导地位表现为精神现象学从认识分析着手只不过是一种（黑格尔所希望的）历史偶然性。黑格尔的哲学反对（源于笛卡尔主义的）认识论的二元论。问题在于重建统一性，反对任何形式的二元论。他首先从取消认识主体和被认识客体之间的传统对立着手。

真理是整体（Das Wahre ist das Ganze）（客观真理不同于感觉确定性）。真理，是充分和完全向本身显现的现实的整体：它是绝对的观念（absolute Idee），具体的概念（konkreter Begriff）。

仅仅从主体对立于客体和主体在这种对立中被忽略的观点看，感觉确定性才有意义：因此，感觉确定性是“抽象的”，因为它忽略了主体。它不是真理。感觉确定性是主观的，却不知道这一点；人们在试图肯定感觉确定性的同时，超越感觉确定性，因为人们因而引入了感觉确定性试图排斥的主体。

在其整体中，精神现象学描述感觉确定性转变成真理的过程。

第一章考察“幼稚的人”，更确切地说，考察“幼稚的哲学家”对“幼稚的人”的思考。他是感觉主义者。

在黑格尔看来，当感觉主义证明实在事物存在时，它是真的。但是，当感觉主义试图把一切认识都建立在唯一的感觉态度上时，它是假的，因为这种态度包含了一种矛盾，正如他在后来所证明的。

黑格尔研究包含最低限度的合理性的认识因素，理性来自（否定给定物的）活动，因此，问题在于一个纯粹消极的主体。这就是柏格森试图研究的东西。但是，在黑格尔看来，没有绝对非理性的直接材料；始终有一种最低限度的合理性（即否定活动）。只有理性范畴被包含在感觉中：存在（Sein），其他存在（Gegenstand）。在这里（在不再有人类的否定活动发生的地方），我们只有绝对非理性的动物“认识”：禽兽无音节的叫喊“显示”其纯自然的存在（自我感情，而不是自我意识）。

感觉仅仅揭示“纯粹的”存在，即不确定的存在。真理被包含在感觉确定性之中——实在事物*存在着*。在没有资格的纯粹存在中，自我的*存在*是和实在事物的*存在*同时显现出来的。但是，注视世界的意识并没有意识到这一点。

存在（第一章的最初几行）和我们在《逻辑学》的开头部分看到的存在相同。它是隐藏的，没有显现出来的存在，亚里士多德的潜在的存在。它*存在着*，但不是确定的东西，它什么也不是……

79—80页直到“这个差别……”。

这是一个导论，概述在本章得到的结果：从感觉到知觉的过渡。

在这个阶段（79页末尾），存在一方面分裂为自我和对象（Gegenstand），另一方面分裂为空间和时间。它是纯粹的此时此地（hic et nunc）。它是被揭示的存在本身，存在的实例。

79页倒数第8行：“Sie sagt von dem, was sie weis, nur dies aus...”（它表示，此时是白天，仅仅出于……）。一切真理能够和必须用词语来表达。真理是被认识揭示的实在事物，这种认识是理性的、概念的。因此，真理能用理性的语言（Logos）来表达。

现实＝被揭示的现实＝真理＝概念＝语言。我们*谈论*的现实包含我们的语言（Logos），因为语言也是*实在的*。*谈论*一种不包含语言的现实,就是谈论一个抽象概念,就是抽象地谈论(哲学谈论)。(包含主体的客体是精神,Geist。因此,具体的存在是精神。)

79页倒数第6行:这里的存在是笛卡尔的“我思故我在”。黑格尔试图取消现代哲学的二元论,包括源于笛卡尔主义的康德和费希特的哲学。它也是费希特的自我(Ich)(参见倒数第5行)。

第一章提纲

A. 感觉确定性的描述(79—80页)。

B. 感觉确定性的辩证法(80—86页)。

(1) 对象的辩证法(80—82页)。

a) 此时(81—82页)。

b) 此地(82页)。

(2) 自我(Ich)的辩证法(82—84页)。

(3) 感觉确定性的整体的辩证法(84—86页)。

a) 此时(85—86页)。

b) 此地(86页)。

C. 从感觉确定性到知觉的转变(86—89页)。

II
知觉;或者:事物和幻觉(第二章A节)

(本章没有注释。)

第二章提纲

A. 知觉的描述(83—89页)。

（1）引论（89—90页）。

（2）对象（知觉对象）的描述（90—92页）。

（3）（感知主体）的意识的描述（92—93页）。

B. 知觉的辩证法（93—94页）。

（1）客体的辩证法（93—94页）。

（2）意识的辩证法（94—97页）。

（3）知觉的整体的辩证法（99—102页）。

C. 从知觉到知性的转变（99—102页）。

（100—102页：说明——“常识”哲学批判。）

III
力和知性，现象和超感觉世界
（第三章A节）

（仅仅注解本章的某些段落。）

知性（Verstand）区分现象（Erscheinung）和“真正的存在”（übersinnliche Welt，超感觉世界）。但是，与主体对立的客体（Gegenstand）被保留下来了；这是超感觉世界或“事物的内在本质”（das Innere），事物的存在不依赖思考它们的主体。

内在本质（110页）相当于：

A. 原始思维的超自然力，

B. 柏拉图的理念，

C. 莱布尼茨的单子，

D. 牛顿物理学的力，

E. 生机论生物学的生命，

F. 康德的自在之物。

a）它首先是（由感觉，即第一章的存在揭示的）实在事物的纯粹存在；

b）它也是在直接或感性意识之外的一种为知性（Verstand）的材料；

c）感觉材料只不过是一种现象（Erscheinung）。

现象不仅仅“看上去存在”（scheint），而且也“显现”（erscheint），现象显现自己和显现真正存在的东西。力（Kraft）所显示的存在，是现象（Erscheinung）。

原始态度：巫师，教徒。

然后，科学。

然后，哲学的起点。

但仅仅是起点，因为（超感觉的）现实仍然被设想为一个对象，一个对立于主体和独立于主体的客体。在本章的末尾，出现了生命，主体和客体在其中没有区分的第一个概念。生命（Leben），以及一般主体和客体的统一，是由在第五章描述的理性（Vernunft）揭示的。

空洞的和没有内容的彼世，感性“现象”的纯粹否定首先——在客体方面——呈现出来。

在主体方面：三段论。

然后，通过三段论和彼世的相互作用，我们到达“有规律的平静世界”：这是（牛顿的）科学。

然后，产生了康德珍视的对这种科学的批判：这种科学只不过是一种同义反复（正如在梅叶松看来）。

这种同义反复体现在生命的统一概念中，这个概念呈现给成为理性的知性（第五章）。

彼世（das Jenseits）也是一般的宗教概念（宗教被理解为知识，也就是被理解为神学）。神学继续在（超验的）上帝中看到一种对立于主体的客体：对象。

区分上帝和人的神学不是理性的(vernünftig)。神学必然是一种神话。宗教被科学摧毁,但是,科学不理解宗教的象征意义。只有绝对哲学能理解宗教的象征意义。(每一个民族都借助所崇拜的诸神崇敬自己;事实上,每一个民族都在以为认识上帝的同时意识到自己。)

绝对哲学,是黑格尔的哲学。这种哲学所"理解"的宗教是基督教,也就是神性人性兼有说,耶稣-上帝的博爱。(在基督教徒看来:上帝成了人;黑格尔解释说:在其历史发展过程终结时,人成了上帝,更确切地说,人是上帝,因为人通过这个发展过程的整体成了上帝。"人神说"。)

神学(归根结底:基督教神学)联系于它的超验神性和彼世(Jenseits)。

科学(归根结底:牛顿科学)联系于它的"第一性质"(伽利略-笛卡尔),"力"(牛顿)和"规律"(康德)的世界。

前黑格尔哲学(归根结底:康德哲学)联系于它的对立于"现象"的"超感觉世界",是知性对(部分的和部分真实的)世界的揭示的三个方面,知性仍然把主体和客体对立起来,当它谈论"真实的现实",谈论对立于知觉和感觉世界的"事物的内在本质"(das Innere)时,"忽略"了主体的存在。

(在第三章描述的)一种同样的辩证法取消了这三个方面,因为它们是零碎的、不充分的(虚假的)东西。人因而成为理性,同等地看待主体和客体,但是,人把主体(人)变成客体(自然)。从而产生一种"唯物主义的"人类学,一种"禽兽的"存在个人主义,以及谢林的自然主义的和生机论的一元论(第五章)。

然而,实际上是:"Das Uebersinnliche ist die Erscheinung als Erscheinung"(超感觉事物是作为现象的现象)(113页第5行)。真实的、绝对的、具体的(也可以说"神性的")现实,是被揭示的(其中:通过感觉)世界,因为世界自我显现(其中：通过感觉)。不过，是人揭示世界(存在)。因此，绝对——是包含感觉它、感知它、思考它和谈论它的人的自然世界：最终说来，在《精神现象学》和《哲学全书》中，即在“体系”中。

第三章提纲

A. 知性的描述(102—103页)。

B. 知性的辩证法。

(1) 一般宇宙(das unbedingt Allgemeine)的概念(103—105页)。

(2) 作为力的宇宙(牛顿)(105—110页)。

a) 力的概念(105—106页)。

b) 力的作用(106—107页)。

c) 力的作用：作用和反作用(107—110页)。

(3) 作为“事物的内在本质”(das Innere)的宇宙(110—125页)。

a) 神学的彼世(Jenseits)(112—1125页)。

b) 多种性的规律(牛顿科学的批判)(105—121页)。

c) 颠倒的世界(超验二元论的“颠倒世界”)(121—125页)。

C. 知性转变。

(1) 成理性(生命概念)(第五章)(125—126页)。

(2) 成自我意识(第四章)(125—129页)。

B
自我意识(B节)

自我意识的真实性(第四章B节)

第一章至第三章(关于认识论的章节)：意识=对外部世界的认识

态度。

第四章(关于人类学的章节):自我意识=通过欲望和活动对自我的意识。(客观的)真理和(主观的)确定性之间的差异部分地消失了。这就是为什么标题是:

自我确定性的真实性(Die Wahrheit der Gewissheit seiner Selbst)。

表示:向本身显示它自己的存在的意识的被揭示的存在。

自我意识是确定性和真实性:一种确定性的真实性和一种真实性的确定性。

但是,这仍然假定了客体和主体之间的区别。在本章中,自我意识对立于他者意识。为了谈论自我意识,必须区分主体和客体。仅仅当意识(人)成为理性时(第五章),这个观点才能被超越。

第一章至第三章类似于第四章:同样的辩证法。

感觉(第一章)类似于Begierde="非个人的欲望"(第四章B节,1);知觉(第二章)类似于Anerkennung=承认的欲望(第四章B节,2);知性(第三章)类似于Freiheit=自由的欲望(第四章B节,3),主体不再对立于特殊存在,而是对立于主体希望从中"获得解放"的外部世界的整体。

在涉及"存在",即涉及欲望和*活动*的意义上,第四章是人类学的。黑格尔不失为理智主义者:如果没有通过否定活动的创造,就没有对给定物的直观。他的人类学在本质上不同于希腊的人类学,在后者看来,人首先认识和自我认识,然后行动。

第四章提纲

A. 自我意识的描述(133—138页)。

(1)与在第一章至第三章描述的"现象"比较(137—174页)。

(2)自我意识的描述,第四章的辩证法的起点和终点(134—135页)。

（3）生命概念的分析，这种辩证法到达的生命概念将是第五章的主题（135—138页）。

B. 自我意识的辩证法（138—171页）。

（1）欲望：作为人类发生活动的起源的欲望（139—140页）。

（2）[=第四章A节]主人和奴隶：主人和奴隶的辩证法（人源于动物）（141—150页）。

a) 生死斗争（143—146页）。

b) 主人（146—147页）。

c) 奴隶（147—150页）。

（3）自由：（面对世界时，虚幻的、"抽象的"）自由（151—157页）。

a) 斯多葛主义（152—154页）。

b) 怀疑主义（虚无主义）（154—158页）。

c) 苦恼的意识（作为存在的、感情的态度和基督教）（158—171页）。

（I）犹太教（159—160页）。

（II）耶稣（160—161页）。

（III）基督（161—171页）。

α=沉思的宗教（162—164页）。

β=活动的宗教（164—167页）。

γ=反思的宗教（167—171页）。1)（168页）；2)（168—170页）；3)（170—171页）。

C. 自我意识转变成理性，171页；归结为几行——本章的最后一句。

自我认识包含：

a)主体和客体之间的存在的（感情的、活动的）区分；

b)对主体和客体统一的认识。人的生命是在世界上的一种生命，我们的世界“为”人存在。如果人对世界行动，那么人也在世界中行动。因此，不可能将人（主体）和世界（客体）分离开来：在事实上和在认识上都是不可能的。而是应该把两者对立起来和区分开来。

人们没有证明人和世界的统一。它不是一种材料；材料必须通过活动才能实现。欲望，是同化（欲望的）对象、使之成为自己的东西、使之成为自己本身（食、性）的欲望。在最初的时候，人以为自己对立于外部世界；这种对立是主动的。这种对立通过对世界的欲望显现出来，人们在这种欲望中希望消除这种对立。第一阶段：肉欲，138页第21行，“In dem von der ersten...”（在最初……）。在最初的两段里，黑格尔谈论已经意识到自我，但仅仅意识到自己的纯粹存在（自己的存在=抽象的存在）的人：这是纯粹的（抽象的）自我（reines Ich）（费希特）。

139页（Das einfache Ich，纯粹的自我）。当人实际上取消了客体的（客观）实在性时，人意识自己的具体（主观）实在性。他者（自然）的虚无（Nichtigkeit）把人的存在的确定性给予人。在欲望中，人试图取消客体——最初无意识地——肯定自己。

欲望指向一般的对象，而不是这个对象；是一般的肉，而不是这块肉。不管被食用的肉是什么，欲望继续存在，对象也继续存在。因此，“自然的人”不是一个独立的人：他依赖外部世界，他不能取消外部世界，因而不能在自己的独立中和自由中肯定自己。

自我意识的独立和依赖；主人和奴隶

（第四章A节）

自我意识的承认（Anerkennes）和超越

A. 本体论的描述（141—143页）。

第一阶段——通过和为了一个他人的存在(否定的存在)。

自为存在否定他人；但是,自为存在也是为了他人的存在。因此,当自为存在否定他人的时候,也否定了自己。

第二阶段——自在和自为存在。

他人的否定。(这种否定不是绝对的。被否定的不是他人,而是在辩证运动开始时他人的身份,此时,他人是纯粹的自为存在。)

作为自由的和独立的人,承认他人也是自由的和独立的。反过来说,只有当人自由地得到他人的承认时,才是自由的和独立的。

辩证运动是双重的；这是一种相互作用。这是社会的、历史的人。

B. 存在的描述(143—150页)。

这就是为什么这种本体论的辩证法是主观的。

人试图通过力量被承认为自由的和自主的。从而得出:

a）生死斗争；

b）主人的辩证法；

c）奴隶的辩证法。

a）生死斗争(143—146页)。

出发点是处在欲望状态之中、开始在人的环境中生活的人。欲望始终存在着。但是,欲望改变了对象。欲望指向另一个人,然而,另一个人仅仅被当作对象,欲求的对象:为了一种否定,一种占有。

人希望得到他人的承认:纯粹的欲望(Begierde)成为承认的欲望。这种承认(Anerkennen)是一种行动(Tun),而不仅仅是一种承认。但是,这种行动不对立于认识。它是一种认识的行动,一种主动的行动。但在最初,人们希望得到承认,却不准备反过来承认他人。

做人,就是不受任何特定存在的制约。人具有否定自然、否定自己的任何本性的能力。人能否定其经验的动物本性,人能自愿死亡,冒生命危险。这就是人的否定存在(否定的:否定性):在否定其生命的时候,实现否定和超越其给定的实在性的能力,超越和不同于纯粹的生命存在。

如果他人的活动也实现了这种否定性,那么每一个人都希望他人死亡。但是,杀死他人意味着把自己的生命置于危险的境地。因此,每一个人都认识到自己的死亡,至少认识到死亡是可能的。

否定的存在是本质上有限的。只有当人会死去时,人才可能是人。但是,为了做一个人,必须作为人死去。死亡必须自由地被认识到;这必然是一种在战斗中的暴卒,而不是一种生理过程的结果。

即使人在实现自己的原始欲望,也就是对一个自然的现实事物的单纯欲望时死去,人也否定自己,没有解放自己,而仍然依赖于自然:他作为动物死去。

人必须冒生命危险才能制服他人的意识。他必须进行为了得到承认的斗争。人在冒生命危险的时候,向他人表明自己不是动物;人在希望他人死亡的时候,向他人表明自己把他人当作人。

因此,有生死斗争的必然性。否定性=死亡=个体性=自由=历史;人是:终有一死的、有限的、自由的、历史的个体。

所有这些概念都相互关联。

生死斗争不是一种最终的存在态度。因为如果人必须冒生命危险,以使他人承认自己的人格,那么他不是作为尸体希望得到承认。如果他试图杀死他人,那么他不是通过他人的尸体希望得到承认。

人既不是纯粹的否定性(Negativität),也不是纯粹的同一性(Identität),而是一种整体性(Totalität)。

纯粹的同一性:动物生命,自然存在。

纯粹的否定:死亡,绝对的消失。

整体性:在存在中成为虚无的消失,在世界上的人,精神。

人不纯粹是生命，也不完全独立于生命：人在生命中和通过生命超越其给定的存在。

人否定死后继续存在：人的真实性伴随着其动物存在的消失而消失。但是，仅仅在否定这种存在的时候，人才是人。

辩证的过渡（从“生死斗争”的状态到“主人和奴隶”的状态），这就是：**人必须活着，但必须是**（或成为）人（145页第2段）。

b）主人的辩证法（146—147页）。

在没有人死亡的斗争之后，一个人是胜者，另一个人是败者。

（这种辩证法不仅仅涉及个人的关系。而且也涉及：罗马和蛮族，贵族和第三等级，等等。最后，宗教意义：犹太教中的上帝和人。）

主人（胜者）的观点：

主人=自为存在。其余一切只不过是为他的手段。他得到他人的承认，但不承认他人。

与欲望的区别：主人的意识有一种具体的、人的内容。与另一个人和与自然的关系。另一方面，（主人的）自我得到另一个人的承认；在奴隶看来，这个自我是一种客观实在性。欲望的人没有得到承认：自然是他的意识的内容；因此，他本身是自然，动物。他仅仅为自然存在。主人得到了承认。但是，他得以被承认的意识是奴隶的意识。他为一个人存在，但这个人仅仅是一个奴隶。

［在《精神现象学》的146页第7行，黑格尔有时在“nur Begriff”（抽象概念）意义上使用Begriff（概念）。贬义。］

c）奴隶的意识（奴隶的辩证法）（147—150页）。

依赖的存在（146页）=纯自然的、生物的存在（没有否定性）。

奴隶的意识是一种依赖的存在。因为奴隶宁愿（作为奴隶）活下去，也不希望（为了自由）死去。因此，他依赖有机体的生命；他更看重有机体的生命；他就是这种生命。

主人的意识是双重的：即使这种意识仍然是（直接的）欲望的意识，它也得到（间接的）奴隶的承认。为什么它仍然是欲望？因为生死斗争指向一个自然对象：一种食物，一个女人，另一个人必须承认这些东西是我独占的财产。因此，对象变成了财产（Besitz）。人进行斗争，力图证明他对这个对象的（公认的、“合法的”）占有，但不一定为了消费它。因此，这种斗争已经联系于另一个意识，这就是为什么他的对象不同于纯粹欲望的对象。但是，如果人消费他人承认他所占有的对象，那么他将作为动物和按照欲望进行消费。

主人不是真正的人，这只是一个阶段。这甚至是一条绝路：他永远不会因为得到承认而“满足”（befriedigt），因为只有奴隶承认他。是奴隶成为历史的人，真正的人：总之——是哲学家，是黑格尔理解因相互承认而得到最终满足的原因和方式。

奴隶服从自然世界，因为他希望活下去。冒生命危险的主人战胜了自然世界，因而战胜了奴隶。主人有意识地接受死亡，奴隶不接受死亡。

面对奴隶，主人作为人活着，严格地说，奴隶不是人：主人有一种统治权。

奴隶依赖生命，因而依赖物体。不过，他拒绝死亡仍然是一种人性的态度；所以，他依赖物体是人性的，否定的。他加工物体，改造物体。他因而支配物体，但是也依赖物体（“原材料”）。劳动的否定面：劳动奴役人。（接下来，黑格尔发现了劳动的肯定面。为什么他忽略这个否定面呢？因为他在这里站在主人的立场上。正是通过劳动的肯定面，奴隶将获得解放。）

奴隶为主人而不是为自己劳动。

主人面对物体的态度是间接的：通过奴隶的(劳动)意识。因此，主人生活在一个技术的、历史的、因劳动而人性化的世界中，而不是生活在一个自然世界中。他不再依赖这个世界，因为奴隶劳动者向他提供保护的屏障。

在什么时候自然转变成世界(历史世界)？当有斗争，也就是有生命的危险，作为*劳动*实现的否定性出现的时候。历史是为了得到承认而进行的流血斗争(战争、革命)和改造自然的劳动的历史。

但是，主人作为人斗争(为了得到承认)，作为动物消费(自己不劳动)。这就是他的残酷无情。他因而仍然是欲望的人(他成功地满足了欲望)。他不能超越这个阶段，因为他是有闲的。他能作为人*死去*，但他只能作为动物*活着*。

欲望的人不可能得到另一个*自由*人的承认：因为在这种情况下，对手要么死去，要么杀死他，因此，不可能有承认。

主人的态度是一条存在的绝路：

主人没有得到他想得到的承认，因为他仅仅得到一个没有自由的意识承认；他意识到这一点：绝路。

相反，奴隶承认主人的自由。

他只要求获得解放，得到主人的承认，置身于一种真正的，也就是相互承认的处境。只要主人——通过斗争——把有意识的动物改造成某一天能真正成为自由人的奴隶，主人的存在就能得到“解释”。

奴隶意识的辩证法。

原因：对死亡的恐惧。当奴隶体验到死亡焦虑(Furcht)时，也体验到纯粹的否定，也就是他的自由，他的人性(在自身中，在自然世界之外，他是纯粹的虚无)。

由此得出：在世界上的存在意识；

人的存在的有限性的意识；

个体性的意识，因为只有死亡能真正地使存在个性化（另一个人不可能在我的位置上死去）。

此外，死亡焦虑向奴隶显示，人不真正地受制于任何特殊的生存条件。

因此，焦虑是解放的一个必要条件；但不是充分条件。它只不过是一种自由的可能性。

最初，奴隶仅仅在主人身上（不是在自己身上）认识到自由：他认识到*另一个人*的自由。

在为主人服务的时候，奴隶遵循另一个人的意志；他的意识是间接的。他按照（人的）焦虑，而不是按照（动物的）欲望活着。

在服务中最重要的东西，是基于焦虑和为主人服务的*劳动*。奴隶还没有意识到劳动的自由价值。

主人由于自己的欲望仍然是自然的奴隶。

奴隶：他的劳动不是破坏物体（作为欲望）；他加工物体，改造物体。他把自然改造成世界（把自然世界改造成历史世界）。他因而从自然中解放出来。

通过劳动，奴隶也意识到他的自由。

然而，这种自由只是一种抽象的自由：奴隶实际上不是作为自由人活着，尽管他对他的自由有一种内在意识。仅仅通过和为了他的思想，他才是自由的。他首先以为能苟活。但是，他体验到这种态度不是可行的。

第四章B节描述了这种奴隶意识的辩证体验。这种体验分为三个阶段：

1. 斯多葛主义的态度；

2. 怀疑主义或虚无主义的态度；

3. 苦恼的意识的（基督教）态度。

1933—1934年课程概要

（高等应用学校宗教科学专业 1934—1935年报摘要）

我的讲课是作为克瓦雷（Koyré）先生关于黑格尔宗教哲学的课程的延续。克瓦雷先生分析了在《精神现象学》之前的著作。我的讲课遵循克瓦雷先生的解释方法，按照他的指导思想，致力于研究《精神现象学》。

首先，我们准备阐释黑格尔的宗教思想。但是，黑格尔在《精神现象学》中使用的方法与宗教成分是不可分离的，所以必须注释整部著作。然而，不幸的是，唯有前三章和第四章的一部分能加以解释。

精神现象学被认为是一种哲学人类学。更确切地说：它是对人的存在态度的一种系统的、完整的、在（胡塞尔的）现代意义上的现象学描述，以便对《逻辑学》的主题，作为存在的存在，进行本体论的分析。尤其就宗教而言，精神现象学不是一种客观的神学，不是一部宗教的历史，也不是一种宗教感情的心理学。这部著作包含对人的所有宗教态度，人作为生活在空间-时间世界中的一个历史存在能采取宗教态度的现象学描述（而且，当《精神现象学》问世时，这些宗教态度已经在历史过程中实现)。同样,这些不同的宗教态度也必须被当作构成整体的因素(Momente)。在充分实现其本质的人,即充分地和完整地理解自己的人,即活到历史终结时的"绝对"哲学家——总之,黑格尔——的完整态度中,这些态度必须被扬弃(aufgehoben)(也就是说,分离的东西被取消,真实的东西被保存和升华)。仅仅由于撰写了其中包含对这些宗教态度的综合描述的《精神现象学》,黑格尔才成为和能成为其所是。

在最初的四章,宗教的主题被讨论了两次。第一次是在第三章的中间部分,黑格尔描述了作为认知态度的宗教态度。这是神学家的典型态度,其特点是绝对存在(上帝)的超验观念,(客观的)真正存在和(主观的)人的存在之间的根本性区别和不可消除的对立。第二次是在第四章末尾(苦恼的意识),宗教态度被描述为积极的和感情的态度。第二次分析是第一次分析的补充:黑格尔在这里描述了在世界中生活和行动,相信神学的超验上帝的人的典型态度。这些存在态度的辩证的——内在的和必然的——转变的现象学描述同时也是对历史神学和历史宗教的一种批判。我们看到,只有在拥有绝对知识(das absolute Wissen)的哲学家的完整态度中被扬弃(aufgehoben),宗教态度才具有一种绝对价值。

II

1934—1935学年课程

自我意识的自由
(第四章B节)

151—152页——导论:

a) 最初的三句概述了A节;

b) 我们从黑格尔(关于绝对知识)的观点开始;

c) B节的辩证运动的征兆。

第四章B节的开头部分=第三章的开头部分(斯多葛主义者类似于学者,神学家)。人获得了一个具体的自我: 在劳动中(劳动的奴隶); 得到作为一个自我的另一个人的承认。尤其是: 承认另一个人(主人)是一个自我。

[152页,在破折号之间的论述是关于理性(Vernunft)。这一段不应该出现在《精神现象学》中。]

a) 斯多葛主义(152—154页)。

奴隶认识到处境: 他是斯多葛主义者。

其原则: 人是自由的,因为人思考。(如果对照第三章的这个段落,我们将看到,奴隶不仅仅成了斯多葛主义者,而且也成了学者——通过劳动。牛顿物理学是一种工人、工程师的物理学。)

斯多葛主义者在满足自己的欲望时,服从自然; 在思考的时候,他获得了解放。他与外部的、人的或自然的世界分离。在王位上或在锁链中,他都是自由的。因此人处在世界中和在国家中并不重要。

在主人的意志中,斯多葛主义的奴隶没有其实在性,因为他不再为了苟活而服从，他不再为了维持生计而劳动。他接受被主人惩罚致死的可能性。他接受自己的死亡："哲学的自杀"。因此，他通过一种无私的态度获得了解放。和奴隶的生存相比，这是一种进步。因为如果他的行为是为了满足欲望，那么劳动使他获得解放，也使他受奴役。斯多葛主义者不关心世界和人，而自由是否定世界和人。这是抽象的自由，因为斯多葛主义者思考，但不行动。他的自我与他自己保持一致：直接的（unmittelbar）；他的自我不是间接的（vermittelt）。他对立于世界，他躲藏在思想中，但是，他不与世界，不与主人做斗争，以便使人承认他是自由的（冒生命危险）。他是一个自由的人，也是一个抽象的人，因为他仅仅在思想中，更确切地说——在*他的*思想中，才是自由的。

持有斯多葛主义的存在态度的人脱离自然。但是，具体的人必须重新找回自然，理解自然，安排自然（153页最下面）。

（154页）：*斯多葛主义的批判*。与自然背离的思想是空洞的，没有内容的。如果这种思想有一种内容，那是它取自外部世界的内容。斯多葛主义者的态度也是暂时的，他将成为怀疑主义者。（将类似于康德的道德哲学的批判。）

这种批判在幼稚的、非哲学的意识中出现：这是烦恼。斯多葛主义的概括性是令人烦恼的［"Die allgemeinen..."（一般……），第21—26行］。

接着是概述（最后一段）：斯多葛主义=抽象的自由；虚幻地独立于世界。斯多葛主义者必须认识到其态度的可能性。他要干什么？他要否定世界和社会。唯我论——黑格尔称之为怀疑主义。

b）*怀疑主义*（154—158页）。

为什么在第三章里没有提到它？因为它涉及一种感情的态度，一种对自然世界的否定。个体性得到升华：这是一种道德的、存在的、具有理论补充的唯我论。多样性被否定，只留下自我（欲望所揭示的"纯粹自我”)。自我是自由的,因为它独自在世界上。这仍然是抽象的。始终不进行斗争,以便在现实世界中得到实际的承认。

斯多葛主义者希望在面对世界时是自由的,但从外部世界获取其道德的因素。他发现自由是虚幻的。于是,他成了怀疑主义者或“虚无主义者”。只有怀疑主义者能实现斯多葛主义者的理想(知性的抽象自由),否定外部世界的存在本身。

我们处在古代思想中。智者沉思,但不行动。最终说来,斯多葛主义者的理想是主人的态度,但他在为了纯荣誉的斗争中不冒生命危险,他不行动。怀疑主义者的态度是否定的。如同欲望(Begierde)的人的态度,如同劳动的奴隶的态度。怀疑主义者取消外部世界的存在,但仅仅在精神上,而不是在现实中,不是主动地。他也不行动。

怀疑主义者实现自由的理想——在精神上。这种自由也是欲望的人和奴隶的目的。怀疑主义者何以能取得成功?

怀疑主义者的否定纯粹是理论的(反对科学的一种论战)。这种否定包含人们能在理论上实现的“虚无主义”。人们能思考自我,而不思考外部世界;因此,人们能取消外部世界,而不取消自己本身——至少在思想中和通过思想。我们记得,斯多葛主义是奴隶的态度,奴隶劳动,但不斗争。因此,问题在于(源于劳动的)思想,而不是实际的行动,不是反抗主人的斗争。知性(Verstand)将被怀疑主义的批判取消。但是,怀疑主义同时也是知性的抽象二元论的彻底肯定:人与世界对立,正如存在与虚无对立。在黑格尔看来,人实际上不是“别的东西”,就是世界(自然)。人完全不同于外部的自然世界,因为人是行动(也就是说:通过斗争和劳动否定自然的给定存在,在这种否定中和通过这种否定实现自己的时候,人在自然的给定存在中成为虚无)。不过,显而易见,只有当人的活动能被思考,能意识到(它本身只不过是否定的东西)时,它才具有人的价值。此外,有不同等级的意识:感觉,知觉,知性,理性。只有通过奴隶的*生存*(他的劳动活动),怀疑主义的态度才是可能的；但是，为了这种生存是真正人性的，斯多葛主义者必须思考这种生存。作为人的生存，它首先是斯多葛主义者-虚无主义者的生存。

斯多葛主义者的思想存在于事物（自然、科学）中。它不能否定这些事物。它不能在不取消本身的情况下否定这些事物。相反，如果怀疑主义者的思想转向本身，就能否定这些事物。它仅仅想到一种实在的事物：这种事物是属于人的，它其实就是（奴隶的）劳动。

黑格尔在这里写道：Denken=Infini（思维=无限）。这是“坏的无限”，数学的无限。任何一个数在无限中都等于零。怀疑主义者的思想是“无限的”，因为它否定一切规定性。在黑格尔看来，人不仅仅是其所是，而且当他否定其所是的时候，也是其所能是。在这里，怀疑主义者揭示了人的否定性。因此，自由的概念深入到哲学中。唯有怀疑主义者能实际地否定他自己的给定本性，也就是他在主人世界中的奴隶地位——通过在这个世界中的行动，也就是通过为了得到承认而反抗主人的斗争。在这里，否定始终是理论的、精神的。

怀疑主义者没有超越知性、自我意识的观点。这就是他失败的原因。

第一章至第三章和第四章描述了在理性（第五章），也可以说，“非理性的”理性之前（人的）意识的两个方面。第一章至第三章：外部世界的意识（Bewusstsein）；第四章：自我意识（Selbstbewusstsein）。

相应于：

第一章：感觉……欲望（第四章A节，1）……斯多葛主义（第四章B节，1）（感觉主义的唯物主义）。

第二章：知觉（感觉在知觉中的否定）……（主人的）斗争（第四章A节，2）……怀疑主义（第四章B节，2）（感性世界的否定）。

第三章：知性（感性事物和超感性事物的二元论）……（奴隶的）劳动（第四章A节，3）……苦恼的意识（第四章B节，3）（此世和彼世的二元论）。

黑格尔的观点：同一性是自然的存在，也是人的存在，即人作为固定的材料，作为他的天赋“本性”所接受的一切。但是，人能否定自然和他自己的本性：他能行动［否定不行动（Nicht-getan-haben）］。否定性是自由（自由的或解放的活动），是人超越其本性的可能性；这就是在人那里属于人的东西。整体性是人的历史性，人在时间-空间世界中的存在，人就在这个世界中斗争和劳动。人不同于动物，因为人是一种否定的存在；但是，只有当人回忆起他所否定的东西（Erinnerung），人才是一种综合的存在，才是整体性（即一种具体的实在性）：把意识包含在其最广的意义中的东西。

自由-个体性-历史性是联系在一起的。基础：死亡和人的有限性的概念。黑格尔说：“自由，即否定性，即死亡。”（他由此得出，严格地说，自然的生命存在是不死的；它仅仅竭尽其可能性，它“腐败”。）但是，人有无限的可能性。这就是为什么人死亡。人是一种“坏的无限”，一种开放的无限。在一系列无限之中的断裂。人能潜在地超越死亡（这就是为什么人能想象不死，死后继续存在）：人通过历史传统超越死亡。但是，和人类一样，文明也会死亡。

［我们应该区分辩证的（人类学的），即包含否定性的现实，以及不是辩证的和与本身保持同一的自然世界的现实。（在这里，整体性=同一性。）但是，黑格尔是一元论者。从而形成他的真理的“循环”概念和人的最终“魔术隐藏法”。历史必然是循环的；历史必定停顿，仅仅在这个时候，真正的哲学才能实现。结果：未来的不可预测性；同样，“永恒轮回”的不可能性。由此得出时间和历史的现实。当真正的哲学（黑格尔的哲学）产生时，历史的阶段成了错觉。归根结底，真正的、自由的东西，等等，是绝对精神（Geist）——这不是历史的人：但是，精神不是别的，就是完成的历史的整体，也仅仅是完成的历史的整体。］

怀疑主义的批判针对：

a）知性的科学；

b）知性的伦理学；知性包含和“保存”感觉，但把感觉和超感性事物对立起来。

知性考察相互分离，与周围物体分离，独立于主体，因而独立于“抽象”物体的客体。这是“世俗的”、“官方的”科学的态度；这也是斯多葛主义者的态度，因为他脱离外部现实，独善其身。这也是神学的伦理学的态度，因为它基于最终的材料（道德判断如同与人分离和强加于人的东西）。（主人和奴隶的）天赋本性的（亚里士多德哲学的）观念。古代的伦理学：人应当在物质中实现一种（给定的、永恒的）“理想”：你应当成为你所是。在黑格尔看来，这种古代的伦理学是虚假的，因为人没有永恒的、不变的、一次性确定的“本性”。怀疑主义者否定知性的异教伦理学的原则（仍然是感觉主义的原则）：他已经超越了异教的范畴，为犹太–基督教的到来做好准备。

黑格尔的伦理学可能有另一个命令：你不应当成为你所是，你应当成为你所是的对立面。（你应当转变自己；你应当成为一个“新”人。）没有黑格尔的道德哲学（他与道德家们是敌对的）；只有一种伦理学的哲学。唯一的公理：个体必须按照他生活在其中的民族的风俗习惯生活（只要这个民族的风俗习惯符合时代精神，也就是说，只要这些风俗习惯是“稳固的”，能抵御革命的批判和攻击）。否则，他将被淘汰：作为罪犯或疯子。怀疑主义者已经意识到自己是对立于自然的人：他对他的自由，也就是对他的非自然的存在有主观确定性（Gewissheit）。

怀疑主义者充分揭示了行动的否定性。

使行动具有人类发生价值的东西，就是行动是给定物，自然，“天赋本性”的否定。基础就是行动：人是行动。

（156—158页）：怀疑主义的批判。自由不是一种属性，而是一种行动。人的自由不是一次性给定的。人是一种辩证的绝对不安（Unruhe)。不行动的怀疑主义者仍然在意识的二元论之内。

怀疑主义者的态度是行不通的。

a) 怀疑主义者仍然在知性(和知觉)中,保留主体和客体(感知者-被感知者)的区分。

b) 他发现了自由,但他孤立地看待自由,他试图思考在分离中的否定性。否定性到达虚无,因为否定性不存在于整体性之外:如果与同一性(=在世界之外的人)分离,否定性就是纯粹的虚无,死亡。

结果:(没有目的的)自杀(参见陀斯妥耶夫斯基作品中基里洛夫的主题)。否则,否定就纯粹是精神的,甚至语言的。怀疑主义者仍然是意识的人(也就是说,他脱离社会和自然);纯粹的自我=纯粹的虚无,通过自杀在存在中被揭示出来。

怀疑主义者所否定的不是一种内容,一种理论,一种伦理学,而是一切内容,一切理论,一切伦理学。

"吝啬者的无序活动。"怀疑主义者与自己相矛盾(他什么也没有做;他在他的论述中否定人和其他人所做的一切)。另一方面,他重复始终同样的否定:啰唆话。他的生活是矛盾的。(参见上面:他的否定纯粹是语言的。)如果他能坚持下去,如果他不自杀,那么他的坚持就是矛盾的。

它不是强意义上的一种真理,一种现实:怀疑主义是行不通的。如果他能理解这一点,那么他就成为:

c) 苦恼的意识(158—171页)。

这是犹太-基督教的意识。

在第三章,黑格尔已经讨论过这种意识;这是作为知性的人思考的神学家。在这里,问题不在于认知的态度,而是感情的态度,问题在于被当作存在现象的(一般)宗教感情:"宗教的灵魂"(特别是基督教的灵魂)。

在这里，教徒有一种自我意识（Selbstbewusstsein），也就是说，他意识到自己和自己与世界的对立；他脱离世界。这种分离使他苦恼，他把这种苦恼当作其宗教意识的内容。之所以他脱离世界，是因为他仍然是生活在一个敌对世界（主人的世界）中的奴隶，他没有得到承认。因此，他是上帝的奴隶。在他和主人同样是上帝的奴隶的意义上，他现在的地位与主人相同。然而，他实际上不是自由的：在奴隶身份中，在非相互的承认中的平等。

出发点［158页："Im Skeptizismus..."（在怀疑主义中……）］。活着的怀疑主义者自我矛盾。当他意识到这种矛盾时，他成了另外的人：（基督教）教徒。他应当认识到自己身上的两重性（一方面，经验的自我；另一方面，否定的、自由的、超验的自我）。

这种（意识到的和被接受的）矛盾必须被消除。

我们注意到：怀疑主义者成了教徒。教徒超越怀疑主义者，因为他使矛盾缓和，他接受他的两个"自我"；这就是为什么他是苦恼的；这就是为什么他是有神论者。宗教只有在苦恼中是可行的，宗教产生苦恼，维持苦恼。

主人和奴隶的关系投射到教徒中。此外，上帝和人的关系是主人和仆人的关系。

只要人是奴隶，他就必须找一个主人。在这里，教徒仍然是奴隶。怀疑主义者否定主人，但仍然是奴隶。一个没有主人的奴隶（仍然作为奴隶）是什么人？我们将看到（第六章），他是自由民（资产者），本质是基督教徒。

宗教使人走出唯我论，但宗教重新创造了一个主人（想象的主人：上帝），因为唯我论（没有斗争！）是奴性的。

教徒既是主人，也是奴隶；因为他是奴隶，所以他是主人，因为他是主人，所以他是奴隶：世界的主人——上帝的奴隶。［世俗化的（和实际的）形式：资产，他的"资产"的奴隶。］

当人超越知性的二元论，认识到自己是精神时，就能与自己和解：历史的创造者，国家的公民。于是，他是上帝(绝对的“满足”——Befriedigung)。教徒在两个自我之间选择；他不把两者融合在一起，他做出一个选择：他选择超验的自我。公认的理由之一：经验的自我是终有一死的(事实上：他仍然是受奴役的，没有“得到承认”)。在宗教意识中，这是两种本质上不同的存在，两种不相干的存在。还有两个世界之间的对立：人的世界和神的世界。在教徒看来，与超验的存在，即上帝相比，前一个世界是乌有，是虚无：怀疑主义继续有效。教徒悬置在两个世界之间，不能(通过斗争和劳动)把两个对立的世界统一起来，从而消除矛盾。他要做出选择，尽管仍然是被迫的。他仅仅献身于与世界对立的上帝(彼世)。他试图超越自己，超越世界(但不通过斗争和劳动的否定活动来改造世界)。

教徒自己“欺骗”自己，但宗教仍然是一个肯定的阶段。教徒发现了人的两重性，在某种意义上也发现了人的统一性。宗教结束了第四章，开始了下一章(讨论理性，“理性的”人)。

斯多葛主义：在王位上或在锁链中的人的同一性；这就是说，和动物相反，人不是由他在世界(自然、宇宙)中所占据的位置确定的：“自由”。怀疑主义：唯我论，即人的唯一性：“个体性”。最后，教徒发现了“超验”。但是，教徒不理解这一点；因为在他看来，超验存在不是人，而是上帝。事实上，这种超验不“在”彼世，它是通过否定活动(斗争和劳动)超越(也在人那里的)一切给定物的行动产生的。

人的分离始于欲望的人的轻视，因为欲望的人在面对另一个人时，要杀死他。教徒认识到，只有与另一个存在接触，人才能走出存在的绝路；但是，在他看来，这另一个存在是非人性的，是神性的：他“承认”另一个存在，但他以为他承认的是上帝。

在宗教意识看来，不可能综合个体(特殊)和永恒(普遍)，由此产生了三位一体：

1. 奴隶寻找在彼世的一个(非凡的)主人,因为他怕死。(与生死斗争的第一阶段相似。160页第20行。)犹太教。圣父。

2. 圣子,作为个人的神。福音,耶稣。

3. "(苦恼的)意识本身在永恒之中"。基督教,教会,圣灵。

或者:

a)永恒的本原禁止特殊性(犹太教);

b)永恒的本原成为特殊性(基督教);

c)意识在其中感到快乐的精神(到理性的"内在性"的过渡,第五章;无神论)。

(我们也能引证到自我意识(人),不是到上帝的过渡:我们将看到黑格尔的观点。)

[160页第二段:"Was sich..."(这……)是一个解释性说明。]

在本章中,问题不在于神学,而在于宗教意识的现象学,胡塞尔意义上的现象学。

目的:(特殊的)个体性和(普遍的)绝对的结合。第一个尝试:神性人性兼有说。(这种综合仅仅发生在民族和国家中;第六章至第八章。)但是,神性人性兼有说中,这种结合的实现是一个对象(Gegenstand):基督不是人,他是彼世,是超验。教徒期待统一,他首先(在基督中)认为这种统一是外在于他的、遥远的,在时间中和在空间中与他分离的。

宗教纯粹是沉思的。宗教意识对基督的认识是一种不完全的认识,因为它包含了一种对立。它同时保留特殊和普遍,但不把它们融合在一起。

思维(Denken)。思维来自一种否定,即来自一种(劳动的)活动。

思维本身是主动的（“革命的”），当精神实现的时候（已完成的历史），思维最终纯粹是沉思的。当思维与行动分离时，它变成“纯粹的思维”（reine Denken）；这是知性的思维，不行动的人的思维。纯粹的思维不能到达个体（斯多葛主义及其一般概念）；在斯多葛主义中，这种思维变成否定的，倾向于行动，但它不能造就个体，因为它的否定“行动”纯粹是精神的。在世界中和为了社会，人必须实在地行动。人必须实现某种超个体的、普遍的、超主观的东西。仅仅在这种情况下，人才能作为人活着，并得到“满足”。知性构思共相（一般概念）；应该把共相融合于知觉所揭示的特殊事物。

教徒在这个方向迈出了第一步。他保持两者：特殊（人）和普遍（上帝）。这是他的真理。他的不足之处是：他是这个“自在”，而不是“自为”；黑格尔理解这一点，但他没有意识到这一点。因此，还没有理性（Vernunft）。教徒不是“理性的”。

教徒开始在世界行动，但是，他为了和通过彼世行动。他为上帝，而不是为自己行动。他的行动是——至少在他看来——上帝的行动，而不是他自己的行动。因此，他不知道“天国”是在此世和通过人，通过人的创造（否定）活动实现的。

教徒的理想外在于他（基督）。他的第一种态度（162—164页）不是一种行动，而是一种沉思，对彼世、对超验的沉思。宗教意识不向自己显现；是神的（遥远的、外来的）个体性显现给（在苦恼中分裂的）人。教徒的沉思探索是经验的，只能到达上帝的陵墓（朝圣，十字军东征）；但是，这种在世界中的“实现”仅仅是虚幻的（暗示十字军东征的失败）。十字军东征是象征意义上的斗争（Kampf），属于生死斗争。在灵魂和上帝之间的斗争。人在成为教徒时，也成了奴隶；斗争重新开始，这是人反抗上帝的斗争。但是，这种斗争必然失败，因为这个人是教徒。不过，这种失败不是决定性的。人最终将成为胜者。

第二种态度：从沉思到行动的过渡（164—167页）。然而，教徒的行动没有结果。只有在民族和国家中，行动才有结果。这是在社会中的行动。教徒不是作为社会的个体，而是作为孤独的个体行动。他不想实现在这个世界中的某种东西，也不是为了其他人。他想得到上帝的承认，他为自己行动：在彼世，他仅仅想实现其孤独的灵魂。确实，他想取消孤独的经验个体性。但是，在这方面，他也不能达到他的目的：他始终没有抓住普遍，他仍然是特殊：一个“特殊的个人”。

［特殊的个人(der Einzelne)是孤立的、自闭的个体性；不同于潜在地拥有普遍的个体性(Einzelheit)。教徒是一个特殊的个人(Einzelner)。］

在沉思后，教徒以为失去了与上帝的联系，他重新回到自身，重新找回(仍然是受奴役的)欲望和劳动。这仍然不是主人和奴隶的实际综合，而是一种并置。他是主人和奴隶，也就是说，他仍然是奴隶：没有主人的奴隶。他清楚地知道，他是自然的奴隶，但仅仅因为他是上帝的奴隶，所以他才是自然的奴隶。因此，教徒的行动不能实现他自己的统一性。

教徒以为自己在劳动；在他看来，这是一个主题；因为主人(“领主”)命令他(甚至在奴隶看来)。他不知道人劳动是为了实现他在这个世界中的个体性。

不过，教徒在世界中行动；这是向前迈出的一步(尽管他只是为他的超验生活而劳动)。但是，教徒知道他的行动是他的行动。他相信，只有通过上帝的意志，行动才是有效的。他感谢上帝允许他行动和通过上帝行动。在他看来，上帝是唯一的真正动力因。教徒在行动(劳动、斗争)的时候，“获得神性”(在黑格尔看来：获得人性，获得解放)。然而，这不是他的行动。教徒想取消他的个体性；但通过劳动，他事实上肯定了他的个体性；他在感激上帝时，肯定了他的个体性。因为感激上帝的行为是教徒的行动。这种行为是他的行为，是他完成了这种行为。他某一天意识到他的行动的实在性(否定的行动，因为他为彼世否定给定物)。于是,他知道自己是主动的个体。

因此,Gewissheit(肯定性)成了Wahrheit(真理)。人不再仅仅是an sich(自在),而且也是für sich(自为)。人必须成为自在和自为,这就是作为绝对哲学家(黑格尔)的观点。

但是,第四章不直接通向第八章,因为宗教“行动”不是一种真正的行动:解放仍然是抽象的、精神的。

第三种态度(167—171页):我们现在有两个端点:教徒和上帝的行动;问题在于把两者联系起来。

第一阶段(168页)。禁欲主义的宗教感情(修道生活)。

宗教行动没有社会意义。认为自己毫无价值的一个人的行动,如何能被他认为有一种价值?他断言他的行动仅仅与自己有关。但在这种情况下(因为他脱离社会),他发现自己的“动物功能”。敌人出现了,在禁欲主义者看来,动物功能实际上是更重要的东西:矛盾的态度。

禁欲主义者想与上帝结合,但是,唯有思维能间接地通过禁欲主义者(神秘主义者)取消实在的(自然的)存在。

第二阶段(168—170页)。教会。教会不是一个真正的国家,信徒的社团不是一个真正的社会。为什么?因为“每个人为自己,上帝为所有的人”。但是,步子是大的。

在特殊和普遍之间的斡旋者是一个人:教士。他是公民的原型。教会是国家的雏形——图式。教士不再是一个奴隶(Knecht),而是一个仆人。但他还不是公民,因为他是教徒:在他看来,两个端点是超验存在(上帝)和罪恶(人),他们还没有在教会的社会宗教生活中被间接化。

在俗教徒和神职人员之间的对立,代表经验的个体和不死的灵魂。没有在两者之间的相互承认。个人的宗教生活的所有特点都能在社会中找到(禁欲主义:封斋期,等等)。

教会代表自我意识和知性所能达到的顶点。彼世,知性和精神(第五章至第八章)。

面对彼世,在俗教徒的行动本身没有价值。教士传递一种无价值的行动,但他取消这种行动的罪恶特征。教士取消这种行动的个人特征(特殊),个体性(Einzelheit),他消除苦恼。在俗教徒的行动成为一种普遍的、超个人的行动:它不再是一种行动;它被取消了。

第三阶段(170—171页)。在教会中,人自在地(an sich)获得解放,但他不知道这一点。因此,这还不是真正的解放,因为真正的解放是意识到的解放。此外,宽恕来自上帝,而不是来自教徒本身:至少从他的观点看。他不知道他自己获得了解放:其实,在教会中,他的行动是社会的,但他相信他的行动是另一个人,(体现在教会中和教士身上的)上帝的行动。在教徒看来,上帝所起的作用如同在现实中社会所起的作用。此外,上帝的行动通过教士实现,因此,上帝的行动不再是他的行动。在教士那里,行动是超个人的,因此,他的行动也不再是他的行动。

教徒生活着,因为他在行动;但他不知道他在行动,他仅仅想到他的无能和死亡。他不知道他生活其中的世界是他的世界,不知道世界是他的行动的结果。他以为世界是上帝的产物,是罪恶和苦恼。教士安慰他,并对他说,他的行动仍具有肯定的某种东西:但这只不过是一种"残缺的肯定性"(gebrochene Gewissheit)(171页)。他对教徒说:你现在的苦恼是在彼世的享福(Gennuss)。但是,教徒没有真正地相信,而真福是"自在的",不是"自为的"。

即使到了顶点,教徒仍保留其所有特点:苦恼和孤独——因为他相信有一个彼世。苦恼、孤独和宗教形成一个整体。

现在,人理解到他的行动是自在的,他的行动(Tun)和他的存在(Sein)完全是实在的。在他看来,不再有彼世(Jenseits):他是无神论者。他不再与自然分离:他生活在内在性之中,他是理性(第五章)。

苦恼的意识（从知性，一般地说，从意识和自我意识）到理性（第五章C节）的这种转变在一句话（本章的最后一句话）中得到描述。

黑格尔仅限于说——在一个美好的日子里——人意识到他的（想象的）上帝其实就是他自己：他“认出”自己是上帝。他的苦恼由此结束。从此以后，他是理性的人，他是“理性的”。

不过，我们将看到，这种理性还是“抽象的”。具体的理性是精神。第五章的理性的人试图“不依赖”（历史的）自然和国家生活下去：这是自由民知识分子。他也将陷入（啰唆、疯狂、自杀的）虚无中。

[辩证的转变的短暂似乎表明，只有当宗教通行于任何地方，教徒到黑格尔的无神论（更确切地说，人神论）的转变才是*必然的*。但是，宗教生活是一种在苦恼之中，没有确定和完全“满足”（Befriedigung）的生活。“过渡”是一种否定行为，即自由行为；因而是不可推断的。对精神现象学的所有阶段来说，情况都是如此：斯多葛主义之所以被超越，是因为它是“苦恼的”；怀疑主义之所以被超越，是因为它是“不安的”和“没有结果的”；宗教之所以被超越，是因为它和内心的苦恼联系在一起。人们——只能——在苦恼中抱怨。宗教的无限延伸的可能性由此产生。]

1934—1935年课程概要

（高等应用学校宗教科学专业 1935—1936年报摘要）

我们继续逐字讲解《精神现象学》，我们已经研究了关于“苦恼的意识”，即宗教的意识的章节。

在黑格尔看来，宗教感情的特征是分裂（Entzweiung），意识分裂为一个经验的自我——它依附于世界，是终有一死的，和一个超验的自我——与上帝有直接联系的不死灵魂。取消两重性的（gedopelte）意识的两个矛盾成分的对立（Widerspruch）是不可能的，这是教徒的苦恼（Unglück，Schmerz）的根源。这样的人不可能达到与自己的统一，不可能得到作为人的存在的最高目的和最终赦罪的满足（Befriedigung）。

作为宗教基础，因而作为苦恼基础的二元论根基是双重的。一方面，对个体不死的欲望，对死亡的奴役性恐惧。正如在（之前描述的）生死斗争中，人成为其对手的奴隶是因为想不惜一切代价保存生命，人成为上帝的奴隶也是因为想避免死亡，想作为教徒在自己身上寻找一个不死的灵魂。另一方面，之所以人求助于宗教的二元论，是因为他不能在此世实现他的自由，也就是他的真正存在。在死亡恐惧所导致的失败中，奴隶把世界让给了作为胜者的主人，只要他不准备与主人做斗争，以重新获得世界，他就只能在世界之外，在彼世（Jenseits），在宗教的超验存在中寻找他的自由。寻找其自由的奴隶生活在一个由主人统治的世界中，他被迫在受奴役的经验自我，和被认为能在彼世获得自由，也就是生活在一种宗教态度中的自我之间做出一种区分。但事实上，超验的自我并不比受奴役的经验自我更自由，因为在不死的灵魂中，教徒是上帝的奴隶，绝对主人的奴隶。因此，在自身中分裂的教徒不能实现他的自由。他因而不能得到满足，他始终处在奴隶身份的苦恼之中。

可能故意模棱两可的原文不能解决与黑格尔哲学的无神论有关的问题。黑格尔强调指出，他仅限于描述宗教意识，而不提出教徒所表达的观念的真理问题。但是，不容置疑，黑格尔本人抛弃了彼世（Jenseits），即上帝的超验性的观念。在他看来，这个观念是宗教特有的，因为这个观念认为绝对存在处在时间-空间世界之外，在人类和历史之外。正是这个观念把（基督教的）神学与真正的哲学，或黑格尔的科学对立起来，并通过教徒的苦恼体现在存在的方面中。

黑格尔说："人的真正存在是他的行动。"仅仅在一个国家的公民（Bürger）做出的行动中和通过这种行动，人才能作为一个自由的历史个体实现自己，由此证明其存在的完整和完善的满足。但是，由于超验的观念，教徒的行动不是一种真正的行动，宗教社会（教会）不是一个真正的国家。教徒在行动。然而，在他看来，他的行动的目的是在他不能到达的彼世：功效来自上帝；因而是上帝在人身上行动；所以，他的行动没有实现他的自由或他的存在，因而没有给予教徒他所追求的满足。同样，教会也不是一个真正的社会或国家：其成员追求一个超验的目的（得救），严格地说，一种个人的目的；在这种追求中，人们不能帮助另一个人，也不能得到另一个人的帮助；因而缺少一种唯一能使人趋于完善的真正的社会相互作用。因此，超验的观念使教徒的个人和社会活动失去了功效。他认识到这一点，因为他不是从他自己的行动，而是从神的恩赐期待得救。不过，由于认识到自己的行动无功效，即自己的存在的虚幻，他承认和接受苦恼。在他看来，苦恼是他的存在的本质，事实上，是宗教感情及其后果的根源。

为了从苦恼中解放出来，为了达到满足，即达到其存在的完整，人必须首先放弃彼世的观念。人必须认识到，他的真正的和唯一的实在性是他自由地在此世和为了此世完成的行动；人必须理解，除了他在世界上的主动存在，他什么都不是。他在世界中出生、生活和死亡，他在世界中达到他的完善。人最终将理解这一点。当人理解这一点的时候，人就不再是在苦恼的意识中到达顶点的自我意识的人：他成为理性（Vernunft）的人，在黑格尔看来，“没有宗教”的人。

III

1935—1936学年课程

理性(C部分,第五章至第八章)

I
理性的确定性和真实性
(第五章C节)

第五章导论(157—182页)

导论针对费希特和他的“主观唯心主义”。在这里,自我(Ich)不是黑格尔的精神(Geist),而是费希特的精神,费希特的唯心主义的“抽象”自我。

黑格尔反对唯心主义:为了唯心主义的真实性,自我必须是“自在的完整现实”(an sich alle Realität)。然而,这一开始就是虚假的;只有在(第六章所描述的)辩证和历史过程终结时,这才是真实的。现在,自我还只不过是第六章结束时的自我意识,与完整的现实相去甚远。为了唯心主义的真实性,自我必须成为完整的现实,并显现为这样的现实:不过,只有在历史终结时,并通过人的历史斗争(斗争和劳动),自我才能成为完整的现实。

我们记得,什么是行动(=自由=否定=中介)。在费希特那里,只有一种行动的义务,而没有一种真正的行动。

人忘记了使他到达(已经在第四章描述的)理性的道路。费希特就是如此:他仅仅揭示过程的结果,而没有揭示过程的道路,过程的整体性;他仅仅揭示主观的确定性(Gewissheit)。唯心主义的哲学家不理解人在到达唯心主义之前已经走过的道路,他因而是不可理解的。因此,他的断言只能是错误的:他没有为他的态度"提供理由"。

通过理性(康德,唯心主义)达到的现实,是现实的纯粹抽象概念(die reine Abstraktion der Realität)。在这里,黑格尔使用同样的表达方式来描述欲望的自我。为什么?这是因为唯心主义者忘记了已经走过的道路;他的自我没有(为自己)被间接化,因而是简单的、直接的、纯粹的(einfach、unmittelbar、rein)。主观唯心主义的这种自我不可能是完整的现实。

康德和费希特的自我的两个特点:从统一性到多样性的特点,和从多样性到统一性的特点。一方面,不安的探寻(das unruhige Hin-und Hergehen);另一方面,"宁静的统一性"。对一个来说,统一性是对象(世界),对另一个来说,对象是自我。

主观唯心主义的矛盾类似于怀疑主义(唯我论)的矛盾。康德仅仅通过经验主义才走出(抽象的)自我。

在第五章导论的第一段(175页),黑格尔对第四章的内容做了总结和分析,该章描述从自我意识到理性,从苦恼的教徒到理性的人的转变。

这种转变等于对一切超验,因而对一切存在的和理论的二元论的否定。理性的人本质上是不信教的、无神论的。他仅仅生活在他自己之中,只想到自己("个人主义",根本上说,非社会的、非政治的态度)。因此,作为哲学家,他想象主观唯心主义(康德-费希特):在他看来,自我,他的自我,是完整的现实,世界是这个自我的表象。

教徒把自我和(超验的,即神性的)世界对立起来。理性把世界和自我等同起来。但是，与世界对立的始终是教徒的同一个“抽象的”自我。所以唯心主义是不充分的：世界不可能和与之对立的自我是同一的。必须通过历史活动，而不是仅仅通过思维，把自我和世界等同起来。历史活动（通过斗争和劳动）根据自我改造世界，并实际地将两者等同起来。这种在世界中的活动就是精神（第六章）。

但是，改造世界的活动只能是集体的。而教徒的自我——以及“理性的”自我——是孤独的。由此产生理性的“个人主义”极其贫乏。

但是，有一种进步：因为否定了超验性，人不再逃离世界，人容忍世界。

175页倒数第10行："die Mitte"（中项）。在苦恼意识的分析中，问题是关于教士。"Erscheint"（显现）（给过去）：黑格尔想强调，他在这里仍然说第四章的教徒的语言。（在黑格尔看来，这个中项不是教士，而是民族；不是基督，而是国家。它是精神。）

175页倒数第2行。狭义上的第五章导论的开始。

理性是对他在（Anderssein）的新态度。理性的人不再否定经验的现实：他接受它，对它感兴趣，观察它（Beobachtung）。之后，他改变现实世界（第六章），通过改造世界的活动，他将成为精神。

教徒已经在社会中，在教会中行动；然而是作为自我意识，而不是作为理性。但是，人忘记了行动已经走过的这条道路；如果他想理解他的状态，那么他将是唯心主义哲学家，他把他的自我（Ich）当作一种“思想”，而不是当作一种在给定世界中的实际行动。但是，当理性的人不是哲学家的时候，他认识世界的现实：他接受现实，但不想改变现实。（此外，唯心主义者也求助于感觉，以便到达一种内容：事实上，他是经验主义者。）

176页第16行："Das Grab seine Wahrheit"（其真实性的坟墓）。这是在十字军东征后失去的耶稣坟墓；中世纪的结束。根据年代，第五章涉及现代。事实上，问题涉及现代人：谢林，高尔，施莱格尔，等等。但在原则上，黑格尔描述非社会的（沉思的、积极的、哲学的）态度，当人接受（非超验的和非宗教的）自然世界，但脱离社会世界（他不是公民）的时候，这种态度到处出现。黑格尔仅仅在第六章和第七章分析实在的历史。

现在，世界引起人的兴趣；人知道他在世界中，为了世界行动。但是，他不改造世界：他观察世界或享有世界。

以前，世界消逝了；现在，世界是永恒的，在这种永恒（Bestehen）中，人发现了自己的真实性（Wahrheit）和他的存在（Gegenwart）。

182页导论的最后一段：理性的实现过程，它将在第五章描述。

第五章提纲

A）观察的理性（182—254页）。理论方面（观察）。

B）理性的自我意识的实现……（255—308页）。积极的方面（行动）。

C）个体性……（283—308页）。哲学方面。到精神的过渡（308—312页）。

第五章A节——认识的、理论的、科学的态度。

导论（182—185页）。

a）经验世界的观察（185—221页）：谢林的生机论，“自然体系”，被设想为有机体的宇宙；

b）经验自我的观察（221—226页）；经验心理学和心理逻辑学；

c）经验世界和经验自我之间关系的观察（227—250页）：高尔的颅相学，其实，对一切自然主义人类学的批判（“种族主义”）。

从孤独的学者的理性观察到历史的和社会的人的积极态度（第六章和第七章）（250—254页）。

但首先：第五章B—C节，分析脱离社会和不关心国家的理性的人的存在的（非纯粹沉思的、理论的）态度：自由民知识分子的“存在个人主义”（第五章B节）及其哲学变换（康德-费希特；第五章C节）。

A. 观察的理性（183—254页）。

人使用感觉、知觉、知性，观察实在的、经验的世界。感觉、知觉和知性不同于前面（第一章至第三章）的含义；它们已经被理性渗透。不过，处境仍与前面的处境相似。理性的辩证法经过同样的阶段。与意识（第一章至第三章）的区别是在理性意识的积极方面：经验（Erfahrung），人们“考察自然”。然而，这是为了描述自然，不是为了改造自然（没有技术）。

183页，倒数第11行：“die Gegenwart vernunftig ist.”（存在是理性的。）不要忘记：理性的人是一种行动，一种理性的和实际的行动。

人对世界感兴趣，他知道，世界是理性的，他在世界中寻找他自己的Unendlichkeit（无限性）。[无限性是作为生命（Leben）实现的：世界的整体是一个生命有机体。但是，应该超越生命（Leben）的概念，到达精神（Geist）。]

观察的理性不是充分实现的理性。这是理性的不行动，完全消极的沉思；因此，这是理性的无意识：这种理性也没有到达精神，停留在生命的概念。这是一种抽象的理性。理性的人不把自己理解为具体的个体，因为观察的理性是孤独的、非社会的个体，刚刚摆脱纯生物生命的人的幽灵的理性。观察的理性的人不了解历史；所以，他只有对世界的一种抽象看法，在他看来，世界只不过是自然（谢林）。

理性占据统治地位，因为世界服从规律，而规律是理性发现的规律。规律只不过是符号，而符号是理性得以描述（自然）世界的词语。

从“Aber dieses...”（但这……）（183页倒数第4行）到184页第一段末尾——以一种高高在上的观点撰写的插入语。

理性的人在自然中，而不是在社会中行动。可以说，理性没有超越生物认识的水平。

观察的理性认为，它对世界本身感兴趣，理性试图发现“das Wesen der Dinge als der Dinge”（作为物体的物体的本质）。因此，理性不了解自己。在这里，是黑格尔在谈论。

[184页第19行：“Wenn es Vernunft als gleiches Wesen...”（如果作为同样的本质的理性……）等等：插入语。在这里，涉及第八章的理性，在黑格尔哲学中实现的理性：物体的存在与人的存在是一致的。自然哲学必须具有和精神哲学一样的基础。]

184页第27行：“Die Vernunft, wie sie unmittelbar...”（当理性是直接的……）（第五章开头）。理性认为在其面前有一个原始的、独立于人的自然。它积极地观察自然（不改变它），它“作用”于自然。（在第五章A节描述的）辩证运动的结果是理性的觉悟。这个结果将是精神（第六章）。（观察的理性的发展过程进入绝路。理性的其他方面——第五章B节和C节——能到达精神。）

185页及以下：针对谢林的“自然哲学”。在黑格尔看来，谢林没有看到他本人在人的存在中发现的否定性范畴。

生命和精神的区别在哪里？生物本质上是运动、变化和过程。然而，黑格尔说，精神也一样。但是，生命过程不是创造的（因为它不是否定的）；它到达自己的起点（从鸡蛋到鸡蛋）。生命过程的循环性：没有进步，没有历史。生命在自我感觉（Selbstgefühl）中到达顶点，黑格尔协调自我感觉与欲望（Begierde）。动物没有自我意识。因此，生命不同于精神。生命和精神的区别，是作为中介（Vermittlung）的否定活动。

人和动物（一般地说，自然）之间的本质区别：

在生物世界中，把个体（特殊）和整体（普遍）结合在一起的东西，是物种（Gattung）；在人的（历史）世界中，结合两者的东西是民族

(Volk)。然而,民族与物种相去甚远。因为物种不是一个有机的整体,而是孤立个体的单纯聚合体,没有真正的联系,没有实在的统一性。在生物方面,有两种作为个体的物种:a) 世界(Erde),宇宙,b) 真正的个体性(eigentliche Einzelheit),各种动物、植物。在两者之间无任何共同之处。物种不处在两者之间,不把两者结合在一起。相反,民族作为真正的中项(Mitte)同时处在个体和世界中:对其成员来说的宇宙,对人类来说的个体。历史不存在于创造历史的个体之外,而世界和生物个体恰恰相反。因此,有机的自然没有历史;它直接从普遍到特殊:从一般的生命到这个植物,这个动物。

人不同于动物,因为人是公民(Bürger);人只能通过组织在国家(Staat)中的民族(Volk),作为人实现。从根本上说,中介(Vermittlung)是在社会中和通过社会的活动;这是真正的承认(Anerkennung):人承认另一个人是人,并被另一个人承认是人。正是在另一个人中和通过另一个人,人才得到满足。然而,在纯粹自然的、生命的世界中,没有中介(Vermittlung),因为没有个体在其实在性和尊严方面相互"承认"的社会(民族、国家)。因此,在社会之外,人只不过是动物(第五章C节,a所说的"有智慧的动物")。

B. 理性的自我意识通过本身的实现(225—282页)。

人的存在态度接受给定的自然世界,但脱离社会,实际上,对国家不感兴趣。

"存在的唯心主义":每一个人都希望得到"承认",但不承认其他人。每一个人都生活在一个假社会中。但事实上,人生活在一个人性化的世界中——人的劳动的结果,在一个社会(真正地说,一个假社会)中。因此,理性的人是群居的,但好像他在世界上是孤独的,尽管他知道他是群居的。

这是理性的人的"理性"阶段:"每个人为自己,上帝知道谁为所有人”。

255页第二段。理性的辩证法的各个阶段(在某种意义上)再次经历了第一章至第四章的各个阶段。人必须从独立(主人的态度)过渡到自由(奴隶的态度),以便最终(第五章末尾)到达(在第六章描述的)公民的态度。

256页第3行。对第四章的回顾:最初是奴隶,后来成为斯多葛主义者、怀疑主义者、教徒,最后成为无神论者:在给定的世界上不再有超越,不再有对立。他好像重新回到经验的人,回到欲望(Begierde)的态度,即类似于主人的态度。但是,没有同一性。这不是一条绝路。我们不讨论主人,而是讨论获得解放的奴隶。他们还是奴隶,但不再劳动:他们想实现他们的使命,一项使命;他们没有自我满足:他们想得到“承认”(“成名”)。

孤独是理性的人的存在基础。黑格尔称之为“精神的动物界”,描述(第五章C节,a)作为“文学的理想国”的“个人主义者”的假社会。

一般理性的人。

理性的人“还”没有参与社会生活。奴隶发现自由的“概念”,不再有主人(甚至不再有上帝),但并不以主人的身份进行斗争,因此,他不是主人。他还没有参与社会“活动”,他没有在社会中,为了和反抗社会进行斗争。这是个人主义和自由民的自由主义的批判:没有主人的奴隶的态度和意识形态。

这样的人生活在世界中。但是,在最初,他没有认识世界。由此产生世界的体验(Welterfahrung)(A节:观察的理性)。这种纯消极的观察没有揭示作为人、作为活动的人的生活。它理解和描述(揭示)生物的生命(Leben),但不是精神。此外,因为精神还没有实现,它如何能观察精神?精神的实现需要通过在世界中的(否定的、创造的)活动。由此产生“世界的”体验，在社会的历史世界中的积极生活的必要性（第六章）。

260页第8行。讨论还没有得到满足（Befriedigung），没有得到幸福（Glück）的人：他顺从一系列相继产生的冲动。（参见欲望的辩证法，第四章）。（例如，文艺复兴时期的人。）这是没有主人的奴隶，没有上帝的教徒，他寻求快乐（Lust）。他理性地满足自己的本能。（与之相似的人在第六章：启蒙运动时代的人。）

260页第4行。失去社会幸福的人。在这里，我们处在升华的本能和意识形态的领域。生活离开了“sittliche Substanz”（道德实质，社会生活），躲入个体之中，在某种意义上，个体在其本能中变得孤立，以为能“通过自己本身”实现普遍。

[“规定”（Bestimmung）——双重意义：（通过本能的）规定，人的命运。]

在这之后，黑格尔平行地描述：

本能的升华过程；

诸意识形态相互破坏的过程；

真理就是这种破坏；至少，对这种自我破坏的理解。真实的东西，就是所有意识形态的（一致）整体，即它们在《精神现象学》中的完整描述。

本能不及理性，本能对理性让步。如同在历史中，强盗把位置让给理性的商人。精神（Geist）比自然更强大，不仅更崇高，而且也更强大，精神——是（通过斗争和劳动统治世界的）人。

黑格尔说（261页倒数第2行）：因为（使本能升华的）意识形态的辩证法是其时代的一个现象，因而能被认识，能容易地被理解。这就是在第五章B和C节中，成为自由民知识分子之前的“作为自由民的公民”。这就是在第五章A节中观察的理性。

第五章B节的辩证法：快乐（a，262—266页），感情（b，266—274页），德行（c，274—282页）的辩证法。

终点：想通过行动表达自己的个体。但是，他的行动是个人的，孤独的：他以语言的方式，即文学的方式表达自己。他写书。这是充满智慧的动物寓言集（第五章C节a。285—301页）。然后，他想成为立法者（第五章C节b。301—305页）。最后，他以一种纯批判的态度感到满足（第五章C节b。306—308页）。（308—312页到第六章的过渡。）

a）快乐和必然性（262—266页）。

快乐的自发性：人不创造他的快乐，而是得到快乐，享受快乐为他提供的东西。因此，没有行动：没有斗争（主人），没有劳动（奴隶）。

（这是浮士德的最初态度。）

欲望和快乐之间的区别：强暴和“爱情”之间，纯粹的性欲和情欲之间的区别。

在快乐中，意识（=人）的独立性被取消：人最终只不过是动物。因而与欲望没有区别：奴役。如果没有其他的东西（行动），快乐的生活使人萎靡不振。

快乐的人拥有财产（Besitz），而不是如同欲望的人拥有单纯物体的原始的、直接的实在性，因为他生活在一个社会中，物品是人的（合法）财产。因此，他交易物品：他购买物品，他不偷窃物品，等等。

与欲望的人没有共同之处：满足被认为（被希望）是直接的。也就是说，（理性的）快乐的人想享受（通过人的劳动被改造的）物品，但他不通过自己的劳动改造物品。但事实上，劳动寓于物品中；这就是为什么人们能作为“享受者”，而不是作为“野兽”消费物品。

假主人的态度：他不杀人，也不偷窃；他仅仅想得到能使他享受物品的权利，但自己什么都不干，就像一个主人。但是，真主人杀人：他为了得到满足（承认）进行斗争。

快乐的人的意识形态：决定论的和自然主义的人类学（人是动物）。

265—266页：过渡到b）。人们接受必然性（Notwendigkeit），但人们认为自我就是这种必然性，而不是自然，敌对世界的创造者。这就是不能作为享受者生活，也不想斗争和劳动的“穷”人的存在的主观唯心主义。

自然的“必然性”＝理论的（主观）唯心主义；

社会的“必然性”＝“实践的”（主观）唯心主义。

b）心的规律和自大狂（266—274页）。

“心软”的人：在他身上，有一种对社会的批判；纯口头的批判，但已经是一种“行动”，因为它是否定的。他比快乐的人更主动，更有意识，或更“真实”。他想作为孤独的（“在世界上唯一的”）个人实现自己；但是，他仅仅通过对社会的批判，才以为有一种价值。为了保存他的价值，他实际上想保存他所批判的社会，因为这种批判对他来说是重要的。或者，他设法使他的批判不能实现，或者即使实现了他的批判，他也没有意识到这一点，继续批判新社会。纯口头的批判。他不想行动。

他和快乐的人的区别。

一方面出于偶然性：他的“心软”；他不能实现他的快乐。另一方面出于本性：因为他用某种东西对抗给定的世界（社会）：一种乌托邦。之所以是乌托邦，是因为他不需要知道在他的理想和现实之间存在着何种联系，也就是不需要知道人们如何能实现理想。（因为在反抗制约他的社会的斗争中，个体自己也在变化；由此产生革命斗争的解放价值。）他不是一个革命者。

如果个体天生不适应社会，那么他就是一个疯子（或一个罪犯）。他的观念是荒唐的（或罪恶的）。如果个体通过改造他所“批判”的社会而实现了他的观念，那么他也改造自己，他的观念不再是荒唐的，因为他的观念现在符合现实。相反，乌托邦导致荒唐，因为它始终与实在事物不一致：这是对乌托邦的存在批判。

心软的人不能实现他的（乌托邦的）理想：事实上，他生活在社会中，在他所批判的这种秩序和通过这种秩序。因此，有内在的根本性矛盾。由此导致荒唐。他把非实在的东西当作实在的东西，把他的日常生活当作非实在的。在孤独中，他把自己与整个世界对立起来，他比世界“更好”：自大狂。社会、世界是坏的，因为我在那里没有感到快乐，因为我没有在那里找到我的快乐。心软的人=错过快乐的人：躲入说教的乌托邦之中。

这种人生活的社会，是一个由与之相似的个体组成的社会。当心软的人最终理解到这一点的时候，他成为德行的人（273页及以下）。辩证的过渡（始终）在于觉悟：理解一种态度就是超越这种态度。

通过其乌托邦的批判，心软的人变得更现实：他最终意识到社会现实本身，社会是由诸如快乐的人和心软的人的个体组成的。他成为德行（Tugend）的人，生活在世界进程（Weltlauf）中。他不是与秩序，而是与事物过程紧密地联系在一起——他和其他批判者一起进行批判，组建一个政党。“德行”是一个政党：没有实现的理想，幽灵般的社会。但已经有一个社会。因此，和“心软”相比，是一个进步。

德行旨在“取消”个体性（274页）。在“德行”中，“善良的人”团结起来，反对“享受者”。社会改良党进行道德方面的改革。没有斗争，没有革命，如果不算口头革命的话。

c）德行和世界进程（274—282页）。

在特殊（个体）和普遍（社会、国家）之间，有实在的相互作用。（最终的目的：两者在公民中完美地融合。）

德行的人想通过使个体性（“利己主义”）服从纪律（Zucht）来“取消”个体性。这就是他的错误：他认为理想的社会自动地是“改造”所有特殊个人的结果。事实上，只有通过（用斗争和劳动）实现社会，个体才能实现自己。

特殊性的真正扬弃（Aufhebung），是把特殊性和普遍性结合（在绝对国家的公民的具体和整体的个体性中），而不是一种个人的牺牲。不过，德行希望有这样的一种牺牲。因此，特殊个人仍然是孤独的。他献身于一种没有实现的理想，献身于德行的理想。他在脱离现实的时候，把他的这种理想和现实对立起来。

参见“Die wahre Zucht...”（真正的纪律……）（274页倒数第11行）：在（“革命”）斗争中的死亡危险始终和最终决定了不可分割的人的胜利和价值（失败的革命者是一个罪人）。

为了不再做奴隶，人必须重新置身于使之成为奴隶的处境中——更确切地说，置身于一种类似的处境中：为了得到承认的生死斗争（这一次，通过社会，通过国家）。

但是，德行的人只能自我取消，一种自杀。（参见斯多葛主义。）

这种“德行”——在理想上——是现成的、摆脱腐败的一种秩序。它不是一种真正的革命理想：人们否定次要的东西，接受主要的东西。

德行的人的“社会主义”是一种假的社会主义，它是一种自由民的个人主义，在这种个人主义看来，个体是一个特殊的人；他不是在社会革命斗争中实现的公民。德行的人把一切价值给予置身于反对世界进程的斗争中的特殊的人；因此，他必须在其“斗争者”的身份中保存自己。因此，从根本上说，他不想改变给定的社会。他不想取得胜利，因为他的胜利将取消其作为斗争者的实在性，也就是他的价值。理想是非现实的。

应当维护资本主义，以便（始终？）能有无产阶级和社会党：“改良的”社会主义。

在德行的人看来，人的本性是美好的。只需发扬人的善良和本性就够了。(但是，在黑格尔看来，没有“人的本性”：人是自己造成的东西；人通过活动造就自己；如果在人身上有天生的东西，他的“本性”，那么就是动物。)

世界进程的人接受事物的过程，在这个过程中行动，面对他所实现的和利用的秩序，他是自由的；他能为这种秩序献出一切，一切意识形态，甚至他的生命。他是主人。因此，一切都是为了他，而不是“自为的”。他始终能战胜德行的人，因为后者的意识形态不能改变历史的进程。在他看来，最重要的不是观念，而是具体的行动。是这种行动创造了人的(即社会的、政治的、历史的)现实。只有被活动者“败坏”的理想才能成为现实：是拿破仑实现了革命理想。世界进程战胜了德行，因为它“败坏了”德行的意识形态。但是，当德行的理想“从抽象的虚无过渡到现实的存在”时，它“败坏”自己：它实现自己，人们能说，是德行战胜了世界，只要德行能被改造成革命的行动。不过，这种实在的行动是世界进程的组成部分。唯有世界进程是实在的。只有在完善的国家中和通过完善的国家，作为其积极的公民，人类的理想才能实现。

C. 自在和自为地实在的个体性(283—308页)。

这种个体性是知识分子。他的“行动不改变任何东西，不针对任何东西”(Tun verändert nichts und geht gegen nichts)。行动转向自己，表达自己：文学活动。

相应于宗教意识：但是，在这里，它是一种假的超验存在：艺术，科学，等等。超社会的，但不是超人间的：真，善，美。

a. 精神的动物界(285—301页)。

286页。知识分子是一种有学问的动物；他纯粹表达他的(天赋)“本性”。他的“个性”，已经存在的“天生的”，因而动物的某种东西。

在这里,公认的“官方”意识形态是主观唯心主义;但这是一种错觉;事实上,意识形态实际上相应于一种态度,它是自然主义。

知识分子表达他的“本性”,局限于他的“本性”,没有超越自己。真正的(主动的)人超越自己:通过斗争和劳动。当人走出存在(Sein)时,虚无在虚无中飞跃;他消失了。当人作为人,即主动地活着时,虚无在存在中成为虚无(287页第20行)。虚无在真正的(历史)时间中成为虚无——按照一种真正的将来。时间——就是在破坏存在的同时,在存在中保存的虚无。时间是精神(人)。

(是知性如此理解事物,而不是理性!)创造历史,就是把时间固定在空间中:通过虚无深入存在。在欲望和源于欲望的行动中,人把自己理解为在过去和将来这两种虚无之间呈现的虚无:在存在中呈现的虚无(这是精神在世界中的真正“实际呈现”)。

人,虚无在存在(时间)中的实际呈现,是行动,也就是斗争和劳动:而不是其他东西。知道自己是虚无(没有永存,无神论)的人,是一种在存在中成为虚无的虚无。人能在现在(Gegenwart)中得到满足(Befriedigung);公民(Bürger)在国家中得到满足。一个进行斗争和劳动的人:就是拿破仑军队中的士兵劳动者。

人是行动。他的直接的起点——也是他的目的,是产生行动的欲望,也就是对给定存在的破坏和否定。行动由意识显现出来,意识通过行动实现:两者融为一体。人一开始就是行动,在最后(通过精神现象学),人显现(被理解)为行动。行动的最初形式是欲望(动物的欲望),然后是人的承认(Anerkennung)欲望;然后是斗争(Kampf);然后是劳动(Arbeit)等等。人的存在的给定条件是不行动(Nicht-getan-haben)。这是人的“本性”。但这已经是人的一种实在性。因为他的不行动(Nicht-getan-haben)是由其他人造成(创造)的。因此,个体的天赋本性不纯粹是生物的,人对这种“本性”的兴趣是人性的(哲学的);人对这种本性感兴趣的时候，也对他自己感兴趣。

知识分子不行动（因而不造就自己），他仅仅对在他自己身上的东西感兴趣，即对他的天赋“本性”感兴趣。他的本性是人的本性，因为他生活在社会中，受其他人的创造活动“教育”（gebildet）。所以，他谈论自己的本性时，是在谈论人。但是，他所说的东西是假的，因为他不理解“人的真正存在是他的行动”。

知识分子的用处是他的才能。他的行动是他的才能本身。他通过他的才能表明他的才能。

公民展现行动所必需的内在本领（“才能”，“个性”），以及实在的和客观的本领。他的行动是在“外部”事物和他自己之间的一种相互作用。但是，知识分子不真正地行动，他的“内在本领”对他来说已经够了。

在黑格尔看来，只有通过行动，人才是其所是。只有当人通过在世界中的行动实现时，人才是实在的客体。（实现人性的行动就是通过劳动对自然的明显改造。）完成“其”作品的人是没有的，人就是他所完成的作品。

既然作品独立于完成它的人（作品变成一种存在，一种如同自然物体的物体），人们如何能说人就是他的作品呢？

必须同等地看待个体和作品：它们的整体性精神（人）。个体比他的作品更普遍：他能超越自己的作品。当他在创造另一件作品时，他实际上就实现了这种超越。他由此超越自己。但是，他能满足于一种纯主观的、不行动的、想象的超越：满足于一种“批判”。他能把自己的作品和另一件作品进行比较。作品之间的比较：这就是知识分子、文学批评家（施莱格尔）的工作。他发现作品都是有缺陷的。他说：缺陷最多的作品是最坦率的，最诚实的，最“公正的”作品（其内容无关紧要，还有：一切都是可能的）。人们不能评价个体：绝对的相对主义；一切都

“是合理的”；人们能说和能做自己想说和想做的东西，只要人们“与自己保持一致”。在自己的作品中和通过他自己的作品，人们有权“表达自己的本性”，不管这种本性是什么。

在黑格尔看来，个体通过成功评价自己。为了“得到理由”，他必须把自己的观点强加于其他人，也就是实现自己的观念。这就是为什么存在着绝对的价值。同样，国家也通过世界历史评判自己。“真正的”批判是行动：人们在阐述自己的观念的时候，自我批评；人们在与其他人进行生死斗争的时候，批判其他人。

290页。提出的问题如下：

如果破坏自己的作品，人能超越自己的作品（作为一种存在）吗？

公民的作品是一种社会现实。作品因而也展现了其他个体的本性。在完成其作品的过程中，人也被改造；在作品中和通过作品，天赋的（动物）本性消失了，人到达他的真实性，真正地成为人和实在的人。

作品是一种存在（Sein）——其他人想否定、败坏、破坏的存在，它是类似于自然存在的一种存在。但是，人为了维护他的作品进行斗争和劳动。如果他成功了，那么他就能作为人的实在性（精神，而不是存在），也就是通过行动继续存在。

292页。作品是一种空间化的时间。在黑格尔那里，空间和时间、存在和变化（概念）之间始终存在着对立。

当知识分子把他的作品公开于众时，作品能（也许能）被人理解。

它被认为是偶然因素的一种聚集。但是，个体不是偶然性的一个结果，个体是分散因素的积极的自动综合。

人是作为时间的他的作品。这种作品本身将消亡，就像人是终有一死的。在作品中，知识分子重新发现了最初被理性的人忽略的死亡。但是，他躲藏在真、善、美的想象的（永恒的）世界（类似于彼世，宗教奴隶的上帝）中。事物本身（Sache selbst）：知识分子自称是“公正的”，只对“事物本身”感兴趣。事实上，他只对他自己，只对其孤立的特殊性感兴趣。

[294页。对公民来说，事物本身(Sache selbst)是社会，非超验的国家，是存在和行动，是有待实现的目的，是主动的实现和已实现的作品。]

只有当作品和行动是社会的，人才能超越自己的作品和成为自己的行动。

人的存在是一种间接的自杀：因为其他人破坏个体的作品和个体本身，因为个体就是这些其他人(他们组成了社会，他们准备为社会献出生命)。个体的作品被其他人毁坏和破坏——其他人也是个体，作为民族和国家的成员。作品是他自己。作品因而就是自杀——间接地：自我超越，自我扬弃(sich selbst aufheben)。

知识分子按照其“本原”分化，在他们自己身上，这种本原必定从潜在到达实现，但需要通过一种外部表现。如同在动物界，有物种(Gattungen)：诗人、画家、音乐家，等等。

知识分子声称为“绝对的”真、善、美(事物本身)牺牲其利己主义的和经验的利益，这是谎言和欺骗。因为这些所谓的“永恒”价值不是为黑格尔存在的。重要的是一种已经在空间和时间中实现的具体价值的(主动)否定。不过，知识分子不否定任何东西；他因而不创造任何东西，仅仅表明他的“本性”：他是一种“精神的”动物(das geistige Tierreich)。

使知识分子感兴趣的东西，不是他在社会现实中和反抗社会现实的行动，而是他的作品的“成功”；他想在给定的(自然的和社会的)世界中为自己造就一个“处境”，获得一种“地位”，占据一个“位置”。他决不可能为真、善、美，为“事物本身”，为他所说的“事业”(只不过是一种“共同事业”)牺牲自己。他使之对立于现实世界的理想世界只不过是一种虚幻。知识分子向其他人提供的奉献没有实在的价值。他因而欺骗其他人。其他人在欣赏或谴责作品和作者的时候，也欺骗知识分子，因为他们不是"认真地"看待作品和作者。他们欺骗自己，因为他们相信自己的工作的重要性（知识界的"精英"）。"文学的理想国"是一个被偷的小偷的世界。

如何超越这一点？

知识分子所发现的重要东西，是行动的价值，而不是事物的价值；这种行动是一种相互作用，集体的、社会的、政治的行动。他想得到他认为有资格承认他的人的承认。因此，他不再是"不介入纠纷"的知识分子：他是积极的公民（第六章）。

但是，在知识分子那里，承认的欲望仍然是公民在一个真正的社会中为了得到承认而进行斗争的讽刺画。在这种虚假的社会，即"文学的理想国"中，承认的欲望只不过是对"名誉"的追求：只要"有名"就够了。

知识分子的行动纯粹是思维；在他看来，集体行动意味着他的思想必定是普遍的，普遍有效的。他由此到达康德和费希特的说教唯心主义，这是知识分子的典型意识形态。这是立法的理性（gesetzgebende Vernunft）。

b. 立法的理性（301—305页）。

301—302页。黑格尔从他自己的观点出发谈论。这是本节的导论。

在这里，公民扬弃其最初的给定本性。问题在于国家，一个有生命力的、大革命前的国家（在小词"前"的强意义上），以及积极参加保卫这种国家的"忠诚"公民。范畴的关系：知识分子–国家–公民。在一个有生命力的国家的具体"道德"（Sittlichkeit），以及知识分子的抽象道德和黑格尔公民的大革命后的道德——只不过是对具体现实的觉悟——之间的对立。

有生命力的社会划分为“群体”(团体,阶级)。由此产生法律的必然性和多样性,法律被认为是给定的东西,被忠诚的公民当作“自然的”现实事物。这种觉悟的缺乏,这种直接性表明,这只不过是一个过渡阶段。忠诚的公民认识到法律不是给定的,法律是他们自己的*行动*的结果。为了理解这一点,必须(通过革命行动)否定社会,把它改造成新社会。于是,黑格尔的公民接受社会,即有意识地,在知情的情况下接受社会:对给定物的这种接受是通过创造这种给定物的否定行动。

302页。从“Was sich...”(凡对……)开始本节的辩证部分。

有学问的、立法的理性:忠诚公民成为知识分子,不再为沉思,为推理而行动(更确切地说:由于不再行动——斗争和劳动,他成为知识分子)(第六章A节)。他不采取具体的行动,而是试图在思想上抽象地规定什么是善和恶。知识分子的这种态度首先产生了幼稚的道德家,然后产生了反思的道德家(哲学家)。

知识分子的道德主义的辩证阶段:

a)绝对主义的幼稚伦理学,b)雅各比的伦理学(主观主义),c)康德和费希特的伦理学(形式主义)。

必须从a)过渡到b),从b)过渡到c):(和康德一起)到达一种没有任何内容、不具体地下命令的伦理学。由此导致费希特的同义反复的荒谬性:自我=自我。

最后,什么是黑格尔的伦理学?

真正的道德判断是(道德的=合法的)国家做出的判断;国家本身由世界的历史来判断。但是,为了这些判断具有一种意义,历史必须完成。拿破仑和黑格尔完成了历史。这就是为什么黑格尔能判断国家和个体。为黑格尔准备的一切都是“好”的,也就是说,黑格尔在《精神现象学》中和通过《精神现象学》“理解”拿破仑的世界帝国(当时是1807

年！）的形成。

一切存在的和作为存在的东西都是善的。一切行动，否定存在的给定物的行动，都是坏的：一种罪行。但是，罪行能被宽恕。用什么方式？通过它的成功。成功赦免罪行，因为成功——是一种存在的新现实。但是，如何判断成功？为此，历史必须终结。在这种情况下，人们能看到保存在生存中的东西：最终的现实。

基督教（路德教）的起源：一切行动都是一种罪恶；只有黑格尔（=上帝）能宽恕罪恶，对已经完成的世界历史（=基督）做出判断。

c. 审核法律的理性（306—308页）。

法律的批判检查=爱推理者的态度，知识分子的最后变化。

人们研究法律，道德判断，没有矛盾的行为。但是：在抽象事物中，一切都是不矛盾的；在具体事物中，一切都是矛盾的。一方面，在爱推理者看来，一切都是可接受的；另一方面，一切都是不可接受的。

"事物本身"，知识分子认可的目的：1）在美和真之中（本节a）；2）在善之中（本节b）；3）在这里（本节c），这不再是一个实体，而是同义反复的追求（"真理"的唯一标准的无矛盾）。

现在，普遍消失了，人们在特殊之间进行比较。这是知识分子的抽象态度。结果：绝对的相对主义（参见皮埃尔·培尔）。

辩证法的进程：

I. 在抽象事物中，属性不是矛盾的；非属性也不是矛盾的。

II. 在具体事物中，非属性是矛盾的，属性也是矛盾的。

III. 但是，生活在抽象事物中的知识分子不能认识到这些情况。

爱推理者是黑格尔的讽刺画（黑格尔知道这一点）。他用思维代替行动，逻辑地进行思考。黑格尔也是如此；只有爱推理的知识分子抽象地思考，而黑格尔具体地思考，并理解现实是行动，也就是一种已经实现的*矛盾*：辩证的和非同义反复的思想。本质的区别在于：黑格尔在历史终结后思考；爱推理者在历史终结前思考。

308—312页。第五章到第六章的过渡。

自我关注的知识分子的态度的（相对）理由。不过，知识分子通常是错的。公民的忠诚（Ehrlichkeit）是必需的。知识分子必然导致：a）暴政（他们想借助无效的法律强加于人），b）无政府主义（矛盾的法律，不再有法律）。

只有在社会和国家中，知识分子的批判和态度才有价值。于是，道德家的空洞的形式主义获得了一种内容，爱推理者的相对主义消失了：哲学家成了圣贤；国家的哲学。

忠诚的公民（第六章A节），和奴隶（第五章A节）、教徒（第四章B节）、知识分子（第五章）之间的区别；*他的*行动是社会的*中介*。但是，这个中介是*直接的*。这是一种缺陷。忠诚的公民还不知道社会法律是*他的*产物，他的*行动*的结果。当他成为拿破仑世界帝国的*反思*的公民时，他会认识到这一点。这种反思的公民充分地意识到自己和（自然的和社会的）世界，他就是黑格尔本人，《精神现象学》的作者。忠诚的公民到反思的公民的转变（也就是说，以黑格尔为例）在第六章描述。

第六章至第八章导论

《精神现象学》能分为两个部分。第一部分（第一章至第五章）考察人的历史发展过程。黑格尔在这几章里分析在每一个具体的人身上的所有因素（突出其中的一个因素），他研究在社会关系之外的人，这是一种故意的抽象。（在第五章，讨论具体的人，但这样的人虽然生活在社会中，却不关心社会：因此，在某种意义上，他的实在存在是“抽象的”；这就是知识分子的存在。）实在的人始终是一个社会的，也就是政治的和历史的人：他在国家中生活和行动，他的活动创造了历史。在第二部分（第六章至第八章），分析在其整体中的这种历史（因为在黑格尔看来，历史已经完成）。在这个部分，黑格尔阐述把所有因素汇集于自身的人如何生活、行动和理解自己。这些因素在第一部分中描述：首先，感觉，知觉，知性；其次，欲望，为了得到承认的斗争，他人的劳动；最后，能使他反思（reflektieren）自己和世界的理性。

这样的人生活在社会中，他的集体活动创造了国家，在不断地否定现有国家的各种形式的同时，改造国家。因此，对这种国家的改造，以及对作为公民的人的改造，就是在第六章描述的，最后到达拿破仑和拿破仑帝国的实际的世界历史。

但是，在创造历史的同时，人也在这种创造中和通过这种创造向自己显现，人通过自己对自己的这种显现构成了观念的世界历史：宗教、艺术、文学的历史。这种分析是在与第六章平行的第七章中，最后到达黑格尔自己的哲学。

这种哲学在第八章得到分析，该章描述历史的最后时期：人的完全的自我理解。

II
精神
（第六章C节）

导论（313—316页）

我们首先（A节）研究主人的世界。这是希腊世界。因为主人不仅仅是一个奴隶的主人，而且也是一个国家（贵族政治的国家；城邦）的公民。他还是一个家庭的成员。

家庭是人的家庭，因为家庭的（男性）成员为了得到承认而进行斗争，拥有奴隶：他们因而是主人。

古代社会和国家如何源于主人的家庭？通过暴君的意志，因为暴君“知道”和实现人民的意志（“一般意志”），人民的意志对立于在暗中形成的个人意志。伟大的政治家把还没有实现的、准动物的集体意志变成国家：通过其作为暴政的意志；他的意志凌驾在善和恶之上，他的意志是普遍的意志，能摧毁作为特殊的个人的意志。之后，个体成为忠诚的公民，并通过他们的特殊活动实现普遍的（政治）目的。他们不是暴君的奴隶，暴君不是他们的主人，而是他们的上帝。在他们之间，没有生死斗争；有一些人以暴君自居，另一些人在身体方面被消灭。暴君（国家）是公民的“一般意志”的体现。

不充分的态度：确切地说，没有为了得到承认的斗争，因而没有中介。公民“本能地”服从。暴政是暂时的和过渡的。暴君被消灭，因为一旦国家建立后，国家就能自我维持，不再需要暴君。于是，（在第五章A节描述的）法律统治（Herrschaft）的时代来到了，公民“忠诚地”（即没有批判的检查，没有“反思”）接受法律。在忠诚的公民看来，法律存在着，这就够了；此外：法律有神性的起源。这就是这种态度的不足之处。忠诚的公民不经过斗争就接受暴政，由此形成（贵族）社会。在他看来，法律是一种不行动（Nicht-getan-haben），某种准自然的东西，或神性的东西，他现成地接受法律，法律不是他通过一种有意识和有意志活动创造出来的东西。

古代国家归根到底是一种压迫，这是实现古代国家的“真理”的诸罗马皇帝的专制制度所揭示的。在最终发现自由概念的人，也就是成为基督教徒的奴隶的意志面前，古代国家崩溃了。这些奴隶拒绝为保护皇帝的生物身体进行斗争，他们不承认皇帝的专断意志。古代世界由此结束。

B节分析由最终发现抽象的自由概念（Verstand，知性）的奴隶所组成的基督教国家的发展过程。奴性的思想，1. 在超验的基督教神学中，2. 在科学（特别是牛顿物理学）中到达了顶点。第四章B节的辩证法：奴隶制的现实和自由的抽象概念之间的差距；斯多葛主义，怀疑主义，基督教（在奴隶制中主人和奴隶的平等）；奴性的思想的顶点：做上帝的奴隶。不关心社会（第五章的知识分子）。

不过，有一种基督教社会，一种基督教国家。主人成为基督教徒，不再承认皇帝的专断意志，也不再拥有奴隶。但是，这种“基督教”革命也不再进行为了得到承认的真正斗争；古代社会自然地死亡，不是暴卒。基督教社会由没有奴隶的假主人（贵族）和没有主人的假奴隶（自由民）组成，他们都接受上帝的奴役。

最后，C节分析现代世界（1807年），更确切地说，分析在拿破仑帝国之内产生的德国唯心主义。基督教被超越。

A. 真实的精神，道德（317—346页）

a. 道德世界（317—330页）。

在这里，黑格尔描述了作为主人—公民的积极生活的框架的古代世界：国家（城邦），家庭。

在古代国家中，个体仅仅在“神的法律”方面，即在家庭方面是实在的个体。在“人的法律”的实际和政治方面，他只不过是一个无特殊性的个体，没有自己的价值。

从生物的（动物的）家庭到人的家庭的转变。家庭在异教国家中的地位。家庭与国家对立，就像古罗马的住宅之神与城邦之神对立。在（主人的）古代世界，个体仅仅在家庭之内作为特殊性才具有价值。为了和通过家族，追求财富和权力使家庭与家庭生活人性化。

在家庭之内，人的实际活动从个体到个体，个体被认为是整体。由此产生对死者的崇拜。因为死者是一种完成的*整体性*（通过死亡的个体化）；受到崇拜的不是一种自然的、动物的特殊性，而是一种——通过死亡——超越欲望和此时此地的特殊性；这是一种超越本能和本性的整体性。此外，社会（国家）关心行动（Tun），个体的*活动*，而家庭把一种价值赋予其存在（Sein），其纯粹的*存在*，也就是它的虚无和死亡。因为不行动的人如同死人。因为人不是一个公民，而是私下的和特殊的人，所以他是一个幽灵，也就是一个死人。在战场上牺牲是一个公民的行为；在自己的床上归天完成了作为家庭成员的个人使命。在第一种情况下，死亡间接地通过冒生命危险的那个人的意识，在第二种情况下，死亡间接地通过还活着的，并用仪式陪伴其幽灵的其他人的意识。这就是这种家庭态度的不足之处；没有*自我*意识。人们到达存在（Sein）的方面，即神的领域：人们以为意识到在我之外的另一个人：意识到死者，彼世，一般的神物，“圣物”。死者有一种力量，尽管他已经不存在，不行动。死者的整体=传统，一切神性的东西。精神（Geist）=Gemeinwesen（共同的、集体的存在，共同的东西或事业）；它作为一个国家的政府（Regierung）存在。特殊性的否定；因此，在这里，典型的表现是：军队，国家要求个体服从“绝对的主人”，死亡，并唤起他们的“野性”（自然的“安全感”）。在战争中和通过战争，国家本身作为个体性形成（面对其他的国家）。另一方面，战争是文明的，因为战争是否定：通过战争进步。家庭是国家力量的源泉，而国家特有的活动、战争，则否定家庭。因为战争杀死家庭的成员。

家庭的三重关系：男人–女人，父母–孩子，兄弟–姐妹。

第一种关系不是人性的；男人和女人的相互“承认”纯粹是自然的（动物的性欲）。他们仅仅通过对孩子的教育和共同劳动（家庭财产）作为人实现自己。

第二种关系的不足之处：父亲看到儿子的意识的发展，受到感动（Rührung），儿子则看到他保持对一个正在消失的、并非他自己的意识的“自在”（自己的“本性”，自己的“个性”）。

第三种关系：兄弟和姐妹的关系。他们有同样的血缘，但没有同样的欲望（至少，他们克服欲望，否定欲望，由此形成其关系的真正人性）。作为姐妹的姐妹最能预感到道德意识：她代表家庭存在的顶点，她的态度是所有态度中最不自然的态度。

局限于家庭的女人比从事政治的男人低等。女人的最高态度是姐妹面对兄弟的态度：在这里，没有生物方面的兴趣，无私的爱（有压抑），给予兄弟的存在（Sein）（纯粹的存在）的价值。这是最纯粹的、离所有的“自然”关系最远的态度。姐妹联系于兄弟的消极存在（Sein），她不指望兄弟任何东西；这就是为什么兄弟的死亡不对她产生任何影响。

这种关系经常破裂：兄弟离开家庭，在城邦的“人的法律”下生活；姐妹成为妇女和母亲，并在“神的法律”下生活。（两者都克服和否定了这种关系——人们只能这样解释这种关系，认为这种关系潜在地是性的关系：最初压抑，然后升华。）神的法律=给予特殊（个人）的价值；人的法律=给予整体（=国家）的价值。公民的行动是普遍的，家庭成员的行动是特殊的（“私人的”）。

328页。在这里，第五章的诸辩证因素同时被认为是古代公民的因素。[从“Was die Beobachtung...”（观察……）到“...was getan wird”（……被做）：第六章概述。]

329页。异教世界的整体描述。两个特征：a）静态的平衡；b）没有超越。黑格尔的世界（第六章C节），即拿破仑帝国，也是“静态的”，没有彼世（Jenseits），但这在不安（Unruhe）和异化（Entfremdung）（基督教世界的异化，第六章B节）之后。此外，这种平衡只不过是一种不平静的平静；否则，它就是一种存在（如同一个动物社会的存在）。正义（人的正义=国家，神的正义=家庭）（以一种内在的方式）恢复平衡：这是一种动态的、有生命力的平衡，一种“被扬弃的”（aufgehoben）不平衡。

没有异教主人的个体化：不是在其家庭的存在中（仅仅作为死者），也不是通过其公民的行动，因为他是“忠诚的”（不是革命的，否定的），因为他不劳动（不否定自然）。他的否定行动不是针对（自然的或社会的）整体，如针对个体，所以，这是一种罪行。（比较a小节和b小节的标题。）

在异教社会内，（否定的）行动必然是罪恶的；是这种社会（这种国家）本身是罪恶的（Schlud）。其命运（Schicksal）（=家庭复仇）是家庭的毁灭。主人的异教世界是一个悲剧的世界。

b. 道德行为（330—342页）。

331页。异教世界终结的预测（在后面描述）：专断的皇帝把普遍

（国家）当作特殊（他的家庭财产）；罗马的主人成为（没有主人的）奴隶和“法人”（作为自由民的公民）。

在异教法律的框架中，自我意识（人）在行动。但是，这种自我意识没有个体化，因为行动是罪恶的，无意识的。行动或是为了国家（普遍的行动），或是为了家庭（特殊的行动）。没有两种行动的融合。尽管是“平静的”，但在异教社会存在着冲突，导致个体消亡，接着导致社会本身，主人的异教国家消亡的悲剧性冲突。或是在神的法律方面，或是在人的法律方面，异教主人的行动都是罪恶的。因为他只能在一个方面行动，另一个方面在他看来是没有价值的；他在行动的时候，否定另一个方面，这是一种罪行。所以，这是悲剧。

悲剧性的冲突不是在责任和感情之间，或在两种责任之间的一种冲突。它是在存在的两个方面的冲突，其中的一个方面被行动的人认为是无价值的，而不是被其他人认为是无价值的。悲剧的主使者没有意识到他作为一个罪犯在行动；即使受到惩罚，他也以为在接受一种绝对不可解释的“命运”，但他承受一切，没有反抗，“也不想理解”。

异教主人缺少使自己个体化（使自己得到满足）的（人的）特殊性。他们的行动（为祖国献身）仅仅实现了他们身上的普遍性。在国家中，主人只能作为个人行动。确实，在家庭之内，他有特殊性；但是，在家庭之内，没有真正的、人类发生的（即否定的）行动，只有一种不行动的、“纯粹的存在”，它等于虚无，等于死亡。因此，特殊性只有通过死亡才能实现。因此，在存在中和通过存在，没有满足（满足仅仅在个体中，通过和为了个体存在）。在他的特殊性中，仅仅作为死者（祖先），主人才得到所有人的“承认”（尊敬）；因此，唯有死者有个体性，即特殊性（自我，而不是另一个人）和普遍性（我的自我的价值被所有人承认）的综合。

古代国家排斥特殊性；特殊的行动是罪恶的。罪行=作为特殊的个人完全对立于社会和政治秩序(普遍):为了特殊性而否定普遍是一种罪行。

但是,人们也能说,罪行毕竟是个人的,因为在死刑中,有普遍和特殊的综合:被置于死地的是我,而不是另一个人,而死刑的决定是由所有人(社会、国家)做出的。

因此,国家的普遍行动针对这个特殊的罪犯;但是,不再有满足,因为仅仅在死亡中和通过死亡,个体性才能再次"实现"。

另一方面,国家在排斥特殊性的时候,旨在消灭个人(家庭成员),即个人的存在(因为个人是一个自然的、有生命的人)。因此,异教国家的本质特征是战争,有效地消灭个人,置个人于死地。但是,战争对家庭来说是罪恶的,因为家庭把一种绝对价值给予个人,即个人的存在,给予他的(动物)生命。

国家惩罚罪犯,禁止埋葬罪犯的尸体和举行葬礼。因此,在这里,还是要取消个体性:没有死者的特殊性的普遍承认(在葬礼中)。因此,对国家来说的惩罚,对家庭来说只不过是一个罪行。(《安提戈涅》的主题。)

332页倒数第5行:作为全体公民的国家与作为全体家庭的国家本身发生冲突。

333页第13行:异教主人的行动是因循守旧的,并且希望是这样的。主人决不是革命者(至多是"无政府主义者")。

333页第2行:在古代国家,在本质(Wesen)和权力(Macht)之间,也就是在公民和国家权力(政府)之间没有区分。古代的主人只能被排除在国家之外,他不可能是革命者。他不想成为革命者。在国家之外——他是虚无、死去的祖先。

他的行动希望做到忠诚。然而,如同人的行动,他的行动只能是否定的。但是,主人不知道这一点。他不理解他的纯属人的本质,不理解人的行动的否定性。他不理解自己，他没有意识到自己。这就是为什么他不是真正的个体。

他或是在政治方面行动，或是在家庭方面行动。在两种情况下，都是有罪行。“道德”(Sittlichkeit)本质上是犯罪(Verbrechen)、罪行(Schuld)。异教徒的德行是伪装的罪行(参见圣奥古斯丁)；这就是说，其德行不能到达满足。

异教主人的行动不可能是革命的，因为他不劳动。因此，他不能通过行动超越(自然的)给定物。这就是为什么他没有超越(社会的和政治的)给定物的(革命)观念。客观地说：古代社会建立在奴隶制之上。

另一方面，古代国家的行动本身是罪恶的：进行战争。国家取消作为特殊性的公民的特殊性，但是，国家不给予公民作为个体活下去的可能性。这是国家的罪行。战争是“命运”“惩罚”，最终是古代社会的毁灭。

在古代社会中的一切行动的罪恶性的终极原由是两性之间的绝对区分，这是异教世界毁灭的终极原因。(女人=普遍性的特殊性；男人=特殊性的普遍性。)我们将回过头来讨论这一点。

之所以古代公民是罪恶的，恰恰是因为他是“忠诚的”。他接受其罪行导致的惩罚，但是，他不理解为什么。这就是悲剧。

(在异教世界中的)一切行动都叫复仇。由于异教徒不知道自己的罪行，所以他不可能避免复仇。典型的例子：俄狄浦斯。在行动完成后，他必须承认他的行动是罪恶的；在这之前，他不可能知道这一点。

故意的罪行：安提戈涅。在安提戈涅看来，禁止埋葬她的兄弟的国家是罪恶的，在安提戈涅的心目中，其兄弟的存在(Sein)只能被他的行动的罪恶性取消。

其悲剧的命运向异教徒(向主人)揭示了其行动的罪恶性。

但是，主人不能超越异教世界和同时否定这个世界的两个方面。国家(=无所事事的战争)是绝对普遍的，家庭是绝对特殊的。是奴隶否定这个世界。

异教主人该做什么？他不关心（普遍的）国家；他不再进行战争，他要采取奴隶的（特殊主义的）观念：斯多葛主义，怀疑主义，以及最后，基督教；他作为主人消失，但不是在一场（由于奴隶的否定行动造成的）革命中，而是通过自然的解体。从古代国家到基督教国家的转变有一种革命的价值，但这还不是一场真正的革命。

339页的中间部分：古代国家有一个“自然的”基础——民族，人种的统一体。在古代国家内的矛盾也是“自然的”：这就是性别的区分。因此，如果普遍和特殊之间、公民和女人之间、人的法律和神的法律之间、国家和家庭之间存在着冲突，国家必须除掉个人，但也毁掉了它自己的根基（Wurzel），因而自我毁灭；如果个人取得了胜利，那么国家仍将被这种罪恶的行动毁灭。在异教世界中，普遍性（国家）和特殊性（家庭）之间没有中介。

339页，最后一段：从古代城邦到罗马帝国的转变。

340页。女人是罪行的具体实现。古代国家的内部敌人是国家所消灭的家庭和国家不承认的个人；但是，国家只能靠它们维持，古代国家在战争（=普遍所特有的表现形式）中毁灭。

然而，如果人们能以忠诚的公民身份参加战争，那么人们也能以罪犯身份参加战争；这就是女人在其身上找到快乐的勇敢青年人，他把战争当作实现其个人（甚至家庭）野心的手段，并因此而成为专制国家的首领，一个特殊，他想把国家（普遍）置于他的特殊性之下：“道德”（Suttlichkeit），古代异教的（信奉普救说的）道德，主人（阿尔西比德，亚历山大大帝）的伦理学的败坏。

c. 法律状态（342—346页）。

这是关于罗马帝国和基督教的产生：第六章A节到第六章B节的过渡。

罗马帝国不是一个本义上的国家：它是个人、皇帝的财产。于是，其他的个人不关心国家，把他们的个人利益放在公共利益之上。主人不再进行战争；他们不再是公民；因而他们不再是真正的主人（因为主人=为了得到承认的斗争=战争和公民行动）。

罗马文化的唯一产物：私有权。罗马国家不再是“geistloses Gemeinwesen”（“自然的”社团）；它已经失去了它的人种特征。国家是一个意识到自己的统一体（在皇帝的名义下）。每一个个人都意识到自己的个人利益，意识到自己是特殊，作为特殊。因此：特殊性、家庭、神权胜利了。

在这里，个人是非公民的自由民的（法）“人”；因此，他缺少普遍性。在罗马，没有个体性。罗马的自由民把国家和“法人”，也就是孤独的人的（抽象）自我（Ich）对立起来。

罗马国家承认“人”和特殊性的绝对价值，但这种特殊性仅仅是特殊性——不是在特殊性中的普遍性。它不承认公民，真正的个体性。

从帝国到基督教的转变：第四章B节的奴隶辩证法的三个阶段的再现。

主人如何能接受奴隶的意识形态？然而，主人不再是真正的主人，他们是自由民，皇帝的奴隶。斯多葛主义者的抽象的（=非社会的）意识形态何以能有一种社会价值？这是因为这种意识形态符合法律状态，符合法人的（罗马）私有权。否定外部世界的现实的怀疑主义唯我论者的意识形态，如何能有一种社会价值？这是因为现在有个人财产，这个小世界是我创造的世界，摆脱了相对主义：这是我自己的创造成果。归结为“法人”的人是一种（使人烦恼的）空虚；归结为个人所有者——租金收入者——的人，远不是独立的，因为他的小世界实际上依赖外部条件及其变化。但是，他没有意识到这一点：他以“唯我论者”思考和生活。

基督教的“基础”：前主人其实变成了暴君的奴隶，因此，当他采取奴隶的意识形态时，再也没有可丧失的东西了；相反，在接受奴隶的意识形态时，他等同于——这是他唯一的归属方式——皇帝，但取消皇帝的价值（两者都是上帝的奴隶，在奴役中是等同的）。基督教徒的上帝被认为是皇帝的模式：世界的主人（Herr der Welt）是唯一真正实在的人，但他仅仅在得到其臣民承认的时候才存在；同样，基督教徒的上帝也是如此（他在法国大革命中丧命）。

皇帝，奴隶的主人和一个败坏的假国家的领袖，被抛弃在个人生活和荒淫中——就像他的同胞。在其他方面，他是其同胞之间的唯一联系。不再有民族（Volk），芸芸众生，“法人”。

同样，上帝是教会——这个假社会——的成员，在其面前无任何价值的成员之间的唯一联系；同样，他可能克服信徒的肉欲和“破坏性激情”（参见蛮族对皇帝的所作所为）。我们来到基督教世界；人的承认是在超验中的承认。现在，上帝的超验性在逐渐消失。天堂必定下降到人间。这是第六章B节的主题。

1935—1936年课程概要

（高等应用学校宗教科学专业
1936—1937年报摘要）

我们继续逐字讲解《精神现象学》，首先，我们研究了标题为“理性”（Vernunft）的第五章。该章描述“自由民”知识分子的存在态度，他生活在基督教世界中，但自己却是无神论者；然后，我们研究了分析古代异教世界的第六章A节。

基督教的态度的特征是：基督教徒脱离自然世界、社会或国家，关注自己。基督教徒追求一个超验的目的，其不死的灵魂的得救；在追求这个目的时，他不能帮助另一个人，也不能得到另一个人的帮助；帮助仅仅来自彼世，只有在彼世中，他的目的才能实现。这样的基督教徒——出于黑格尔没有指明的一些原因——能成为无神论者；这就是说，他能放弃彼世的观念，用在这个世界中可实现的目的来代替超验的目的。但是，当基督教徒成为无神论者的时候，他就是无神论的基督教徒。现在，他在此世和为了此世生活，但他继续生活在自闭状态中，杜绝与他人的一切实际交往，不关心社会和政治活动。因此，他成了个人主义的知识分子。

事实上，知识分子的这种个人主义如同基督教徒的存在唯我论，只有在承认个人是法人（Rechtsperson），是个人财产（Eigentum）的所有者，因而不承认个体是公民（Bürger），也就是把个体排除在政治生活之外，不再要求个人为保卫国家献身，因而把个人当作暴君统治者的消极臣民的社会或国家中，这种个人主义才是可能的。这样的个人只不过是特殊，不再是本义上的公民，而是作为自由民的公民。这样的自由民出现在后期罗马帝国中，其历史一直持续到1789年的法国大革命。在这个历史时期中，两种相反但互补的“自由民”意识形态，宗教的基督教和无神论或世俗的基督教——更确切地说，在第五章描述的知识分子的个人主义——得以发展和实现。

知识分子的个人主义意识形态的基础观念来自斯多葛主义的奴隶，基督教接受了这个观念。这个观念认为，即使不关心社会和政治活动，生活在任何国家和任何处境中，人也能到达其最高的目的，即绝对的满足（Befriedigung）。不过，在黑格尔看来，这是不可能的，因为个体的满足必须以所有人都是强意义上的公民的完善国家的建立为前提。这样的国家产生于大革命；不积极参与国家建立的人必定体验到其纯粹“个人”理想——也就是一般的个人主义态度——的缺陷。知识分子不是公民，因而不能在社会的现实世界中得到满足，他和宗教的基督教徒一样，也只能逃避经验的具体现实，躲入一个想象的世界中。不容置疑，这个世界不再是一种本义上的彼世，而是一个世俗化的彼世，即事物本身（Sache selbst）的精神世界，自在的真、善、美的理想世界。但是，和宗教的基督教徒的彼世一样，这个理想世界对立于和独立于经验的现实。如果有待达到的目的不再是超验的灵魂与超人间的绝对存在的相通，那么它就不再是人在现实世界中的有效活动。和教徒的目的一样，知识分子的目的也是一种绝对抽象价值的消极表现，而不是它在整个具体的经验世界中的主动实现。在追求其目的，在追求与绝对价值的直接（unmittelbar）接触的时候，无神论的知识分子仍然和宗教的基督教徒一样孤独；他不能帮助别人，别人也不能帮助他。

因此，无神论的知识分子的消极个人主义——学者，艺术家，哲学家，等等的个人主义，依赖绝对的、永恒的、超经验的价值的存在观念，只不过是宗教的基督教徒的存在唯我论的一种世俗化。真，善，美的意识形态是不拥有真、善、美的那些人的宗教。这就是这种人的意识形态：一方面，他不再相信人的永存，更确切地说，不再"实现"人的死亡概念，因而渴望在此世的绝对满足，但另一方面，他想直接（unmittelbar）得到满足，也就是说，不参与否定性活动，以便把一个给定的自然和社会世界改造成个体的内在满足能在其中真正成为可能的一个世界。正如宗教的基督教徒能在其意识的苦恼中感到满足，无神论的基督教徒也能满足于知识的生活提供他的纯粹快乐（Freude）。两者都不能到达最终的满足（Befriedigung）。因此，教徒和知识分子的目的不可能是人的终极目的。在1789年，积极活动的人也想通过一种否定性创造，实现宗教的和无神论的基督教的抽象理想，把一个自由民世界改造成一个公民世界。但是，在公民世界中，建立在这种理想的基础之上的"自由民"意识形态不再有存在的理由，最终将被真正的哲学或黑格尔的科学取代。

大革命和通向大革命的辩证法，在第六章B节中被描述。在A节中，黑格尔阐明古代公民，异教世界的人，何以和为什么不再能成为罗马的自由民。罗马的自由民接受其奴隶的宗教，实现第四章和第五章所描述的宗教的和无神论的意识形态在其中得以发展的基督教世界。

IV

1936—1937学年课程

B. 异化的精神：教育（346—422页）

导论（346—350页）

第六章B节分析基督教社会。事实上，这是关于从封建社会到拿破仑的法国历史的现象学分析。基督教世界在（源于奴隶的自我意识的）最初的抽象自由概念的实现中结束。这种自由概念通过法国大革命和拿破仑得以实现（第四章B节的“抽象”辩证法的社会的、政治的、历史的实现）。

基督教世界由接受了奴隶——他们因而是假奴隶——的抽象自由概念的假主人组成。假奴隶和假主人（他们是同样的）是自由民，也就是基督教公民。在大革命后的社会（第六章C节描述的拿破仑社会）中，不再有主人和奴隶。这不仅仅是因为没有本义上的主人，而且也是因为在（流血的）大革命中，奴隶在为了得到承认的斗争中冒生命危险，因而就不再是奴隶。但是，当奴隶不再是奴隶时，他并没有成为本义上的主人。为什么？因为获得解放的奴隶成了公民，继续劳动，并且自愿地劳动。不过，他为自己劳动，而不是为一个主人劳动。所以，他不再是本义上的奴隶。（人仅仅出于对死亡的恐惧才为另一个人劳动；但公民在为了得到承认的革命斗争克服了这种恐惧。）

大革命后的国家是一种有意识的、可理解的和消除一切矛盾的现实。参与这种国家的人也完全地理解自己，与自己和谐地生活。通过所有人的相互承认，他因而是完全满足的（befriedigt）。只有当他人自己也得到承认时，他的承认才是有价值的：只有1789年的人才能理解这一点。（异教）主人因为不承认那个承认他的人（奴隶），所以陷入存在的绝路；这就是他的悲剧处境。大革命实现了自由、平等、博爱，实现了所有人之间的相互承认。拿破仑的国家有一个根本上的新特点；这就是综合的人，真正的公民的实现——主人和奴隶的综合：*劳动的战士和作战的劳动者*。人由此到达了完全的满足（Befriedigung）；这就是说，人实现了他的个体性，特殊和普遍的综合，在其不可替代的和"世界上唯一的"*特殊性*中*普遍地*得到承认。因此，历史停止了。历史不再是可能的，创造历史的人满足了，不再想变化和自我超越。于是，人能采取一种沉思的态度和理解自己。人实现了代替宗教的绝对哲学：以精神现象学作导论的黑格尔的哲学。

第六章C节没有描述由拿破仑实现的、不再有利益的理想国家，而是描述酝酿黑格尔的绝对哲学的哲学和意识形态过程。

历史死了，黑格尔是历史的掘墓人(=绝对知识)。绝对知识综合了：

a）谢林的自然哲学（自由民知识分子对自然的理解，在第五章A节a描述和再现）；

b）人的哲学（人的否定*活动*），它在作为整体的《精神现象学》中（和在作为第八章的概述中）被阐述。

这种综合——就是《哲学全书》(=在第八章被描述为存在态度的绝对知识的发展）。

在作为人和自然之间一系列相互作用的结果的历史终结时（1806年），谢林理解自然（"自然哲学"），黑格尔理解人（历史）和实现绝对知识。

从异教世界到基督教世界的转变。

我们知道，基督教的态度是一种奴隶的态度——一种奴性的态度（对死亡的恐惧变成了对不死的渴望）。现在，主人的奴隶成了上帝的奴隶。超验世界和现实世界之间的二元论(只有大革命能消除它),主人何以能成为基督教徒,并接受自由的抽象观念:参见A节的末尾。这不是由于大革命,因为奴隶还不准备冒生命危险。没有奴隶的积极参与,获得解放的不是奴隶,而是放弃其主人身份的主人。没有奴隶的主人=没有主人的奴隶=基督教徒=自由民。

异教国家是“直接的”(unmittelbar)。战士(=主人)仅仅实现人的普遍方面。所有人都有同样的意志,所有的战士集合在一起。暴君仅仅表达所有人的意志。异教国家排除个人的自我,因而排除扬弃(aufhebt)这个自我的个体性。异教主人有一种意志,同时遵循(国家的)普遍意志;他的特殊性消失在死亡的危险(战争)中:在死亡面前,人人平等。

异教国家有存在的特征,“自然的”“给定的”存在的特征:它不是异教徒的产物。异教徒在本质上是不革命的。他不知道特殊性。普遍和特殊之间的冲突通过国家和家庭之间的对立表现出来。国家只承认在主人中的普遍,而主人仅仅通过他的特殊性才能在家庭中有一种价值。这两种价值之间有绝对的区分:没有综合。另一方面,在家庭中显现出来的特殊性是一种消极的特殊性,一种(生命的、动物的)存在的特殊性。主人,异教公民,仅仅在生死斗争中行动,而不是通过劳动行动。如果异教主人想保存他的特殊性,那么他就不是国家的一部分,他抛弃了普遍性;如果异教主人想保存他的(公民的)普遍性,那么他必须牺牲他的(家庭成员的)特殊性。因此,或是根据国家的人的法律,或是根据家的神的法律,异教徒始终是罪恶的。异教徒不能得到“满足”,他的命运本质上是悲剧的。他谈论“命运”(Schicksal),因为他不知道他自己是罪犯、“罪人”(Schuld)。

矛盾是绝对的:相互的排他性。异教世界的崩溃:家庭的特殊主义原则以基督教“个人主义”的形式取得了胜利。异教世界:普遍。基督教世界:特殊。两者都是不充分的,两者都是必要的。(综合:拿破仑的大革命后的世界。)转变的原因:异教国家=军队国家。(物质上的)最强者战胜(物质上的)最弱者。由此导致从城邦到帝国(亚历山大,然后罗马)的转变。既然帝国不再能(在物质上)动员其数量太少的公民保卫帝国,就必须求助于非公民。得到全世界承认的主人不再进行(为了荣誉的唯一真正的)战争:pax romana(罗马的和平)。于是,他们不再有一种普遍的价值(在死亡面前的平等,爱国主义的牺牲),仅限于其(因财产而异和"利己主义的")家庭中的一种特殊价值。他们从行动转变成存在(Sein)。罗马法是一种私有法:人身安全,财产保护。希腊战士成了罗马的自由民。自由民不再是异教意义上的公民。于是,国家有"权"(=可解释的可能性)不关心自由民。非战士的假公民仅仅关心自己个人财产(特殊性),不关心普遍、受职业军人和他们的领袖(皇帝)的摆布。这位领袖,这位暴君,也把国家当作他自己的个人财产(和他的家庭财产)。这个过程是无意识的和非意志的。另一方面,个人财产的事实不仅仅通过罗马法,而且也通过作为奴隶的意识形态的意识形态表达出来。罗马的自由民能接受这些意识形态,因为他是暴君的准奴隶。他最初是斯多葛主义者(不关心外部世界),然后是怀疑主义者(否定这个世界),然后是基督教徒(在"另一个世界"寻求避难)。因此,个人财产是基督教的基础。正是由于个人财产,奴隶的意识形态成为一种(社会的、政治的、历史的)现实:基督教世界(及其假国家)。

(在这里,我们看到这个过程的马克思主义的痕迹;但是,马克思抛弃焦虑和死亡。——黑格尔从吉本* 那里得到启发。)我们看到,两个过程(这里的主人和第四章的奴隶)是绝对独立的。在主人那里的内在过程独立于奴隶的行为。在奴隶和准奴隶的自由民看来,主人-皇帝是一种存在(Sein)(一种"自然的""给定的"——"世袭的"现实),而他其实是准奴隶的自由民的产物。在基督教中的超验上帝也一样:人创造

---

* 吉本(1737—1794),英国历史学家,主要著作为《罗马帝国衰亡史》。——译者

上帝("发明"上帝),但没有意识到这一点,把上帝接受为一种"给定的东西",一种存在(Sein)。

基督教世界的特征:此世和彼世(Jenseits)之间的二元论。基督教徒是意识到自己的不足之处的异教徒;但是,作为基督教徒,他仍处在这种状态中,处在他的苦恼中。然而,他也看到冲突,经历冲突,是他酝酿的必然导致黑格尔的(拿破仑的)国家的革命。

348页第一段。基督教世界:普遍和特殊的统一;然而,综合仍然是不充分的:存在着精神的异化(Entfremdung)。不充分的统一纯粹是观念的。由此导致(统一的)理想和现实(这种现实不是二元论占统治地位的统一)之间的矛盾。在基督教世界,还有一种(国家的)普遍性和(家庭、社会阶段、民族的)特殊性之间的对立。这种统一理想的逐步实现是在劳动中和通过劳动完成的"教育"(Bildung)(参见第四章A节)。

在基督教中,普遍和特殊的异教对立被意识到。基督教也带来其统一(即个体性)的理想。特殊主义的经验(wirklich)意识,和转向特殊与普遍的统一的超经验理想的"纯粹"(rein)意识之间存在着对立。

在基督教世界,奴役的因素占主导地位:基督教自由民孤立自己,忽视斗争,不关心外部世界:由此产生作为表现形式的个人财产。

基督教意识是一种"分裂的意识"。这是不满者、前革命者的世界;也是语言(Sprach)的世界。在黑格尔看来,超验的世界不存在;然而,神学不是虚无,因为神学有一种历史价值。其现实是语言(Logos)的现实。基督教徒的这种语言,就是信仰、乌托邦、理性和错误的语言;这就是说,这种语言不揭示本质,但(在抽象事物中)创造与现实世界对立的理想世界。语言产生于不满。人谈论折磨他和使之受难的自然;人谈论压迫他的国家,人研究政治经济学,因为社会现实不符合他的理想,没有"满足"他(没有把一种普遍有效的价值给予他的特殊性)。

人想与世界的现实一致，他怀着用语言表达的理想生活在这个世界上。基督教世界是知识分子和观念学者的世界。什么是意识形态？它不是一种客观真理（Wahrheit），也不是一种错误，而是能通过斗争和劳动成为真实的某种东西，因为斗争和劳动能使世界和理想一致。斗争和劳动的考验能使一种意识形态成为真实的或虚假的，人们注意到，在革命过程结束时，已经实现的东西不是作为出发点的纯粹意识形态，而是不同于这种意识形态和作为这种意识形态的真理（“被揭示的现实”）的某种东西。

最初，有建立在一种对立（源于罗马世界）的基础上、包含一种理想的基督教意识形态：彼世。作为结果，有大革命后的世界，在这个世界中，彼世（抽象和想象的彼世：理想）在此世实现了。基督教的“真理”（被揭示的现实）不再是基督教的。

基督教的对立意识包含语言，本质上是批判的：对在其整体中的世界的批判，也就是贬低国家、家庭、身体等等的（异教的）价值。

I. 异化精神的世界（350—383页）。

导论（350页）。

基督教的基础神话是普遍（国家＝上帝）和特殊（家庭＝人-动物）的结合：上帝的化身是基督。基督教徒的理想是模照基督；但他不能成为基督：这就是基督教的内在矛盾。（在黑格尔看来，通过创造历史的斗争和劳动，人在历史终结时将成为上帝：“化身”是世界的历史，“启示”是黑格尔在《精神现象学》中对这种历史的理解。）

基督教的发展过程：从冲突的认识到大革命后的世界的冲突的解决。

第一阶段（第四章B节，I）：封建社会和专制制度到民族主义（以及笛卡尔的我的假综合：我在，但我思普遍的真理）；

第二阶段（第四章B节，II）：启蒙运动（掏空超验存在的一切内容，追求“效用”，即此世)；

第三阶段(第四章B节，III)：(1789年的)大革命和拿破仑帝国(1806年)。

这就是说：1) 本义上的基督教；2)“理性”(笛卡尔的理性主义)；3) 革命(公民=战士劳动者)。

为什么有“异化精神的世界”(Die Welt des sich entfremdeten Geistes)？因为基督教的特征是二元论、异化(Entfremdung)。二元论把下面两个世界对立起来：

自然的和社会的现实世界(die Welt der Wirklichkeit)；

纯粹意识的世界(die Welt der reinen Bewusstseins)，人通过他的理性或他的信仰(想象的世界)建立(sich erbaut)这个世界。基督教徒在现实世界中感到不自在，他躲入想象的世界。信仰是“逃避现实世界”(die Flucht aus der Wirklichen Welt)。

第四章B节：在异教世界中的基督教信仰，即纯粹主观的基督教态度；

第六章B节：作为信仰的基督教在基督教世界的实现：社会的基督教态度；

第七章C节：基督教教义，神学(是一种不知道自己的人类学)。

在基督教世界中，哲学家是一个仅仅揭示特殊的个人；相反，神学是集体的产物，国家由此被(无意识地)揭示和(无意识地)揭示普遍。因此，一切(特殊主义的)哲学必须要由一种(普遍主义的)神学补充。只有黑格尔实现了特殊和普遍的综合；所以，他的哲学摆脱了神学。他的哲学也不再是哲学，而是智慧(Sophia)，绝对知识。但是，在基督教世界中的(神学)信仰和(哲学)理性之间的对立是必然的和不可避免的。

a. 教育[=(通过劳动的)教育](350—376页)。

350页第1段：异教世界(第六章A节，c)的结束和基督教世界的开始之间的差别(第六章A节，a)。

350页倒数第3行："本质"(Wesen)始终表示集体、国家。

在基督教世界中，本质被自我意识渗透。人们知道(人们以为知道)人为什么活着：人为了一个理想活着。这是重要的东西，新的东西。但应该注意："von einem Selbstbewusstsein..."(来自一个自我意识……)，是作为个人的特殊，而不是作为国家的普遍意识到自己；由此导致(我们将在后面看到)：适合基督教政治形式的是专制制度："朕即国家"。

基督教徒以为能在他的内心世界中实现自己和(直接地)向自己显现，不需要通过社会活动，使他离开自己的活动。基督教徒关注自己；"本质"(Wesen)是"在……对面"(gegenüber)；国家是在外面的，在他之外；国家是异己的。当个人进入国家时，就成了异己的人(Entfremdung，异化)。

在基督教世界中，"本质"在于(显示和表明)一般的普遍因素。在异教世界中，只有代表普遍的国家；在基督教世界中，也有彼世，超验的世界，上帝。

因此，同样的句子也表示：人是唯一地面对上帝；我(特殊的我)与上帝(=普遍)有直接的联系，不需要通过社会、国家、历史。

在神学方面：上帝(世界的精神)意识到自己是独立于世界的人，因而在他面前有外在于他的东西：恶。

在理性主义方面：人意识到自己是局限于其孤立存在的自我(Ego)；社会广延成了外在于他的空间。由此导致：不通过行动的纯粹思想和物质(空间)的笛卡尔(静态的、非辩证的)二元论。

第二阶段。因此，外部世界对基督教徒来说是外在的；如果想把一种客观现实（Wirklichkeit）给予他的自我意识（给予他的自我），他必须做出忘我的行为，异化他的个性。他知道这一点。基督教世界的定在（Dasein=经验的、历史的存在）预先假定和包含这些否定行动；这是为了实现对立于给定的（“异教”）现实的一种理想而采取的有意识行动的结果。尽管基督教徒知道他创造了这个世界，但他仍然感到外在于这个世界。他必须征服这个世界，成为这个世界的主人。基督教世界是漫长的大革命，通过这种革命，基督教徒试图在世界中，在他最初逃避的此世中站稳脚跟。

如果我创造了一个世界，那么它就是我的世界；它必然有意识地成为我的世界：人的世界，因为人是“自己的主人”。基督教的产生已经意味着1789年的大革命。

第三阶段和第四阶段：黑格尔在谈论的时候知道这一点，但是，他将在本节中描述的基督教还不知道这一点。接着是：这种基督教辩证法的起点和异教辩证法（第六章A节）的终点的对立：罗马世界成为基督教的世界和异教的罗马世界（第六章A节，a）。

只有当基督教徒为成为基督教徒做出了努力，他才被承认是基督教徒；异教徒是纯粹的异教徒，他生来就是异教徒，他是纯粹的存在（Sein）。对基督教徒来说重要的是使之成为基督教徒的行动（Tun），有意识的努力，而不是存在（Sein），他的纯粹的（动物的）存在。不过，这种努力，这种行动的目的还仅仅是逃避现实世界，以到达彼世。基督教徒不想为征服世界而斗争。但事实上，他改造世界，因为他在世界中劳动（这也是一种行动）。

构成基督教世界所必需的因素：和平主义的罗马自由民的孤立，个人财产和生活在安全中（没有斗争）；（在焦虑中）*劳动*和由此到达知性（Verstand）的奴隶超越了（自由民，前主人采纳和接受的）给定现实。

正如自由民（当他还是主人的时候）创造了他在其中有安全和财产

保障的异教世界,(以自由民的身份)他同样将创造他能在其中确信得救的基督教世界:他建立了教会——一种社会现实。因此,基督教不再是一个纯粹的“理想”:教会,意味着基督教的国家,实现了焦虑的劳动者心目中的理想。主人和奴隶成了自由民——基督教自由民。(基督教徒是一个焦虑的所有者。)

351页的一段:这里开始分析教育。

教育(Bildung)这个词在第四章第一次出现。奴隶在为另一个人(主人)服务时和在焦虑中进行的劳动,“教育”(bildet)奴隶的意识,“培养”奴隶的意识。

基督教世界是劳动在其中具有一种肯定价值的一个世界。奴隶劳动者的意识形态在这个世界取得了胜利。同样,为使劳动有一种价值,必须要有服务(Dienst):劳动,一般地说,就是为领主、国王以及上帝服务时的行动(Tun);此外,劳动必须在死亡焦虑的态度中进行(就像在奴隶身上)。教育由此产生:基督教徒的劳动是为了灵魂得救。劳动改造自然和劳动者的内心世界:基督教徒成了一个“受过教育的”(gebildet)人。抽象思维和理性主义因而占主导地位。在这里,语言(Sprach)出现了。在基督教世界之内,有只想生活在这个语言世界中的人:他们是知识分子(在第五章分析)。

因此:为了成为基督教徒,靠生来是基督教徒是不够的;必须做出努力;在劳动(Arbeit)方面,在服务(Dienst)方面,在焦虑(Furcht)方面。三重的“教育”。这种努力可能在废话之中迷路:知识分子。教育只不过是异化(Entfremdung)或外化(Entausserung)的一个方面。

351页倒数第10行。重要的是意志的力量,意志能升华(扬弃)“自然的”自我(Selbst)。努力的程度是不重要的,重要的是努力的事实。人生来是异教徒,人通过意志的努力(“信仰的改变”)成为基督教徒。从351页开始："Zweck und Inhalt..."（目的和内容……）到352页："...Bleiben hat"（……保持不变）。在基督教世界中，个体性并非"保持不变"，不能在现实世界中保持不变，因为，没有真正的个体性（它是大革命后的公民的个体性）。它只是一种"一般的定在"（gemeintes Daseins），一种想象的存在，一种知识分子的"个体性"。

352页第21行：个体（=特殊）的教育努力是实体（=普遍）本身的教育。这就是说，世界（自然的、社会的世界，国家）本身是由基督教徒个体的有效努力"培养"而成的。基督教徒想实现自己；并无意识地实现一个世界；这就是为什么在这个世界中，他感到自己是局外人。这个世界不属于他：这个世界属于上帝，属于皇帝，属于国王，属于封建领主（最终，属于资本）。

353页"Das Selbst..."（自我……）："Gute und Schlechte"（善和恶）。（在第四章里已经提到的对立："分裂的意识"。）人的孤立导致与非自我（世界）的冲突（Entgegensetzung）；冲突是基督教世界的本质。这就是异化（Entfremdung）本身，这就是教育（Bildung）本身。它是同一个事物的三个方面。冲突（对立）不仅仅存在于此世和彼世之间；我们将在后面看到，冲突也存在于这两个世界的每一个世界之内。此外，冲突是有意识的：必须选择两种可能性中的一种，因为它们是相互排斥的（但是：一种可能性只有通过和对抗另一种可能性才具有价值）。在善和恶之间有绝对的对立。在两者之间没有可能的综合，冲突是不可消除的。

不过，这种基督教的冲突不再是悲剧的，因为这种冲突是有意识的。如果人试图在冲突中保持不变，那么就会产生喜剧的东西。为什么？因为冲突实际上是可解决的，但是，人不知道这一点。意识到（异教的、悲剧的、不可解决的）冲突的事实本身使冲突变成可解决的（基督教的）；但是，基督教徒以为自己不能解决冲突。这是在基督教世界中的异教残余：基督教的喜剧（相对于异教的悲剧）。

善和恶有一种普遍的价值；一切既是善，也是恶。如果不实现恶，人们就不能实现善；如果不摧毁基督教的善，人们就不能摧毁基督教的恶。(知识分子反映了这种处境：普遍的批判态度；恶中有善，善中有恶。这就是真正的喜剧的东西。)

更确切地说：在基督教世界之内，冲突实际上是不可解决的，正如在异教世界中。(第五章的乌托邦空想家就是相信只有善的人；改良主义者就是相信人们能清除恶和保留善的人。)冲突的解决只能通过革命(生死斗争)：必须消灭基督教世界。但与此同时，人们也摧毁了善。这是一种罪行。基督教徒不想犯这种罪行，但仍然承认世界是“恶的”，他处在一种喜剧的处境中。(大革命后的公民既不是喜剧的，也不是悲剧的。)

354 页。“Diese Glieder...”(这个部分……)在基督教徒看来，善是：1. 直接的(它是一种给定材料，而不是产物)；2. 不变的(与本身保持同一)；3. 为所有人共有的(普遍)。在理性主义(=世俗化的基督教)中，善(=理性)也同样如此。

恶是特殊、变化、新事物：在宗教的基督教中的“虚荣”；在十七世纪的理性主义中的“激情”；在十八世纪的启蒙运动中的“偏见”和“迷信”。

这种恶，这种“虚荣”，是长久的，不可能被清除。

基督教的善代替了异教的完善。这就是说，一个伦理学的范畴(一种“价值”)代替了一个本体论的范畴：完善是存在(Sein)，善是发展(Werden)。

基督教采取(罗马)帝国和完善的概念(以善的概念的形式)，但也知道有一种绝对的恶，一种无所不在的不完善。因此，这是一种批判，甚至自我批判。自我批判将成为一种自我取消(扬弃)：法国大革命。

基督教的新概念是罪恶概念，需避免的罪恶的概念(不同于异教的罪孽概念)。这种罪恶最初被基督教徒认为是“虚妄”的“虚荣”。(这是奴隶对主人的"荣誉"的贬低）当荣誉不再是虚妄时，罪恶就不再被认为是一种罪恶，基督教不复存在：通过一种（奴性的、自由民的）"虚荣"，（主人的）"荣誉"在（公民的）尊严中升华（扬弃）。

在社会方面，我们有国家权力（Staatsmacht）（善）和财富（Reichtum）（恶）之间的对立。财富，个人财产，是基督教和基督教世界的基础；财富也是恶，福音宣扬的贫苦的大敌。这仍然是在大革命中和通过大革命实现的基督教的自我批判。

国家维护个人（=家庭）的私有财产，正如上帝是为我的上帝，国家是为个人的国家。国家由财产创造，并为财产存在，（封建制度）。因此，国家是它本身，即财富的对立面，但国家倾向于摧毁产生和支撑国家的财富，就像财富倾向于摧毁限制财富、形成财富、保护财富和使之不受侵害的国家。但是，另一方面，财富（=恶）、特殊，成了普遍。财富因而是善，与之对抗的国家成了恶。

这样看来，一切活动既是善，也是恶。基督教徒面对两者，即面对（国家和财富构成的）客观现实时，认为自己是自由的。他知道善和恶相互包含。他批判任何活动，一致性决不可能在基督教社会实现。

任何基督教判断都有两重性。这种基督教判断是一种主观的、特殊的判断；事实上，基督教徒局限于他自己。在事物中最重要的东西，是他们与特殊、与作为基督教徒的自我的关系。

1. 关于异教世界的基督教徒的判断。只有（主观）判断的行为才是基督教的判断。世界，即国家、财产，仍然是异教的。基督教徒否定它们。

2. 关于国家和财富的基督教判断：国家和财富被理解为善和恶；一切现实的东西（在此世）都是不完善的。

3. 通过这种判断，国家和财富在本义上是基督教的；正是作为这样的东西（两重性），国家和财富才能在基督教的（=自由民的）世界中（通过行动，Tun）实现。

国家和财产既是善的，也是恶的。在基督教徒看来，选择一个或另一个是无关紧要的。想选择善的人，不可能在此世选择它。

基督教徒或是公民或是富人，并不重要。重要的是他的态度，他的判断：或者他进行批判，或者他不进行批判。或者他不是因循守旧者，或者他是因循守旧者。善首先是：接受给定的世界，因为人们以为不必改造世界就能实现自己的个人价值。因此，恶是非因循守旧。但是，这个世界是恶的。所以，非因循守旧是善。

在基督教社会中，始终没有一致性；始终有两种基督教徒：因循守旧者和非因循守旧者；在社会上有贵族（前主人的自由民）和平民（前奴隶的自由民）。

这些判断，因循守旧的或非因循守旧的判断，是基督教的判断，即主观的判断：基督教徒判断世界是否有利于他的个人目的、特殊目的。我们有两种社会团体：因循守旧者，非因循守旧者。在黑格尔看来，一切基督教判断事实上同时是因循守旧的和非因循守旧的。但是，在基督教本身看来，只有因循守旧的判断能被承认；另一种判断是罪恶的。

因循守旧是：1. 源于主人的异教"完善"的一种残余；2. 源于奴隶的斯多葛主义的一种残余。基督教把非因循守旧作为"低劣的东西"加以清除；对基督教徒来说，要在任何（自然的，社会的，政治的，历史的）条件下拯救其灵魂，而不是关注世界和"低贱的"东西，如政治学和经济学。因此，有一种"高贵的意识"（因循守旧的意识）和一种"低贱的意识"（非因循守旧的意识）。但事实上，贵族和平民两者都是个人所有者（有焦虑和逃避死亡）。

基督教贵族（=战士）只不过是假主人：他不真正地冒生命危险，因为他相信他的灵魂不死。他因而承认与奴隶的平等：他们的不死"灵魂"是平等的。基督教平民（=劳动者）则只不过是假奴隶，因为他不再有真正的主人。两者都是自由民，国家（上帝）保护他们的生命（不死）和财产（"美好的成果"）。

基督教世界的辩证法旨在清除这些异教残余(贵族和平民之间的对立)和实现自由民的平等。(此外,实现大革命后的国家,即后基督教国家的公民的平等-博爱。)

在基督教世界中,始终存在着普遍(国家、上帝)和特殊(个人所有者,此世)之间的对立。在普遍和特殊之间的这种基督教对立的第一形式:封建世界。

封建领主是因循守旧的;他的生活和行动是服务(Dienst)于事物的一种给定状态。他是英勇的;他致力于一种普遍的价值(即被国家承认的价值)。是服务方面使(基督教)封建领主和(异教)主人类似。但是,另一方面,与主人-公民相反,领主能独立于国家,他能躲在自己的领地里,隐退到(家庭的)"私生活"。反过来说,国家也能离开领主。他们是不同的:国家对于领主来说是一个*他人*。同(异教)奴隶一样,领主也为国家这个他人*服务*,以领取国家的报酬,以得到国家的承认。因此,服务是一种奴役。国家仅仅根据提供的*服务*承认领主。为了成为封建领主,靠生来是领主、靠本身是领主是不够的。为了*成为*领主,必须要有*行动*(作战)。因此,人们能说,和奴隶一样,领主在作战的时候,就是在*劳动*。他的劳动是作战;献出生命是他的职业。这种为另一个人和在*焦虑*中的*劳动*,按照定义就是已经在封建世界中实现的和被揭示的教育。在为国家(普遍)服务的时候,封建领主否定他的特殊性。他是最初的公务员,也是最初的特殊和普遍的(实际)综合,即个体性的最初形式。然而,这种综合是不充分的。

封建国家也不再是一种*存在*(Sein);它受到贵族-公民的服务努力的"教育"(gebildet)。因此,*基督教*国家比异教国家优越。但是,*封建*国家的缺陷是:国家还不是一个自我(Selbst),一个意识到自己的状况的自我。封建领主没有把他的自我(Selbst)交给国家支配,他仅仅把他的*存在*交给国家支配;他准备为国家*献身*,而不准备为国家*活着*(死亡的公务员)。其他人承认他的东西,就是他的(世袭)爵位,而不是他的不可替代的个性。这还是通过他的语言（Sprach）显示出来的一种不足之处。更确切地说，在这里，这种语言只不过是潜在的，因为领主（战士）不说话，保持其“高贵的沉默”。如果人们认为他能对国家说话，那么他的语言（Sprach）就可能是一种建议（Rat）：也就是人们不能完全介入其中的某种东西；领主始终保留他的自我（Selbst），他最终是一个特殊的个人（只要他活着，他就不为国家而死）。

361页第21行："Das Fürsichsein..."（自为存在……）针对议会制（例如，英国的议会制）的说明，议会制是封建国家的残余和复活。在这里，领主说（一种特殊主义的语言）：他们根据自己的个人利益向国家提出建议。

问题不仅仅在于战死在战场上，就像领主所做的那样；还必须为（通过）国家活着。解甲归田的战士（“前战士”）对国家来说是危险的，如果他仅仅想到他在战争中为国家所做的事情的话。（在大革命后的公民，真正的公务员那里，整个生命是国家的一种机能，而不仅仅是死亡。）

362页的一段：到基于语言的绝对君主制的辩证转变，基督教特有的现象。

362页及以下——关于一般语言的说明。

语言是特殊和普遍的综合。说出的“我”表达的是一个特殊的自我，普遍地作为一个特殊的自我，因为所有其他人都理解其特殊性。这个仅仅适用于绝对知识的完善语言，即适用于（在黑格尔还活着时）显现为普遍的人（精神）的黑格尔本人，适用于作为精神现象学的语言。存在（Sein）先于它的显现（语言，Sprach，Logos），但历史的完成只能通过用语言表达的对存在的意识。最后：说（《精神现象学》和《哲学全书》的）完善语言的完善公民（黑格尔）理解完善的（拿破仑）国家。

363页的一段："Der Geist erhält..."（精神得到……）绝对君主制的特殊语言的分析。

历史表现（阶级）斗争；真正人性的（人类发生的、"人性化的"）斗争是一种为了纯荣誉的斗争。（虚荣促使主人进行斗争，以得到这种承认；正是这种"虚荣"在基督教世界中被认为是罪恶；也正是这种"虚荣"为"最终的"公民的满足（Befriedigung）奠定了基础，就像虚荣源于欲望，动物的欲望；虚荣是真正人性的第一和唯一欲望，承认的欲望。）

文化来自斗争和对立；正是在（阶级）斗争中和通过这种斗争，人的文化得以实现。

为了语言能到达其完善，特殊和普遍之间的对立必须到达其顶点，成为有意识的对立。之所以对立的各方决定了对立，是因为从某个时刻开始，对立决定了对立的各方。但是，唯有对立的各方始终是实在的；最初，对立本身是非实在的，仅仅在语言中显现为实在的。这些"端点"一开始就是实在的，但是，它们之间的联系（Mitte，中项）最初不存在于表达它的语言之外。语言在什么时候有它自己的功能？首先，在封建时代：在议会中，在个人中；其次，通过戒律，在普遍（国家）中；第三，在真正的特殊形式中，也就是作为在对立各方之间的中项：在讨论的语言中，这种语言后来成为大革命后的知识分子（第五章）的语言，最初是"奉承的语言"，凡尔赛宫廷官员的语言（第六章B节，I，a；362页第二段）。

封建领主的沉默服务何以成为宫廷官员的"有声"服务？封建领主代表作为土地所有者的特殊性的原则，但他通过其军事服务与普遍融为一体。因此，在他身上存在着两重性，在个人所有者的利益和为国家服务的军人职责之间，存在着冲突；由于这个原因，他开始说话，他用语言解释和揭示矛盾。

同样，国家——在他看来——也是和他自己（君主）一样的个人；另一方面，国家是一种军事的、潜在普遍的（高傲的）统一体。所以，国家也是两重性的，也有矛盾。国家也开始说话。作为特殊的国家的矛盾通过语言显示出来。封建国家因而成了绝对君主制，君主能在君主国家中说："朕即国家"。同样，从此以后，他的宫廷官员用语言（奉承）为他服务，与他作对的人也只能用语言（小册子，等等）反对他。

正如封建领主是个人所有者，与之对立的国家也成了个人所有者：这就是绝对君主政体。

新事物，就是人们能谈论对立；这已经是一种关系，一种联系，一种综合，这就是新世界（通常是基督教世界）的——相对——完善。语言的最初形式是（凡尔赛宫廷官员的）奉承；国王也说话。凡尔赛是特殊和普遍之间的——纯粹语言的——最初综合。

然而，这种综合是世袭的（它与君主的存在有关，而不是与君主的行动有关）。此外，君主仅仅在语言方面得到承认，不是被所有人承认，仅仅被凡尔赛宫廷官员承认。正是这种基本的不足之处，把君主和拿破仑，即普遍的和同质的国家的领袖，区分开来，因为拿破仑（通过所有人的斗争和劳动的共同行动）真正地得到所有人的承认。君主仅仅得到"上流社会"，即凡尔赛宫廷官员、极少数人的承认。宫廷官员对他说他是君主，但他们做出来的行为并不表明他真正是君主；他们仅限于说，他是所有人的绝对主人，但试图不依赖他，为他们自己活着。

因此，凡尔赛不是一种现实（Wirklichkeit）；它仍然是有待于大革命来实现的一个"理想"，一个"计划"。（另一方面，凡尔赛宫廷官员是第五章的快乐的人。）

凡尔赛是大革命后的国家的起因，路易十四是拿破仑的起因。基督教世界的辩证法还必须把路易十四改造成拿破仑（黑格尔的化身）。

仅仅在宫廷内和面对他的宫廷官员，路易十四才是绝对的君主。他的存在依赖宫廷官员；最终说来，他依赖宫廷官员，就像主人依赖他的侍从。因此，最终说来，国家依赖富人：依赖财产、财富、资本，也就是在基督教徒看来属于恶的东西。

国家依赖一个特殊群体，特殊性以财富为基础，并通过财富表现出来。自由民想变得富有，成为独立的人，为此，他的财富必须得到国家的承认，在这方面，国家必须比它的宫廷官员更富有。因此，形成了一个自由民的国家（共和国或“君主立宪”政体；议会制）。君主不再是一个空洞的名称，于是，权力属于财富。

事实上，宫廷官员仅仅追求个人的目的（财富）。贵族不符合国家的现实，因而不是因循守旧的。按照定义，贵族是“低贱的”意识。因此，不再有平民和领主，但有自由民。这就是在基督教世界中实现的新事物：特殊性的原则。（基督教）领主的“真理”（Wahrheit=被揭示的现实）是自由民（特殊主义占上风的倾向）。

在大革命时期，真正的贵族已经被消灭。只有自由民。法国大革命旨在消灭贵族，而不是消灭自由民，（通过拿破仑和以拿破仑）重建国家（=普遍）的价值和实在性。

在财富中，自由民受到不同于国家（普遍）法律的其他规律的支配；但他受到同样普遍的经济规律的支配。在自由民看来，财富（资本）是一种无名称的普遍性。当自由民（通过议会制）使自己摆脱了国家的控制时，他以为在其特殊性中获得了解放，因为他相信财富适合他。但事实上，国家并不是“利己主义的”，因为国家希望公民尽可能地富有，相反财富则排斥那些想拥有财富的人，减少拥有财富的人的数量。尽管是在表面上，财富与个人是敌对的。但财富的目的仅仅是个人。因此，财富“自在地被扬弃”（an sich aufgehoben）。这就是基督教世界的辩证法。

基督教奴役的消亡。富有的自由民和贫穷的自由民的辩证法。（贫穷的）自由民逐渐转变成在观念上取消奴役的知识分子（在这一点上，类似于斯多葛主义者）。与斯多葛主义者的区别：他自在地（an sich）是他自己的（而不是主人的）奴隶——他自己创造的上帝（他丝毫没有怀疑）和创造他的财富（他不知道这一点）的奴隶。这是升华的（aufgehoben）奴役；这种奴役（如同另一种奴役）的最终原因是面对死亡的基督教态度；基督教徒否定他的有限性（相信不死），拒绝接受他的死亡（就像为了活命而接受奴役的奴隶）。

财富成了一种对象（Gegenstand）（一种客观的、外部的现实），自由民忍受财富的规律，就像异教徒忍受国家的法律（就像有闲的人忍受自然规律）。但是，财富其实是自由民的成果，是他创造出来的，以对付国家的普遍。只有通过财富，自由民才能自我异化和忍受排他的特殊主义的枷锁，就像主人忍受其单边的普遍主义的枷锁。还没有综合。

367页最后一行和368页的前面部分：（经济）规律的僵硬性。

368页："Von jeder..."（从每个……），直到369页第一段结束：

和斯多葛主义者不同，自由民不可能不关心在其自我（Selbst）之外的东西，因为财富是有意识的和有意志的成果，是他的自我（Selbst）的基础。他不可能对奴役他的财富（资本）无动于衷。

当自由民认识到财富的这种对象性（Gegenstand-isme）之后，他奋起反抗；一切道德价值在他看来都是虚假的。他成了怀疑主义者和虚无主义者："...die reinste Ungleichheit"（……最纯粹的不平等），"...das reine Ich selbst ist absolut zersetzt"（……纯粹的自我已完全解体）（368页倒数第8行）。

贫穷是基督教自由民国家的特征。富有的自由民本身是贫穷的，因为他仅仅拥有一部分财富，而不是全部财富。

369页：施舍的富人和接纳的穷人的辩证法。

现在，是财富把特殊和普遍紧密地联系在一起，不再是家庭，不再是战争。没有财富的穷人属于一种纯粹的特殊性，他因而是一种纯粹的虚无。这种"无底的深渊"（bodenlose Tiefe）在富有的自由民的脚下敞开着（370页第2—3行）。

谁(实际上,而不是在意向上——在黑格尔看来并不重要)实现“福音的贫穷”?是自由民世界的无产阶级,而不是使徒。这是对基督教宣扬的“创造物”的虚无的揭示。

贫穷的自由民采用尽可能最基督教的语言;由于太基督教了,以致它不再是基督教的语言(而是无神论的,革命的语言)。由于基督教语言的本质是自我批判的,所以它的终点是自我扬弃。

370页:“Wie das Selbstbewusstsein...”(自我意识如何……)。

两种类型的语言:

一种是因循守旧的、奉承的语言;这种语言现在是“低贱的”。

另一种语言是非因循守旧的、分裂的语言(Sprache der Zerrissenheit),这种语言现在是“高贵的”,因为它符合基督教世界的现实:它理解基督教世界和表达基督教世界(通过语言揭示它)。

自由民的新世界意味着一种“文学的理想国”[=第五章的“有智慧的动物寓言集”=文化;知识分子谈论分裂的语言,是语言的精神;本义上的抽象文化是纯粹的教育(reine Bildung)]。这是一个歌颂“文化价值”的“文明世界”。

分裂的语言揭示所有价值的异化和颠倒。

客观上实在的两种价值的颠倒:作为君主化身的国家的价值——现在,君主只不过是一个名称,财富的名称,而人们认为财富是恶的根源。知识分子离开这两种实在的价值。他也知道,观念上的价值(真、善、美)既是好的,也是坏的。他也知道,他并不是人们所想象的人,他也不是他自己想成为的人。

他生活在其中的世界是人们相互批判和人们批判一切东西的世界;每天,都有价值的颠倒。但是,现实世界本身没有因这种语言而改变。批判针对世界的内容,而不是世界本身。黑格尔在这里谈论的知识分子没有预见到大革命,但黑格尔说过,知识分子酝酿大革命。知识分子相信,使特殊和普遍两个端点结合在一起的中项是一个文学的理想国。他相信，他的啰唆的批判代表着“真正的精神”（wahre Geist）——“共同的语言和分裂的判断”（das allgemeine Sprechen und zerreissendes Urteilen）。他相信，他的语言是不可战胜的，他将用语言统治世界。

在这个世界中，还有一种“诚实的”意识（das ehrliche Bewusstsein）。但事实上，这种意识和知识分子是一样的，只是，它没有意识到这一点：这种意识用自己的存在摧毁它在语言上承认是善的这个世界（本义上的自由民）。

知识分子的语言何以显现给“诚实的”人？在（狄德罗的）拉摩的侄儿这个人物身上，绝对的坦率和真诚，揭示“诚实的”人的东西是谎言。他的语言既是真实的，也是一种欺骗——两者兼而有之。

重新出现在这里的就是第五章里的欺骗（Betrug）。

“诚实的”人对知识分子的回答和知识分子的反驳：

“诚实的”人回答说：“不”，但没有给出其他的理由；或者，如果他想寻找理由，他将说和知识分子一样的话。他说：“尽管有恶，但也有善”；这符合知识分子的辩证法的陈词滥调，“苦涩的”陈词滥调。

如果“诚实的”人声称，人能逃避败坏的世界，独自生活，那么知识分子就回答说，独自生活也依赖于想独自生活的人所生活的那个世界。

如果“诚实的”人提出“重返自然”，人们就回答说，这是一种乌托邦。

在语言中和通过语言，知识分子已经超越了这个自由民世界，但他不知道这一点。他不准备推翻受到其语言批判的伤害的世界，他认为自己是“会说话的意识”；世界在听他，“诚实的”人也在听他，但没有被感动。结果是彻头彻尾的“虚荣”（Eitelkeit），我们看到了这一点——我们进入议题。因此，“拉摩的侄儿”是一种纯粹的因循守旧的态度，尽管表面上是虚无主义的和怀疑主义的。

或者，人们试图摆脱困境；但不是通过创造的（即否定的、革命的）

活动，而是躲入一个彼世：或是基督教的彼世，或是世俗的彼世。两者都是基督教的（=自由民的）彼世。但是，唯有前者是宗教的彼世；后者则是无神论的彼世。

我们不再讨论第二种态度。在任何社会都可能出现的一般态度，已经在第五章得到描述。

第一个（宗教）方面的描述从“In jener Seite der Ruckkehr...（375页）”（在每一个反面……）开始。

现实（社会）世界在抽象世界（神的彼世）中再现，信仰在天国再现，个体性在那里实现，人的特殊性在那里得到普遍（上帝）的承认。基督教徒应该把对基督和天国的看法用于他自己和世界，因为这就是基督教徒及其自由民世界在抽象世界中的投射。但是，他不能这样说，因为在他的眼里，基督教徒不是基督，现实世界不是天国。为了能这样说，他必须首先改造现实世界和改造自己（通过斗争和劳动的否定活动，因而也就是创造活动）。

斯多葛主义者以为能不关心世界（他可能会说：不关心任何一个世界，虽然他认识在现实世界之外的另一个世界）。不过，有一个世界基督教徒不能不关心：这就是彼世，它是（在自然之外）他的已经实现的理想。

在世俗的基督教徒（第五章的乌托邦空想家和假哲学家）看来，这种理想还有待于（在自然之内）实现。但他没有说，也不知道怎样做。

因此，基督教信仰是一种实在论。和世俗的自由民乌托邦相比，这就是它的完美之处；但这也是它的不足之处，因为它所针对的现实只能是“超验的”（也就是说，在黑格尔看来，是想象的、语言的）。

基督教不是“自在和自为的宗教”（Religion an und für sich），因为自在和自为的宗教不是别的，就是黑格尔的宗教（不再是宗教和信仰的绝对知识）。然而，基督教是一种真正的宗教，因为它承认超验。相反，异教是一种假宗教；异教关心此世，实际上只是一种宇宙论。而基督教则意味着一种(无意识的)人类学。因为人——也仅仅人——能超越自然世界,和作为自然存在的自我;谈论超验,实际上就是谈论人;基督教徒在以为谈论上帝的时候谈论人;但是,异教徒在以为谈论人(和诸神)的时候——实际上——只是谈论自然。

在基督教徒那里,现实世界在彼世中的(无意识)反映对立于他的日常意识;这种对立在社会方面、在政治方面、在历史方面体现在教会和国家的对立中。

b. 信仰和纯粹理智(376—383页)。

信仰和笛卡尔的理智(Einsicht)——或理性(第五章)之间的对立的描述;它们既相互对立,也相互紧密联系。因为如果信仰是逃避世界,那么这种逃避则是由它所批判的世界决定的;这种逃避包含理性。基督教的(=笛卡尔的,=自由民的)理性本质上是一种批判的理性。如同信仰,这种理性反映了现实的基督教世界;但是,它所揭示的东西,是它的内在矛盾,观念的骚动(Unruhe),否定性,基督教的革命内容。因此,是理性(而不是信仰)揭示在基督教世界中基督教特有的东西。信仰揭示与本身同一的肯定的东西,也就是异教徒已经揭示的一种自然的(而不是人的)存在。理性揭示犹太-基督教发现的人特有的否定因素。

理性批判的第一对象是理性本身。理性始终是批判的,因而表现为是不稳定的。人们把这种正在消失的不稳定和稳定对立起来:这种稳定不仅仅是超感觉的和超人间的,而且也是超理性的;这就是说,人们返回信仰。信仰和基督教理性(=自由民的理性,第五章的理性)相互产生和相互取消。

基督教理性是十七世纪的理性主义。它的理智是笛卡尔的"我思"的理智。它导致对立于信仰的主观唯心主义(贝克莱)。理性没有内容,因为它纯粹是否定的。相反,信仰有肯定的内容;但它是原始的和

“不可理解的”,不可证明的:一个对象(Gegenstand)。信仰和理性是一些思想,并仅仅产生一些思想,一些“理性的存在”;但是,信仰的人不知道这一点(他相信上帝实在地存在);相反,理性的人意识到自己。因此,基督教信仰的思想是对象性的(由此产生神学)。而理性的人则把他的唯我论推向极端,声称世界是他的产物,更确切地说,是思想(或他的思想)的产物。(然而,他不理解,为了实现思想和创造一个世界,他必须行动——斗争和劳动。)

379—382页。信仰和理性的辩证法:

1. 在与宗教的关系中的信仰和观念世界;

2. 在与现实世界的关系中的信仰和理性;

3. 在其相互关系中的信仰和理性。

380页特别是第6—9行:信仰的世界(彼世)是现实世界的反映,不是其所是,而是其应该所是;基督教世界的发展过程也一样。

380页第二段:圣父(单纯的、永恒的实体=国家权力)。

基督(献身的自我(为了他人的存在),=财富)。

圣灵(异化的自我……返回其最初的单纯,=语言)。

因此,圣父是异教的上帝(完善),在基督教中被保存(扬弃)。基督是财富在世界上出现的象征,自由民世界出现的象征。圣灵是知识分子,“拉摩的侄儿”的上帝。

380页第三段:信仰和现实世界的关系。

381页第二段:信仰和理性(=纯粹理智)的关系。

在基督教世界中,信仰是一种可推断的信仰。

381页第三段:理性和它自己的世界,语言世界的关系。

382页:理性和现实世界的关系。

“合理化”必须普遍化(382页的中间部分):这是十八世纪启蒙运动的产物。

启蒙运动的批判任务主要在于清除这样的观念：人是一种自然的、给定的、“世代相传的”存在。一方面，批判针对原罪（世代相传的罪恶）的概念，另一方面，批判针对天才和“天赋能力”的概念。在这里，自由民知识分子自我扬弃，成为行动的人：革命者，之后，拿破仑的国家的公民。

“无限的判断”（383页第4行）：这是在现实的基督教世界的发展过程结束时，基督教徒的批判性判断（Urteil）到达的一种判断。这种无限的判断整个地否定世界，是绝对非因循守旧的判断，彻底的革命判断。“低贱的”意识的极端自我取消，由此取消“高贵的”意识。

383页第8行：“Sie ist daher...”（它由于……）——再次讨论启蒙运动：向所有人，向群众呼吁。这是尊重特殊性的刚诞生的普遍主义，实在的个体性的开端。

II. *启蒙运动*（383—413页）。

我们记得下面的选择：

1. 人们接受世界——自由民知识分子（第五章的“观察”的理性）；

2. 人们逃避世界 {
躲进天国——宗教的基督教徒（信仰）；
躲进一种理想，但被认为是一种人间的理想——启蒙运动的“行动”理性。
}

启蒙运动的语言本质上不同于第五章的知识分子的语言，因为它酝酿实际的革命（尽管它的批判本身是“空洞的”）。革命的宣传。

躲进一个世俗化的天国的另一种逃避何以是可能的？

a）因为自由民安逸地生活在一个和平的世界中，不再害怕死亡（他能抛弃永存，也就是抛弃彼世）；

b）因为他是一个城里人，自然不再向他呈现敌意的一面（因此，他不需要像第七章的自然宗教那样，把自然神化）；

c）因为他是一个公民，被承认是公民，而奴隶则被排斥在政治生活和社会之外（因此，他不必再想象在彼世的“一个更美好的世界”）。

383页第一段。基本主题：信仰和理性之间相互作用。两者都是基督教的、抽象的形式。它们在其抽象概念中相互争斗和相互取消。

383页第二段。理性（在这里，十八世纪的理性主义）和现实世界之间的关系。狄德罗的理性主义和笛卡尔的理性主义之间，启蒙运动的狄德罗和依然纯粹的虚无主义的“拉摩的侄儿”之间的区别。

我们已经看到，和“拉摩的侄儿”所说的东西相比（或针对“拉摩的侄儿”），“诚实的人”狄德罗不能说出新的东西，因为“拉摩的侄儿”已充分意识到自己。但狄德罗改写“拉摩的侄儿”的语言，使之成为普遍的、所有人都读得懂的语言。“拉摩的侄儿”位于个人主义的极点：他不关心其他人；相反，狄德罗是痛苦的，希望每一个人都能理解他。所以，如果每一个人都能像“拉摩的侄儿”那样谈论，那么世界将因此而变化。普遍化的“拉摩的侄儿”是启蒙运动。

a）启蒙运动的斗争（385—407页）。

启蒙运动是“拉摩的侄儿”的观念的宣传（Verbreitung），也就是说，启蒙运动已经是为了这些观念，因而反对信仰和信仰世界的一种斗争。

385页第一段。启蒙运动是一种社会现象（因而超越异教的怀疑主义）；启蒙运动把一种绝对价值给予具体的人的自我（Selbst）；启蒙运动与超验的（基督教的）上帝做斗争（这使得它也超越承认超验的自由民唯心主义）。作为纯粹的否定，启蒙运动没有自己的内容，它是一种无内容的空虚（之后，将被肯定的内容填满）。

385页第二段。启蒙运动的三个组成部分：民族，教士，暴君。

386页第一段。启蒙运动针对群众，更确切地说，针对这些群众的无知，以便扬弃无知。

386页第2段。黑格尔重新考虑启蒙运动和信仰的互补方面：理性和信仰在根本上是等同的。

386—388页。分析启蒙运动的胜利。启蒙运动的展开没有通过斗争；这是一种“平静的展开”(ruhige Ausdehnung)(387页第8—9行)，仅仅靠宣传来传播。

当人们发现“瘟疫”扩散时，为时已晚。真、善、美的“三位一体”静静地躺在基督教上帝的旁边，“在一个晴朗的早晨”，它用肘臂推它的同伴，啪嗒一声，基督教上帝垮掉了(《拉摩的侄儿》的引文)。

388页第一段。然而，有斗争，启蒙运动是一种长篇大论。这种长篇大论也是一种(否定)行动。启蒙运动的人是宣传者、煽动者。(他也是世俗化的基督教的宣传者：其“使徒”。)

388页第二段及以下。关于宣传。

通过宣传，任何一种意识形态都不同于它最初的形式，它变得不纯粹，变成谎言。

启蒙运动是一种谎言，因为它揭示一种谎言，(在自由民世界中和通过自由民世界具体地实现的)信仰的谎言。启蒙运动的理性宣传是欺骗性的，因为它自以为在与自己之外的其他东西做斗争。但事实上，(基督教的)理性和信仰融为一体。为了保卫自己，“开明的”理性必须诋毁信仰。

389页末尾。辩证的(也就是主动的)否定“自为地”(有意识地)是它的反面——肯定——“自在地”(无意识地)所是的东西：辩证的否定是综合(=整体性)。因此，一切革命活动也是自我否定的。但是，大革命的参加者不想自杀，尽管他希望被当作一个暗杀者。他希望被当作非其所是，他置身于(自以为置身于)社会之外(以便不参与社会的毁灭中)，因此，他诋毁社会。这种诋毁就是宣传的力量(诋毁社会，就是参与社会)。所以，大革命的参加者是一个说谎者。但是，他作为社会的诋毁者，与社会融为一体；由于诋毁者，社会自我诋毁：社会本身是谎言，甚至是有意识的谎言。诋毁是现有社会的虚弱的标志，而不是革命宣传的虚弱的标志。只有当诋毁的对象——社会消亡了，而不是诋毁者消亡了，诋毁才消失。诋毁将不再对（大革命后的）新社会起作用。因为对新社会的“诋毁”不同于以前的诋毁。然而，这种说法（部分）是真的，因为现在包含过去（但不包含将来）。因此，所谓的诋毁只是道出真理。它没有力量，因为真理揭示存在的东西，不否定任何东西。“诋毁”不可能是一种完全的宣传，而是一种为更好地理解新社会，肯定和强化新社会所做的努力。

（本义上的）宣传者因不行动而异化，因为他自以为是非其所是，他只能（通过行动）成为这样的人。他和基督教徒一样，也相信自己已经异化；但是，基督教徒由于对社会的不满，躲入一种有肯定内容的超验中：不过，启蒙运动对信仰和社会的批判首先没有肯定的内容：超验没有被任何东西取代。（肯定的）观念是在行动中形成的。在大革命之后，这种批判的肯定内容将是人与社会——在那时实现的——一致的证明。在批判和宣传之前，人与他的（异教）世界是一致的，但他没有意识到这一点。批判、宣传和大革命有意识地把人和他的（基督教、自由民）世界对立起来。在大革命之后，人重新与世界一致，但他现在是“因循守旧者”，即意识到和满足于自己是因循守旧者。对社会的革命（通过斗争的主动）否定也是一种自我否定（由以前的社会决定的否定），最终到达被改造的人与自己，与同样被改造过的社会（社会=国家=历史的世界）的一致。

390—396页。启蒙运动改变信仰，信仰在其批判中没有认识到自己。信仰如何对这种批判做出反应。

396页开头的一段。启蒙运动的肯定学说。最初，启蒙运动仅仅是否定的。这就是说：从理性宣传到革命行动的转变。1. 自然神论；2. 感觉主义；3.“功利主义”。

396页（最后一行）及以下：（1.）自然神论。绝对的本质（Das absolute Wesen），“最高的存在”，成为一种“空虚”（Vakuum）（397页第6行）。这是一种在基督教的超验观念的顶点的升华：神的彼世“不同”于（自然）世界（存在），后者什么都不是。由此产生颠倒，在这里，内在论已经开始出现；自然神论其实已经是一种无神论。我们将在后面看到，启蒙运动的真理是无神论；更确切地说：是人类神化论；因为黑格尔接受已实现的完善的（异教）概念，但是，这种完善是精神在世界中的实在呈现（Gegenwart），这种精神是在历史终结后的“完”人，更确切地说：人类历史（在黑格尔的思想中和通过黑格尔的思想）的整合的整体性。

397页的一段：（2.）感觉主义。自然神论的必要补充。与第一章的“感觉主义”的区别：在这里，人经受了在“彼世”（Jenseits）的所有体验，然后回到实在事物的“感觉”；在那里，人还没有超越感性的实在事物。

398页的一段：（3.）“功利主义”。一切都为了人——人是万物的尺度。面对感性事物，启蒙运动的双重态度：1. 感性事物自在存在；2. 感性事物为别的某种东西（为人的意识）存在。在这里，与善和恶的辩证法相似；这种辩证法在自在存在（An-sich-sein）和为他存在（Sein-für-ein-Anderes）的对立中抽象转换。这就是说：任何东西同时是目的和手段（正如在有信仰的基督教徒看来，一切东西同时是善和恶）。对启蒙运动来说，一切东西都必须为某种东西服务（基督教的服务范畴的世俗化）。同时，人们看到每一样东西的独立性和绝对价值的显现。一切东西为一切东西服务，每一样东西为世界服务，世界为每一样东西服务，因此，每一样东西也是一个自在的目的。请注意与财富的辩证法的相似，财富不是自在的东西，财富委身于第一个遇到它的人，同时又支配一切（398页的最后一行和399页的最初三行）。人们在基督教（=自由民)世界。人们遇到这个悖论:每一样东西都是绝对的目的。同时,启蒙运动则认为判断都是相对的;由此导致不稳定,这种"功利主义"是富有的自由民(第五章的快乐的人)的意识形态表达。(参见颅相学的自然主义人类学,第五章A节,c。)一切存在的东西都是为了我,为了我的快乐而存在。还应该对这种"利己主义"补充一点:这是利他主义,社会主义,自由民的"和谐主义"[399页倒数第13行:"Wie dem Menschen..."(人如何……)]。在这些自由民的概念中,有一种"所有人和每一个人的*存在*"(Sein aller und jeder),而不是"所有人和每一个人的*行动*"(Tun aller und jeder),正如在大革命后的国家中的情况:共存,而不是相互作用。启蒙运动没有意识到自己的真理,由此导致平庸和滑稽。黑格尔知道启蒙运动酝酿革命(行动),启蒙运动不知道这一点,因而也没有说出这一点。

400—407页。启蒙运动和信仰的相互作用。

400页第一段。启蒙运动对于信仰意味着什么:被当作一种陈词滥调。

400页第二段。启蒙运动的权利,即它的存在权利,战胜信仰的权利,这就是它的真理。

信仰的(神)权和启蒙运动的(人)权的对立。在异教中,一种权利是(家庭的)死者的权利,另一种权利是(国家的)活人的权利。一种权利——体面地被埋葬的权利,另一种权利——活人埋葬死者的权利;更确切地说,死者埋葬自己的尸体的权利。因为当信仰死亡的时候,启蒙运动也不复存在:启蒙运动在埋葬信仰的时候死去,因为它的生命仅仅在于批判。(但是,在法国大革命之后,启蒙运动通过黑格尔哲学和在黑格尔哲学中复活;伴随着启蒙运动,信仰也获得两者所具有的实在性。启蒙运动和信仰成为"不朽的"——在黑格尔哲学中和通过黑格尔哲学。但是,在这种复活中,人权取得了胜利,人权是绝对的:不是上帝成为人，而是人成为上帝。）

信仰的权利是*存在*（Sein）的权利，启蒙运动的权利是行动（Tun）的权利，是一种对*存在*（Sein）的否定。信仰的神权也是纯粹思想的权利，即一种“永恒”思想的权利。当启蒙运动摧毁信仰的神权时，它犯了一种不公正（Unrecht）的错误。但是，这种不公正是人权（Recht）：属于不公正的权利。人的行为始终是罪恶的（因为它是否定的），在这里也是。

b. *启蒙运动的真理*（407—413页）。

他在（Anderssein），即思想的彼世，即现实的、具体的世界。现在，人把自己的理性联系于他在，也就是联系于现实世界。启蒙运动重新回到现实，但不是重新回到它存在于其给定结构中的时候的现实。“开明的”理性的人不必再承认这种结构。世界是一种对于他而言没有形式的物质：一种纯粹的思想=一个“纯粹的”物体。他能把世界变成他所希望的东西。在世界之内的差别不再被原封不动地承认；是人的活动有意识地和有意志地把这些差别引入世界，并且也取消它们。不过，启蒙运动的思想仍然是主观的，现实世界在启蒙运动看来仍然是一个彼世。启蒙运动还没有成为真正的*行动*（斗争和劳动），始终与信仰没有区别，因为它自我“异化”。人还不知道他的“绝对本质”（absolute Wesen）（上帝，或他的天赋“本性”）等同于“意识的运动”（Bewegung des Bewusstseins），即等同于他自己，他在历史过程中通过斗争和劳动造就的他自己。

在启蒙运动胜利之后，启蒙运动内部存在着斗争；这种分裂本身表明它的胜利，因为这个事实表明反对派已被彻底消灭。现在，基督教的内在两重性通过两种不同的体系显露出来：一方面，自然神论成为唯心主义，另一方面，感觉主义成为唯物主义。两种体系的差别只是来自教育的两个不同出发点；如果没有差别，也就没有完全的同一。

“纯粹的物质”不再能解释自然的财富，正如它不能解释历史财富的“纯粹精神”。启蒙运动的两个派别没有超越笛卡尔的形而上学，不理解自在存在（=空间）和思维（=时间）是同一的：它们仅仅在历史过程中才能成为同一。正是通过行动，思维成为（实在的）存在，存在成为思维。仅仅在这个时候，“思维是物性或物性是思维”（das Denken ist Dingheit, oder Dingheit ist Denken）（410页第15—16行）。这就是成为唯心主义的自然神论和成为唯物主义的感觉主义的“真理”和“综合”。在启蒙运动中，由于唯心主义和唯物主义不可消除的对立，基督教二元论变得明显：这就是一切。

还有启蒙运动的第三个方面：“功利主义”。启蒙运动的本义上的真理就在于此。一种思想只有被付诸实践，它才有价值；这就是“开明的”理性所珍视的效用（Nützlichkeit）的含义（理性有三个对手，它们认为理性是平庸的，无价值的：信仰；“唯美主义”=伤感主义；“称为思辨的抽象”（die sich Spekulation nennende Abstraktion），即自由民的假哲学）。但是，这还不是绝对真理，因为人相信应该对已经存在的东西有用处；这还不是主动的否定性。人们对自己形成的观念还没有侵占社会现实，这种现实仍具有对象（Gegenstand）的形式。人始终生活在一个不是他自己的世界的世界（大革命后的世界）中。他也想使用存在的东西：但不（通过斗争和劳动活动）创造对他有用处的东西。

这就是大革命后来所做的事情。“开明的”人开始行动，这就是1789年的大革命者。

III. 绝对自由和恐怖（413—422页）。

在世界上实现基督教理想的尝试，就是法国大革命。

413页。导论：在效用中，意识（=人）找到了它的概念（Begriff）。但是，这还是一个对象（Gegenstand）和一个没有达到的目的（Zweck）。

这就是为什么没有主体(=个人)的满足(Befriedigung)和客观的(社会的)实现。[注意:自在存在(Ansichsein)是人的自然存在;为他存在(Sein für Anderes)是社会存在。]社会的革命改造不是通过劳动,而是通过(为了得到承认的)斗争。人不应该再屈从客体(本义上的功利主义的实质),而是要摧毁客体,改造客体。这种改造"自在地"发生,也就是不知不觉地和无意识地发生。现在,在绝对自由中,这种改造是有意识地和有意志地进行的。

黑格尔没有讨论旧制度的崩溃。在这里,旧制度已经死了。是启蒙运动的宣传消灭了旧制度;现在,人们只需埋葬旧制度。一场伟大的革命在开始时通常是不流血的;甚至没有斗争。旧制度死于感染(Ansteckung)(387页第10—14行),而不是死于暗杀。这种"感染"就是启蒙运动的宣传。现在,尸体已经被埋葬,这是绝对自由的世界。现在有什么东西?没有因循守旧,因为不再有可以因循守旧的东西了。没有实在的东西能阻碍人得到满足;但是,离满足还远得很。面对不复存在的给定物,人们获得了解放,但还没有创造一个实在的新世界。人处在完全的空虚中:这就是"绝对自由"。

413页最后一行,以及414页。"给定的"(大革命前的)世界的实在性消失了。只有世界和国家的一种假象(Schein),一种外表。在解释(和惋惜)或谴责已经消失的这个世界和这种意识形态的意识之外,基督教-自由民的世界,以及基督教-自由民的意识形态不复存在。不再有社团,只有孤独的人,个人。国家仅仅因个人的观念和个人立宪计划而存在。这些个人转而关注其"内部的"、非客观的现实,关注其"革命意识";他们是"纯粹的形而上学"(reine Metaphysik),他们能思考(和说)任何东西。不再有世界:只有一个没有结构的对象(Gegenstand)。为他存在(Sein-für-Anderes)躲入自为存在(Für-sich-Sein)中,躲入自我(Selbst)中。然而,Selbst(自我)并非不同于Ich(我),因而不符合任何客观的(=社会的、政治的)人的现实。每一个人都能尝试把他的个人观念转变成政治现实，不被人当作疯子和罪犯；每一个人都能说："朕即国家"，提出"他的"宪法。自我意识的认识（Wissen des Selbstbewusstsein）能转变成（辩证的）"运动"（Bewegung），也就是转变成一种社会的、政治的、历史的过程；每一个人的Gewissheit（主观信念）都能成为所有人的真理（Wahrheit）：这一切不需要斗争，不需要努力，不需要破坏给定物。这就是绝对自由。

414页倒数第4行到417页。大革命初期的自由时期的辩证法的描述，意识形态只不过是一种错觉的意识形态：绝对的自由是纯粹的虚无（=死亡）。

在这种态度中，有一种内在的不足之处：这就是没有斗争，没有生命危险。（因此，行动是直接的，没有通过死亡的虚无。）旧制度没有经过斗争就死了，绝对自由的人相信（创造大革命后的国家）"所有人和每一个人的行动"也能在没有流血斗争的情况下进行，这就是说，这种行动可能是"直接的"。

（参见415页倒数第12行：所有的阶级（Stände）都已经消亡，人是强意义上的个人，他以为能作为个人代表整个人类：严重的错觉。）

这种绝对自由的意识形态就是"开明的"理性所梦想的"回到人间的天堂"。事实上，空虚本身自我消失，绝对自由的这种消失的实现和显现，就是恐怖（Schrecken，通过死亡）。

416页，"Est ist nach..."（这是在……后）等等：在这里，问题涉及绝对自由时期的革命政府，它表现为（看来是）一种独裁，因为个人能够说："朕即国家"。没有人反对这个政府。政府不经过斗争就取得权力，政府所说的一切都是法律（Gesetz），政府所做的一切都是国家行动（Staatsaktion）。但是，恰恰因为没有人反对政府，所以它不是一种独裁；它在空虚中形成。它没有在客观现实中留下痕迹，事实上，没有人服从它。它不能产生肯定的实在作用。没有取得成功的行动。因此，没有真正的、实在的自由。

416页倒数第11行到417页：当时必须要做的事情和后来拿破仑所做的事情：一个大革命后的行会国家，因为世袭的社会阶级已经被消灭。

417页第10行："Kein positives..."（没有肯定……）。（任何）一个革命政府都想实现绝对的自由；在这种情况下，它实际上是独裁的——这就是"消灭的狂热"（die Furie des Verschwindens，471页倒数第7行），恐怖（Schrecken）。

417页最后一段直到419页：恐怖的辩证法的描述。

政府必须实现自由，取消绝对的自由；它因而准备实现真理的自由。"绝对的"自由是一种虚无：它不存在；这就是为什么它的"实现"或显现只不过是死亡和虚无。

在绝对自由的状态中，每一个人都想成为独裁者，把他的个人旨意强加于所有人。因此，每一个人都能成为独裁者；然而，他只不过是一个假独裁者，因为其他的意志仍然是特殊的，不能融合到他的意志中。独裁的观念是抽象的。为了实现独裁，必须在实际上取消特殊的存在——通过死亡（和恐怖）。因为不再有普遍的意志，不再有特殊的存在，人们只能到达其生物存在，而不是其成果和行动中，因为他们什么也没有做（他们仅仅"相互对立"）。只有消灭社会的所有成员，（假）独裁者自杀，这样的一种过程才可能结束。恐怖其实只不过是社会本身的自杀。

绝对自由的实现需要经过派别斗争。奴隶（或前奴隶的自由民）因而最终获得解放，因为奴隶为了得到承认而进行的斗争（Kampf），流血斗争是必需的，以便把主人身份和自由的因素整合到他自己的存在中。革命政府是获得胜利的派别，其最终的失败也是必然的，就像其他派别（=特殊）的失败。因为大革命后的政府不可能是政党的政府，仅仅作为整体的一部分的政府：整体必须自我取消或被取消。但是，只要政府是革命的，它必定是政党的政府，因此，必须借助恐怖行事。

借助恐怖，人意识到他的实际所是：虚无。死亡的恐怖是（自由的）否定本质的直观［Der Schrecken des Todes ist die Anschauung dieses ihres（der Freiheit）negativen Wesens. 419页第17—18行］。仅仅在这种体验之后，人才真正地成为“理性的”，能实现自由真正在那里成为可能的一个社会（国家）。直至（恐怖的）这个时刻，人（还是奴隶）仍然把灵魂和身体分开，他还是基督教徒。但是，借助恐怖，他知道，试图实现抽象的（绝对的）自由，就是希望自由死亡，于是，他知道自己想作为身体和灵魂在此世活下去，因为真正使他感兴趣和能使他满足的就是此世。恐怖，“对绝对主人、死亡的恐惧”（die Furcht ihres absoluten Herrn, des Todes，420页第14—15行），迫使特殊的意识承认它们在那里能以一种分离和有限的方式实现自己，能真正地和实在地获得自由的一个国家。

再一次：借助恐怖、奴隶制、主人和奴隶关系，基督教消失了。从此以后，人将寻求在这个世界，在国家之内的满足（在那里，不再有绝对自由——除非像拿破仑那样的领袖；人们能说，这种自由受到现实的制约；尽管如此，大革命后的国家的领袖仍通过他的行动充分地得到“满足”，因为限制其行动的这种现实就是他的行为本身）。

420页的一段：“Der Geist wäre ...”（精神是……）直到“...könnte”（……能），没有倒退。虽然在表面上，但大革命后的国家在本质上不同于大革命前的国家。

420页第22行：“Aber...”（但……）：没有倒退，因为这种国家必须以绝对自由为条件，而国家取消绝对自由只是为了实现其虚无。

大革命（大革命的参加者）不取决于自然的本能，也不是取决于给定的目的（给定的目的可能取决于给定的世界，而不是取决于革命的世界）。大革命的参加者有意识地行动，但不是为了建立一个（理想的）世界，而是为了摧毁一个给定的世界。他意识到这一点，是他从无到有重建一个新世界。因此，有一个自我，它从一个归结为虚无的世界创造自己。如果不先摧毁给定物，就没有真正的创造：行动=否定性(Negativität)。

因此，绝对自由是最高的和最终的教育，它向人显现其虚无(没有肯定的“补偿”)：“毫无意义的死亡，否定物的纯粹恐怖”(der bedeutungslose Tod, der reine Schrecken des Negativen)(421页第4—5行)。继续存在的国家是否定性的顶点，即否定性向绝对肯定性的“辩证翻转”。

C. 自我确定的精神。道德(423—472页)

第六章的C节讨论大革命后的国家，即拿破仑帝国(1806年)。我们处在历史的最后时期。在这个时期，辩证法导致黑格尔本人的出现，更确切地说，精神现象学的出现。(第七章和最后一章将讨论这种精神现象学；在那里，精神现象学将以一种高高在上的观点被概括，人们将阐述它的整体何以和为什么构成在科学的体系——《哲学全书》的第二部分中实现和显示的绝对知识的基础。)

自我确定的精神(Der seiner selbst gewisse Geist)，最终说来，就是黑格尔自己，也就是说，不是对智慧的寻求，而是智慧(=绝对知识)本身的他的哲学体系(《精神现象学》和《哲学全书》)。在这里，主观确定性(Gewissheit)和客观真理(Wahrheit=语言揭示的现实)一致。不过，只有当真理所揭示的现实已全部实现(一切可能的东西都已完全地实现)，真理才普遍地和必然地(=“永恒地”)有效，因而是“完善的”，不再可能延伸或变化。这种“完全的”“最终的”现实是拿破仑帝国。在黑格尔看来(1806年)，它是一个普遍的和同质的国家：它整合了整个人类(至少在历史上有重要地位的人类)，扬弃(aufhebt)它的“特殊差异”(Besonderheit):民族,社会阶级,家庭。基督教也被“扬弃”,不再有教会和国家之间的二元论。结果是:从此以后,战争和革命成为不可能。这就是说,这种国家不再会变化,永远地与本身保持同一。不过,人接受他在其中生活和行动的国家的教育,人也不再变化。无论如何,(没有否定性的)自然已经永远地“完成”。因此,正确地和完整地描述拿破仑世界的科学永远存在下去,绝对有效。它就是绝对知识,整个哲学研究的最后阶段。这种知识——就是自我确定的精神。

总之,这种国家不再变化,因为其所有的公民都得到“满足”(befriedigt)。当我自己独特的个性(在其实在性、价值和尊严方面)得到所有人的“承认”,并且我也承认被认为应当“承认”我的那些人的真实性和价值时,我就充分地和最终地得到满足。得到“满足”——意味着“在世界上是唯一的和普遍有效的”。这就是为普遍的和同质的国家的公民所实现的东西。一方面,由于国家的普遍性,我得到所有人的承认,他们全都是我的同类。另一方面,由于国家的同质性,真正地得到“承认”的是我,而不是我的家庭,我的社会阶级,我的民族(作为一个富有的或有名望的家庭,一个统治阶级,一个强大或文明的民族,等等的“我”)。特殊(我)直接地和普遍(国家)联系在一起,没有因“特殊差异”(民族、社会阶级、家庭)而形成的屏障。这就是说,个体性在大革命后的国家(第一次)实现了。但是,成为一个个体,也就是本义上的人,就是得到“满足”,就是不再想、不再能自我“超越”:成为非其所是。理解自己,就是理解完整的、最终的、“完善的”人。这就是黑格尔在他的体系中和通过他的体系所做的东西。

显然,唯有普遍的和同质的国家的领袖才能真正地得到“满足”(=其个人的实在性和价值得到所有人的承认)。唯有他是真正自由的(比在他之前的所有领袖更自由,因为他们始终受制于民族、社会阶级、家庭的“特殊差异”)。但是,在这里,所有的公民都能潜在地得到“满足”,

因为每一个人都能成为这样的领袖：其个人的（“特殊的”）行动同时也是普遍的（国家的）行动，即所有人和每一个人的行动（Tun Aller und Jeder），因为不再有世袭（“非人性的”“自然的”“异教的”因素）。每一个人都能实现自己的承认欲望：只要能接受（主人身份的因素）在这样的国家中竞争所包含的生命危险（=政治斗争；这种危险能保证候选人的“可靠性”），只要能预先参加社会的建设性活动，以及在现实中维持国家的集体劳动（奴役和服务的因素，它能保证候选人的“能力”）。因此，公民的“满足”是主人战士和奴隶劳动者在国家中综合的一个结果。在这样的国家中，也有新事物，因为在国家中的*所有人*（有时）都能成为战士（征兵），都能参加社会*劳动*。至于智者（黑格尔），他仅满足于*理解*：国家和国家领袖，作为公民的战士和劳动者，以及他自己（首先通过《精神现象学》，在该书的末尾，他发现自己是人类历史过程的终结和整合）。这位智者（通过“绝对知识”）揭示（体现在拿破仑身上的）现实，是绝对精神的体现：可以说，他是基督教徒梦想的上帝化身。（真正的、实在的基督=拿破仑–耶稣+黑格尔–语言；这种体现发生在时间的中段，而不是在时间的终结。）

副标题：道德。

道德=与德行（第六章A节）相反的“反思的道德”=“习惯道德”。（第六章A节的）异教主人接受他的国家的道德规范，风俗习惯，就像有闲的人接受自然规律。习惯道德（即生活方式）被接受为一种“给定的东西”（“神的戒律”或——更好的东西——祖先的遗产）。习惯道德是集体的和无意识的（没有意识到它的动机和存在理由）。相反，反思的道德是人“发明”的，人*知道*是他颁布反思的道德。因此，反思的道德是“个人的”，也可以说是“我的”（然而，它被认为是普遍有效的）。这种（“哲学的”）道德在拿破仑的国家，其实是在德国得到发展：康德，浪漫主义者（诺瓦利斯），等等，它通向黑格尔的（不言明的）道德（终极道德）。这种（从康德到黑格尔的）道德的辩证法在第六章C节得到描述。

在这一节中，问题没有（明确地）涉及拿破仑的国家，拿破仑，大革命后的公民。问题也没有涉及大革命后的国家，而是涉及在大革命中发展起来的（通向黑格尔的观念的）意识形态。但是，黑格尔已经在前一节的末尾简要地讨论过这个世界（国家）。他也在C节的分析中附带地讨论过它，以回答德国人对拿破仑的批判。他在C节的小导论中讨论这个问题。

导论（423—424页）。

在这里，黑格尔讨论普遍的和同质的国家的公民，即完全和最终"满足"的人。事实上，问题涉及拿破仑（他是唯一实在地得到"满足"的人）和黑格尔（由于他理解拿破仑，所以他和拿破仑一样地得到"满足"）。拿破仑在行动，但不能理解自己；理解拿破仑的是黑格尔（"启示"=拿破仑+黑格尔）。

423页第1—3行：希腊的异教世界；第3—4行：罗马世界；第4—9行：从基督教到拿破仑；第9行及以下和424页：大革命后的人的世界。

关于世界，人认为世界是其所是，世界是人认为的东西；人本身实际上与他对自己形成的观念一致；国家是一种知识（Wissen）；人已经成为上帝；拿破仑使所有人承认他的"虚荣"，国家是这种"虚荣"的显现和实现；在拿破仑身上的虚荣不再是"虚妄的"，不再是一种罪恶。

此外，人（拿破仑）实际上与他所创造的国家一致；他是公民——他自己为他的成果服务，他知道他所做的事情，他仅仅做他所知道的东西；拿破仑上升到存在之上，但他没有逃避存在；他"实在地出现"在世界（国家）中（424页第一段末尾）。

424页的一段：拿破仑是绝对自由和完全满足的人；他知道他是自由的；他向自己和其他人表明他是自由的。

但是(参见423页第9行:注意“scheint”(显现)一词)拿破仑不知道满足最终来自知识,而不是来自行动(尽管知识必须以行动为前提)。绝对满足的人是黑格尔。真理(Wahrheit)有两个方面:实在的方面和观念的方面。满足不是包含在被揭示的存在中,而是包含在存在的揭示中。真理(Wahrheit),就是被黑格尔揭示的拿破仑,就是揭示拿破仑的黑格尔。

在C节的原文中,黑格尔讨论从康德到他自己的德国哲学。原文同样分为三段(a、b、c),相应于他所描述的辩证的实际过程的三个阶段。

a. 康德和费希特,作为“绝对自由”的意识形态;

b. 通向哲学无政府主义(参见先于恐怖的无政府主义)的康德和费希特哲学的自我扬弃;

c. 良心(Gewissen)=雅各比,优美的灵魂(die schöne Seele)=诺瓦利斯和谢林,恶及其宽恕(das Böse und seine Verzeihung)=黑格尔。黑格尔用其(不言明的)道德,使拿破仑(恶-宽恕)完成的大革命(和历史)的罪行合法化。

a. 道德世界观(424—434页)。

问题涉及康德。人们仅仅讨论在他的伦理学中的他的人类学,他的“道德主义”。康德是大革命的观念学者(效用的批判)。但是,康德认为自然独立于人的活动;这是异教的宇宙论,也是基督教的残余。这种二元论(人-自然)是对自然的奴性的残余(生活在大革命前的世界中的康德仍然是奴隶)。康德没有考虑到人和自然的相互作用:他不理解改造世界的劳动。他也不理解拿破仑出现的必然性,不理解为了完善自己和到达满足,人必须实现一个国家。

在康德看来,满足是一种假设,即一种信仰。他只能到达满足的

“希望”（康德=基督教特有范畴，希望的哲学家）。

康德提出了一些理由：灵魂不死，上帝存在。康德的人最终要寻找的是（在彼世中和通过彼世的）幸福（Glück），而不是满足。他由此到达基督教的解决本身。他从人的独立性（绝对自由的等同物）出发，到达人的奴性。

因此，有内在的矛盾：

b. 错位（434—444页）。

康德主义的自我扬弃。康德的人不能认真地看待自己（也不能实在地和完全地完成责任，以及责任本身）：他是关于绝对自由（通向意识形态的和存在的虚无的绝对自由）的观念学者。

之后，出现了黑格尔的哲学。但是，浪漫主义处在康德和黑格尔之间。

c. 良心，优美的灵魂，恶及其宽恕（444—472页）。

雅各比的良心，诺瓦利斯和浪漫主义者的优美灵魂先于黑格尔的“宽恕”（Verzeihung）。把有神论的人类学（康德）改造成人神论的人类学（黑格尔）的过程。浪漫主义者是理解自己的康德主义者：他不再谈论没有虚伪（Heuchelei）的上帝。他必须是无神论者，但还没有决定做无神论者。完人（在浪漫主义者看来）是与自己一致地生活的人。由此产生内在的矛盾：理论的和存在的矛盾。

“与自己一致地生活”，就是良心（Gewissen）。人是唯一的道德价值：只要他按照“自己的良心”，不管怎样的良心行事，人都是“可解释的”。但是，这是不充分的：这种人类学是行不通的；它不是黑格尔的人类学。它缺少通过行动（斗争和劳动）的“中介”（Vermittlung）。正是在直接性（Unmittelbarkeit）中（在不行动中），浪漫主义者才有他的真理（Wahrheit）：这就是它的错误。他通过“其灵魂的上升”超越存在，但是，要做到可行，这种否定必须通过改造给定物的活动在存在（自然和国家）中实现[劳动把错误改造成真理；斗争把罪行改造成德行。参见导论（33—34页）："Das Wahre und Falsche..."（真理和错误……）否定存在的罪行和疯狂，只有当它们证明自己是无罪的，也就是说，只有当它们在一个能被承认是德行和真理，不再被当作罪行和疯狂的国家中实现时，才具有价值和"继续存在"（扬弃）]。

良心（445页的一段直到456页第2行）。

康德的人还没有意识到大革命后的现实；良心的人（雅各比）第一个意识到这一点。但是，这种意识是直接的。它没有被行动间接化，它是纯粹的想象；它还不是所有人和每一个人的行动（Tun Aller und Jeder）：人们接受大革命，但人们没有积极参加大革命。这是大革命后的知识分子，即浪漫主义者的态度。浪漫主义者理解经过大革命得到的自由，劳动和斗争的结果；但是，他仅仅接受结果，不接受手段（流血的斗争和所有人的劳动）。他不知道这种自由的（前）历史，他不理解为了得到自由所花费的努力：他想"享受"由其他人争取到的"自由"，就像享受他人的劳动产品的快乐的人（第五章）。

与撰写动物寓言集的大革命前的知识分子的区别（第五章C节，a）：大革命后的知识分子知道最高价值就是他自己。但是，他的独立性不是通过行动显现出来的，而是由主观的直接信念=自己的信念（eigene Uberzeugung）。因此，浪漫主义者与自己的信念——不管是什么信念——一致地生活；这就是他所希望的一切（参见449页第15—16页）。浪漫主义者希望得到"承认"；他的理由就在于此，但是，他错误地试图以一种"直接的"方式得到"承认"，也就是不经过努力，不经过劳动和斗争的行动。他不想斗争。当他看到其他人不承认他的信念是真、善、美的时候，他仅仅满足于其他人承认这是一些（或他的）信念：（与其他的信念相比）通常被接受的信念，有时是真实的（好的或美的）信念。然而，最终说来，这些信念不否定给定物，甚至不独立于给定物：

相反，它们取决于个体（或个体的本能），社会的、家庭的、民族的传统，等等；本能和倾向（Triebe und Neigungen，452页第25行）。因此，浪漫主义的知识分子没有实现自己的理想：即使他的信念是“革命的”，他也不行动，所以……如果他的行动是不革命的，“因循守旧的”，那么他依赖给定物，所以……无论如何，他既没有为信念，也没有根据信念做任何事情。

知识分子选择虚伪的借口，否定他的失败。他仅仅满足于宽容自己的信念和所有其他的信念（除了“不可宽容的信念”）。这是良心（Gewissen）的和平主义意识形态，这是政治和经济自由主义。浪漫主义者对公共利益大放厥词，而商人按照他们的个人利益行事。从根本上说，这种社会是大革命前的：1. 极端的特殊主义；2. 基督教的毁灭。在像教会这样的假社会中，占主导地位的原则是：“每个人为自己，上帝为所有人。”现在，上帝已被抛弃，但原则尚存：在实际生活中，每一个人为自己，而浪漫主义者为所有人大放厥词。

揭示这种社会的意识形态：信念和经济力量的“自由作用”的普遍（真理，国家，等等）。这种作用只是一种作用，没有人认真地看待它：没有人能到达真理，到达一种普遍的知识，也不可能到达一种普遍的国家，等等。

理想是绝对的自给自足（455页倒数第3行）；但是，理想没有实现；人们以为能直接地实现理想。

优美的灵魂（456页第一段—462页的一段）。

大革命后的浪漫主义者还没有得到满足：在其“独特性”（天才）中，他没有得到普遍的承认。

或者：他把自己的信念强加于人；他在行动；他不再是革命的知识分子；他成为公民（拿破仑）。

或者：他不想行动；他甚至有不行动所必需的信念。他只需“表达自己的思想”，不践踏其他人的信念就够了。用什么手段？用语言。事实上，在浪漫主义者生活在其中的这个社会中，人们能说任何东西；一切都是“容许的”，差不多一切都“使人感兴趣”（甚至罪行，疯狂，等等）。

这样的人以为，他能用语言得到“满足”：当然是用能被社会接受（“承认”）的语言。他因而相信他自己能普遍地被接受和得到满足。他必然要过一种纯粹文学的生活。

与动物寓言集的知识分子（第五章C节，a）的区别：他不再自我逃避，相反，他描述自己，他得意地向所有人显示自己。他逃避世界，而不是逃避他自己——他所认识的和使他感兴趣的唯一的自我（Selbst）。

这是人在世界面前的最后逃避；躲在自我（“象牙塔”）中。

浪漫主义表达方式的顶点是小说之小说，书本之书本。（和《精神现象学》类似，《精神现象学》解释精神现象学何以是可能的。但《精神现象学》有一种实在的内容：人是历史的动力。）

这样的人：1. 是思考自己的一种思想（=异教的，亚里士多德的上帝），因而已经是人神论；但人们没有得到什么满足，仅限于把自己等同于一个异教的神（黑格尔想成为基督）。

2. 从虚无中创造出一个世界，唯一的目的是得到“承认”（=创造世界和在世界中“显现”自己的基督教上帝；浪漫主义者的“世界”只不过是一部小说）。

浪漫主义的、创造“神奇的虚构世界”的想象在诺瓦利斯身上到达了顶点（正如创造一个现实世界的政治活动在拿破仑身上到达了顶点）。但是，甚至诺瓦利斯也不认真地看待他的“神”［相反，拿破仑实际上是显现的上帝（der erscheinende Gott），472页末尾］。诗人仅仅得到少数人的承认，仅仅得到一个“小教堂”（而不是教会！）的承认。（相反，拿破仑实际上把自己强加于所有人）。诗人变得自闭，最后筋疲力尽，消失在他自己的虚无中。这就是绝对的谎言（Unwahrheit，461页倒数第13行)，通向自我消亡之极点的谎言。这种升华的和蒸发的浪漫主义者，就是优美的灵魂：=失去其上帝的(基督教)苦恼意识。

浪漫主义诗人想成为上帝(他有成为上帝的理由)，但是，他不知道如何着手：他在疯狂或自杀中消失(462页倒数第9—10行)。这是一种"善终"，但仍然是一种死亡：完全的和最终的失败。

恶及其宽恕(462页的一段直到472页)。

恶=大革命及其实现者：拿破仑。

宽恕=黑格尔在《精神现象学》中和通过《精神现象学》为大革命和拿破仑的辩护。

主题：拿破仑和德国哲学：

a) 康德和费希特(463页的一段直到465页) b) 浪漫主义诗人(465页第二段直到469页) c) 黑格尔(469页第2段直到472页)	在拿破仑之前

从基督教的观点看，拿破仑实现了虚荣。因此，他是罪恶的体现(反基督)。他是敢于把一种绝对(普遍)价值实际地给予人的特殊性的第一人。在康德和费希特看来，他是恶(das Böse)：典型的没有道德的人。在豁达的和宽容的浪漫主义者看来，他是一个叛徒(他"背叛"大革命)。在"神的"诗人看来，他只不过是一个伪君子。

在拿破仑看来，只有为了*其他人*的普遍有效的道德；他自己"在善和恶之上"：可以说，他是一个"伪君子"。但是，康德的伦理学无权做这样的判断。以浪漫主义判断(Urteil)的名义，人们不能指控拿破仑的利己主义和罪行；因为一切*行动*都是利己主义的和罪恶的，如果它不成功的话；不过，拿破仑成功了。此外，拿破仑的对手们不采取行动反对他，不消灭他。因此，他们的判断是纯粹的虚荣、空谈。他们是纯粹的不行动，也就是一种*存在*，一种虚无：如果德国(因而德国哲学)拒绝承认拿破仑，那么德国将作为民族（Volk）消失；试图对抗普遍帝国（Allgemeinheit）的民族（特殊差异）将灭亡。

但是，黑格尔承认拿破仑，并把他介绍给德国。他以为能（通过《精神现象学》）拯救德国，以升华的形式把德国保存（扬弃）在拿破仑帝国中。

人们最终到达了一种两重性：实现者-揭示者，拿破仑-黑格尔，（普遍的）行动和（绝对的）知识。一方面，有意识，另一方面，有自我意识。

拿破仑转向（社会的和自然的）外部世界：他理解外部世界，因为他的行动成功了，但是，他不理解他自己（他不知道自己是上帝）。黑格尔转向拿破仑：但拿破仑是一个人，是通过完全地整合历史而"完善的"人；理解拿破仑，就是理解人，理解自己。在理解（=提供理由）拿破仑的时候，黑格尔完成了他的自我意识。他由此成为一个智者，一位"完善的"爱智者。如果拿破仑是显现的上帝（der erscheinende Gott），那么是黑格尔使之显现。绝对精神=意识和自我意识的完善，也就是包括拿破仑所实现的、黑格尔所揭示的普遍的和同质的国家的实在（自然）世界。

然而，黑格尔和拿破仑是两个不同的人；意识和自我意识仍然是分离的。黑格尔不喜欢二元论。要取消最后的二元吗？

如果拿破仑"承认"黑格尔，就像黑格尔"承认"拿破仑，那么这也许能做到（但还有待于做！）。黑格尔是否（在1806年）期待拿破仑把他召到巴黎，让他解释（提供理由）——也许指导——拿破仑的行动，以便在那里成为哲学家（智者）？

自柏拉图以来，事物始终在诱惑伟大的哲学家。但是，讨论事物（471页第一段，倒数第11行—472页）的《精神现象学》的文字却是（故意？）晦涩的。

无论如何——历史已经终结。

1936—1937年课程概要

（高等应用学校宗教科学专业 1937—1938年报摘要）

我们研究了《精神现象学》的第六章B节和C节，这些章节在于分析黑格尔关于基督教世界的辩证发展过程及其起源。

黑格尔看到了在由奴隶发现的、在异教主人的世界中无人知晓的个体性概念中的基督教起源和基础。个体性是特殊和普遍的综合：在一个特殊存在中和通过一个特殊存在实现的绝对或普遍价值，和获得一种绝对的、即得到普遍承认的价值的特殊存在。只有这种作为人的存在而实现的综合，才能给予人最终的满足（Befriedigung），使在彼世（Jenseits）的逃避（Flucht），在信仰中或通过艺术想象的逃避，使通过劳动和斗争的否定努力、创造一个新世界的努力而产生的给定世界的真正超越成为无效和不可能。是人实现了完全的个体性，因而完成了历史进程。

基督教假定，包含和揭示个体性的概念，或理想。但在最初，基督教奴隶（他发现了这种理想，由于他没有普遍的或社会的价值，他只能把一种价值给予其孤独的或特殊的个性）仍然是奴隶，还要忍受主人

（他把一种作为生活在一个给定世界中的公民的“普遍”价值给予自己）的异教宇宙论（或“自然主义”）和普遍主义的统治。

因此，当奴隶在价值学上强调普遍的时候，他把个体性作为普遍的特殊化（人的神化），而不是特殊的普遍化的结果表现（vor-stellt）给自己。如果在他看来，他的个人价值不再取决于他生来在给定的自然世界中占据的位置（topos），那么他将看到这种价值不在对一个仅仅通过他和为他存在的人的世界的创造中，而是在对一个处在同样给定的神的世界——因为它也独立于人的意志——中的位置（topos）的寻找中。换句话说，基督教——最初——是一种宗教。个人主义的人类学以一种人格主义神学的形式进入世界：人开始把上帝称为他的主人，他最初无意识地希望自己是主人，最终希望和能把自己称为主人。只要人通过基督教理解自己，在其高傲的欲望——把一种绝对的和得到普遍承认的价值给予其独立的和真正人性的特殊性——中，他将看到一种需要压制的恶（为了在彼世的得救，这是领主给予的恩惠），而不是看到一种需实现的理想（为了在此世中自我满足）。当发现高傲是人的存在基础和动力时，基督教在其中看到了它致力于消除的人生的原罪；基督教把这种高傲解释为一种虚妄的虚荣。只要世界由基督教统治，那么人在世界中实现个体性的理想时，就不能满足他的高傲。然而，个体性是基督教的根基和本质内容。为了在经验世界中实现个体性的人类学理想，以实现基督教，就必须取消宗教和基督教神学，也就是清除新人类学中主人的异教宇宙论和价值学的残余，由此把奴隶从其奴性的残余中解放出来。

只要奴隶依赖统治世界的异教主人，他就不能分享公民的普遍价值，就不能得到其个人的或特殊的价值的普遍承认。通过对绝对主人上帝——（在绝对的奴役中）所有人在他面前都是平等的——的信仰，奴隶从他对人间主人的依赖中解放出来。但是，由于生活在这种信仰中，他还不敢把主人拒绝给予他的价值给予其真正人性的特殊性。尽管不再有实在的主人，他依然是自在和自为的奴隶；他是自己的奴隶，以为自己是他自己创造出来的一个上帝的奴隶。由于他是自己的奴隶，所以他在解放自己，超越自己，改变原来身份的时候，不能解放自己，不能实现他的（基督教）理想。不过，在相信一个绝对主人的基督教信仰中和通过这种信仰，他是其所是。因此，他必须从这种信仰，从基督教，从基督教统治的世界中解放出来；他必须从这种奴隶的宗教中解放出来，这种奴隶的宗教创造了一个因屈服而在其中受奴役的世界，使他成为一个奴隶，并在他自己的奴性保存已不复存在的主人的异教。

当基督教奴隶逐渐从他的奴性中解放出来时，他也逐渐清除其宗教中的异教神学，越来越意识到独立的个体性的人类学理想。他实现这种理想，犯了——故意或有意地——基督教的罪恶：高傲；因此，高傲作为高傲被扬弃（aufgehoben），不再是一种虚妄的虚荣，它保存在其真理（Wahrheit）或被揭示的本质中。

在第六章B节和C节中描述的，就是显现人的个体性的这个实现过程。我们从中得知：（1）是拿破仑实现了个体性的理想，让他（通过革命的虚无）所创造的一个世界承认其特殊性的绝对价值，使这种承认成为普遍的承认；（2）是黑格尔向人揭示了这种个体性的实现，在《精神现象学》中重新思考历史。

黑格尔所揭示的拿破仑的实在性是显现的上帝（der erscheinende Gott），这个上帝是实在的、活着的，在他为了得到人的承认而创造的世界中向人显现。黑格尔对拿破仑的揭示把基督教信仰（Glauben）的神话转变成真理或绝对知识（absolutes Wissen）。

V

1937—1938学年课程

《精神现象学》前六章概要

1937—1938学年前三次讲课全文

我们还要阅读《精神现象学》的最后两章。第七章的标题是“宗教”，第八章的标题是“绝对知识”(das absolutes Wissen)。这种“绝对知识”只不过是黑格尔在后来的《哲学全书》中阐述的黑格尔哲学或“科学”的完整体系。在第八章，问题不是展开绝对知识的内容，而是仅仅讨论作为某种“能力”的这种绝对知识本身。问题在于阐明这种知识应该是什么，具有一种能完全地和恰当地揭示存在着的存在的整体的知识的人应该是什么。问题尤其在于阐明这种哲学的绝对知识和另一种也自称绝对的知识——包含在基督教启示和源于基督教启示的神学的知识——之间的区别。因此，第八章的重要主题之一是黑格尔的哲学或“科学”和基督教之间的比较。

然而，为了很好地理解这两种现象及其相互关系的本质特征，应该在其起源中考察它们。

基督教，从最“原始的”宗教演变而来的“绝对宗教”的起源，在第七章描述。至于黑格尔哲学的起源，我们能说，整部《精神现象学》——特别是我们已经解读过的第一章至第六章——不是别的，就是在《精神现象学》的形成中达到顶点的这种起源的描述，《精神现象学》描述这种哲学的起源，在理解其可能性时使之成为可能。第一章至第六章的各个章节阐述人何以和为什么能最终到达绝对知识，同时，充实了在第七章的基督教或绝对宗教的分析。在黑格尔看来——如果使用马克思主义的语言——宗教只不过是意识形态的上层建筑，而上层建筑仅仅基于一种实在的下层建筑才能产生和存在。支撑哲学和宗教的这种下层建筑，只不过是在世界历史过程中实现的人的活动的整体，在这个过程中，人创造了真正人性的、本质上不同于自然世界的一系列人的世界。这就是反映在宗教和哲学意识形态中的社会世界。总之，揭示存在的整体的绝对知识，只有在历史终结时，在人所创造的最后世界中才能实现。

为了理解绝对知识是什么，为了弄清绝对知识何以和为什么是可能的，必须理解世界历史的整体。这就是黑格尔在第六章所做的事情。

为了理解世界历史的宏伟建筑和世界历史的建造过程，只需知道用于建造它的材料就够了。这些材料就是人。为了知道历史是什么，必须知道实现历史的人是什么。当然，人只不过是砖瓦。首先，如果我们想把世界历史比作宏伟的建筑，那么应该说，人不仅仅是用于建造历史的砖瓦，而且也是建造历史的建筑工人和设计建筑图纸——在建造过程中不断完善的图纸——的建筑师。另一方面，作为“砖瓦”的人本质上不同于物质的砖瓦：作为砖瓦的人在建造过程会发生变化，正如作为建筑工人的人和作为建筑师的人。然而，在人那里，在每个人中，有某种促使人——消极地和积极地——参与世界历史的完成的东西。可以说，存在着历史的开始的必要条件和充分条件，所以这种历史最终能到达绝对知识。黑格尔在《精神现象学》的前四章研究这些条件。

最后，人不仅仅是材料，历史的宏伟建筑的建筑工人和建筑师，而且也是这个宏伟建筑服务的对象：他在那里生活，他观察和理解它，他描述和批判它。有一类人不积极参加历史的建造，仅限于生活在已经造好的建筑物内和谈论建筑物。这些人在某种意义上生活“在纷乱之外”，仅限于谈论不是通过他们的行动创造的东西，他们就是产生知识分子意识形态的知识分子，他们把这些意识形态当作（和让别人当作）哲学。黑格尔在第五章描述和批判这些意识形态。

再一次：概括在第八章中的整部《精神现象学》必须回答问题：“什么是绝对知识？绝对知识何以是可能的？”这就是说：为了在历史发展过程的某个时刻，某个碰巧名叫“黑格尔”的人的个体能以为自己拥有一种绝对知识，即不仅仅能向他揭示存在的一个特殊和短暂方面（他错误地把它当作存在的整体），而且也能向他揭示作为自在和自为存在的整体的知识，人及其历史发展过程应该是什么？

或者，为了能以笛卡尔的方式提出同样的问题，《精神现象学》必须回答自以为能到达最终或绝对真理的哲学的问题：“我思故我在；但我是什么？”

对哲学家的问题“我是什么？”，笛卡尔回答说：“我是一个能思维的存在”，但黑格尔对此不满意。

当然，他应该对自己说：“我是一个能思维的存在”。然而，我最感兴趣的东西是：我是一个哲学家，拥有一种绝对知识，即普遍的和永恒有效的知识，我能揭示最终的真理。不过，即使所有人都是“能思维的存在”，也只有我——至少在目前——拥有这种绝对知识。当问我“我是什么？”，我回答说“一个能思维的存在”时，我并没有理解或几乎没有理解在我身上的东西。

我不仅仅是一个能思维的存在。我是一种绝对知识的拥有者。这种绝对知识在目前，在我思维的时候，体现在我——黑格尔身上。因此，我不仅仅是一个能思维的存在；我也是——首先——黑格尔。那么，这个黑格尔又是什么？

首先，他是一个有血有肉的人，他知道自己就是这样的。不过，这个人不会在空中飞翔。他坐在一把椅子上，在一张书桌前，用羽毛笔在纸上写字。他知道所有这些物品不是从天上掉下来的；他知道这些物品是人们叫作人的劳动的某种活动的产物。他也知道这种劳动是在他所从属的人的世界中，在自然中进行的。当他在写书，以回答他的问题“我是什么？”的时候，这个世界就呈现在他的头脑中。再比如，他听到远处传来的炮声。但是，他不仅仅听到炮声，他还知道大炮也是一种劳动的产物，这一次，用于人与人之间的生死斗争。但是，事情不止于此。他知道他听到的炮声是在耶拿战役中拿破仑的大炮的轰鸣。他因而知道他生活在拿破仑在那里行动的一个世界中。

不过，这是笛卡尔、柏拉图，以及其他许多哲学家还不知道，也不可能知道的东西。这是因为黑格尔到达了其前辈可望而不可即的这种绝对知识吗？

也许是。然而，为什么是黑格尔到达了绝对知识，他的同时代人都知道有一个名叫“拿破仑”的人，却没有一个人到达绝对知识？他们如何知道拿破仑？他们真正地知道拿破仑吗？他们知道拿破仑是什么吗？他们理解拿破仑吗？

然而，何谓“理解”拿破仑，是不是把他理解为在实现法国大革命的理想时，完成了这种理想的人？如果不理解启蒙运动时代的意识形态，人们能理解这种理想，这场大革命吗？一般地说，理解拿破仑就是根据以前的整个历史发展过程来理解拿破仑，就是理解完整的世界历史。然而，在黑格尔的同时代哲学家中，几乎没有人提出这个问题。除了黑格尔，没有人解决这个问题。因为只有黑格尔能接受和解释拿破仑的存在，也就是根据他的哲学，他的人类学，他的历史概念的基本原理“演绎”拿破仑的存在。其他人被迫谴责拿破仑，也就是谴责历史现实，他们的哲学体系都——因此——受到历史现实的谴责。

因为一方面他生活在拿破仑时代，另一方面他是唯一能理解拿破仑的人，所以黑格尔不就是这个黑格尔，拥有一种绝对知识的思想家吗？

这就是黑格尔在《精神现象学》中说的东西。

绝对知识——在客观上——已经成为可能，因为在拿破仑身上和通过拿破仑，历史发展的实际进程，在人创造新世界并在创造新世界时改造自己的过程中，到达其终点。揭示这个世界，就是揭示一般世界，也就是揭示在其时间存在的完全整体中的存在。绝对知识——在主观上——也已经成为可能，因为名叫“黑格尔”的一个人能理解他生活在其中的世界，能把自己理解为生活在这个世界中和理解这个世界的人。和他的每一个同时代人一样，黑格尔是一个缩影，他把普遍存在的时间-空间实现的完全整体整合在他的特殊存在中。但是，唯有他能把自己理解为这种整合，能正确和完全地回答笛卡尔的问题“我是什么？”。黑格尔通过理解到拿破仑和他的同时代人为止的人类发生的历史过程的整体来理解自己，他通过理解自己来理解这个过程，他使普遍的实际过程的完全整体进入他的特殊意识，他也深深地进入这个意识。和这个意识在理解自己时所揭示的过程一样，它也是完全的、普遍的，能充分意识到自己的这个意识就是绝对知识。在论述中得到发展的绝对知识将构成哲学或绝对的科学，包括一切可能知识的总和的《哲学全书》的内容。

笛卡尔的哲学是不充分的，因为对其哲学所提出的问题“我是什么？”的回答一开始就是不充分的、不完全的。当然，笛卡尔不能实现绝对的、黑格尔的哲学。当他活着的时候，历史还没有完成。即使他完全地理解自己，他也不能意识到人的实在性的一部分，他建立在自我理解基础之上的体系必然是不充分的和虚假的，因为如同任何名副其实的体系所声称的那样，他的体系也以为到达完整性。但是，应该补充一点，笛卡尔——按照黑格尔所解释的理由——在回答其最初的问题时没有回答好。这就是为什么他的回答“我是一个能思维的存在”不仅过于简单，而且也是虚假的，因为它是片面的。

从“我思”出发，笛卡尔仅仅把他的注意力集中在“思”上面，完全忽略了“我”。这个我是最重要的，因为人，以及哲学家，不仅仅是意识，而且——首先——也是自我意识。人不仅仅是一个能思维的存在，也就是能用语言（Logos），用由词汇构成和具有一种意义的语言揭示存在的人。人还揭示——同样用语言——揭示着存在的存在，他自己的存在，与被揭示的存在对立的能揭示的存在，并给予这个存在“我”（Ich）和“自我”（Selbst）的名称。

当然，如果没有意识，没有外部世界的意识，就没有人的存在。但是，为了真正地有能成为哲学的存在的人的存在，还应该有自我意识。为了有自我意识（Selbst-bewusstsein），必须要有这个自我（Selbst），人特有的、人所显现的、当人说“我……”的时候显现的某种东西。

因此，在分析“我思”之前，在着手研究关于认识，也就是关于（有意识的）主体与（被感知的）客体之间关系的康德理论之前，必须先思考在“我思”的我中并通过我而揭示的这个“主体”是什么。必须思考人在什么时候、为什么和如何不得不说：“我……”

为了有自我意识，必须——首先——有意识。换句话说，必须有通过语言，甚至仅通过一个单词“存在”（Sein）对存在的揭示；对后来叫作“客观的、外部的、非人的存在”“世界”“自然”等等的一种存在的揭示。但是，在目前，这种存在是中性的，因为还没有自我意识，因而没有主体和客体、我和非我、人性的东西和自然的东西之间的对立。

黑格尔在第一章，以“感觉确定性”（sinnliche Gewissheit）的名义研究意识，以及通过语言对存在的认识和揭示的最基本形式。我不再重复他已经说过的东西。我们目前感兴趣的东西是，从这种意识和这种认识出发，不可能到达自我意识。为了到达自我意识，必须从不同于对存在的沉思认识，不同于对存在的消极揭示的东西出发，因为这种认识和揭示仍然使存在处在自在中，独立于揭示它的认识。

事实上，我们知道，专心地沉思一个物体，想看到它的本来样子而不改变它的人，就像人们所说的，已经被这种沉思，也就是被这个物体“吸引”。他忘记自己，他仅仅想到被沉思的物体；他没有想到他的沉思，更没有想到自己，想到他的“自我”（Selbst）。他因意识到物体而没有意识到自己。他也许能谈论物体，但决不会谈论他自己：在他的语言中，“我”这个词没有出现。

为了“我”这个词能出现，除了纯粹消极的，仅仅揭示存在的沉思，还应该有别的东西。在黑格尔看来，这个别的东西就是他在第四章开头谈论的欲望（Begierde）。

事实上，当人感受到一种欲望的时候，例如，当他饥饿和想吃东西的时候，并且当人意识到这种欲望的时候，他必然意识到自我。欲望始终作为我的欲望显现出来，为了表达欲望，必须使用“我”这个词。人徒劳地被他所沉思的物体“吸引”。当对这个物体的欲望产生的时候，他立即“返回自我”。顷刻间，除了物体，他发现还有他的沉思，还有不是物体的他。物体向他显现为“对象”（Gegenstand），显现为一种外部的现实事物，物体不在他之中，不是他，而是一个非我。

所以，纯粹认知的和消极的沉思不是自我意识的基础，即真正人的存在（归根结底——哲学的存在）的基础，而是欲望。（这就是为什么，尽管是附带地说，仅仅当有某种叫作生物生命和动物生命（Leben）的东西，人的存在才是可能的。因为如果没有生命，也就没有欲望。）

然而，欲望是什么——人们仅想到叫作“饥饿”的欲望——如果欲望不是用行动改变被沉思的物体，在与我的存在没有关系、也与我没有关系的它自己的存在中取消物体，否定它的独立性，使之同化于我，把它变成我的东西，在我之中和通过我吸收它，还会是什么？为了有自我意识，接着有哲学，在人身上不仅必须要有积极的、消极的，仅揭示存在的沉思，而且还必须要有否定的欲望，以及改变给定存在的行动。人的自我必须是一种欲望的自我，也就是一种主动的自我，一种否定的自我，一种改变存在、摧毁给定的存在的同时创造一个新的存在的自我。

然而，欲望的自我是什么——例如，饥饿者的自我——如果不是一种渴望获得内容的空虚，如果不是这样的一种空虚：它想被充实的东西填满，在清空这种充实的同时填满自己，在填满之后又开始取代这种充实，用自己的充实占据因不是它自己的充实而被取消和形成的空虚，还会是什么？因此，一般地说：如果真正的（绝对的）哲学不是如同康德和后康德的哲学，一种意识的哲学，而是一种自我意识的哲学，一种意识到自我，理解自己，解释自己，知道自己是绝对的和向自己显现为绝对的哲学，那么在其存在的本质中，哲学家或者人不仅仅应该是消极的或积极的沉思，而且也应该是主动的和否定的欲望。不过，为了能做到这一点，他不可能是一个存在着的、永恒地与自己保持同一和自我满足的人。人必须是一种空虚，一种虚无，这种空虚不是纯粹的空虚（reines Nichts），而是当它使存在成为虚无，以便尽其一切可能来实现自己和在存在中成为虚无时存在的某种东西。人是否定的行动，这种行动改造给定的存在，并在改造给定的存在的同时改造自己。只有当人成为其所是，人才是其所是；其真正的存在（Sein）是成为（Werden）、时间、历史，只有在否定给定物的行动、斗争和劳动的行动中并通过这行动，人才成为历史，才是历史。劳动最终产生黑格尔在它上面撰写《精神现象学》的书桌，斗争最终是黑格尔在撰写《精神现象学》时听到其炮声的耶拿战役。这就是为什么黑格尔在回答“我是什么？”的问题时必须考虑到这张书桌和这些炮声。

如果没有意识和自我意识，也就是说如果没有语言对存在的揭示，并且没有揭示和创造自我的欲望，那么就没有人的存在。这就是为什么在《精神现象学》，也就是现象学的人类学中，语言对存在的揭示（在“感觉确定性”中）的基本可能性，以及（来自和通过欲望的）对给定存在的破坏和否定行动，是两种不可缺少的材料，《精神现象学》把它们当作其前提。然而，仅有这些前提是不够的。

阐明欲望的基本作用的分析使我们理解为什么只有基于动物的存在,人的存在才是可能的:(没有欲望的)一块石头,一株植物绝对不可能到达自我意识,然后再到达哲学。同样,动物也不可能到达。*动物的*欲望是人和哲学的存在的一个必要条件,而不是充分条件。这就是为什么:

动物的欲望——例如,饥饿——和源于欲望的行动,否定和破坏自然的给定物。在否定它、改变它,把它变成自己的东西的时候,动物上升到这种给定物之上。在黑格尔看来,动物在吃植物的时候,实现和揭示了它对植物的*优势*。但是,以植物为养料的动物*依赖*植物,因而不能真正地超越植物。一般地说,通过*生物*欲望显现出来的贪婪的空虚——或自我——只能通过源于欲望的*生物*行动——通过一种*自然的*、生物的内容被填满。所以,由于这种欲望的主动满足而实现的自我、假自我,也是*自然的*、生物的、物质的,如同欲望和行动所针对的东西。动物也只能到达自我感觉(Selbstgefühl),但不能到达自我意识(Selbstbewusstsein);这就是说,动物不能谈论自己,不能说:"我……"这是因为动物不能真正地超越作为*给定物*,即作为身体的自我;动物不能上升到自我之上,因而不能返回自我;动物与自我没有*距离*,因而不能沉思自己。

为了有自我意识,为了有哲学,必须要有自我对作为给定物的自我的*超越*。在黑格尔看来,只有当欲望针对一个*非*存在,而不是针对一个给定存在时,这才是可能的。欲求存在,就是用这种给定的存在填满自己,就是制服这种给定的存在。欲求非存在,就是从存在中解放出来,就是实现自己的独立,自己的自由。为了成为人类发生的欲望,欲望必须针对一个非存在,即针对另一个*欲望*,针对另一个贪婪的空虚,针对另一个*自我*。因为欲望是存在的*缺乏*(饥饿,就是*缺乏*食物):一个在存在中成为虚无的虚无,而不是一个*存在*的存在。换句话说,旨在满足一种针对某个存在的给定物体的动物欲望的行动,不可能实现意识到自己的人的自我。只有当欲望针对另一个欲望和一个别的欲望，欲望才是人的——更确切地说，“人性化的”“人类发生的”欲望。为了做人，人的行动必须是为了制服（对物体的）另一个欲望，而不是为了制服一个物体。以人的方式欲求一个物体的人的行动，不是为了占有物体，而是为了要另一个人承认——正如我们将在后面看到的——他对这个物体的权利，为了要他人承认自己是物体的所有者。归根结底，是为了要另一个人承认他对另一个人的优势。只有这种承认（Anerkennung）的欲望，只有源于这种欲望的行动，才能创造、实现和揭示一个真正人性的和非生物的自我。

《精神现象学》必须接受第三个不可缺少的前提：能相互欲求的多种欲望的存在，其中的每一种欲望都试图否定、同化、内化、制服作为欲望的另一个欲望。和欲望本身一样，欲望的这种多样性也是“不可缺少的”。当人们接受这一点时，就已经能预见或理解（“推断”）人的存在是什么。

一方面，如果——正如黑格尔所说的——自我意识和一般的人，归根结底只不过是希望通过另一个欲望承认其排他的满足权利而得到满足的欲望，那么不容置疑的是，人只有通过一种普遍承认的实现才能完全地实现自己和显现自己，即最终满足自己。不过，另一方面，如果对普遍承认的这些欲望是多种性的，那么不容置疑的是，源于这些欲望的行动只能是——至少在最初——一种生死斗争（Kampf auf Leben und Tod）。这是一种斗争，因为一切斗争都在于通过一种否定的和破坏的行动制服他人，所有的他人。这是一种生死斗争，因为针对一个欲望（它本身又针对另一个欲望）的欲望超越生物的给定物，以至按照这种欲望采取的行动不受这个给定物的制约。换句话说，为了自己的非生物欲望，人将冒自己的生物生命的危险。黑格尔说，不冒生命危险，以便达到不直接与生命有关的目的的人，也就是说，在为了得到承认的斗争中，在为了纯荣誉的斗争中不冒生命危险的人，不是一个真正人性的存在。

仅仅在有——或至少已经有——流血的斗争，为了纯荣誉的战争的地方，人的、历史的、意识到自己的存在才是可能的。当黑格尔在回答“我是什么?”的问题的时候，他意识到自己，在完成他的《精神现象学》的时候，听到了从其中的一个斗争那里传来的炮声。

但是，不容置疑的是，《精神现象学》提到的三个前提还不足以解释耶拿战役的可能性。事实上，如果所有人都是我刚才所说的那种人，那么一切为了荣誉的斗争都将以至少一个对手的死亡告终。这就是说，在世界上最终只留下一个人，在黑格尔看来，他不再是一个真正人性的存在，因为人的实在性只不过是一个人被另一个人承认的事实。

为了解释耶拿战役的事实，这个战役完成的历史事实，应该把第四个和最后一个不可缺少的前提放到《精神现象学》中。必须假定，斗争将以两个对手还继续活着的事实告终。为此，还必须假定，其中的一个对手向另一个对手让步，向他屈服，承认他，但自己没有得到他的承认。必须假定，斗争以准备拼到底的那个人战胜在死亡面前不能超越其生物的保存(认同)本能的那个人告终。为了用黑格尔的语言来谈论，必须假定，有一个成为败者的主人的胜者。或者也可以说，有一个成为胜者的奴隶的败者。这就是主人和奴隶之间一种区别的存在，更确切地说，这就是在未来的主人和未来的奴隶之间一种区别的可能性，它是《精神现象学》的第四个和最后一个前提。

败者使他的人的承认欲望屈从于保存生命的生物欲望：就是这个事实决定并——向他并且也向胜者——揭示了他的劣势。胜者为了一个非生命的目的而冒生命危险，就是这个事实决定并——向他并且也向败者——揭示了他对生物生命和——因而——对败者的优势。主人和奴隶之间的区别就是这样在胜者和败者的存在之中实现的，并且得到双方的承认。

主人对自然的优势，基于在为了荣誉的斗争中敢冒生命危险，通过奴隶的*劳动*而实现。这种劳动处在主人和自然之间。奴隶改造给定的生存条件，使之符合主人的要求。奴隶的劳动所改造的自然服务于主人，但主人不必反过来服务于自然。与自然相互作用的奴性方面归于奴隶：在制服奴隶和强迫奴隶劳动的时候，主人也制服自然和实现其在自然中的自由。主人的存在专门从事作战：他进行斗争，但不劳动。至于奴隶，他的存在归结为*劳动*（Arbeit），他在为主人服务（Dienst）时进行的劳动。他劳动，但不进行斗争。在黑格尔看来，只有在为另一个人服务时进行的活动，才是本义上的“劳动”（Arbeit），一种纯属人和人性化的活动。为满足自己的本能——或诸如此类的天生本能——而行动的人，没有上升到自然之上：他还是一个自然的存在，一个动物。但是，当我为了满足一种不同于我的本能的本能而行动时，我就是按照——在我看来——不是本能的东西在行动。我按照一种观念，一种非生物的目的在行动。按照一种非物质的观念对自然的这种改造，就是本义上的*劳动*。是劳动创造了一个非自然的、技术的、人性化的、能满足人的欲望的世界，而人在为了得到承认的非生物目的而冒生命危险的斗争中表明和实现他对自然的优势。仅仅这种劳动能最终产生黑格尔在它上面撰写《精神现象学》的书桌，并且构成了黑格尔在回答问题“我是什么？”时分析的这个自我的内容。

一般地说，如果接受上述的四个前提，即1. 语言对给定存在的揭示的存在，2. 能产生一种否定和改变给定存在的行动的欲望的存在，3. 能相互欲求的多种欲望的存在，以及4.（未来的）主人的欲望和（未来的）奴隶的欲望之间区别的一种可能性的存在，如果接受这四个前提，人们就能理解一种历史过程，一种历史的可能性，在整体上说，这种历史是斗争和劳动的历史，斗争和劳动最终导致拿破仑战争，产生黑格尔为理解这些战争在它上面撰写《精神现象学》的书桌。反过来说，为了理解在这张书桌上写成的和解释拿破仑战争的《精神现象学》的可能性，就必须预先假定上述四个前提。①

总之，我们能说：人的诞生和历史的开始伴随着导致一个主人和一个奴隶的出现的最初斗争。这就是说——在最初——人要么是主人，要么是奴隶；仅仅在有一个主人和一个奴隶的情况下，才有真正的人。（为了做人，至少应该有两个人。）世界历史，人与人之间和人与自然之间相互作用的历史，是作战的主人和劳动的奴隶之间相互作用的历史。因此，当主人和奴隶之间的区别和对立消失，当主人不再是主人，因为他不再有奴隶，以及奴隶不再是奴隶，因为他不再拥有主人，并且也不会重新成为主人，因为他将不会拥有奴隶，这个时候，历史停止了。

不过，在黑格尔看来，在拿破仑战争中和通过拿破仑战争——尤其是耶拿战役，主人和奴隶的历史的完成通过扬弃（Aufheben）实现了。因此，耶拿战役在黑格尔的意识中具有重要意义，这是因为黑格尔听到耶拿战役的炮声，所以他知道历史完成或已经完成，因而知道历史的世界概念是一个完整的概念，历史的知识是绝对知识。

为了知道这一点，为了知道他是能实现绝对科学的思想家，必须知道拿破仑战争实现了主人和奴隶的辩证综合。为了知道这一点，必须知道：一方面，主人和奴隶的本质（Wesen）是什么，另一方面，始于为了荣誉的"最初"斗争的历史何以和为什么到达拿破仑战争。

主人与奴隶间对立的基本特点的分析，即历史过程的动力的分析见于第四章。至于历史过程本身的分析，它在第六章给出。

---

① 我们能尝试从其他三个前提推断出第一个前提：揭示存在的语言（Logos）产生在和产生于奴隶（通过劳动）的自我意识。至于第四个前提，它假定了自由行为。因为无任何东西使未来的主人预先具有主人身份，正如无任何东西使未来的奴隶预先具有奴隶身份；每一个人都能（自由地）把自己造就成主人或奴隶。给定的东西，并不是主人和奴隶之间的区别，而是造成这种区别的自由行为。然而，按照定义，自由行为是"不可推断的"。因此，问题在于一种绝对的前提。我们所能说的一切是，如果没有造成主人身份和奴隶身份的最初自由行为，历史和哲学就不可能存在。不过，这种行为反过来预先假定了相互欲求的欲望的多样性。

历史，决定黑格尔——拥有绝对知识的思想家——出现的这种人类的普遍过程，这位思想家在“科学的体系”中实现这种绝对知识前必须在一种精神现象学中和通过这种精神现象学理解的过程，世界历史，不是别的，就是在主人和奴隶之间辩证的，即主动的关系的历史。当主人和奴隶的综合，作为完人——拿破仑所创造的普遍的和同质的国家的公民——的这种综合实现时，历史就完成了。

按照这个概念，历史是主人和奴隶的辩证法或相互作用。这个概念能使人理解历史过程分为三大时期（非常完整的阶段）的意义。如果历史始于一个主人得以统治一个奴隶的斗争，那么第一个时期必然是人的存在完全由主人的存在决定的时期。在这个时期，主人通过行动实现其存在的可能性，从而揭示自己的本质。但如果历史只不过是主人和奴隶的辩证法，那么奴隶通过劳动实现自己，从而也完全地显现自己。第一个时期必须由第二个时期来补充。在第二个时期，人的存在是由奴隶的存在决定的。最后，如果历史的终结是主人和奴隶的综合，和对这种综合的理解，那么第三个时期必须在这两个时期之后出现。在第三时期，可以说中立化的、综合的人的存在主动地实现自己的可能性，从而向自己显现。不过，这一次，这些可能性也意味着充分地和最终地，即完全地理解自己的可能性。

黑格尔在第六章分析这三大历史时期。

很显然，为了撰写第六章，为了理解历史是什么，仅仅知道历史有三个时期是不够的。还应该知道其中的每一个时期的特点，还应该理解每一个时期的发展过程和从一个时期到另一个时期转变的原因与方式。不过，为了理解这一点，必须知道主人和奴隶，这两种角色的本质（Wesen）是什么。他们将在其相互作用中实现我们所研究的过程。作为主人的主人和作为奴隶的奴隶的这种分析在第四章B节给出。

我们首先从主人着手。

主人是在为了荣誉的斗争中拼到底的人，为了让另一个人承认他的绝对地位，他冒自己的生命危险。这就是说，他轻视自己实在的、自然的、生物的生命，更重视某种观念的、精神的、非生物的东西：在一个意识中和通过一个意识得到承认（Anerkannt），取得"主人"的称号，被称为"主人"。因此，他"证实"、证明（bewährt）、实现和显示他对生物的存在，对他的生物存在，对一般的自然世界，对他关于自己所知道的一切，对他与世界的联系，特别是对奴隶的优势。这种最初纯粹观念的优势，在于被奴隶承认为主人和自己知道这种承认的心理事实通过奴隶的劳动得以实现和具体化。强迫奴隶承认他是主人的主人，也强迫奴隶为他劳动，强迫他出让其劳动的成果。因此，主人不再需要自己干活，以满足他的（自然）欲望。这种满足的奴性方面归于奴隶：主人在统治奴隶劳动者的时候，统治自然和以主人身份生活在自然中。不过，生活在自然中但不与自然做斗争，就是生活在享受（Genuss）中。不经过努力得到的享受，就是快乐（Lust）。由于主人的生活不是流血的斗争，是为了荣誉而与其他人的斗争，所以这种生活是一种在快乐中的生活。

乍看起来，主人似乎实现了人的存在的顶点，是在他的实在存在中并通过他的实在存在充分得到满足（befriedigt）的人，因为他是主人。但实际上，他什么都不是。

如果不是一个主人，这样的人是什么人和他想做什么人？他冒生命危险是为了成为和做主人，而不是为了生活在快乐中。不过，当他在进行斗争时希望得到另一个人，即在他之外但和他一样的另一个人的承认。但在事实上，当斗争结束时，他仅仅得到一个奴隶的承认。为了做人，他希望得到另一个人的承认。但是，如果做人是做主人，那么奴隶就不是一个人，得到一个奴隶的承认就不是得到一个人的承认。所以，必须得到另一个主人的承认。但这是不可能的，因为——按照定义——主人宁死也不愿意低下地承认另一个人的优势。总之，主人不可能实现他的目的，他为此冒生命危险的目的。只有在死亡中和通过死亡，他的死亡或他的对手的死亡，主人才能得到满足。但是，人们不可能通过存在的东西，通过人之所是，在死亡中和通过死亡得到满足(befriedigt)。因为死亡不存在，死者不存在。存在的东西和活着的东西，只不过一个奴隶。然而，为了自己得到一个奴隶的承认，有必要冒生命危险吗？显然没有必要。这就是为什么一旦主人意识到自己的真正目的和行为，即自己的作战行为的动机是什么，并且沉溺于他的快乐和享受中，他就不可能通过存在的东西，通过其所是得到满足。

换句话说，主人是一条存在的绝路。主人要么沉溺于快乐，要么以主人身份丧命战场，他不可能生活在意识到自己通过存在的东西得到满足的状态中。不过，唯有意识到的满足(befriedigung)才能完成历史，因为只有人才知道自己通过存在的东西得到满足，并且不再想通过改造自然的行动，通过创造世界的行动超越自己，超越其所是和存在的东西。如果历史必定完成，如果绝对知识必定是可能的，那么只有奴隶能做到这一点，到达满足。这就是为什么黑格尔说，主人的“真理”(=被揭示的现实)是奴隶。在主人身上产生的人的理想，只能在奴役中和通过奴役实现和显现，成为真理(Wahrheit)。

为了能停下来理解自己，必须得到满足。为此，必须不再做奴隶。但是，为了不再做奴隶，必须做过奴隶。既然只有在有主人的情况下才有奴隶，本身是一条绝路的主人就被“解释”为通向黑格尔的绝对科学的历史存在的必要阶段。主人看来只是为了产生把他作为主人“扬弃”(aufhebt)的奴隶——奴隶由此把自己作为奴隶“扬弃”。“被扬弃的”奴隶通过其所是得到满足，他在黑格尔的哲学中和通过黑格尔的哲学，在《精神现象学》中和通过《精神现象学》知道自己得到了满足。主人只不过是历史的“催化剂”，历史通过奴隶或成为公民的前奴隶实现、完成和“显现”。

但是，我们首先要考察最初的奴隶，主人的奴隶，还没有实现和揭示其自由的公民身份的奴隶是什么。

之所以人成为奴隶，是因为他怕死。当然，一方面，这种害怕(Furcht)表明他对自然的依赖，由此表明他对统治自然的主人的依赖。

但是，另一方面，这种害怕——在黑格尔看来——有一种决定奴隶对主人的优势的肯定价值。正是通过对死亡的动物性恐惧（Angst），奴隶感受到对不存在，他的不存在的害怕或焦虑（Furcht）。他隐隐约约看到自己的不存在，他认识到，他的整个存在只不过是一种“被战胜的”“被扬弃的”（aufgehoben）死亡——一种保存在存在中的虚无，不过——我们已经看到并且还将看到——黑格尔的人类学的基础是由这样的观念构成的：人不是一种*存在*于空间中和与自己永恒地保持同一的存在，而是一种通过对这种存在的*否定*，通过用一种观念或一种并不存在的，仍作为虚无的理想（“计划”），通过叫作斗争（Kamft）和劳动（Arbeit）的行动（Tat）的否定，作为时间在空间的存在中*成为虚无*的虚无。因此，奴隶——通过对死亡的恐惧——感受到在其（自然）存在的深处的（人的）虚无，能比主人更好地理解自己和理解别人。从“最初的”斗争开始，奴隶就对人的实在性有一种直觉，正是由于这个深层次的原因，最终说来，是奴隶，而不是主人，完成了历史，揭示了人的真理，通过黑格尔的科学揭示了人的实在性。

但是——始终因为主人——奴隶有另一种优势，因为他*劳动*，他为另一个人服务（Dienst）时劳动，他在*劳动*的时候*为另一个人服务*。为另一个人劳动，就是在行动的时候克制促使人满足*自己的*需要的本能。然而，没有迫使奴隶为主人劳动的*本能*。之所以他为主人劳动，是出于对主人的*恐惧*。但是，*这种*恐惧不同于他在斗争中感受到的恐惧：危险不再是*直接的*；奴隶仅仅*知道*主人能杀死他，但他没有*看到*在杀人的态度中的主人。换句话说，为主人*劳动*的奴隶按照一种*观念*，按照一种*概念*克制他自己的本能。[①]正是这个原因把他的活动变成了一种*纯属*

① 在黑格尔看来，概念（Begriff）和知性源于奴隶的劳动，而感性认识（sinneliche Gewissheit，感觉确定性）是一种不可缺少的材料。但是，人们能从劳动中推断出人的一切认识。

人的活动，一种劳动（Arbeit）。他在行动的时候，否定和改造给定物，自然，他的自然；他按照一种观念，按照不是在生物意义上存在的东西，按照一个主人的观念，也就是本质上社会的、人类的、历史的观念进行否定和改造。不过，能按照一种非自然的观念改造自然的给定物，就是拥有一种技术。产生技术的观念是一种科学的观念和概念。最后，拥有科学概念，就是拥有知性（Verstand），抽象概念的能力。

知性，抽象思维，科学，技术，艺术，这一切都源于奴隶的劳动。是奴隶，而不是主人，实现与这些事物有关的一切东西。特别是（给予康德以深刻印象的）牛顿物理学，这种力和规律的物理学——在黑格尔看来——最终是在为了荣誉的斗争中的胜者的力，以及得到奴隶承认的主人的规律。

然而，这还不是劳动具有的优势的全部。劳动还将开辟自由之路，更确切地说——解放之路。

事实上，主人在斗争中克制其生存本能时，实现了他的自由。而奴隶在为另一个人劳动的时候，也克制他的本能，并且——当他上升到思维、科学、技术，按照一种观念改造自然的时候，他最终能支配自然和他的自然，也就是在斗争中支配他和使之成为主人的奴隶的自然。通过他的劳动，奴隶达到了主人通过在斗争中冒生命危险所达到的同样结果：他不再依赖给定的、自然的生存条件；他按照他对自己形成的观念改造这些条件。当他意识到这个事实的时候，他也意识到他的自由（Freiheit），他的独立（Selbstständigkeit）。当他运用源于其劳动的思维时，他形成了通过这种劳动在他身上实现的抽象的自由观念。

当然，在本义上的奴隶那里，这种自由概念还没有与真正的现实一致。仅仅通过强迫劳动，仅仅因为他是主人的奴隶，他才在精神上获得解放。事实上，他还是奴隶。可以说，他的解放仅仅是为了自由地做奴隶，不再做在形成自由观念之前的奴隶。奴隶的不足之处同时也是他的完善之处：因为只有当他有一种自由观念，一种还没有实现、但能通过有意识和有意志地改造给定生存条件和通过主动地废除奴隶制而实现的观念时,他才真正是自由的。相反,主人是自由的;他的自由观念不是抽象的。这就是为什么主人的自由观念不是一种本义上的观念,一种有待于实现的理想。这就是为什么主人不能超越已经在他身上实现的自由和这种自由的不足之处。在实现自由时的进步,只能由按照一种还没有实现的观念行事的奴隶来完成。正是因为奴隶有一个理想,一种抽象的观念,所以实现自由时的进步能通过一种对自由的理解,通过在绝对知识中和通过绝对知识揭示的人的自由的绝对观念(absolute Idee)来完成。

一般地说,是奴隶,也仅仅是奴隶,能实现一种超越给定物——特别是其所是的给定物的进步。一方面,正如我们刚才说的,拥有自由观念和没有人身自由,就是倾向于改造其给定的生存(社会)条件,也就是实现一种历史进步。其次——这是要点——这种进步在他看来有一种意义,而在主人看来则没有和不可能有这样的意义。在斗争中和通过斗争产生的主人的自由是一条绝路。为了实现主人的自由,这种自由必须得到一个奴隶的承认,必须把承认这种自由的人变成奴隶。然而,只有当我的自由得到我认为有资格承认我的自由的人的普遍承认,我的自由才不再是一个梦想,一个幻想,一种抽象的观念。这就是主人永远不可能得到的东西。当然,他的自由已得到承认。他的自由因而是实在的。但他的自由在其实在性方面是不充分的,这种自由不能满足实现它的人。但是,只要这种自由仍然是主人的自由,那么事情不可能发生变化。相反,如果——在最初——奴隶的自由没有得到除他以外的任何人的承认,如果奴隶的自由因而纯粹是抽象的,那么奴隶的自由最终能实现,在其完善中实现。因为奴隶承认主人的人的实在性和尊严。因此,他只需把他的自由给予主人,以达到相互承认所提供的最终满足,并由此终止历史过程。

显然,为了做到这一点,必须同主人做斗争,更确切地说,就是不再做奴隶，克服对死亡的恐惧。必须成为与原来身份不同的人。然而，面对始终保持其原来身份——主人——的主人战士，奴隶劳动者能发生变化，通过他的劳动最终能发生变化。

主人的人的行为归结为冒生命危险。不过，生命危险在任何地方和任何时间都是一样的。重要的是危险的事实，能致命的东西，或是一把石斧，或是一挺机关枪则是不重要的。同样，不是作为斗争的斗争，不是生命危险，而是劳动，决定了在某一天生产机关枪和不再生产石斧。主人的纯粹好战态度数世纪以来没有发生变化，能产生一种历史变化的不是这种态度。如果没有奴隶的劳动，“最初的”斗争将无限地重复：如果没有奴隶的劳动，一切都不可能发生变化；这种态度在主人身上没有发生任何变化；无任何东西在人身上，通过人和为了人发生变化；世界与本身保持同一，这样的世界是自然，而不是历史的、人类的世界。

劳动创造了完全不同的条件。劳动者改造给定的世界。如果他重复他的行为，那么也会在其他条件中重复他的行为，他的行为本身因而也发生了变化。在制造了第一把石斧后，人能使用这把石斧来制造第二把石斧，接下来的石斧将越造越好。生产改变了生产手段；手段的改变简化了劳动；等等，哪里有劳动，哪里就必然有变化，有进步，有历史的发展过程。①

历史的发展过程。因为伴随劳动而变化的东西不仅仅是自然世界，而且也是——尤其是——人本身。最初，人依赖给定的、自然的生存条件。显然，通过在为了荣誉的斗争中冒生命危险，人能超越这些条件。但是，在这种生命危险中，他在某种意义上否定这些始终保持同一

① 产品体现了一种与当时和当地的材料无关的观念（“计划”）；这就是为什么这些产品能“相互交换”。从而产生了人特有的“经济”世界，出现了货币、资本、利息、工资，等等。

的条件的整体：他整个地否定它们，但不改变它们，这种否定始终是相同的。人在这种否定行为中和通过这种否定行为所创造的自由不依赖于给定物的特殊形状。只有当人通过否定超越给定的条件，在劳动中和通过劳动进行活动，人才能与随着空间和时间而变化的具体事物保持联系。这就是为什么人在改造世界的同时也改造自己。

历史发展过程的大致情况如下：

最初，未来的主人和未来的奴隶都受制于一个给定的、自然的、不依赖于他们的世界：因此，他们还不是真正人性的、历史的存在。然后，通过冒生命危险，主人上升到给定的自然，其给定的（动物的）"本性"之上，成为一个人，在其有意识的否定活动中和通过这种活动把自己造就成一个人。之后，他强迫奴隶劳动。奴隶改变给定的现实世界。他因而也上升到自然，其（动物的）"本性"之上，因为他改变了自然的本来面目。显然，和主人一样，和一般意义上的人一样，奴隶受制于现实世界，但是，因为这个世界已经被改变，[①]所以他也改变了自己。因为是奴隶改变了世界，所以也是奴隶改变了自己，而主人仅仅通过奴隶发生变化。因此，历史发展过程，人的历史发展过程，是奴隶劳动者的产物，而不是主人战士的产物。当然，如果没有主人，也不可能有历史。但这仅仅是因为如果没有主人，就不可能有奴隶和劳动。

因此——再一次——由于奴隶的劳动，奴隶能改变自己的原来身份，也就是说——最终——不再是奴隶。劳动是双重意义上的教育：一方面，劳动改变和改造世界，使之人性化，使之适合于人；另一方面，劳动改造、培养和教育人，使之人性化，使之符合人对自己形成的观念——最初只是一种抽象的观念，一种理想。如果最初，在给定的世界

① 动物也有（假的）技术：当第一个蜘蛛织出第一张网的时候，它已经改变了世界。更确切地说：世界通过"交换"在本质上发生了变化（成为人的世界），而只有当劳动实现了一个"计划"时，交换才是可能的。

里，奴隶有一种恐惧的"本性"，必定服从主人，那么在中间，就不能说奴隶始终保持这种本性。由于他的劳动，奴隶能改变自己；由于他的劳动，世界能发生变化，正如世界历史所表明的，劳动最终导致法国大革命和拿破仑。

这种通过劳动创造人的教育（Bildung），也创造了历史，也就是人的时代。劳动是时代（Temps），这就是为什么劳动必然是在时间（temps）中：劳动需要时间。奴隶的改造活动能使他克服对主人的恐惧，能使他克服对死亡的恐惧，这种改造活动是长期的和艰苦的。最初，奴隶通过他的劳动到达他的抽象的自由观念，但还没有实现他的自由，因为他还不敢为这种实现而行动，即进行反抗主人的斗争，在为了自由的斗争中冒生命危险。

因此，在实现自由之前，奴隶想象一系列得以解释自己的状况，解释他的受奴役处境，使自由的理想和奴役的事实一致的意识形态。

奴隶的第一种意识形态是斯多葛主义。奴隶试图说服自己，他实际上是自由的，仅仅因为他以为自己是自由的，也就是他有一种抽象的自由观念。实际的生存条件是不重要的：不管是皇帝还是奴隶，是富人还是穷人，是患病者还是健康者，都是无关紧要的；只要有一种自由——更确切地说，不依赖所有给定的生存条件的独立，即绝对自主——的观念就够了。（由此产生——或附带地说——黑格尔在第五章讨论的斯多葛主义的现代变种：自由等同于思想的自由；当人们能自由地谈论国家时，这种国家被认为是自由的；只要这种自由得到维护，在这种国家中就没有任何东西应当改变。）

黑格尔的批判，更确切地说，他对人不满足于这种斯多葛主义解决办法的事实的解释，乍看起来是十分令人满意的，但很可能是没有说服力的、离奇的。黑格尔说，人们抛弃斯多葛主义是因为——作为斯多葛主义者——人们感到厌烦。斯多葛主义的意识形态是用来解释奴隶的不行动——拒绝为实现他的自由理想进行斗争。这种意识形态阻碍人行动：它迫使人仅限于*谈论*。不过，黑格尔说，始终作为谈论的谈论最终将使人*感到厌烦*。

这种反对意见——或解释——只是乍看起来过于简单。事实上，它有一个深刻的形而上学基础。人不是一个*存在*的存在，人是通过存在的否定*成为虚无*的虚无。不过，存在的否定就是行动。这就是为什么黑格尔说，“人的*真正*存在是他的*行动*”。不*行动*，就是作为真正*人*的存在的不存在。这是作为存在（Sein），作为给定的、自然的存在的存在。这是堕落，这是昏庸。这种形而上学的真理通过厌烦现象向人显现：人——如同物体，如同动物，如同天使——仍然与他自己保持同一，不否定，不否定自己，也就是不行动，*感到厌烦*。这只不过是能感到厌烦的人。

尽管如此，斯多葛主义的唠叨所引起的厌烦迫使人寻找别的东西。事实上，人只能通过*行动*得到满足。然而，行动，就是改变现实。改变现实，就是否定给定物。以奴隶为例，实际地行动就是否定奴隶制，也就是否定主人，在反抗主人的斗争中冒生命危险。奴隶还不敢这样做。厌烦促使他行动，他仅限于在思想上行动。他在思想上*否定*给定物。斯多葛主义的奴隶成为*怀疑主义-虚无主义者*。

这种新的态度在唯我论中到达顶点：不属于我的一切东西的价值，甚至现实都被否定，这种否定的纯粹抽象和语言特点通过它的普遍性和激进主义得到补偿。

但是，人不可能坚持这种怀疑主义-虚无主义态度。人之所以不能坚持这种态度，是因为他实际上由于自己的存在本身而自相矛盾：如果人们否定世界和其他人的价值与存在，他何以和为什么活着？因此，如果认真地看待虚无主义者，就是自杀，就是完全停止行动——因而——不再活下去。但是，*彻底的*怀疑主义者不引起黑格尔的兴趣，因为按照定义，他以自杀告终，不再存在，然后，不再是一个人，不再是历史发展过程的一个动力。使人感兴趣的仅仅是*还活着*的虚无主义者。

然而，虚无主义者最终必然意识到他的存在所包含的矛盾。一般地说，对矛盾的意识是人的、历史的发展过程的动力。意识到矛盾，就必然想到解决它。只有改变给定的生存处境，只有通过行动改变生存处境，人们才能真正地消除矛盾。但是，以奴隶为例，改变生存处境，就是要与主人做斗争。不过，他不愿意这样做。因此，他尝试用一种新的意识形态来解释怀疑主义的这种生存矛盾，最终说来，这种矛盾就是在自由观念或理想和奴隶的现实之间的斯多葛主义的矛盾，也就是奴隶的矛盾。奴隶的第三种和最后一种意识形态是基督教意识形态。

现在，奴隶不否定其生存的矛盾性。但是，他尝试解释这种矛盾，认为它是必然的、不可避免的，一切生存都包含矛盾。最后，他想象"另一个世界"，即自然的、感性的世界的"彼世"(Jenseits)。在此世，他是奴隶，他在解放自己方面无所作为。然而，他是有理由的，因为在这个世界中，一切都只不过是奴役，主人也是和他一样的奴隶。但是，自由不是一个空洞的词，一个单纯的抽象观念，一个不可实现的理想，就像在斯多葛主义和怀疑主义中。自由是实在的，在彼世是实在的。不需要进行反抗主人的斗争，因为如果进入彼世，人就已经是自由的，因为人通过彼世，通过彼世对感性世界的干预获得解放。不需要为了得到主人的承认进行斗争，因为人们已经得到一个上帝的承认。不需要为了在这个世界中获得解放进行斗争，因为对基督教徒来说，就像对怀疑主义者来说，这个世界是没有意义和毫无价值的。不需要斗争和行动，因为——在彼世，在真正有价值的唯一世界中——人们已经获得解放和获得与主人平等的地位(在上帝的奴役中)。因此，人们能坚持斯多葛主义的态度，但这一次是有充分理由的。也没有厌烦，因为人们现在不是始终保持同样的身份：人们发生变化，而且必须发生变化，必须不断地超越自己，上升到自我，作为在经验的现实世界中的给定物的自我之上，到达超验的世界，可望而不可即的彼世。

不需要斗争，不需要努力，基督教徒就能实现奴隶的理想：他获得——在上帝中和通过（为了）上帝——与主人平等的地位：不平等只不过是一个虚幻，正如奴役和统治占主导地位的这个感性世界。

黑格尔说，解决办法无疑是绝妙的。长期以来，人自以为通过他的劳动的虔诚回报就能得到“满足”，这并不惊奇。但是，黑格尔补充说，这一切过于美好——过于简单、容易——以致失去了真实性。事实上，使人成为奴隶的原因，是拒绝冒生命危险。只要人不准备在反抗主人的斗争中冒生命危险，只要人不接受他的死亡概念，人就不是真正意义上的人。因此，不经过流血斗争的解放在形而上学方面是不可能的。这种形而上学的不可能性也在基督教意识形态本身中显现出来。

事实上，只有承认“另一个世界”和超验的上帝的存在，基督教奴隶才能肯定他与主人的平等。不过，这个上帝必然是一个主人，一个绝对的主人。基督教徒从人间的主人那里解放出来，只是为了服务于天上的主人。他从人间的主人那里——至少在他的观念中——解放出来。然而，虽然不再有主人，他依然还是奴隶。他是没有主人的奴隶，他是自在的奴隶，他是奴隶的纯粹本质。这种“绝对的”奴隶产生了一个也完全绝对的主人。在上帝面前，他是与主人平等的人。仅仅在绝对的奴役中，他才是与主人平等的人。因此，他仍然是仆人，为其荣誉和快乐而劳动的主人的仆人。这个新的主人不再是以前的主人，正如新的基督教奴隶不再是异教奴隶。

如果奴隶接受这位天上的新主人，那么出于同样的理由，他也接受人间的主人：出于对死亡的恐惧。他接受——或造成——第一种奴隶身份，因为这是其生物生命的代价。他接受——或造成——第二种奴隶身份，因为这是其永恒生命的代价。因为“两个世界”的意识形态和人的存在两重性的最后动力，是不惜一切代价升华到永恒生命中的奴性生命欲望。归根结底，基督教源于奴隶在虚无面前，他的虚无面前，也就是说，在黑格尔看来，维持其人的存在的必要条件，死亡和有限性条件的不可能性[1]面前的焦虑。

因此，消除基督教意识形态的不足之处，从绝对主人和彼世那里解放出来，实现自由和作为独立的和自主的人的存在活在世界中，只有接受死亡概念和无神论，这一切才是可能的。基督教世界的发展过程只不过是迈向人的存在的本质有限性的无神论觉悟的一步。因此，只有"扬弃"基督教神学，人才能不再是奴隶，并实现这种自由观念——正是这种观念产生了基督教，尽管它仍然是抽象的观念，即理想。

这就是在法国大革命中和通过法国大革命实现的东西，大革命完成了基督教世界的发展过程，开创了第三个世界历史，在这个历史中，已实现的自由将通过哲学——通过德国哲学，最终说来，通过黑格尔——被概念化（begrifen）。然而，为了一场大革命能实际上扬弃基督教，基督教的理想必须首先以一个世界的形式得到实现。因为要超越和"扬弃"一种意识形态，人必须首先在他所生活的世界中实现这种意识形态。因此，问题在于知道主人的异教世界何以成为奴隶的基督教世界，而又不经过主人和奴隶之间的斗争，不经过本义上的大革命。因为在这种情况下奴隶可能成为进行斗争和冒生命危险的自由劳动者。他不再是奴隶，因而不可能实现本质上奴役人的一个基督教世界。

黑格尔在第六章A节解决这个问题。我们来看看他在那里说了些什么。

在《精神现象学》中，黑格尔没有谈到异教国家的起源，我们把它当作已经形成的国家来研究。

异教社会这种国家的基本特征取决于这个事实：它是一个主人的国家，一个主人的社会。异教国家仅仅承认主人是公民。唯有作战的

① 如果没有包含生命危险的斗争，即没有死亡，没有本质的有限性，也就没有（有意识的、会说话的、自由的）人的存在。"不死的人"——是一个"正方形的圆"。

人才是公民，唯有公民才是作战的人。劳动被指派给处在社会和国家边缘的奴隶。因此，整体上说，国家是一个主人的国家，其意义在荣誉中，在为荣誉进行的战争中，而不在劳动中，国家进行战争是为了使其他国家，*所有的*其他国家承认其独立和霸权地位。

不过，在黑格尔看来，其结果是：好战而有闲的主人的异教国家只承认，只要求其他国家承认或实现人的存在的*普遍*因素，而*特殊*因素仍然处在本义上的社会和国家的边缘。

在黑格尔的学说中，特殊性（Einzelheit）和普遍性（Allgemeinheit）的这种对立是基本的。如果在他看来历史能被解释为一种统治和奴役的辩证法，那么历史也能被理解为在人的存在中特殊和普遍的一种辩证法。这两种解释能相互补充，因为统治相当于普遍性，奴役相当于特殊性。

其含义如下。

最初，人寻求得到承认（Anerkennung）。他不满足自己给予自己一种价值。他希望这种*特殊的*价值，他自己的价值能得到*所有人*的*普遍*承认。

换句话说：只有在一个社会、一个国家的形成中和通过一个社会、一个国家的形成，人才能真正地得到"满足"，历史才能停止。在国家中，每一个人的纯粹特殊的、个人的价值被*所有人*，被体现在这种国家中的普遍性承认为他的特殊性，国家的普遍价值得到作为特殊的个人、*所有的*个人的承认。[①]不过，只有"取消"主人和奴隶之间的对立，一个这样的国家，一种这样的普遍性和特殊性的综合才是可能的，特殊和普遍的综合也是一种统治和奴役的综合。

---

① 实现一种普遍价值的个人不再是一个特殊的人：他是一个个体（=普遍的和同质的国家的公民），特殊和普遍的综合。同样，特殊所实现的普遍（国家）已经被个体化。这就是体现在普遍的领袖（拿破仑）的个性中和智者（黑格尔）所揭示的国家—个体或个体–国家。

只要主人与奴隶对立，只要有统治和奴役，特殊和普遍的综合就不可能实现，人的存在就不可能得到“满足”。这不仅仅是因为奴隶没有普遍地得到承认，也不仅仅是因为主人自己没有得到真正的普遍承认，由于他不承认一部分承认他的人——奴隶。这种综合之所以是不可能的，是因为主人仅仅能够实现和要别人承认在人身上的普遍因素，而奴隶却把他的存在归结为一种纯粹特殊的价值。

主人在生命危险中和通过生命危险形成其人的价值。不过，这种危险在任何地方和任何时间——它存在于所有人之中——都是一样的。冒生命危险的人并不因为冒生命危险的唯一事实而区别于也冒生命危险的其他所有人。通过斗争形成的人的价值本质上是普遍的、“非个人的”。这就是为什么主人的国家仅仅根据一个人在为了荣誉的战争中冒生命危险的事实承认这个人，仅仅承认在人和在公民中的纯粹普遍因素：这种国家的公民是一个一般公民；作为得到国家承认的公民，他与其他人没有什么区别；他是一个无名战士，而不是某某先生。甚至国家的领袖也只不过是国家，也就是普遍的一个一般代表，而不是一个本义上的个体：在他的活动中，他取决于国家，而不是国家取决于其个人的、特殊的意志。总之，希腊国家-城邦的领袖不是现代的、基督教的、浪漫主义的意义上的“独裁者”。他不是用自己个人意志创建一个国家，以实现和要别人承认其个体性的拿破仑。异教领袖接受一个给定的国家，而他自己的价值，他的实在性只不过是这种国家的一个功能，这种生存的普遍因素的一个功能。这就是为什么主人、异教徒不可能得到“满足”，只有个体能得到满足。

至于奴隶的生存，它仅限于纯粹特殊的因素。劳动所形成的人的价值本质上是特殊的，“个人的”。劳动者通过劳动的教育（Bildung）取决于劳动得以进行、因这种劳动本身而在空间和时间中变化的具体条件。最终说来，人与人之间的区别，“特殊性”和“个性”，是通过劳动形成的。同样，是奴隶劳动者，而不是主人战士，意识到自己的“个性”，想象"个人主义的"意识形态。在这种意识形态中，绝对价值被赋予特殊性、"个性"，而不是被赋予普遍性，作为国家的国家和作为公民的公民。

被其他人，被国家，被作为主人的主人普遍承认的东西，只不过是劳动，而不是劳动者的"个性"，至多是非个人的劳动产品。只要奴隶依然作为奴隶劳动，也就是说，只要他不冒生命危险，只要他不进行斗争，以便把自己的个人价值强加于国家，只要他不积极参与社会活动，那么他的特殊价值仍然是纯主观的：只有他一个人承认这种价值。因此，他的价值纯粹是特殊的；特殊和普遍的综合，也就是个体性没有在奴隶中实现，也没有在主人中实现。这就是为什么——再一次——唯一能真正"满足"人的特殊性和普遍性的综合只能在统治和奴役的综合"取消"中和通过这种取消实现。

但是，我们再回过头来讨论异教国家，非劳动者的主人战士的国家-城邦。

和所有国家一样，这种国家仅仅关心和承认——在这里，归结为战争行动的——公民行动。异教国家仅仅承认在公民中的人的存在的普遍方面。不过，特殊因素没有，也不可能绝对地被排除。

事实上，主人不仅仅是奴隶的主人和一个国家的公民战士。主人也必然是一个家庭的成员。在异教主人那里，其生存的特殊方面属于家庭。

在其家庭之内，他不是一个一般的主人，一个公民，一个战士，他也是父亲、丈夫、儿子，并且他是这个父亲，这个丈夫：一个这样的人，一个"特殊的人"。仅仅在家庭中和通过家庭得到承认的其特殊性不是真正人性的特殊性。事实上，在不劳动的异教主人那里，人的和人性化的活动归结为战争活动。但是，在家庭之内，没有斗争，没有生命危险。在这样的家庭中和通过这样的家庭得到承认的东西，不是人的行动（Tat），而仅仅是存在（Sein），给定的静态存在，人、父亲、丈夫、儿子、兄弟等的生物存在。

然而，不是根据他所做的事情，他的行为，而仅仅根据他存在着，根据仅仅因为他的存在（Sein）而存在的单纯事实，把一种价值给予一个人——就是爱他。人们也能说，这就是在古代家庭中和通过古代家庭实现的爱。因此，爱不取决于被爱者的行为、活动，爱不可能由于被爱者的死亡而终止。当人们爱一个不行动的人的时候，把他当作好像已经死去的人。因此，死亡不可能改变爱，改变在家庭中和通过家庭被赋予的价值。这就是为什么对死者的爱和崇拜在异教家庭有其地位。

因此，特殊的和特殊主义的家庭是普遍的和普遍主义的异教国家的必要补充。只是异教主人也没有通过他的家庭生活得到“满足”（befriedigt），正如他没有通过他的公民生活得到满足。只有在国家中和通过国家，其人的存在才得以实现和得到承认。家庭承认其个人的、特殊的存在。但是，这种本质上不行动的存在不是真正人的存在。

如果斗争和劳动的人的活动没有在一个人身上综合，那么人就不能得到充分的“满足”。正如在家庭中个人的和特殊的存在的实现和承认，在国家中纯粹普遍行动的实现和承认也没有使人得到“满足”。

当然——在原则上——家庭的特殊和国家的普遍的综合能使人得到满足，但这样的综合在异教国家是绝对不可能的。因为家庭和国家相互排斥，而人不可能摆脱两者。

事实上，对家庭来说，最高价值是存在（Sein），自然存在，其成员的生物生命。国家对家庭成员的要求是冒生命危险，为普遍的事业献身。完成公民的责任，这必然就是违反家法；反之亦然。

在异教世界，这种冲突是不可避免的，是没有出路的：人不可能抛弃家庭，因为人不可能抛弃其存在的特殊性；人也不可能抛弃国家，因为人不可能抛弃其活动的普遍性。因此，他必然要么对国家来说是有罪的，要么对家庭来说是有罪的。这就是异教生活的悲剧性的原因。

如同古代悲剧中的英雄，主人战士的异教国家处在一种不可避免的和没有出路的冲突中，这种冲突最终必然导致这个世界的彻底灭亡。黑格尔在《精神现象学》中就以这种方式描述这种悲剧的发展过程。

总之，异教国家的灭亡是因为它排斥劳动。但是，其灭亡的直接原因则是，很奇怪，女人。因为是女人代表家庭的原则，也就是与这种社会敌对的这种特殊性原则，特殊性的胜利意味着国家，本义上的普遍的灭亡。

一方面，女人影响年轻的男子，因为年轻的男子还没有完全脱离家庭，还没有完全使他的特殊性服从国家的普遍性。另一方面，正是因为国家是一个好战的国家，所以年轻的男子——年轻的战争英雄——最终取得了政权。一旦取得政权后，这位年轻的英雄(=亚历山大大帝)就炫耀其家庭的、带着女子气的特殊性。他倾向于把国家变成他的个人财产、家庭财产，把国家的公民变成他的臣民。他成功了。

为什么？始终是因为异教国家排斥劳动。人的唯一的价值是在斗争与生命危险中和通过它们实现的价值，国家的生命必然是一种战争的生命：只有不间断地进行为了荣誉的战争，异教国家才是人的国家。然而，战争和实力的规律使最强大的国家必然逐步并吞最弱小的国家。得胜的城邦逐步变成帝国——罗马帝国。

然而，母邦的居民，本义上的主人，由于数量太少，不足以保卫帝国。皇帝必须求助于雇佣军。与此同时，城邦的公民不再被迫进行战争。渐渐地，在一段时间之后，他们不再进行战争。因此，他们不再能抵抗皇帝的特殊主义，皇帝“取消”他们的公民资格，把他们变成构成其财产的“特殊的人”，“属于个人的人”。

总之，古代公民成了君主的奴隶。之所以他们成为奴隶，是因为他们已经是奴隶。事实上，做主人，就是进行斗争，冒生命危险。不再进行战争的公民因而不再是主人，这就是为什么他们成为罗马皇帝的奴隶。这就是为什么他们也接受其奴隶的意识形态：最初的斯多葛主义，后来的怀疑主义，以及最后的基督教。

我们终于着手解决使我们感兴趣的问题：主人接受了其奴隶的意识形态。主人身份的异教徒成了奴隶身份的基督教徒，但没有斗争，没有本义上的革命，因为主人自己成了奴隶。更确切地说：他们成了假奴隶——也可以说——假主人。因为他们不再是真正的主人，不再冒生命危险；他们不再是真正的奴隶，因为他们没有为另一个人劳动和服务。可以说，他们是没有主人的奴隶，是假奴隶。由于不再是真正的主人，所以他们最终不再有真正的奴隶：他们解放了奴隶，奴隶自己也成了没有主人的奴隶，成了假奴隶。因此，主人和奴隶的对立被“取消”。不过，这不是因为奴隶成了真正的主人。统一过程是在假主人上完成的，实际上，假主人是一个假奴隶，一个没有主人的假奴隶。

这种没有主人的奴隶，这种没有奴隶的主人——就是黑格尔所说的自由民，个人所有者。在成为个人所有者之后，希腊的主人，城邦的公民成了和平的罗马自由民、皇帝的臣民，而皇帝自己也只不过是一个自由民、个人所有者，帝国是他的个人财产。同样，按照个人所有权，奴隶获得了解放，和他们的前主人一样，也成了个人所有者、自由民。

和希腊城邦相反，罗马帝国是一种自由民世界。正是由于这一点，它最终成为一个基督教世界。

自由民世界发明了私有权——在黑格尔看来，这是罗马的唯一创新。罗马法思想的基本概念，“法人”（rechtliche Persönlichkeit）的概念，相当于人的存在的斯多葛主义的概念，也相当于家庭的特殊主义。和家庭一样，私有权把一种绝对价值给予人的单纯的、不依赖于其行为的存在。和斯多葛主义的概念一样，被赋予“人”的价值也不依赖于其存在的具体条件：在任何地方和任何时间，人都是一个“法人”，所有人也都是“法人”。我们能说，这是建立在私有权基础上的自由民国家，而私有权是斯多葛主义——不是被当作抽象概念，而是被当作社会和历史现实的斯多葛主义——的实在基础。

对虚无主义的怀疑主义来说，情况也一样：个人财产（Eigentum）

是其社会的、历史的实在基础和现实。唯我论的奴隶的虚无主义的怀疑主义，仅仅给予自己一种价值和一种真正的存在，这种观点态度见于个人所有者，因为个人所有者使一切东西，甚至使国家本身服从他自己的财产的绝对价值。因此，如果只有特殊主义的意识形态，即所谓"个人主义的"意识形态的唯一实在性是个人财产，那么仅仅在受这种财产概念支配的自由民世界中，这些意识形态才能成为实在的社会力量。

最后，正是罗马帝国的这种自由民的本质，解释了罗马帝国到基督教世界的转变，而基督教世界使基督教的现实成为可能，把基督教的观念和基督教的理想转变成一种社会的和历史的现实。这就是为什么：

为了做一个真正的人，自由民（原则上，不进行斗争，也不冒生命危险）必须劳动，就像奴隶那样。但是，和奴隶相反，他没有主人，他不必为另一个人劳动。他相信他为自己劳动。然而，在黑格尔的概念中，只有按照一种观念（一个"计划"），也就是按照不同于给定物——尤其是不同于作为劳动者本身的给定物——的其他东西，劳动才是真正的劳动，人特有的一种活动。因此，按照主人、主人身份、服务（Dienst）的观念，奴隶就能劳动。按照社团或国家的观念，人们也能劳动（这就是黑格尔的最终解决问题的办法）：人们能——人们必须为国家劳动。但是，自由民做不到这两点。他不再有通过劳动为之服务的主人。他也没有国家，因为自由民世界只不过是相互分离的、没有真正社团的个人所有者的众合体。

自由民的问题看来是不可解决的：他必须为另一个人劳动，不能仅仅为自己劳动。但在事实上，人能够解决他的问题，他再次用个人财产的自由民（资产阶级）原则来解决这个问题。自由民不是为另一个人劳动。但是，他不再为作为生物实体的他自己劳动。他为作为"法人"，作为个人所有者的他自己劳动：他为作为财产，也就是金钱的财产劳动；他为资本劳动。

换句话说，自由民劳动者预先假定——和规定——人的存在的忘我精神（Entsagung）；当人倾注在个人财产和资本的观念上时，人就超越自己，远远地投射在自己之外。尽管个人财产或资本是所有者的成果，但仍独立于所有者，并且像主人支配奴隶那样支配所有者，其区别在于此种奴役是有意识的，并且自由地被劳动者接受。（附带地说，我们看到，在黑格尔和马克思看来，自由民（资产阶级）世界的中心现象不是富有的自由民对工人和贫穷的自由民的奴役，而是资本对两者的奴役）。无论如何，自由民的存在预先假定、产生和培育了忘我精神。正是这种忘我精神反映在二元论的基督教意识形态中，确保它有一种新的、特别的、非异教的内容。在自由民的存在中，也有同样的基督教二元论："法人"，个人所有者和有血有肉的人之间的对立；在现实中由金钱和资本——人为此献出他的活动，牺牲其感官的、生物的欲望——代表的一个理想的超验世界的存在。

至于基督教彼世的结构，它是根据在罗马帝国中实现的皇帝和他的臣民之间关系形成的。正如我们已经看到的，这些关系与基督教意识形态有同样的渊源：不接受死亡，动物生命和存在（Sein）的欲望在基督教中升华为一种永存和"永恒生命"的欲望。之所以异教主人接受其奴隶的基督教意识形态，使之成为绝对主人，天堂的国王，上帝的仆人的意识形态，是因为——由于不再冒生命危险和成为和平的自由民——他以为自己不再是一个能通过政治活动得到满足的公民。他以为自己是皇帝-暴君的消极臣民。如同奴隶，当他想象一个超验世界的时候，他无丧失之虞，却有得到之利，因为在那里，在一个无所不能、真正普遍的、承认每一个个人的绝对价值的主人面前，人人都是平等的。

这就是主人的异教世界成为自由民的基督教世界的原因。

和异教，主人、公民-战士的宗教相反，因为他们把真正的价值仅仅给予普遍性，普遍而永恒的有效性，奴隶——更确切地说，臣民—自由民——的基督教则把一种绝对的价值给予特殊性，给予此时此地。这种态度的变化明显地表现在上帝化身为基督的神话中，以及表现在上帝和每一个被单独看待的人有一种直接联系，不需要通过普遍因素，也就是人的存在的社会和政治因素的观念中。

因此，基督教首先是对主人-公民的异教普遍主义的一种特殊主义的、家庭的和奴性的反应。但基督教不止于此。它也意味着特殊和普遍，即统治和奴役的综合的观念：个体性的观念，即普遍的价值和现实在特殊中和通过特殊的这种实现，特殊的价值的这种普遍承认，唯有这种实现和承认才能给予人最高和最终的“满足”(Befriedigung)。

换句话说，基督教找到了异教悲剧的答案。这就是为什么自基督降临以来，不再有真正的悲剧，即不再有不可避免的和绝无出路的冲突。

现在，整个问题在于实现个体性的基督教观念。基督教世界的历史只不过是这种实现的历史。

然而，在黑格尔看来，只有“取消”基督教神学，人们才能实现(他整个地接受的)基督教人类学的理想：基督教徒只有成为一个没有上帝的人——或者也可以说——人-上帝，才能真正地成为他想成为的人。他必须在自己身上实现他最初想在其上帝身上实现的东西。为了真正地做基督教徒，他必须自己成为基督。

在基督教宗教看来，个体性，特殊和普遍的综合，只能在彼世中和通过彼世，在人死后实现。

只有当人们预先假定人是不死的，这种观念才有意义。然而，在黑格尔看来，不死与人的本质，因而与基督教人类学本身是不相容的。

人的理想只有通过终有一死和知道自己终有一死的人才能实现，换句话说，基督教的综合必定不是在彼世，在死后完成的，而是在此世，在人活着的时候完成的。这意味着承认特殊的超验普遍(上帝)必然要被内在于世界的一种普遍代替。在黑格尔看来，这种内在的普遍只能是国家。被认为上帝在天国实现的东西，只能在国家中和通过国家，在人间的王国中实现。这就是为什么黑格尔说，他看到的“绝对”国家（拿破仑帝国）就是基督教天国的这种实现。

因此，基督教世界的历史就是这种理想国家逐步实现的历史，在这样的国家里，人在作为个体性——普遍和特殊，主人和奴隶，斗争和劳动的综合——实现自己的时候，最终将得到“满足”。但是，为了能实现这种国家，人必须使自己的目光离开彼世，把自己的目光集中在此世，仅仅为了此世而行动。换句话说，他必须清除基督教的超验观念。这就是为什么基督教世界的发展过程是双重的：一方面，有实际的发展过程，这种发展过程酝酿了“绝对”国家产生的社会和政治条件，另一方面，有观念的发展过程，这种发展过程清除超验的观念，正如黑格尔所说的，使天堂回到人间。

这种观念的、清除基督教神学的发展过程是知识分子的成果。黑格尔十分关注基督教或自由民知识分子的现象。他在第四章B节谈到这个问题，他把整个第五章用于知识分子的分析。[①]

这种知识分子仅仅生活在自由民的基督教世界中，在那里，人们不可能是主人，也就是不可能有奴隶，不可能进行斗争，因而自己也不可能成为奴隶。但是，自由民知识分子完全不同于本义上的自由民。因为即使和自由民、非主人相同，他本质上也是和平的，不再斗争，他区别于自由民是因为他不再劳动。因此，他没有奴隶的本质特征，正如他没有主人的本质特征。

因为不是奴隶，所以知识分子能从基督教的本质奴役性，即基督教的神学、超验因素中解放出来。但因为不是主人，所以他能保持特殊的因素，基督教人类学的“个人主义的”意识形态。总之，因为不是主人，

① 事实上，第五章的知识分子（生活在社会中和一个国家中，相信或假装自己是“世界上唯一的”人）见于自由民世界的所有阶段。但是，黑格尔在描述知识分子的时候，特指他的同时代人。

也不是奴隶，所以他能——在这种虚无中，在一切给定的规定性的这种缺乏中——在某种程度上“实现”所追求的统治和奴役的综合：他能设想这种综合。不过，因为不是主人，也不是奴隶，也就是放弃一切劳动和斗争，所以他不能真正地实现他所发现的综合：如果没有斗争和劳动，知识分子设想的这种综合仍然纯粹是语言上的。

关键在于这种实现，唯有综合的现实才能满足“人”，完成历史和证明绝对科学。因此，观念的过程必须与实际的过程连接在一起，社会和历史条件必须具备，知识分子的意识形态才能实现。这就是在法国大革命期间发生的事情，在大革命中，启蒙运动时代的知识分子设想的个体性的内在观念，在自由民-劳动者，最初的革命者，后来的普遍的和同质的国家（拿破仑帝国）的公民斗争中和通过这种斗争得以实现。

如果没有斗争，没有社会战争，没有生命危险，那么被知识分子世俗化、因而变得可实现的基督教观念的实现则是不可能的。可以说，这是出于“形而上学的”原因。有待实现的观念是统治和奴役的综合，只有当劳动的奴役因素与具有主人特征的生死斗争的因素结合在一起，这种观念才能实现。为了成为——“满足”——“绝对”国家的公民，自由民-劳动者必须成为战士，即必须把死亡引入他的生存中，有意识地和有意志地冒生命危险，并认识到自己是终有一死的。不过，我们看到，在自由民世界中，没有主人。相关的斗争不可能是一种本义上的阶级斗争，一种主人和奴隶之间的战争。自由民不是奴隶，也不是主人，他是——资本的奴隶——他自己的奴隶。他必须从他自己中解放出来。这就是为什么为了获得解放的生命危险不具有战场上的危险的形式，而具有罗伯斯庇尔的恐怖所造成的危险的形式。成为革命者的自由民-劳动者，他自己创造了把死亡因素引到他自己身上的处境。只是依靠恐怖，最终“满足”人的最后综合的观念才得以实现。

实现这种“满足”的国家在恐怖中产生。在《精神现象学》的作者看来，这种国家就是拿破仑帝国。拿破仑本人是完全“满足”的人，在其最终的满足中和通过这种满足，他完成了人类历史发展的过程。他是本义上和强意义上的人的个体；因为真正普遍的“共同事业”是通过他，通过这个特殊的人实现的；因为这个特殊的人使所有人普遍地承认他的特殊性。他唯一缺少的东西是自我意识；他是完人，但是，他还不知道这一点，这就是为什么仅仅在他身上，人没有充分得到“满足”。关于他自己，他不可能说出我刚才关于他所说的东西。

之所以我这样说，是因为我在《精神现象学》中读到拿破仑。可以说，黑格尔，《精神现象学》的作者，就是拿破仑的自我意识。既然通过其所是完全得到“满足”的完人，只不过是一个知道其所是，完全意识自己的人，那么在《精神现象学》中和通过《精神现象学》显示给所有人的拿破仑的存在，就是已经实现的人的存在的理想。

这就是为什么在拿破仑身上到达其顶点的基督教时期（第六章B节），必须由非常短暂的第三个历史时期（第六章C节）来补充，这就是德国哲学的时期，在黑格尔——《精神现象学》的作者——身上到达其顶点的最后一个时期。

因此，完成历史发展过程和使绝对科学成为可能的现象，是通过黑格尔对拿破仑的“理解”（Begreifen）。由黑格尔和拿破仑构成的这种二元，是通过其所是与知其所是充分和最终得到“满足”的完人。这就是耶稣-基督、人-上帝的神话所显示的理想的实现。这就是为什么黑格尔以一句话来结束第六章：“Es ist der erscheinnende Gott...”（这就是显现的上帝……），实在的，真正的基督……。

在说了这句话之后，黑格尔认为有必要用基督教、神学的解释来解释基督的概念。他必须谈论他的哲学，精神现象学和基督教神学之间的关系。他必须阐明这种神学实际上是什么。

这就是第七章的中心主题。

第七章总导论（473—480页）的解释

1937—1938学年第四次和第五次讲课全文

我们在阅读了《精神现象学》的前六章之后，惊奇地发现第七章的标题："宗教"。事实上，一方面，黑格尔曾多次谈论宗教。另一方面，第六章的展开把我们引向历史过程的终点，引向拿破仑和黑格尔，更确切地说，引向他的《精神现象学》。关于宗教的这一章意味着什么？黑格尔预见到这个问题，并在第七章的导论中回答这个问题。

黑格尔在第七章的第三节告诉我们，《精神现象学》各章的顺序不是一种时间顺序。这是显而易见的。第七章始于对希腊的分析，一直把我们带到1806年。第七章首先讨论原始宗教，然后讨论希腊宗教，最后讨论基督教。第六章和第七章是平行的：它们相互补充。在第六章，黑格尔分析本义上的历史发展过程。在第七章，他研究在这种历史发展过程中形成的各种宗教。不过，有一个时间上的距离。

第六章的第一节讨论希腊-罗马世界；第二节讨论基督教世界及其起源，直到法国大革命；第三节讨论德国哲学在其中得以发展的大革命后的世界。相反，第七章的第一节分析自然宗教，即至少在逻辑上"先于"希腊-罗马宗教的"原始"宗教。希腊-罗马宗教是第二节的分析对象。最后，第三节讨论基督教，新教的最终形成标志着第七章的结束。这种时间上的距离的原因能容易地被看到。

在第六章，黑格尔试图研究人的存在的社会、政治方面，特殊和普遍之间关系的问题。这就是为什么他从希腊开始他的研究，在他看来，本义上的第一个国家，强意义上的第一个社会是在希腊形成的。不仅仅人与国家、与社会世界的关系反映在宗教中，而且人与自然世界，与自然，即与在本义上的国家建立之前人生活在其中的环境的关系，也反映在宗教中。这就是黑格尔在第七章的第一节，以自然宗教的名义研究的这个时期——可以说，前国家时期——的宗教。在第六章，没有这一节的对等章节。至于第七章的第二节和第三节，它们大体上相当于第六章的第一节和第二节。相反，在第七章，没有第六章的第三节的对等章节。这是因为后大革命时期，后基督教时期，也是一般的后宗教时期。在这个时期，(德国)哲学代替了宗教，这种哲学最终到达的黑格尔的科学将代替关于人的存在的任何一种宗教。

有待解决的另一个问题是：既然黑格尔已经在前面讨论过宗教，为什么还要撰写专门的一章来讨论宗教？第七章导论的第一部分回答了这个问题。

一般的回答在第一句话中给出。

黑格尔说(473页第3—10行)：

"无疑，被当作绝对本质的[外部]意识的宗教也出现在到目前为止我们已经讨论过的形式(Gestaltungen)中，一般地说，这些作为[外部]意识[第一章至第三章]，自我意识[第四章]和理性[第五章]和精神[第六章]形式相互区别。仅仅从意识到绝对本质的[外部]意识的观点看，[宗教才出现在那里]。自在和自为的绝对本质，精神的自我意识没有出现在这些形式中。"

这一段非常含糊。黑格尔学说的信徒"完全有理由"引用这一段来证明他们对黑格尔思想的有神论解释。

我们首先来考察这一段的有神论解释——也是"异端的"解释。我们假定，在这里，"绝对本质"和"精神"意味着上帝。于是，这一段的意思是：到目前为止，我们谈论人面对上帝时采取的态度，人意识到神的方式。但是，问题还不在于上帝本身，不在于上帝在宗教中和通过宗教意识到自己的方式，而上帝向人的显现与宗教无关。这一段包含这样的观念：有一个上帝，有一种不同于人的精神，在各种宗教中和通过各种宗教向自己显现的精神，也是这种精神在历史过程中，在人的意识中产生了各种宗教。第七章所解释的就是上帝的自我显现。

但是，这种有神论的解释绝对是不可能的。如果《精神现象学》有一种意义，那么其中提到的精神（Geist）就只能是人的精神：没有在世界之外的精神，而在世界中的精神——就是人，人类，世界历史。

由此出发，必须把另一种解释给予这一段。

在《精神现象学》的作者看来，绝对本质（absolutes Wesen）是什么？

真正实在的东西，不是自然，即不同于人的自然世界。因为事实上，现实世界包含人。相反，在世界之外的人只不过是一个抽象概念。因此，现实是包含人的世界，而人生活在世界中。那么，这种现实的本质（Wesen），它的"完成"，它的"概念"是什么？是人，因为人只能在世界中存在，人不是别的东西，就是世界。人是存在的现实的本质：在黑格尔看来，正如在一切犹太-基督教思想家看来，必须无条件地接受一个公理："Der Geist ist höher als die Natur"（精神高于自然），他在别处这样说。但是，绝对本质不是人的个体（"特殊"）。因为正如在世界之外的人或没有人的世界，孤独的人实际上不存在。现实的本质——就是处在其时间-空间整体中的人。这就是黑格尔称为"客观精神"（objektiver Geist），"世界精神"（Weltgeist），"民族精神"（Volksgeist），以及“历史”(Geschichte)——或具体地说,“国家”(Staat),被当作国家的国家,被当作社会的社会——的东西。

黑格尔说,这种本质到目前为止是“vom standpunkt des Bewusstseins aus”(从意识的观点)来考虑的。然而,意识——就是对外部现实,对立于自我的非我,对立于认识主体的客体的意识。因此,问题在于人的个体(特殊)在面对作为一般现实的本质,为这个人的这种本质——外在的、独立的、与人对立的某种东西——的人时采取的态度。事实上,这种绝对本质,即整个现实的“完成”,也是每一个人的个体的“完成”。因此,国家只不过是公民的集合,每一个公民只不过是参与国家的公民。但是,只要人没有意识到这一点,只要国家和政治生活的现实没有明确地揭示这个事实,人就对立于国家,并在国家中看到一种独立的、自主的实体。他因而处在意识(Bewusstsein)的态度中。因此,人们能说:到目前为止,问题在于对立于人类,对立于整体,对立于国家的个体在面对它们时采取的各种态度。

但是,从意识的人的观点看,本质不仅仅是国家。这样的人也把世界和自我对立起来,他在世界中看到一种自主的实体。这个世界的本质在他看来本身是一种自主的、与他对立的现实。因此,在他看来,本质是一种神性的本质。在他看来,绝对本质是上帝——或一般地说——神。

因此,当从意识的观点谈论本质时(正如他在第三章和第四章所做的那样),黑格尔必须谈论人面对其上帝时采取的态度:他必须谈论宗教。换句话说,他谈论对立于上帝、不同于上帝的人面对上帝时采取的态度。因此,他也谈论最广义的宗教。

因此,有神论解释的第一部分是正确的。只是应该在无神论者给出的意义上使用“宗教”(Religion)和“绝对本质”(absolutes Wesen)这些词语。必须在这种无神论的意义上解释句子的第二部分。

问题在于被当作“自在和自为”的“绝对本质”。也就是说,问题在于作为人的人,生活在世界中的集体的人,问题在于世界精神,民族精神，以及国家。但是，如果不再从意识的观点、对立于国家和从外面看世界的人的观点来考虑问题，那么问题在于精神的自我意识（Selbstbewusstsein des Geistes）。也就是说，在第七章，问题在于阐明和理解精神如何把自己理解为精神，不仅仅在个体面对它的态度中和通过这种态度理解精神。不过，在黑格尔看来，精神——或民族精神——的这种自我理解是在（最广义的）宗教中和通过这种宗教进行的。在第七章，问题在于宗教知识的，即神学的内容。

在黑格尔看来，在哲学中和通过哲学，人把自己理解为孤独的个体。在这个意义上，一切前黑格尔哲学都是一种意识哲学，一方面，它揭示与客体对立的主体，与自然世界对立的人的个体，另一方面，它研究外在于主体的独立的客体。至于与世界融为一体的人，即实在的、集体的、历史的人，或者也可以说——国家，他在宗教中和通过宗教显现出来。这就是为什么（前黑格尔的）意识哲学必然要由宗教来补充。相反，任何一种宗教都产生其哲学的补充部分。因为在宗教中，本质被解释为非人，外在于人。想理解自己的教徒必然把自己理解为与本质（Wesen）是对立的，即理解为意识（Bewusstsein）。因此，他必然在一种（前黑格尔的）哲学中和通过这种哲学理解自己。

仅仅从国家成为国家的时候开始，特殊和普遍的对立才被“取消”，哲学和宗教之间的对立才消失。当国家是所有人和每一个人的行动（Tun Aller und Jeder）的时候，就有特殊行动的普遍融合，每一个人的行动也是所有人的行动，反之亦然，在这个时候，人将发现绝对本质也是他自己的本质。在这种情况下，绝对本质不再与人对立，不再是神性的。人不是在一种宗教中理解绝对本质，而是通过一种人类学理解绝对本质。这种人类学也向他揭示他自己的本质：它不仅将代替宗教，而且也将代替哲学。“绝对”国家的现实使之成为可能的这种哲学和宗教的综合，就是黑格尔的科学，尤其是他的精神现象学。这种精神现象学是本义上的“精神的自我意识”（Selbstbewusstsein des Geistes），这就是上述句子涉及的问题。

这种自我意识是在第八章描述的绝对知识。第七章描述的发展过程解释了这种绝对知识的起源，绝对知识是特殊和普遍的综合，起源于在前六章中提到的以前的哲学，也起源于在第七章描述的宗教。

这一段的无神论解释是唯一与整部《精神现象学》相容的一段。但是，为了理解，必须抛弃有神论的解释，只需阅读第七章就够了。

在第七章，黑格尔谈论宗教——这是本章的主题。但是，他在一种很广的意义上使用"宗教"一词。因此，当他谈论希腊-罗马"宗教"的时候，他很少提到异教的神学，却较多地谈论古代艺术：雕刻，史诗，悲剧，甚至喜剧。然而，断言当人们谈论阿里斯托芬时就等于谈论上帝，断言上帝在通过吕西斯忒拉忒（比如说）向希腊人显现自己时，也向自己显现和意识到自己——这极大地违反了常识。

相反，第七章的内容与无神论的解释完全一致。它涉及无意识的、象征的、神话的人类学一般发展过程：我们在那里看到，人谈论自己，却以为在谈论其他东西。它涉及本义上的神话，在我们的术语中，这种神话既是艺术，也是神学。正是宗教和（原始和古代）艺术向人显示其普遍的（社会的、政治的）实在性，而个体的特殊（"个人"）现实则通过狭义的哲学向个体显现。（在黑格尔看来，在大革命后的国家，不可能写出一部悲剧或建造一座美丽的建筑物，正如不可能创立一种宗教或提出一种意识哲学。）

为了消除这方面的一切怀疑，我将引用在时间上和《精神现象学》相近的一部作品，黑格尔在其中非常清晰地表达了自己的思想。

我们在《耶拿讲演》（1803—1804年）中找到下面一段（第十九卷，232页及以下）[①]：

① Lasson-Hofmeitser编辑，莱比锡，Félix Meiner出版社。

“一个民族的绝对精神是普遍的绝对因素……它在自己身上吸收了所有的特殊意识。[它是]单纯的、有生命的和唯一的绝对实体。这个[实体]必然也是行动的实体，[它必定]对立于作为意识的它自己……这种不同于它自己的形成过程是：作为一种消极实体的精神联系于作为一种主动的实体，作为[精神]，作为行动的民族——[即作为]一种有意识存在的实体的它自己，进入[活动的]成果，[即]进入与本身同一的实体。由于所有人的共同成果是[他们产生的]作为意识的成果，所以他们为他们自己构成了这种作为外在实体的成果。然而，这种外在实体是他们的活动：它只不过是他们通过活动产生的东西；它是行动的他们自己……他们是[这种外在实体]。在这种他们自己的外在性中，他们悟出自己是一个民族。这种作为其成果的成果因而是他们自己的精神本身。他们产生(erzeugen)这种精神；但是，他们把它崇拜为一种作为自为存在(Seiender)的实体。这种精神[实际上]是为它自己的：因为他们得以产生这种精神的活动是他们自己的扬弃(aufheben)；他们所趋向的这种对他们自己的扬弃，是自为存在的普遍精神。”

意义是明白的。民族在行动，在这种集体活动中和通过这种集体活动，民族使自己成为作为民族的国家或有组织的，即实在的民族。但是，活动的成果与活动和活动者分离。在活动者看来，这种成果变成一种外部的、独立的、构成活动者和活动者们在其中生活和活动的现实世界的实在事物。同样，当活动者不再行动，试图理解他所生产的东西时，他必然成为意识到外部实体的意识。(必然是因为只有行动才是自我和非我之间的联系；在沉思中，存在始终是一个给定的、独立的非我。)因此，沉思国家和民族的人把它们理解为独立的实体。黑格尔说：“他们把它崇拜为一种自为(存在)的给定存在。”这种对作为民族的民族的理解，是在神话的形式中进行的，并通过艺术或神学表现出来。

黑格尔本人在另一段文字中非常清楚地讲到这一点，我们在《道德体系》（1802年？）中找到了下面一段（第七卷，467页）：

“用一种绝对的方式把特殊性［在这里，特殊性表示个体性］结合于自我的普遍性，是民族的神性（Göttlichkeit des Volkes）。在特殊性的观念形式中被直观的这种普遍性，是民族的神（Gott des Volkes）：这个神是直观一个民族的观念方式。”

在第一句话中指出了第七章的中心主题后，黑格尔简要地回顾了前六章的宗教主题。我们刚才看到，一般地说，问题在于人的个体面对他当作不同于他自己的东西的绝对本质时采取的态度。

本质（Wesen）的概念第一次出现在第三章：“力和知性”，在那里，问题在于知性和“一般”科学，尤其是牛顿物理学。

我们来看看，黑格尔是如何概括的（435页第11—16行）：

“因为意识是知性，所以意识已经是超感觉之物，即客观的定在的内在核心的意识。然而，超感觉之物，永恒之物，不管人们给它取何种名称，都是没有自我的（selbstlos）。它只不过是普遍实体，离能认识到自己是精神的精神还很远。”

通过自己的劳动，奴隶上升到能形成抽象概念的知性（Verstand）。他按照一种观念改造世界，倾向于认为这个世界也是由一种观念的、超感觉的动力推动的。在感性现象的后面，知性的人看到了本质，超感觉的本质。物体的“观念”或“本质”就是它的“完成”，它的内在核心（Inneres）。但是，按照主人的意志进行劳动和执行主人的命令的奴隶，生活在一个还不是他自己的世界的世界中。这就是为什么他没有认识到他就是世界的“完成”，在感性的现实中保持的超感觉的本质。在他看来，他发现的世界本质（Wesen）如同主人统治的世界，也是超验的，独立于他。本质不仅仅在感性世界之上，而且也是超人的。

奴隶到达了一种关于本质的超验主义概念，因为在他看来，这种本质是一个属于不同于他的一个人，主人的世界的本质。概念的这种起源反映在其内容的规定中。

总之，本质是一个无所不能的主人：他是创造，或至少统治世界的上帝。因此，力和规律的牛顿物理学是超验主义神学的必要补充，正如这种神学反过来能产生一种关于世界的“机械论”解释。（牛顿也是神学家并不是出于偶然。）

然而，唯有知性能到达一种本义上的神学。它仅仅建立纯粹神学的内容将处在其中的概念框架。但是，这种内容来自其他地方，因为在知性看来，本质是自然世界，非我的本质。这种本质也将是一个非我；它是一个超感觉的自我，一种意识到自己的本质，它不是一个精神（Geist）。

但是，在神学中关于精神的一切论述，关于相对人而言的神的超验精神——对人来说，它是一种不可抗拒的力，一种不可代替的规律——的一切论述，都将被放入奴隶的知性所产生的超验的超感觉之物概念构成的框架中。换句话说，在第三章，黑格尔描述了人的个体面对与之对立的本质时采取的态度，这种态度是纯认知的、直观的，他描述了被理解为知识的神学的框架。

但是，为了用神学的内容填满这些框架，为了把抽象的本质（Wesen）变成意识到自己的神的精神，必须求助于知性和一般的认知或直观态度之外的东西。为了理解神学的起源，不仅仅要分析思想、概念，而且也要分析超验的感觉。个体面对本质时采取的认知态度的分析，必须要用他的感情态度的分析来补充。不仅仅要发现一切神学思想的框架，而且也要发现一切宗教心理学的框架。

这就是黑格尔在第四章讨论的东西。

下面是概述（473页第16—22页）：

“其次，在苦恼的意识的形式（Gestalt）中得到他的完成的自我意识，仅仅是重新努力以达到对象性，但未能达到对象性的精神的痛苦。因此，这种自我意识所趋向的特殊自我意识和不变本质的结合，仍然是自我意识的彼世。”

苦恼的意识是基督教的意识：在黑格尔看来，基督教徒的心理学是教徒最完美的典型。基督教徒想要什么？和所有人一样，他想使自己具体化，实现自己的理想——只要理想还没有实现，理想就在无助和痛苦（Schmerz）的感情中向他显现。然而，只要他还是基督教徒，他就不能实现自己的理想。或者也可以说，只要他没有实现自己的理想，他就仍然是基督教徒。什么是实现自己的理想，使之具体化？无非是让其他人，所有的其他人承认自己？换句话说，实现理想就是实现个体性，即特殊和普遍的综合。基督教徒在其宗教感情中所追求的就是这种个体性。之所以他想象一个上帝，把自己联系于一个上帝，联系于一种绝对的外部现实，是因为他想得到上帝的承认，在其最特殊的特殊性中得到普遍（上帝）的承认。只有在这种情况下，他才能实现自己的理想。

人想象上帝，是因为他想使自己具体化。他想象一位超验的上帝，是因为他没有在世界中使自己具体化。然而，想通过与上帝的结合来实现个体性，就是在超验存在中，在彼世中，在世界与作为意识和作为生活在世界中的人的自我之外的彼世中，实现个体性。这就是拒绝在此世中实现理想，因而也就是知道自己在这个世界中是苦恼的。

换句话说，一方面，宗教感情的态度源于因体验到不可能在世界中实现自己而产生的痛苦感情；另一方面，宗教感情的态度产生和培养这种感情。这种忧伤的感情投射在彼世，用神学的内容填满知性的超验框架，把一位人格神的形象，一种意识到自己的实在事物的形象，一种精神的形象放入其中。其实，精神只不过是宗教意识的苦恼在彼世中的投射。

因此，培养和维持因现实生活中的无助而产生的忧伤感情、痛苦感情，就是置身于宗教态度，甚至基督教态度中。反过来说，置身于这种态度，就是培养和维持苦恼与忧伤感情。

摆脱宗教心理学，就是消除意识的苦恼和无助感。人们能做到这一点：或是实现人在那里真正能得到"满足"的一个现实世界，或是通过抽象的行动取消超验性，使理想适合现实。第一个解决办法是在法国大革命中和通过法国大革命实现的解决办法，因为法国大革命使黑格尔的绝对无神论科学成为可能。第二个解决办法是黑格尔在第五章提到的自由民知识分子的解决办法。

他在那里说（373页第22—26行）：

"在我们看来源于这种痛苦［苦恼的意识］的理性的直接存在，和理性固有的形式（Gestaltung），不包括宗教，因为其自我意识知道自己在直接的呈现中，或在其中认识自己。"

"理性的直接存在"——这就是第五章的知识分子。他的存在是"直接的"，因为没有"间接地"通过劳动和斗争的努力，然而，只有劳动和斗争能实在地改造世界。知识分子在"直接的"呈现中，更确切地说，在其中认识自己：他想得到"满足"，但不是在死后，也不是在彼世；他想此时此地得到满足。因此，他不是教徒：他没有超验的思想和感觉，没有苦恼的感情。

但是，他没有真正地得到"满足"。原因是其态度的"直接性"。他让世界保持原状，仅限于在世界上享受，而教徒则忧愁地等待。如果贬低给定的实在事物是宗教态度的特征，那么肯定地评价给定物就是艺术态度的特征。给定的世界不再被认为是恶，只能被当作善。因此，知识分子至多只能到达不行动的、和平的艺术家的纯粹快乐（Freude），这与成功的革命者的真正满足（Befriedigung）相去甚远。此外，沉溺于纯粹的知识或艺术的沉思的快乐中和感到满足的人，永远只能是知识分子或艺术家，正如沉溺于痛苦中的人永远只能是教徒或基督教徒。

我不再继续讨论这些问题。知识分子本质上是非教徒，甚至是无神论者，在第七章讨论的范围之外。我们仅仅指出：在主观的、神学的和宗教的态度方面，还有一种非宗教的、大革命前的审美态度，它与黑格尔的大革命后的无神论无任何关系。

在接下来的三段中（473—474页），黑格尔概述第六章的三节。

在第三章和第四章，问题在于认知的和情感的态度——孤独的人，特殊的人面对被当作一个超验上帝的普遍时采取的态度。在第六章，问题在于这种概念，即本义上的宗教在人类历史的发展过程中所起的作用。在这里，仍然没有（如同在第七章）涉及神学学说本身的内容，而是涉及这些学说和个人之间的关系，这些关系决定了整合这些个人的活动的整个历史发展过程。

在概述了第六章后，我不准备讲解黑格尔在这里所做的概述，浓缩到极点的原文几乎是不可理解的。为了解释它，应该重做我刚才做的概述。我仅限于翻译这段概述。

首先是分析异教世界的第六章A节的概述（473页第27行—474页第15行）：

“相反，在道德世界中，我们看到了一种宗教，一种阴间的宗教。这种宗教是相信命运的未知恐怖之黑夜和死去的精神能复仇的信仰。这种黑夜是在普遍性形式中的纯粹否定性，复仇是在特殊性形式中的否定性本身。在后一种形式中，绝对本质无疑是一个自我，和实际呈现的东西，因为自我仅仅作为实际呈现的东西存在。特殊的自我［在这里］

就是这个具有普遍性,作为命运,与自己分离的特殊幽灵[死去的祖先]。这个幽灵确实是一个幽灵,被扬弃的幽灵,因而是一个普遍的自我。但是,[幽灵的]否定意义还没有转化(umgeschlagen)为[普遍的自我的]肯定意义,这就是为什么被扬弃的自我直接还意味着一个特殊的东西和一个没有本质的东西。至于命运,因为没有自我,它仍然是没有到达差别,没有到达自知之明的无意识的黑夜。”

异教的命运(Schicksal),就是基督教。黑格尔在下面的段落里谈论的就是基督教,基督教的自由民世界的宗教。

他这样写道(477页第15—28行):

“这种在[命运的]必然性的虚无中和在阴间的信仰成为天堂的信仰,因为死去的自我必须与它的普遍性结合,在普遍性中展开它的内容,并由此使自己变得清晰。但是,我们已经看到,这个信仰的王国仅仅在思想的因素中,而不是在概念(Begriff)中展开其内容;这就是为什么[我们看到它]在命运中,即在启蒙运动时代的宗教中消逝。在这种[启蒙运动的]宗教中,知性的超感觉的彼世重新形成,但使得自我意识在此世得到满足,没有在超感觉的、空洞的、不能认识的、也不可怕的彼世中看到一个自我,一种力量(Macht)。”

基督教的命运(Schicksal),就是无神论或黑格尔的人神论。我们经过启蒙运动时代的宗教,即自然神论而到达它。知性所建立的,由苦恼的意识用一种肯定内容填满的超验主义神学的框架,再一次被十八世纪的批判清空。当启蒙运动的意识形态通过法国大革命实现时,这些已经被清空的框架,即超验的概念本身,就被取消。现在,人成了无神论者,他知道,世界的本质就是他,而不是上帝。

只是在最初,大革命后的人还没有意识到他的无神论。他还在继续(和康德、费希特等一起)谈论上帝。但在事实上,他仅仅对他自己感兴趣,因此,他的"神学"本质上是矛盾的和不可能的。在接下来的段落中,黑格尔谈论的就是这种道德的宗教或假宗教,即大革命后的德国哲学。

他这样写道(474页第29—37行):

"最后,在道德的宗教里,绝对本质恢复了一种肯定的内容。但是,这种[肯定的]内容结合于启蒙运动时代的否定性。这种内容是一种包含在自我中的存在(Sein),这是一种有差别的内容,其各个部分在差别形成的时候就立即被否定。而这种矛盾的辩证运动陷入其中的命运,就是意识到自己是本质性和现实性的命运的自我。"

事实上,在大革命后的德国哲学中,人已经取代了上帝。但是,关于人的这种无神论新概念还被引入基督教的有神论框架中。由此产生一个无法解决的矛盾,否定人们肯定的东西,肯定人们否定的东西。这种无意识的无神论的命运(Schicksal),就是彻底的、意识到黑格尔的无神论。更确切地说,在法国大革命之后,由于拿破仑、黑格尔的人神论、人的神化,终于能有充分的理由认为*自己*具有他——错误地——赋予诸神的一切东西。神是不存在的,或仅仅存在于一半意识到通过其*活动*创造历史的人的*思想*中。大革命后的德国哲学的假宗教的命运,以及所有一般宗教的命运,是*人的*自我(Selbst)——知道自己是"本质性和现实性的命运"(das Schicksal der Wesenheit und Wirklichkeit)的自我。

这种无神论是在第八章,在《精神现象学》的结论中宣布的。在第八章,黑格尔回顾了被整合进他的*人类学*中的所有神学观念。

前六章的(神学)宗教部分的这个概述构成了第七章导论的第一部

分(473—474页)。在这个导论的第一部分和第二部分中,黑格尔揭示了他将在第七章分析的各种神学的本质特征。

黑格尔的无神论科学,是本义上和强意义上的“自我认识的精神”(sichselbst wissende Geist):在这种科学中和通过这种科学,精神——可理解为人的精神,因为没有其他的精神,正如这种哲学科学所指出的——自己理解自己。但是,在广义上,宗教、神学,也是一种自我认识,因为——事实上——人以为在谈论上帝的时候,只是在谈论他自己。因此,人们能说,出现在宗教里的精神、神学关注的精神,也是一种自我认识的精神,人们能说,神学是一种自我意识(Selbstbewusstsein),一种精神的自我意识。

这就是黑格尔在导论的第二部分的第一句里所说的东西。在这个部分里,他指出将在第七章研究的现象,即宗教,更确切地说,神学的本质特征。

他说(477页第38—39行):

“在宗教中,自己认识自己的精神直接就是他自己的纯粹自我意识。”

因此,精神在神学中和通过神学——或各种神学,意识到自己。然而,神学不是一种哲学,更不是黑格尔的科学。在各种神学中产生的自我认识还是不充分的。这就是黑格尔用圣词“unmittebar”(直接)指出的不足之处:在神学中,精神已经是一种自我意识,但仅仅“直接”是自我意识。

如果不使用“直接”,人们也能使用相对于“自为”或相对于“自在和自为”而言的“自在”。在神学中,精神是“自在”(an sich)的自我意识,而不是“自为”(für sich)的自我意识。这就是说:仅仅在实际上,精神意识到自己,因为实际上除了人的精神,没有其他的精神。“自在”

（an sich）也意味着“为我们”（für uns）：是我们，黑格尔和他的读者，知道任何一种神学实际上只不过是一种人类学。

研究神学的人不知道这一点：他以为他所谈论的上帝是一种不同于人的精神的精神。因此，他的自我意识不是“自为”（für sich）的自我意识；在他看来，自我意识仅仅是意识到一个外在于人的实体，一个彼世，一个超验的、超人间的、超人的神的意识。

这就是任何一种神学的特征，不管是“自在”还是“自为”的神学，问题始终在于意识到自己的在世界中的人，他“自为”，为了他自己这个人，问题在于不同于人和人生活在其中的世界的某种东西。

这就是黑格尔在下面一句里所说的东西（474页第39行—475页第3行）：

“我们已经［在第六章］考察过的精神的形式（Gestalten）：真实的精神、异己的精神和自我确定自己的精神共同构成在意识中的精神，这种意识与它的世界对立，不能在它的世界中认识自己。”

真实的精神（der wahre Geist）就是异教；异己的精神（der sich entfremdete Geist）就是基督教；自我确定的精神（der seiner selbst gewisse Geist）就是大革命后的德国新教哲学和神学，康德，费希特，雅各比，浪漫主义者等（以及施莱艾尔马赫）的哲学和神学的假宗教。哪里有神学，哪里就有在人的方面的不理解，误解：可以说，生活在世界中的人在以为意识到一种超人间的、超人的精神存在时，无意识地意识到自己。历史在其意识中构成精神，人在历史过程中想象的所有神学的整体。这种精神在以为意识到不同于他的东西时实际上意识到自己。这种精神对立于现实世界，对立于在这个世界中的人，即对立于人，它不能在这个世界中认识自己。在第七章讨论的就是这种精神。问题涉及以一种神学的形式呈现的人类学。

但是，在道德中，也就是在大革命后的德国思想家，黑格尔的直接先驱者的还是神学的哲学中和已经是哲学的神学中，神学已经被宣布成为人类学。黑格尔的有意识的无神论人类学，只不过是三大历史阶段的辩证发展的必然结果，因此，在第七章，黑格尔不再谈论德国的假宗教。但在导论中，他对假宗教说了一些话。

下面是有关的原文（475页第3—18行）：

"但是，在良心里，精神使它的客观世界，以及它的表象（Vorstellung）和它的特定概念服从自己，它现在是存在于自身之内（bei sich）的自我意识。在这种自我意识里，精神，作为被表现的客体，对自己有成为普遍精神的意义，这个普遍精神在自身中包含一切本质和一切客观现实。但是这种精神不是在自由的或独立的客观现实的形式中，即不是在看来独立［于精神］的自然的形式（Gestalt）中。当然，由于精神是它的意识的对象，所以它有形式，即存在（Sein）的形式。但是，因为意识在宗教里被设定在成为自我意识的本质规定中，所以意识的形式对自己来说是完全透明的。这种精神所包含的客观现实被包括在它里面，并且被扬弃在它里面，所以当我们说'一切客观现实'的时候，这种客观现实就意味着被思维的普遍客观现实。"

浪漫主义诗人、谢林、雅各比、康德本人，实际上把人神化。在他们看来，人是最高的价值，人是绝对独立的，等等：事实上，他们是无神论者。同样，施莱艾尔马赫的新教神学也已经属于无神论：（在无神论中）只有当上帝在人那里和通过人显现时，上帝才有意义和实在性；宗教归结为宗教心理学；等等。因此，他们非常接近无神论或黑格尔的人神论。然而，所有这些思想家继续在谈论上帝。为什么？黑格尔刚才说到这一点：因为他们没有把他们谈论的人与生活在世界中的实在的和有意识的人等同起来。他们谈论"灵魂"，谈论"精神"，谈论"认识的主体”，等等，而不是谈论活生生的、实在的、可触知的人。如同所有的自由民知识分子，他们把在自己的推理中并通过推理而生活的“观念的”人，与在自己的在世界中的行动中并通过这个行动而生活的实在的人对立起来。因此，他们仍然是基督教徒；他们把人一分为二，他们逃避现实：这种唯心主义的二元论必然具有一种有神论的形式：灵魂对立于身体；经验世界对立于一种“纯粹的”、超感觉的精神——对立于上帝。

人把一种最高价值给予自己。但是，人还不敢把这种价值给予生活在具体世界中和行动的自己：他不敢把这个世界作为一种理想加以接受。他把一种价值给予在他身上的超人间的、纯粹心理的东西。他逃避世界。他逃避自己身上“尘世的东西”，在这种逃避中，他必然发现一位超人的上帝，他把他——其实是——想要给予他自己的价值给予这位上帝。

因此，最终的结果是拒绝——源于奴性——接受现实世界，希望逃到作为一切宗教和一切神学的基础的超人间的理想中。这就是理想——我对我自己形成的观念上的形象，和我的现实之间的二元论，这种二元论是世界和在世界中的人，以及上帝和彼世之间的二元论的基础。

黑格尔将在第七章研究这种二元论在神学思想中和通过神学思想的客观化。他试图阐明宗教的发展过程如何逐步清除这种二元论，最后到达大革命后的无神论，在世界中实现理想和最终揭示人的理想和人的现实之间的一致的无神论。在这个时候，在世界中的精神，即人的精神，就成为真正的精神，在这个时候，上帝就不再是一个超人的存在，人自己成为上帝：在黑格尔的科学中和通过黑格尔的科学。

这就是黑格尔在下面一段说的东西（474页第19—33行）：

“因为在宗教中，精神的真正意识的规定不具有自由独立的外在形式，所以精神的定在（Dasein）区别于它的自我意识，它的真正的实在性处在宗教之外。当然，这是一个精神的两个方面；但是，这种精神的意识并不一下子包括两个方面，宗教表现为精神的定在、行动和努力（Tuns und Treibens）的一方面，而另一方面是它在现实世界中的生活。就我们现在所知［即在第六章的分析之后］，在它的世界中的精神和意识到自己是精神的精神，即在宗教中的精神，是同样的东西，所以宗教的完成（Vollendung）在于两个东西成为彼此相同的东西；不仅仅精神的实在性被宗教包含（befasst），而且相反，作为意识到自己的精神的精神成为它自己的意识的对象。”

宗教源于理想和现实之间，人对自己形成的观念——他的自我（Selbst），和他在经验世界中的有意识生活——他的定在（Dasein）之间的二元论和差距。只要这种差距存在，就始终存在着把理想投射在世界之外的倾向：始终存在着宗教、有神论、神学。反过来说，在一切宗教中，都有对这种二元论的反映。一方面，在宗教思想中，在始终把神性的东西与世俗和人性的东西对立起来的神学中，有一种二元论。另一方面，在宗教现实本身中，也有一种二元性。宗教不包括人的存在的整体：没有真正的神权-政治。宗教存在，在定在（Dasein），在具体世界中的生活的旁边展开，教徒通常或多或少是一个脱离“世界”和脱离“时代”的僧侣。

黑格尔说，既然二元论（宗教的基础、宗教的产物）最终说来是虚妄的（因为没有实现的理想，替代上帝的理想是不存在的），那么二元论就不可能永远存在下去（因为在这种情况下它可能是实在的）；因此，宗教是一种暂时现象。当理想实现的时候，二元论就消失，宗教和有神论也随之消失。不过，理想是在革命的否定行动中和通过革命的否定行动实现的。一切真正的革命，即完全成功的革命必然导致无神论。反过来说，只有从人不再把理想投射在彼世的时候起，人才能在世界中通过行动实现理想，也就是进行一场革命。因此，有意识的无神论必然导致大革命。有神论和大革命是相互排斥的，一切综合的企图只能导致一种只要人们诉诸本义上的行动就会显现出来的误解。只是不应该忘记，大革命实现了宗教投射在彼世中的同一种理想。大革命实现了在世界中的宗教，但大革命是通过“扬弃”作为宗教的宗教做到这一点的。因它在世界中的实现而作为宗教或神学“被扬弃的”宗教，就是绝对科学。在黑格尔看来，问题在于基督教宗教，它通过1789年大革命实现，它在黑格尔的科学中“升华”。十八世纪的无神论先于大革命，在当时，通过神学或自然神论的假神学的空虚，上帝的不存在向人显现。因此，是无神论者发起了革命行动。但是，这个行动实现了基督教的理想。这种实现使理想成真（Wahrheit），即成为一种现实的启示，成为绝对科学。黑格尔的科学仅仅揭示了基督教理想的完全实在性。然而，这种观念一旦在世界中实现，就不再是基督教的、有神论的、宗教的观念。因为已经在世界中实现的神的精神，不再是神的精神，而是人的精神。这就是黑格尔的绝对科学的实质。

这就是黑格尔在引文的最后三行中所说的东西。宗教发展过程的目的是宗教（被理解为基督教的宗教）的完全实现：人必然在其“实在性”（Wirklichkeit）中，即作为生活在世界中的人类，作为普遍国家的实在性，被宗教包含（befasst）。但是，黑格尔补充说，这意味着无神论。因为正是在这个时候，人是，并被理解为客观的和实在的精神：他以先前谈论他的上帝的方式来谈论他自己。总之——宗教的“完成”（Vollendung）就是它作为宗教在黑格尔的人类学中和通过黑格尔的人类学的“扬弃”（Aufhebung）。[请注意，这一段不再是含糊的：“der Geist in der Religion”（在宗教中的精神），即上帝，以及“der Geist in seiner Welt”（在其世界中的精神），即人或人类，就是“自我”（das Selbst）。]

这些观念在接下来的和直到导论的第二部分为止的段落中得到阐述（475页第33行—476页第10行）：

“如果在宗教中，精神呈现给自己，那么它无疑是［外部］意识；被包含在宗教中的实在性就是精神呈现的形式和外衣（Kleid）。但是，在这种呈现中，实在性没有获得其全部的权利，也就是不仅仅是外衣，而且也是自由独立的定在的权利。相反，因为这种实在性没有在自身中完成，所以它是一个没有到达它应该呈现的东西，即没有到达意识到自己的精神的特定形式。为了精神的形式能表达精神本身，这种形式就只能是精神，这种精神应该呈现给自己，即应该是实在的，就像它在其本质中那样。只有在这种情况下，看来与要求相反的东西同样能被达到，即精神的意识的对象同时会具有自由独立的实在性的形式。但是，［在那里，没有任何矛盾，因为］只有存在自为地是作为绝对精神的对象，自为地是仍然处在意识到自己的这种实在性中的一种自由独立的实在性。”

只要人无意识地意识到他自己，也就是只要人研究在神学形式下的人类学，只要人在以为谈论上帝的时候谈论自己，那么他就不可能完全地理解自己，他就不可能知道精神实际上是什么。一方面，因为在神学中，他不理解他自己在世界中的实际存在；如果他把自己等同于上帝，那么他必然想象自己能够并且应当生活在世界之外。另一方面，精神因而以一种不完全的、过时的、物质的形式向他呈现。精神——人们把它设想成一位超验的上帝，并把它对立于世界和具体的人——不是完全的。这是一种与另一种实在性对立的实在性。因此，这是一种特殊的实在性，一个在其他存在的旁边的存在。神学的上帝始终是一种“理想”，即或多或少完全的一个“抽象概念”。为了把全部的存在给予神的精神，必须把这种精神放在世界中，把它设想成世界的“完成”。然而，以这样的方式设想，就是把神的精神设想成人间的精神，即人的精神，而不是上帝。总之，试图完全把自己理解为精神的人，只能通过一种无神论的人类学得到满足。这就是为什么一切宗教，一切神学的命运（Schicksal）最终是无神论。

这一段包含了黑格尔在讨论神学时使用的术语：这个术语就是Vorstellung（呈现）。在有神论中，人意识到自己。但他是在呈现的方式中意识到自己的。这就是说，他把自己投射在他自己之外，"stellt sich vor"（把自己呈现在前面），但不能在这种投射中认识自己，他以为呈现在一位超验的上帝面前。因此，黑格尔能说，他的科学和基督教神学之间的唯一区别在于基督教神学是一种Vorstellung（表象），而他的科学是一种Begriff（概念），一种得到阐述的概念。事实上，只需取消Vorstellung（表象），只需知道或理解（be-greiffen）人们投-射的东西就够了，只需以基督教徒谈论他的上帝的方式来谈论人，以获得作为黑格尔的科学的基础的一种人类学就够了。

在指出了第七章描述的现象，即神学的本质特征，和标出了这种现象的辩证发展过程，即宗教学说史的终点后，黑格尔转入导论的第三和最后部分。

现在，我们要把第七章放到《精神现象学》的整体中，指出其内部结构。

黑格尔首先说（476页第11行—477页第8行）：

"因为首先自我意识区别于本义上的意识，宗教区别于在其世界中的精神，即精神的定在（Dasein），所以精神的定在包含在精神的整体之内，因为［构成整体的］诸因素表现为相互分离和每一个因素是为自己呈现的。但是，精神的诸因素是：意识［第一章至第三章］、自我意识［第四章］、理性［第五章］和精神［第六章］，即还不是精神的意识，作为直接精神的精神。这些因素的整合的整体构成在其世界的定在中的精神。作为精神的精神包含直到现在为止在其一般的规定性（Bestimmungen）中，在刚才提到的这些因素中的形式（Gestaltungen）。

宗教必须以这些因素的整个展开为前提，并且是这些因素［展开的四个因素］的单纯整体或绝对的自我。其次，与宗教相比，这些因素的过程不处在时间中。只有作为整体的精神才处在时间中，这些形式是呈现在一种连续的顺序中的作为整体的精神的诸形式。因为只有整体才有一种真正的实在性，因而只有整体对其他东西而言才有纯粹自由的形式，这种形式被表达为时间。至于精神的诸因素：意识、自我意识、理性和精神，由于相互分离，它们没有定在，因为它们是因素。正如精神区别于它的因素，所以第三，我们必须把这些因素本身同它们的特殊的或分离的规定性区别开来。我们看到，这些因素中的每一个因素在过程中区分为不同的形式（Gestalten）：例如，在意识中，感觉确定性［第一章］区别于知觉［第二章］。最后的这些方面在时间中相互分离，属于一个特殊的（besondern）整体。因为精神通过规定性从它的普遍性（Allgemeinheit）降至特殊性（Einzelheit）。规定性，即中项，是意识，自我意识，等等。相反，特殊性是由这些因素的诸形式构成的。这些形式因而表示在其特殊性，即在其实在性中的精神，并在时间中相互区分。不过，虽然它们相互区分，但后面的形式仍在自身中保持先前的形式。”

这些论述首先告诉我们一个不言而喻的事实。章节的顺序：意识（第一章至第三章），自我（第四章），理性（第五章）和精神（第六章），不是时间上的。相反，在每一章节中被探讨的现象的顺序则是在时间中展开的。这就是说：感觉（第一章）先于知觉（第二章），知觉先于知性（第三章）。但是，知性——一般科学，等等，却后于在第五章描述的斗争和劳动。同样，在第五章描述的知识分子，仅见于在第六章B节分析的基督教世界，后于在A节描述的异教世界。但是，第六章A、B、C节的顺序相应于历史发展的过程：希腊城邦，罗马帝国，封建制度，专制制度，大革命，拿破仑，德国哲学，黑格尔。（时间顺序：感觉，知觉，知性，不仅仅相应于孤立的个体的发展，而且也相应于在第六章分析的人类的发展。)

宗教必须——在逻辑的意义上，而不是在时间的意义上——以在前六章描述的“因素”(Momente)的整体为前提。这只能意味着：教徒，研究神学的人，是实在的具体人；而不是一个“纯粹的”意识，不是一种“纯粹的”欲望，也不是一种“纯粹的”行动，等等；他是在世界中生活和意识到自己的人。黑格尔说，宗教必须在逻辑上以在世界中的这种生活的整体，即历史为前提。这意味着：宗教通常是一种意识形态，一种建立在实际的、活动的、作为斗争和劳动实现的历史的“下层建筑”之上的“上层建筑”。宗教只不过是这种现实的“绝对自我”(das absolute Selbst)。这就是说，正如我在前面讲过的，人在神学中和通过神学意识到实在的人类，即民族，国家，社会、政治和历史现实。为了一个民族能在一种宗教中，在它的上帝中——无意识地——沉思自己，首先需要通过行动构成一个民族。

但是，另一方面，只有意识到自己，一个民族才是真正的民族，而不是一个动物“社会”。然而，民族在宗教中意识到自己。只有在宗教中和通过宗教，民族才能作为人的个体性被构成。(只要宗教不被黑格尔的科学代替。)

这就是黑格尔在下面一段所说的东西(477页第9行—478页第3行)：

“一方面，宗教因而是精神的完成，精神的诸特殊(einzelnen)因素：意识、自我意识、理性和精神必须回到或已经回到它们的基础。另一方面，这些因素一起构成整个精神的定在的实在性，整个精神之所以存在，是因为把它的这些方面区分开来和通过它的这些方面回到自身的[辩证]运动。宗教的发展过程被包含在这些普遍因素的[辩证]运动中。但是，由于这些属性中的每一个属性的呈现不仅仅如同它被一般地规定那样，而且也如同它自在和自为存在那样，这就是说，如同它作为整体在自身中进行(verläuft)那样,精神的上述方面的完整过程同时包含宗教本身的诸规定性。精神的整体,宗教的精神,是从它的直接性到自在状态或直接状态的知识的运动,并通过这种运动到达这样一种形式,在这种形式里,它向意识显现,完全等同于它的本质,直观它自己的实际状态。在这个发展过程中,精神本身处在特殊的诸形式中,这些形式构成了这种[辩证]运动的不同阶段。同时,特殊的宗教因而也拥有一种特殊的实在精神。如果意识、自我意识、理性和精神属于自己认识自己的精神,那么在意识、自我意识、理性和精神之内发展的特殊形式每当[形成]一种特殊的[发展]时,就属于自己认识自己的精神的特殊形式。宗教的特殊形式,为它的实在的精神,在精神的每一个因素的形式中选择适合它的形式。宗教的这种单一的规定性贯穿它的实际存在的所有方面,并给予它们共同的印记。"

宗教的发展过程只不过是历史的、实在的、活动的过程的一个"因素"(Momente)。这个实在过程,下层建筑,决定了各种宗教的特殊形式。宗教发展过程的目的是无神论哲学,在无神论哲学中和通过无神论哲学,精神直观自己的实际状态(er sich anschaue wie er ist)。这种完全的自我理解的发展过程阶段由这种宗教表现出来,而每一种宗教则相应于一个特定的社会,一个特定的精神("einen bestimmten Geist")。一种给定的宗教,一种给定的神学,反映了实在精神的特性,即民族精神(Volksgeist)。这是已经形成的社会现实的特性在彼世中的一种投射。但是,另一方面,通过为民族的所有成员共有的一种宗教的建立,民族成为一个同质的统一体。例如,基督教是在罗马帝国中建立自由民世界的实际改造的结果。如果没有这个帝国,基督教就仍然是一个单纯的加利利宗派。但是,新的社会统一体,基督教世界,只是因为有在基督教宗教中的投射,才得以形成。

根据黑格尔在上面的说法,在第七章给出的宗教发展过程的分析应该经过同在第六章的实际发展过程的分析一样的阶段。但事实上，这种平行关系没有得到维持。这就是黑格尔现在将解释的东西。

他说（478页第4行—479页第2行）：

“因此，到目前为止［在第七章］出现的形式的顺序［从第一章到第六章］不同于它们原来出现时的顺序（Reihe）。关于这一点，我们必须简单地指出需要注意的地方。在上述的顺序中［在第一章到第六章］，每一个因素不断深入在自身，以自己的本原（eigentümlichen）构成一个整体。而认识是精神的深邃本质，在那里，本身没有永久性的这些因素得到它们的实体。但现在［在第七章］，这种实体表现出来了，它就是自我确定的精神的深邃本质，精神的深邃本质不允许特殊的本原［实在地］独立和本身构成一个整体。相反，这种实体把所有的因素集中到自身，使之维系在一起，并在它的实在精神的这种整个丰富内容中逐步前进，这种精神的所有特殊因素共同地，在自身中采纳和接受作为整体的同样的特殊规定性。这种自我确定的精神和它的［辩证］运动是这些因素的真正的实在性与自在和自为的存在，它［自在和自为存在］落在每一个特殊的实体上。在它的逐步前进中，直到现在为止的单一的顺序在结点上表示它本身的倒退；但是，从这些结点开始，它又重新以单线（Länge）前进。现在相反［在第七章］，这种顺序在这些结点上，在这些普遍因素中，被打断了，分解成几条线，这些线被合成一束时以对称的方式结合在一起，以便重合在每一条特殊线（besondere）之内成形（gestaltete）的类似差异。此外，如何理解在这里提出的一般方向的排列，见于上述的说明。指出这些差异本质上必须被理解为发展过程的因素，而不是被理解为独立的部分，是多余的。在实在的精神中，这些因素是其实体的诸属性；但在宗教中，它们仅仅是主项的谓项。同样，无论自在或为我们，所有的形式都在精神中，在每一个精神中。但是，在精神的实在性方面，上述所有情况（überhaupt）中最重要的是，精神在它的意识里有怎样的规定性，在怎样的规定性里精神表现它本身，或者在怎样的形式里精神认识到自己的本质。”

在前面的几章，黑格尔一个接一个地分析了人的构成因素：感觉，知觉，知性，欲望，等等。但是，所有这些因素仅仅在具体的人中是实在的，而具体的人仅仅在社会、民族、国家之中存在，而民族——无意识地——在其宗教中意识到自己。因此，是神学，而不是感性体验，物理学，心理学，等等。反映了人的实在性。这种神学给出了对人的实在性的一种整体观，在这种整体观中，“实体的属性”——这种实体是作为（民族、国家）的社会——以人们给予“主项”，即给予“上帝”的“谓项”的形式表现出来。因此，各种宗教是人类的一般自我意识的发展过程的诸阶段，而不是为了形成一个整体而必须增加的这种意识的碎片。每一种宗教都是对人的实在性的一种整体观，只有有了这种实在性的发展过程，才有宗教的发展过程。

不过，虽然自在或为我们的每一种宗教反映了整体，但在信奉宗教的人看来，事情并非如此。每一种给定的宗教都强调这些因素中的一个“因素”，这就预先假定和决定了这个因素在信奉这种宗教的民族的历史生活中的实际主导地位。因此，现实的整体是在各种宗教中部分地实现的诸“构成因素”的一种整合。人们仍然能说，完全的自我意识是在宗教中和通过宗教实现的部分的意识的一种总和或整合。

此外，我们知道，完全的自我意识是非宗教的、无神论的：人知道，他意识到的是他，而不是上帝。至于部分的意识，它们是神学的：在想象神的特殊形式时，人部分地意识到自己的人的实在性。

黑格尔已经强调这种差异。但是，他在接下来的段落里再次提到这一点。

他首先说（479页第3—8行）：

“在实在的精神和自己知道自己是精神的精神之间，即在作为意识的自我和作为自我意识的自我之间的差异，在根据其［客观］真实性知道自己是精神的精神中被扬弃：这种精神的意识和自我意识是等同的。”

“在其真实性（或被揭示的现实）中认识自己的精神”，就是在第八章描述的绝对知识的黑格尔的精神。在第七章，问题在于在宗教中和通过宗教认识自己的精神。我们来看看黑格尔是如何把这种宗教或神学认识和绝对知识的非宗教或无神论认识对立起来的（479页第8行—480页第2行）：

“但是，由于宗教在这里［在第七章］还仅仅直接地存在，所以这种差异还没有回到精神。宗教的抽象概念（nur der Begriff）只是刚刚建立。在宗教的概念里，本质就是对于自己来说即是全部真理，并在这种真理中包含全部实在的自我意识。这种自我意识［既然是宗教性的，也就是说］既然作为意识，就以自己为对象。因此，还仅仅直接地认识自己的精神，对它自己来说就是在直接性的形式中的精神，精神出现在其中的形式的规定性就是存在［=上帝］的规定性。当然，这种存在不以感觉，不以多种形式的（mannigfaltigen）材料，不以其他的（sonstigen）单方面的因素、目的和规定为内容（erfüllt）；相反，它以精神为内容，并意识到自己是全部真理和实在。因此，这种内容不等同于它的形式；作为本质的精神也不等同于它的意识。只有当精神在自己的确定性中，只有当精神也自为地存在于它的真实性中，或者只有当精神作为意识分裂为两个端点，在精神的形式中互为地存在时，精神才实在地是绝对精神。作为意识的对象的精神所具有的形式，仍然以精神的确定性和一个实体为内容。由于这种内容，对象下降到（herabsänke）纯粹的（reinen）对象性，下降到自我意识的否定性形式［的危险］就消失了。

精神和它本身的直接统一是意识在其中分裂为［认识的主体和被认识的客体］的基础或纯粹意识。以这种方式被包含在它的纯粹自我意识中的精神，不是作为一个自然的创造者存在于宗教中。它在这种［宗教的辩证］运动中产生出来的东西是它自己的作为［神的］精神的形式，这些形式整个地构成了它的现象的整体(Vollständigkeit)。这种［辩证］运动本身是精神通过它的特殊方面和不完善的实现而形成的完善的实现过程。"

在第七章，宗教是"直接的"：也就是说，问题涉及本义上的宗教、神学。这种神学是"科学"的"直接"形式。这是非间接地通过上帝的否定的人类学(它必须假定通过死亡的虚无，在罗伯斯庇尔的恐怖中和通过这种恐怖实现的间接化)。非间接通过否定的"科学"，是前黑格尔的非辩证哲学。在它使精神实体化的意义上，这种科学是"肯定的"，它把精神理解为一个存在(Sein)，一个给定的存在，一个实际上自然的、非人的存在，但是，在这里，这种存在被设想为一个神性的、无所不能的、永恒的、与本身同一的存在，即上帝。因此，"直接的"哲学是神学，而不是人类学。

因此，上帝是一个存在(Sein)，一个精神的存在(Sein)：上帝是物质化的精神。黑格尔说，这种精神所创造的不是自然，不是感性世界，而是精神的形式(Gestalten als Geister)，即诸神的形式。换句话说，因为是教徒，所以人或(人的)精神所创造的不是自然形式和规律，不是实在的、经验的世界，而是神学，内容为人类学和形式为神学的神话。

这就是创造诸神的这种精神的发展过程，这就是宗教思想的发展过程，这就是在历史过程中形成的各种神学的逻辑-时间顺序，黑格尔在第七章描述它们。在导论结尾处的段落里，他指出了这一章的一般结构。

他说，在第一节(A节)，问题在于原始的、史前的宗教，他称之为

“自然宗教”。在第二节(B节),他讨论“艺术宗教”,即“希腊-罗马宗教”。最后,在第三节(C节),问题在于“绝对宗教”,即基督教。

让我们来看看他是如何确定人类宗教发展过程的三大阶段的主要特征的(480页第3—27行):

“精神[在宗教中]的第一次实现是宗教本身的概念,即直接的和自然的宗教。在这个[自然宗教]中,精神在直接的,即自然的形式中认识到自己是自己的对象。至于[精神在宗教中的]第二次实现,精神必然到达在被扬弃的自然形式中,即在自我的形式中认识自己的精神。这[第二次实现]就是艺术宗教。因为由于意识的创造活动(Hervorbringen),由于意识在它自己的对象中直观它的活动,也就是自我,意识上升到自我的形式。最后,[精神在宗教中的]第三次实现扬弃前两者的片面性:自我是一个直接的[自我],直接性也是一个自我。如果在第一次实现中,精神是在意识的形式中,在第二次实现中,精神是在自我意识的形式中,那么在第三次实现中,精神是在前两者[意识和自我意识]结合的形式中。此时,精神具有自在和自为存在的形式。由于精神呈现为自在和自为,所以它就是启示的宗教。不过,虽然在这种[启示的]宗教中,精神到达了它的真实形式,但这种形式本身和它的呈现还是一个没有被克服的方面,精神必须从这个方面过渡到概念,以便在概念中整个地取消对象性的形式;而概念同样把它的对方[对象]包含在自身中。在这个时候[第八章的绝对知识],精神把握了自己的概念,就像我们[即黑格尔和他的读者]刚才把握它那样;这种精神的形式,即它的定在的因素,如果是概念,那么就是这种精神本身。”

既然精神的这种最终“形式”本身,就是精神,那么在其定在中的智者,就是黑格尔。

A
自然宗教（481—489页）

第七章A节导论的解释（481—483页）

1937—1938学年第六次讲课全文

真正地说，这个新导论仍然有一个很一般的特点。与其说它是本章第一节的导论，还不如说它是本章的导论。事实上，黑格尔在这里继续讨论刚刚被解释过的总导论里的观念。但是，文字是更简单，更清晰。

黑格尔首先再次规定将在第七章，即“宗教或神学”的一章研究的现象。

他一开始说（483页第3—12行）：

“知道精神的精神［在第七章］，就是自我意识，它自为地存在于对象性的形式中：它存在着，它同时是自为存在。相对于它的意识的方面，即相对于把自己联系于它自己和［一个］客体的方面，精神自为地存在。在它的意识中，存在着对立，因而存在着精神在其中显现和认识自己的形式的规定性。在考察宗教时［在第七章］，唯一的问题在于［精神的］这种形式。因为未成形的本质，即它的抽象概念已经在前面讨论过了［在第六章末尾］。”

在自我意识的态度中,认识的主体把自己联系于自己和一个被认识的客体。自我意识(Selbst-bewusstsein)必然也是意识(Bewusstsein),即对外部事物,对在意识之外的某种东西的意识,此外,这个某种东西在这里就是意识本身。在自我意识中,我意识到的自我必然也是一个对象(Gegen-stand),一个外部客体或物体,它在我面前,我把它设想为一个存在(Sein),一个与自己保持同一,不随着人们意识到它和认识它的事实而发生变化的静态的和给定的存在。

这一切是不容置疑的。除了黑格尔在上述引文的第一句里的描述,没有一个哲学家想到要描述自我意识的现象。只有当问题在于解释现象,并使人理解自我或主体如何并且为什么能把自己联系于自己和一个客体,而自我或主体使自己所联系的这个客体又能够是这个主体本身时,才开始了分歧。

黑格尔的解释我们已经知道了。他这样进行推理:

在自我意识中,人把自己联系于自己和一个客体。为了自我意识是一种真实性(Wahrheit),即一种现实的揭示,人必须实在地是客体。为了自我意识是一种真实性,人必须首先实在地使自己客观化。然而,人通过行动(Tat,Tun),也只有通过行动实在地使自己客观化。劳动的否定活动创造人的技术世界,这个世界和自然世界一样客观、一样实在。斗争的否定活动创造社会的、政治的、历史的人类世界,这个世界和自然一样实在、一样客观。技术的和历史的世界是人的成果。如果没有人,这个世界就不存在。人在意识到这个世界的同时,也意识到人的实在性。之所以人意识到人的实在性,一种客观的实在性(Wirklichkeit),是因为这个世界也是实在的和客观的,也是和自然世界一样的一个存在(Sein)。

只有意识到自己的客观成果,在现实中进行的人的活动的产物,人才能意识到自己,并通过这种意识到达一种本义上的真实性。

这就是黑格尔在第五章清楚地阐述的东西,见下面的一段(287页

第37行—288页第1行):

“活动(Handeln)就是作为意识的精神的发展过程。这种意识是自在的,它根据自己的实在性认识自己。因此,如果[人的]个体不通过行动(Tun)投入到现实中,就不能认识自己。”

因此,为了有自我意识,也就是为了人能把自己联系于自己和一个客体,人必须首先通过行动实现自己和使自己客观化。

按照上述引文,人看来只有通过行动才能认识自己,人看来在这种行动之前已经存在。然而,事实上,事情并非如此。在使人客观化的行动之前,人不能意识到自己,因为在他身上无任何东西能被认识。在行动之前,他只不过是欲望(Begierde)和纯粹的自我(reines Ich),即一种空虚,仅仅通过对存在的东西和不同于他的东西——存在(Sein),给定物——的主动否定,这种空虚才能成为人能认识的某种东西。因为人是他的活动;人不存在于他的成果之外。这就是为什么只有把自己联系于自己和一个客体,把自己联系于他的成果,他的活动的产物,人才能意识到自己。这就是黑格尔在第五章的另一段清楚地阐述的东西。

下面就是这一段(246页第10—12行和第14—16行):

“人的真正存在(Sein)是他的行动(Tat);正是在行动中,个体性是实在的……。在行动(Handlung)中,个体性表现为只有当本质扬弃存在的时候才存在的否定本质。”

只有当人“扬弃”存在(Sein)的时候,人才存在。这种既取消又保存的“扬弃”是一种行动(Tat),即人的斗争和劳动的活动,行动改变,也就是否定或取消作为给定物的存在,但又把它作为由人产生的存在加以保存,通过这种有意识的和有意志的“取消”使之“升华”。人的成果比原材料有更多的人性(“精神”)。正是在这种作为被扬弃的和人化的存在的成果中，人实现自己本身。只有意识到这种成果，人才真正意识到自己，意识到真正地、实在地、客观地存在的东西，因为人不多不少，正好是其成果之所是。

这种在其成果中被客观化和意识到自己的实际行动，黑格尔称之为精神（Geist）。“知道自己是精神的精神”（Der den Geist wissende Geist），就是知道自己是在他的成果中和通过他的成果意识到自己的行动的精神（人）。不过，人知道这一点，是因为黑格尔的科学。上述引文的第一行的“知道自己是精神的精神”（Der den Geist wissende Geist）就是黑格尔，或确切地说，是《精神现象学》，再更确切地说，是来自《精神现象学》的绝对知识。当他说这种精神在自我意识的旁边，对立于意识，在意识中和通过意识把自己联系于它自己和一个客体或物体的时候，他在第二句里谈论的就是人（精神），绝对知识。

这就是说：人知道他是行动，人知道他所联系的客体是他的成果。他因而知道这个客体其实就是他自己，他在认识客体的时候认识自己。按照这种方式，只有在黑格尔的科学和通过黑格尔的科学，人才真正地是自我意识（Selbstbewusstsein）。

在成为黑格尔或黑格尔的信徒之前，人只不过是意识（Bewusstsein）。这就是说，当他意识到客体和他生活的世界时，他不知道是他在意识。之所以他不知道这一点，是因为他不知道他就是他的行动，是因为他存在于他的成果中，是因为成果就是他。由于不知道这一点，他以为成果或客体是一个固定的和稳定的、独立于他的存在（Sein）：一个与之对立的实体（Entgegen-gesetztes）。因此，在他看来，这个客体是一种形式的规定性（Bestimmtheit der Gestalt）：一种确定的、固定的、不变的实体，一种成形的、具体的形式。当以这种方式在成果中认识自己的时候，人把自己理解为一种规定性（Bestimmtheit）和一个形式（Gestalt）：因此，人是为他自己的一个给定物体，它拥有确定的和稳定的性质。这就是黑格尔在这一段的第三句里阐述的东西。

还有待于解释第四句话的第二部分。黑格尔说，他在第七章仅仅讨论“形式”、精神，即出现在神学中的精神的“成形的形式”；至于“未成形的本质”（ungestaltetes Wesen），黑格尔补充说，“未成形的”精神，换句话说，精神的抽象概念（reiner Begriff），我们已经知道它。

我们已经知道它，因为精神的这个“抽象概念”是在第六章的末尾形成的。不过，出现在那里的是黑格尔；这就是说，在黑格尔的科学中和通过黑格尔的科学精神出现了。

这表示什么意思？我们知道，黑格尔的科学是绝对知识，在绝对知识中和通过绝对知识，精神向自己显示自己的本来面目。然而，如果这种科学构成了精神启示的整体，那么这种精神的神学启示必定是不完善的。神学启示的分析必然先于黑格尔的科学对启示的分析。不过，第七章在科学已经出现在其中的第六章结束后来到。

看来，在这里可能有矛盾。但事实上，并没有任何矛盾。黑格尔的科学在第八章——以“绝对知识”的名义——在其整体中得到分析。神学知识的分析先于这种分析。为了消除一切矛盾的迹象，只需这样说，出现在第六章末尾的东西只不过是黑格尔的科学的一个部分，更确切地说，一个方面；为了构成第八章的“绝对知识”的整体，这个方面必须得到在第七章的宗教知识的分析中和通过这种分析形成的方面的补充。

这就是黑格尔在上述句子中指出的东西。他说：“纯粹的概念”（reiner Begriff）；它还只不过是黑格尔的科学的抽象概念和在其科学中与通过其科学显示的和在第六章末尾出现的精神的抽象概念。至于本义上的概念，至于具体概念，它仅仅出现在第八章。这个具体的因素来自将出现在第八章的形式（Gestalt）的具体化。第八章的“概念”（Begriff），是第六章的“抽象概念”（reiner Begriff）加第七章的“形式”（Gestalt）。

在黑格尔学说中的精神，就是人的精神。精神的抽象概念，是抽象的精神，即抽象的人的概念。不过，抽象的人在现实中是不存在的，仅仅存在于思想中，仅仅对思想家来说，因为他思考不存在的东西——他是抽象的思想家——我说，他是抽象的人。他是一个孤独的，与普遍，也就是与民族、国家、被当作时间-空间整体的人类、历史对立的特殊的人。我已经说过，(前黑格尔的)哲学与关注这种抽象的人的宗教或神学是对立的。我们在第六章末尾看到的东西，就是黑格尔，作为哲学家中的最后一个的黑格尔。他仍然对立于宗教，因而必然需要一种神学的补充。我们看到的就是黑格尔的科学的特殊性(Einzelheit)方面。这个方面必须得到一种普遍性(Allgemeinheit)方面的补充，以形成绝对知识的极权主义。仅仅因为特殊方面联系于普遍方面，这种知识才是绝对的，因而不再是一种神学，而是成为一种普遍性的人类学，以补充特殊性的哲学，从而理解作为一种人的精神的精神的整体性。只有在这种情况下，黑格尔才不仅仅是与宗教对立的哲学的最后代表，而且也是用科学代替宗教，而不是使科学对立于宗教的第一个思想家(智者)。在第七章，黑格尔将指出神学何以和为什么最终成为一种无神论人类学，被理解为一种仍然和它从中产生的神学一样普遍、一样具体的人类学。换句话说，在第六章，他指出了其科学的特殊性方面的起源；在第七章，他指出了普遍性方面的起源。这就是为什么第八章不是直接在第六章之后。这就是为什么第七章位于第六章末尾黑格尔的科学的第一次出现和第八章其科学的最后分析之间。第六章最终到达黑格尔对拿破仑的解释。拿破仑本身是一个具体的人。他甚至是所有人中最具体的人，最实在的人，因为他是个体性、特殊和普遍的综合的第一次实现。但是，在第六章末尾，黑格尔的科学仅仅理解拿破仑的个体性的特殊性方面。当然，黑格尔的科学没有把它当作本义上的特殊，即对立于国家的特殊。相反，黑格尔的科学指出，拿破仑和国家融为一体，但又指出，这是在其特殊性方面中的整体。这就是说，黑格尔的科学指出作为国家的建立者的拿破仑，使人看到国家是拿破仑的特殊性的实现，但没有谈论拿破仑的国家本身，没有指出拿破仑只不过通过他所建立的国家才是拿破仑（即拿破仑皇帝）。

更确切地说，黑格尔在断言拿破仑是一位神，更确切地说，在其现实性的整体中的人的“启示上帝”时，指出了这一点。但是，在第六章末尾，这依然是不明确的，因为我们还不知道上帝是什么。“绝对本质本身”（Das absolute Wesen selbst），作为上帝的上帝本身，仅仅出现在第七章。必须完全了解第七章，以便了解拿破仑是什么。因为如果拿破仑是真正启示的上帝，那么他就是在历史过程中显现给人的所有神祇的一体化。我们只能以这种方式理解拿破仑：以人们谈论其神祇的方式来谈论拿破仑。我们知道人们在第七章谈论其神祇的方式。在这一章末尾，在新教中，人-上帝、基督表现为信徒的社团（Gemeinde）。因此，只需做一件事就够了：必须认为这个社团就是国家（而不是教会），是拿破仑国家。这就是黑格尔说的东西。当他这样说的时候，他理解拿破仑，即具体的人。只有在这种情况下，他才获得关于人、关于精神的一个“概念”（Begriff）。只有在这种情况下，他的知识才真正是一种不必和不能再得到一种神学知识补充的绝对知识。在这个时候，精神不再是对立于意识的一个形式（Gestalt）。精神变成了概念，意识到自己的形式。因为在这个时候，在黑格尔的思想中和通过其思想，精神（=人）将知道其实在性就是其有意识和有意志的成果，通过拿破仑的行动实现的国家。

但是，只要国家不知道这一点（黑格尔的科学没有成为拿破仑帝国的国民教育的组成部分），只要国家没有理解人是精神的实在性，人在精神的客观化中就看不到他自己的成果。因此，对人来说，国家是一种自主的、独立于他和外在于他的现实：精神在存在（Sein）的形式，准自然存在的形式中被理解。对国家的这种理解是在神学中进行的，黑格尔将在第七章谈论的仅仅是这种理解。

然而，如果在神学中，精神有为了人的存在（Sein）形式，那么这种存在就不是一种纯粹自然的存在。精神，作为在人之外的存在，仍然是精神。人们把这种精神的存在，这种存在的精神叫作上帝。因此，在第七章探讨的知识既不是一种(一般的)自然科学，也不是一种在前黑格尔的意义上的人类学的哲学：它是一种神学，精神——被设想为神的存在的精神——的科学。

这就是黑格尔在下面一段解释的东西(481页第12—18行)：

“但是，在意识和自我意识之间的区别同时处在自我意识之内。宗教的形式，不在精神是与思维分离的自然的情况下，也不在精神是与存在分离的思维的情况下，包含精神的定在。相反，宗教的形式是保存在思维中的定在，因而是一种为它自己存在[作为定在]的思想内容。”

意识哲学，即前黑格尔的哲学，不关注国家，不关注人类，不关注历史。它仅仅关注孤立的个人。然而，当它谈论作为特殊的个人时候，必然也谈论与特殊对立的普遍。只是这种普遍不是国家，而是自然，即实际上不取决于人和外在于人的某种东西。因此，这种自然绝对是非人的。另一方面，人仅仅被认为被动地与这种自然对立：在劳动中和通过劳动实现的、与自然的作用和改造关系被忽略了。以这种方式来设想，人就成了一种绝对非自然的存在，与自然没有实在的联系，也不作用于自然。

意识哲学的这种观点在笛卡尔那里表现得最明显，黑格尔在写这段话的时候想到了笛卡尔。但是，前黑格尔的每一种哲学都处在这种或多或少笛卡尔主义的关系中。这种哲学基于孤立的、归结为纯粹的和非实在的思维的人，和归结为纯粹的存在，即非精神化的、非人化的、没有思维的补充物的现实经验世界之间的对立。这种哲学徒劳地寻找在作为现实世界的没有思维的这种广延，和作为人的没有广延和实在的这种思维之间的联系。之所以徒劳，是因为两者之间的实在联系——斗争和劳动的否定和创造*活动*，对这种哲学来说是完全未知的。

黑格尔说，宗教既不关注这种广延，也不关注这种思维。换句话说，宗教既不是物理科学，也不是哲学。因为最终说来，非人化的广延的科学是牛顿的数学物理学，纯粹思维的科学是抽象意义上的哲学，前黑格尔的意识哲学。宗教或神学的对象不是自然，也不是思维，而是精神。正如黑格尔所说的，宗教的对象是"保存在思维中的定在，因而是一种为它自己存在的思想内容"。

"在我看来"，也就是在黑格尔看来，这种精神同时是*保存*在起作用的思维中的实在，和在活动中和通过活动实现的思维——在黑格尔看来，这种精神是实在的具体人，即参与有意识地创造世界历史和国家的整个*活动*的人。但是，在教徒看来，这种国家是一种*独立*的和不同于人的实体。这就是黑格尔在这一段的开头所指出的东西：在宗教中，存在着意识和自我意识的区别（Unterschied）。这就是说，在关于人的概念中，宗教坚持*意识*或前黑格尔的哲学的观点。（这就是为什么前黑格尔的哲学能与宗教*适应*，如果没有宗教，它就不能存在。）在这里，人是一个*特殊的*实体，因而必定有一种外在的普遍补充物。在哲学看来，这个补充物就是自然。在宗教看来它是*上帝*。

区别就在这里。黑格尔解释说，在宗教中，意识和自我意识之间的对立处在自我意识（Selbstbewusstsein）之内。换句话说，教徒在他自己身上发现了特殊和普遍的对立；普遍不是真正地*在人之外*，它不完全是*非人的*；它在人那里，它是精神的，它是精神；它是*上帝*，而不是*自然*。

教徒在他自己身上认出自己：在他*自己*身上，在把对*他*而言是自我意识（对其孤立的、内在的、特殊的存在的意识）的东西和对*他*而言是意识（对其*联系*于普遍的存在的意识）的东西对立起来的自我意识中。这种联系于特殊和个人的普遍，不是非人的自然。它是一种准*人的*精神，但*不是*人的精神，因为它对立于人。总之，它是上帝。

在教徒的自我意识中，由于联系于特殊的人，所以在普遍是思维、意识、自我意识和自由独立行动，总之，在精神的意义上，普遍也是人的或精神的普遍。但是，由于同时对立于特殊的人，这种精神不是人的成果，不是人的活动的产物，所以它是非人的，外在于人的，显现给人的，本身静态的：总之是一种存在（Sein）。这种精神的存在，作为一种存在（Sein）而存在的精神，就是上帝。

被设想为存在（Sein），即被设想为上帝的精神，必然是一种“确定的形式”（bestimmte Gestalt），一种具有固定性、稳定性、一次性给出的实体。每一种宗教都由于设想为这种宗教的上帝的精神所采取的形式区别于其他宗教。

黑格尔这样说（481页第18—27行）：

“根据精神得以认识自己的宗教形式的特殊规定性，一种宗教区别于另一种宗教。但同时必须指出，根据这种特殊规定性对精神认识自己的描述（Darstellung）并没有穷尽一种实在的宗教的全部。[在第七章分析的]一系列不同的宗教同样也仅仅呈现一种唯一的宗教，或每一种特殊的宗教的不同方面。似乎能把一种实在的宗教和另一种实在的宗教区别开来的外部表现其实存在于每一种宗教中。”

黑格尔在这里重复他已经在第八章总导论中说过的东西。在宗教中，人无意识地意识到具体的人。不过，具体的人包含人的存在的所有构成因素。因此，严格地说，只有一种唯一的宗教。因为每一种特殊的宗教都包含也存在于所有其他宗教中的所有因素。各种宗教之间的区别仅仅在于强调的不同：在每一种特殊的宗教中，一个因素比其他因素得到更多的强调，以致其他的因素基本上没有被意识到。这个被强调的因素始终相应于在历史的世界或国家中特别地实现的人的存在的因素，历史的世界或国家产生相应的宗教，并在宗教中无意识地意识到自己。

其实，黑格尔说，在世界上只有一种唯一的宗教。然而，强调的不同是不可忽略的，因此，必须说，有多种不同的宗教。不过，人们只能在发展的概念中和通过这种概念调和单一性和多样性。因此，必须说，有一种一般宗教的发展过程，这个发展过程的诸阶段以我们所说的各种宗教的东西为标志。

现在，黑格尔解释说（481页第28行—482页第18行）：

"但是，这种区别也必须同时被当作一种宗教的区别。因为当精神处在它的意识和它的自我意识中的时候，[辩证]运动的目的就是扬弃这种主要区别，把自我意识的形式给予作为意识的对象的形式。但是，这种区别没有被扬弃，仅仅由于意识所包含的诸形式本身也有自我的因素，由于上帝始终呈现（vorgestellt）为[一种]自我意识。呈现出来的自我不是真实的[自我]。为了自我和形式的较贴近的（nähere）规定性属于这种真正的形式，一方面，这个自我必须通过自我意识的活动（Tun）被置于这种形式中；另一方面，较低的（niedrigere）规定性表现为被较高的（höhern）规定性扬弃和把握。因为呈现出来的东西之所以不再是呈现出来的和外在于它的知识的某种东西，仅仅是因为自我产生了它，并随后把对象的规定性当作它自己的规定性[自我的规定性]，并在这个对象中[直观自己]。"

这一段肯定了我对第七章的总体解释。

黑格尔说，有一种宗教的发展过程，一种实在的发展过程，因为最终说来，宗教自我扬弃，成为无神论的（或黑格尔的）人类学。不过，为使这个过程成为可能，上帝的概念必须在历史的过程发生变化，必须有一种宗教的历史。黑格尔刚才指出了这种发展过程的一般进程。

目的就是取消意识和自我意识之间的对立，更确切地说，取消超验性，把精神理解为人的精神，而不再理解为神的精神。为了做到这一点，必须首先形成上帝的观念，并且这个观念类似于人对自己形成的观念。换句话说，人必须越来越使上帝人形化。这就是神学发展的特点。另一方面，必须证明，被超越的宗教形式是人的成果，必须知道，是人创造（发明）了他在意识到“真正的”上帝之前崇拜的“偶像”。这也是在宗教的发展过程中和通过这种过程实现的。（当然，这种发展过程只不过是实在的、主动的历史过程的观念上的反映。）

因此，宗教发展过程的最后结果是黑格尔的人类学：上帝的人形化在基督的观念中到达其顶点；之后，理解这种观念是人的精神的一个产物；在这个时候，人将在基督身上认识他自己，他理解，对于他自己，他必须说他对其上帝所说的一切。不过，是黑格尔在这样说：人在以前被当作神的精神的“客观精神”中直观自己，国家就是他的成果，当人在黑格尔的国家哲学中和通过这种哲学，即通过承认（绝对的、完善的）国家和得到（或必然得到）国家承认的科学，理解这一点的时候，人就理解这种精神就是国家，国家就是他的成果。

在下面的句子里，黑格尔明确指出宗教发展过程的特点。他说（482页第18—24行）：

“通过这种［自我的］活动（Tätigkeit），［宗教的］较低的规定性同时消失了。因为活动（Tun）是一种在损害另一种活动的情况下完成的否定活动。如果这种较低的规定性仍然出现，那么它就退到非本质性之中，而当较高的规定性也出现的时候，那么它就作为没有自我的（selbstlos）东西位于另一种规定性的旁边。”

一切发展过程都是创造性的，一切创造都是否定给定物的活动，并且在它的破坏中和通过这种破坏，仅仅在损害给定物的情况下实现。因此，当一种新的宗教出现时，以前的宗教，以前的所有宗教都将被“扬弃”。更确切地说，对一个新方面的强调只有通过对其他方面的强调的否定才成为可能。

各种宗教以这种方式相互区别。在以前的宗教中被强调的方面被保存在一种给定的宗教中；但是，这些方面不再有本质的价值。反过来说，在后来被强调的方面已经存在；但是，它们在那里是次要的，没有自己的独立价值。

（因此，对宗教发展过程的最后结果来说，也就是对黑格尔的科学，黑格尔的科学与最后的宗教，即基督教的关系来说，这仍然是真实的。在基督教神学中，绝对国家的个体性方面得到强调：上帝是一个人。神性的所有其他方面不再有本质的价值。这个人是神-人。在黑格尔的科学被强调的方面，精神的人的方面，已经呈现出来。然而，它是次要的：在耶稣-基督中，人只不过是上帝的暂时基础，人服从上帝。相反，在黑格尔那里，尽管有人神论，但人是上帝，即人是一种绝对精神的事实不再有本质的价值。不管人和在人身上的精神有何种特点，超越、逃避世界和躲入彼世不再是可能的，但生活在世界中和使世界服从自己则是可能的。）

下面一句仅仅在于阐明黑格尔已经说过的东西。

他说（482页第24—31行）：

“因此，虽然在一种特殊宗教之内的不同呈现表明了宗教形式的整个[辩证]运动，但每一种特殊宗教的特点的规定通过意识和自我意识的特殊（besondere）统一，即通过自我意识在自身中把握和理解意识的对象的规定性，通过它的活动把这个规定性占为己有，把它理解为对立于其他规定性的本质规定性。”

在每一种宗教中，教徒都知道，被强调的方面是本质的（wesentlich）。黑格尔刚才指出了其中的原因。因为在客观现实中，人通过行动实现了他的存在的构成因素，而他以其上帝的本质特征的形式意识到他的存在。这个因素是他的因素，因为这是他产生的；正是在这个因素中，他真正地是实在的、人性的，也就是说，精神的。(因为“人的真正存在是他的行动”。)正是这个方面，他设想作为精神的精神，在他看来，精神仍然是一种神的精神。总之，人通过其神学思想把这样的特性给予他的上帝，因为他通过行动实现了在他的世界中的这种特性。

在下面的文字里，黑格尔清楚地指出这一点(482页第31—37行)：

“对宗教精神的规定性[即对某个特定的上帝]的信仰的真实性，表现在这样的事实中：实在的精神[即有相应宗教的民族]的构成方式如同它在其中直观自己的宗教形式[=上帝]。因此，例如，在东方的[前基督教的]宗教中出现的上帝化身就没有真实性，造成它的实在精神没有这种和解[理解为：特殊和普遍的和解；特殊始终是人，普遍是对宗教来说的上帝，对黑格尔来说的国家]。”

这是清楚的。真实性(Wahrheit)，就是在本义和强意义上的一种现实的显示。因此，在宗教中，只有被包含在神学中的观念在这种神学流行的世界中实现时，才有真实性。

因此，黑格尔说，只要基督教世界没有实现个体性，即特殊和普遍，实在的人和精神的综合与融合，基督教神学就不是一种真实性。

(乍看起来，这种无害的说法包含黑格尔对基督教的整个批判。只有当基督教的个体性观念在这个世界中实现时，基督教才能成为一种真实性。然而，一旦这个观念实现了，它就不再是一个理想。换句话说，人不再把它投射到彼世中，不再以神学的范畴思考它。人不逃避世界，而是接受世界，在世界中认识自己。当基督教在拿破仑的大革命后的世界中实现时，基督教就不再是一种宗教。当基督教成为一种真实性时，同时也成为黑格尔的无神论人类学，表达绝对知识的科学。)

最后，在结束这个导论的一段中（482页第37行—483页第7行），黑格尔解释他将在第七章研究在历史过程中出现的各种宗教的方式：

“在这里［即在第七章］，不打算从［宗教精神的］诸规定性的整体回到特殊的规定性，并指出在何种形式下其他特定的整体被包含在特殊规定性和它固有的特殊宗教中。较高的形式如果被放回一种较低的形式，那么对于有自我意识的精神来说就失去了它的意义；仅仅在表面上属于精神，并且仅仅属于精神的显现。较高的形式必须在它自己的（eigentümlichen）意义中被考察，必须在它是一种特殊宗教的本原和被它的实在精神所证实（bewhärt）的情况下被考察。”

通过这些词语，黑格尔指出，他在第七章阐述的宗教*现象学*和日常意义上的一种宗教*历史*之间存在着区别。

历史学家描述一种给定的宗教，宗教是呈现给那些相信它和一贯相信它的人。现象学家则仅仅描述这种宗教的本质特征。这就是说：他试图把宗教放在宗教发展过程的*整体*中，他想指出在这种发展过程中的一种宗教所起的*作用*。换句话说，他想理解这种发展过程的*一般*结果何以和为什么是一种经过这些或那些给定的阶段的发展过程的结果。为了便于*理解*，他使这些阶段“理想化”。这就是说，他采用一种给定的宗教，即不是实际上的一种宗教，而是一种*应该*是这样的宗教，如果这种宗教能完全理解自己，如果这种宗教能完全实现其历史*使命*的话。为了做到这一点，他必须把每一种宗教联系于产生它的*世界*。换句话说，只有在撰写（和理解）了第六章之后，人们才能撰写（和理解）第七章。

a. 光明之神（483—484页）

在这里探讨的是印度-伊朗的拜火教（相当于：黑格尔不知道的原

始人的“超自然力”)。

483页第一段。黑格尔在那里概述了他的体系的本体论和形而上学方面。它是本小节的导论。

483页最后一段到484页：本小节的正文。

在这里，人是纯粹的自我(reines Ich)：欲望还没有内容，人还没有行动。他把自然存在(Sein)意识为某种给定的东西，不变的东西；他由此意识到他自己的一个方面，不过，这个他自己在这里只不过是欲望，即给定的、自然的某种东西(Sein)。但是，这个存在是“用精神填满的”(mit dem Geist erfüllt)；上帝被人化，具有主人(Herr)的形式。人意识到神，因为他不仅仅是意识，而且也是自我意识。在人身上，有一种没有得到满足的欲望(因为得到满足的欲望消失了)。“Herr”(483页的最后一行)，在这里，就是在斗争之前的主人，未来的主人，即在第四章导论中的欲望的人。在与自然宗教一致的社会中，还没有奴隶。这是人饥饿和人想做爱的一个社会：饕餮，性狂欢。

在这里，神化的存在(Sein)是“没有形式的形式”(Gestalt der Gestaltlosigkeit)(484页第3行)：(纯粹的、“抽象的”)光明和黑暗(同上)；这是面对自然(=光明)的空虚的欲望的象征(黑暗的自我=黑暗)。它们之间相互作用的象征：赋予生命的光(只有存在能满足欲望：人必须吃东西，等等)和吞噬一切的火(欲望摧毁给定物)。[参见“超自然力”的概念]。

这种宗教的本质特征：崇高，伟大，壮丽。一切都集中在“无限的”给定物。这种崇高的(因循守旧的)因素继续保存在所有的宗教中，但后来成为非本质的东西。

这种宗教是如何成为“图腾崇拜”的(484页最后一段)：光明分散在植物中，等等。在其具体存在中的存在(Sein)现在受到崇拜(欲望的自然满足的阶段，不再是还没有得到满足的欲望的阶段)。

b. 植物和动物（485—486页）

图腾崇拜。

图腾崇拜相当于生死斗争的阶段（第四章A节）；不过，这仍然是生死斗争本身，而不是实现主人身份的胜利。斗争的生物方面。杀生的宗教（人们杀死图腾动物，以祭神）。它是战斗到底，而不是战斗到胜利（人们不知道造就奴隶，等等）的民族的宗教（485页最后一段末尾）。它是一种没有本义上的社会内容的"自然"（植物、动物）宗教。没有国家。

本小节的第二段直到劳动的宗教。但是，这仍然是一种自然宗教（生物的、物理的方面）。问题在于进行劳动、转向自然的人，而不是人们为之劳动的人（主人）。

c. 工匠（486—489页）

埃及宗教。

被神化的东西，是只会劳动的人的劳动。劳动受到（最要紧的）给定物的制约（人们劳动不是为了果腹）。农夫的宗教，而不是工匠的宗教。人们为自己——作为动物——劳动，而不是为一个真正人性的主人劳动。（未来的奴隶的宗教）

必要的和没有奴役的强迫劳动；为了得到微薄的结果，必须花费巨大的努力。

人不满足于劳动；他崇拜自己的劳动。在这里，态度相当于知性。黑格尔想到了以金字塔和方尖碑——在自然中不存在，因而象征着劳动的东西——的抽象形式表现出来的埃及人的宗教。理性的劳动不模仿自然，而是实现仅仅存在于人的精神中的东西。人们崇拜有用的直线（杠杆，等等）；工具必然是简单的。

仅仅因为没有主人，劳动才受到崇拜；当有一个主人的时候，劳动就不再是“自然的”本能；劳动随着人特有的“承认”发生变化。

为了给予死者永恒的生命，人们把尸体放在人的理性劳动的产品（金字塔）之内。

方尖碑=日规。在这里，a节中的崇拜光明间接地通过人的劳动。

这三个阶段是宗教的进步，通向基督教的阶段。然而，这也是通向无神论的进步，因为每个阶段相应于上帝进一步的人化。在每次进步中，人都超过前一个阶段的上帝。每当人为一个上帝劳动时，他就超越上帝，直至他有意识地为自己劳动（在完善的国家中）。

本小节的最后一段：向希腊宗教的过渡。人希望在活着的时候住在死者居住的金字塔中；人希望享受人的理性劳动的产品。

在“工匠”阶段，人仍然为另一个人（上帝）劳动，因而没有得到满足。然而，这不是本义上的人的劳动，因为没有间接地通过主人。可以说，蜜蜂的劳动。没有“奴役”。

然而，在这个阶段，世界（通过这种劳动）得到改造；人开始为另一个人劳动。从工匠（转向产生者）的宗教到艺术家（转向消费者）的宗教的转变。转变的象征：斯芬克司，讲述（神话和祈祷）的斯芬克司。

B
艺术宗教（490—520页）

导论（490—492页）。

人现在谈论诸神：神话；人向诸神讲述：祈祷。

宗教不再是自然的：人说话了。神的形式（Gestalt）成为意识（取人的形象)。劳动的回顾:最初,(自然的)原材料占统治地位,形式(Eidos)还只不过是潜在的;最后,(人的)形式成为现实。490页第9行:人"成为精神的劳动者"(geistiger Arbeiter geworden)。

事实上,"脑力劳动者"在以为谈论诸神的时候,开始谈论他自己。

转变是如何完成的?因为现实世界(希腊)不同于以前的世界(埃及)。在哪一个世界里,人能谈论,而不劳动?不是采集世界(A节,a),不是狩猎世界(A节,b),也不是纯粹的农业世界(A节,c)。

这是在第六章A节中的世界:真正的精神(der wahre Geist)。这是希腊城邦。(在这里,尤指雅典;在第六章A节,尤指斯巴达。)人(=主人)不再被迫亲自劳动,以维持生计;利用其他人(=奴隶)的劳动,与自然没有直接联系。

艺术宗教=主人的宗教——主人在这种宗教中无意识地向自己显现。

在农业社会(A节,c)内,形成了一个主人阶级,他们以农产品为生,但自己不参与农产品的生产。

这是承认(Anerkennung)的世界。有斗争。只是目的不再是为了杀死对手,而是为了胜利。这是有奴隶的世界——奴隶承认主人,在恐惧的态度中为另一个人劳动。

B节也分为三小节:a,b,c。a=欲望,b=斗争,c=劳动。因此,B节的划分和A节的划分相同。现在,人生活在城市中。城邦的宗教。欲望、斗争和劳动是人特有的,在这里,人只不过是一个主人。

但是,为什么是一种艺术宗教呢?主人仅仅得到奴隶的承认。区分两者的东西:有闲。主人不仅仅能不劳动,而且也不必劳动。于是,他必须做点事情:艺术。(他在不劳动的时候"劳动":"脑力劳动者"。)他不仅仅在道义上必须"劳动"(亚里士多德),而且也不能做别的事:他不会劳动。

美是能产生无痛苦的快乐的对象。无所事事地享受世界,就是"作为艺术家"生活。

因此，主人寻找（不需要花费主人的任何努力的）奴隶的优美产品，作为审美家欣赏它们；这些产品与产生的努力分离，因而也与产生者分离。因此，主人的宗教是一种艺术宗教，这种宗教崇拜作为美的存在（Sein）（同时忘记美是人的一种成果）。

人们继续建造庙宇；但最重要的是，庙宇的美和欣赏庙宇的人。

国家伴随着希腊城邦出现了。

以前，例如在埃及，只有国家的一种纯粹外表。因为任何建立在按“种姓”划分之上的社会仍然是一个“自然的”社会。因为这种划分本身是自然的，通过自然强加于人（之所以有农夫、铁匠、鞋匠，是因为土地、铁、皮革本来就是不同的）。在蜂群中，也有劳动分工。而主人和仆人的划分（阶级）是人为的；只有当阶级出现时，才有国家。

希腊宗教是艺术宗教，因为它是阶级（主人）的宗教。主人的阶级意识到奴隶的劳动的美。

但是，阶级的划分始终基于一种自然的残余部分：奴隶为满足主人的自然需要劳动。这就是为什么任何阶级始终倾向于转变成“种姓”（世袭！）。

主人要么沉溺于快乐，要么在不劳动的时候“劳动”（艺术）。但是，由此导致的世界是虚幻的（艺术和文学的虚幻“世界”）。

为了有宗教，人必须超越自己——换句话说，人和公民必须是等同的，在人和他的世界之间必须有一种对立，人必须是反抗者。

在青年时期的一篇论文中，黑格尔写道：“幸福的民族没有宗教。”他当时认为希腊人以前不是教徒。在《精神现象学》中，他不再认为希腊人以前是一个“幸福的”民族。

为了有艺术宗教，人，即主人，必须意识到他生活在其中的世界（道德世界）的不足之处。问题不在于奴隶，因为奴隶在国家之外，因为宗教表达国家。

在这里，没有得到满足的人就是有闲的主人。问题在于主人的宗教。

在异教中，有两种宗教。

a）家庭的宗教（黑格尔没有在这里重新考察它；见第六章A节，a）；

b）公开的宗教——源于公民的不满。

在特殊和普遍之间何以有综合（特殊的人遭到贝壳放逐制度的驱逐：他把自己的特殊性强加于普遍，即国家，所以城邦把他驱逐到在自然中）？享受（Genuss）是由另一个人的劳动产品提供的。这种美的享受能产生快乐（Freude），但不能产生满足（Befriedigung）。因为在这里，中介活动（劳动）不是得到"快乐"的人的活动。这就是艺术享受的不足之处。

没有通过艺术品得到"满足"的人，以为他为另一个人，为一个上帝制作艺术品（或艺术品是为上帝制作的）。

在艺术宗教中和通过艺术宗教显现的道德世界的本质是什么？黑格尔在第六章A节对这个世界的概述回答了这个问题。"Denn die Wirklichkeit...findet"（现实……发现）（491页第4—22行）——这个世界的辩证法通向"自我确定的精神"。在这里这种精神是奴隶的所有者、主人。

"Die Vollendung..."（完成……）（491页第22行）到"...hervorbringt"（……创造）（492页第3行）。主人成为审美家。审美家实际上"确信自己"，但他没有得到群众、其他审美家的承认。这是他的不满之处。他为自己的世界不复存在而悲伤，他是一个"移居他乡者"；他哀悼自己的世界。他逃避世界，因为他不敢改变世界，使之适合他的审美"理想"。

审美家因此向往一种宗教。

492页第一段。在这样的时代，出现了绝对艺术（absolute Kunst）。在这里，艺术是宗教，宗教是艺术。

492页第二段。之后，精神超越艺术。

B节的三小节的主题：

a. 人希望不经过斗争和劳动就能得到他人的承认：造型艺术和诗歌——抽象的艺术品。

b. 人希望不经过劳动（和没有生命危险）的斗争就能得到承认：体育运动——有生命的艺术品。

c. 在为了得到承认的斗争中的劳动，但不是体力劳动；一般地说，劳动就是创造一个非自然的世界，然而，在这里，人们想劳动，但想要不花费体力的努力：文学，虚构的“世界”（史诗、悲剧、喜剧）——精神的艺术品。

a. 抽象的艺术品（493—501页）

a小节分为三个辩证阶段（没有在正文中指出）：

（1）神像，造型表现艺术。这个阶段相应于A节，a：艺术家崇拜自然，相信（被当作“超自然力”的）美。也相应于B节，c，1：史诗，静态的描述。

（2）赞美歌（合唱曲）。相应于抒情的诗歌。在体力斗争之前较常见的斗争：纯粹语言的相互作用。与神的相通仅仅借助于语言。其不足之处在下一个阶段得到补偿：（3）崇拜。相互作用更加实在。在参与者之间分配的活动；象征性斗争。庙宇的建造。崇拜不可能适合于实在的生命的整体：人的存在的整体性没有被神化。（b小节：体育运动处在象征性的文化斗争和实际斗争之间）。

第一阶段（493页第9行—495页倒数第7行）。

三个问题：1. 什么是艺术？ 2. 哪一种神学相当于艺术？ 3. 何谓艺

术家?

1.(493页第9—28行)。神像。艺术家不能在神像中调和存在(Sein)和活动。神像只不过是在人身上不变的(已经有的)东西的形象。

围绕着神像的庙宇。一个表现普遍,另一个表现特殊。关系是实在的,差距也是实在的。也相应于在主人的个人生命和异教国家,他的公民生命之间的不和谐。

庙宇。希腊庙宇比以前的形式更“合理”(更有“无神论倾向”):它有一所住宅,即人的住宅的形式。但是,主人忘记了奴隶的努力。他认为自然世界、宇宙,是合理的。因此,在他看来,人体是合理的。但是,他弄错了,并最终意识到这一点。在这里,庙宇不再有金字塔和方尖碑的简单,因出现了不合理(不合理的关系)而变得复杂。(只有劳动能使自然“合理化”,使自然人化,使之适合于人。)

2.(493页第29行—494页第24行)。寓于神像中的上帝。到神人同形说的转变:人消除动物生命的贫困(Bedürftigkeit)。主人不再依赖自然;处境变得更好,他有空闲。(在奥林匹克诸神和泰坦诸神之间的斗争象征着人和自然的斗争,即实际上的劳动。)

3.(494页第25行—495页倒数第7行)。艺术家仅仅得到不变的和沉默的神像的承认;因此,他的活动没有得到承认;这是造型艺术的不足之处。于是,他要人们承认他的作品本身;不是他生产,也不是他消费。他的快乐(Freude)因而是“抽象的”;这种快乐不是人特有的,因为人不是存在,而是行动,真正人性的东西,是艺术品的生产和消费,不是这些艺术品本身。

第二阶段(495页倒数第8行—498页第23行)。

在这里,出现了词语,词语有两个方面:a)它的定在(Dasein)——语音;b)它的非自然存在——语义。

通过语言，主体性得到所有其他人的承认；但是，这种通过语言理解的承认是直接的，这仍然是它的不足之处。人的存在不归结为语言；通过其唯一的语言得到承认的人，不是完人。诗人不同于完人。诗歌，就是灵魂（而不是灵魂和身体的整体）。这种在（诗歌）语言中的部分存在倾向于表现为不同于自我，有别于自我，在我之外的另一个层次上的存在：诗歌倾向于接近神，倾向于成为宗教诗歌：宗教赞美诗（496页第13行）。

诗人的上帝有在其本身的活动；这种活动是纯粹的和抽象的、直接的：他不是作为创造者的上帝。他是“完善的”，自我满足的上帝。（伊壁鸠鲁的诸神。）

祈祷（Andacht）（作为内在性）相当于赞美诗（作为定在）。

到496页第21行为止的辩证发展在498页第13行重新被提到，直到第24行：诗歌作为时间是短暂的、瞬间的。诗歌不能持久存在（Bestehen）。

插入说明（496页第22行—498页第12行）涉及神谕。在诗歌（赞美诗）中，诗人对诸神说话和谈论诸神。在神谕中，神对人说话和谈论人。

神谕的辩证关系：自然宗教。在这里，问题在于一个插入说明。神谕是世界上的语言（Logos）的第一种形式。但它不是一种真正的人的语言；它没有普遍的内容。496页的末尾：第一次说一种有普遍内容的语言的人是孤独的；他没有得到社会的理解。他知道和感到自己是一个特殊的人，以为自己得到“启示”。

这种语言通常揭示给定物，也仅仅揭示给定物；甚至“革命的”的神谕：只有使用语言的人的态度发生了变化。神谕要么是完全不可理解的，要么揭示给定物（在这种情况下，它是平庸的、因循守旧的）。

497—498页：苏格拉底和他的神灵。

“Das Höhere als beide ...”（作为两者的高度……）（498页第7—12行）。说明的最后一句话表达了黑格尔的“伦理学”。

第三阶段（498页第24行—501页）。

崇拜=神像和赞美诗的综合。仅仅在有逃避——通过行动没有得到满足——的地方，才有宗教和崇拜。在崇拜中，因为有行动（尽管是象征性的），超验性减弱了：上帝和人一样参与这种（崇拜）“行动”。因此，在人和上帝之间有相互作用。

崇拜的三种辩证因素：

（1）神秘的祈祷（=欲望）。

（2）献祭（=斗争）。

（3）庙宇的建造（=劳动）。

1.（498页倒数第7行—499页第12行）。崇拜源于赞美诗，而不是源于神像。

存在于任何崇拜中，但对崇拜来说不是本质的因素，就是神秘的因素。（起源：第一阶段的祈祷。当与公开的宗教分离时：秘密祭礼。）神秘主义者是积极分子。诗人揭示欲求的对象，但不想消费这种对象。这是一种行为——不成功的行为。神秘主义是一种积极性的态度，因为对象被取消，被同化于主体（不过，这是在想象中进行的）。

从诗歌到（假的）神秘崇拜的转变：诗人在成为神秘主义者的时候，想超越快乐；他现在想把自己等同于客体，但不能永远取消客体。这是一种失败：因为他不想犯取消客体的“罪行”。（欲望的）罪行是象征性的，净化也是。

2.（499页第13行—501页第4行）。最初纯粹内在的行动，现在成为实在的、外显的，但仍然是象征性的。礼仪活动把人带回他自己，但不是生活在现实世界中的他自己。

献祭：它反映斗争：主人为国家牺牲自己的生命，但（异教）国家给他的回报通常少于他做出的牺牲。在崇拜中，他不是把自己的生命献给上帝，而是象征性地把属于他的东西献给上帝，从而希望达到他在异教世界的（公民）实际生活中不能达到的特殊和普遍的结合。

正如在完全被存在填满的现实世界中，在神的世界中也没有新神的位置；必须清除一部分神，使人神化：这就是献祭的意义，被献祭的物品等同于上帝。

献祭带来享受（Genuss）。一起吃被献祭的动物。但是，这种享受是短暂的、瞬间的（如同诗歌），因为它不包含劳动（它不能持久存在）。

主人由此在崇拜中体验到他的不足之处。

3.（501页的一段）。*劳动*将被（象征性地）引入崇拜。这就是为什么崇拜将由庙宇的礼仪性建造加以补充。

这种劳动取消超验性，在崇拜中，现在，在建造好的庙宇中，民族表现出自己的荣誉（“seines eigenen Reichtumes und Putzes”，501页最后一行）。

b. 有生命的艺术品（502—506页）

502页第一段：仅仅暗示犹太教。黑格尔没有在《精神现象学》中谈论犹太教；这仅仅是一个说明。这种宗教是在第七章A节中描述的三个因素的综合；因此，它是自然宗教的完善。（参见《青年时期的著作》，Nohl编辑出版。）

犹太教不是一种主人的宗教。从表面上看，犹太人类似于希腊野蛮人。但这是错误的；因为犹太国家没有被承认为国家。犹太人生活在一个前政治的世界中；其宗教因而是自然的宗教。如果犹太人是战士，那么他必须与上帝建立图腾崇拜的联系，然而，犹太人并没有被认为是尚武的民族；他回到上帝-超自然力，“抽象的”“大一”的原始阶段。

但是,如果民族被打败了,那么它的上帝就成了胜者,因为上帝希望这种失败。因此,从根本上说,犹太民族的失败是战胜它的一个民族的胜利。

犹太民族也是庙宇的建造者,上帝-图腾也是一个上帝-工匠,一位创造者-造物主。

因此,人们有一位在劳动中起作用的上帝-超自然力。自相矛盾的综合。

这种宗教由于是自然的,所以低于已经人化的希腊宗教,因为希腊宗教是艺术宗教。但是,在希腊宗教只不过是一种(有限的,与本身同一的)主人的宗教的意义上,犹太教高于希腊宗教。

《圣经》里的上帝是一位没有对手的神,他能变化,但不改变自己的本质;相反,异教的诸神必须保持原状("完善"),否则将失去神的身份。

《圣经》里的上帝最终是一种*成为的完德*,这在抽象的理性看来是不可理解的。他成为基督教的上帝,并在这种形式中和历史一样持久存在。

在这里,仍然是三个辩证阶段:

(1)神秘崇拜(纵酒狂欢);

(2)竞技者(节日);

(3)文学语言(平达,等等)。

首先有一个小引(小节的第二段):从公开崇拜到神秘崇拜的转变。

1. *神秘崇拜*(503页第19行至504页第23行)。

关系:公民国家通过神秘崇拜——作为在公开崇拜(献祭)和宗教的神秘因素之间的综合体现出来。在这里,这个因素以一种新的形式出现:因为在这里,上帝不再是沉思(Andacht)的唯一对象,而且也是欲望(Begierde)的对象。因此,在神秘崇拜中有一种造成破坏的欲望的因素(纵酒狂欢)。希腊的神秘崇拜=人的神化最初的和幼稚的尝试。

(503页倒数第10—4行:针对从康德到谢林的理性主义哲学家的插入说明。把历史理解为真理的发展过程,就是黑格尔主义。其他人弄错了,以为他们能借助于唯一的理性到达真理的认识。这个说明驳斥黑格尔的所谓"泛逻辑主义"。)

下面两段(503—504页):

当人为了欲求一种欲望而不再欲求一件物品时,人成为人。"最初的"欲望在斗争中和通过斗争受到压抑,人因而不再是动物。这种升华最初表现在造型艺术中,在抒情诗歌中,在神秘崇拜中,在那里,欲求的对象不再是实在的;在最后的例子中,对象的概念本身消失了。不想消失在"神秘结合"中的人转向其欲望的物质基础。第一步:酒神节的崇拜。在这里,人重新找到一种被欲求的物质对象,重新成为饥饿(依洛西斯)和性欲(狄奥尼索斯)。不过,这不是一种倒退,因为自我意识仍然保持。

纵酒狂欢整合了公开崇拜所排斥的诸(积极)因素。但是,它也是有限的、短暂的。这是它的不足之处。只有当人们生活在一个庙宇里,才能生活在永久的纵酒狂欢中。在这里,内容(人的存在)实际上越出了(宗教的、"艺术的")形式。人超越了纵酒狂欢和神秘崇拜,因为人真正地和完全地实现他的身体生命,因为人不想解体。异教的神秘崇拜是面包和葡萄酒的神秘崇拜,而不是血和肉的神秘崇拜。这是过渡的竞技者的崇拜。

2. 竞技者(504页第24行—505页第10行)。

诸天神的神秘崇拜:奥林匹克竞技,宗教的节日。竞技者代表艺术宗教的本质;这是(被认为无罪的)主人的理想,也是化为肉身的上帝的理想。这种竞技和竞技者的崇拜是人为自己的荣誉组织的节日。竞技者:"一件有灵魂和有生命的艺术品"(ein beseeltes lebendiges

Kunstwerk)。(505页第5—6行。)

人第一次能完全地生活在一个宗教的世界中。在这里:是生活在体育运动“世界”中的竞技者。(人们不能生活在一个神像的“世界”中,也不能生活在一个庙宇中,等等。缺少的东西,是精神;竞技者不谈论:没有语言(Logos),只有肉体。)

3. 文学语言(本小节的最后一段)。

竞技者是沉默的。但是,赞美酒神的诗人在讲述(平达)。本义的艺术宗教到文学宗教的转变。

c. 精神的艺术品(506—520页)

“体育运动世界”是人的世界,人们能在这个世界中生活;乍看起来,它是完善的,因为在那里有一个“世界冠军”,也就是在斗争之后其特殊性得到普遍承认的一个人。但是,这种体育运动的斗争缺少真实性(没有生命危险),此外,在这里,人仅仅得到其身体上的承认。因此,体育运动世界的不足之处是:没有真正的(完整)个体性,因而没有真正的“满足”。

从中产生的新世界是一个文学世界。这个世界缺少现实性(Wirklichkeit)。人逃避现实世界,创造一个文学世界;这个世界因而是宗教的。一切宗教必然导致一种文学:首先是圣文学,然后是世俗文学,但都赋予自己一种最高的价值。一切文学都能创造一个世界。异教的(宗教的)文学世界随着史诗产生,生活在悲剧中,作为喜剧死去。因而有三个辩证阶段:

(1)史诗:这个世界的框架;

(2)悲剧:在这些框架中行动的演员;

(3)喜剧:这个演员的行动的结果。

(没有导论,因为c小节的总导论是b小节的最后一段,即前面的辩证法的第三个阶段：文学源于神秘崇拜和纵酒狂欢，以及体育运动。）

1. 史诗（506页第7行—509页倒数第3行）。

本小节的第一段：各部落为了一个共同的目的第一次联合成一个民族：例如，特洛伊战争。这种联合是通过排斥完成的（联合反对……）。其行动不是这个世界的“本质”的结果：没有普遍的国家，没有帝国。

第二段：史诗世界的分析。它是完整的；人们能生活在那里。但是，有一个最高命令（Oberbefehl），但没有一个最高统治（Oberherrschaft）：这一点反映在万神殿中。（感觉阶段，还不是知觉-悲剧，或知性-喜剧的阶段。）

没有真正的、唯一的英雄（演员）：当他出现时，必然破坏这种联合；这将是悲剧。所以，“神圣同盟”的世界中的普遍和特殊之间的潜在冲突以公开的方式表现出来。

第三段：这个世界通过史诗呈现给人。

史诗的推论（Schluss，即“三段论”）：

1）普遍性的端点＝神的世界。

2）中项（特殊性）＝有其英雄的民族。

3）特殊性的端点＝演唱家。

民族通过其英雄行动和在英雄身上被个体化，被当作代表普遍的奥林波斯和代表特殊的史诗作者之间的中项。

演唱家创造这个世界，他不再现这个世界。没有“现实主义”。诸神在行动（与旧因素相比的新因素：以前（在艺术中），人意识到作为存在的自己，现在（在文学中），人意识到作为行动的自己）。

第四段：史诗英雄的行动。（508页第11行：“综合”在这里表示“并列”，因为还没有真正的综合。）英雄的行动打破了民族的宁静，它的（假）综合表现出其内在的矛盾：取得胜利的不是统治各民族的联盟的一个国家；取得胜利的不是这样的民族，而是“联合民族”。因此：要么取消胜利，要么取消各个不同的民族，把它们合并为一个帝国。在两种情况下，都是史诗世界的终结。

第五段：史诗的冲突也表现在神的史诗世界中。看到诸神在他们争吵时忘记了他们的永恒本性，是非常滑稽的：如果胜利不能改变他们的本性，他们为什么还要争斗？这是一种无结果和无胜利的单纯游戏。

{动物（和竞技者）的沉默＝文学＝绝对知识。
孤立的特殊性→民族→帝国。

民族要实现，必须在帝国中自我“扬弃”。第一个帝国：亚历山大帝国，他是第一个悲剧英雄（演员）；他之所以失败，是因为他试图在一个主人的世界中，而不是在一个公民的世界中实现帝国（如同拿破仑所做的）。

2. 悲剧（509页倒数第2行—517页第8行）。

（埃斯库罗斯的《俄瑞斯忒斯》是分析的基础；参见第六章A节，a–b）

新的重要角色：演员。

悲剧表现在异教主人的世界中特殊和普遍之间的冲突：不可解决的冲突。在“联合民族”的史诗般的胜利后，联合解体了，每一个民族重新关注自己。普遍开始分裂，但继续维持下去，因为每一个民族（和每一个人）在自己身上发现了普遍行动和特殊活动之间的矛盾。在史诗世界中，矛盾是外在的和可消除的；现在，在悲剧世界中，矛盾是必然的、明显的和本质的。

[由于“必然性”（Notwendigkeit），在这里必须理解命运，即民族或人民融入其中的帝国。]

在悲剧之前，有史诗的“三段论”：
- 端点：诸神所代表的帝国的命运；
- 中项：英雄的民族或人民；
- 端点：看到帝国出现和理解帝国的史诗吟游者，但他因而被排斥在民族之外和消失。

在悲剧中，出现了实现两个“端点”的演员。（理解命运的作者必然是主动的。）演员看到解决冲突的办法，但不能（除非他是亚历山大）实现解决的办法。

但是，悲剧演员的行动显然是想象的。艺术的顶点是演员在其中的行动完全如同人们在日常生活中的行动的喜剧。于是，艺术自我“扬弃”；人们转向现实生活。

史诗的英雄是沉默的；是史诗的吟游者为他说话（讲述他）。悲剧的英雄是说话的；演员为他说话和带着他的面具。

在史诗中，必须知道发生的事情；在悲剧中，必须知道感到的东西。在（史诗的）对外战争中，不需要说话；在（悲剧的）内战中，要说话。

511页的段落：“Der allgemeinen Boden...”（共同基础……）等等。

悲剧的三个构成要素：1）合唱队；2）演员；3）观众。

悲剧情景的第一条件：民族（合唱队）是消极的。行动不是它的行动。它看到两个英雄（演员）走向毁灭，但不能进行干预。它看到冲突，但没有看到解决冲突的可能性，它悲叹。这是悲剧中最悲的角色；与合唱队联系在一起的演员也一样。

合唱队知道行动的结局是悲剧性的，但要求英雄行动。情景与神秘主义的宗教相似：英雄是一个替罪羊。然而，这不是认真的。人们显然没有杀死演员；最后，冲突得到解决，英雄丧失了悲剧性，成为喜剧演员。

在悲剧中，只有两个角色；没有第三个角色，因为没有解决冲突的“中项”。因此，只有一个悲剧作者：埃斯库罗斯。

回顾第六章A节，a–b。主人的社会（社会的本质）在自身中，在通过行动实现其本质的时候，是矛盾的。因此，人们要这个社会消失。在一个封闭的世界里进行的这种行动是罪恶的：尤其是内战，典型的罪行。

在悲剧中，史诗的多神论变成了二元论：城邦的天神、地神、家神。一方面，阿波罗、宙斯、雅典娜；另一方面，诸复仇女神在《俄瑞斯忒斯》中。

（参见第七卷，385页：黑格尔关于悲剧的第一篇随笔。）

依菲革尼亚的牺牲表明了国家和家庭之间的矛盾。由于阿伽门农被谋杀，王位（=国家）的原则被取消，家庭取代了国家。（埃吉斯托斯* 不是一个国王）。在毁灭了家庭（因为杀死了母亲）之后，俄瑞斯忒斯想通过自己成为国王以恢复其父亲的王位：因为阿伽门农将成为国王的父亲，因而成为国王。俄瑞斯忒斯后来被地狱诸神杀死。没有解决的办法。

埃斯库罗斯不赞同阿伽门农（诸复仇女神的"屈服"=悲剧变成喜剧）。

哈姆莱特=知识分子的悲剧。现代唯一的一些悲剧是知识分子的悲剧：哈姆莱特与浮士德。但是，这种（自由民的或基督教的）悲剧是一种不行动的悲剧。相反，异教主人的悲剧是一种行动的悲剧。知识分子之所以是悲剧性的，是因为他不劳动，和主人相似。但是，他不再斗争，所以他和奴隶相似（他是自由民=没有主人的奴隶）。因此：或是不行动的悲剧，或是有闲的（和平的），甚至"和平主义的"喜剧。

514页最后一行："Das Bewusstsein schloss..."（封闭的意识……），等等。

在这里，一个重要的词语是：Betrug（欺骗或欺诈；虚伪）。

---

* 埃吉斯托斯是迈锡尼的国王。——译者

悲剧的欺骗、欺诈：主人相信和希望别人相信，他确确实实是主人，他通过主人的行动穷尽人的本质和他自己的本质。这是一种后来变成欺骗的错误。因为问题不在于取消在普遍主义前面的特殊主义，而是在于把两者结合在一起：排斥特殊性的主人的生活是不可能的。悲剧最终揭示什么？它揭示，在其普遍主义意向的行动中，主人实际上作为特殊在行动。因为主人的本性（他的"个性"）显然是一种特殊的本性（因为不同于奴隶的本质，不同于女人的本质），因而是局限的。因此，普遍的主人，如同公开地联系于特殊（家庭）的人，在自己的身上有同样多的特殊东西。

作为主人行动的主人不能避免悲剧，也不能避免悲剧的欺骗。主人的理想是*行不通的*：他仅仅能作为主人*死去*。希望作为主人*活着*的主人是一个骗子。他"扮演"一个悲剧的"角色"，这不是"虚伪"。悲剧不能持久存在下去；它必然作为文学体裁消失（让位于喜剧→小说）。

埃斯库罗斯提出的解决办法：和平，国家不行动（或对外战争：这将回到史诗）。因此：主人的尚武国家变成了一个自由民的"民主国家"：喜剧。

埃斯库罗斯的《俄瑞斯忒斯》的结局和阿里斯托芬的《和平》的结局之间的相似。我们看到，阿里斯托芬已经是一个怀念过去的主人的自由民，埃斯库罗斯则还是一个怀念未来的自由民的主人。515页最后一行："Dieses Schicksal..."（这个命运……）等等。

悲剧的其他结果：天上的诸神减少。只剩下宙斯，但他已经是家神。事实上，诸复仇女神战胜了阿波罗和雅典娜；他们之间的和平条约实际上取消了城邦守护神。但这也是雅典娜的胜利，因为诸复仇女神成了女公民，——这已经是喜剧。

悲剧的英雄是戴面具（"虚伪"）和在悲剧后取下面具的自由民。因为没有真正的主人生活，只有一种主人的"角色"，一种游戏。这种游戏在喜剧中被意识到和被承认。

3. 喜剧(517页第9行—520页)。

喜剧或自由民世界是同质的。不再有绝对的冲突；不再有在世界之外的逃避：一个同质的世界是没有上帝的世界。从根本上说，这种无神论是新的，这就是喜剧带来的东西。作为宗教的艺术消失了("被扬弃")，艺术宗教也一样。

人超越这种宗教的阶段；其诸神是可笑的、"滑稽的"，因为他们自称是绝对的。但是，为了能嘲笑诸神，人还得相信一位神。在喜剧中，人还不是真正的无神论者。

自由民(最初，是希腊人；后来，是知识分子)是讽嘲的；但后来，他必须是认真的，做一些有益的事情("etwas Rechtes Sein will"，517页倒数第11行)。

喜剧行动的主题是作为特殊的特殊的实现。但是，人没有忘记出现在悲剧中的普遍。他在喜剧中尝试一种综合；然而，即使这种综合还不是一种真正的综合，但仍不失为特殊的单方面计划，为了将来与普遍综合。因此，没有喜剧的"满足"；嘲讽的自由民仍然是教徒，他保存了一种艺术，一种文学。

诸神在喜剧中死了；但这种死亡仍然有一种宗教价值。(我们不应该忘记，喜剧的上演是雅典人的宗教生活的一部分！)由此产生的神学是被钉在十字架上的上帝的基督教神学。

另一方面，在自由民看来，自然只不过是允许他在其存在(Sein)中，在其自然存在(吃、喝，等等)中继续活下去的东西。喜剧由此完成了自然宗教的死亡。(艺术杀死了自然。)

自由民追求真理；苏格拉底的辩证法能摧毁一切：相对主义，批判的讽刺，善和美的空洞("抽象")概念的运用。

喜剧的结果：个人的自我神化；自由民忘记主人的身份，在幸福中享乐，在家庭中生活，相信由此能穷尽所有的存在可能性。但是，没有“满足”（Befriedigung）；因为自由民的完美的宗教，新教，充实苦恼的意识，但没有取消苦恼的意识。

C
启示宗教（521—548页）

导论（521页—525页第18行）。

奇怪的事情：喜剧正好在基督教之前来到。

喜剧的“轻浮”（Leichtsinn）断言：“自我是绝对的本质”（das Selbst ist das Absolute Wesen）（上帝）。最初的宗教：自然宗教=没有人的上帝。最初的无神论：喜剧=没有上帝的人。然后，出现了基督教=成为人的上帝。之后，是（最后的）无神论：黑格尔的科学=成为上帝的人。在喜剧中，异教自我“扬弃”，艺术也自我扬弃，因为异教是一种艺术宗教。艺术在喜剧中到达实在的生活。这种实在的生活反映在导致基督教产生的喜剧中：“自由民的”生活。证明了世俗生活的可能性的喜剧作为喜剧自我扬弃；只剩下重视自己、过着喜剧呈现给他的生活的自由民：这就是基督教自由民，研究基督教神学的自由民。

（521页的段落：“Dieser Satz...”（这个命题）——这是第六章的概述。）

在喜剧世界中，自由民的幸福是由产生基督教的苦恼意识完成的。人们进行价值的转变，有神论的革新：但是，人们没有回到自然宗教，人们没有回到光明之神的超验性。谈论上帝的基督教神学家知道他也谈论自己。喜剧的无神论是无意识的。神学家仅仅是半意识的，因为在人-上帝的神学中，无神论仅仅处在萌芽状态。基督教的上帝不再是一个自然的存在（Sein），而是一个自我（Selbst）：这是一位人化的上帝；但是，他还没有公开地等同于人。

个人所有权，(罗马法的)法人，(犹太的)一神论，是融合在基督教自由民世界中的三个平行的现象。斯多葛主义、怀疑主义和苦恼的意识(=基督教)是表达自由民世界的现实的三种意识形态。

苦恼的意识是对普遍(=失落的国家)的怀念。归结为其个人所有权(=资本)的自由民，为现实世界(=国家)的失落感到悲伤，并在他的思想中和通过他的思想设想和建立一个超验世界，彼世。

基督教带来的最大新闻是这句"难以接受的话"：上帝死了(523页第22行)。自由民试图把异教世界得出的这个结论变成一种宗教；他最初不理解这句"难以接受的话"：他没有认真看待这句话。

本义上的有神论随着异教世界消失了；艺术也随着异教世界消失了("Den Werken der Muse fehlt die Kraft des Geistes"——艺术作品缺乏精神的力量，523页倒数第6行)。基督教就是无神论的发展过程。

基督教神学发展的三个辩证阶段：

(1) 人-上帝的概念(新柏拉图主义，耶稣-基督)；

(2) 福音书的故事和圣保罗；

(3) 后福音的神学和基督教教会(天主教→新教→无神论)。

1. 人-上帝(525页第19行—527页倒数第8行)。

喜剧的无神论自由民说：自我(Selbst=人)是绝对的本质(absolutes Wesen=上帝)。但是，他很快发现，离开普遍的特殊是没有价值的。他是"苦恼的"。普遍主义的表达式重返他的思想。但是，已经不再有(国家的)实在的普遍。基督教的表达式是超自然力的"自然主义的"原始有神论(最初的普遍主义)和自由民的"喜剧的"有神论(最初的特殊主义)之间的综合；不过，这不是一种倒退。上帝之所以是普遍的上帝，是因为他化成一个特殊的人(耶稣)，是因为他将是一个自我

(Selbst): 他是个体的上帝。(个体的概念第一次出现在罗马法中; 然而, 法人是“抽象的”和空洞的; 法人首先体现在神化的人的基督教概念中,被认为是在耶稣-基督中身上实现的。)

在基督教徒看来,个体不是有待于实现的一个理想; 个体已经存在(但在彼世中): 这就是复活的和超验的基督。看来,有一种个体概念的实体化。基督教徒关于耶稣-基督所说的东西是绝对真实的,只要他说的东西与人的精神有关。事实上,人必须有“一个实在的母亲”(他必须有一个身体)和“一个超验的父亲”(即一个超验的观念,一个有待于通过斗争和劳动的行动实现的目的,一个有待于通过这种行动实现的计划)。

在526页第一段,黑格尔提到了新柏拉图主义。他看到的基督的诞生不是福音书讲述的基督的诞生; 他提到了基督教神学的诞生,其父母在意识形态方面是新柏拉图主义,在现实方面是罗马法和罗马帝国。新柏拉图主义是基督教的一次尝试,但流产了,因为这种尝试是一神论的(=异教的)。新柏拉图主义超越希腊喜剧; 它认识到一位无限的上帝; 但是,它不知道这个上帝已经成为人。它的上帝是绝对超验的(颂扬异教的“完善”概念)。这是一种人们不能断定其存在的“大一”。新柏拉图主义者翱翔在空虚和抽象事物中; 他不能创立一个教会。新柏拉图主义始终是知识分子的一个宗派。这完全是“胡言乱语”(Schwermerei)。下面一段(527页): 新柏拉图主义到基督教的转变。新柏拉图主义消失了,因为它不符合社会现实; 罗马的自由民没有在柏罗丁的神学中认识自己。下面一段(527页)是关于耶稣本人: 人们可能到达无神论,因为上帝=人; 但是,必须意识到基督教和神学的发展所产生的东西。

2. 福音、使徒和圣保罗(527页倒数第7行—532页第8行)。

还是三个阶段
- a）基督；
- b）福音社团；
- c）在基督之后的社团→神学和教会的诞生。

a）福音基督（527页倒数第7行—529页倒数第17行）。

关于基督教的精神（上帝），黑格尔在这里使用同样的术语，他曾经在《精神现象学》的序言中用之于精神（=通过历史实现的人的精神）。因此，基督教是黑格尔的“绝对精神”的一种（象征性和不完全的）表达。绝对精神通过神学在一种呈现（Vorstellung）中被实体化；它以这种方式被呈现（=置于前面，被投射在人之外）。

基督教是一种“启示的”宗教，因为它显示上帝和人的同一性，必须按照字面来理解的同一性。黑格尔在插入说明中谈到这种同一性（528页第9行—529页第2行）：第一个基督教徒是耶稣，第一个知道这种同一性的人。（参见第二十卷，268页。）

在基督教中，上帝的概念到达了其顶点，同时也是这个概念（辩证的颠倒）的衰败（“消亡”）。等同于上帝的人（=耶稣）的感觉和物质特性。

b）使徒的基督教（529页倒数第16行—530页第14行）。

使徒看到这个自称上帝和相信上帝的人，并承认他是这样的一个人。不应该忘记，这个特定的人所等同的这个上帝不是任何一个上帝，而是犹太人的上帝，自然宗教的诸因素（普遍+尚武的上帝或图腾+造物主）和异教的完善概念的综合。这种综合不一定等同于任何一个人：必然是实现了所有的存在可能性并意识到这一点的完人（在基督教看来是耶稣；在黑格尔看来是拿破仑-黑格尔的二元）。

c）第一个基督教社团的基督（530页第15行—532页第8行）。

教会。当耶稣说他是上帝时，他不是疯子，因为他创立了一个承认他是真正上帝的教派，这个教派成为一个教会，即人的存在活在其中的一个现实世界。源于异教世界的基督教概念，在基督教世界的神学中得到了发展，那些相信耶稣的神性的人的否定行动创立了神学。在教会中和通过教会、基督、基督的概念，在现实世界中实现并创立了基督教世界。

530页最后一行："Dieser einzelne Mensch..."（这个特殊的人……）等等。教会不是别的，就是复活的基督，是教会实现了复活的概念。

531页的一段："Vergangenheit..."（过去……）等等，和下面一段。这是一个说明，黑格尔在那里描述基督教的、神学的和黑格尔的解释的相同和不同之处。

3. 教会的神学（532页第9行—546页倒数第11行）。

导论（532页第9行—533页倒数第12行）。

基督教的真理不是信徒（相对于愚昧者）的内心信仰（Innerlichkeit），也不是客观的神学；它的真理在造就一个"现实的自我"（wirkliches Selbst）的辩证运动中，这个自我就是被认为（有血有肉的）基督教徒，他们生活在基督教的现实世界中，是主体（Subjekt），也就是知道他们是这个世界的创造者。基督教的真理（=被揭示的现实）就是基督教社团（教会）。

（532页第18行"Was dieser..."（这个……）到段落的末尾：插入说明，黑格尔谴责返回"福音的纯朴"的一切企图。）

分析在三个阶段中进行：

a）基督教的抽象思想：神学，尤其是三位一体和基督-圣言；

b）上帝，人和世界之间的关系：基督教（神学）的行动和道德；

c）教会被理解为教会的方式：基督教的“政治”（圣保罗教义→天主教教义→新教教义）。

通过神学，教会意识到作为教会（作为世界）的教会，和作为教会成员的人。

a）基督教神学（533页倒数第11行—535页倒数第19行）。

三位一体的教条。这个教条包含整个基督教的形而上学。黑格尔描述这个教条的真理是什么，并阐述他自己的形而上学——存在的三位一体的（“辩证的”）结构：本质（Wesen），自为存在（Fürsichsein），在他者中自为存在（Fürsichsein in Andern）=圣父、圣子、返回自身的圣灵（=闭合的、完成的历史）。

［534页倒数第13—7行：“Diese Bewegung...”（这个运动……）插入说明：非辩证的哲学家，神学家都没有看到在其表象（Vorstellung）中，而不是在其概念（Begriff）中的事物，不能理解这种存在的三位一体的结构。］

［535页第8行，“Insofern über die Form ... ”（关于形式……）到段落的末尾。插入说明，黑格尔为他的三位一体的无神论解释提供理由：正如人们不能把原始的福音思想和神学对立起来，人们也不能把神学和黑格尔的科学对立起来。］

b）基督教道德（535页倒数第18行—542页倒数第6行）。

导论（535页倒数第18行—536页倒数第11行）。

黑格尔解释创造，以及造物主和造物之间的关系的教条。基督教道德的批判：上帝和世界之间的对立使上帝必须死去；在三位一体中的紧张是不可消除的。在这些情况下，我们只能对人说：“你们要相互爱戴。”在黑格尔看来，爱是相互的承认；为了荣誉的斗争（两人之间的决斗）与爱背道而驰。在爱之中，冲突不是本质的；正在显现的差异不会成为极端的对立。哪里没有爱，哪里就有冲突，处境是难以维持下去的，一切必然毁灭。但是，人们从爱着手：主人和奴隶的冲突是本质的和原始的。爱只能存在于平等的人之间。这种绝对平等的处境仅仅出现在历史最终到达的（普遍的和同质的）完善的国家中。只要历史在继续，就有在斗争（和劳动），而不是在爱之中的存在。在斗争和劳动中，只有爱的虚假形式：自然的爱（在那里，只有人的自然存在；这是一种在家庭内实现的，其实在人类出现之前的爱），和基督教的爱，仁爱（=人与人之间的关系）。这种爱之所以有价值，仅仅是因为有主人和奴隶，还有各种对立。这种仁爱必须以不平等为前提，它不能发生在平等的人之间。但是，它不想承认这一点。它没有考虑到社会的差异，也不改变这些差异。平等在彼世中（"在耶稣-基督中"，人是兄弟；即一个绝对主人的所有奴隶）被转换。但是，为了基督教的爱是仁爱，必须要有谦卑的补充；在仁爱中，对他人的轻蔑因对自己的轻蔑而缓和。

仁爱是不充分的，因为它维持社会的差异、对立；如果没有这些差异，仁爱就不能存在。然而，它也是一种理想，只能通过斗争和（在最终完善的国家中和通过这种国家达到的）阶级"消亡"实现的理想。如果这样，爱就不再有任何基督教的含义：在人得到"满足"的地方，就不再有"仁爱"的位置。

在这里，分析仍然在三个阶段中进行：

（1）人的创造和堕落；

（2）善和恶，及其冲突；

（3）解决冲突的基督教办法：死亡和复活。

（1）创造和堕落（536页第12行—537页第18行）。

第一段：世界的创造。

第二段：人的创造。

人和世界之间的紧张：作为罪行的否定欲望。

被恰当地解释的“原罪”：536页倒数的一段：“Wie dieses einzelne Selbst...”（这个特殊的自我……）基督教如何表达这个教条：537页第11行：“Der Mensch wird...”（人……）(参见：天堂=动物之园；天堂般的国家仍然是“自然的”、动物的；这是罪恶，人化的欲望之罪)。

（2）善和恶（537页第19行—539页倒数第12行）。“堕落的”人的恶（罪恶、有罪）的本性。面对实在的恶，教义提出善的理想：基督。

537页倒数第14行：“Insofern das unmittelbare...”（直接的……）到538页的段落结束：插入说明，针对作为雅各布·伯麦* 的信徒的谢林：恶不存在于人类出现之前；恶是人，人是“恶的”。

538页第8行：“Das Gute und das Böse ...”（善和恶……）化为肉身：耶稣是一定能解决异教（悲剧）冲突的理想。基督教徒一开始就认识到劳动的本质重要性；他通过劳动设想出一种能解决有闲的主人的冲突的理想。

539页第9行：“Die andere Seite...”（另一方面……）撒旦（雅各布·伯麦的回顾）。

539页第14行：“Die Entfremdung...”（异化……）耶稣和撒旦之间的对立是普遍主义倾向和特殊主义倾向之间的对立。人是中项（Mitte），个体性。在这里，冲突是无可救药的；它不是在两位神之间的异教冲突，而是一位神和一个魔鬼之间的冲突（“喜剧的”情景；在自由民的假悲剧，实际是一种喜剧的悲剧中，有一种类似的情景：道义和“情感”之间的冲突；它是可解决的，不是悲剧的，不是喜剧的，因为人们能使“情感”服从道义；真正的悲剧=两种道义之间的冲突）。

（3）解决冲突的基督教办法（539页倒数第11行—542页倒数第6行）。基督教承认在两个分离的和独立的本原即善和恶之间的冲突。

* 雅各布·伯麦（Jacob Böhme，1575—1624），德国路德教的神秘主义者。——译者

这种斗争没有意义。和解：由于恶不能，也不必完全取消善，所以善必须作为善，即作为恶的对立面自我取消；对于恶来说，情况也一样。（真正的解决办法：通过劳动，特殊性被普遍化；以及通过斗争和生命危险，普遍（=国家）承认特殊。）

有两种斗争：消灭敌人的异教斗争；扬弃敌人的“辩证”斗争。实际的基督教斗争是在自由民世界中这种对立倾向的斗争（参见第六章B节的财富和国家的辩证法），而不是耶稣和撒旦的斗争——它仅仅是一种预见性的譬喻（在自由民世界的初期，人们就能在思想中设想一种观念上的解决办法，因为思想不会遇到阻力；但实际的解决办法要等到十八世纪）。

基督的生命和死亡象征着历史的实际过程：基督献出他的特殊性（=耶稣），以实现普遍（=语言），而普遍（=上帝）承认这种作为上帝本身（=基督）的特殊性（=人）。基督进行劳动，他是木匠；他牺牲自己的生命——这是斗争和危险。但是，他不进行本义上的斗争，因为他仍然是奴隶（被钉死在十字架上*）。此外，基督也揭示最终的无神论：上帝死了。他作为一个实在的人，即作为社团，教会（=拿破仑帝国的原型）而复活。

基督教的两个不足之处：基督仍然是超验的；有一个不同于其现实的教会的“神秘团体”（仅仅在终极的完善的国家，理想和现实才能完全和最终地一致）（在基督教中，“真正的”命题）。

（540页倒数第12行：“Betrachten wir...”（我们观察……）到542页的一段结束：插入的批判说明，针对作为雅各布·伯麦的信徒的谢林。）

c）教会（542页倒数第5行—546页倒数第11行）。

导论（542页倒数第5行—543页第9行）。

---

* 在罗马帝国，被钉在十字架上是处死奴隶的方式。——译者

教会制定了这样的一个教条，它足以取消上帝和超验的概念，以到达黑格尔的科学。

仍然是三个阶段的分析：

（1）信仰：圣保罗（→新教教义）；

（2）圣体：天主教教义（→无神论）；

（3）作为一种普遍宗教的基督教（→绝对知识）。

（1）信仰（543页第10行—544页第15行）。

成为基督教徒的异教徒是“恶的”（罪恶的）；事实上，他不过是意识到他已经是的状态：因此，他并没有成为“恶的”。

最初的基督教徒相信当前世界的末日。但是，历史在继续，罗马国家成为基督教国家。因而必须解释基督教徒的存在，他在一个（基督教）世界的生活。基督教的这种存在否定了福音神学：人们因而制定了一种新的神学：1）通过信仰的解释（圣保罗）；2）圣体（天主教教义）；3）普遍的教会。按照这种神学，基督教徒自己有一种作为基督教徒固有的价值，教会有一种作为教会固有的价值。经验的事实：亚当-耶稣成为一个概念，一种知识。这就是说，其实在性已经被“取消”：重要的首先是罪恶的意识，而不是罪恶本身（亚当），然后是信仰——在救世主中的信仰，而不是救世主本身。由于圣保罗，好像有第二次对耶稣的谋杀。

543页倒数第7行：“Wenn also...”（当……）圣保罗的辩证神学；这种神学把善和恶等同起来；撒旦（罪恶）准备和促使化为肉身；上帝为了能化为肉身（戒律是为罪恶颁布的，得救因而是可能的），求助于人（授予人戒律）。（参见《与罗马人书》：罪恶被罪恶的感情代替，这种感情产生了信仰。）在圣保罗看来，得救是直接的，不需要努力，不需要“成果”（皈依）。这是他的错误所在。因为在这种情况下，耶稣的生命就没有意义（只有他的死亡和复活才有意义）。事实上，从罪恶到得救的转变不是自动的；它需要时间；在两者之间，有一种自由的行为，一种主动的（模仿基督的）生活。如果得救来自上帝，那就是恩宠；这使基督教徒固有的一切价值丧失；此外，恩宠来自非时间的语言（Logos），因而超越时间和历史。如果恩宠来自人，——那么亚当就不会使人堕落，耶稣就不会使人得救。因此，康德说：耶稣仅仅是一个榜样人物。（黑格尔在青年时期也这样说，参见Nohl编辑本。）或者：所有的基督教徒都是耶稣。

圣保罗：恩宠和皈依协调（实际上，它们是不相容的）。

意识到罪恶并且皈依，这是不够的，——应该作为基督教徒活着。没有成果的信仰什么也不是。得救就是已经实现的信仰，被实际改造的世界成了教会。得救必须间接地通过成果和历史。因此，圣保罗让位于天主教。

（2）圣体（544页第16行—564页第7行）。

现在，重要的是耶稣的生命，这是他的行为：成果。

544页第16行："Ausser dieser Unmittelbarkeit..."（除了这种直接性……）天主教教义的顶点：圣体，基督在教会中的象征，他在现实世界（=教会）中的死亡和复活（"in ihr täglich stirbt und aufersteht"——544页最后一行）的象征。基督教徒只能通过领圣体，因而只能通过教会得救，也就是通过他在基督教世界中的基督教生活得救。

545页："Dasjenige..."（这个……）圣体也是特殊转变成普遍，普遍转变成特殊的一个象征。因此，这个教条在这个意义上是绝对真实的。然而，这只不过是一个象征，这就是它的不足之处，（在天主教中到达顶点的）基督教的一般不足之处。（事实上，精神在世界中的实际呈现（Gegenwart）不是耶稣-基督，也不是在圣体中的基督，而是人在自然世界中的历史生活。）

（3）普遍的教会（546页第8行—第30行）。

天主教教会原则上是普遍的。不过，是拿破仑帝国将实现这种普遍性。拿破仑帝国将包含人的整个生活，而教会仅仅“圣化”这种生活的某些方面（人不可能在一所教堂里度过他的一生）。

第七章的总结论（546页倒数第10行—548页）。（精神的超验观念的）宗教和基督教的一般批判。到第八章的绝对知识的过渡。

1937—1938年课程概要

（高等应用学校宗教科学专业1938—1939年报摘要）

今年的讲课在于解释《精神现象学》题名为“宗教”的第七章，黑格尔在这一章研究在历史过程中形成的神学学说的结构和发展过程。

在黑格尔看来，宗教思想的实际对象是人本身：任何一种神学必然是一种人类学。相对于自然而言，超感觉或超验实体，即精神，实际上只不过是人在给定世界中实现的否定（创造）行动。然而，只要人是教徒，他就不能意识到这一点：他以神学家的身份进行思考，他使精神的概念（Begriff）实体化和外化，以存在于人之外和独立于人的行动的一种存在（Sein）的形式呈现（Vorstellen）这个概念。当教徒实际上在谈论他自己的时候，他以为在谈论一个上帝。

这种自我意识的缺乏，这种精神的或人的内容在彼世中的想象投射（Vorstellen），把宗教（神学）思想和哲学（人类学）思想区分开来。此外，这两种类型的思想必然是共存的：它们相互对立，相互产生和相互补充。（前黑格尔的）哲学有意识地讨论人：在这种哲学中，人意识到自己。但是，这种哲学使人与自然和社会世界分离，再把人呈现给他自己；他只不过是特殊的人（Einzelner），他与世界（普遍）分离，仅仅关注自己，以便设想一种“哲学的”人类学。相反，神学在没有意识到的情况下揭示人的存在的普遍方面：国家，社会，民族，以及作为社会、民族和国家的一员的人。只要历史在继续，或只要完善的国家还没有实现，只要特殊与给定的自然和社会世界的普遍处在冲突之中，两种观念（“哲学”观点和宗教或神学观点）的对立就是不可避免的。人还没有通过行动，在他所生活的世界中为了这个世界得到满足，他逃避这个世界，躲藏在他的抽象的智慧中：这种仅关注自己的“知识分子”在“哲学的”人类学中意识到自己，反映了人的存在的特殊主义倾向。相反，同样的人，如果处在其普遍主义倾向中，转向世界，就不能认识世界，不能把世界接受为他的成果：（普遍的）现实在他看来好像存在于他之外和独立于他的活动，普遍的理想在他看来好像处在他之外和他的现实世界之外。因此，正是在神学神话的形式中，他意识到世界的现实和理想，意识到他自己是世界的一部分。“哲学的”人类学的特殊主义主观论始终要得到宗教神学的普遍主义客观论的补充和抑制。

神学是神学家生活在其中的社会和历史世界，以及在这个世界中形成的理想的——无意识——反映。因此，一方面，研究一种宗教能使我们理解这种宗教得以被接受的那个世界的本质特征；另一方面，因为神学也反映有待于通过对给定物的改造而实现的社会和政治理想，研究一种宗教也能使我们理解这个世界的发展过程，根据理想，以及根据揭示这种理想的神学完成的发展过程。这就是为什么研究历史的实际发展过程（我们在第六章看到的过程）的必要补充是研究神学思想的观念发展过程（我们在第七章看到的过程）。

存在的理想是逐步形成和实现的：它的形成的每一个阶段以一种特定的神学为标志，它的实现的每一个阶段是通过接受这种神学和按照这种神学完成的历史世界呈现出来的。在它的完善中，理想通过个体性概念，即通过人的存在的普遍主义倾向和特殊主义倾向的实际和主动综合的满足概念呈现出来的，这个概念首先以基督或上帝-人的（神的）个体性的（基督教）神学概念形式呈现给人。这个概念-理想在法国大革命中和通过法国大革命得以实现。拿破仑是人-上帝，同时也是完善的国家的主要创造者，积极地维护这个国家和使之永存的公民，在实在的（同时也是象征性的）拿破仑身上，法国大革命完成了基督教世界的发展过程。特殊和普遍之间实在的对立因而消除了，“哲学的”人类学和宗教神学之间观念上的对立也消失了。哲学家，这位哲学家是黑格尔，他在谈论拿破仑的实现时，揭示人的特殊性方面，也显示人的普遍性方面。他的学说既是“哲学的”，也是“神学的”。不过，他的学说是两者兼而有之，既不是其中的一种，也不是其中的另一种。它不是前黑格尔意义上的一种“哲学”，因为它不使用一种观念的或抽象的概念，即不同于自然的和社会的现实与活动。它不再是一种“神学”；因为如果神学谈论实在的和具体的精神，就把这种精神放在人和世界之外。黑格尔的学说是绝对知识（absolutes Wissen），绝对知识完成和扬弃（aufhebt）“哲学的”发展过程，以及宗教或神学的发展过程，揭示在历史终结时实现的完人，并预先假定这种人的实际存在。

完人，即通过其所是完全和最终满足的人，是基督教的个体性概念的实现，绝对知识对这种人的揭示具有和基督教神学同样的内容，但和超验性概念没有同样的内容：只需用基督教徒谈论其上帝的方式来谈论人，就足以使绝对神学或基督教神学转变成绝对哲学或黑格尔的科学。正如黑格尔在第七章指出的，这种转变由于拿破仑才得以完成。

在第八章，黑格尔向我们证明，最原始的神学学说为什么和何以逐渐转变成这种仅仅在形式上不同于他的学说的基督教学说：事实上，基督教神学仅仅向我们揭示的不是别的，就是黑格尔的个体性概念，不过，它是以神性人性兼有说的呈现（Vorstellung）形式揭示这个概念的。

VI

1938—1939学年课程

（全文）

第一次讲课

导论：哲学和智慧

在《精神现象学》的前七章中，黑格尔讨论了哲学。在第八章，他将考察其他东西。

在讲解的时候，我在确切的意义，本义和狭义上使用“哲学”这个术语。我谈论“爱智”(philo-sophie)，对智慧的向往，对智慧的向往不同于“智慧”(sophia)本身。不过，问题不在于哲学家，而是在于智者，黑格尔在第八章讨论的是智慧。因为我们要讨论的“绝对知识”(Das absolute Wissen)不是别的，就是与“爱智”(也与神学，以及与一般科学)对立的“智慧”。

在开始解释第八章之前，我先就智慧及其与哲学的关系说几句话。

关于智者的定义，所有的哲学家都有一致的看法。这个定义是非常简单的，能用一句话来表示：智者是能以可理解的方式，甚至以令人满意的方式回答人们关于其行为向他提出的问题，并且他的所有回答能构成前后一致的论述的人。或者这样说也一样：智者是充分和完全地意识到自己的人。

然而，只要理解这个定义的意义，就能理解柏拉图，比如说，为什么能否认实现这种智慧的理想的可能性。

事实上，关于我们的任何行为，人们能提出任何的问题：例如，洗澡的问题，交税的问题，以便回答灵魂和身体之间，个体和国家之间关系的问题，关于有限和无限、死亡和永存、上帝和世界的问题，以及关于知识本身，关于能使我们提出和回答问题的一致的和有意义的语言的问题，但有些回答每次都会引出一个新的“为什么”。总之，当人们在垂直方向——如果可以这么说的话——前进时，很快就会遇到所谓的哲学或“形而上学”问题的整体。

另一方面，在谈论最普遍的行为和在“水平”方向前进时，人们最终——当然，不是很快——要讨论在现代大学里讲授的所有科学，人们也许将发现其他的、还不存在的科学。

总之，能回答关于我们的行为中的某个行为的所有问题，最终说来，就是能回答一般的所有可能问题。因此：“回答所有的问题……”，就是完成可能知识的百科全书。完全地和充分地意识到自己，就是拥有——至少潜在地拥有——在强意义上的一种百科知识。

当黑格尔把智者、绝对知识的人定义为完全地意识到自己的人，即全知的人，他至少潜在地以一种闻所未闻的勇气断定，他已经在自己身上实现了智慧。

通常，当人们谈论智者的时候，人们以另一个方面描述智者，这个方面看来比全知更容易被理解。例如，斯多葛主义者把智者定义为通过其所是完全得到满足的人，因为智者的概念在这个学派中起着中心作用，和柏拉图相反，斯多葛主义者肯定这个概念的可能性和现实性。因此，智者也许是没有欲念、没有欲求的人：他不希望在自己身上和在他自己之外有任何东西发生变化；他因而不行动。他仅仅存在着，不变化；他与自己保持同一，他在这种同一性中和通过这种同一性得到满足。

然而，在黑格尔看来，用满足来界定智者的第二种定义，只不过是第一种定义，用完全的自我认识来界定智者的定义的诠释。他接受两种定义，恰恰是因为他把两个定义等同起来。

当然，我不准备在这里证明这个论点。因为这种证明已经由整部《精神现象学》，更确切地说，由《精神现象学》的前七章给出。我仅仅指出，完全的满足意味着完全的自我意识的这个论断并不比下面这个相反论断更容易被接受：完全意识到自己的人必然通过其所是，通过他意识到的东西得到满足。其实，为了证明第一个论断，只需这样说就够了：因为人只有在知道其所是，意识到他的满足的情况下才能得到满足，所以完全的满足意味着绝对的自我意识。但是，我不坚持这种推理，因为我知道，我们其他"现代人"过于"浪漫"，我们不能被上述"简单的"，即明显的论据说服。我仅限于引用我们的心理体验：我们徒劳地相信我们是满足的；只需某个人就我们不能回答的满足事实向我们提出问题，就足以使满足神奇地消失（即使快乐，或幸福，或喜悦，或单纯的舒适，也能在一段时间里经受这种考验）。人们能有这种自我体验。但是，人们也能仅限于阅读柏拉图的对话《伊安篇》，人们在那里看到一个自以为通过其所是得到满足，并且仅仅因为他在回答苏格拉底的问题时不能解释这种满足而不再有满足的人。对话中的故事是十分令人信服的。①

① 但是，必须在这里做一个重要的限制。我认为，柏拉图实际上能使所有阅读和理解其对话的人信服。只是有一点：阅读柏拉图著作的人的数目是有限的；能理解柏拉图著作的人的数目更加有限。断言对话中的故事是"令人信服的"，是没有意义的：仅仅对于那些愿意被说服的人来说，故事才是令人信服的。同样的说明也能用于我的"简单"论据。它无疑是"明显的"。但仅仅对于那些准备接受事实的人来说，它才是令人信服的。正如我所说的，我们是非常"浪漫的"，所以我们知道人们能区分"理论的"明显和"存在的"确信。一般地说，我所说的一切仅仅对于那些把最高的存在价值放在自我意识中的人来说，才真正是令人信服的。不过，说真的，这些人已经预先被说服。如果在他们看来，自我意识是最高的价值，那么不容置疑的是，他们只有通过一种意识到（转下页）

一般地说，人们倾向于低估满足的困难，高估全知的困难。一方面相信容易的满足的神话（道德家发明的神话），另一方面坚持智者的理想和知道实现这个理想极其困难的思想家也没有看到他们认为不可理解的全知，没有看到他们认为极容易得到的满足，但看到了第三种定义：他们把智慧等同于道德的完善。智者是在道德上的完人。

黑格尔认为能证明这第三种定义等同于第二种定义，因而也等同于第一种定义。

我不认为人们能真正地怀疑“完人是满足的，因为他存在着”的命题。甚至基督教徒也不得不肯定这一点，只要他们把圣洁等同于完善，而不是如同他们通常所做的那样，把圣洁等同于一种最低程度的不完善，等同于一种最低程度的罪恶，或者相反，等同于对不完善和罪恶的最高程度的意识。因此：谁谈论道德的完善，谁就必然也谈论通过其所是的满足。

为了理解事情为什么是这样，只需思考道德的完善的概念本身，不考虑这个概念的内容就够了。关于内容，意见是多种多样的：关于认为智者能完全实现的道德内容，人们争论不休。不过，我们暂时对此不感兴趣。我们只需指出：或者，道德的完善的概念没有意义，或者，应该把它理解为一种作为所有人的典范的人的存在，所有人的行为的目的和动机应符合这个典范。如果智者在他自己身上实现了道德的完善，那么必须说，他的存在能作为他和其他人的典范：他希望在最大程度上自己像他那样，其他人也像他那样。然而，这等于说，智者是满足的，因为

（接上页）本身的满足才能完全地得到满足。相反，当他们有完全的自我意识时，他们因而完全地得到满足，即使他们没有生活在肯定的快乐中，即使他们——有时——是苦恼的。在他们看来，满足和自我意识只不过是一个单一的和同样的东西的两个方面。但是，在普通人看来，这种认同并不是理所当然的。相反，他们倾向于分别考虑两个东西，更看重满足，他们认为满足比完全的自我意识，即全知，更容易理解。我将在后面回过头来讨论这个问题。目前，已经走得太远了。

他存在着。他在主观上，在自身中是满足的，因为在他身上无任何东西促使他超越自己、改变，也就是否定、不接受其以前所是。他因普遍的承认而得到满足，因为没有人想迫使他改变使之满足的状态。

我以为，只有在普遍有效，即被所有人接受为典范的情况下，道德的完善的概念才有一种意义。这看来是可争议的，因为我们习惯于谈论多种不可还原的存在类型，即多种本质上不同的道德。当然，我不准备怀疑这种多元论，即道德的相对主义。我仅仅想说，在这些条件下，谈论完善不再有任何意义。因为在这种情况下，"完善"的概念严格地等同于"主观满足"的概念。事实上，断言存在或道德类型的多样性，就是断言所有人的承认没有被包含在可在这些类型中的每一种类型之内实现的完善的理想中：只需人们相信自己是完善的，就足以是完善的：不过，相信自己是完善的，就是通过其所是得到满足。反过来说，通过其所是得到满足，就是相信自己是完善的，在我们的例子中是完善的。只有当人们谈论满足者的完善时补全完善的概念，也就是用客观满足的概念，用得到普遍承认的满足的概念来充实主观满足的概念，才有一种唯一的道德的完善。但是，正如我已经说过的，即使在这种情况下，也必须说，真正的完人通过其所是得到满足。看来只有相反的论断是可争议的：即使不愿意和不能作为所有其他人的典范，人也能得到满足。

我已经说过，我不能重复黑格尔对下面这个理论的证明：满足的人在道德上是完善的，也就是他能作为所有其他人的典范。我仅仅指出，他在证明人只有被普遍地承认才能得到满足时，得出了这个结论；这就是说，他证明，人只有是完善的，才能得到满足（以及，人只有得到满足，才是完善的）。他在把人等同于自我意识时，也得出了这个结论。这就是说，在这里，仍然仅仅对于那些希望被说服的人（通过推理能被说服的人）来说，论据才是令人信服的。换句话说，黑格尔仅仅证明，智者的（用自我意识来界定的）第一种定义与用满足和（"道德的"）完善来界定的两个定义是一致的。但是，他并没有向否认第一种定义的人，即否认智者必然是自我意识的人证明任何东西。（黑格尔能说的唯一东西，是人们不能向那些否认这一点的人证明任何东西。）或者，他不能证明满足的人实际上被当作所有人的典范。他仅仅证明，这一点从一开始就是明显的，完全满足和完全意识到自己的人能作为所有把最高的存在价值放在自我意识中的人，也就是按照定义，接受这个人所实现的理想的人的“道德上完善的”典范。

乍看起来，黑格尔的论据是一种单纯的同义反复。看来，在黑格尔那里，也有一种不可还原的多元论，它使完善的概念失去意义。但是，黑格尔不会接受这种解释。他可能会说，他的完善的概念是有效的，因为它是普遍有效的（如同一切概念）。因为否认这个概念的那些人根本就没有概念。

当我们讨论智者的第二种定义的时候，已经处在一种相似的境地中，我说过，我们应该讨论这个定义。现在是讨论的时候了。

我们已经看到，在黑格尔看来，智慧的三种定义在严格的意义上是等同的。智者，就是完全意识到自己的人，即通过其所是完全得到满足的人，也就是说，他在其存在中和通过其存在实现完善的道德，换句话说，能作为他自己和所有其他人的典范。对于所有那些他为之存在的人，即对于那些理解他，知道他存在和知道其所是的人来说，这种限制是重要的，这是不言而喻的。我们暂时把这种限制搁在一边。智者得到普遍的承认。这就是说，只有一种唯一的可能智慧。在肯定这个论断的时候，我们遇到了多元论，或存在的相对主义的相反论点。黑格尔是如何证明他的论点的？事实上，他只有在谈论智慧的第一种定义，被当作公理的定义时，才能证明他的论点。至于这种证明，它是非常简单的。让我们暂且承认，智者是完全的自我意识。我们已经看到，完全的自我意识等同于全知，换句话说，智者的知识是完全的。智者用他的思想的整体揭示存在的整体。因为存在服从与本身同一的原则，所以只有一种唯一的和单一存在的整体，因此，只有一种唯一和单一的知识能整个地揭示存在。所以，只有一种唯一和单一的可能（有意识的）智慧。

如果意识到自己的智慧的理想是唯一的，那么必须说，实现这种理想的智者也实现了道德的完善，所以他通过其所是得到满足。只需假定智者是完全的自我意识，就足以证明在（必然是唯一的）智慧中，自我意识、主观满足和客观满足是完全一致的。换句话说，为了到达黑格尔的这种三重定义，只需假定人在其“本质”中和在其存在本身中是自我意识，只需假定人之所以不同于动物和物体，是因为自我意识，也仅仅是因为自我意识就够了。从这个假定出发，我们确实能推断出我们讨论的三重定义。

我再一次不准备重复在《精神现象学》前七章的整体中给出的这个推断。但我想指出，这个推断是不可反驳的。

因此，在阅读了《精神现象学》的前七章后，人们看到，只需用自我意识来界定人，就必然能得出这个结论：必定有一种智者的理想，只能有一种类型的智者，智者能回答黑格尔的三重定义的结论。至少，这就是黑格尔自己所说的东西。但是，在做进一步考察的时候，人们看到，黑格尔假定的东西稍微多于自我意识的存在的简单事实。他假定这种自我意识自然地、自发地倾向于延伸、扩展、蔓延到呈现给人的和在人那里的整个现实领域。事实上，《精神现象学》的辩证运动始终按照下面的程序进行：一种状况A形成了，黑格尔描述这种状况；然后，他说，这种状况一旦出现，实现它的人也必然意识到它；最后，他证明状况A因这种意识而变化，变成一种新的状况B；如此往下，以至无穷。这种意识很可能不像黑格尔认为的那样，是必然的、自然的、普遍的。在正常情况下，即使意识到自己的人也很可能对立于这种意识的延伸，倾向于局限在这种意识中，倾向于把超越已经意识到的领域中的一切东西抛弃在无意识中（在下意识中，等等）。然而，如果事情真的是这样，那么到达智者的理想（和到达现实）的辩证运动就不再是必然的。为了这种运动能到达终点，在每一个辩证的转折点上，必须在实际上有一种倾向于延伸到新的现实中的自我意识。无任何东西能证明这样的自我意识在人们需要的时候必定能出现。

因此，为了《精神现象学》的推论是有效的，必须假定不仅仅是一种自我意识，而且更是一种始终倾向于尽可能延伸的自我意识。按照我的看法，这个补充条件是非常重要的。我将回过头来讨论这一点。目前，我仅仅想说，按照我的看法，讨论仅仅针对《精神现象学》的前提，而不是针对我们在其中找到的推论。就个人而言，我认为，在接受《精神现象学》的前提之前，我们不可能对黑格尔从中得出的结论持任何反对意见。无论如何，到目前为止我没有听到谈论这一类真正的反对意见。如果接受出发点，人们必然能到达最终的结果，即到达在三重定义中的智者概念。

但是，不应该忘记，《精神现象学》的最终结果有一个双重的方面。一方面，黑格尔推断出智者的三重理想；另一方面，他断言这种理想通过他自己，即通过进行推断的作者已经实现。《精神现象学》的推断只能证明智者的观念上的可能性，这是很明显的。但是，《精神现象学》不能证明智者的实际上的可能性。事实上，从和黑格尔一样的假定（人=自我意识）出发的柏拉图，显然承认我们看到的智者是思维，即推理的必然理想，但他否认这种理想能通过人实现。（不言而喻：通过实在的，在受制于出生和死亡的一段时间里生活在一个现实世界中的人。）

由于在这里涉及现实，即事实的问题，柏拉图的怀疑主义没有遇到黑格尔的反驳，只能遇到一个事实的证明的反驳。

我将回过头来讨论智者的现实的问题。目前，我只能谈论困难，可以说“理论上的”困难，进一步阐述我在上面做的解释，答应回过头来再讨论。

我们已经看到，人们不仅仅能提出事实的问题，而且也能提出权利的问题：人们能怀疑柏拉图-黑格尔的出发点，人和自我意识的等同，自我意识始终倾向于尽可能延伸的论断。当然,《精神现象学》的推断不是假设的。因为毫无疑义,自我意识不是人们能否定的一个“公理”,而是一个无可置疑的事实。人们仅仅能以不同的方式解释它。人们能否定自我意识揭示了人的“本质”。或者,如果使用一种更简单的语言,人们能说:要么自我意识是人必须和能够克服的一种毛病;要么在有意识的人旁边,有一些没有意识的人——尽管有差别,但他们仍然是人。不过,在这样做的时候,人们就否定智慧的普遍性。这意味着人们怀疑智者的三种定义的等同。

然而,黑格尔关于完善-满足和自我意识的等同的否定并不是我发明的。这种否定其实已经存在。只需援引印度思想家就够了,他们说,人在无梦的睡眠中接近完善-满足,完善-满足在婆罗门的“第四状态”的绝对黑夜中,或在佛教徒的涅槃中,在意识的泯灭中实现。一般地说,只需想到那些在绝对寂静中寻找完善-满足,甚至摈弃自言自语或与上帝对话的人就够了。人们也能想到尼采所说的“中国”理想,完全“沉溺”于舒适的安全中的“公民”理想(参见《快乐的知识》,第一卷,第24节)。最后,人们能想到通过爱情的、审美的、音乐的(无意识的)“入迷”的“得救”理想。

然而,毫无疑义,人在无意识中得到满足,因为他们有意地处在与他们自己的同一中,直至死亡。人们也能说,他们已经实现了(或一种)“道德的完善”,因为已经有以他们为典范的一些人。(在这种情况下,人们在不恰当的意义上使用“完善”一词,因为智者的理想的普遍性不再起任何作用。此外,尼采认真地考虑他所说的“中国”理想成为普遍理想的可能性。这看起来并不是荒谬的:这是可能的,如果人们不反对的话。于是,人们能谈论在本义上的一种满足的完善。)

不过,人们在这里就是用一些事实来反对黑格尔。当然,他无言以对。他至多能用有意识的智者的事实来对抗无意识的“智者”的事实。如果这个事实不存在……?在任何情况下,黑格尔都不可能用定义来反驳，以“转化”无意识的“智者”，他只能用语言来反驳，以“转化”无意识的“智者”。当开始说话，或开始倾听一种语言的时候，这个“智者”已经接受黑格尔的理想。如果他真正地是其所是：一个无意识的“智者”，那么他将拒绝一切讨论。于是，人们只能像“反驳”一个事实、一个事物或一个动物那样反驳他：在身体上消灭他。

当然，黑格尔能说，无意识的“智者”不是一个真正的人。然而，这只不过是一个任意的定义。这就是说：仅仅对一类特定的人来说，即对把最高价值放在自我意识中的人来说，黑格尔的智慧才是一种必然的理想；只有这个人能实现这种理想。

换句话说：智慧的柏拉图-黑格尔理想只有对无意识的“智者”来说才有价值。

我们现在能更好地理解我提到的解释意味着什么，即黑格尔在《精神现象学》中不仅仅预先假定人本质上意识到自己的事实，而且也假定人的自我意识必然尽可能延伸的事实。这种解释仅仅意味着黑格尔预先假定哲学家的存在：为了《精神现象学》的辩证运动能到达以智慧，绝对知识的概念和实现为标志的终点，在每一个辩证的转折点上，必须有一个哲学家准备意识到形成的新现实。事实上，是哲学家，也仅仅是哲学家，试图不惜一切代价了解他的处境，认识其所是，在认识其所是之前，不能走得更远。其他人，尽管意识到自己，但仍局限于他们已经意识到的东西，不能深入到在他们身上和在他们之外的新事实。在他们看来：“越变化，越相同”。换句话说：“他们仍然忠实于他们的原则”。（同样，在他们看来：“一场战争始终是一场战争”；以及——“所有的独裁都是一样的”。）总之，不是通过他们自己，只有通过哲学家，他们才能（违心地）认识到“处境”，即他们生活在其中的世界，以及他们自己的本质变化。

因此，《精神现象学》看到的人，即必然到达智者的柏拉图-黑格尔理想和某一天被认为能实现这种理想的人——不是一般的人。他仅仅是哲学家。

我们现在能明确指出“哲学”的概念。如果哲学是爱智，如果做哲学家意味着想成为一个智者——哲学家想成为的智者必然是柏拉图–黑格尔的智者，即本质上与完全意识到其完善和满足，并且完善的和满足的人。哲学家只能是一种自我意识的形式，这是显而易见的。如果科学、数学联系于通过时间和空间给予它们一种内容（即一种意义）的实在事物，那么哲学仅仅通过自我意识联系于实在事物。如果没有自我意识的这个枢纽，那么所谓的“形而上学的”哲学思辨也仅仅是“形式的”，没有内容，即没有任何意义，仅仅是纯粹数学的思辨。哲学不是别的，就是一种类似于纸牌游戏的单纯“精神游戏”，包含和预先假定被理解为充分和完全的自我意识的智慧的理想。

我们现在能比较哲学家和智者。

第一，如果智慧是回答人们关于人的存在所提出的所有问题的艺术，那么哲学就是提出问题的艺术；哲学家是最终向自己提出一个他自己不能再回答的问题的人（如果他想不惜一切代价回答这个问题，他只能不再做哲学家，但如果他不做哲学家，他就不能成为智者：要么通过和他的其余论述相矛盾的某种东西，要么求助于一种不可理解的和不可言喻的“无意识”回答这个问题）。

第二，如果智者是通过其所是，即通过他在自己身上意识到的东西得到满足的人，那么哲学家就能意识到他的不满足的状态；哲学家本质上是一个不满者（这不一定意味着一个不幸者）；作为哲学家，他是不满的，只是因为不知道自己是满足的。如果人们想刻薄一点，那么人们能说，哲学家是不满的，因为他不知道他想要什么。但是，如果人们想公正一点，那么必须这样说，哲学家是不满的，因为他不知道他想要什么。和所有人一样，哲学家也有欲望。但是，他的欲望的满足并没有使作为哲学家的他满足，只要他不理解他的欲望，即只要他不把他的欲望放入揭示其存在的语言的一致性整体中，即只要他没有解释他的欲望

(这种解释通常但不一定采取所谓的“道德”解释的形式)。这就是为什么“智慧”或无意识“满足”的理想不为哲学家存在:不理解他的舒适,他的快乐,他的喜悦或他的幸福,甚至他的“入迷”的简单事实,已经使他不满,不满足。然而,如果有意识的满足通过与本身的同一表现出来,那么不满足的意识引起或揭示一种变化:哲学家是本质上变化的人;有意识变化的人,想变化的人,想成为和做非其所是的人,这仅仅是因为他不知道自己通过其所是得到满足。因为自我意识通过一种语言(Logos)表现出来,因为揭示一种变化的语言叫作辩证的语言,人们也能说,一切哲学家必然是一个辩证学家。①

第三,如果智者是他自己和其他人(不言而喻:哲学家,即追求由智者实现的理想的人)的典范,那么可以说,哲学家是一个否定的典范:他揭示他的存在仅仅是为了使人明白不应该做像他那样的人,为了证明人不想做哲学家,而是想做智者。当知道不应该做什么人,知道应该成为什么人的时候,哲学家发生了变化。换句话说,哲学家在自己的变化中实现了一个进步。②

揭示其变化的哲学家的辩证语言显示了一个进步。因为一切被显示的进步都有一种教育学的价值,人们能概括说,一切哲学必然是(正如柏拉图非常清楚地看到的)一种教育的辩证法或一种辩证的教育学,它从关于提问者的存在的最初问题出发,最后到达——至少在原则上——智慧,即到达对所有可能的问题的回答(尽管是可能的回答)。

---

① 按照智者的第一种定义,他的辩证法最终可能归结为一系列(与他的存在有关的)问题和回答。

② 显而易见,如果“进步”一词的意义仅仅是对于一种有意识的变化而言的,那么每一个有意识的变化必然是一个进步。事实上,由于自我意识包含记忆和必须以记忆为前提,那么人们能说,在自我意识领域里的任何变化都意味着这种记忆的延伸。然而,我不认为人们能以其他方式定义进步,除非说,如果人们能通过B理解A,但不能通过A理解B,那么就有从A到B的进步。

一个人决定阅读《精神现象学》的事实表明，他喜欢哲学。一个人理解《精神现象学》的事实表明，他是一个哲学家，因为在阅读和理解《精神现象学》的时候，他实际上增加他对自己的意识。作为一个哲学家，他关注自己，不关注所有不是哲学家的人，即所有——原则上——拒绝阅读《精神现象学》，拒绝延伸他们的自我意识的人。哲学家让那些人听从其命运的摆布，转而关注自己，他通过《精神现象学》认识到，作为哲学家，他是一个"爱智慧的人"，智慧在《精神现象学》中和通过这本书得到界定。这就是说，他理解他想成为一个智者，即一个完全意识到自己，通过这种意识完全得到满足，因而作为其所有"同人"的典范的人。哲学家在智者中看到一般的人的理想，给予作为哲学家的自己一种无与伦比的人的价值（因为在他看来，只有哲学家才能成为一个智者）。

归根结底，整个问题在于知道哲学家是否能真正成为一个智者。黑格尔对此表示肯定：他声称已经到达智慧（在《精神现象学》中和通过这本书）。但是，柏拉图对此表示否定：人永远不能到达智慧。

为了能做出抉择，必须知道这两种态度意味着什么。必须理解：1. 接受智慧的理想和否定这种理想的实现意味着什么（在柏拉图那里）；2. 一个自称是智者的人的断定意味着什么（在黑格尔那里）。

第二次讲课

导论：哲学和智慧

（续完）

我们得到如下的结果：

仅仅当哲学表现为通向智慧之路时，或至少仅仅当哲学由智者的理想指引时，哲学才有意义和存在的理由。反过来说，接受智者的理想必然通向作为到达这种理想，或至少走向这种理想的一种手段的哲学。

关于智者和哲学家的定义，标志着古典哲学开端的柏拉图的看法，和标志着古典哲学结束的黑格尔的看法是一致的。关于智者的问题，唯一可能的基本分歧是在黑格尔和柏拉图之间的分歧。这就是说，如果接受智者的理想，以及柏拉图-黑格尔关于智者的定义，人们或是肯定，或是否定实现智慧，以及在成为一个哲学家之后实际上成为一个智者的可能性。

我们现在来看看这种分歧意味着什么。和柏拉图一样，人们当然能否定实现智慧的可能性。但是，在这种情况下，必须两者择一：或者，智者的理想永远不能实现；或者，哲学家只是一个疯子，他声称或希望成为不可能成为的人,(更严重的是)成为他知道不可能成为的人。或者,他不是一个疯子;于是,他的智慧的理想在现在或将来实现,他的智者的定义是或将是一个真理。但是,因为按照定义,这个理想不可能由在时间中的人来实现,所以这个理想只能由一个不同于人,在时间之外的存在来实现或在将来实现。我们都知道,这样的一种存在叫作上帝。因此,如果人们和柏拉图一样,否定人的智者的可能性,那么人们必然要么否定哲学,要么肯定上帝的存在。

如果我们肯定这种可能性,那么我们要看看这意味着什么。一方面,真理揭示存在的东西。另一方面,真理永远与本身保持同一。因此,真理揭示与本身保持同一的一个存在。不过,按照定义,永远是哲学家的人始终在变化。(因为世界包含变化的人,这个世界本身也整个地变化。)人的语言只有揭示不同于人(和世界)的存在,才包含真理;人的语言只有揭示上帝——唯一完善的、满足的、意识到自己和自己的完全满足的存在,才是真实的。因此,一切哲学进步实际上都不是人类-学的进步,而是神学的进步。对人来说,智慧不是意味着完全的自我意识,而是意味着对上帝的完全认识。

因此,柏拉图和黑格尔的对立不是一种在哲学之内的对立。这是一种在哲学和神学之间,归根结底,在智慧和宗教之间的对立。从主观的观点看,人们能以下面的方式表达这种对立:哲学家希望通过一种辩证的教育学的连续过程到达智慧(在他看来,智慧就是自我意识),在这个过程中,每一个步子仅仅是由以前的所有步子决定和确定的;相反,教徒仅仅希望通过一种突然转变,通过人们称为“皈依”的东西到达智慧(在他看来,智慧是上帝的知识),这种皈依,至少部分地取决于在到达智慧和人们称为“启示”或“恩惠”的过程中的一个外部因素。从客观的观点看,人们能以下面的方式表达同样的对立:被认为哲学家能到达的知识,只有显现为循环的(这意味着人们在阐述这种知识时又到达了出发点),才能显现为绝对的或完全的,即显现为完全和最终真实的。

相反，教徒到达的知识则是绝对的或完全的，而不是循环的。或者，人们能说：宗教或神学知识的圆圈，仅仅通过使线条的连续性中断的一个“奇异点”被闭合，这个点就是上帝。上帝是一个特殊的存在（因为上帝本质上不同于世界和人），上帝是绝对的和完全的。因此，一旦包含关于上帝的完全认识，知识就是完全的。针对人和世界的绝对知识的其余部分可能是部分的，即开放的、非循环的。相反，在无神论哲学家看来，循环性是整体性即知识的绝对真理的唯一保证。从知识到经验的现实，人们能说出同样的对立：既然智者的知识仅仅揭示在世界中的人，那么把这种完全的和循环的知识转变成真理的现实，其实就是普遍的和同质的国家（也就是没有内在矛盾：阶级斗争，等等）；哲学家只有在这种国家实现之后，即历史完成之后，才能到达绝对知识；相反，在教徒看来，能证明其绝对知识为真的普遍的和同质的现实，不是国家，而是上帝，因为上帝在世界和人的历史发展过程的任何时期都是普遍的和同质的；因此，教徒能在任何历史时期，在任何实际条件中到达其绝对知识；为此，只需上帝能显现给一个人（或在一个人中和通过一个人显现）。①

---

① 我不再长时间地讨论这些问题，因为我想在讲解第八章的时候再讨论它们。我仅仅想指出，哲学史证实了这种看事物的方式，也就是说，否定智者的可能性，就是把哲学改造成神学；否定上帝，就是必然肯定人（某一天）实现智慧的可能性。

否定这种可能性的柏拉图清楚地看到，他的辩证的、教育的、哲学的语言仅仅在是神学的，最终联系于έυ-ἀγαθόυ（至善），联系于超验的完美的大一时，才有一种意义。其哲学所通向的智慧（根据第七封“信”）是一种“转变”，通向对在宁静中的上帝的沉思。亚里士多德想消除柏拉图主义中超验的ἀγαθόν（善），维持语言的绝对价值，直接地肯定在人间实现智慧的可能性。在笛卡尔那里，情况更加有意义（因为没有意识到）。他否定智慧的可能性，因为他用错误来定义人（而黑格尔把人定义为通过行动消除错误的存在）。为了能阐述他的体系，必须一开始就引入一个超验的上帝：不是体系的整体性，即循环性，保证了体系中的每一个部分的真实性，而是体系的各部分与特殊的完全存在——上帝——的直接关系，是一切真理的唯一保证。相反，斯宾诺莎想清除笛卡尔主义中的超验成分，在一本叫作《伦理学》的研究人的智慧的著作中阐述他的体系。最后，康德（转下页）

最后，一般地说，有三种可能的存在态度，也只有三种：

人们能否定关于智者的柏拉图-黑格尔理想。换句话说，人们否定最高价值被包含在自我意识中。如果人们决定采取这种态度，那么人们就决定反对任何种类的哲学。但更有甚者。必须说，这种决定最终将使一切人的语言失去意义，在其极端的形式中，这种态度到达绝对的沉默。

因此，第一，当人们抛弃智慧的理想时，人们决定为了一种绝对的沉默和一种没有任何意义的“语言”（数学、音乐等语言）反对一切有意义的语言。第二，如果人们接受这种理想，但否定人能实现这种理想，那么人们就选择一种有意义的语言，当然，它联系于本质上不同于我的现实的一种现实：人们选择神学，抛开哲学。第三，人们能选择哲学。但是，在这种情况下，人们被迫承认某一天实现智慧的理想的可能性。

黑格尔清楚地知道这一切，选择了第三种态度。他不仅限于选择这种态度。在《精神现象学》中，他试图证明这种态度是唯一可能的。

事实上，他没有证明这一点。他不能反驳那些追求一种排斥自我意识，或至少排斥自我意识的无限延伸的存在理想的人。至于神学，他只能证明，教徒的存在必然是在苦恼中的存在。然而，因为他自己说过教徒通过自己的苦恼得到满足，所以他也不能反驳教徒，除非重新援引自我意识的延伸。不过，只有当教徒以为能完全认识上帝时，教徒才对这种延伸感兴趣。

（接上页）发现了先验，以为能摆脱超验；或者这样说也一样：他以为能避免肯定和否定智慧的两者择一，假设一种有限的或无限的哲学进步。但是，我们知道，这只不过是一种错觉：显然，如果他想把这两个部分变成一个体系，即合并它们，那么他就不可能摆脱超验；事实上，他放弃了《体系》，仅限于通过第三部《批判》把前两部《批判》联系起来；他清楚地知道，这种联系的价值不是真正的，而仅仅是“看起来的”；只需把第三部《批判》改变成《体系》的第三部分，就能使这个体系成为神学的体系。

总之,《精神现象学》仅仅证明,智者的理想,《精神现象学》定义的这种理想,是哲学,任何一种哲学的必然理想;也就是说,这种理想是每一个把最高价值放在自我意识中的人的必然理想,人正是一种自我意识,而不是别的东西。

这种限制不是对《精神现象学》的一种反对意见。事实上,黑格尔撰写《精神现象学》是为了回答问题:"我是什么?"但是,提出这个问题的人,也就是在继续生活和行动之前想意识到自己的人,按照定义,是一个哲学家。回答问题"我是什么?"必然就是谈论哲学家。换句话说,在《精神现象学》中的人,并不是一般的人,而是哲学家(更确切地说,只有当不同类型的人被整合到进行自我分析的哲学家身上,也就是向自己提出"我是什么?"的黑格尔身上时,才能讨论这些不同类型的人)。黑格尔能向阅读《精神现象学》的人(他因而也是一个哲学家)证明,在《精神现象学》中被描述的人(或多或少有意识地)追求智慧的理想,并最终实现这种理想,这并不令人惊讶。事实上,按照定义,对问题"我是什么?"做出一个完整回答的人就是一个智者。这就是说,当人们(在强意义上)回答问题"我是什么?"的时候,人们必然不会回答"我是一个哲学家",而是回答"我是一个智者"。[①]

因此,对在《精神现象学》中提出的问题的回答,同时也是智慧的实在性的证明,因而是一种根据柏拉图和一般神学的事实的反驳。因此,整个问题在于知道在《精神现象学》末尾给出的回答,更确切地说,由整部《精神现象学》(或它的前七章)给出的回答,是否真正是一个完整的回答,对关于人的存在,以及关于提出问题的人的存在的所有可能问题的一个回答。不过,黑格尔以为通过其循环性证明了回答的整体性。

① 知道自己是智者的人的语言,不再是仍然作为一种哲学(即追求智慧的人的语言)的《精神现象学》,而是已完成的科学,即《哲学全书》。

可以说，循环性这个概念是黑格尔带来的唯一独创成分。人们给出和假定的关于哲学与智慧的定义是所有哲学家的定义。智慧能被实现的断言已经由亚里士多德做出。斯多葛主义者同样断言，智慧已经被实现。一些伊壁鸠鲁学说的信奉者更可能以第一人称谈论智者。只是这些思想家都没有指出能界定智者的一个标准。事实上，人们始终仅限于满足这个事实：或是主观方面（欲望的“永存”、缺乏，等等）；或是在（人们通常以道德的观点呈现的）与本身的同一，与我的有意识一致的客观方面。但是，人们永远不能证明智慧的追求者能实际上实现完全的自我意识。不过，我们已经看到，如果没有智慧的这个方面，理想本身就不再有意义。

我相信，黑格尔第一个找到了对下面问题的一个回答（我不说一般的回答）：人们对自己的认识，以及人们的一般认识，是不是完全的、不可超越的、不可改变的，即普遍和最终有效的或绝对真实的？在他看来，这个回答是通过认识或知识的循环性给出的。智者的“绝对知识”是循环的，任何循环的知识（但只有一种唯一可能的循环知识）都是智者的“绝对知识”。

不管提出什么问题，在一系列或长或短的回答-问题之后，人们迟早将到达在智者拥有的绝对知识范围内的诸问题之一。从这个问题出发和逻辑地逐步推进，人们必然能到达出发点。人们因而看到，人们能穷尽所有可能的回答-问题。或者，换句话说，人们已经获得了一个完整的回答：一个循环知识的每一个部分都回答这种知识的整体，而这种知识——循环的——是任何知识的整体。

人们知道，黑格尔已经证明他的知识是循环的，循环性是绝对真理，即完全的、普遍的和最终的（或“永恒的”）真理的必要和充分条件。但是，人们通常不记得（仅仅通过《精神现象学》，人们才知道这一点），和黑格尔的所有概念一样，循环性概念有两个方面：一个观念的方面，或者也能说抽象的方面，和一个实在的方面，或者也能说具体的或

“存在的”方面。只有两个方面的整体才能构成黑格尔称为Begriff(概念)的东西。

智慧的循环性的实在方面是智者的“循环的”存在。在智者的绝对知识中,每一个问题都是它自己的回答;但是,仅仅通过构成整个体系的问题–回答的整体,每一个问题才是它自己的回答。同样,在他的存在中,智者是自己保持同一,他局限于自己;但是,之所以他是自己保持同一,是因为他通过其他人的整体,之所以他局限于自己,是因为他把其他人的整体包含在自己中。(按照《精神现象学》)这仅仅意味着只有普遍的和同质的国家,即所有人和每一个的行动(Tun Aller und Jeder)的国家的公民,才可能是一个智者。

实现完全的自我意识的智者的绝对知识,是对问题“我是什么?”的回答。因此,为了揭示智者的实在存在的知识本身是循环的,是一种绝对知识,智者的这种存在必须是“循环的”(也就是说,在黑格尔看来,他必须是普遍的和同质的国家的公民)。因此,完善的国家的公民能实现绝对知识,反过来说,因为黑格尔假定每一个人都是哲学家,即生来就能意识到存在的东西(或至少那些黑格尔仅对之感兴趣和加以谈论的人),完善的国家的公民最终能在一种循环的,即绝对的知识中和通过这种知识意识到自己。

这个概念本身导致一个非常重要的结果:在黑格尔看来,智慧只有在历史终结时才能实现。[①]

这是众所周知的。我们通常知道,在黑格尔看来,不仅仅智慧的出现完成了历史,[②]而且仅仅在历史终结的时候,这种出现才是可能的。我们知道这一点,但我们始终不理解为什么。只要我们不知道智者必

① 因为根据《精神现象学》的分析,这种国家必然标志着人类(不言而喻:意识到自己或走向这种意识的人类)历史的终结。

② 这并没有新意,因为如果人们知道一切,那么实际上就不再有进步或变化(不言而喻:在哲学家看来,这个问题仅仅是为他存在的)。

然是普遍的(不是可延伸的)和同质的(即不是可改变的)国家的公民,我们就不理解这一点。只要我们不理解这种国家不是别的,就是绝对知识的循环性的实在基础("下层建筑"),我们就不知道这一点:作为有选举权的公民,这种国家的公民实现了他通过其体系和作为沉思的智者揭示的循环性。①

在黑格尔看来,有一个智慧的实现的双重标准:一方面,智者生活在其中的国家的普遍性和同质性,另一方面,他的知识的循环性。一方面,黑格尔在《精神现象学》中描述了完善的国家:读者只需观察历史的现实,就能看到这种国家是实在的,或至少相信它的实现就在眼前。另一方面,黑格尔通过《精神现象学》证明他的知识是循环的。这就是为什么他相信能断言他实际上已经在自己身上实现了哲学的理想,即智慧的理想。

① 根据这个概念,我们理解黑格尔对柏拉图的态度。在黑格尔看来,柏拉图有理由否定智者的可能性。因为柏拉图的"理想"国(在黑格尔看来,柏拉图的理想国仅仅反映了他那个时代的实在国家)不是普遍的和同质的国家;这种国家的公民不是"循环的",揭示其公民的实在性的这种公民的知识也不是"循环的"。同样,当我们试图肯定在这种非完善的国家之内的智者的可能性时,我们必须改变智慧的理想本身,到达斯多葛主义和怀疑主义的"智者"的讽刺画。黑格尔在《精神现象学》中指出,这些所谓的"智者"根本没有意识到自己。这样的"智者"一旦意识到自己,他立即就发现他并没有实现完善。他甚至发现他不可能实现完善。在他成为基督教徒后,他认为完善已经通过上帝,在世界和人之外实现了。因此,成为基督教徒的所谓智者重新发现了柏拉图主义的,甚至神学的概念。但是,他再次发现了柏拉图;他对自己有更多的意识。这就是说,他知道为什么他不可能是智者;他知道他不可能是智者,是因为他生活在其中的国家不是完善的。于是,他想到一种完善的国家,并试图实现这样的国家。在他这样做的时候,他成了黑格尔学说的信徒(不再是柏拉图主义者和基督教徒);更确切地说,他就是黑格尔,实在的智者,即成功的亚里士多德学说的信徒,斯多葛主义者和怀疑主义者。可以说,仍然由于柏拉图:黑格尔的哲学是一种神学;只是它的上帝是智者。

对于这一切，我们的态度是什么？

我已经说过，我们面对三种可能性，也仅仅三种可能性。我相信，不用讨论，我们就能取消第一种可能性。首先，因为严格地说，它是无可置疑的；其次，因为我们研究《精神现象学》的事实本身表明，沉默的满足（第一种可能性最终归结为这种满足）并没有过分地引诱我们。在我们看来，唯一的真正两难选择是：是柏拉图，还是黑格尔，归根结底：是神学，还是哲学。

然而，我们面对一个事实。一个显然不是疯子，名叫黑格尔的人，声称已经实现了智慧。在决定赞成或反对哲学或神学之前，即决定赞成或反对不可能实现智慧的断言之前，必须了解黑格尔有理由，还是没有理由断言他是一个智者，即使他没有通过其存在本身断然解决使我们感兴趣的问题。

为了回答这个问题，必须知道：1. 事物的现状是否实际上符合在黑格尔看来的完善的国家和历史的终结的状况，2. 黑格尔的绝对知识是否真正循环的。

乍看起来，回答第一个问题是非常容易的。完善的国家？也许是可能的，但还十分遥远。黑格尔在1806年撰写《精神现象学》的时候，他自己清楚地知道，国家还没有在其完善中实现。他仅仅肯定在世界中显露出这种国家的萌芽和实现它的必要和充分条件的存在。然而，我们能确凿地否定在我们的世界中不存在这样的萌芽和这样的条件吗？即使我们能否定它们，我们也不能断然地回答黑格尔的智慧问题。因为我们确实不能根据既成事实肯定这种国家原则上是不可能的。然而，如果这种国家是可能的，那么智慧也是可能的。在这种情况下，不需要抛弃哲学，躲入任何一种宗教中；不需要使我对我自己的意识服从一种非我所是的意识：上帝的意识，或任何非人的（审美的或其他的）完善，或种族，或国家，或民族的意识。

在我们看来，黑格尔预料的完善的国家还没有实现，这个命题意味着什么？在这些条件下，黑格尔的哲学，尤其是精神现象学的人类学，就不再是一种真理，因为它没有揭示一种现实。不过，它并不因此必然是一种谬误。只有当人们证明他所期待的普遍的和同质的国家是不可能的，它才是一种谬误。但是，人们不能证明这一点。然而，既不是一种谬误，也不是一种真理的这个东西，是一个观念，或者说，一个理想。这种观念只有通过否定的行动才能转变成真理，否定的行动破坏不符合观念的世界，并通过这种破坏创造符合理想的世界。换句话说，只有为了实现对这种人的存在来说不可缺少的黑格尔国家付诸行动，或者为了最低限度接受和"解释"这样的一种行动——如果这种行动是由某人在某处进行的——付诸行动，人们才能接受精神现象学的人类学，并且知道最终与问题有关的完人（智者）还没有实现。

但是，我们并不因此不再研究黑格尔的第二个标准，循环性的标准。

因为第二个标准并非不比第一个标准更重要。在第一种情况下：历史的终结，完善的国家，是关于一个事实，即某种本质上不确定的东西的确认。在第二种情况下：循环性，是关于一种逻辑的、理性的分析，在这种分析中，任何意见分歧都是不可能的。同样，如果我们看到黑格尔的体系实际上是循环的，那么我们必然从中得出结论：尽管是现象（也可能是常识），但历史完成了，这个体系能在其中实现的国家因而是完善的国家。正如我们看到的，这就是黑格尔本人已经做的事情。在拿破仑失败后，他声称（他曾经厌恶的）普鲁士国家是最终的和完善的国家。他别无选择，因为他相信他的体系的循环性。

因此，在我们看来，整个问题归结为这一点：如果精神现象学实际上是循环的，那么我们应该在整体上接受它，以及随之而来的一切东西；如果精神现象学不是循环的，那么应该把它当作假言演绎的整体，一个一个地证明所有的假定和所有的演绎。[①]

必须从它的循环性的观点着手研究《精神现象学》。只是在研究之前，必须：1. 了解这种循环性的要求意味着什么，2. 理解为什么绝对的，完全真实的真理只能是循环的。

我的本学年课程就是讨论这两个先决问题。

① 此外，不仅仅《精神现象学》是循环的：《逻辑学》（或《哲学全书》）也必然是循环的；而且这更为重要：在其整体中的体系，即《精神现象学》和《哲学全书》的整体中的体系，也是如此。然而，正是在这里，黑格尔的体系的非循环性是非常明显的。但我在这里只能顺便说一下，而不是证明它。

第三次讲课

第八章导论的解释

（549—550页第10行）

第八章紧接着关于宗教和神学，即关于教徒的知识，实现没有自我意识的完善的知识的章节。在教徒（基督教徒）与黑格尔的智者，即黑格尔本人，也就是通过对自己的意识的实现和完成得以完善和满足的人之间，没有任何东西；没有一种介于之间的存在是可能的。长期以来，介于之间的解决办法，任何种类的妥协已经被取消。从此以后，人仅仅通过绝对知识得到满足。如果绝对知识是为他的，为黑格尔的，那么整个问题就在于完全的自我认识，或者，正如在教徒看来，一个绝对不同于他的存在，上帝的认识。

在两种情况下，知识的内容（Inhalt）都是相同的。因为知识是绝对的，即完全的，内容怎能不同？正如黑格尔所说的，区别仅仅在形式。在教徒和智者看来，是存在本身向自己显现：通过在其自我封闭的循环性中的绝对知识和在这种绝对知识中，更确切地说，作为这种绝对知识。但是，在教徒看来，存在的整体在他之外（尽管他自己在存在的整体之内）；完全的存在不同于他，这个存在得以向它自己显现的绝对知识不同于人的知识；这就是在绝对知识中和通过绝对知识被理解的异在，教徒只能通过他自己的知识理解这种存在。当然，教徒也有一种自我的认识；但是，只有当这种认识是他自己的绝对知识时，才是绝对的。如果教徒通过他的认识是完善的，那么这种认识就是一个他人的认识；仅仅由于他在他人中和通过他人是自己，他才绝对地意识到自己。总之，宗教的、神学的、基督教的知识是绝对的；但是，它不是一种自我知识（Sich-selbst-Wissen）；这不是对这个事实的认识：认识的人实现他通过自己的认识揭示的已完成的整体，认识的我是被认识的我。

相反，智者把一切归于自我。但是，他没有丧失智者的尊严，没有忘记他的知识是一种绝对知识，即一般知识。这就是说，之所以他把一切归于自我，是因为他自己归结为其完全的知识，因而他自己就是整体。然而，虽然他是整体，但他仍然是自我。智者完全地把教徒归于其上帝的同样的全部内容归于他自己；归于处在普遍的同质的国家的公民的其整个实在性中的他自己，归于处在绝对知识的拥有者的其观念的整体中的他自己。

对立是明显的。显而易见，在两个端点之间没有任何东西。自从奴隶劳动者分享在主人和他之间的世界，用他的劳动取消非人世界的独立的实在性的时候起；换句话说，自从犹太-基督教教徒分享在他自己和上帝（在我们看来，上帝是按照他的形象造出来的，在他看来，他是被按照上帝的形象造出来的）之间的巴门尼德界域的时候起；自从这种完全的分享以来，人不能再把自己的知识投射在一种自然现实中并证明它是真实的。正如异教哲学家用天体的循环运动所做的那样。必须要么把他的知识归于他自己，要么把它归于上帝，不可能同时归于两者，因为只有一种唯一可能的绝对。

两种极端的态度已经实现了：一种是通过黑格尔的人类学，另一种是通过基督教神学的建立。显然，两者是不可调和的。没有一种态度能被超越。如果人们能从一个态度转到另一种态度，只能通过突然转变；因为没有可能的过渡，因为在两者之间没有任何东西。采取一种态度，就是决定反对另一种态度；放弃一种态度，就是主张另一种态度。决定绝对是唯一的，极其简单的：或者决定赞成自我（即反对上帝），或者决定赞成上帝（即反对自我）。除了决定本身，没有决定的别的“理由”。

当然，以这种方式表述问题，我离开了《精神现象学》的原文。

在黑格尔看来，归根结底，两种态度也是唯一可能的态度。他知道，两种态度相互排斥。但是，在他看来，只有一种单纯的并列：有等级之分，智者在教徒“之上”。如果黑格尔知道一种态度到另一种态度的转变只能是突然的（完全转变），那么他相信，这种转变是必然的：成为基督教徒的人最终必然成为一个智者。

仅仅在哲学家看来，即一开始就承认黑格尔的智慧的优越性的人看来，有等级之分。黑格尔的智慧承认，知识——甚至绝对知识——仅仅在是自我知识（Sich-selbst-Wissen）的情况下，才有一种价值。[①]

同样，仅仅在哲学家看来，即一开始就寻找自我意识的人，换句话说，准备无限地延伸他对自己的意识，延伸其认识向他显现为一种自我认识的存在领域的人看来，有从宗教到智慧的必然转变。

为了证实这一点，必须回顾黑格尔在第七章末尾所说的东西。在那里，有一段唯一属于这种类型的原文（546页第8—30行），内容必须由其形式本身证明的原文。在这段原文中，黑格尔概述了基督教神学学说，它最终是在这种“绝对”宗教的发展过程终结时形成的。在那里，黑格尔没有说“上帝”，而是说“精神”。这段原文的形式读起来是

① 同样，在教徒看来，没有等级之分。无神论智者的知识不是一种价值最小的知识；它不是一种完全的知识；它是一种完全的和绝对的谬误。正如圣保罗清楚地指出的：智者和教徒的知识介于荒唐和真理之间，而不是——如同在智者看来——能揭示唯一的和同样的真理，即智者的真理的实现的连续阶段。

为了“精神”的:“神的精神”，这是关于基督教神学的绝对正确的概述，当读到“人的精神”的时候，这可能是关于黑格尔的人类学的正确概述。换句话说，黑格尔通过这段原文的形式本身证明，人最终形成了上帝的概念，这个概念不用修改就能应用于人。一旦人们取消存在的超验观念，即一旦说话的人把他所说的东西归于他自己，在他所说的东西中没有看到一种非其所是(超验的上帝)的认识，而是看到一种自我的认识，基督教的有神论就转变成黑格尔的人类学。

必须承认，这段原文给人以非常深刻的印象，很有说服力。只是黑格尔没有说为什么人必须抛弃超验，最终把神学知识归于他自己。从神学到人类学的这个转变也许是可能的，因为黑格尔他自己就在这样做。但是，我们没有看到它为什么是必然的。正如我已经说过的，仅仅在黑格尔看来，或一般地说在哲学家看来，它是必然的。

在第七章和在第八章，黑格尔没有提到从知识的超验性到内在性的转变的原因和方式。他在其他地方也没有对此加以解释。

在黑格尔看来，教徒的超验论到智者和公民的内在论的转变不是直接完成的。在两者之间，有知识分子的假超验论或假内在论，因为知识分子把他的存在和他的知识归于“自在的”真、善、美，归于“物体本身”(Sache selbst)。如同教徒的最高价值(上帝)，知识分子的这些价值在它们独立于知识分子及其实在存在，因而独立于这种存在的外部(自然的，社会的)条件存在的意义上，也是超验的，因此，知识分子的这些价值能通过孤立的个体直接达到。但是，另一方面，在人活着的时候达到它们，而不是实在地超越自己，依然是其所是，即在生活在世界中的(自然、社会)人的意义上，这些价值是“内在的”，如同公民和智者的价值。这些价值的内在性使知识分子免除“皈依”“苦修”“有罪感”，在“世俗”生活中感到满足的不可能性：因为真、善、美仍然是“这个世界”的价值。相反，这些价值的超验性则阻止知识分子作为革命者和公民行动：因为这些价值虽然不在世界之外，但仍然不同于这个世界，人们不需要为了“实现”它们而实现在世界中的某种东西。

教徒到知识分子的转变在第四章末尾描述，而知识分子到公民的转变在第五章描述。但是，黑格尔对这两种转变的*必然性*的解释，同他在第七章末尾对神学到智慧的转变的必然性的解释一样少。事实上，第五章末尾的知识分子仅限于“理解一切”，仍然“不介入纠纷”，因而同第四章末尾的“反世俗”教徒和第七章末尾的超验论神学家一样，是无懈可击的。在第四章末尾，黑格尔说，教徒最终必然*理解*他生活在其中的世界是*他的*世界，因而最终必然*接受*这个世界。但是，仅仅在试图不惜一切代价*理解*其“世俗的”实在存在的人看来，这才是*必然的*；然而，教徒可能极端地*漠视*这个世界。总之，只有在(至少)成为哲学家的情况下，教徒才能成为知识分子；然而，我们不知道为什么教徒必然会成为知识分子。同样，黑格尔恰如其分地指出，“不介入纠纷”和自以为能理解一切的知识分子其实并不理解自己，他不能解释他自己的观点。但是，在这里，也仅仅在不想满足于超个人的“永恒”价值的假哲学的人看来，反对意见才是有效的。这并不是说，人不可能永远不遭到他称为“公正的客观性”的荒谬的打击。最后，我们刚才看到，把知识的整体归于自我不是必然的，相反，人们能永远地满足于*神学的*绝对知识。

无论如何，黑格尔的概念是非常清楚的：在神学的知识中，认识的主体和被认识的客体是相互*外在*的，而在智者的绝对知识中，它们是*重合的*。①

① 当然，人们能对宗教也承认认识的主体和被认识的客体的重合的说法提出异议：人们能援引人和上帝的“神秘结合”。但是，就我个人而言，我认为神秘主义与宗教和神学无任何关系。神秘主义通常和宗教联系在一起的事实并不证明任何东西，因为本质上明显不同于宗教的艺术也和神秘主义联系在一起。但是，在目前，这并不重要。重要的是“神秘结合”*必然*是暗暗地进行的。神秘主义与之结合的上帝，原则上始终是不可言喻的。这就是说，神秘主义者看到的完善属于我们一开始就加以排除的（转下页）

这就是黑格尔在第七章末尾得出的结果：宗教的、神学的、基督教的知识是绝对的，这是一种在其内容方面完全的和最终的知识；但是，它联系于一种不同于我自己的实在性的（普遍的）实在性；需要做的第二件事情是把这种已经是完全的和绝对的知识和自我联系起来。

这就是黑格尔在第八章导论的第一部分中所说的东西，它正好概述了在第七章末尾得出的这个结果。

他说（549页第3—12行）：

"启示宗教的精神还没有克服它的意识本身。或者这样说也一样：它的实在的自我意识还不是它的意识的对象。这种精神本身和在这种精神相互区别的诸因素都处在外部呈现中和在对象性的形式中。外部呈现的［宗教的或神学的］内容是绝对精神；问题仅仅在于扬弃（Aufheben）这种唯一的［对象的］形式。或者更确切地说：因为这种形式属于意识本身，所以这种形式的真理［或者被揭示的现实］必定已经出现（sich ergeben）在［《精神现象学》在前面已经研究过的意识的］形

（接上页）"无意识的"完善的范畴。神秘主义者排斥一切认识：意识（Bewusstsein）和自我意识（Selbstbewusstsein）。换句话说，没有神秘的知识，正如有一种哲学的（在黑格尔意义上的"科学的"）或宗教的（神学的）知识。当然，在事实上，神秘主义者经常谈论其"不可言喻的"上帝。不过，在这种情况下，如果他仍然是教徒，如果他仍是"正统派教徒"，那么他将提出不同于黑格尔在第七章末尾描述的超验论的神学知识，但这种知识不能解释主体和客体结合的主观神秘体验的一种神学-知识。或者，如果他想解释这种结合，那么他将阐述一种或多或少接近黑格尔在第八章描述的绝对知识的"非正统的"、无神论的、人神论的神学。人们也能说，黑格尔的绝对知识只不过是对认识的主体和被认识的客体结合的神秘体验的绝对意识。只是称黑格尔是"神秘主义者"没有任何意义，因为他的知识本质上是"理性的""逻辑的"，是通过语言（Logos）表达的。如果重新接受我的导论的主题，那么人们就能区分出三种绝对的满足：1. 神秘主义者的非理性的，沉默的满足（如同黑格尔在第七章495页及以下谈论的那种沉思（Andacht），"神秘结合"的满足）；2. 有声的满足，分为a）宗教的满足，当人们在谈论不是自己的一个存在时得到的满足，以及b）黑格尔的满足，当人们仅仅在谈论自己时得到满足。

成中。”

基督教神学家的绝对知识是意识(Bewusstsein)的顶点。这种知识不理解认识其所是的人的“实在的自我意识”(wirkliches Selbstbewusstsein)。神学家的知识是一种意识,但不是一种自我意识。只需把意识转变成自我意识,把超验性转变成内在性,就足以到达作为自我意识的顶点的智者的绝对知识。(当然,智者不能进行这种转变,仅仅是因为在他自己的有意识的实在性中他是“绝对的”,即完全的和最终的,仅仅作为“绝对的”、普遍的和同质的国家的公民,他才能进行这种转变。)

然而,在上述引文的最后一句里,黑格尔说,从神学到智慧,到绝对知识的这种转变是必然的,这种转变已经出现在《精神现象学》前七章所描述的意识的形式中。他看到在第六章末尾被描述的人:拿破仑,拿破仑的公民,作为(被认为普遍的和同质的)帝国的公民的黑格尔本人和拿破仑(被认为原则上已经实现)。这个人就是神学“形式”的真理或被揭示的现实:因为是他实现了神学家谈论的完善,在神学家的心目中,他只不过是一个抽象概念,因为被认为实现完善的上帝并不存在。

这就是黑格尔的推理。上述的形式,即基督教神学,实际上已经成形:它是一个心理事实,一个作为观念的实在观念。于是,在两者中只能选择一个:要么它符合一种现实(Wirklichkeit),要么不符合。在这第一种情况下,在实现基督教徒对其上帝形成的观念的世界中,有一种现实;显然,这种现实只能是人的现实。在第二种情况下,绝对观念是一种“抽象的”理想。然而,黑格尔假定,人所设想的一切观念必然趋于实现,它能够和必然实现(如果它绝对不是假的)。因此,基督教的观念必然产生一种新的人的存在。不过,精神现象学的循环性表明,在其中所做的分析穷尽了所有的存在可能性。因此,基督教的观念必定已经实现。人们只需在精神现象学描述的各种存在中寻找符合这个观念的存在。于是，人们找到了拿破仑的公民，或者也可以说——黑格尔本人。

黑格尔从（基督教）神学的存在事实出发，假定精神现象学的循环性，最终推断出在世界中的人实现基督教观念的必然性。在它符合一种现实（这就是在1806年的人）意义上，这个观念是一个真理（Wahrheit）。但是，这还不够。因为真理（Wahrheit）不仅仅是现实。它也是（通过语言）显现的现实，即意识到本身的现实。肯定神学“形式”的真理的存在，就是不仅仅肯定“绝对”公民的存在，而且也肯定意识到自己的公民，也就是成为哲学家（更确切地说，因为这个公民是“绝对的”——成为智者）的“绝对”公民的存在，因而就是肯定（或假定）黑格尔本人的存在。这就是我在我的导论中所说的东西;（基督教）神学到（黑格尔）人类学的转变仅仅在哲学家（在这里，是黑格尔本人）看来和通过哲学家，才是必然的。无任何东西能表明，哲学家的出现是必然的。事实上，无任何东西能表明，完善的国家的公民不可能（相对地）仍然是无意识的，因而不可能维持宗教，（基督教）神学，把国家当作上帝的成果，而不是他自己的成果。

无论如何，概述第七章的导论的第一部分清楚地表明，智者和“绝对知识”何以区别于教徒和他的“绝对宗教（或神学）”。这个第一部分向我们阐明在他与教徒的对立中和通过这种对立的智者。相反，在导论的第二部分，他指出第八章的主题。黑格尔谈论智者，或“绝对知识”，把智者当作他自己（548页第13行—550页第2行）。

“对意识的对象的这种克服不应片面地被理解，以为对象是回到自我中的东西。相反，应该更确切地把对象理解为作为消失的东西显现给自我，还（vielmehr）应该理解为建立对象性的自我意识的外化；这种外化不仅仅有一种否定的意义，还有一种肯定的意义，这种肯定的意义不仅仅是为我们的和自在的，而且也是为自我意识的。对象的否定(das Negative)，即对象的自我扬弃有一种为了自我意识的肯定意义；这意味着：自我意识认识到对象的虚无(Nichtigkeit)。[之所以自我意识认识到这一点，]一方面，是由于它外化自己；因为在这种外化中，它把自己当作对象；或者说，由于自为存在的不可分割的统一(Einheit)，它把对象当作它自己。另一方面，在这里同时有另一个因素，即自我意识同样扬弃这种外化和这种对象性，并把它们放回自身中；自我意识在它的他在中就是在它自己中(bei sich)。”

为了到达绝对知识，必须“克服”在绝对知识的客体和它的主体，即拥有绝对知识的人之间的对立：必须把绝对的，即完全的和最终的知识和自我联系起来。黑格尔在上面向我们解释这意味着什么。

首先，问题不在于唯我论，不在于“唯心论”，也不在于任何一种主观论：“对象不回到自我中”。把他的知识的整体和自我联系起来的智者并没有肯定他是处在其个人的孤立中，处在其内部的、纯主观的内心深处的存在的整体。整体，不是自己的我(不是“抽象的我”——Ich，不是自我——Selbst)，不是我的思想，也不是诸如此类的其他东西。

黑格尔说，为了知识是绝对的，即为了知识的主体和客体的重合成为可能，对象必须作为消失的东西显现给意识。这句话首先有一种神学的意义。我们知道，在基督教中，宗教作为宗教自我取消。黑格尔以这种方式解释福音的故事：基督教神学是已死亡的上帝的神学，基督教神学已经是一种无意识的，甚至象征性的无神论。绝对知识仅仅通过概念(Begriff=Logos)意识到和理性地表达这种无神论，或人神论。

换句话说，人们不能“扬弃”(aufheben)在其任何一个形式中的宗教。人们只能在其基督教的形式中最终地扬弃宗教。(当人们从“外面”取消一个上帝时，人们只能用另一个上帝代替他；为了上帝能完全地消失，他必须自我取消；上帝基督教徒作为上帝自我取消，以便成为人。）总之，智者的无神论不可能在任何一种神学之后建立：它源于基督教神学，并且只能源于基督教神学。（更确切地说，问题不在于无神论，而是在于人神论；不过，黑格尔的这种人神论必须以基督教神学为前提，因为它把上帝的基督教观念运用于人。）

然而，我们知道，宗教仅仅在彼世中投射产生它的社会现实。因此，必须说，只有在基督教宗教在其中得以形成和完善的历史世界实现之后，智者才是可能的。

但是，我们根本不必通过黑格尔的人类学就能到达这个结果。如果把Gegenstand（对象）这个词与实在世界，也就是与人的或社会的自然世界相联系在一起，我们就能从引文中直接得到这个结果。

我们首先讨论社会世界。在这里，人的“对象”是另一个人。不过，在第四章，黑格尔已经指出，彻底取消，即杀死另一个人，对一个人来说没有任何用处，因为死人是没有用处的。①

重要的仅仅是另一个人的自我取消。然而，面对另一个人时自我“取消”的人，就像奴隶服从其主人那样服从另一个人。因此，为了有绝对知识，对象必须自我“取消”。在社会方面，这意味着必须有奴役现象，以及随之而来的一切东西，即主人和奴隶的辩证法，即在《精神现象学》中描述的人类历史发展过程的整体。换句话说，只有在完成这种发展过程和所有公民都自我“取消”，以致不再有人是另一个人的对象的国家里，智者才是可能的；换句话说，在这样的国家里，不再有相互排斥的个人利益。

同样，如果把上述阶段和自然世界联系起来，人们就看到，只有在一个为人的技术活动做好准备，沙漠、猛兽、恶劣的气候屈服于人的意志的世界里，智慧才是可能的。

① 这种非辩证的取消可能是（自由民的喜剧的）无神论，而不是（黑格尔的公民的）人-神论的等同物。

一般地说，人们能说：绝对知识，即智慧，必须以人的否定行动的完全成功为前提。这种知识仅仅在下述情况下是可能的：1. 在一个普遍的和同质的国家，在那里，没有一个人外在于另一个人，不再有任何没有被消除的社会对立；2. 在一个通过人的劳动被驯服的自然，不再与人对立，不再外在于人的自然中。之所以在绝对知识中，智者完全能肯定作为存在的存在和其所是的存在的同一性，是因为他体验到在国家内的冲突已最终被消除，是因为不再有他和（社会的和自然的）世界之间的明显对立。在这种体验（Erfahrung）之前，主体和客体的同一性的肯定只能是无根据的。

然而，这还不够。知道世界和上述国家为它们之间的实际同一做好准备，是不够的。（和康德一起）证实能使我们把我们的抽象知识运用于实在存在的"先验的偶然性"，用这种知识支配它们之间的同一，还不足以到达绝对知识。还必须认识到康德忘记的东西，黑格尔说过的东西，即"对象性通过自我意识的外化建立"。必须认识到，不存在"先验的偶然性"，也不存在给定的同一性，但是，存在着人在其（社会）斗争中和通过其劳动实现的有意识的和有意志的主动同一。

从神学的观点看，上述阶段意味着，断言一个上帝不是为最终的自我取消而存在是不够的。还必须如同休谟正确地指出的，要理解为什么人们肯定上帝的存在，必须首先理解为什么和何以上帝通过人的思想创造出来。这就是说，人们只有通过其人类学的解释，就像我们在第七章看到的解释——摧毁宗教后，才能实现智慧。必须理解是人创造了诸神，把作为理想的自我投射在彼世中。

一般地说，必须认识到，在其整体中的存在不归结为给定的存在；必须认识到，这种存在的整体性包含一个由意识到自己，通过行动外化（sich entaussert）或异化，在他之外实现他在其内心世界中形成的观念的人所创造的存在。总之，只有知道自己是成功的否定行动，人才能到达智慧，并断言在一种绝对知识中与其整体中的存在同一。仅仅以在

《精神现象学》(或前七章)中和通过《精神现象学》(或前七章)理解自己的方式来理解自己,哲学家才能成为一个智者。

然而,为了成为智者,人必须这样理解自己。换句话说,成为创造行动,成为在完善的国家中的公民劳动者,是不够的。还必须知道自己之所是,必须意识到自己。这就是当黑格尔说对象的自我取消和主体对对象的肯定不仅仅"自在"或"为我们"存在,而且也为"自我意识本身"存在时所表达的意思。

这就是说,为了到达绝对知识,成为一般意义上的哲学家是不够的,根据非其所是的某种东西进行推理是不够的。但是,成为完人也是不够的。还必须对这个其所是的完人进行推理。或者正如黑格尔所说的,人必须"扬弃"通过斗争和劳动的行动"实现"的外化和对象性,并把它们放回自身中。

黑格尔说,问题不在于对象回到(Zurückkehren)主体中,而是在于(由主体建立的)对象被主体放回(Zurücknehmen)。这就是说,智者和他的知识的对象的同一,在它包含和预先假定斗争与劳动的行动的意义上,是主动的。在斗争与劳动的行动中和通过这种行动,人实际上取消了他和自然的和社会的世界之间,以及主体和客体之间的对立。仅仅在斗争和劳动的胜利努力后,直观的智慧的满足才是可能的。但是,我们刚才看到,智慧最终必定是这种努力的结果。人用行动创造一个外部世界,仅仅是为了通过内在的直观把它"放回"自身中。人们通过劳动改造自然世界,是为了理解这个世界,人们通过完善的国家的公民的斗争改造自己,是为了理解自己。总之,之所以完善的国家,以及整个历史存在着,仅仅是为了哲学家能撰写一本包括绝对知识的书("圣书"),到达智慧。

当然,国家是必不可少的。如同人们在黑格尔之前所设想的,这不仅仅是为了维护智者的团体。对作为智者的智者来说,它是必不可少的,为了产生智慧,它是必不可少的。不过,智者与智慧是国家和历史的最后理由。为了在其中得以发展的知识的同质性和普遍性，国家必定是同质的和普遍的。智者知道这一点。他知道，最终说来，“绝对”国家只不过是通过与存在的整体在绝对知识中的真正同一到达意识到本身的满足的一种手段。

导论的第二部分对绝对知识的实际和存在条件进行分析，即对智者进行大致的分析。但是，人们也能把这种转变和智慧本身，而不是和智者联系起来，即分析绝对知识的形式结构。但是，由于我们还必须考察绝对知识，所以我们转入导论的最后第三部分。

在第一部分，黑格尔谈论与智者及其绝对知识对立的教徒及其神学知识。在第二部分，他谈论智者本身，或也可以说，谈论在与他的知识、绝对知识的关系中的智者。在第三部分，黑格尔谈论在与哲学家的关系中的智者；换句话说，他谈论从哲学认识开始的智慧的发展过程。同时，导论的这个最后部分指出第八章第一部分的主题（550页第2—10行）：

“这就是意识的［辩证］运动；在这种运动中，意识就是它的诸因素的整体。意识必须以同样的方式，即按照这个对象的诸规定性的整体来对待对象；意识必须按照这些规定性中的每一个规定性去设想对象。对象的诸规定性的整体把对象自在地改造成精神的本质；对意识来说，对象之所以成为精神的本质，真正地说，是因为意识把这些规定性中的每一个规定性理解（Auffassen）为自我，即意识对上面提到的这些规定性采取精神的行为。”

问题在于绝对知识。我们看到，这种知识最重要的特征是它的“整体性”（Totalität）（这个词在上面的八行中出现了三次）。断言知识是“绝对的”，即普遍和最终有效的，就是断言知识是“完全的”，即它本身包含，至少潜在地包含认识和存在、主体和客体的所有可能的规定性。

黑格尔在后面说，知识的这种整体性是通过它的循环性显现出来的。

在上述引文的第一句里，黑格尔说，在上面一段中描述的辩证运动构成了意识的诸因素的整体。换句话说，智者是完人，即把人的所有存在可能性整合到其存在中的人。显而易见，只有在这些可能性一个一个地在历史过程中实现之后，他才能整合它们。智者，作为人的历史发生过程的整合，他完成这个过程，并只能在过程终结时出现。之所以他的自我意识是一种绝对知识，仅仅是因为他整合了存在可能性的整体。

但是，在第二部分，黑格尔说，在其存在和通过其存在整合存在可能性的整体，还不足以产生现实的智慧，即“绝对知识”。这种整合或潜在的智慧存在于绝对国家的每一个公民中。但是，只有公民–哲学家才能实现实际的智慧。因为要实现智慧，必须意识到人们整合在自身中的整体性。既然人始终是“在世界中的人”，那么意识到在作为“主体”的自我中的整体性，也就是意识到世界或“客体”的整体性。只有意识到这种双重的整体性，人们才能认识其绝对的同质性，即主体和客体，“在世界中的人”和“包含人的世界”的基本同一性。因此，“绝对知识”，即完全的知识，既是自我的认识，也是世界的科学。仅仅在智者在“绝对知识”中完成的这种同一性中，存在的同质的同一性才是一种精神，即实在的和意识到其实在性的存在。

然而，正如完人是在历史过程逐步实现的，完全的知识也是一种历史。这种历史是哲学的历史，人为了理解世界和为了理解在世界中的自己所做的尝试的历史。此外，存在的发展过程和哲学的发展过程的诸阶段，仅仅是一个唯一和同样的过程的两个互补方面。黑格尔在《精神现象学》的前七章中描述的就是这个双重的发展过程。

一方面，智者是意识到自己的人或公民，另一方面，智者是达到其目的的哲学家。但是，为了意识到自己，必须意识到自己的发展过程，黑格尔在《精神现象学》中描述的人的完全的和整合的发展过程。因此，公民能完全地意识到自己，只是因为他阅读（或撰写）了《精神现象学》：以我们到目前为止阅读，即在其人类学或“存在”方面阅读《精神现象学》的方式。但是，成为智者的哲学家也必须意识到他自己的发展过程，整合他自己的作为哲学家的发展过程：他必须意识到哲学的发展过程或历史。他因而也必须阅读或撰写《精神现象学》，但是，他必须从我们没有看到的方面，从“形而上学的”方面，或者如同黑格尔所说的，从“必须把它理解为自我的规定性的意识与对象的规定性的关系的”观点来阅读《精神现象学》。当然，在《精神现象学》的原文中，两个观点是结合在一起的；人们实际上不能把它们分开。但原则上，哲学的态度必须以存在的态度为前提。这就是为什么必须阅读两次《精神现象学》：第一次如同我们到目前为止（直至第七章末尾）所做的，把它当作主动的人的发生现象学，第二次是在形而上学的方面，从第一章到最后一章，把它当作哲学家或——更确切地说——智者的发生现象学。

这就是黑格尔指出的东西，他说，为了到达“绝对知识”，必须一个一个地重新考察在第一章到第七章描述的诸哲学阶段。这就是他本人将在第八章的第一部分中，即对前七章的概述，然而是对前七章的第二个方面，形而上学的方面，到目前为止在我们的解释中被忽略的方面的概述中，所说的东西。我在下一次讲课中将分析这个方面。

第四次讲课

第八章第一部分的解释

（550页第11行—559页第9行）

《精神现象学》最后一章的原文可分为三个部分。第一部分（篇幅大约为6页）讨论哲学家；第二部分（篇幅大约为5页）讨论智者；第三部分（篇幅大约为3页）讨论智慧，或如同黑格尔所说的，“科学”（Wissenschaft）。换句话说，在第一部分，问题在于通向智慧或科学之路；在第二部分，问题在于智慧，即阐述科学，绝对知识的人的实在的、存在的基础；在第三部分，问题在于这种知识本身，即独立于通向知识之路，独立于知识形成的实际条件的作为知识的知识。人们也能说，第一部分讨论智者及其智慧，因为两者代表了人类（在时间中）发展过程的整体和最终结果，而第二部分讨论独立于其起源，在某种程度上把最后时间（作为智者的存在）从整个时间长度中分离出来的这种结果；第三部分把这个最后时刻和永恒联系起来，把完成历史的智者和智慧或永恒的、作为永恒性的“绝对知识”联系起来。

最后，当我们使用黑格尔本人在第八章使用的术语时，必须指出，这一章的第一部分讨论意识(Bewusstsein);第二部分讨论绝对知识(absolutes Wissen);第三部分讨论科学(Wissenschaft)。意识就是哲学家;绝对知识就是实现智慧的智者;科学就是智慧本身。

我们首先看到,按照黑格尔在第八章所说的东西,《精神现象学》前七章的整体,即本义上的整部《精神现象学》,是一种对意识(Bewusstsein)的分析(黑格尔在序言和其他地方也这样说)。当然,在这里,这个术语应该在广义上来理解,因为黑格尔在前三章都标以(在狭义上的)"意识"的题名;相反,在第四章,题名叫作"自我意识",在第五章,题名叫作"理性",等等,黑格尔仅仅想指出,在整部《精神现象学》(即前七章)中,问题在于这样一种情况:有一种对外部事物的意识,即在客体和主体(联系于客观的主体)之间,在人和人生活在其中的世界之间有一种区分。因此,自我意识(Selbstbewusstsein)是在广义上的意识(Bewusstsein)之内的自我意识:人意识到自己,知道(或以为知道)他生活在一种外在于他的世界中。同样,对"理性""精神"和"宗教"(第五章、第六章和第七章)来说,情况也都是如此。在所有这些态度中,世界对立于人,客体对立于主体,这就是说,我们在广义的意识(Bewusstsein)的一般态度中。

关于《精神现象学》所研究的所有现象,一般的术语就是"意识"(Bewesstsein)(黑格尔通常把所有的现象叫作"Gestaltungen des Bewusstsein"——意识的形式)。不过,哪里有意识(Bewusstsein),哪里就有对象(Gegen-stand),对象对立于把自己和对象联系起来的意识。换句话说,必然有两个平行的方面:意识的方面,和对象的方面。人们也能说,在其实在的整体中,存在呈现出两个不同的但互补的、对立的但相互关联的方面:第一个方面揭示整体性,第二个方面通过第一方面被揭示。在第一个方面中,存在的整体是在世界中的人(人置身于时间-空间的整体中,即作为在其历史的整体中的人类);在第二个方面中，存在的整体是人生活在其中的世界，即自然。如果存在的整体作为发展过程或“运动”而存在，那么必然有两种平行的发展过程：人的发展过程和世界的发展过程；或者也可以说，意识的发展过程和对象的发展过程。[①]

但是，我们知道（黑格尔在第八章对《精神现象学》进行概述，他在第八章导论中反复重申），在《精神现象学》中，问题不在于被当作整体的存在的整体，也不在于存在的自然方面。问题在于人，仅仅在于人；问题在于意识，而不在于意识的对象。[②]

毫无疑义，《精神现象学》讨论的是意识，而不是意识的对象。但是，在《精神现象学》中，有两个并列的或平行的方面。如果问题涉及的是《精神现象学》中的一种发展过程，那么这种发展过程只能是意识的发展过程。但是，这个发展过程必然也是双重的。事实上，意识本身有两个不同的但互补的、对立的但相互关联的方面。因为（人的）意识不仅仅揭示存在的无意识（自然）方面，而且也揭示存在的整体。这就是说，意识也揭示自己，因为意识是这个整体的一部分。它一方面是意

① 孤立地看，也就是抽象地看，也就是独立于人来看，自然是空间，而不是时间；这就是说，自然不发展变化。但是，现实世界实际上包括人。不过，人是时间、运动、发展变化。所以，包含人的世界也发展变化。事实上，人使世界充满了房屋，汽车，等等，这些东西也和天体等一样，也是“自然的”，但它们在变化，并在本质上改变世界的面貌。

② 这就是为什么精神现象学完全不同于《哲学全书》中的“精神哲学”：它是一种现象学，而不是科学。在《哲学全书》所阐述的“科学”中，人被当作存在的整体的一部分，也被当作自然的组成部分来研究。换句话说，人是在其意识的实在性中，在其实际的历史中被考察的。相反，在《精神现象学》中，人们谈论抽象的，可以说，非现实的人。换句话说，人们在那里谈论意识，而不是谈论意识所联系的对象。因此，在那里，人们谈论的不是实在的意识，而是意识的抽象概念。这意味着人们谈论意识的观念上的可能性，即存在的、社会的和政治的诸理想类型，但不谈论这些类型在历史中得以实现的具体方式；人们也谈论与对象的关系的诸理想类型，即哲学的、宗教的或审美的可能性，但不谈论这些可能性在哲学、宗教和艺术的历史中的实现。

识，另一方面是自我意识。①

然而，从《精神现象学》的结构看，每一个阶段（几乎每一个阶段）都同时联系于我刚才谈到的两个方面。人们能从头到尾阅读《精神现象学》的前七章，把它们当作对自我意识，也就是人们理解自己的各种方式的一种描述。人们由此得到人类学的解释，我的课程的解释。但是，人们也能把前七章解读为意识，即人意识世界和一般存在的各种方式的一种描述。人们由此得到形而上学的解释，在我的课程中没有讲到的，黑格尔在第八章概述的解释。

我们现在来看看，这对智者和“科学”的概念来说意味着什么。

我们首先从“人类学”方面着手。黑格尔说：“人的真正存在是他的行动。”这就是说：人通过否定给定物的行动创造自己，在每一个创造阶段之后，人意识到他所创造的东西，也就是在成为人之后，意识到其所是。因此，只有当否定行动最终停止时，即只有当人完全与给定物“和解”，在其中和通过它得到满足时，针对人的一种知识才可能是绝对的，也就是最终的。不过，黑格尔一方面断言，在他撰写《精神现象学》的时候，这种行动已经停止，他声称，在《精神现象学》中被研究的现象穷尽了所有可能的否定-创造行动。另一方面，他指出，每一种创造性否定都是作为以前所有的创造性否定的结果的给定物的否定。换句话说，生活在历史终结时的人实现了在其绝对整体中的人的存在：这种人的存在包含人的所有可能性。正如我们所知，这种人就是绝对国家的公民。（实际上就是拿破仑。）但是，成为这样的公民，还不足以成为一个智者，智者是完全意识到其所是的公民。但是，如果公民在其存在中

---

① 在这里，还应当在广义上使用这个术语。《精神现象学》所研究的所有现象（不仅仅在题名叫作“自我意识”的第五章里的现象）既是意识，也是自我意识。这也意味着被讨论的自我意识都是一种在意识之内的自我意识；换句话说，《精神现象学》前七章讨论的人都有对立于他生活在其中的世界的自我意识。

和通过其存在整合存在的可能性的整体，并促进这个整体，那么智者就在其绝对知识中和通过其绝对知识整合这些可能性的意识的整体。换句话说，智者整合在《精神现象学》中描述的部分实现的部分意识的整体。换句话说，人们在撰写（或阅读）包含部分意识的完整目录的《精神现象学》时，就成为一个智者。在第七章末尾，人完全意识到在强意义上的自我：1. 因为他知道其所是的一切，2. 因为他实际上是人所能是的一切。

不过，为了成为一个智者，仅仅在“人类学”方面撰写《精神现象学》是不够的。事实上，智者的科学是真实的。这就是说，他的科学揭示现实。然而，实在的东西是在世界中的人。没有世界的人和没有人的世界一样，是一个不存在的抽象概念。其中的一个可能在没有另一个的情况下存在。但智者不必为可能（或应该）存在的东西操心：他必须理解存在的东西。存在的东西就是充满人的自然，这些人生活在产生他们和灭亡他们的一个自然之内。因此，揭示在其具体的实在性中的存在的智者，不揭示被孤立看待的人，也不揭示被孤立看待的世界。科学揭示人和世界。人们也完全能说，是智者通过世界（更确切地说——通过世界的揭示）揭示自己。但是，说得更正确一点，实在存在的整体通过作为绝对“科学的体系”本身向它自己显现。或者，如果使用《精神现象学》的语言，人们能说，在“科学”中，世界的意识或认识与自我意识或认识是一致的。事实上，完全地意识到现实世界，必然也是完全地意识到自我，因为自我包含在世界中，因为自我是一种作用于世界和接受世界的反作用的“人间的”现实。反过来说，意识到作为现实事物的自我，必然也是意识到自我得以在其中实现的世界。

自我意识和意识的一致仅仅在两者都是完全的情况下是可能的。由于整体必然与本身是同一的，所以这个整体的一部分必然与另一个部分是同一的。当然，自我意识是意识的必要补充：任何意识必然同时是意识和自我意识。但是，只要自我意识不是完全的，相应的意识就必然是一个角度：它揭示实在存在的一个方面，而不是在其实在性中，即在其诸方面的整体中的存在。当然，只有在超越本身，即在另一个角度中，人们才能发现，一个角度是诸角度中的一个角度。在他自己的角度中、与他自己的角度"维系在一起"的人，必然在他自己的角度中看不到另一个角度，但对现实有一种整体观。他因而相信，这就是他拥有的"科学"。这句话的意思是，他事实上拥有一种"意识形态"。因为拥有一种意识形态，就是肯定（自然的、社会的）世界实际上就是从一个特殊的角度显现出来的样子，这个角度不是所有的可能角度的整合。①

因此，人与之联系在一起的任何部分的理论必然是一种"意识形态"，在与之联系在一起的人看来，这种意识形态有在一个完全的或"客观的"理论方面的价值。我的角度（它是个人的，还是集体的，并不重要）必然产生一种"意识形态"，只要我的关于世界的理论不是关于世界的一般理论，即只要它不包含所有的一般的可能理论。

换句话说，意识和自我意识之间对立的消除，只有在整合了两者之后才是可能的。自我意识的每一个阶段都是意识阶段的补充。整合必然是一个意识阶段的补充。因此，整合必然是双重的，因而必须在其两个方面撰写（或阅读）《精神现象学》。只有当人们同时整合了人的所有的部分自我显现和人对世界的所有的部分显现，自我意识才实际上与意识一致，知识因而才是完全的和绝对的。

在这种整合之前，即在绝对知识出现之前，意识始终对立于自我意识。哲学家在阐述其部分的和相对的知识的时候，迟早要谈论一个对

① 我附带指出，黑格尔的"绝对知识"概念通过"普遍张量"出现在现代数学物理学中，这种普遍张量表示不是在一个占主导地位的唯一坐标系中的实在事物，而是表示在所有坐标系中的实在事物。

象(Gegenstand),即一个不同于他的存在。[①]

在科学出现之前的状况的特征,是意识和自我意识之间的分离。当人们已经拥有这种科学时,人们发现,这种分离是知识的相对性,知识的不完全性、开放性、暂时性,总之,哲学特性的可靠标志。当然,和智者一样,哲学家也相信他的知识是完全的和绝对的。然而,他仍然在人和世界之间、自我意识和意识之间做出区分的事实表明,他的知识只不过是可能的角度之一,这种知识把部分地被揭示的人和世界的一种部分揭示联系起来。不过,这种部分的、零碎的知识能够和必须被超越。[②]

因此,再一次,当自我意识和意识一致时,哲学被超越,科学被到达。这种一致是在因素的所有部分揭示的整合中和通过这种整合完成的,这些在《精神现象学》中描述的因素构成意识的两个方面。这种整合是在《精神现象学》的前七章的作者(和读者)的意识中和通过这种意识完成的,这些章节是从"人类学的"角度和"形而上学的"角度来撰写(和阅读)的。因此,为了完成在第八章从哲学到科学的转变,只需

---

① 我们在别处知道,《精神现象学》在这点上存在着一个困难。在第六章的——相当晦涩的——最后一页,黑格尔仍然把代表意识的拿破仑和代表自我意识的他本人对立起来。看来,他的哲学仍然期待着拿破仑的"官方承认"。但是,另一方面,这一页的最后一行讨论"显现的上帝"。无论如何,这个上帝就是人,因此,已经不再有对象(Gegenstand)。这一切不是非常明确的,但在目前,对我们来说并不重要。

② 意识和自我意识的这种分离是"哲学反思"的特征。正如我刚才所说的,本义上的任何一种哲学都是一种"反思哲学"。不是反思哲学的哲学,就是黑格尔他自己的"哲学"。不过,黑格尔的哲学不再是一种哲学:它是"科学"。"反思哲学家"对存在进行反思,置身于或以为置身于存在之外。换句话说,这位哲学家始终不能解释自己,因为他把自己排斥在他的反思之外。在"反思哲学"中,人们对自己想揭示的存在,而不是对通过自己的存在本身揭示的存在进行反思。换句话说,"反思哲学"始终是抽象的:之所以人们排除自己所描述的存在,并由此描述一个抽象概念,是因为实在的存在实际上包含描述它的人。同样,在存在方面,"反思哲学家"通常或多或少是"斯多葛主义者",或多或少是(第五章最后一段的)知识分子,他"不介入纠纷"或自以为"不介入纠纷"。

黑格尔对前七章做一个概述就够了。这就是他在本章所说的东西。但是,正如我已经说过的,概述是从“形而上学的”角度做出的。这为我解释《精神现象学》的方法提供了理由。其实,一旦到达我们所在的地方,人们应该重读全部的前七章,我们已经从“人类学的”角度阅读了前七章,我们现在要从“形而上学的”角度来理解前七章,在重读之后继续阅读第八章。

我将不解读包含在第八章第一部分中的概述。但是,这个部分本身是一个小导论和小结论,黑格尔在那里没有概述《精神现象学》的“形而上学”内容,而是谈论这个概述。不过,因为我也谈论这个概述,我将翻译和解释这个导论与这个结论。这些原文将证实和补充我在前面说过的东西。

我们首先引用导论的前两段。黑格尔说(550页第11—20行):

“一方面,对象是直接的存在,即作为物体的物体;这相当于直接的意识[即相当于感觉]。另一方面,对象是一种变成不同于本身的东西的转变,是它和意识的关系(Verhältnis),或他为存在和自为存在;因而是规定性(Bestimmtheit),这相当于知觉。最后,对象是本质或普遍的实体,这相当于知性。被当作整体的对象是普遍实体通过规定性(Bestimmung)到特殊性的三段论或[辩证]运动,而特殊性的相反运动通过特殊性的扬弃或通过规定性到达普遍实体。”

在这段原文中,黑格尔谈论对象,意识的对象,而不是谈论反思自己的意识,即自我意识;他谈论世界,而不是谈论人。在接下来的概述中,讨论的东西正是属于“形而上学”,而不是属于“人类学”。

意识揭示对象,不过,意识有三个方面:1)直接的意识,即感性的意识,这是感觉;2)知觉;3)知性。因此,对象(Gegenstand)也必定有三个方面。

意识的最基本、最直接的形式是感觉。感觉始终是特殊的：它是孤立的，没有任何关系的此时此地，带着仅仅属于它自己的东西；在感觉的东西和被感觉的东西之间没有真正的关系。感觉是"某种东西"，而不是一个"物体"；它是作为物体的物体（Ding überhaupt），是不对立于其他东西和独立于其他东西的其所是。因为感觉揭示对象，即存在，所以在对象中，在存在中必须有相当于感觉的一个方面。然而，在事实上，存在，始终是在此时此地存在；存在，始终是某种东西存在；存在，始终是在成为其他东西之前，独立于其他东西存在的事实，与其所是和非其所是没有联系的其所是的东西存在；存在，始终是在对存在的规定之前，和在其内在和外在关系对存在的规定之前已经存在。

但是，感觉只不过是意识的一个因素，人为地被分离的因素，因为事实上，这个因素通常被整合在一种知觉中。而知觉是某种确定的东西。因而知觉必然有关系：在知觉者和被知觉者之间的关系；在被感知的东西和被感知的东西之间的关系，即在物体本身和它的属性之间的关系，以及在这些属性之间的关系。因为知觉存在着，因为知觉在揭示存在的时候进入存在，存在本身有一个相当于知觉的方面。存在，也始终是某种确定的东西存在；存在，是这种或那种其他东西存在；存在，是自为存在，对立于一切非其所是，把非其所是排除在本身之外，因而是为这种其他东西和通过这种其他东西，在其所是的同样东西和非其所是的不同东西的关系中和通过这种关系存在；存在，是这种关系所规定或确定的存在，是关系存在；存在，也是把自己和自己联系起来：是区分其所是和其所不是，同时是一切其所是存在；存在，因而是其他东西，同时也是我自己存在，就是成为非其所是；存在，不仅仅是"某种东西"存在，而且也是始终存在的和被规定的"东西"存在，不仅仅是孤立的东西存在，或在自我之内一个唯一的东西存在，而且也是特殊的东西存在，或一方面是规定的其他东西存在，另一方面是不同于其他东西的其他东西存在。

但是，实在的意识不仅仅是感觉和知觉，它始终也是知性。当我感知这张桌子的时候，我并不感觉到这是一张桌子；不是我的知觉向我揭示这张桌子是一般桌子的实现。但是，实在的桌子不仅仅是具有一种可感知形状的“东西”，而且也是一张“桌子”。这就是说，一个确定的东西对应于“桌子”这个词。在世界上只有各种各样感觉和知觉：也有包含一种意义的词语，即概念。然而，词语或概念虽然不改变可感知物体的特殊或特定内容，但把这种内容和这个物体存在的此时此地的感觉分离开来。这张桌子在此时此地存在；但是，这张桌子也能在今后和其他地方存在；相反，一般桌子始终存在和不在任何地方存在。不过，相当于一般桌子的“桌子”这个词在此时此地被感知和感觉：尽管是概念，但它是一个“物体”或“某种东西”——正如它也与之对应的这张桌子。词语-概念存在着，如同物体存在着；它也是存在的一部分。这意味着实在的存在也在它的一个方面——概念——中存在。存在，因而也是普遍的存在：存在，是多于和不同于人们此时此地在其存在的规定性中其所是的存在。

任何实在的意识都是通过特殊的感觉，通过特殊的知觉和普遍的知性形成的一个整体；这个整体是一种整合特殊的感觉，把特殊的感觉规定在被知性普遍化的知觉中的辩证运动，或者相反，是一种使普遍的、知觉所规定的知性深入到感觉的特殊性中的运动。因为实在的意识是揭示实在存在的一种现实，所以实在存在本身是通过这种三位一体的辩证运动形成的这个整体。存在实际上就是这样的，它在人的劳动的否定或创造活动中和通过这种活动形成；这种劳动从一个普遍的概念出发，它通过其可感知的具体实现来规定这个概念，并把它纳入此时此地的特殊感觉中。同样，反过来说，存在实际上就是这样的，它通过意识揭示自己，而意识从特殊感觉出发，以便经过知觉的特殊到达知性的普遍。

意识揭示存在的这三个方面。“反思哲学”揭示意识本身的三个方面。现在，在黑格尔看来，问题在于消除意识和它的对象之间的对立。意识必须认识到它本身就是作为其对象的同样存在。最后，只需发现对象的三个方面的统一体，看到意识和意识的三个方面的统一体一致就够了。换句话说，意识必须知道，它是在它的每一个方面，以及在这些方面的整体本身中的它的对象。

这就是黑格尔所说的（550页第20—21行）：

“因此，根据这三个规定性，意识必须把对象当作它自己。”

但是，正如我已经说过的，问题不在于在《精神现象学》中，在其完全的整体中进行描述：这将是“科学”本身的主题，这种科学将在《哲学全书》中得到阐述。《精神现象学》（在前七章中）指出意识和对象的对立，并且仅仅描述意识；《精神现象学》的“形而上学”方面描述揭示对象的意识，但不描述意识所揭示的对象本身。问题只是在于理解构成“科学”的特征的意识和对象的同一何以是可能的。理解这一点，就是仔细考察仍然感到自己对立于对象的一种意识揭示对象的所有阶段。然而，如果意识自以为对立于对象，那么意识实际上对立于作为意识的它自己：自己感到对立于对象的意识实际上作为实在的主体，即作为人对立于对象。为了理解“科学”的出现，就必须仔细考察人的存在的诸阶段或可能性。但是，在接下来的概述中，人们仅仅在其“形而上学”方面考察它们；换句话说，人们重新采取作为存在的存在态度；人们仅仅回顾包含在每一种态度中的认知因素：不是在这些不同的认知态度中和通过这些态度被揭示的存在的诸方面，而是这些态度本身，因为它们是存在的不同方面的揭示。

这就是黑格尔现在所说的东西（550页第21—27行）：

“然而，我们在这里［在《精神现象学》中］所说的知识，并不是作为对象的纯粹概念理解的知识；相反，这种知识必须在发展中，即在它的因素中，仅仅以属于意识本身的精神方面被表述（aufgezeigt）；而本义上的概念的因素，即纯粹的知识，应当以意识的诸形式的形式被表述。”

因此，被回顾的每一个阶段是意识和对象之间对立的一种特殊形式。在这些阶段中，对象不是被揭示的整个存在，即精神或语言（Logos）。之所以不是，是因为只有整体的一部分在每一个阶段显现出来；然而，被揭示的部分实际上并不与揭示的部分一致。只有智者能整合所有可能的认知态度，只有智者完成的这种完全的整合能在“科学”中消除认识的主体和被认识的对象之间的“哲学”对立。

黑格尔在下面一段说（550页第28—37行）：

“因此，在意识［即在《精神现象学》前七章中所讨论的意识］中，对象还没有表现为如同我们刚才所说的［在第八章，我们已经谈到绝对知识的观点］精神的实体。意识对待对象的行为（Verhalten）既不是在这种［使之成为精神实体的］整体中考虑它，也不是在其纯粹的概念形式（reinen Begriffsform）中考虑它，而是一方面把对象当作意识的形式，另一方面把它当作我们［在《精神现象学》中］聚集的一定数目（Anzahl）的形式，在这些形式中，对象和意识行为的因素只有在它们解体时显现出来。”

因此，为了从哲学过渡到智慧，必须整合所有可能的哲学。然而，只有在实际上整合了存在的可能性，并且意识到这种整合，人们才能做到这一点。但是，为了在实际上做到这一点，也必须整合被当作哲学的哲学。换句话说，必须整合包含在所有的存在态度中的认知因素，必须整合有意识的存在的所有方面，只要存在转向对象，而不是反映在它自身上。然而，对象逐步显现的所有这些必然阶段已经在《精神现象学》的前七章中得到描述。为了对它们进行整合，以便从哲学过渡到智慧，再次需要一个一个地仔细考察它们，证明它们是互补的，不相互矛盾，从而构成一个自我封闭的整体，对于这个整体，我们既不能取走任何东西，也不能增加任何东西。

这就是黑格尔在结束导论的一句里所说的东西（550页第39—41行）：

“因此，对于对象理解（Erfassen）的这个方面，如同它在意识的形式存在那样，只需回想起已经［在《精神现象学》的前七章中］出现过的以前的形式就够了。”

接下来是本章第一部分的原文，对此，我不作讲解。我仅仅说：

当黑格尔谈论感觉、知觉和知性的时候，他不仅仅看到了本义上的感觉，等等，也就是他在《精神现象学》的前三章中描述的现象。意识的这三种形式见于所有的存在态度，并在其中升华；更确切地说——在这些态度的所有认知方面。每一种存在态度都是有意识的；因为每一种意识都是感觉、知觉和知性。每一种存在态度都是感觉、知觉和知性揭示存在的一种特殊形式；因为这些揭示是实在的，存在本身实际上就是如此，它出现在这些揭示中。同样，在这个概述中，黑格尔所概述的不仅仅是标题为“感觉确定性”“知觉”和“知性”的前三章，而且也是现象学的全部七章。

另一方面，每一个存在阶段已经是以前诸阶段的一种整合，因而也是它们的认知方面的一种整合。最后的阶段是所有一般阶段的一种整合：整体性之所以还没有实现，只是因为这个最后阶段所代表的整合仍然对立于它所整合的因素。换句话说，在最后的阶段，所有的存在因素已经被揭示，它们在其统一性中被揭示。存在因而在其整体中被揭示。到达这个最后阶段的知识的内容是完全的，即绝对的或绝对真实的。但是，由于排斥它自己的内容，这个阶段的知识仍然对立于这种完全的内容。现在，存在是一个被揭示的整体，不过，是一个与它的揭示分离的被揭示的整体；现在，被揭示的存在是完全的，但它仍然对立于揭示它的存在。这种完全的、但对立于某种东西的存在是基督教神学的超验上帝。按照定义，这种神学是对精神的"反思"的最后阶段。为了由此过渡到作为被揭示的存在或精神的"科学"，只需清除这个超验因素就够了。问题在于如何等同于基督教上帝；必须知道和能够断言，基督教神学谈论的完全存在实际上就是谈论它的人本身。

这就是黑格尔在他的概述的小结论中所说的东西。

在这个概述中，黑格尔再次指出，何以和为什么人在成为智者的时候，能取消"神学"中的"神"，并由此转到纯粹的《逻辑学》，即转到被理解为"在创造世界之前上帝的思想"的他自己的语言思想(Logos)。他在那里论证人如何最终成为上帝和知道自己是上帝，创造和启示基督教神学的上帝，在自身中包含存在的整体及其启示的绝对的三位一体上帝。

在结论中，黑格尔首先说(555页倒数第4行—556页第3行)：

"在宗教中[一般和尤其在基督教神学中]曾经是内容，即他者的呈现形式的东西，在这里[即在绝对知识中]是自我(Selbst)的活动(Tun)本身。由于概念的连接作用，内容就是自我的活动本身。因为正如我们看到的，这个概念就是自我在自身内是一切(aller)本质性(Wesenheit)和一切(aller)定在(Dasein)的知识；这就是主体即是实体的知识，实体即是主体的活动的知识。"

乍看起来，这是极其简单的。只需阅读基督教（我强调：基督教）神学的一本手册就够了：上帝实际上是一个完全的和无限的存在。在阅读之后只需这样说就够了：这个上帝，就是我自己。显然，这是简单的。然而，即使在今天，这在我们看来仍然是一种谬论，无与伦比的“胡言”。我们把公开肯定这一点的人归入疯子的一类。这意味着肯定（不言而喻：认真地肯定）这一点是极其困难的。事实是，在一个名叫黑格尔的人敢于说这话之前，已经有几千年的哲学思想。首先，这是因为要到达基督教上帝的概念不是容易的。其次，如果到达了这个概念，那么把自己等同于这个概念，把这个概念应用于自己不是容易的。黑格尔对我们说，仅仅在普遍的和同质的国家的公民看来，这是可能的。因为只有这种公民，即通过运动的循环性实际上已经实现了存在的三位一体整体的人，才能在特殊上升到普遍后做到这一点，只有这种公民能在不是疯子的情况下肯定这一点，能作为智者肯定这一点，能在以这种方式揭示一种现实，即阐述一种绝对真理的时候肯定这一点。

为了做到这一点，不必如同人们相信上帝那样相信自己。正如只有当宗教是一种神学时，宗教才是一种宗教，而不是一种严格意义上的“个人的”“情绪状态”，也只有当智慧是一种逻辑学时，智慧才是智慧，而不是“狂妄自大”。不过，只有在阅读了《精神现象学》之后，即——通过理解——整合了自我意识和意识的所有可能态度之后，人们才能到达这种逻辑学。但是，这种简单的整合已经足以实现还不存在的东西，即智慧。

这就是黑格尔在结束导论的句子里所说的东西（556页第4—9行）：

“我们在这里增加的东西仅仅是：一方面，把分离的因素集中在一起，这些因素中的每一个因素在它的本原中代表了整个（ganzen）精神的生命，另一方面，把概念维系（Festhalten）在概念的形式中，而概念的内容是[在《精神现象学》中,尽管在概述中没有提到的]上述因素的结果,本身已经是[与这个概述无关,但仅仅]在意识的形式中的结果。”

作为这种整合的结果的“意识的形式”,就是智慧,或如同黑格尔所说的,“绝对知识”。也可以说,被当作“容器”的智者清空了智慧:在之前给出的概述使之被填满;在《哲学全书》中得到详述的科学将实际上填满他。

包含在第八章第一部分中的概述描写了智者如何在人类的哲学发展过程中产生。这个部分描述了在与哲学或与哲学家的关系中的智者。现在,在第二部分,黑格尔将描述这位智者本人,即把自己等同于存在的整体,但仍有一种分离的特殊实在性的人:因为智者也是“某某先生”。但是,在他的作为科学的智慧中,和他所揭示的存在本身一样,他也是普遍的和无限的。在第八章的最后第三部分,黑格尔谈论他准备在其“科学的体系”的第二部分阐述的这种科学;但是,他没有写成“科学的体系”的第二部分,代之以《哲学全书》。

第五次讲课

第八章第二部分的解释

（556第10行—561页第27行）

在第八章的第一部分，黑格尔概述了《精神现象学》前七章的“形而上学”内容。这个概述，更确切地说，这种整合，取消了在每一个构成因素中出现的主体和客体之间的对立。现在，知识不再是一种对存在的反思；因此，它不再是哲学。知识是绝对的；存在本身在这种知识中和通过这种知识显现出来。这种知识，这种存在的自我显现，就是科学（Wissenschaft）。但是，这种揭示作为存在的存在的完全科学，在存在中显现为一种特殊的实在性。科学的这种实在性（Wirklichkeit），这种定在（Dasein）就是智者，黑格尔称之为“Das absolute Wissen”（绝对知识）。[“绝对知识”（Das absolute Wissen），就是拥有绝对知识的人，正如“自我意识”（Selbstbewusstsein）是自我意识的人，正如“良心”（Gewissen）是具有良心的人，等等]因此，必须在有血有肉的智者和智慧之间，在有生命的和实在的科学“容器”与科学本身之间做出区分。黑格尔已经在第一部分的结论中做出了这种区分。

在那里,黑格尔区分了作为概念(Begriff)的知识——科学,和作为意识的形式(Gestalt des Bewusstsein)的知识——智者,或"绝对知识"。他说,智者在科学之前已经产生。

这种说法的意义是:一方面,在《精神现象学》中描述的每一种态度都是以前的所有态度的一种实在的和存在的整合。最后一种态度因而是所有可能态度的一种完全整合。另一方面,每一种态度都是有意识的,因此,伴随着每一种新态度的自我意识越来越扩展;最后一种态度实现了自我意识的整体。这种完全意识到自己的实在存在,这种在定在中完全实现了的自我意识,就是智者,即作为意识的形式的"绝对知识"。所以,智者在《精神现象学》前七章结束时作为其结果出现。但是,这样的智者仍然对立于世界:他是一个"意识的形式"(Gestalt des Bewusstseins)。为了消除这种对立,不仅仅要整合所有意识到自己的存在态度,而且也要整合所有意识到对象的认知态度。这就是他在形而上学方面重新思考精神现象学,即撰写第八章第一部分中的概述时所做的事情。在这个概述之前存在的东西,是作为"意识的形式"(Gestalt des Bewusstsein),作为在世界中的人的智者;在这个概述之后存在的东西,是作为"概念"(Begriff),作为在"理解"智慧时自在地"理解"存在的整体的智慧,"科学"。或者说,在这个概述之前,即在《精神现象学》本身之前存在的东西,是能撰写《逻辑学》的人,更确切地说,是撰写这部《逻辑学》的人,或更确切地说,——是这部《逻辑学》本身,即科学。概述通过实现了的智慧的这两个方面的区分,通过智者和科学之间的区分完成。在这个概述中,黑格尔描述了智者何以和为什么完成和完善实际的人类历史发展过程,科学何以和为什么完成与完善观念的、哲学的或形而上学的发展过程。

第八章的第一部分讨论智者和科学的历史的、形而上学的发生,第二部分则讨论智者本身。至于第三部分,它讨论科学,将在(黑格尔实际上没有写成的)《体系》的第二部分得到阐述的科学。

第八章的第二部分有三节。在第一节，黑格尔阐述智者的*概念*：他在那里讨论作为科学的制造者的智者是*什么*。在第二节，黑格尔谈论智者的实在性，他在那里讨论智者之所*是*：首先，在现实（Wirklichkeit）中，即在现实的空间中或在世界中；其次，在时间（Zeit）中；最后，在现实的时间中或在时间的现实中，即在*历史*中。在第三节，黑格尔讨论智者的*活动*，即（在第二节描述的）其实在存在的实现和（在第一节描述的）其概念的实现。然而，智者的这种活动正是科学（Wissenschaft）的产生，这是在《精神现象学》第八章的第三部分和将在《逻辑学》中讨论的东西。

我将解释第二部分的第一节，以及第二节的第一阶段之后的东西。

在第一节，黑格尔再次阐述了作为科学的产生者和不同于科学本身的智者的概念。

他首先说（556页第10—15行）：

"精神的这种最后形式，同时把自我的形式给予其完全的和真实的内容，从而同时实现其概念，并仍然处在这种实现中，处在其概念之内的精神就是绝对知识。这就是在精神的形式中认识自己的精神，或者［换句话说，这就是］*通过概念理解的知识*。"

"绝对知识"（Das absolute Wissen）不是智慧，而是智者：通过自己的行动实现智慧或科学的有血有肉的人。事实上，黑格尔说，这是一种"精神的形式"（Gestalt des Geistes）。这是与在前七章讨论的形式相似的一种"形式"。但是，在第一部分末尾的前面一行，他说"意识的形式"（Gestalt des Bewusstseins）。因此，它仍然是一种意识的实现。换句话说，问题仍然涉及生活在世界中的人，在这样的人看来，仍然有一个外部世界，一个不同于其主观现实，不同于自我（Selbst）的客观现实

（Wirklichkeit）。这就是说，客观现实不可能被“意识的形式”超越。事实上，智者的活动（Tun）的结果，即他所产生的，因而超越他的给定现实的现实，是科学。不过，科学既不再是主观的，也不再是客观的；科学不再是对立于客观的和普遍的存在的一种主观的与特殊的现实；科学是在其实在的整体中被揭示的这种存在。然而，在其实在的整体中自己揭示自己的存在就是精神（Geist）。因此，只要实在的人是“意识的形式”，那么智者，只要亲自参与科学就是一种“精神的形式”。是一种“精神的形式”，就是“精神”本身。因为科学是存在的整体的揭示，被揭示的整个存在是精神本身，而不仅仅是一种“精神的形式”。这就是为什么黑格尔能把“绝对知识”，即产生科学的智者，定义为“把自我的形式给予其完全的和真实的内容的精神”。如果智者不同于科学，那么他就是一个人的个体，一个“自我”。因此，科学是他的科学；在一种双重的意义上，科学是他的科学：这是一种属于他本人，是他的活动的成果或结果的科学；也是一种他本人是其内容的科学，一种作为自我意识的科学。

但是，黑格尔说，知识的这种内容是精神的完全的和真实的内容。智者在其具体的现实中实现意识到自己的人的存在的整体：它的内容是完全的，因而是一般内容。这种内容是“真实的”，即在其现实中被揭示的，在其揭示中被实现的。智者思考一切可思考的东西，在智者活着的时候，一切可思考的东西事实上已经实现了：他的知识的整体因而被实现的整体证实为是真实的。他的知识因而也是一般知识；作为他自己的这种知识的“内容”，也是一般内容，即精神的内容。或者，如同黑格尔所说的，智者是“实现其概念，并仍然处在这种实现中，处在其概念之内的精神”。在智者中和通过智者，精神实现能“理解”（在“包含”和“认识”的双重意识上*）一切的他的概念；在智者中和通过智者实现

* 法语的“comprendre”有“理解”和“包含”两种意义。——译者

其概念的同时，智者仍然处在其概念之内，因为如果智者的存在（如同所有人的存在）是他的活动，那么活动就是产生科学的活动，更确切地说，科学就是理解一切的概念，无所不包的和可理解的整体的概念，即作为精神的存在的概念。如果智者和他的科学一致，那么他就和一般科学一致；因为他是科学，所以他是精神。这就是为什么黑格尔能说，智者是“在精神的形式中认识自己的精神”。智者是一个自我，即一个“形式”（Gestalt）；但是，他知道这个自我的内容是他的内容，也是精神的内容；他知道其所是的“形式”（Gestalt）是“精神的形式”（Geistesgestalt）。因为他是精神的形式，所以他知道这一点，人们能说，精神在智者中和通过智者或作为智者知道自己或认识自己是“形式”（Gestalt）。因此，智者只不过是“理解的知识”（begreifendes Wissen）：他是理解一切的知识，因为他包含一切，并且是包含一切的知识，因为他理解一切。

在下面的句子中，黑格尔更明确指出了智者的这个定义（556页第15—19行）：

“[客观]真理不仅仅自在地完全等同于主观确定性。它也是自我的主观确定性的形式。或者说，它在它的定在中，即在自我认识的形式中[它有这种形式]，即[它有]为了能认识的精神[的形式]。”

在智者中，“Wahrheit”（真理，即现实的完全揭示）与“确定性”（即主观确定性）或与智者对自己的知识一致。这就是说：一方面，智者在其具体的和主动的存在中和通过这种存在实在地实现他对自己形成的观念，即应实现的“理想”；另一方面，他对自己的意识，在它是一种对存在的整体的意识的意义上，是一种完全的意识。智者知道这一点。在智者身上，“真理”具有“自我确定性”的“形式”。这就是说：他知道他自己就是他用他的知识揭示的实在的整体。或者，正如黑格尔所说的：真理有一个定在（Dasein），因为是实在的智者，即有血有肉的人，实现了绝对知识。这种绝对知识为这个实在的智者——作为一种“自我知识或认识”——存在。

我们已经知道，仅仅是因为他是一种自我认识，智者的绝对知识才不同于（基督教）教徒的绝对知识。这就是黑格尔在接下来的两句里回顾的东西（556页第19—22行）：

“真理［即科学］是在宗教中还不等同于它的确定性的那种内容。然而，［客观真理的主观确定性的］这种等同取决于［神学的，即上帝］这种内容［在科学中］获得了自我的形式［不言而喻：人的自我］。”

在神学知识中，真理揭示一种不同于知识及其经验基础的本质：上帝是不同于神学家和神学的东西。相反，在智者的知识中，知识的对象、知识本身和拥有知识的主体融为一体。黑格尔说，这种对立的统一（coincidentia oppositorum）之所以能发生，是因为“内容获得了自我的形式”。然而，神学知识的内容是上帝：人们因而能说，在智者把他的知识的整体不联系于部分不同于他的一个存在，而是联系于其所是的存在——这个存在是任何一种存在——的意义上，智者是能等同于上帝的人。

当然，这里的问题不在于一种神秘的结合（unio mytica），“上帝”一词在这里只不过是一个比喻：没有智者能与之结合的存在，因为他就是完全的存在；仅仅在他的知识的整体，即真理的整体，仅仅是存在的存在（sum qui sum）的一种展开的意义上，他是“上帝”：他实际上是存在的一切；他说了这一点；他是他所说的一切。换句话说，他的存在是他关于他的存在的知识：他是存在的揭示，因为他是被揭示的存在。或者还可以说：他关于他的存在的知识是他的存在本身；他是知识，因为他是知识，所以他是其所是，即智者。

这就是黑格尔在接下来的两句里所说的东西（556页第22—27行）：

“因此，在定在（Dasein）的因素中，即在为意识的对象性的形式中形成的东西就是本质，即概念。在定在的因素中向意识显现的精神，或者这样说也一样，在这个因素中通过意识产生的精神就是科学。”

科学是由智者产生的，智者是科学的制造者。如果智者是一个“定在”（Dasein），也就是说，如果智者是一个实在的人，那么智者仍然是面对一个对象（Gegenstand）的意识。但是，在智者看来，这个对象不再是世界或自然，而是他的科学或概念（Begriff）。他活着和行动；但是，他仅仅通过科学活着，他仅仅为了科学行动。既然他作为一个实在的人活着和行动，那么其主动存在的产物，即科学或概念，也有一个定在：如果智者是一个有血有肉的人，那么科学实际上就是被说出的一种语言（Logos）或一本书（“圣书”）。这本书是由智者产生的；同时，它“显现”为一个对象，一个外在的事物。但是，这个对象的内容就是智者本身。然而，自我产生和自己向自己显现的存在就是精神。定在于语言和概念的形式中的精神就是在一本书里被阐述的科学（Wissenschaft）。

智者等同于这种科学，这种科学揭示存在的整体。智者因而等同于这个整体：他的自我是一个普遍的自我；他在个人的存在中实现意识到存在的整体性。但是，在一种双重的意义上，智者的知识是他的知识：知识是他的成果，知识揭示智者所是的存在。同样，智者的自我既是普遍的，也是他的自我；这个自我（Selbst），就是一个名叫乔治·威廉·弗里德里希·黑格尔的具体的人的我。

这就是黑格尔在接下来的一段中所说的东西（556页第28—32行）：

“这种知识的本质、因素和［辩证］运动［根据上面的分析］已经表明，这种知识是自我意识的纯粹的自为存在。这种［绝对］知识［即智者]就是我，就是这个我，而不是别的我，但它直接地被间接化，即被扬弃的普遍的我。”

特殊性没有消失，而是被“扬弃”在普遍的科学中，在智者中，它在它具有的本质的东西中得到保存，在自己的本质中得到升华。问题不在于（如同在徒劳地试图解释神秘的结合（unio mytica）的神学神秘主义中）结合于一种给定的、本质上不同于我所是的特殊性的整体；问题不在于抛弃其特殊性或个性，消失在绝对中。不，智者不再是一种特殊性（Einzelheit），因为他本身成为普遍，但同时仍然是其所是：一个特殊的人。他的特殊性和他的个性被保存在他的整体性中：他仍然是一个人，他仍然是这个人，他仍然是乔治·威廉·弗里德里希·黑格尔。他当然归结为他的知识，他的知识是普遍的；但是，只有他能实现他的知识。

仅仅在黑格尔的“绝对知识”，即无神论的、人-神论的或我-神论的知识中，这才是可能的。以绝对存在为内容，而不是以人为内容的神学知识取消人的个体性，而不是扬弃人的个体性，保存和升华人的个体性。智者之所以是特殊和普遍的综合（即一种真正的“个体性”），仅仅是因为他的知识以其所是的同一个自我为内容。

这就是黑格尔在下面表达的东西（556页第32—39行）：

“[智者的]这个自我有一种内容，他把这种内容与自己区别开来。因为这个自我是纯粹的否定性，即自己分裂为二的活动：它[因而]就是意识。[但是，]在内容[与自我]的区分中，这种内容就是自我。因为这种内容是自我扬弃的运动，即[确切地说]作为自我的同一种纯粹否定性。在这种[与自我]有区别的内容中，自我被反映在自身中。仅仅由于自我在它的他在中就是在它自己那里，内容才在概念上被理解。”

智者的自我是一种对立于一个对象的意识：智者区别于他的科学，科学区别于它的对象。因此，有三种不同的东西：智者，他的书和包含两者的现实世界。一切都发生在此世，在定在（Dasein）之内。智者仍然是一个人；他因而继续通过他的存在表达人的存在的本质本身，即否定性，这就是为什么他继续对立于一个非我，一个对象，如他想实现自己，这个对象就必然被他取消。但是，对象，以及在自我和这个对象之间的对立的取消，现在不再通过行动（行动只能否定一个特殊的对象，因而不能取消它的客观性，即一般的主体和客体之间的对立），而是通过科学本身完成，科学——在揭示存在的整体时——在这个被揭示的整体中取消所有存在的对立，特别是主体和客体之间的对立。因此，智者的科学本身是否定的；它甚至是作为否定性的一般否定性，因为它不取消客体，而是取消主体和客体之间的对立。然而，否定性就是人，就是自我。科学因而是自我；科学是创造科学的智者。因此，正如黑格尔所说的，在作为科学被客观化的时候，智者的自我“在它的他在中就是在它自己那里”。

然而，如果科学是智者，如果智者是科学，那么科学必定和人自己有同样的本质。这就是说，科学必定是辩证运动，即通过否定的创造发展过程。这就是科学之所是，正如黑格尔在结束第八章第二部分的第一节的句子里所说的（556页第39行—557页第3行）：

“这个内容，更确切地说，就是刚才提到的［辩证］运动本身。因为这个内容是作为精神和自为地贯穿本身的精神；［之所以能做到这一点］是因为在它的对象性［本身］中，内容［在这里］有概念的形式。”

现在讲第二节。正如我已经说过的，黑格尔在那里谈论刚才在第一节里定义的智者的实在性。这里的分析分为三个阶段：1. 在现实（Wirklichkeit）中的智者；2. 在时间中的智者；3. 在客观的时间中，即在历史中的智者。

第二节的导论是这样开始的(557页第4—12行):

“关于这个概念的定在(Dasein),在精神到达对自己的意识之前,科学不会出现在时间中和在现实中。作为知道其所是的精神,精神不在之前存在,只有在完成了它的工作之后才存在,除了完成它的工作的地方,它绝不会在其他地方存在,它的工作就是:制服它的不完善形式,使之意识到它的本质的形式,从而使它的自我意识和它的意识一致。”

黑格尔在这里说了我们早就知道的东西。在时间中和在现实中,即在历史中,科学不可能出现在任何时刻。在发展科学之前,人必须定义他自己,就像黑格尔在第一节所做的那样。这意味着他必定已经写完了《精神现象学》的前七章(我们知道,只有作为完成了历史——黑格尔所说的这种“精神的完成”(Vollendung des Geistes)——的普遍的和同质的国家的公民,他才能做到这一点)。完全的科学只能是人的完全的努力的结果,也就是世界历史的已完成的发展过程所实现的人的全部集体努力的结果。仅仅在这个时候,科学所宣布的自我意识和意识的一致作为理论才是真实的,因为仅仅在这个时候,它才是实在的。

在全部历史的努力的完成之前,绝对知识是不可能的,因为在这样的完成之前,还不存在被认为由绝对知识揭示的完全的或绝对的现实。在现实世界,如同在历史终结前存在的现实世界中,不可能有智者。因而也不可能有实在的知识,即不可能有包含科学(Wissenschaft)的书籍。

这就是黑格尔在结束导论的句子里所说的(557页第12—16行):

“自在和自为存在的精神,就它的诸因素的差别而言[即还没有被整合到作为科学的综合理解中和被这种理解整合],是自为存在的知识，[即]一般的概念理解，[作为知识的]这种理解还没有到达实体，[换句话说，这种知识]本身还不是绝对知识。”

“本身自在”(an sich selbst)的“绝对知识”就是智者。在智者出现之前，科学只是作为一种可能性存在。科学作为可能性存在，是因为存在始终是完全的，因为存在始终具有概念的形式——由于存在终将在其整体中被科学揭示。科学以智者撰写的书籍的形式进入存在。这本书，因而智者，就是绝对科学(Wissenschaft)的实在性(Wirklichkeit)。仅仅在科学以书籍的形式成为实在的科学时，实在存在实在地通过自己向自己显现；仅仅在这个时候，他实在地是精神。

谈论精神就是谈论科学；谈论科学就是谈论科学的现实，即在现实世界中行动(=写书)的智者的现实。

在这个第一阶段，黑格尔首先说(557页第17—18行)：

“然而，在现实中，认识的实体在形式之前，即在实体的概念形式之前已经在那里存在。”

这句话有一种双重的意义：一种人类学的意义和一种神学的意义。在人类学的解释中，人们能把这句话或联系于历史的人，或联系于智者。

在《精神现象学》中，“实体”这个词一般表示：社团，民族，国家——一方面对立于孤立的个体或特殊，另一方面对立于反思社团或国家并通过语言揭示它们的人。在这里，问题在于“认识的实体”(wissende Substanz)。换句话说，问题在于黑格尔后来称为“客观精神”(objektiver Geist)的东西。问题在于在广义上的民族的集体文明或文化。至于“形式”(Form)或“概念形式”(Begriffsgestalt)，它是作为试图理解文化，试图对这种社团的文化，而不是对社团本身进行反思的哲学。然而，黑格尔说，“实体”在“形式”之前。在这里，他以在第五章谈论人的个体的方式谈论集体：“人首先必须客观地实现自己，然后才能意识到其所是。”和个体一样，集体或民族必须首先通过其行动被造就成历史的实体，仅仅在这之后，一种哲学才能揭示这种新的人的集体现实，即理解其文化的意义和含义。换句话说，黑格尔抛弃任何一种在哲学中的“揭示”。无任何东西来自上帝：无任何东西能来自一种超人间的、超人的、非时间的现实。是人类在时间中的创造活动，是历史，创造了揭示现实的哲学。因此，完全地理解这种现实，即到达完全的哲学，或“科学”，就是理解在其整个创造发展过程中的人的现实，就是理解历史的完整意义。

因此，如果人们把“概念形式”(Begriffsgestalt)一词和科学联系起来，那么上述句子的意思就是，这种科学*必须以*历史发展过程的已完成的整体为*前提*。科学不接受来自外面的任何东西；科学本身不创造任何东西；科学仅仅揭示*存在*的东西；科学揭示在其空间和时间整体中的存在。这就是为什么智者的知识是*他的*知识，也仅仅是他的知识。和任何人一样，智者是他的过去的继承者；因为科学仅仅揭示这种作为*他的过去*的过去，科学向智者本身揭示他本身。

最后，人们能在“认识的实体”(wissende Substanz)中看到*对立*于人的个体和一般人的有意识的或人形的实体。换句话说，人们能把这种表达和上帝联系起来。于是，这个句子意味着：“上帝”，即谈论上帝的神学，在概念*之前*，在哲学之前和在科学之前存在。我们知道，在黑格尔看来，一种宗教，更确切地说，一种神学也揭示它属于其中一部分的集体文化。但是，宗教在揭示的时候并不知道它在揭示，它外化和*实体化*它所揭示的东西。这种“实体”就是相应的神学的上帝。相反，集体文化的“概念形式”(Begriffsgestalt)则是哲学。黑格尔说，神学必然在哲学*之前*存在。归根结底，这意味着：基督教神学*先于*科学。宗教能在没有哲学的情况下存在；但是，如果没有一种宗教，哲学就不可能出现。这就是说：首先有创造文化的*活动*；然后有对这种文化的*神学*揭示，这种神学揭示以为在谈论超验的上帝时谈论这种文化；仅仅在这之后，才有对文化的*哲学*揭示，总之，这种哲学的揭示仅限于把相应的神学虚假地联系于上帝的内容和人联系起来。

在接下来的两句里（557页第24—28行），黑格尔阐述他的思想：

“因为实体是还没有展开的*自在*，或者说，是在还没有展开运动的简单性中的基础或概念，因而是内在性，或还不在那里［作为自我在定在中］存在的精神的自我。在那里［在定在中］存在的东西是还没有展开的简单的和直接的实体。这就是说，［在那里存在的东西就是］外化和呈现的意识的对象。”

在现实（Wirklichkeit）中首先出现的东西，是文化的物质内容，或原始的、单纯的、没有差别的，也是直接的、非反思的、没有被解释的文化现实。这个内容首先以对象的形式呈现给“外化的意识”。然而，以对象的形式呈现的人的现实是一种所谓的神的现实。

再一次，哲学，因而科学，以第三种顺序出现在现实中：它们后于在神学中和通过神学的人的现实的*象征性*揭示；它们*必须以*时间的历史*活动*完成的人的现实的创造为前提。

然而，人们能从这个事实得出关于哲学和科学的特征，实际的文化生活及其神学转换的一些结论。这就是黑格尔在接下来的和结束第一阶段的段落中所说的东西。

他首先说（557页第24—29行）：

“基于这个理由，［哲学的］认识最初只有一个贫乏的对象，和这个对象相比较，实体和实体的［神学的］意识更丰富。［哲学的认识更贫乏，]因为它是精神的认识，自为存在的东西仅仅在[一种]存在是为自我和自我的存在，也就是概念的情况下，为这种认识存在。”

在最初，文化或实在历史的生活，以及它的神学转换，始终比这种生活所产生的哲学更丰富。哲学因而不揭示产生哲学的生活的整体。哲学对这种生活的揭示少于相应的神学对这种生活的揭示。黑格尔解释其中的原因。我仅仅（在哲学上，即在概念上）理解为我存在的东西，我的存在之所是。然而，在最初，只要历史的发展过程在延续，民族的集体生活就始终比作为哲学家的孤立个体的个人生活更丰富。哲学家通过其哲学仅仅揭示自我（因为任何一种哲学都是自我意识，也仅仅是自我意识），他所揭示的东西少于（毫无疑义，象征性地）表现该社团的自我意识的神学家所揭示的东西，因而也少于这种社团之所是。只有普遍的和同质的国家——在那里，特殊和普遍的对立已经被消除——的公民才能在揭示自我的同时，揭示人的现实的整体。只有这种公民的哲学才可能是完全的；这就是为什么它是科学或智慧，而不是爱智。

但是，即使哲学始终不比相应的历史现实及其宗教更“丰富”，但哲学比它们更“清晰”。因为文化本身一般是没有意识的；神学以为在谈论人及其文化之外的东西，以致神学没有意识到自己。然而，黑格尔在接下来的句子里说（557页第29—31行），只有自我意识能真正进行显示，因为只有自我能被显示：

“实体在这种[神学的]意识的外显状态实际上是[一种]隐蔽状态。因为[在这种意识中的]实体是还没有自我的存在。而向自己显示的东西仅仅是自我的确定性。”

我们现在理解哲学到科学的转变是如何在历史现实中进行的。

黑格尔在下面这段原文谈到这一点（557页第31—39行）：

“因此，最初属于［哲学的］自我意识的东西，只是实体的抽象因素。但是，由于这些作为纯粹的辩证运动的因素在自我运动中逐步前进，所以［哲学的］自我意识变得［越来越］丰富，直到它［1.］从［宗教的］意识中夺取实体的整体，［2.］把实体的本质性的结构吸收到自身，［3.］因为对于对象的否定行为同样是［一种］肯定的［行为］，是一种确定，通过它本身产生实体，同时为意识［是智者的意识］重新构成实体。”

由于任何一种哲学比它所揭示的历史现实更“贫乏”，所以任何一种哲学都是“抽象的”：它都揭示现实的某些因素，但是，它仅仅注意到这些因素不存在于它们在相应的哲学中所呈现的孤立状态中。但是，在历史的过程中，哲学的自我意识变得越来越丰富。随着个体的生活变得越来越丰富，越来越和集体的或“普遍的”生活联系在一起，自我意识变得越来越丰富。当历史终结时，在普遍的和同质的国家中，集体的或“公共的”（文化的、社会的、政治的）生活完全与不再是纯粹的“私生活”的“个人生活”一致。因此，这种国家的公民的哲学自我意识揭示现实文化和政治生活的整体。所以，可能被一种神学揭示的剩余东西不再存在：教徒不再有存在的理由，这就是教徒消失的原因。但是，对象性（Gegenständlichkeit），即神的实在性的这种取消，同时是人的实在性的建立；同样的实在性作为神的实在性被否定，作为人的实在性被建立。在这个时候，哲学家就是智者。哲学是智慧或科学。这种科学为意识重新建立人的实在性。人的实在性因而重新成为一个对象。事实上，在一本书里被描述的历史既是为意识而存在的一个对象，也是实在的历史本身。只是这个对象，在被人（被学者）有意识地创造出来的时候，就不再是一个外在的、超验的对象：它是认识的内在对象，即概念。

人的实在性的这种“破坏”和“建立”是在《精神现象学》中和通过《精神现象学》进行的。正是在《精神现象学》中和通过《精神现象学》,哲学家成了智者。在《精神现象学》中有意识地被建立的人的现实,只能联系于建立它的人:这种启示的绝对知识不可能是神学。它将是纯粹的《逻辑学》:它将是本义上的科学,《体系》的第二部分,而《精神现象学》是其第一部分。

这种科学完全地揭示现实的整体。在现实和科学之间,只有一个唯一的区别:在现实中,整体在部分之前,而在科学中,部分先于整体。

黑格尔如下表达自己的思想(557页第39行—558页第3行):

“因此,在知道自己是作为概念的概念中,诸因素在已实现的整体之前出现,其形成过程就是这些因素的[辩证]运动。相反,在意识中[即在“幼稚的”意识中和在宗教的意识中],整体在诸因素之前存在;但[这个整体仅仅作为整体]不是作为概念。”

现实是分析的,科学是综合的。既是“幼稚的”,也是神学的或哲学的意识始终呈现在一个整体面前,面对一种它一开始不理解的完全的和单纯的实际生活。只有分解这种生活,意识才能理解它和揭示它。它的每一次揭示都是抽象的。这就是为什么在神学中,在教徒看来,“难以理解的”整个现实,或造物主上帝,先于他在创造中和通过创造的启示性发展,此外,这种发展不会穷尽难以理解的神的整体。相反,科学用它的诸因素(与整体分离,在历史过程中一个一个地被哲学揭示的诸因素)建立整体。和神学相反,科学因而知道整体只不过是其诸因素的整合。然而,这些因素是人间的、人的、时间的。在科学看来,整体也是如此。被科学揭示的存在的整体因而不是上帝:存在的整体就是揭示存在的人的存在;智者的意识因而也是一种自我意识。

在《精神现象学》中，黑格尔用人的现实的诸因素开始建立完整的历史。他在这种历史中建立各种不同的一系列神学。他证明这些神学是人的产物，这些神学所揭示的存在因而只能是人的存在。《精神现象学》在创建科学的时候，必然要破坏一切神学，以及一切哲学，此外，以及在一般意义上的一切科学：尤其是牛顿物理学，黑格尔最厌恶的东西。

分析智者和科学的现实的阶段结束了。我们看到，始终有前和后的问题。理解科学的现实，就是理解它的时间的现实。这就是为什么黑格尔将在第二阶段讨论在智者（和他的知识）和时间之间的关系。

第六次讲课

关于永恒、时间和概念的解释

（558页第3—4行）

从人们谈论科学在历史世界的具体现实中出现的时候起，必须谈论前和后，即谈论发展过程，谈论时间。在提出科学和客观现实之间关系的问题时，必须提出科学和时间之间关系的问题。这就是黑格尔在第八章第二部分第二节的第二阶段所讨论的东西。

我们在这里讨论的问题远不是新的。人们甚至能说，自哲学存在以来，这个问题就被提出。事实上，所有的哲学都在探索真理，并且常常以为找到了真理或至少一部分真理。然而，本义上的真理被认为是不可能被改变和不可能被否定的某种东西：正如人们所说的，真理是“普遍地和必然地”有效。这就是说，真理是不可能变化的；同样如同人们所说的，真理是永恒的或非时间的。另一方面，毫无疑义，人们能在某个时刻找到真理，真理存在于时间中，因为真理通过和为了生活在世界中的人存在。从人们提出真理，甚至部分的真理的问题开始，人们必然会提出时间的问题，尤其是时间和永恒的东西之间，或时间和非时间的东西之间关系的问题。这就是黑格尔在“第二阶段”提出和解决的问题。

为了和黑格尔一起进行讨论，我们把通向真理的概念知识的一致性整体叫作概念(Begriff)。事实上，真理通常是一个广义的“概念”，也就是一个有意义的词语所组成的一致性整体。于是，人们能提出这样的问题：概念和时间之间的关系是何种关系。

从第二阶段的最初论述开始，黑格尔就回答这个问题；必须以一种意想不到的方式来回答这个问题。事实上，他说(558页第3—4行)：“Die Zeit ist der Begriff selbst , der da ist.”(时间是在那里存在着的概念本身。)必须强调指出，黑格尔在斟酌字句后，写出了这句离奇的话。因为他已经在《精神现象学》的序言中说了同样的话，我们在那里(38页第33—36行)读到：“Was die Zeit Betrifft...so ist sie der Daseiende Begriff selbst”(关于时间……，它是定在的概念本身)。

这是非常清楚的：“Die Zeit ist der Daseiende Begriff selbst”(时间是定在的概念本身)。同时，这也是相当难以理解的。为了更好地理解黑格尔所表达的意思，简要地回顾一下在黑格尔之前，柏拉图和亚里士多德、斯宾诺莎和康德提出的对问题的解决办法，是有益的。这就是我在第六次至第八次讲课中讨论的内容。

需要在概念和时间之间建立一种肯定的或否定的关系。很显然，在这里，只有一些数量极其有限的可能性，如同下面的公式所表明的：

I. C = E

II. C = E'/ 相应于……{ 1. E…… { a. 在T之外 / b. 在T之中 } ; 2. T }

III. C = T

[IV. C = T']

C表示概念。它不是某个确定的概念，而是一般的概念，即所有概念的整体，概念的完整体系，“观念的观念”，或在黑格尔（参见《逻辑学》）和康德意义上的理念。T表示时间或时间的现实。E表示时间的对立面，即永恒（在肯定意义上的非时间的现实）。E’表示“永恒的东西”，与“永恒”比较而言。（正如这张桌子不是存在，但它存在着，同样，概念也不是永恒，但它能被设想为“永恒的东西”：它“分享”永恒，它是永恒（Eternité）的一个永恒的（éternel）功能，等等；但是，永恒本身不同于概念）。最后，T’表示“时间的东西”，不同于时间本身，就像“永恒的东西”不同于永恒。

这些公式能以下述方式解读。第一种可能性：概念是永恒。它不联系于任何东西：它显然不联系于时间；它也不联系于永恒，因为它就是永恒。这就是巴门尼德的观点。（但是，因为被充分阐述和被真正理解的巴门尼德的观点仅仅通过斯宾诺莎才为我们所知，所以我讨论这种可能性的时候，要谈论斯宾诺莎。）第三种可能性：概念是时间，它不联系于永恒，也不联系于时间；这是黑格尔的观点。第一种和第三种可能性是同一体，不能再进一步被划分。相反，第二种可能性能再分成两种可能性，其中的第一种可能性有两个变种；我们由此得到三种可能的哲学，不同于巴门尼德-斯宾诺莎哲学和黑格尔哲学的所有哲学实际上分为这三种类型。①

还有第四种可能性：概念是时间的。然而，这不再是一种哲学的可能性。因为这种（怀疑的）思想使一切哲学成为不可能，它否定真理的概念本身：概念是时间的，概念本质上是变化的；这就是说，没有确定的知识，因而没有本义上的真正知识。相反，第三种可能性和真理的概

① 至少在使我们感兴趣的问题方面。此外，这个问题表达了任何一种哲学的基本内容，因此，人们能说，一般只有五种不可还原的，也就是本质上不同的哲学类型：一种不可能的类型（第一种可能性：巴门尼德-斯宾诺莎）；三种相对可能的但不充分的类型（第二种可能性：柏拉图、亚里士多德、康德）；一种真正的类型但有待于阐述和实现；因为就个人而言，我认为它还没有实现（黑格尔和海德格尔代表这第三种可能性）。

念相容；因为如果一切在时间中存在的东西（即一切属于时间的东西）始终在变化，则时间本身不变化。

因此，第二种可能性能再次分成两种。概念是永恒的东西，但不是永恒，它联系于与之不同的某种东西。由此产生两个变种：1. 古代的或异教的变种，认为永恒的概念联系于永恒；这显然是由柏拉图和亚里士多德（他们在这一点上是一致的）提出的变种；2. 现代的或犹太-基督教的变种，这显然是由康德提出的：永恒的概念联系于时间。关于第一个变种，它表示两种可能的类型：1. 永恒的概念联系于在时间之外的永恒（柏拉图），2. 永恒的概念联系于在时间中的永恒（亚里士多德）。[①]

观念的世界，观念的观念——在柏拉图那里就是在黑格尔那里叫作概念（Begriff）的东西（或在《逻辑学》中——理念）。现象的世界就是黑格尔叫作定在（Dasein）的东西。为了简便起见，我们讨论“概念”和“存在”。存在本质上是变化，即一种时间的实体。另一方面，仅仅在存在中有变化：这就是说，存在不仅仅是时间的，而且也是时间本身。相反，概念——本质上——不变化。因此，概念是本质上不同于时间的东西，不是时间的东西。人们可能站在巴门尼德（和斯宾诺莎）一边，认为概念是永恒。但是，柏拉图不这样说；因为他相信已经发现了概念（即语言、词语或有意义的语言）联系于不同于概念本身（或词语）的某种东西。（人们正是在这一点上攻击柏拉图，以及从柏拉图到康德，信奉柏拉图哲学的哲学家，如果人们想避免他们的哲学所包含的令人讨厌的人类学结论。）因此，概念不是永恒。概念仅仅是永恒

① 很显然，（现代的）第二个变种不可能像第一个变种那样能再次被划分。然而，有一些基督教的哲学家——明确地或不明确地——肯定这一点；但是，他们或者是在做没有意义的文字游戏，或者，他们——在不知道的情况下——实现了黑格尔的（或无神论的）哲学类型。

的东西。然后，必须提出永恒的概念，以及时间和永恒之间的关系的问题。

我们首先考察柏拉图忽略的一个事实：实在的和定在的人，说出有意义的话语。因此，诸概念，和完整的一般概念，在时间中继续存在，尽管不是永恒的定义，即本质上不同于时间的东西（概念在变化中；但是，由于本身不变化，概念必然是不同于变化的东西）。如果我们用一条线表示时间的存在（在世界中的人），那么我们就能用在这条线上的一个奇异点来表示概念：这个点本质上不同于这条线上的其他点（图1），然而，在柏拉图看来，概念联系于不同于它本身的东西。（柏拉图就是在这一点上批判巴门尼德-斯宾诺莎；黑格尔就是在这一点上批判柏拉图和所有其他的哲学家：在他看来，和在巴门尼德-斯宾诺莎看来一样，除了联系于它自己，概念不联系于任何东西。）然而，因为概念是永恒的东西，概念必须联系于柏拉图所说的永恒。（亚里士多德跟随柏拉图；但康德反对柏拉图，认为永恒的概念联系于时间。）但是，柏拉图说，永恒只能在时间之外（发现在时间中的永恒的亚里士多德否定这一点）。我们应该以图2所指出的方式来补充我们的图解。

让我们走得更远。诸概念，甚至一般概念，在存在中的出现不是一种唯一的现象。无论如何，概念能在任何时刻出现。表示存在的线因而包含多个永恒的奇异点（图3）。然而，按照定义，永恒，即概念所联系的实体，始终是同样的。因此，概念和这个实体的关系也始终是同样的。因此：在（在世界中的人的存在的）任何时刻，与一个唯一的和同样的超时间实体的同样关系是可能的。如果我们想表示柏拉图的概念，那么我们应该以图4指出的方式来修改我们的图解。

我们由此重新发现了《蒂迈欧篇》的形而上学的图解：一种循环的时间，由在时间中存在的东西和在时间之外的东西的关系所确定的时间（以及在时间中存在和时间的东西）的循环性。同时，我们重新发现了这个著名的“中心点”：一种基督教神学，也就是在我看来柏拉图主

图 1

图 2

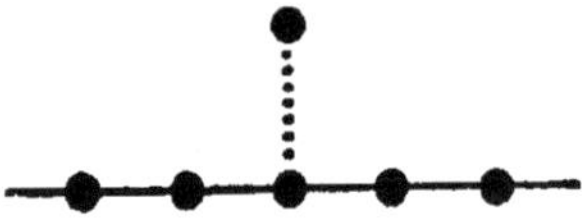

图 3

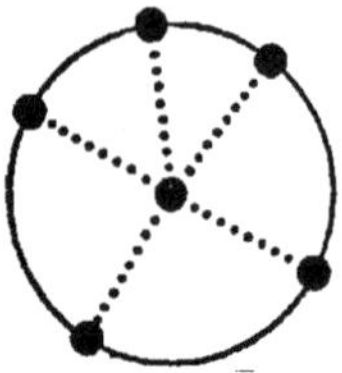

图 4

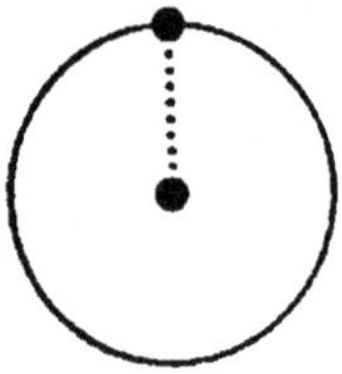

图 5

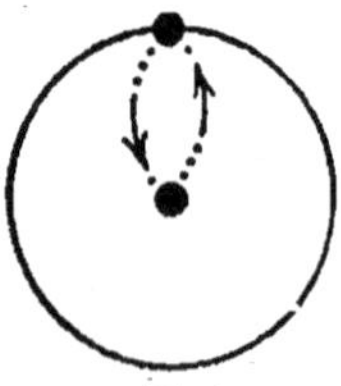

图 6

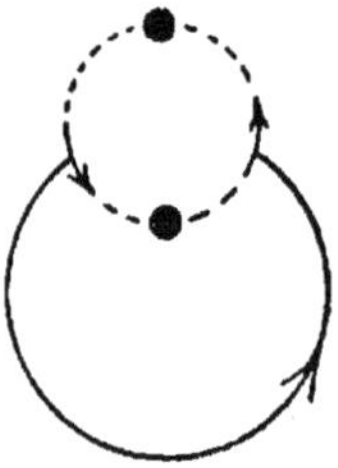

“神学”
（柏拉图）

图 7

“悲观主义的
怀疑主义”
或“相对主义”

图 8

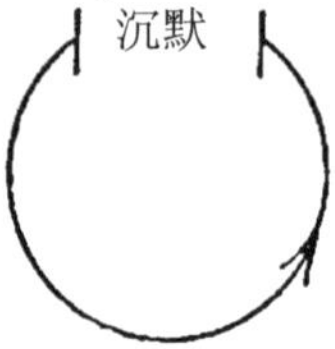

“神秘主义”

图 9

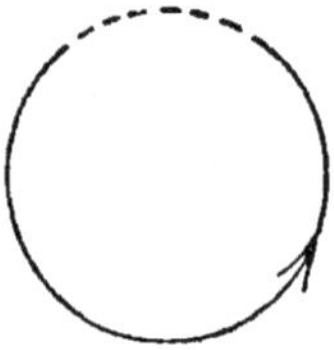

“乐观主义的
怀疑主义”
或“批判主义”
（康德）

图 10

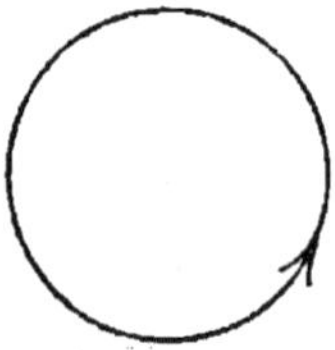

“绝对知识”
（黑格尔）

图 11

义的一种变种必然把它引入表示绝对的和循环的知识的黑格尔圆圈。绘出的圆圈显然能表示知识的整体：有多少知识联系于在(时间的)世界中的人，就有多少知识联系于在这种知识之外，也就是在世界中存在的人之外，以及包含在世界中存在的人的(即时间的)世界之外的东西。这个“中心点”(自从人们把概念解释为与某种不同于概念的东西的关系开始，即自从人们把超验的因素引入知识开始，必然出现的“中心点”)被称为上帝。此外，我们已经知道，这种有神论图解并没有任何属于基督教的东西，因为我们是从柏拉图主义的概念中得出它的。①

因此，我们说，“中心点”是上帝。我们能这样说，因为在柏拉图看来，由这个点所表示的έν άγαθὸυ(至善)也是θεos(上帝)。

但是，名称并不重要。我们更想知道其中的含义。为此，我们要修改图解，使之更精确。

首先，我们要加以简化。概念能在时间中重复。但是，概念的重复并不改变概念，概念也不改变它和永恒的关系；总之，概念不改变任何东西。我们能取消圆圈的所有辐射状线条，只除了一条(之所以除了一条辐射状线，是因为概念在时间中的呈现十分重要；在圆周上的点表示在时间中完成的人的知识)。现在，让我们来考察这条辐射状线表示什么。

辐射状线表示在永恒的概念与永恒或永恒的实体之间的关系。这种关系因而也是非时间的或永恒的。然而，它显然是一种在强意义上的关系，即在两个不同的东西之间的一种关系。也可以说，辐射状线因而延伸(在空间中，因为在那里不再有时间)。因此，我们最好用一条线(用一条虚线，以区别于时间的实线)来表示它。上述关系无疑是双重

① 一般地说，这是一神论的知识，即认识到一种超验性，一种唯一的超验性的知识的图解。人们能说，任何一种哲学都认识到一种超验性：除了巴门尼德-斯宾诺莎的无宇宙论(第一种可能性)，以及黑格尔的无神论(第三种可能性)。

的（图6）。一方面，在时间中的（永恒的）概念，即词语，通过它的意义上升到被这种意义揭示的实体；另一方面，这个实体通过意义下降到词语，因而根据其有声的和语音的可变实在性创造词语。如果没有词语，永恒就不可能呈现在时间中，因而不可能到达人。如果没有永恒，词语就没有意义，不能把人上升到时间和变化之上；不可能有为了人的真理。（或者，以概念的例子来使用一个概念：词语“狗”揭示狗的本质；然而，实现词语的意义的东西是狗的本质；是狗能在一个判断中阐明词语“狗”：“狗是一种全身有毛的四足动物，等等”。）一般地说，我们从词语到事物，再从事物到词语。只有这种双重的关系能构成真理或现实事物的揭示，即本义的概念。另一方面，这种双重的关系穷尽真理或概念：（永恒的）概念仅仅联系于永恒，永恒只能通过概念被揭示。尽管它们在时间中，但它们与时间和时间的东西没有关系。（永恒的）概念和永恒的双重关系，即循环关系因而切断了时间的圆圈。作为变化的变化仍然不能到达概念。换句话说，在时间的东西中，没有真理：不在概念之前，也不在概念之后。通过概念，人们能从时间的东西上升到永恒；然后，人们能重新下降到时间的东西中。但是，在下降之后，人们正好处在以前所处的状态。为了生活在概念中，也就是在真理中，必须生活在一个永恒的圆圈中的时间之外。换句话说：绝对知识的永恒的圆圈虽然在时间中，但与时间没有关系；只有当知识包含仅仅联系于永恒的一个永恒的圆圈时，知识才是绝对的。这就是为什么我们应当以图7所指出的方式来呈现绝对知识的柏拉图概念。换句话说，我们重新发现了神学知识的图解。（有一个中心点的圆圈只不过是这个图解的一种简单变化形式。）

我们由此看到，在神学体系和黑格尔的无神论体系之间的差异能追溯到很远的地方。如果使用形而上学的语言，那么我们能说，只要人们把概念（即绝对知识）定义为联系于在时间之外的永恒（Eternité）的一个永恒的（éternel）实体，人们就有一种本义上的有神论的，坦率地说，超验主义的和一神论的体系。

我们来看看这对现象的时间世界意味着什么。对这个世界（和生活在其中的人）的认识由大圆圈表示。我们因而删去了永恒的概念的小圆圈（图8）。所以，两种解释是可能的。第一，我们能说，圆弧有一些固定的、确定的、不可超越的边界（图9）。我们由此得到我称为广义的“神秘主义”的知识的图解。如果取消在一种特定的神学体系中的上帝，人们就能得到一种神秘主义的体系，在这个体系中，人们能谈论除了本质上难以言喻的上帝以外的一切东西；再彻底一点，关于上帝，人们甚至不能说他是上帝；人们至多能说，他是难以言喻的。难以言喻的存在能通过人们所希望的一切东西：通过“入迷”，通过音乐，等等，显现出来；除了通过语言。①

但是，关于其他的东西，也就是时间的实体，人们能说一切。换句话说，联系于这些东西的知识原则上是完全的、确定的；因为时间是有限的，所以人们能通过语言穷尽时间，时间和它的内容。只有说出人们关于时间的（人间的和人的）现实能说的一切东西，人们才能到达时间的界限，即彼世的界限。但是，时间呈现的事实表明，人们不可能满足于语言，甚至完全的语言。人们只得通过“神秘的”、“入迷的”、“算法的”、“有声的”或其他的沉默超越语言。

其次，人们能说，删去了永恒的概念的小圆圈之后，大圆圈的圆弧就没有边界了（其“最后的”两个点位于被删去的小圆圈上）：图8。在这种情况下，我们得到了怀疑的或相对的知识的图解，即在强意义上的真正知识的不存在的图解。知识联系于时间，即联系于变化。不过，时间没有了界限，但变化不会停止。因此，没有永恒的和最终的知识：没有知识体系（épistème），只有意见（doxa）。此外，即使在这种情况下，人

① 在柏拉图那里，“神秘主义”倾向是非常明显的：έν ἀγαθὸν（至善）在并通过沉默的沉思“显现”。

们也能说，圆圈是封闭的。因此，人们提出黑格尔的绝对的，即循环的知识的理想（参见图11）。但是，这种理想始终是一种理想：实在的知识的圆圈实际上始终没有封闭（参见图10）。这是怀疑主义的乐观主义形式。这是永恒的"为什么"的怀疑主义，"始终在学习"，不断地作为一个人向着其永远不能达到的目的前进的人类的怀疑主义。按照"圣克莱尔之井"的魔鬼的定义，真理仍然是"空白的"。这也是康德的批判主义的"永恒的工作"（ewige Aufgabe）。此外，在怀疑的知识的两个变种中，作为能通向智慧之路的哲学，显然是一种不可能的东西。

反过来说，如果把永恒的概念，即推论的真理引入一种"神秘主义的"体系，那么人们就能得到一种神学的体系，即使上帝这个项没有明确地在其中起作用。因为在这种情况下，真理必然将揭示一种在时间之外，即在世界和人之外的存在。

再一次，神学的（不是神秘主义或怀疑主义的）体系对时间世界的认识意味着什么？

原则上，人们关于世界和人能说一切。联系于世界和人的知识是完全的。只是关于时间和时间的东西的知识本身是相对的：它是一种意见。只有把它放入联系于永恒（Eternité）的永恒的（éternel）知识的整体中，人们关于时间的东西才能说某种确定的东西。

我们接受世界。在狭义的神学语言中，人们应当说，在世界中的事件和这个世界本身是偶然的：没有联系于这个世界的绝对知识。但是，如果万一人们知道上帝的意图和他的创造意志，人们就能有一种真正的关于世界的科学。如果使用神学的象征性语言，人们能说，只有当这个世界包含几何学的因素时，才有关于世界的科学。事实上，康德向我们指出，为了把算法改造成语言，必须使之要么联系于时间，要么联系于空间。在这里，使之联系于时间已经被定义排斥，人们只能使之联系于空间（在这个概念中，空间是一个在时间之外的空间）。事实上，人们能谈论几何学："圆圈"也是有一种意义的词语（人们能说它是什么），例如，与非空间化的积分相反，因为人们只能用一种算法来表示积分。因此，神学体系能产生一种实在的几何学，即一种几何物理学，而不是其他东西。然而，这种物理学能告诉我们大地是圆的，但它不能告诉我们为什么大地能吸引有重量的物体（因为和任何力一样，引力不仅仅是一种空间的现象，而且本质上也是时间的现象）；因此，这种物理学能说明作为地球——树木在它上面生长，人在它上面生活的行星——的大地是什么。

至于人本身，人们在同样的处境中面对他。只有当人联系于永恒时，才有关于人的真正科学。我能证明上帝的存在：这是一个永恒的真理。但是，我不能同样地证明我的存在，除非我把自己设想为在上帝中的一种永恒的观念。至于在我的时间和世界存在中的我，我不可能知道任何东西。更有甚者：正是联系于永恒的绝对知识，使一种关于时间的东西的绝对知识成为不可能。事实上，我们能以基督教神学为例。在基督教徒看来，最重要的是，在于知道他通过其人间的或世俗的存在得救，还是入地狱。然而，能显示上帝的永恒概念的分析证明，人们不可能知道这一点，人们永远不可能知道这一点。如果基督教徒不想成为"神秘主义者"，也就是完全拒绝言语，那么他必然是在其世俗的存在方面的怀疑主义者。他能做他想做的事，但他不可能有善行的确定性。①

总之，在神学体系中，有一种在意识中和通过意识的绝对知识，但没有在自我意识中和通过自我意识的绝对知识。

最后，人们能在人类学方面阐述神学体系，解释其中的人的自由概念（即人本身的概念，因为如果没有自由，人就只是一个动物）的含义。

我们不必在这里定义自由②。

① 但是，基督教徒承认，上帝的决定符合人的理性。

② 事实上，要么这个词没有意义，要么它就是黑格尔所说的否定性，像笛卡尔和康德那样的人已经看到这一点，但没有明确地说出来。但是，这并不重要。

正如人们所说的，我们都有“事物之所是的一个概念”；尽管我们不能定义自由。我们拥有的这个“概念”足以能对此说：

自由行为在时间进程的直线之外。在这条线上的一个点所表示的此时此地，是由通过这条线和规定将来的过去规定的、固定的、确定的。相反，自由行为的此时此地，不可能根据它的过去得到解释。它不被过去固定或确定。拥有自由的存在虽然处在空间和时间中，但能与此时此地分离，上升到它之上，占据面对它的位置。但是，自由行为联系于此时此地：它是在确定的条件下完成的。这就是说：此时此地的内容必须得到保存，并同时与此时此地分离。然而，既保存知觉的内容，又使知觉与感觉的此时此地分离的东西，就是概念或有意义的词语。（这张桌子与此时此地有关；但词语的意义：“这张桌子”无所不在和始终存在。）这就是为什么人人都一致同意，只有一种会说话的存在才是自由的。①

而柏拉图则认为，人们能传授德行，通过辩证法，即通过语言传授德行——很明显，在他看来，自由行为和概念认识的行为有同样的性质：在他看来，它们只不过是一个唯一的同样的事物的两个互补方面。

然而，在柏拉图看来，概念是1. 永恒的，2. 联系于永恒，3. 在时间之外。如果把这个定义用于自由行为的概念，那么我们就能得到如下结果：

正如概念不联系于时间的实在性，或支配意见，自由行为在这种现实中也是不可能的。在自由行为中和通过自由行为，人联系于在时间之外的某种东西，就像柏拉图在其著名的神话中所说的：灵魂在出生之前选择命运。有选择，就有自由。但是，这种选择是在时间的存在之外进行的，而时间的存在完全是在其进程中被确定的。柏拉图在他的神

① 确实，黑格尔颠倒了这个论断，他说，只有一种自由的存在能说话；但是，他也坚持语言和自由之间的紧密联系。

话中采用了灵魂转生的概念：选择可以重复，在各种选择之间有区别。但是，真正地说，这个假设并不与柏拉图的体系的整体吻合，在柏拉图的体系中，非时间的东西不接受变化。人们早就得出了一种由超时间的永恒（或上帝）和自由因之间关系所确定的唯一选择的（诺斯替教和基督教）概念。天使的概念在本义的时间之外，最终地做出决定：或是赞成或是反对成为“有德行的”上帝或“堕落的”天使或魔鬼。①

一般地说，这个概念不能解释这种时间的存在，即历史。在这里，历史始终是一种喜剧，而不是一种悲剧：悲剧的东西在前或在后，无论如何，在时间生活之外；这种生活本身实现一种预先规定的程序，因而没有任何本身的意义和价值。

归根结底，人们能这样说。神学的绝对知识的整个体系在概念中看到一个永恒的实体，这个实体联系于永恒。反过来说，这个概念的概念一旦被阐明，必然到达一种神学的知识。如果在柏拉图那里永恒在时间之外，那么体系绝对是一神学论的，完全是超验论的：上帝的存在本质上不同于谈论上帝的人的存在；神的存在绝对是单一的和唯一的，即永恒地与本身同一或排除一切变化。

与自然世界相比，这个体系给出一种纯粹几何学的理论，这种理论至多能以纯粹非物质的“运动”的概念（正如笛卡尔所做的），而不能以力的概念来阐述：这个体系承认一种运动学或运载学，但排斥动力学。然而，它不解释构成时间的生物现象。和人的世界相比，这个体系在必要时能解释“天使的”存在，但取消历史生活的任何的意义和价值，即人的时间上的存在。

① 这个概念也出现在原罪的教条中：体现在亚当身上的完人自由地、最终地做出决定。在这里，行为在时间中；但是，行为不联系于时间；行为联系于上帝的永恒的命令，而这个上帝在时间之外。至于本义上的人的自由——它是一切神学，尤其是基督教神学的绊脚石。即使神的选择是一种与人的合作（这是相当“异端的”），人的行为在整体上也要由上帝来评判，因此，自由仍然是一种在时间之外和联系于永恒的唯一行为。

第七次讲课

关于永恒、时间和概念的解释

（续）

我长时间地讨论了相应于II,1,a可能性的柏拉图的概念。

我们现在转入亚里士多德，即II,1,b的可能性。

亚里士多德看到了柏拉图的困难。他同时作出了一个伟大的发现。

和柏拉图一样，亚里士多德把概念定义为永恒的东西。这就是说，他把概念定义为与其他东西的一种关系。在他看来，如同在柏拉图看来，这个其他东西不是时间，而是永恒。（仅仅在有概念，即永恒的实体，有永恒的位置的世界中，才有知识体系。）但是，亚里士多德看到了柏拉图好像没有看到的东西。即：永恒不是在时间之外，而是在时间中。至少，在时间中，有永恒的东西。

事实上，柏拉图是这样推理的：所有实在的狗都变化；相反，概念“狗”与本身保持同一；因此，它必然联系于在实在的狗之外，即在时间之外的一种永恒。(这种永恒就是狗的“理念”,最终说来,是理念的理念。)亚里士多德对此回答说:当然,概念“狗”联系于永恒;但是,永恒在时间中继续存在;因为如果各种实在的狗变化,那么实在的一般狗,即“狗”这个物种是不变化的。物种是永恒的,并且在时间中,把概念联系于在时间中的永恒是可能的。有一种关于时间的世界的绝对知识,如果这个世界包含永恒的话。换句话说,柏拉图忘记了在赫拉克利特的河里有奔腾不息的水流。首先,有动物和植物。“水流”的永恒的和不变的轴是目的和完成(entéléchie);正是这种完成相对于概念而言,显现为“水流”的理念。但是,也有行星,最后,还有宇宙。因此,亚里士多德说:时间本身是永恒的。时间是循环的,①但是,圆圈永恒地重复出现。②

因此,宇宙和动物有同样的结构。亚里士多德的体系由此给出一种关于生命的解释和一种关于世界的生物学概念。

在神学上说,把永恒的概念联系于在时间中的永恒的理论相当于多神论。当然,亚里士多德与图腾崇拜的心理相去甚远,所以不能断言动物和植物是神。然而,当他说行星是神时,他比柏拉图更好地使他的体系保持一致。但是,最终说来,差别不是非常重要:是一神论,还是多神论,在两种情况下,问题都在于一种神学的知识。宇宙的演变永恒地重复;只是因为有一种永恒的重复,才有一种关于宇宙的绝对知识。然而,在时间的永恒回复中和通过这种回复出现的东西,是一种唯一的和同样的永恒。换句话说,有一个最高的神,本义的上帝,他把宇宙保持在其同一性中,从而使绝对知识成为可能。神的永恒虽然在时间的进程中表现出来,但本质上不同于在时间中存在的一切东西。人谈论上帝,在必要时,人也能谈论作为物种的自己。尽管如此,在作为

① 如同在黑格尔那里。

② 而在黑格尔那里,进程是唯一的。

历史个体的人和人所谈论的永恒的上帝之间，差异是本质的。如同在柏拉图那里，还有一种意识（Bewusstsein）的绝对知识，但不是自我意识（Selbstbewusstsein）的绝对知识。（因为物种没有自我意识，没有自我（Selbst）；物种至多能说“我们”，而不说“我”。）

亚里士多德的体系由此解释人的生物存在，而不是真正人性的，即历史的存在。当我们转到人类学方面，即提出自由的问题时，就能更清楚地看到这一点。

当然，亚里士多德谈论自由。但是，人人都谈论自由。甚至斯宾诺莎也谈论自由！但是，如果人们不玩弄词语，如果人们看到真正的自由概念（在黑格尔的学说中阐述的，在《精神现象学》中提出的自由概念），那么必须说，亚里士多德的体系和自由是不相容的。事实上，人们知道，按照定义，这个体系排斥造物主上帝。（按照定义，因为在时间中的实体表示：世界的永恒，回复，和永恒的回复。）然而，在没有上帝的创造活动的位置的地方，更没有人的创造活动的位置：人承受历史，但不创造历史；所以，人在时间中是不自由的。在这一点上，亚里士多德没有超越柏拉图。但是，和柏拉图的体系相比，亚里士多德的体系更不被人接受，因为他排斥超验的自由行为。事实上，由于永恒在时间中，永恒的概念联系于在时间中的永恒，所以走出时间的一切可能性都被排除了。人只有在时间中，才能在时间之外。人能在时间之外选择的一种时间的存在，在概念上可能是不可认识的，因为这种存在在时间中不是永恒的，而概念只能联系于一种在时间中的永恒。总之，由于人在变化，所以人不知道；由于人不知道，所以人不是自由的（按照定义）；如果人知道，人就不变化，因而在一般的意义上，人也不是自由的。

事实上，在亚里士多德和柏拉图看来，只有把人联系于永恒，才能有一种关于人的绝对知识。个体的灵魂过于微小，不能被认识，柏拉图在《理想国》中说：为了认识灵魂，必须从大处看灵魂，也就是必须思考城邦。然而，在亚里士多德看来，柏拉图的永恒国家只不过是一个乌托邦；事实上，所有的国家都在变化，迟早要灭亡；因此，联系于国家的可能形式之一的政治上的绝对知识是没有的。但是，幸运的是，有一个封闭的圆圈，国家的转变就在那里永恒地重复。这个圆圈能在概念上被理解；在谈论这个圆圈的时候，人们就能通过概念把握不同的国家和人本身。这是不言而喻的。但是，如果事情是这样，那么历史就与我们今天称为“历史”的东西无任何关系；在这种历史中，人仍不失为自由的。

柏拉图体系的亚里士多德变种用生物学代替几何学，从而把人解释为动物，但不把人解释为历史的和自由的个体；它甚至不把人解释——如同柏拉图所做的——为堕落的天使。

在伟大的哲学方面，始终有一些或多或少野蛮的或未开化的理论。人们也使关于概念的柏拉图-亚里士多德学说变得未开化：或是通过一种普通的和荒谬的否定，或是通过一种歪曲的接受。

普通的否定认为，概念决不是永恒的，和在时间中存在的任何其他东西一样，它也是时间的。这就是我还没有谈到的第四种可能性，因为它取消一种真正的或真实的知识的概念本身。这就是柏拉图以“诡辩术”的名义加以驳斥，康德称之为“经验主义”并加以批判，胡塞尔在最近以“心理主义”的名义重新加以驳斥的怀疑主义和相对主义。我们不再谈论这一点。

我们想对不乏荒谬，虽然明显地看并不荒谬的歪曲性含义说几句话。人们总是说，概念是永恒的。但是，尽管概念是永恒的，但它在时间中；人们说，这意味着概念联系于在时间中存在的东西，即联系于时间的东西。（不是联系于时间，而是联系于时间的东西，即联系于在时间中存在的东西。）由于联系于时间的东西，所以概念在时间中联系于时间的东西，在本义的时间的东西之前——在时间中——存在。这就是众所周知的先于经验的“先验”概念或“天赋观念”。

在《纯粹理性批判》的导论中，著名的第一句话就是针对这种“先验论”(康德称之为“教条主义”),康德大体上这样说:毫无疑问,在时间中,经验,即时间的现实,始终先于作为我的知识出现在时间中的概念。事实上,对这个问题不可能有任何怀疑。普通的先验论从一个所谓的事实出发,仅仅是为了到达一个绝对站不住脚的概念:在认识论方面,以及在人类学方面(其中的问题在于著名的“自由意志”)。只需稍微展开一下先验论,就能要么到达怀疑主义或相对主义,要么到达康德;最终说来,要么回到柏拉图和亚里士多德。

和所有名副其实的哲学家一样,康德清楚地知道,人们不可能把概念定义为时间的东西,也不能把它联系于时间的东西(其实是一回事)。在他看来,如同在柏拉图和亚里士多德看来,概念是永恒的。然而,由于概念是永恒的,但它不是永恒,所以概念必然联系于某种东西,即在强意义上联系于不同于它的东西。但是,看到柏拉图和亚里士多德把永恒的概念联系于永恒时遇到的困难后,康德以一种闻所未闻的勇气把概念联系于时间(当然,不是联系于时间的东西,即在时间中存在的东西)。

康德的整个概念可归结为这句著名的话:“没有直觉的概念是空洞的;没有概念的直觉是盲目的。”

不过,在讨论康德的这个表达式之前,我想对问题,即斯宾诺莎的问题的另一个解决办法说几句话。

正如我已经说过的,斯宾诺莎的体系完全是荒谬的体现。(这就是为什么当人们试图“实现”——如同人们所说的——他的思想的时候,就会体验到一种眩晕感,就像看到形式逻辑或集合论的一个悖论时的情景。)

然而,最离奇的是:绝对的错误或谬论如同真理,也是,必然也是“循环的”。因此,斯宾诺莎(和巴门尼德)的绝对知识应该用一个封闭的圆圈（当然，没有中心点）来表示：图1。事实上，如果斯宾诺莎认为概念是永恒，而黑格尔断言概念是时间，那么他们在这一点是共同的：概念不是一种关系。（或者也可以说，概念仅仅在它本身的关系中。）巴门尼德说，存在和（概念的）思维是单一的和同样的东西。斯宾诺莎说，思维（或概念）是物质的属性，而物质不同于其属性。在两种情况下，即在巴门尼德-斯宾诺莎那里和在黑格尔那里，没有对存在的“反思”。在两种情况下，是存在本身在概念中和通过概念——更确切地说——作为概念反思自己。因此，反映存在的整体的绝对知识也是自我封闭的，也是“循环的”，就像在其整体中的存在本身：在这种知识之外，没有任何东西，就像在存在之外，没有任何东西。但是，有一种本质的区别：巴门尼德-斯宾诺莎的存在-概念是永恒，而黑格尔的存在—概念是时间。因此，斯宾诺莎学说中的绝对知识也必然是永恒。这就是说，它必定排斥时间。换句话说：人们不需要时间来实现这种绝对知识；《伦理学》必定是“在转瞬间”写成和读出的思想。事物的荒谬就在这里。[不过，柏罗丁接受这个结论。]

这种荒谬已经被柏拉图在《巴门尼德篇》中加以驳斥。如果存在确实是“一”（更确切地说，“大一”），也就是说，如果存在排斥“多”，排斥一切多样性，一切变化，也就是说，如果存在是取消时间的永恒；如果存在是“大一”——那么我认为，人们就不能谈论存在。这就是柏拉图的意思。事实上，语言和它所揭示的存在一样，也应该是“一”，因而不能超越一个词语“一”。还有……因为最终说来，问题始终在于时间。语言必然是非时间的：然而，如果没有时间，人就不能说出一个词。如果存在是“一”，或者这样说也一样，如果概念是永恒，那么在人看来，“绝对知识”就归结为绝对的沉默。[①]

① 柏拉图接受这一点：“大一”是不可言喻的。

图 1

图 2

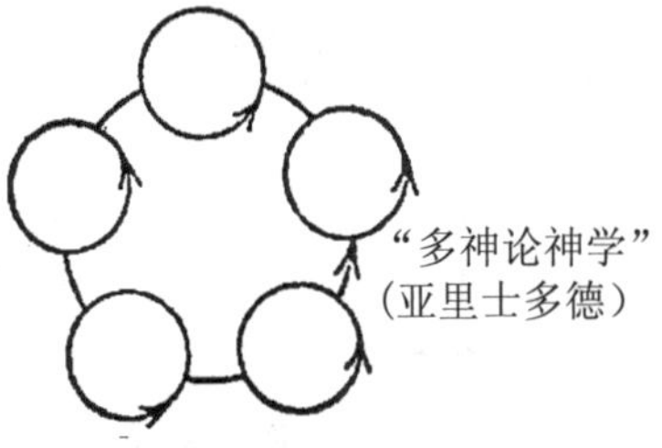

图 3

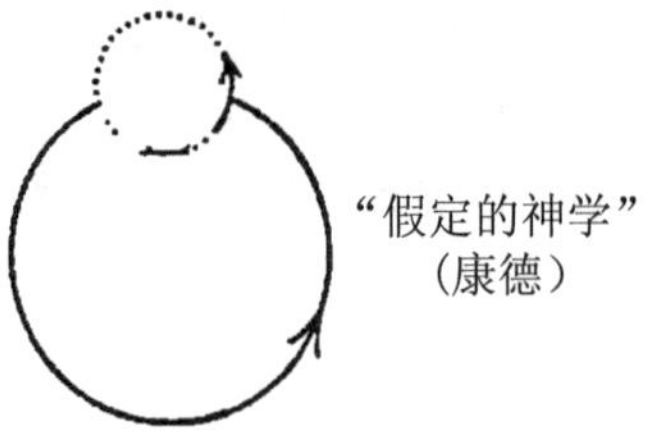

图 4

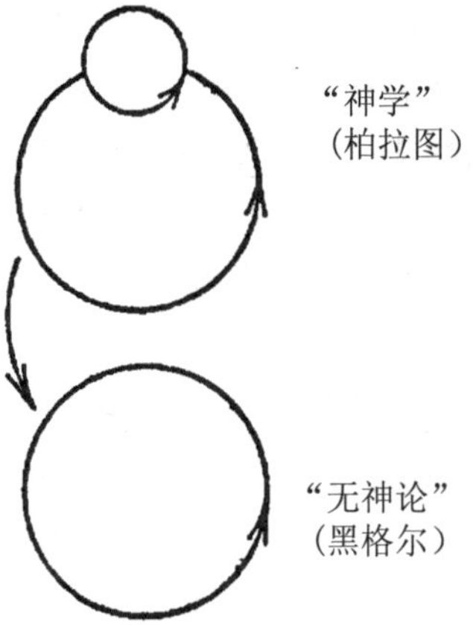

图 5

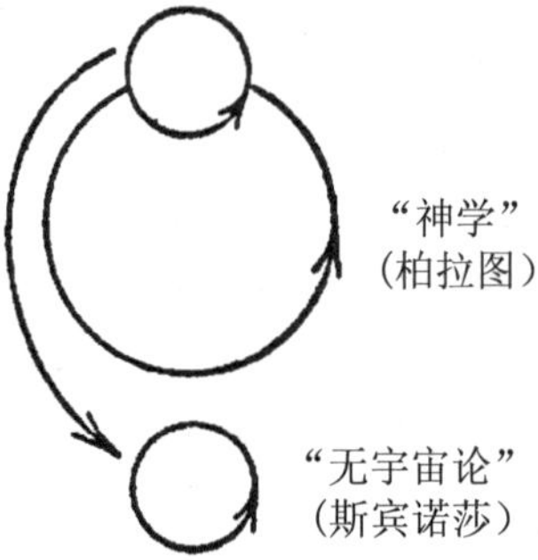

图 6

图 7

我说：在人看来。这也就是说，在生活在时间中，需要时间来生活和说话（即用概念来思维）的会说话的存在看来。然而，正如我们已经看到的，作为概念的概念不是（或至少看上去不是）必然地联系于时间。概念或观念的世界被认为是语言的世界：如同所有的成分在其中共存的一种语言。[这是柏罗丁所说的。]事实上，在诸概念之间，有（看上去有）非时间的关系：例如，欧几里得的所有定理同时在其公理的整体中存在。[柏罗丁坚持这个事实。]因而有一种非时间的语言。[①]因此，斯宾诺莎的体系的观念不是荒谬的：它只不过是绝对知识的观念。荒谬的东西是，这个体系被认为是由一个人构造出来的，而这个人实际上需要时间来构造这个体系。同样，在柏罗丁那里，这个体系属于永恒的智慧。或者也可以说：体系能在时间之外存在；但是，不能通过时间的存在进入这个体系。（斯宾诺莎的体系，就是黑格尔的《逻辑学》，在《逻辑学》看来，没有和不可能有通向《逻辑学》的《精神现象学》；或者，就是笛卡尔的体系，而人们不能通过一本《方法论》进入其中。）

《伦理学》是按照一种我不能用人的语言来理解的方法写成的。因为《伦理学》解释了一切，除了一个生活在时间中的人撰写成它的可能性。如果《精神现象学》能解释为什么《逻辑学》出现在历史的这个时刻，而不是出现在历史的另一个时刻，那么《伦理学》就能证明它自己在任何一个时刻出现的可能性。总之，如果《伦理学》是真实的，那么它只能由上帝来撰写；我们要记住，由一个没有化为肉身的上帝来撰写。

我们能以如下的方式确定斯宾诺莎和黑格尔之间的区别：黑格尔在思考或撰写《逻辑学》的时候成为上帝；或者也可以说——黑格尔在成为上帝的时候思考或撰写《逻辑学》。相反，斯宾诺莎必须成为不朽的上帝，才能撰写和思考《伦理学》。不过，如果成为在时间中的上帝

① 正如按照笛卡尔的正确解释，有非时间的运动。

的一个存在能被称为“上帝”，其前提是必须把这个词语当作一个（正确的）比喻来使用，如果一个存在是不朽的上帝，那么这个存在就是本义上的和强意义上的上帝。成为斯宾诺莎学说的信徒，实际上就是用思辨来代替（没有圣子的）圣父，并严格维护神的超验概念；这就是说，斯宾诺莎是超验的上帝，他向人说话，但以永恒的上帝向人说话。显然，这荒谬到了极点：认真地看待斯宾诺莎，实际上就是疯子——或变成疯子。

斯宾诺莎和黑格尔一样，把人（即智者）和上帝等同起来。看来，在两种情况下，人们都能无差别地说，要么只有上帝，要么只有人。然而，事实上，两个论断并不是等同的，如果第一个论断被斯宾诺莎接受，那么只有第二个论断能表达黑格尔的思想。这就是当黑格尔说斯宾诺莎的体系不是一种泛神论，而是一种无宇宙论时所表达的意思：宇宙或存在的整体归结为唯一的上帝，一个没有世界和没有人的上帝。说这样的话，就是意味着本身是变化、发展和时间的一切东西不为科学而存在。因为如果这就是《伦理学》中的问题，那么人们不知道这些东西何以和为什么出现在那里。

如果使用我们的象征性圆圈，我们就能以如下的方式再现黑格尔的体系和斯宾诺莎的体系之间的差别：

我们先从有神论体系的象征性图形着手。这是处于纯粹的形式中的柏拉图的体系。但是，它表示一般的“第二种可能性”（图2）。在亚里士多德看来，人们应该在大圆圈上增加几个小圆圈，以便表示永恒和时间的关系（图3）；但是，这些圆圈必须被嵌入；最终，人们能用一个唯一的小圆圈来再现柏拉图的象征性图形。（这就是说：任何真正一致的有神论都是一种一神论。）至于康德，也能使用同样的象征性图形；但是，应该画上一个虚线的小圆圈，以便表明康德的神学本身只有一种“好像”的价值（图4）。总之，有神论体系的象征性图形适用于把概念定义为与不同于它自己的其他东西相称的一种永恒实体的任何体系，而这个其他东西是在时间中或在时间之外的永恒，还是时间本身，则无关紧要。但是，让我们回到斯宾诺莎。黑格尔删去了有神论体系中的小圆圈（其前辈事先把它归结为一个奇异点，图5）。相反，斯宾诺莎删去了大圆圈（图6）。

因此，象征性图形在两种情况下是相同的：一个同质的圆圈。这是重要的。因为我们看到，只需否定概念是与不同于它自己的其他东西的一种关系，就足以建立绝对的，即循环的知识的理想。事实上，如果概念联系于一个其他的现实事物，那么一个孤立的概念就能被与这种独立的现实事物的完全一致证明为真实的。在这种情况下，就有一些明显的事实，甚至一些部分的真理。但是，如果概念是被揭示的存在本身，那么概念只能被本身证明为真实的。证明本身不再区别于应当被证明的东西。这意味着真理是一个“体系”，正如黑格尔所说的。在斯宾诺莎那里，没有“体系”一词。但是，事物在那里存在。他不考虑巴门尼德，他是理解全或无的原则对知识有效的唯一哲学家：要么人们知道一切，要么人们什么都不知道；因为只有了解一个人知道一切的时候，我们才了解一个人真正地知道某种东西。这就是为什么斯宾诺莎的研究是很有教育意义的，尽管他的观点是荒谬的。斯宾诺莎提出完全的，甚至“有系统的”“循环的”知识。只是他的体系在时间中是不可能的。黑格尔的一切努力在于创建一种斯宾诺莎主义的体系，它能由生活在一个历史的世界中的一个人来撰写。这就是为什么尽管黑格尔和斯宾诺莎一起承认概念不是一种关系，但仍然不把概念等同于永恒，等同于时间。（关于这个主题，参见《精神现象学》的序言，19页及以下。）

我们将在后面看到，这意味着什么。目前，我想再次强调，两种体系的象征性图形是等同的。它们仅仅在起源方面有区别（人们可以在象征性图形上看到）：删去了小圆圈或大圆圈。这仍然很符合现实。人们理解一种时间的知识最终能包括发展过程的整体。但是,人们不理解一种永恒的知识能吸收在时间中存在的一切东西:只是因为它能吸收我们自己。也许是意识的绝对知识能完全吸收自我意识。这显然是荒谬的。

我在这里打住。为了知道概念的等同对于永恒意味着什么,应该阅读整部《伦理学》。

我们从而转入或回到康德。

康德与柏拉图和亚里士多德的观点一致,认为(反对巴门尼德-斯宾诺莎和黑格尔)概念是一个与不同于它本身的其他东西有关系的永恒的实体。只是他把这种永恒的概念联系于时间,而不是联系于永恒。

此外,人们能说,康德之所以把概念定义为一种关系,是因为他看到斯宾诺莎主义的不可能性(正如柏拉图所做的那样,以避免埃利亚学派的不可能性)。他也许没有阅读过斯宾诺莎的著作。但是,在"范畴的先验演绎"中和在"图式"中,他指出为什么斯宾诺莎主义的概念是不可能的:它之所以是不可能的,是因为在我们看来,即在人看来,"没有直觉的概念是空洞的"。

巴门尼德-斯宾诺莎(和黑格尔)的概念,与不同于它本身的一个存在没有关系,而是向自己揭示自己的存在,这种巴门尼德-斯宾诺莎的概念在康德那里被称为"先验的我"或"感知的先验综合"(transcendantale Synthesis der Apperception)。

在康德那里,"先验"(transcendantal)表示:使经验成为可能的东西。然而,经验本质上是时间的,一切是时间的东西属于经验的范围。因此,"先验"表示:使作为时间的时间的东西成为可能的东西。康德说,先验的实体在时间"之前"和在时间"之外"。因此,先验是"永恒的",或如同康德本人所说的,是"先天的"(a priori);这就是说,它先于

"作为时间的时间的东西"。断言有一种知识体系,绝对知识,真正的真理,就是断言有普遍和必然有效的概念;即一方面在任何时刻都是有效,另一方面把时间排除在本身之外(即永远不被改变)的概念;因此,这就是说,有先天的,甚至先验的、永恒的概念。

然而,永恒的概念(如同一切永恒的实体)仅仅在它自己中和通过它自己是永恒的。通过其永恒的起源,通过其起源,它是永恒的。然而,永恒的概念的起源是"先验的我"或"先验综合"。这个我或这种综合因而不是永恒的东西;它们是永恒。康德的先验自我意识,就是被设想为精神的主体的巴门尼德的实体,即上帝。是实在的永恒在概念中和通过概念自己揭示自己。这是概念所揭示的一切存在的来源,存在的一切概念上的揭示的来源;这是一切时间的存在的永恒的来源。

康德说,我们其他人能谈论作为存在和作为"一"的"先验的我";然而,这就是我们所能说的一切。换句话说,康德接受柏拉图对于巴门尼德的批判:如果概念是永恒,那么绝对知识就归结为一个词"ἕν"或"ὄν"(存在),就没有可能的语言。[严格地说,人们甚至不能谈论作为存在和作为"一"的"先验的我"。因为正如我们刚才看到的,人们不能在这种情况下使用存在和量的范畴。人们至多能说,它是"某种东西",而不是虚无;但是,人们不能说,它是一种有某某量的东西;然而,这种存在,人们仅仅能谈论它存在着的存在,就是如同黑格尔所说的,与虚无(Nichts)没有区别的一个存在(Sein)。]

因此,康德说,巴门尼德-斯宾诺莎的体系是不可能的。意识到自己的本质永恒的统一性有十二方面,它们是著名的十二个范畴-概念。永恒的这十二个方面显然是永恒的;它们"先于"在时间中存在的一切东西,它们在时间"之前";它们因而在任何时刻都是有效的,由于排除了时间,它们不可能变化;它们是先天的(a priori)。然而,巴门尼德-斯宾诺莎的错误(或错觉)在于:他们认为来自永恒的永恒的东西揭示和确定这种永恒，即为这种永恒定性。在巴门尼德和斯宾诺莎看来，概念-范畴是存在的“大一”的属性，这些属性能归于“大一”。然而，在康德看来，事情并非如此。①

事情并非如此，因为这是不可能的。在《纯粹理性批判》第二版第16节末尾，康德解释其中的原因。

概念-范畴对永恒的规定只有通过知性（Verstand），“通过自我意识，他说，自我同时可能是多样性（das Mannigfaltige）”，才是可能的；或者也可以说，通过知性，它的表象的对象仅仅由于这些表象本身的存在而存在；换句话说，通过神的知性（或“原型”）。因为事实上，自己思考自己，思考可思的一切东西，仅通过思考创造被思的对象的存在，就是上帝。斯宾诺莎有理由把与揭示它的概念一致的巴门尼德的“ἕν-ὄν”（存在）叫作“上帝”。但是，他的错误是忘记了只有上帝能把这个概念用于他自己。因为在不是上帝的我们看来，把我们的概念用于上帝，就是把概念仅仅联系于这个概念本身，而不是联系于其他东西。然而，与本义有关，即与其他东西有关的概念，至多是永恒的，但不是永恒。这就是说：要么斯宾诺莎主义的基础本身是虚假的（概念不是永恒）；要么如果概念是永恒，那么只有上帝能理解斯宾诺莎主义。断定人不是上帝和撰写《伦理学》，就是不知道人做什么，就是做一件人们不可理解的事，就是做一件“荒谬的”事。

但是，原则上，在康德看来，上帝能撰写《伦理学》。因此，整个问题在于知道一个人（斯宾诺莎）能不能是上帝。然而，在康德看来，这是不可能的。因为人不能从他的自我——在其自身中的自我——意识的内容中取出任何东西，人的自我是一个没有内容的点，一个空的容器，（多样性的）内容必须被给予（gegeben）它，而内容必然来自别处。或者

① 在柏罗丁看来，它们不能归于“大一”。但是，它们能归于存在的“大一”，在他看来，存在的“大一”是第二实体：神灵或可理解的宇宙。

这样说也一样：为了有真正的认识，人进行思考是不够的；还必须存在着人所思考的对象，这个对象独立于人的思维活动。或者也可以说，正如康德所说的：人的意识必然有两个构成因素：概念（Begriff）和直觉（Anschauung），直觉呈现出一种被给予人的，但不是由人产生的，或来自人的或在人那里的内容。

因此，一个不是上帝的存在所具有的概念，是一种关系：换句话说，它可能是永恒的，但它不是永恒。这就是为什么斯宾诺莎主义是荒谬的。之所以它是荒谬的，是因为斯宾诺莎不是上帝。

然而，还有柏拉图-亚里士多德的学说，这种学说认为（人的）概念是一种关系，一种联系于永恒，而不是联系于时间的关系，这就是说，永恒（或上帝）包含在它自己的统一性中的多样性，永恒本身创造它通过概念所揭示的多样性。这种多样性，作为在其自身中的永恒的永恒展开，本身就是永恒：概念的（多样性的）世界与时间-空间的世界无任何关系。但是，永恒本身在这个世界中展开；不是我们的概念，仅仅是永恒的概念，产生这个世界。这个世界被给予我们；我们的概念联系于这个世界。换句话说，我们的绝对知识不是上帝关于他自己的知识；它是我们关于上帝，一个本质上不同于我们的上帝，一个超验的上帝的知识。它是一种本义上的神学知识，一种作为永恒的概念和永恒（而不是和时间）的关系的知识。

然而，在康德看来，这也是不可能的。这仅仅是因为永恒的东西与永恒的关系本身必然是永恒的和非时间的，而我们的知识不仅仅在时间中，而且——更严重的事情——本身也是时间的：我们需要时间来思考。

原则上，康德说，可能有一种非时间-空间的直觉（Anschauung）。原则上，人们能把概念-范畴用于任何一种给定的多样性。一个非神的存在，因而原则上能阐明一种揭示柏拉图的理念的非时间-空间的世界的绝对知识。但是，叫作人的非神的存在实际上不能做到这一点。

如果斯宾诺莎主义仅仅对上帝来说是可能的，那么柏拉图主义仅仅对一种非神的且不同于人的智慧的智慧，例如，一种“天使的”智慧来说才是可能的。因为再一次（在康德看来，这是一个不可还原的和不可解释的事实；参见第21节末尾）：我们其他的人看来，给定的多样性始终是一种在时间–空间的形式下给定的多样性。

我们只能在一种多样性被给予我们的情况下进行思考。但是，这种多样性必定存在：于其整体和其每一个因素中。因此，巴门尼德的单一的和唯一的存在必然在一个多样性的存在中分化。然而，在我们看来，只有本身是空间或在空间中的时候，相同的东西才可能是不同的。[事实上，仅仅由于它们在空间的位置，相同的两个几何点才能相互区别；而空间只不过是在其内在特性（或没有任何“特性”）方面完全等同但又相互区别的点的无限集合。]但是，为了有认识，必须把不同的东西等同起来：一切认识活动都是一种综合，康德说，综合把同一性引入（给定的）多样性。然而，在我们看来，不同的东西只有在时间中或作为时间才可能是等同的。①

因此，在我们看来，认识，即把不同的东西等同起来，只能在时间中进行，因为把不同的东西等同起来已经是时间。我们通常知道，人的概念出现在时间的任何一刻；我们知道，人需要时间来进行思考。但是，康德第一个发现，这对人来说不是偶然的，而是本质的。人在其中进行思考的世界因而必然是一个时间的世界。如果人的实际思维联系于在时间中存在的东西，那么康德的分析表明，是一般的时间使实际的思维活动成为可能。换句话说，我们之所以能使用永恒的概念，只是在于把它们联系于作为时间的时间，即正如康德所说的，联系于使之“图式化”

---

① 事实上，把A点和B点等同起来，就是使一个点从A到B；一般地说，把两个不同的东西等同起来，就是意味着一个单一的和同样的东西发生了变化；时间只不过是所有不同东西的等同，即其所有变化的无限集合。

的条件。

因此，仅仅作为自我意识的“先验的我”，就是斯宾诺莎的上帝；对此，我们不能说任何东西；“先验的我”，联系于一种非时间-空间的多样性，即联系于一种永恒的多样性的范畴-概念，就是一般的柏拉图-亚里士多德或前康德哲学所设想的我；然而，这个我不是人性的我，因为它被认为能在时间之外进行思维。① 因此，只有“先验的我”，图式化范畴的起源，即联系于时间的概念的起源，才是人性的“先验的我”，它使人的实际思维成为可能。

人的思维在时间中进行，它是一种时间的现象。作为时间的现象，它纯粹是经验的：它是一种意见（Doxa）。但是，为了能把（永恒的）概念应用于时间的东西，首先应该使概念“图式化”，即把它应用于作为时间的时间。这后一种应用是“在”时间“之前”或“在”时间“之中”进行的。它是先天的（a priori），即不可改变的和始终有效的。绝对知识因而是（永恒的）概念和时间之间的关系的整体；这就是“综合原则”（synthetischen Grundsätze）；这就是康德的本体论。

我们现在来看看康德的这个学说为世界和人带来了什么。

在自然世界中，时间是由运动表示的。因此，时间化的概念联系于实在的运动。这使时间化的概念成为可能，也就是说，“图式”或与“先于”时间的时间的关系符合实际上使实在的运动成为可能的东西，也就是符合力。断言（永恒的）概念在与时间的关系中，就是断言物质和世界的一种动力的概念，及一种力的物理学。因此，康德的哲学必然将重新发现牛顿物理学。反过来说，如果世界实际上就是牛顿物理学所断

① 正如柏拉图和笛卡尔所说的，使物理学几何化是不够的；还应当使进行这种几何化，排除这种思维本身的时间的哲学家的思维几何化；然而，这是不可能的。现代相对论物理学的“普遍张量”的理想就是一种非时间认识的理想：整个内容在这个公式中同时给出；然而，即使这种张量是可能的，它也只不过是一种算法，而不是一种语言；一切语言的思维必然是在时间中展开的，因为把谓项分配给主项已经是一种时间行为。

言的世界,那么必须把牛顿的世界接受为一种给定的真理。

然而,即使不考虑这个事实:牛顿的世界和柏拉图的几何世界一样,也是不可居住人的,人们也能在关于纯粹自然世界的康德-牛顿学说中发现一种不足之处。事实上,把概念联系于永恒的不可能性最终意味着不可能有一种关于世界的绝对的几何知识。换句话说,人们否认宇宙的概念,即自然宇宙的永恒的或静态的结构概念。因此,人们没有解释在世界中的永恒结构的存在:尤其是,人们不能解释生物的物种,正如亚里士多德所做的那样。一般地说,人们没有解释纯粹空间的结构:例如,人们用力来解释行星的运动,但是,人们没有解释太阳系的结构。在这里,解释的不可能性是绝对的:在康德看来,在现实世界中,规律适用于稳定的实体,其实是一种“先验的偶然性”。人们能说事情就是如此;这就是人们所能说的一切。

当然,康德在《第三批判》中阐述了一种生物的理论。但是,这种理论仅仅在“好像”的方式中是有效的,第三《批判》在《体系》中没有等同的东西。[①]对特殊动物有效的东西,对一般动物,即对宇宙也是有效的:在这里,(莱布尼茨的)宇宙论仍然只有一种“调节的”价值。对上帝来说也是如此:上帝是永恒,没有关于上帝的可能知识。

总之,如果康德的知识是封闭的,即完全的和最终的或绝对的,那么人们就能重新回到两个圆圈的有神论或柏拉图主义的图解(图2)。但是,概念不联系于永恒,小圆圈始终是纯粹的假设(图4)。只是人们删去了小圆圈,但人们得到的并不是黑格尔的唯一的封闭圆圈(图5),而是一个开放的圆圈,没有怀疑主义的固定界限(图7)。事实上,没有绝对可能的一致。至多,时间的无限永恒的东西能完全填满永恒的概念-范畴的框架。在时间中的思维永远不能到达这一点。这就是为什

① 这恰恰是因为本义的认识从概念和时间之间的关系,而不是从概念和永恒之间的关系出发。

么康德说，绝对知识是一项“无限的工作”（unendliche Aufgabe）。

我们现在来看看康德的学说在人类学方面意味着什么。

概念是永恒的，但概念联系于时间。之所以概念是永恒的，是因为在人身上有某种置人于时间之外的东西：这就是自由，也就是被当作“实践理性”或“纯粹意志”的“先验的我”。如果有概念与时间的关系，那么也有“纯粹意志”在时间现实中的应用。但是，如果有先天的概念（在这里意味着自由行为），那么与时间的关系是“在”时间“之前”建立的。自由行为尽管联系于时间，但在时间之外。这就是著名的“理性的选择”。这种选择不是时间的，但它决定人的整个时间存在，在这种时间存在中，没有自由。

因此，人们重新发现了柏拉图的神话。只是在柏拉图那里，概念联系于永恒，而在康德那里，概念联系于时间。在这里，这种差别通过“先验选择”——在柏拉图那里——不是为了人在时间之外之所是（或“曾经所是”），而是为了人在时间中之所是（或“将来所是”）。在柏拉图那里，关键在于一种肯定，在康德那里——关键在于一种否定；在那里，问题是在时间中成为人永恒之所是；在这里，问题是永恒地不是人在时间中已经成为的东西；在那里——接受永恒的自然，在这里——否定时间的自然。或者也可以说：在那里——和上帝结合或分离的天使的自由；在这里——在唯一的超时间行为中否认其罪恶的堕落之人的自由。[①]

在这里，如同在自然世界的描述中，有一种进步。但是，在那里和在这里，都有一种不可消除的不足之处。人，作为历史的存在，仍然是不可解释的：人们不能理解人生活在其中的具体事物的世界，也不能理解人通过时间的自由活动所创造的历史。

---

① 必须以这种方式设想基督教行为：在与永恒的神恩相容之前，基督教行为必然是“先验的”。

最后,我们得到以下的结论:

第一种可能性被排除,因为不可能被人实现。第四种可能性也被排除,因为它取消一种本义上的真理概念本身。第二种可能性给出部分的解释。但是,在三个变种中,它都不能解释历史,即不能解释作为在时间中的自由创造者的人;无论如何,如果在康德的或"批判主义的"变种中,人们能在必要时谈论一种无限的历史发展过程,那么到达一种关于历史的绝对知识,因而到达历史的人则是不可能的。

因此,如果哲学试图到达一种关于人,我们现在设想的人的绝对知识,那么哲学必须接受第三种可能性。这就是黑格尔所做的,他说,概念是时间。问题在于弄清这意味着什么。

第八次讲课

关于永恒、时间和概念的解释

（续完）

我们和黑格尔一起讨论第三种可能性：把概念和时间等同起来的可能性。

在哲学的最初时期，巴门尼德把概念和永恒等同起来。因此，时间与概念，与绝对知识、知识体系或真理，以及最后，与人没有任何关系，因为作为概念的持有者的人是知识在时间的世界中的定在。此外，从巴门尼德的观点看，概念在世界中的这种时间的存在是不可解释的。在他看来，正如也把概念等同于永恒的斯宾诺莎看来，人的时间存在也是不可解释的。

按照柏拉图，人的存在对知识来说是必需的。现在，真正的认识，即概念，是一种关系。绝对知识必然包含两个因素，严格地说，其中的一个因素能被称为“人”。但是，概念是永恒的，并联系于在时间之外的永恒。当然，永恒的东西不是永恒。永恒的概念不同于永恒，人们也可以说，永恒的概念比巴门尼德—斯宾诺莎的概念更接近时间。然而，尽管永恒的概念不是永恒，但仍然联系于永恒，而它所联系的永恒和时间无任何关系。

只是按照亚里士多德的观点，时间才进入绝对知识。现在，(永恒的)概念所联系的永恒处在时间中。但是，只有当时间本身是永恒的("永恒的回复")，时间才能进入绝对知识。

康德最早与这种异教概念决裂，并在形而上学本身之中研究《圣经》和《与罗马人书》的犹太-基督教前哲学的人类学，这种人类学是具有不死的"灵魂"的历史人的人类学。在康德看来，概念——仍不失为永恒的——联系于作为时间的时间。

因此，只剩下一种可能性能在概念和时间越来越接近的方向上走得更远。为了走得更远，为了避免以前的学说的困难，人们必须把概念和时间等同起来。这就是黑格尔所做的。这就是他的伟大发现，这个发现使之成为一位伟大的哲学家，一位与柏拉图、亚里士多德和康德平起平坐的哲学家。

黑格尔最早把概念和时间等同起来。不可思议的是，他非常清楚地阐述了这一点，而其他的哲学家则徒劳地寻找清晰的表达方式，我以图解方式呈现的表达方式。黑格尔已经在《精神现象学》的序言中说出这一点，我们在那里看到一句矛盾的话，我引用如下："Was die Zeit betrifft..., so ist sie der daseinende Begriff selbst"(关于时间，它是本身定在的概念)。他在第八章逐字逐句地重复了这句话。

这句话在哲学史上标志着一个极其重要的日子。如果不考虑巴门尼德，人们能说，在哲学史上有两大时期：从柏拉图到康德的时期，以及从黑格尔开始的时期。我已经说过(当然，没有能证明)不把概念和时间等同起来的哲学家不可能理解历史，即我们每一个人都知道的人的存在，即自由的和历史的个体的存在。

黑格尔所引入的变革的主要目的是希望理解历史。在现象学的方面，黑格尔的哲学（更确切地说，"科学"）描述人的存在。人认为自己生活在世界中，并知道自己是一个自由的和历史的个体。在形而上学的方面，这种哲学告诉我们人以这种方式出现在其中的世界应当是一个怎样的世界。最后，在本体论的方面，问题在于弄清为了这样的一个世界存在着，存在本身应当是一个怎样的存在。黑格尔回答说，只有当实在的概念（即通过一种定在的语言自己向自己揭示的存在）是时间，这才是可能的。

因此，黑格尔的整个哲学或"科学"能归结为被引用的一句话："时间是在定在中"即在实在的空间或世界中，"存在着的概念本身"。

当然，显而易见，仅仅读这句话还不足以了解黑格尔的哲学是什么；知道永恒的概念联系于时间还不足以了解康德的哲学是什么。必须展开这些浓缩的表达方式。详尽地阐述表达方式，就是重建有关哲学的整体（假定作者自己对基本的表达方式的阐述中没有错误）。

当然，在这里，问题不在于根据定在的概念和时间的等同来重建黑格尔哲学的整体。我仅限于做一些非常概括的解释，就像我在谈论概念和时间之间关系的其他学说时所做的解释。

黑格尔的哲学的目的在于理解历史的事实。人们能从中得出，等同于概念的时间是历史的时间，人的历史在其中展开的时间，更确切地说，作为世界历史（而不是作为天体运动，比如说）实现的时间。①

在《精神现象学》中，黑格尔是非常彻底的。事实上，他在那里说（该书的最后第二段末尾和最后一段开头部分，563页），自然是空间，而时间是历史。换句话说：没有自然的、宇宙的时间；仅仅在有了历史，即人的存在，即会说话的存在，才有时间。在历史过程中通过其语言揭示存在的人，是定在的概念（der daseiende Begriff），时间不是别的，就是这种概念。如果没有人，自然就是空间，也仅仅是空间。唯有人在时间

① 因此，把概念和时间等同起来，就是把历史理解为揭示存在的人的语言。我们知道，在黑格尔看来，实在的时间，即世界历史，最终说来就是哲学的历史。

中,时间不在人之外存在;因此,人是时间,时间是人,即“在”自然的空间“定在中存在的概念”(der Begriff der da ist)。

但是,在其他著作中,黑格尔没有这么彻底。他在那里承认一种宇宙时间的存在。[①]但是,在这样做的时候,黑格尔把宇宙的时间和历史的时间等同起来。[②]

但在目前,这并不重要。如果黑格尔把两种时间等同起来,如果他仅仅承认一种时间,那么我们就能把他关于一般时间所说的东西用于(我们在这里感兴趣的)历史的时间。

然而,不可思议的是,关于时间的重要论述见于《耶拿实在哲学》的《自然哲学》。这篇文章是由克瓦雷先生翻译和注释的,见于他在讲授黑格尔青年时期著作时撰写的一篇论文中:这篇重要的文章是我解释《精神现象学》的根据和基础。在这里,我仅限于用几句话来再现包含在克瓦雷先生的分析中的重要结果。

上述文章清楚地表明,在黑格尔看来的时间就是在我们看来作为历史的(不是生物的或宇宙的)时间的时间。事实上,这种时间以将来的优先地位为特征。在前黑格尔的哲学所探讨的时间中,运动从过去,经由现在,走向将来。[③]相反,在黑格尔谈论的时间中,运动在将来产

---

① 很可能,人们实际上不能忽略在自然中的时间。因为(生物的)生命至少很可能是一种本质上的时间现象。

② 按照我的意见,他的基本错误就在这里;因为如果生命是一种时间现象,那么生物的时间显然有另外一种不同于历史的或人的时间的结构;整个问题在于弄清这两种时间如何共存;它们可能和在结构方面不同于这两种时间的一种宇宙的或物理的时间共存。

③ 以现在为优先地位的时间可能是宇宙的或物理的时间,而生物的时间可能以过去的优先地位为特征。看来,物理的或宇宙的对象只不过是一种单纯的呈现(Gegenwart),而基本的生物现象则可能是广义的记忆,人特有的现象无疑是计划。此外,宇宙的和生物的时间形式仅仅由于和人的关系,即和历史的时间的关系而作为时间存在,这是非常可能的。

生,并经由过去走向将来:将来→过去→现在(→将来)。这就是本义上的人的时间,即历史的时间的特殊结构。

那么,我们来考察关于时间的这种形而上学分析的现象学(甚至人类学)投射。①

由将来产生的运动,就是产生于欲望的运动。不言而喻:人特有的欲望。即创造的欲望,针对一个在自然的现实世界中不存在和以前也不存在的实体的欲望。仅仅在这种情况下,人们才能说运动是由将来产生的:因为将来就是(还)不存在的东西和(曾经)不存在的东西。然而,我们知道,只有针对一个作为欲望的其他欲望,欲望才能针对一个绝对不存在的实体。事实上,欲望是一种缺乏的呈现:我口渴,是因为我的身体里缺水。这就是一个将来在现在中的呈现:喝水的将来行为的呈现。想喝水,就是想得到存在的某种东西(水):因而就是根据现在行动。但是,根据一个欲望的欲望行动,就是根据(还)不存在的东西,也就是根据将来行动。以这种方式行动的存在因而处在将来占据优先地位的一种时间中。反过来说,只有当实在的(空间)世界里有一个能以这种方式行动的存在,将来才能实际上占据优先地位。

然而,在《精神现象学》的第四章,黑格尔指出,针对另一个欲望的欲望必然是承认的欲望,这种欲望——使主人和奴隶对立——创造和推动历史(因为它最终不是通过满足而消失)。因此,将来占据优先地位的时间得以实现时,产生了因为这种时间的延续而延续的历史;这种时间之所以在延续,仅仅因为历史在延续,也就是因为为了得到社会承认而完成的人的行为在进行。

然而,如果欲望是一种缺乏的呈现,那么欲望——作为欲望的欲

① 在本体论的方面,问题在于研究在正题=同一,反题=否定和合题=综合之间的关系。但是,我不讨论这种关系。

望——就不是一种经验的现实：它不是肯定地在自然的，即空间的现在中存在。相反，作为在空间中的一种空隙或一个“空洞”，它是一种空虚，一种虚无。(可以说，正是在这个“空洞”中，纯粹时间的将来寓于空间的现在中。)针对欲望的欲望因而联系于任何东西，“实现”就是没有实现任何东西。如果仅仅联系于将来，那么人们就不能到达一种现实，因而不能实际地处在运动之中。另一方面，如果人们肯定或接受实在的(空间的)现在，那么人们就不欲求任何东西；人们因而不联系于将来，不超越现在，因而不再运动。因此，为了得以实现，欲望必须联系于一种现实；但是，欲望不能肯定地联系于一种现实。因此，欲望必须否定地联系于一种现实。欲望因而必然是否定实在的或呈现的给定物的欲望。欲望的实在性来自给定的实在性的否定。[①]然而，被否定的实在事物，就是不再存在的实在事物：它是过去的实在事物，或实在的过去。由将来决定的欲望仅仅在否定了一个实在事物，即一个过去的情况下，才作为一种现实(即作为已经满足的欲望)出现在现在中。这就是过去根据将来(否定地)形成的方式，而将来决定实在的现在的性质。只有以这种方式由将来决定的现在，才是人的和历史的现在。[②]因此，一般地说，历史的运动产生于将来，经由过去，以便在现在或作为时间的现

① 喝水的欲望是一种水的缺乏；然而，这种欲望的性质(渴)并不是由这种水的缺乏决定的，而是由水的缺乏和这种欲望通过实在的水的“否定”(在喝水的行为中)得以实现的事实决定的。

② 事实上，我们说一个时刻是“历史的”，是因为在这个时刻中进行的行动是根据动因根据将来(也就是根据一个计划)为自己形成的概念而进行的：人们决定发动将来的战争，等等；人们因而根据将来行动。但是，为了这个时刻真正是“历史的”，必须要有变化；换句话说，在给定物方面，决定必须是否定的：在决定发动将来的战争时，人们决定反对占统治地位的和平。当决定发动将来的战争时，人们使和平成为过去。然而，现在的、由将来的观念(由计划)引起的历史行为，是由它所造成的过去决定的：如果和平得到保证和得到尊重，那么把和平遗弃在过去中的否定就是一个疯子或一个罪犯的行为；如果和平是一种耻辱，那么对和平的否定就是一种与一个政治家相称的行为；等等。

在中得以实现。因此，在黑格尔看来的时间是人的或历史的时间：有意识的和有意志的行动的时间，在现在中为将来实现一个计划，这个计划是根据过去的认识形成的。①

因此，问题在于历史的时间，黑格尔说，这种“时间是定在的概念本身”。我们暂时把“概念”一词搁在一边。黑格尔这样说，时间是一个定在的某某东西。然而，人们能从黑格尔的（历史的）时间概念的分析本身推断出这种肯定。只有通过否定或化为乌有，将来占据优先地位的时间才能实现，才能存在。为了有时间，必须要有不同于时间的东西，这个不同的东西首先是空间（可以说，停顿的地方）。因此：没有空间的时间是没有的；时间是在空间里的某种东西。②时间是（多样性

---

① 我们以“历史时刻”，著名的“卢比孔河”传说为例。在本义的现在中发生的事件有什么含义？晚上，有一个人在这条小河边散步。换句话说，这是一个极其普通的事件，无任何“历史的”东西。因为即使这个人是恺撒，即使恺撒仅仅由于失眠在这条小河边散步，事件也没有任何“历史的”含义。之所以这个时刻是历史的，是因为夜晚的散步者在考虑政变、内战、征服罗马和统治世界。我们应该记住：因为他有实现这一切的计划，因为这一切还在将来中。如果没有将来在现实世界中（首先在恺撒的头脑中）的一种实际呈现（Gegenwart），上述事件就不可能是“历史的”。现在之所以是“历史的”，仅仅是因为在现在中有一种与将来的关系，更确切地说，是因为现在是将来的一个因变量（恺撒在这条小河边散步是因为他在思考将来）。正是在这个意义上，人们能谈论将来在历史时间中的优先地位。但是，这还不够。我们假设，散步者是“梦想”统治世界的一个年轻罗马人，或在临床意义上像恺撒那样的一个“夸大狂者”。这样，散步就不再是一个“历史事件”。之所以散步是一个历史事件，仅仅是因为恺撒在散步的时候在思考他的计划（或“决定”，即把一个与实在的时间没有确切关系的“假设”转变成一个具体的“未来计划”）。为什么？因为恺撒有实现他的计划的可能性（但不是确定性，因为在那时没有本义上的将来，也没有真正的计划）。然而，这种可能性，就是为他保证这种可能性的他的过去，也仅仅是他的过去。正是这个过去把“计划”和一个单纯的“梦想”或一种“乌托邦”区分开来。因此，只有现在按照将来被组织起来，只有将来不是直接地（unmittelbar；乌托邦的例子），而是间接地（vermittelt）通过过去，即通过一个已经完成的行动进入现在，才有一个“历史时刻”。

② 我已经说过，欲望，即时间，是一种“空洞”；然而，为了有一个“空洞”，必须有这个空洞得以存在的一个空间。

的)空间的否定;然而,之所以时间是某种东西,而不是虚无,是因为时间是空间的否定。不过,人们实际上只能否定实际上存在的东西,即能承受的东西。但是,能承受的空间是充满的:它是一种广延的物质,是实在的空间,即自然世界。时间必定在一个世界中存在:如同黑格尔所说的,这就是"ist da"(在那里存在)的某种东西,在那里,在一个空间里,在经验的空间里,即在一个感性的空间里或在一个自然世界中存在的某种东西。时间使这个世界化为乌有,使之每时每刻消失在过去的虚无中。但是,时间不是别的,就是世界的这种消失;如果没有化为乌有的现实世界,时间就只不过是纯粹的虚无:就不可能有时间。存在的时间,因而就是"定在",即存在于一个实在的空间或一个空间的世界中的某种东西。

然而,我们已经看到,(将来占据优先地位的)时间在现实世界中的呈现叫作(针对另一个欲望的)欲望,这个欲望是人特有的欲望,实现欲望的行动是人的存在本身。时间在世界中的实际呈现因而叫作人。时间是人,人是时间。

在《精神现象学》中,黑格尔没有清楚地说明这一点,因为他避免使用"人"这个词。但是,在《耶拿讲演》中,他说:"精神是时间。"不过,在黑格尔那里(尤其在这一段的上下文中),"精神"的意思是:"人的精神"或人,特殊地说,是集体的人,即民族或国家,最终说来,是在其时间-空间的存在的整体中,即在世界历史的整体中的完人或人类。

时间(不言而喻,有节律的历史时间:将来→过去→现在)因而是在其经验的,即空间的整个现实中的人:时间是没有世界的人的历史。事实上,如果没有人,就没有在世界中的时间;没有人居住的自然只不过是一个实在的空间[①]。当然,动物也有欲望,动物根据它的欲望行动,否定实在事物:它吃和喝,就像人一样。但是,动物的欲望是自然的;它

① 四维空间。

们针对存在的东西,它们因而是由存在的东西决定的;根据这些欲望进行的否定行动因而不能在本质上否定,也不能改变存在的东西的本质。在其整体中,也就是在其现实中,存在不能被这些“自然的”欲望改变,存在本质上不因这些欲望而改变;存在与本身保持同一。存在因而是空间,而不是时间。当然,动物也改变它生活在其中的自然世界的面貌。但是,在死亡后,它把从大地得到的东西还给大地。它的后代同样地重复着。它在世界中实现的变化也同样地重复着。在整体上,自然仍然保持其原来的面目。[①]相反,人通过他的斗争和劳动的否定活动在本质上改变世界,产生于人的非自然欲望针对另一个欲望,即针对实际上不存在于自然世界的某种东西。[②]只有人在本质上进行创造和破坏。只有当自然的现实包含一种人的现实时,它才包含时间。然而,人按照他对将来形成的观念进行创造和破坏。将来的观念以针对另一个欲望的一个欲望,即一种社会承认的欲望的形式出现在现在中。不过,产生于这种欲望的行动产生了历史。因此,仅仅在有历史的地方,才有时间。

因此“时间是定在的概念本身”(Die Zeit ist der daseiende Begriff selbst)表示:时间是在世界中的人及其实在的历史。但是,黑格尔也说“精神是时间”(Geist ist Zeit)。这就是说,人是时间。我们刚才看到这表示什么:人是针对另一个欲望的欲望;也就是说,承认的欲望;也就是说,为了满足这种承认欲望而进行的否定行动;也就是说,为了荣誉的流血斗争;也就是说,奴隶和主人之间的关系;也就是说,劳动;也就是说,最终到达普遍的和同质的国家,到达揭示在这种国家中和通过这

---

① 如果有时间,那么它就是生物的时间,亚里士多德的循环时间;就是在时间中的永恒;就是其中的一切变化都是为了保持原状的时间。

② 因此,伯里克利时代的橄榄树和韦尼泽洛斯时代的橄榄树是“同样的”;但是,伯里克利的希腊是一个永远不会成为现在的过去,和伯里克利相比,韦尼泽洛斯代表一个还没有成为过去的将来。(韦尼泽洛斯,1864—1936年,希腊首相,现代希腊最伟大的政治家。——译者)

种国家实现的完人的绝对知识的历史发展过程。总之，断言人是时间，就是断言黑格尔在《精神现象学》中关于人所说的一切。这也就是断言存在的宇宙和存在本身必然造成这种局面：以这种方式被设想的人是可能的，人能实现自己。因此，把精神和时间等同起来的说法概括了黑格尔的整个哲学，正如在前面列举的其他图解表达法概括了柏拉图和亚里士多德等的整个哲学。

但是，在这种图解表达法中，问题是概念。然而，黑格尔不仅仅说："Geist ist Zeit"（精神是时间），而且也说："时间是在那里存在着的概念"（Die Zeit ist der Begriff der da ist）。

当然，这是说同一样东西的两种方式。如果人是时间，如果时间是"定在的概念"，那么人们能说，人是"定在的概念"。事实上，人就是这样的概念：作为在世界上唯一会说话的存在，人是具体化的语言（Logos），成为肉体和作为在自然世界中的一种经验的实在事物而存在的语言。人是概念的定在，"定在的概念"是人。因此，断言时间是"定在的概念"就是断言时间是人，如果我们把人设想为黑格尔在《精神现象学》中所设想的人。黑格尔在《精神现象学》中关于人所说的一切也适用于时间。反过来说，人们关于时间（即精神）在世界中的"显现"（Erscheinung）或"现象学"所能说的一切，就是黑格尔在《精神现象学》中所说的东西。

因此，为了理解时间和概念的矛盾的等同，必须理解整部《精神现象学》。一方面，必须知道我们所讨论的时间是人的或历史的时间，即经由过去、决定现在的将来占据优先地位的时间。另一方面，必须知道黑格尔是如何定义概念的。[①]

① 黑格尔的概念等同于黑格尔的时间。但是，人们不能把前黑格尔的概念等同于前黑格尔的时间，也不能把黑格尔的概念等同于前黑格尔的时间，也不能把前黑格尔的概念等同于黑格尔的时间。

因此，我还要简要地回顾在黑格尔看来的概念(Begriff)是什么。

在《精神现象学》的第七章，黑格尔说，一切概念理解(Begreifen)等于一种*杀死*。让我们回顾他所看到的东西。

只要意义(或本质、概念、语言、理念，等等)体现在一个定在的实体中，那么这种意义或这种本质，以及这种实体就*活着*。例如，只要“狗”这个意义(或本质)体现在一个感性的实体中，那么这个意义(或本质)就*活着*：这是实在的狗，在跑动、咬东西和吃东西的活狗。但是，当“狗”这个意义(本质)进入“狗”这个*词语*，即成为抽象的概念时，而概念不同于概念通过其意义揭示的感性的实在事物，那么意义(本质)就*死了*：“狗”这个*词语*不跑动，不咬东西和吃东西；在词语中，意义(本质)*不再*活着；这就是说，感性的实在事物死了。这就是为什么经验的实在事物的概念理解等于一种*杀死*。当然，黑格尔清楚地知道，为了通过其概念来理解狗，即为了命名和定义狗，不必杀死一条狗，也不必等到狗死后才命名和定义狗。[①]黑格尔只是说，如果狗不是*终有一死的*，也就是说，其生命期限本质上不是*有限的*，那么人们就不能把狗和狗的概念分离开来，也就是不能使体现在*实在的*狗中的意义(本质)进入*没有*生命的词语中；进入(有一种意义的)词语中，即*抽象的*概念中，进入不是存在于(实现概念的)狗身上，而是存在于(思考概念的)人身上的概念中，即*不同*于概念通过其意义揭示的感性的实在事物的东西中。“狗”这个概念是*我的*(狗的)概念，是不同于活狗，*联系于*一条活狗和作为一个实在联系于一个*外部*实在事物的东西——这个*抽象的*概念之所以是可能的，仅仅是因为狗*本质上*是终有一死的。这就是说：仅仅是因为狗在其存在的*每时每刻*会死去或消失。不过，这条每时每刻会消失的狗，就是在时间中延续，每时

① 但是，我们注意到，关于狗的概念或“科学”理解实际上迟早将导致对狗的*解剖*。

每刻停止在现在中活着和存在，以便消失在过去中，或作为过去消失的这条狗。[①]如果狗是永恒的，如果狗存在于时间之外或没有时间，那么“狗”这个概念就永远不可能与狗本身份离。“狗”这个概念的定在（Dasein）可能是活狗，但不可能是（被思考的或被说出的）“狗”这个词语。因此，在世界中没有语言（Logos）；因为定在的语言仅仅是（实际上会说话的）人，在世界中就不可能有人。与此地分离的概念-词语是一个感性的此时；但是，之所以概念-词语是此地分离，仅仅在于此时此地，也就是因为空间的存在是时间的，因为它消失在过去中。消失在过去中的实在事物以概念-词语的形式在现在中（不是作为实在事物）得到保存。语言的世界（观念的世界）是在一个瀑布之上形成的持久的彩虹：瀑布，就是消失在过去的虚无中的时间的实在事物。[②]

---

① 因此在亚里士多德看来，之所以有“狗”这个概念，仅仅是因为有一条永恒的实在狗，即始终在现在存在的“狗”这个物种；相反，在黑格尔看来，之所以有“狗”这个概念，仅仅是因为实在的狗是一个时间的实体，即一个本质上有限的或终有一死的实体，一个每时每刻消失的实体：概念是空间的实在事物的这种消失的永久保存，而这种消失本身不是别的，就是时间。同样，在黑格尔看来，概念是保存的某种东西（或者也可以说：“永恒地保存”，但在这个意义上：只要时间在延续）。但是，在他看来，只有“狗”这个概念得到保存（概念，即实在的狗在时间上的消失，这种消失实在地在延续，只要时间在延续，因为时间是这种作为消失的消失）；而在亚里士多德看来，是实在的狗得到保存（在狭义上，永恒地保存，因为有永恒的回复），至少作为物种得到保存。这就是为什么黑格尔解释了亚里士多德不可能解释的东西，即一种动物，例如，属于已经灭绝的物种（即使没有化石残迹）的动物概念（在人那里和通过人）的保存。

② 康德已经看到，概念的认识包含记忆，黑格尔维护这种（最终说来，柏拉图哲学的）观念。同样，在黑格尔看来，客观的实在事物的内化（Er-innerung），是在概念中和通过概念进行的，也是记忆（Erinnerung）。概念揭示这种实在事物，但这概念是在我之中。不过，仅仅在有时间的地方，在呈现的实在事物通过变为非实在的过去而消失的地方，才有记忆。一般地说，在他的概念的理论里，黑格尔仅仅明确表达（因而改变）康德的图式理论。在康德看来，概念（=范畴）适用于给定的存在（Sein），因为时间被当作概念的图式，即中介（Vermittlung，在黑格尔那里）。但是，这种“中介”纯粹是被动的：时间是（转下页）

当然，实在事物在作为实在事物的时间中延续。但是，因为实在事物在时间中延续，所以实在事物是它自己的记忆；它每时每刻实现它的本质或它的意义，这就是说，它在现在中实现它消失在过去中之后残留下来的东西；它残留下来的和重新实现的东西，就是它的概念。当呈现的实在事物消失在过去中的时候，它的意义（本质）与它的实在（存在）分离；保存在实在之外的意义和使之进入词语的可能性就在于此。这个词语揭示实在事物的意义，而实在事物在现在中实现它自己的过去，即“永恒地”保存在词语-概念中的这种同样的过去。总之，只有当世界是时间的，只有当时间有一种在世界中的定在，概念才能有一种在世界中的定在（这种存在不是别的，就是人的存在）。这就是为什么人们能说，时间是定在的概念。①

（接上页）直觉，直观（Anschauung）。相反，在黑格尔那里，“中介”是主动的；它是一种对给定物的否定行动（Tat或Tun），斗争和劳动的活动。不过，对（存在的）给定物，对“呈现的东西”的这种否定是（历史的）时间，（历史的）时间是这种主动的否定。在黑格尔那里如同在康德那里，时间能把概念应用于存在。但是，在黑格尔那里，以概念思维为中介的时间被“物质化”了：它是一种运动（Bewegung），一种辩证的运动；这就是说，它是主动的，因而是（新事物的）否定者，改造者和创造者。之所以人能用概念来理解（揭示）存在，是因为人根据（当时作为一个计划的）这种概念改造（给定的）存在，使之符合概念。然而，根据概念-计划对给定的存在的改造，就是有意识的和有意志的活动，作为斗争和劳动的活动。在康德看来，存在是和概念一致的，“时间”的中介仅仅使从一个存在转入另一个存在成为可能，但不改变两者。这就是为什么康德不能向我们解释存在和概念的这种一致：在他看来，这是一种材料，即一种先验的偶然性（Transcendantale Zufälligkeit）。相反，黑格尔用他的辩证本体论解释这种一致（在他看来，它是一种成为一致的过程）：通过根据这种同样的概念改造存在的否定活动的整体，存在变得和概念一致（在历史终结时）。因此，在康德那里，时间是“图式”和被动的直觉；在黑格尔那里，时间是“运动”和有意识的与有意志的“活动”。所以，概念或先天概念在康德那里是一个“观念”，它能使人符合给定的存在，而在黑格尔那里，先天概念是一个“计划”，它能使人改造给定的存在和使之符合人。

① 在本体论方面，这种“形而上学的”（或宇宙论的）证明意味着：存在必定有一种三位一体的结构，因为它是把“正题”或“同一性”和“反题”或“否定性”结合在一起（因为存在的否定在存在的存在中的这种呈现就是时间）的“合题”或“整体性”。（转下页）

（接上页）为了更好地理解概念和时间的等同，以如下方式着手是有用的。——我们形成存在的概念，即存在的东西的整体的概念。在“存在”这个概念和存在本身之间，有何种差别？从克制的观点看，它们是相同的，因为人们不能进行任何“抽象”。然而，尽管巴门尼德是这样想的，但“存在”这个概念不是存在（除非没有话语，概念就不是语言）。区分存在和“存在”这个概念的东西，仅仅是存在本身的存在；因为存在作为存在*存在着*，但它不在“存在”这个概念中*存在着*（尽管通过其内容，存在呈现“在”这个概念中，即作为“存在”这个概念的意义）。人们由此得到“存在”这个概念，用存在*减*存在：存在减存在等于“存在”这个概念（而不是等于无或“零”；因为A的否定不是无，而是“非A”，即“某种东西”）。然而，存在减存在，乍看起来是矛盾的，甚至是“不可能的”，但实际上是十分“常见的”某种东西：它确实是“每时每刻”进行的，被称为“时间”。因为是时间每时每刻从存在，即（在现在中）*存在的东西的整体*那里夺走它的存在，使之进入存在已不复存在（不再存在）的过去。但是，为了有时间，必须“有”一个过去（纯粹的“或永恒的”现在不是时间）：过去和进入过去中的存在（过去的存在）因而不是虚无；它们是“某种东西”。然而，仅仅在现在中，才*存在某种东西*。为了某种东西得以*存在*，过去和过去的存在必须在停止呈现的同时保持在现在中。*过去的存在的呈现*是“存在”——人们夺走其存在，但又不把它变成纯粹的虚无的存在——这个概念。或者也可以说，“存在”这个概念是存在的“记忆”（在双重的意义上：存在“在回忆”，存在“回忆”它的存在）。但是，在我们所处的范围内，人们通常不谈论“记忆”；我们看到的“记忆”被称为“时间”（更确切地说，“时间性”——存在的这种一般“中介”，在存在中，“除了”现在，还有其他东西：过去和将来；但是，我在这里不谈论将来）。因此，之所以有“存在”这个概念，是因为存在是*时间的*（人们能说，概念是时间，即现在和过去的共存）。但是，显而易见，存在和“存在”这个概念一致，因为“存在”这个概念是存在本身减存在。因此，人们能说，存在是“存在”这个概念的存在。这就是为什么存在（在现在中的）的存在能通过概念来设想或揭示。更确切地说，在其存在的“每时每刻”，存在能*被*设想。或者也可以说：存在不仅仅是存在，而且也是*真理*，即概念和存在的一致。这种说法是简单的。整个问题在于查明*错误*来自何处。为使这种一致成为可能的，必须把概念和存在分离开来，使之*对立*。人做这件事情；更确切地说，人*是*与存在分离的概念；或者也可以说，人是分离概念和存在的*行动*。人用否定性，也就是用行动来做这件事情，正是在这里，将来（计划）在起作用。在人看来，存在和概念的一致因而是一种*过程*（Bewegung），真理（Wahrheit）是一种*结果*。只有这种“过程的结果”配得上（言语的）“真理”的名称，因为只有这个过程是语言（Logos）或话语（在被人否定之前，存在不*说话*，因为与存在分离的概念存在于词语或语言（Logos）中，或作为词语-语言），黑格尔在《精神现象学》序言的一段中说了这一切，这一段落为理解其整个体系提供了钥匙（29页第26行—30页第15行）。见附录II。

因此，只要在这个世界中没有定在的时间，在世界中就没有概念。不过，我们已经看到，时间在世界中的定在是人的欲望（即针对作为欲望的一个欲望的欲望）。因此，如果没有欲望，就没有概念理解。然而，欲望是通过否定的行动实现的；人的欲望通过为了荣誉的生死斗争的活动而实现。这种斗争是通过主人战胜奴隶，通过奴隶为主人服务的劳动实现的。是奴隶的劳动实现了主人的欲望，满足了主人的欲望。因此，黑格尔在第四章明确地指出了这一点：如果没有劳动，就没有概念；思维（Denken）和知性（Verstand），即世界的概念理解，源于奴隶的劳动。

我们现在知道为什么。是劳动，也仅仅是劳动，在本质上改造世界，创造全新的现实事物。如果在世界上只有动物，那么亚里士多德是有道理的：概念可能体现在永恒的物种，永恒地与本身保持同一的物种中；正如柏拉图断言的，概念不存在于时间和世界之外。但是，人们不理解为什么概念能以一个词语的形式存在于时间的世界中。人们因而也不能理解人，也就是说这个不是一条狗（比如说）的存在，何以能存在，并且在人那里，“狗”这个意义（本质）如同在狗那里一样也存在，因为在人那里有词语-概念：狗。为了这种情况是可能的，由概念揭示的存在本质上必然是时间的，即有限的，或在时间中有一个开端和一个终结。然而，这不是自然的物体，也不是动物和植物，这仅仅是人的劳动的产物，而人的劳动本质上是时间的。是人的劳动使空间的自然世界时间化；因此，是劳动产生了存在于自然世界而又不同于这个世界的概念，因而是劳动产生了在这个世界中的人，是劳动把纯粹自然的世界改造成一个人居住在那里的技术世界，即一个历史的世界。

只有人的劳动能改造世界，而人的劳动通过在世界中定在但本身不是世界的概念和在这种概念中被揭示出来。因此，概念是劳动，劳动是概念。正如马克思非常正确地指出的，如果劳动在黑格尔看来是“人的本质”（das Wesen des Menschen），那么人们也能说，人的本质在黑格尔看来是概念。这就是为什么黑格尔不仅仅说时间是概念(Begriff),而且也说时间是精神(Geist)。因为如果劳动使空间时间化,那么劳动在世界中的存在就是时间在这个世界中的存在,不过,如果人是概念,如果概念是劳动,那么人和概念也是时间。

如果事情正是这样,那么第一必须说,仅仅在有一种本质上时间的,即历史的实在性的地方,才有概念理解,第二必须说,只有历史的或时间的存在能通过概念被揭示出来。或者,换句话说,概念理解必然是辩证的。[①]

但是,如果事情正是这样,如果自然仅仅是空间,而不是时间,那么应该由此得出,没有自然的概念理解。仅仅有时间的地方,人们才能在强意义上进行理解;也就是说,人们真正能理解的东西,仅仅是历史。无论如何,人们能够和必须辩证地理解的东西,仅仅是历史。

应该这样说。但是,黑格尔没有这样说。我认为,他的基本错误就在于此。

首先,在黑格尔那里,有一种犹豫不决。一方面,他说自然仅仅是空间。另一方面,他清楚地看到(生物的)生命是一种时间的现象。从而得出:生命(Leben)是精神(Geist)的一种表现。但是,黑格尔也看到,他甚至是第一个清晰地说出这一点的人,真正的人的存在只有通过生命的否定才是可能的(正如我们所知道的,在为了荣誉的斗争中冒生命危险对人来说是本质的)。由此导致生命(Leben)和精神(Geist)的

---

① 因为“辩证的”理解不是别的,就是实在事物的历史的和时间的理解。辩证法揭示存在的三位一体的结构。换句话说,在存在的辩证法中和通过这种辩证法,实在事物不是在自然的情况下,即在时间之外或作为永恒地与本身保持同一的实在事物,而是作为处在过去和将来之间的现在,即作为一种运动,一种创造性运动,或作为一个等于计划的结果和一个等于结果的计划,一个源于计划的结果和一个源于结果的计划被揭示出来的;总之,实在事物在其辩证的真理中被揭示为一种综合。见附录I。

对立。但是，如果这种对立存在着，那么生命就不是历史的；因而没有生物的辩证法；因而没有生命的概念理解。

然而，黑格尔肯定这种理解。他想象（在谢林之后）一种辩证的生物学，他在《精神现象学》中（第五章A节a）阐述这种生物学。当然，他否定非生命的现实的概念或辩证理解。但是，这个看法仅仅导致他说，现实世界是一个有生命的存在。由此导致他的荒谬的自然哲学，导致他对牛顿无理智的批判，导致使他的体系在十九世纪丧失信誉的他自己的“神奇”物理学。

但是，更有甚者。辩证的理解仅仅适用于历史的现实，即根据一个计划和通过劳动创造的现实。正如黑格尔所说的，断言一切理解都是辩证的，自然世界是可理解的，就是断言这个世界是根据作为劳动者的人的形象设想出来的一个造物主，一个创世神的产物。这就是黑格尔在《逻辑学》中所说的东西，他说，他的《逻辑学》（即他的“本体论”）是“在世界创造之前上帝的思想”。黑格尔理解世界，因为世界是按照黑格尔拥有的概念被创造出来的。我们因此处在矛盾的境地：黑格尔的人-神论不再是一种形象；黑格尔实际上就是上帝，造物的上帝和永恒的上帝。不过，一个人不能断言（如果他不是疯子）他创造了世界。如果在《逻辑学》中被揭示的思想是创造世界的思想，那么这显然不是黑格尔的思想。这是不同于黑格尔，不同于一般人的一个造物主的思想；这是上帝的思想。尽管有这样的名称，但《逻辑学》不是本义上的逻辑学；如同斯宾诺莎的《伦理学》，《逻辑学》是神学，即上帝的逻辑学，思想或语言。[①]

① 就个人方面而言，我不认为这个结论是必然的。断言概念理解不能到达自然世界，我看不出有什么不妥的地方。事实上，这仅仅意味着自然的存在是由数学的算法（比如说），而不是由概念，即有意义的词语揭示出来的。不过，现代物理学得到了这个结果：人们不能谈论没有矛盾的物理事实；一旦人们从算法转到语言描述，人们就自相矛盾（例如，粒子-波）。因此，没有能揭示物理事实或自然事实的语言。物理事实（正如（转下页）

但是，我们把自然世界搁在一边。我们注意到，当黑格尔把概念和时间等同起来的时候，他实现了一个哲学的大进步。因为在这样做的时候，即在发现辩证的知识的时候，他找到了建立关于历史，即关于人——我们今天所设想的和实际上如此的人——的一种现象学，一种形而上学和一种本体论的方法。

我们来看看源于这个发现的决定性结论对人来说意味着什么。

概念是时间。它是在强意义上的时间，在那里，有一个强意义上的将来，即永远不会成为现在和过去的一个将来。人是概念在世界中的定在。人是永远不会成为现在的一个将来在世界中的定在。不过，这个将来对人来说，就是他的死亡，他的这个将来永远不会成为他的现在；这个将来的唯一实在性或实在的呈现，就是人在未来死亡的现在中拥有的知识。所以，如果人是概念，如果概念是时间（也就是说，如果人是一种本质上时间的存在），那么人在本质上是终有一死的；只有当人知道这一点，人才是概念，即绝对知识或具体化的智慧。只有在愿意和能够死去的情况下，语言（Logos）才成为肉体，成为人。

这使我们理解为什么黑格尔采取的"第三种可能性"迟迟才出现在哲学史中。否认概念是永恒的，断言概念是时间，就是否认人是不死的或永恒的（至少在他进行思考，他真正地是人的存在的情况下）。不过，仅仅在最后的关头，人才接受自己的死亡；也仅仅在最后的关头，哲

（接上页）伽利略已经说过的）仅仅通过算法的有声沉默显现给人。只有在自然物质是人的劳动产品的"原材料"的情况下，人们才能在概念上和辩证地理解（谈论）自然物质。然而，"原材料"本身既不是分子，也不是电子，等等，而是木料和石料，等等。它们是在那里存在的物体，虽然本身不是有生命的，但至少在生命（作为生物的人的）层次上存在着。看来，算法是非时间的，不能揭示生命。不过，辩证法也不能做到这一点。必须把柏拉图的理解（在世界的数学，甚至在几何学的底层结构方面）与亚里士多德的理解（在其生物学结构方面），以及康德的理解（在其物理学，甚至动力学结构方面）结合起来，为人和历史保存黑格尔的辩证法，这也许是可能的。

学才接受“第三种可能性”。[①]

黑格尔在《哲学全书》中说，“仅仅有限的存在能自我扬弃”(Alles endliche ist dies, sich selbst aufzuheben)。如果概念是时间，也就是说，如果概念理解是辩证的，那么概念的存在——以及概念所揭示的存在的存在——在本质上是有限的；因此，历史本身必定在本质上是有限的；集体的人(人类)必然以死亡告终，正如人的个体必然以死亡告终；世界历史必然有一个确定的终结。

我们知道，在黑格尔看来，科学以一本书的形式的出现，即智者或绝对知识在世界中的出现，标志着历史的这种终结。这种绝对知识是时间的最后时刻，即一个没有将来的时刻，所以不再是一个时刻。如果绝对知识在时间中，更确切地说，作为时间或历史形成，那么形成的知识就不再是时间的或历史的：它是永恒的；或者也可以说，它是自己向自己显示的永恒；它是通过语言(而不是通过沉默)被揭示的巴门尼德-斯宾诺莎的实体，因为这种实体是一种历史发展过程的结果；它是由时间产生的永恒。

这就是黑格尔将在第八章第二部分第二节的第二阶段的原文中解释的东西。

① 人们由此看到，“人-神论”的表达式只不过是一个比喻：循环的，即辩证的绝对知识揭示有限的或终有一死的存在；这种存在因而不是神的存在；它正是人的存在；但是，只有知道自己是终有一死的，人才知道这是他自己的存在。

第九次讲课

第八章第二部分的解释

（续）

在我们停下来的地方（第五次讲课结束时），我们重新开始解读《精神现象学》的第八章。

我们解读旨在分析智者在世界中的存在的第二部分第二节。

关于智者的定在（Dasein）的分析分三个阶段进行。我从第一阶段开始。黑格尔在那里谈论智者和现实（Wirklichkeit）的关系。在第二阶段，他谈论智者和时间之间的关系。最后，在第三阶段，他把智者放在实在的时间中，即历史中。

因此，黑格尔以抽象的方式进行论述。事实上，正如我们所知道的，人们不能把现实（Wirklichkeit）和时间（Zeit）分离开来：现实是时间的，时间只有是现实的，才是可能的。但是，为了分析的需要，黑格尔把它们分离开来。他（在第一阶段）谈论现实，而没有谈论时间，他现在（在第二阶段）谈论区别于现实的时间；换句话说，他谈论抽象的时间或时间的概念。

在第二阶段的第一句里，黑格尔提出时间的定义，他说（558页第3—5行）：

“时间是在那里存在［定在］的和作为空洞的直观（Anschauung）呈现（vorstellt）在意识面前的概念本身。”

我已经花了很长时间解释这句话的开头部分。* 没有必要重新加以讨论。

正如我已经说过的，这句话的第一部分涉及一般的时间，也就是说，涉及实在的时间或历史，黑格尔将在第三阶段谈论它。但是，这句话的第二部分指出，在这里，即在第二阶段，黑格尔谈论抽象的时间。在这里，时间是“空洞的直观”（leere Anschauung）。这是康德谈论的，一般哲学家谈论的时间：这是被孤立看待的时间，对在时间中存在的东西“所作的抽象”；这是实际上包含时间的现实、但被当作空洞的容器的“空洞的容器”。黑格尔说，这种时间“呈现在意识面前”（stellt sich dem Bewusstsein vor）；它如同呈现在处在意识之外的某种东西面前。这种时间不是（更确切地说，不仅仅是）我的时间。它是人分享的，但不是人创造的宇宙时间。它也是在我之中的时间概念，与也在我之外的时间本身不同。

然而，黑格尔把时间和概念等同起来。在他看来，谈论抽象的时间，就是谈论抽象的概念。这就是他在这里所说的东西：“时间（不言而喻：抽象的时间）是被当作一种呈现在外部意识面前的空洞实体的概念本身”。这就是概念的一般理解：它是与或可能与实在的内容分离的“主观”概念；它是包含实在事物的空洞容器；它也是存在于我之

* 由于西文和中文的语法结构不同，在西文中，这句话的开头部分是：“时间是概念本身”。——译者

外，独立于我，等等的概念。人们解释时间如同解释概念：如果概念对立于现实，也就是说，如果知识是一种关系，那么时间本身对立于现实；反过来说，一旦人们在概念和时间之间做出区分，人们也必须在概念和人之间作出区分；如果狗不同于“狗”这个概念，那么“狗”这个概念也不同于我的狗的概念；概念或多或少是一种柏拉图的“理念”，概念是一个呈现在外部意识面前的非实在的实体（一个由不同于它的实体填满的空洞）。因为时间和概念在事实上是同一个东西，只要人们谈论概念，也必须谈论时间。这就是人们通常所做的。

只是在上述句子中，黑格尔没有像我那样说出来：“抽象的时间”（Die abstrakte Zeit）。他仅仅说“Zeit”（时间）。在他看来，一般的时间（即实在的时间本身或历史）是“eine leere Anschauung, die sich dem Bewusstsein vor-stellt”（一种呈现在意识面前的空洞的直觉）。这就是他实际上所想的东西，正如下文所证明的。

乍看起来，上述句子和我以前关于在《精神现象学》中的时间所说的一切相矛盾。但事实上，事情并非如此。为了理解这一点，只需稍微展开一下上述简略的句子就够了。正是在展开这个句子的时候（黑格尔本人也在下文展开这个句子），我们看到黑格尔的时间概念的本质方面，我以前仅仅提到这个方面，现在，需要做更详细的分析。

在黑格尔看来，把概念（以及时间）和现实对立起来的前黑格尔哲学，不是一种偶然的错误。当这种哲学出现的时候，它根本不是一种错误。它是真实的——在那个时代看来。因为概念和现实在最初并不一致：它们仅仅在最后才一致。通过劳动，人消除了他和自然世界之间的最初对立；通过他的斗争，特殊的个人消除了他和普遍，即社会的和政治的世界之间的最初对立。只要劳动和斗争的努力没有完成，对立就依然是实在的。只要劳动和斗争的努力没有完成，人就有理由说，概念和事物不是同一个东西。只要劳动和斗争的努力没有完成，时间也不与现实一致,时间外在于人。

前黑格尔哲学不是虚假的哲学。但是,它变成虚假的哲学。它仅仅在绝对知识中,通过和为了绝对知识变成虚假的哲学,因为在绝对知识看来,概念(和时间)与实在事物一致,更确切地说,它本身是这种一致。但是,绝对知识是普遍的和同质的,仅仅出现在同样也是普遍的和同质的现实中:它必须以国家,即人的世界的普遍性和同质性,以及这个世界和自然世界之间的对立的"取消"为前提。不过,只有当人的欲望完全地和最终地得到满足,这种情况才能发生。在那时,不再有否定的活动:人与给定的世界(在那时,世界是他的完成的努力的结果),与人在这个世界中和通过这个世界之所是一致。然而,欲望和源于欲望的行动是人的或历史的时间,即本义上的时间的表现。与其所是一致的人,不再超越给定的实在事物。他因而不再创造历史,换句话说,他不再是时间。如果普遍的和同质的国家,以及揭示这种国家的科学完成了历史,那么它们也完成了时间。

当概念以及时间与现实一致,不再外在于人的时候,时间就不再是一种历史的或人的时间,即本义上的时间。概念和时间在智者或绝对知识中,通过和为了智者或绝对知识成为一致。当然,智者出现在时间中。但是,他(在时间终结时)的出现标志着时间的终结。因为其时间的活动的结果、科学,不再是时间;科学是自己向自己揭示的永恒。

只要时间在延续,只要真正地有时间,时间和概念就必然是抽象的。因此,肯定这一点的前黑格尔哲学不仅仅在那个时代中是真实的,而且在一切时代中也是真实的:它是真实的,直到绝对知识的出现,即直到历史的终结,直到作为时间的时间的终结。

换句话说,如果时间不再是抽象的,时间就不再是时间。人的或历史的时间,即本义上的时间,必然在本质上是抽象的。一方面,在它对立于现实的意义上,时间是抽象的。事实上,只要人对立于在他看来是现实的自然,自然就是空间,而不是时间:时间仅仅在人那里和通过人存在；因此，也可以说，时间是主观的。当人“取消”自己与自然的对立时，也取消了时间。另一方面，在它外在于人的意义上，时间也是抽象的。因为只要人没有实现普遍的和同质的国家，特殊就区别于普遍，时间就区别于特殊，也就是说，我的时间不是一般的时间：社会的和政治的将来不是我的将来；我在历史终结之前死去，我在历史开始之后出生。但是，如果特殊和普遍之间的对立被取消，历史就停止了，时间也被取消了。

然而，时间就是人本身。取消时间，也就是取消人。事实上“人的真正存在是他的行动”，不言而喻，这种行动是成功的行动。不过智者——完成人的现实的发展过程的完人——的行动的结果，是科学。但是，科学的定在（Dasein）不是人，而是书籍。它不是人，不是有血肉的智者，而是作为科学在世界中的出现的书籍，这种出现就是绝对知识。

当然，行动的客观结果始终与行动者分离，并且在行动者之后继续存在。但是，只要这种结果不是完全的或完善的，即普遍的和同质的（不能延伸的和没有矛盾的），它本身就是一个将来，因为它会变化和消亡。因此，它不仅仅在时间中，而且也是时间。这就是说，它是历史的或真正人性的结果。这就是为什么一个人的行动的结果始终是在人的一种新行动中和通过这种新行动，更确切地说，作为这种新行动实现的。相反，智者的行动的结果是完善的。因此，它不变化，不可能被超越：总之，它不是本义上的将来。因此，这种结果不是一个本义上的历史事件，它不是一个真正的时刻。这样的说法意味着它不再是一种人的现实。再一次：科学在世界中的“定在”不是人，而是书籍。

当然，这种存在是“经验的”，作为经验的存在，它有一个延续的时间：书籍也在延续；书籍会毁坏，书籍需要重印，等等。但是，第n版和第一版没有任何区别：人们不能改变书籍的任何内容；人们也不能增加新的内容。尽管有变化，但书籍仍然与本身保持同一。因此，书籍在其中延续的时间是自然的或宇宙的时间，但不是历史的或人的时间。当然，为了成为一本书，而不是装订好的和印有文字的纸张，书籍必须由人来阅读和理解。不过，一代又一代的读者并不改变书籍的内容。如果为了阅读书籍，人必须活着，即出生、成长和死亡，那么他的生活本质上就归结为这种阅读（我们不要忘记，普遍的和同质的国家在那里存在，欲望由此得到充分的满足，不再有斗争和劳动；历史已经结束，不再有任何事情可做，仅仅在阅读和理解揭示曾经存在和曾经能存在的一切东西的书籍时，人才是人）——不创造任何新的东西：还没有阅读书籍的保罗的将来，只不过是已经阅读书籍的皮埃尔的过去。因此，阅读书籍的人在其中延续的时间，就是亚里士多德的循环的（生物的）时间，而不是线性的、历史的、黑格尔的时间。

因此，再一次：以书籍的形式实现绝对知识，也就是说，使完整的概念与在其整体中的实在事物一致，也就是说，消除实在事物和时间之间的差异，因而取消时间对于人的外在性就是取消时间本身；因而就是取消作为自由的和时间的个体的人本身。时间是作为人的概念：不言而喻，历史的人，即欲望的人，即没有通过存在的东西和其所是得到满足的人，即通过斗争劳动改变给定物的人。这就是为什么时间始终在本质上是“抽象的”，即外在于客观的（相对于人而言）自然现实，外在于人本身。

这就是黑格尔在我仅仅引用其开头部分、在分号处停下来的一段中所说的东西（558页第3—12行）：

“时间是在那里［在定在中］存在的和作为空洞的直观（Anschauung）呈现（vorstellt）在意识面前的概念本身；因此，精神必然显现在时间中。只要它没有把握（erfasst）其纯粹的概念，这就是说，只要它没有取消（tilgt）时间，它就一直显现在时间中。时间是外在的，被直观的，没有被自我把握的纯粹自我。[时间是]仅仅被直观的概念。当概念自我把握时，它就扬弃它的时间形式，在概念上理解(begreift)直观，并且是在概念上被理解和在概念上进行理解的直观。”

在《耶拿讲演》中，黑格尔说：“精神是时间”(Geist ist Zeit)。在这里，他说：“精神显现在时间中”(Der Geist erscheint in der Zeit)。他是否改变了观点？我认为没有。在我看来，问题在于单纯的术语上的区别。在那里，精神(Geist)也表示民族精神；问题在于在发展中的精神。在这里，问题在于已经形成的精神，即完成的和完善的，在绝对科学(Wissenschaft)中，通过和作为绝对科学向自己显现，或正如黑格尔在这里所说的，“把握其概念”的精神。或者也可以说：在那里的“精神”表示人，在这里的“精神”联系于一本书。

作为智者的活动结果的书籍，也就是说，本身是科学的定在和实现绝对知识的书籍，显然不是类似于一块石头等等的一个纯粹自然实体。它有一种意义；它是一种语言；它是自己向自己揭示其意义的一个实体。一方面，书籍正是一种精神的实体。因为它的内容是完整的，因为它仅仅揭示它自己的内容，应该说，它是完整的精神：der Geist。但是，另一方面，这种书籍显然不是一种人的存在。它揭示自己的内容，但不改变自己的内容；因此，它没有欲望，它不是一种行动。换句话说，由于永恒地与本身保持同一，所以它没有真正的将来。因此，它不是时间。因为它的永恒的内容仅仅联系于它自己，所以它不仅仅是永恒的东西，而且也是永恒。不过，书籍是智者的活动结果，作为完善的国家的人和公民，智者整合人类的整个历史发展过程。因此，归根结底，这种历史本身只不过是书籍的历史，更确切地说，是通向书籍的知识的发展过程的历史。这种书籍的历史就是时间。因此，如果“精神”(Geist)表示完成的或作为书籍(在完人消失在绝对的过去之后，即在历史终结之后，书籍与完人或智者分离)定在的精神，人们不再能说，精神是时间；应该说，精神是永恒。但是，巴门尼德和斯宾诺莎错误地认为，即使没有时间，永恒也能（通过语言）被揭示。柏拉图则错误地认为永恒独立于时间，正如亚里士多德错误地说，永恒在作为永恒的时间中存在。最后，康德也弄错了，他认为永恒先于（在本体论方面的）时间。相反，黑格尔则说：（语言所揭示的）永恒是时间的结果，永恒是自然死亡的时间；这种永恒必须以时间为前提和是时间的结果，是时间的整合，能通过人的语言（Logos）被揭示。它不存在于作为永恒的时间中，因为只要时间在延续，它就存在，但不是永恒。不过，永恒，或（完整的）精神，显现在时间中。因为书籍是在一个确定的时刻撰写的，书籍只能在最后的时刻被写成，因为书籍来自时间的整体。这就是说，书籍已经潜在地存在于最初的时刻。完整的精神在时间中的潜在呈现（时间的终结在其最初和其整个延续中的呈现；或者也可以说：时间的本质有限性），黑格尔称之为“精神在时间中的显现”。不过，作为时间的这种“显现”不是别的，就是在其时间发展过程中的人，更确切地说，黑格尔在《耶拿讲演》中称之为“精神”（Geist）的东西。在这个意义中，应该说：“精神是时间”（Geist ist Zeit）。

因此，正如黑格尔所说的：“精神显现在时间中，只要它没有把握其概念，这就是说，只要它没有取消时间。”时间的这种取消是在最后时刻，在科学中和通过科学进行的。事实上，在科学中和在科学看来，客体和主体是一致的；在科学中，人仅仅谈论他自己；人是一种自我意识，而不是意识。然而，不再联系于一个与他对立的对象的人，也不再需要进行否定，以维持自己的存在和保持与自己的同一。不再进行否定的人也不再有真正的将来（因为他永远接受给定的现在）。他不再是黑格尔的或历史的时间。这样的人是完善的国家的公民，他通过这种国家完全地和最终地得到满足。在普遍的和同质的国家中，任何东西都不再变化，也不可能再变化。不再有历史，在那里，将来是一个已经过去的过去；在那里，生活纯粹是生物的。因而不再有本义上的人。在历史的人终结之后，人（精神）躲藏在书籍中。因此，书籍不再是时间，而是永恒。[①]

因此，人们能说，正如黑格尔在上述引文中所说的，时间是仅仅“被直观”（angeschaut），而不是“在概念上被理解”（begriffen）的概念。事实上，直观是对在直观者之外的某种东西的直观：这是一种意识的状态，而不是自我意识的状态。然而，事实上，仅仅在有意识（Bewusstsein），即本义上的人的存在，或完全对立于自然世界和本质上为了“取消”这种对立而改造自然世界的一种存在（être）的存在（existence）的地方，才有时间。当这种存在成功的时候，意识就成为自我意识，主体和客体一致，科学出现世界上，时间因欲望和历史的或人的活动的取消而被取消。在结束这一段后，黑格尔进一步阐述他的思想。他说（558页第12—20行）：

“因此，时间作为还没有在自身中完成（vollendet）的精神的命运和必然性出现；这种必然性充实自我意识在意识中具有的部分，使自在存在的直接性——这是实体在意识中具有的形式——运动起来，或者反过来说，把自在存在当作内在的东西，实现和揭示最初仅仅内在地存在

① 在时间终结时，词语-概念（Logos）与人分离，不再以一种人的现实的形式经验地存在，这个事实揭示了人的本质有限性。这不仅仅是某个死去的人：人就是这样死去的。历史的终结是本义上的人的死亡。在这种死亡之后，还剩下：1. 具有人的形态，但没有精神，即没有时间或创造潜能的有生命身体；2. 以一种无机物的和没有生命的形式经验地存在的一种精神：作为不再是动物的生命，与时间无任何关系的一本书。因此，智者和他的书籍之间的关系完全类似于人和人的死亡之间的关系。我的死亡是我的死亡，而不是另一个人的死亡。但是，仅仅在将来，我的死亡才是我的死亡；因为人们能说“我快要死了”，但不说“我已经死了”。对书籍来说也同样如此。它是我的作品，而不是另一个人的作品；问题涉及我，而不是其他东西。但是，只有当我撰写或出版书，即只有当书籍还是一个将来（或一个计划）的时候，我才是这本书。书一旦出版之后，它就与我分离。它不再是我，就像我死后，我的身体就不再是我。死亡也是非个人的和永恒的，即非人的，正如在书籍中和通过书籍充分实现的精神也是非个人的、永恒的和非人的。

的东西,即使自我意识到达自我的主观确定性。”

仍然是同样的东西。时间就是历史;但是,历史本质上是有限的。但历史就是意识到自我意识的逐渐转变;最终说来就是哲学的历史。但是,这种哲学史必须以一般意义上的历史为前提,历史的过程“使自在存在运动起来”,并“实现和揭示最初仅仅内在地存在的东西”。然而,自然的本质改造,以及主观概念的客观实现,只有通过斗争和劳动的活动才能完成。只要人在斗争和劳动,就有历史,就有时间,精神仅仅存在于精神作为人的斗争和劳动存在于其中的时间中。但是,在历史完成(vollendet)的时候,也就是在人实现一切的时候,历史最终停止了,时间被取消了,人作为历史的人死了,精神作为不再变化和由此成为永恒的精神继续存在。

现在,应该运用在永恒、时间和概念之间关系的这种理解(558页第21—28行):

“基于这个理由,人们必须说,没有任何被认识的东西不是在经验(Erfahrung)中;或者同样的意思也能被表述为:没有任何东西不是被呈现(vorhanden)为被感知的真理,内在地被揭示的永恒实体,被信仰的神圣的东西,等等,按照人们习惯于使用的各种表达方式。因为经验在于这个事实:内容——这个内容就是精神,自在地[存在],[也就是说,它]是实体,因而就是意识的对象。”

很显然,这就是对《纯粹理性批判》导言的开头部分的一种解释。康德说,在时间中,实在事物先于认识。显然,黑格尔接受这种观点:只要概念是时间,概念就联系于在它自己之外的其他东西,在这种关系中,事物在概念之前。但是,黑格尔在极广的意义上使用“Erfahrung”

（经验）这个词。其中，他把经验理解为宗教的经验。在上述引文中，他也这样说：为了永恒能被揭示，必须首先要有时间。然而，在时间中，概念在实在事物之外。对于精神的概念来说，必然也是如此：精神的概念必然被设想为外在于实在的精神。然而，外在于它的概念（即外在于人）的精神就是上帝。因此，只要时间在延续，也就是说，直到科学的出现，精神就以一种神学知识的形式显现给人。只要历史在延续，就必然有宗教，或者也可以说上帝。但是，宗教（和上帝）的存在的最后原因和内在理由被包含在时间或历史，即人的本质中。（不是上帝在时间之前创造了人；而是人在历史过程中创造了诸神。）黑格尔实际上说，经验（Erfahrung），宗教的和其他的经验“就是精神作为意识的对象存在的事实”。不过，认识和实在事物之间的对立就是人。因为人是世界的显现的定在（Dasein）。这种显现虽然在世界中，但不同于它所显现的（自然）世界。这种意识只有联系于对象，才能到达知识。因此，为了人能认识自己，必须首先使自己客观化和外化，成为一个世界，黑格尔说：“在能认识自己之前，必须首先通过行动实现自己和使自己客观化。”人的客观化，就是人的劳动和斗争的存在，即作为时间的历史的存在。然而，只要时间在延续，只要有历史，客体始终外在于主体，人只能在他的客观成果中认识自己，他所创造的历史世界向他显现为一种由不同于他的东西创造的世界：当然，由精神，一种不是人的精神的精神，即神的精神。这就是为什么只要有人、历史和时间，就必然有宗教（和上帝）。

因此，宗教是人的劳动的一种副现象。它是一种本质上历史的现象。这样，即使在其神学的显现中，精神本质上也是一种发展过程。因此，存在着在历史之外被揭示的上帝。或者也可以说，只有当永恒是一个发展过程的结果，即时间的结果时，永恒才能是一种真理，即一种被人（被人的语言）揭示的现实。因此，黑格尔的“绝对精神”不是在一般意义上的“上帝”：这种精神是它自己的发展过程，这种发展过程在其整体性中是由言语揭示的，并由此被改造成真理；精神所是的发展过程，就是时间或人，就是人的历史。

这就是黑格尔在下面的句子里所说的东西（558页第28—31行）：

“但是，本身是精神的这种实体，就是自为成为其自在之所是的它自己的发展过程［精神的发展过程］。仅仅作为反映在自身中的这个发展过程，精神才自在地是真理。”

本身是历史或人类的历史发展过程的精神发展过程不是别的，就是科学的发展过程，而科学的发展过程就是“绝对精神”或已经形成的，即完成的或完善的，自己向自己显现的精神。因此，也可以说，它还是人；但是，人死了，或者也可以说，人成了上帝。当然，这个“上帝”是在时间中或作为时间，按照人构成的，不是真正意义上的上帝。但是，已经成为上帝的人不再是真正意义上的人。尽管如此，在黑格尔看来，历史是“绝对精神”，即在科学中和通过科学被完全揭示和充分实现的精神的发展过程；因此，历史是科学的发展过程，这就是说，历史是哲学的历史。

这就是黑格尔实际上所说的东西（558页第28—33行）：

“精神自在地是一种［辩证的］运动，是认识的运动，即自在转变成自为，实体转变成主体，意识的对象转变成自我意识的对象，这就是说，转变成同时被扬弃的对象，或［换句话说］转变成概念。”

不过，黑格尔在下面的句子里补充说：这种辩证的运动是时间或历史，归根结底，就是人的认识或哲学的历史，这种辩证的运动是一种循环的运动。揭示这种已完成的运动的科学必然也是循环的（558页第33—34行）：

“[本身是精神的辩证]运动是回到本身的圆圈,这个圆圈必须以它的起点为前提,并且只有在终点才能到达(erreicht)起点。”

黑格尔的时间(即历史的或人的时间)因而是一个*圆圈*,之所以它不同于亚里士多德的或生物的时间,仅仅是因为它是*循环的*:黑格尔的圆圈只能周转一次。

事实上,循环的“辩证运动”就是时间,即历史。然而,历史就是人和(自然)世界之间的*对立*。“运动”的起点就是不在运动中的东西;就是人和世界之间*对立*的消失,或者这样说也一样就是人的消失。然而,黑格尔说:“圆圈*必须以*它的起点*为前提*。”这就是说:时间*必须以*空间*为前提*;人*必须以*世界*为前提*;人和世界的同一在人*之前*。换句话说,这种同一是*没有*被揭示的世界的同一,世界是难以理解的和沉默的,因为它还没有包含人。不过,人的这种*起源*不为人存在。因为为人的存在是由概念*揭示*的存在,自从有存在的*显现*开始,就已经有通过其语言揭示存在的人。人就是活动,也就是说,人和世界之间的*对立*,更确切地说,“辩证的运动”或时间。(人的)时间因而在世界中有一个*起点*:历史在一个已经存在的(自然)世界中开始。但是,历史是人的活动的历史,这种活动就是人和世界之间对立的“扬弃”。对立的“扬弃”就是人本身的“扬弃”,即历史和(人的)时间的“扬弃”。运动的*终点*因而就是*同一*,正如运动的起点也是同一。仅仅*在终点*,同一才被概念揭示。“运动”,即历史,最终说来是语言揭示存在的过程,只有在终点才能到达(erreicht)*起点*:只有在历史的终点,人和世界的同一才为人存在,或作为人的语言所揭示的同一。因此,历史必然从一个*终点开始*:这个*终点*是它的*起点*的语言揭示。(正如我们所知道的,这个“起点”就是人类发生的欲望,“终点”就是对这种欲望的理解,如同在《精神现象学》中阐述的理解。)但是,如果人、时间和历史的起点仅仅在时间和历史的终点为人存在,那么这个终点就不再是为人的和人的起点，而是真正的人的终点。事实上，被揭示的人与世界的同一取消本身就是作为历史、人和时间的起点的欲望。时间的圆圈只能周转一次；历史完成了，不再重新开始；人死了，不再复活（至少不是作为人复活）。①

然而，尽管时间不是周而复始的，但必然是循环的：在终点，人们到达与起点的同一。如果没有这种同一（即如果没有自然世界），历史就不可能开始；仅仅由于这种同一的建立，历史才得以完成；然而，在这种情况下，历史必然地完成。人们最终重新回到起点：回到人的不存在。

因此，揭示人的整体，即已完成的历史过程的科学，必然也是循环的。科学的这种循环性是它的绝对真理，即它与现实的整体的完全一致的唯一标准。事实上，如果（人的）现实是一个发展过程，那么在强意义上，其任何部分的或"即时的"显现都不是真实的：现实每次都被行动"取消"，正好在这个时刻揭示现实的概念，在另一个时刻就不再是真实的。不变化的东西仅仅是"运动"的整体，即历史、人和时间的整体；永恒地与本身保持同一的东西仅仅是发展过程的整体，因此，真正真实的东西仅仅是这种整体的显现。

因此，科学必然是循环的，只有循环的科学才是完成的或绝对的科学。这种科学的出现因而是人、历史和时间的终结的证明。当人的语言从某个点出发，（按照逻辑的必然性）必然地前进，又回到它的起点的时候，人们看到语言的整体被穷尽了。语言的穷尽也是历史，即人和时间的穷尽。

---

①　如果不考虑本体论的方面，人们能说，圆圈的唯一性是由于（包含人的）存在包含反题或否定性。生物的生命以肯定的方式进行，历史以否定的方式进行；不可能重演历史，因为任何历史进步都是一种对存在或已经存在的东西的否定。只要有否定的（现实化的）可能性，历史就向前发展。但是，如果不再有否定的可能性，历史就最终地停止。

与时间、历史和人一样，科学因而也是循环的。但是，如果历史的圆圈仅仅周转一次，那么科学的圆圈则是永恒重复的一个圆圈。[①]没有科学的重复的可能性，即使这种重复是必然的。事实上，科学的内容仅仅联系于它本身：书籍是它自己的内容。然而，书籍的内容仅仅在书籍的终结时才完全显现。但是，由于这种内容是书籍，所以它本身是最终对内容是否只仅仅是书籍的整体的问题给出的回答。因此，在到达终结处的时候，必须重新阅读（或重新思考）书籍；这个圆圈永恒地重复。[②]

因此，科学不仅仅是循环的，而且也是周而复始的。然而，在一个圆圈中，将来始终也是一个过去。因而没有真正的将来。这就是说，没有本义上的时间，人的或历史的时间。如果人们想说科学的辩证运动是时间，那么必须说它是一种周而复始的时间，即一种没有将来的优先地位的时间；因此，时间是永恒；总之，它是亚里士多德的生物时间。这就是为什么科学的“定在”不是历史的人，而是纸质的一本书，即一种自然的实体。当然，书籍之所以是书籍，而不是纸张或其他东西，是因为书籍必须由人来阅读和理解。但是，阅读书籍的人不再创造任何东西，本身也不再变化；他不再是以将来或历史占据优先地位的时间；换句话说，他不是强意义上的人。这样的人也是一个准自然的或周而复始的人：他是一个理性的动物，在变化和繁衍，但永恒地与本身保持同一。这种“理性的动物”就是“绝对精神”，已完成的或完善的精神；也就是死亡。

---

① 仅仅在科学中，才有否定性：绝对知识不改变它所揭示的存在，因为只有当人通过其所是得到满足，因而不再行动，绝对知识才产生。

② 在《逻辑学》中，存在最终被揭示为理念。因此，对“存在是什么？”的问题的最终回答是：“存在是理念。”但是，如果人们问：“理念是什么？”那么应该回答：“理念是本身虚无的存在，即理念是本质，等等。”换句话说，应该重新阅读整部《逻辑学》。

接下来的是一个结论。

黑格尔着手概括他关于精神或概念所揭示的精神和时间之间关系所说的东西(558页第34行—559页第7行):

"因为精神是在它自己之中的这种区分,所以它的整体就是[当它]被直观时对立于(gegenüber)其单纯的自我意识。因为[精神的]这种整体是有差别的实体,所以这种整体被区分为它的被直观的抽象概念即时间,以及它的内容即自在。被当作主体的实体本身有一种最初[是]内在的必然性,在它自己之中呈现(darzustellen)其自在之所是;即呈现为精神。只有这种完成的对象性的呈现(Darstellung)才同时是实体的返回过程,即实体成为自我的过程。"

这一段无任何新的东西。我已经用它来解释前面的原文,因此,我到目前为止所说的一切能当作对这一段的解释。我仅限于把它翻译出来。

接下来的一段也同样如此。黑格尔清楚地说,科学仅仅出现在历史终结的时候,也就是说,之所以历史有一个终结(也就是说:之所以人本质上是终有一死的),仅仅是因为有绝对的真理。

下面是这句名言的译文(559页第7—9行):

"因此,只要精神没有自在地完成,[即只要它没有]作为[历史的]世界精神[完成],它就不能作为意识到自己的[即哲学的]精神到达它的完成。"

"世界精神"(Weltgeist)就是人类的历史。"意识到自己的精神"(Selbst-bewusstsein Geist)就是科学。

在一个最后的说明中(559页第9—12行),黑格尔写下了当我讲解关于经验（Erfahrung）的段落时就宗教和神学问题已经说过的一句话：

“在时间中，[基督教]宗教的内容表达了在[黑格尔的]科学之前[人的]精神之所是；但是，唯有这种科学才是[人的]精神关于自己的真正知识。”

只要时间、历史和人在延续，被揭示的存在就被设想为一种超验的或神的精神。精神的超验性的取消（导致神学的取消）标志着时间、历史和人的终结。但是，仅仅在时间终结的时候，现实才显现，换句话说，真理才显现。因为在现实中或在真理中，精神-永恒是时间和历史的结果：它是已经死亡的人，而不是复活的上帝。这就是为什么永恒的（或绝对的）精神的实在性不是生活在天堂里的超验上帝，而是生活在自然世界中的一个人写的一本书。

第十次讲课

第八章第二部分的解释

(续完)

我们现在转入第八章第二部分第二节的第三和最后阶段。

第二部分讨论智者。其中的第二节分析智者在现实世界中的出现。这种分析在三个阶段中展开。

在第一阶段,黑格尔讨论作为具体化的科学(黑格尔称之为"绝对知识")的智者和被认为独立于时间的现实(Wirklichkeit)之间的关系。在第二阶段,问题在于智者或绝对知识和时间之间的关系。我们已经看到,绝对知识出现在最后的时刻;科学在世界中的出现完成了时间(这意味着:历史,因为黑格尔的时间本质上是人的和历史的时间);科学本质上不再是时间的现象,因为已经完成的科学是自己向自己显现的永恒。

然而,现实和时间的分离纯粹是人为的。事实上,现实本质上是时间的,时间本质上是现实的,即客观的。为了分析智者和现实世界之间的关系,必须结合前两个阶段的分析:必须讨论时间的现实,或者这样说也一样,谈论现实的时间。这就是黑格尔在第三阶段所做的事情。

在黑格尔看来,至少在《精神现象学》中,时间是人的时间,即历史的时间。因此,在他看来,时间的现实或现实的时间,不是作为宇宙或有机生命延续的自然,而是历史,也仅仅是历史。

事实上,黑格尔在第一句里指出了第三阶段分析的主题,他仅仅谈论历史(Geschichte)。

他在那里说(559页第13—15行):

"使精神自我展开(von sich hervorzutreiben)它的知识形式的[辩证]运动,就是精神所完成的作为现实的历史的工作。"

在辩证的第一阶段(正题),问题在于"现实"(Wirklichkeit)。在第二阶段(反题),人们谈论"时间"(Zeit)。在第三阶段(合题、综合),问题必然在于"现实的时间"(wirkliche Zeit)。不过,黑格尔说:"现实的历史"(wirkliche Geschichte)。术语"时间"和"历史"是完全等同的。换句话说,智者不是出现在一个在宇宙的和生物的时间中延续的自然之内,而是出现在"现实的历史"中,即在一个本质上历史的"世界"之内。科学在世界中的出现只能在历史中和通过历史被理解。

然而,上述引文证实了我以前所说的东西,即:在黑格尔看来,人类的历史最终归结为哲学的历史。事实上,他说"精神(即人类)在历史过程中所完成的工作"在于"知识"(Wissen)的产生。这种知识是精神(即人)关于自己的知识。因此,最终说来,历史的进步是一种自我意识的进步,即一种哲学的进步,到达作为自我意识的整体的"绝对知识",即到达智者或到达在其科学中表达其完整的自我意识的完人的进步。当然,历史是现实和时间的综合。这就是说,哲学(正如我们刚才看到的,它只不过是被理解的历史)一方面必须以独立于时间,因而独立于人在一个自然中的存在为前提；这就是“现实”(Wirklichkeit)。另一方面，哲学必须以时间(Zeit)本身，即以欲望和行动的人为前提。因此，如果没有在这种自然中进行的，在强意义上的历史活动，也就没有哲学。然而，在黑格尔看来，现实和时间，即自然和历史(“斗争和劳动的活动”)只不过是真正的现实的构成因素(Momente)，真正的现实就是知识(Wissen)，即揭示世界和历史的人的语言，因而也是哲学。本义上的人，真正实在的人，是哲学家。自然的人或属于智人的动物，历史活动的人，即斗争和劳动的人，只不过是作为人的哲学存在的真正人性的现实的必要条件。存在着一个自然，人得以在其中进行斗争和劳动。但是，人进行斗争和劳动仅仅是为了能谈论他所做的事情，仅仅是为了意识到自己是在斗争和劳动中做他所做的事情的存在。然而，自我意识和哲学是单一的和同样的东西。人进行斗争和劳动是为了能成为哲学家；更确切地说，为了能作为哲学家得到满足，即为了能成为一个智者和产生科学。

当然，不是哲学家的人并不是这样想的。他在进行斗争和劳动的时候，认为在追求其他的目的。然而，他有这样的想法，完全是因为他不是哲学家，因为他不是真正的自我意识：他不知道其所是，也不知道他所做的事情，也不知道他为什么这样做。

事实上，即使他不知道这一切，人仍倾向于成为哲学家。但是，只有那些有意识倾向于成为哲学家的人才是哲学家。在那些不仅仅创造历史或承受历史，也开始理解历史的人看来，更确切地说，在哲学家看来，历史在整体上是一种哲学的历史，十分明显，哲学的历史将在“取消”哲学的智慧出现时终止。

乍看起来，这是明显的，令人信服的。但是，人们在这方面有一些怀疑，我已经在最初的两次讲课中阐述了这些怀疑。

我已经说过，历史和哲学史的同一从人们做出如下假设的时候起就已经成为事实：自我意识必然尽可能地延伸；换句话说，人始终充分地意识到因对外部的、自然的、社会的或历史的世界的改造而在自己身上发生的变化。但是，我认为，人生来并不是哲学家；换句话说，我认为，应该不断地做出努力，以越来越扩展原本倾向于维持其固定界限的自我意识，然而，我认为，人不太可能做出这样的努力。不管怎么说，《精神现象学》的人类学分析不可能提出这种假设。我们能确认哲学家的存在的事实，但我们不能解释这个事实；我们不能从《精神现象学》描述的人的存在"推断出"哲学的存在。

当然，在黑格尔看来，这并不重要，因为他拥有相关的事实。他在历史终结时写书，他发现，实际上总有一些哲学家意识到人所创造的历史事实，以及由这些事实所产生的人的变化。(仅仅在那些不认为他们生活在历史已经完成的时代中的人看来，问题才是重要的。)

因此，黑格尔能说，历史实际上始终意识到本身，即历史是一种哲学的历史。在发现这个事实之后，他能说，作为人的人归根结底是哲学家。或者也可以说：人的自我意识必然地倾向于越来越延伸，尽可能地扩展。

这就是黑格尔在《精神现象学》导论中的一段所说的东西，它是这样开始的(59页第6—12行)：

"正如发展进程的必然性，目的也是必然地为知识规定的。这个目的就是知识不再需要走出自己的范围，知识就在那里找到自己，概念就在那里符合对象。同样，走向这个目的的进程因而不能[在中途]停顿；不可能在以前的任何站点得到满足。"

如果自我意识是哲学，如果自我意识的逐渐延伸是哲学的历史，那么这种历史必然停止在任何新的延伸成为不可能的时候。反过来说：这种历史在之前停下来是不可能的，因为哲学不可能通过一种仍然能延伸的自我意识得到满足。

我们知道，在黑格尔看来，自我意识的延伸的不可能性是由表达自我意识的知识的循环性来保证和揭示的。但是，在目前，这并不重要。我们仅仅注意到，在黑格尔看来，超越显然是界限的界限的倾向构成了这样的自我意识的特征。

历史发展过程的图式可能是如下的图式。人行动并由此改造给定的世界。人生活在这个世界中，随着世界的改造，人自己也被改造：可以说，人受到世界的改造的反作用。在被改造的时候，人——必然地——意识到他自己的这种改造。当意识到自己的时候，人发现，自己仍然与给定的（甚至被改造的）世界不协调，他对自己形成的、独立于他在世界中存在的看法（Begriff，概念）不同于他在世界中的实际情况（Gegenstand，对象）。因此，他重新行动，以便再次改造给定的世界，使自己与世界协调。只要人没有看到他和世界之间（概念和对象之间）的完全协调，活动就必然地继续下去。在这个时候，历史（即活动）最终停止，哲学家达到他的目的，即达到智慧，因为在这个时候，改变自己并由此超越已有的自我意识是不可能的。这就是黑格尔在上述引文中表达的意思。

只有当行动的人是哲学家，只有当每一个哲学家都是行动的人时，这种推理才是正确的。然而，如果行动的人不研究哲学，或者如果哲学家不行动，那么推理就不再有效。我们暂且假定，行动的人在行动后没有意识到自己。如果他看错了自己，那么他就很可能没有看到他的行动的不足之处，也就是没有发现概念-理想和现实之间仍然存在的距离。于是，他不再行动，在到达不再可能被超越的历史的真正终结之前停顿下来。在这个假设中，世界上就永远不可能有智慧。反过来说，如果哲学家不行动，他就不可能改造世界；他因而不可能改造自己；在这里，历史仍将在其绝对终点之前停止；哲学家永远不会成为智者。

黑格尔再次能求助于作为他本人的智者的事实。然而，他能真正地解释这个事实吗？我怀疑。然而，我并不怀疑他是完成历史的智者，因为正是解释自己的能力构成了智慧的特征。

我认为，黑格尔没有权利肯定不能无限地延伸到自身之外的意识不是一种人的意识。然而，这就是他下面一段里肯定的东西，在那里，他不是把意识到其生命的存在，而是把能无限地延伸其意识的存在对立于仅仅活着的动物。换句话说，黑格尔不是把自我意识的人，而是把哲学家对立于动物（69页第13—23行）：

“局限于一种自然[即动物]生活的东西，不可能通过自己超越（hinauszugehen）它的直接的定在。但是，这样的存在能被另一个存在推出（hinausgetrieben）这种定在。被迫超出自己（Hinausgerissenwerden）就是这种[自然的或动物的]存在的死亡。相反，意识[广义的意识，即人]就是为它自己的概念；因此，它直接就是界限（Beschränkte）和它自己的超越，因为这个界限是属于（angehört）它的。对[人的]意识来说，彼世和特殊的实体（Einzelnen）同时被建立，即使这个彼世只是在界限的旁边，就像在空间的直观中[在那里，它有一个外在于每一个界限的空间]。[人的]意识本身承受这种暴力（Gewalt），[这种暴力处在]要败坏（verderben）它有限的满足[的行为中]。”

也可以说，动物有一种“自我意识”（黑格尔称之为“Selbstgefühl”，自我感觉）。但是，这种动物的“意识”不可能延伸。如果动物变化，如果动物超越自己，那么它的“自我意识”就消失，而不是延伸；这就是说，动物成为虚无：它死了或消失了，成为另一个动物（生物的发展过程不是一种历史）。这就是为什么在黑格尔看来，动物没有自我意识（Selbstbewusstsein）而只有自我感觉（Selbstgefühl）。因此，作为人的特征的自我意识必然是一种始终能延伸和自我超越的意识。黑格尔在上述引文的第二部分就是这样说的。

换句话说，黑格尔在这一段里看到了我刚才谈到的这种同样的历史进程的图式：活动→自我意识→活动。在这些条件下，历史实际上是一种哲学的历史，历史必然地一直发展到哲学成为历史的智慧的地步。

当然，黑格尔注意到自我意识的这种延伸所呈现的困难。他谈到“Gewalt”（暴力）：必须诉诸“暴力”才能证实人不再是曾经之所是。但是，在黑格尔看来，没有诉诸这种“暴力”的人不是一个强意义上的人。

然而，这个断言看起来是矛盾的。事实上，黑格尔必须引入一些限制。他必须承认，存在着我们都称之为人，但拒绝延伸其已有的自我意识的有自我意识的存在。

事实上，这就是黑格尔所说的（69页第23行—70页第6行）：

“当意识感受到这种暴力的时候，恐惧（Angst）能使意识在真理面前退缩，希望为自己保存有可能失去的东西。但是，意识不可能由此得到安宁。除非它安居于这种无思虑的懒惰（gedankenloser Trägheit）中 。因为沉溺于（verkümmert）无思虑的思想和它的不安宁，将干扰了这种懒散。或者，[对变化的恐惧]能以一种感情（Empfindsamkeit）的形式得到巩固，这种感情确信在自己的种类中是好的。但是，这种确信也同样受到来自理性方面的暴力，理性认为某种东西之所以是不好的，正是因为这个东西只是一个种类[不是“在自己的种类中唯一的”一种个体性]。或者[最后]，对真理的恐惧（Furcht）能躲在一种假象（Scheine）后面，欺骗自己和欺骗他人，这种假象使人认为，正是因为对真理的热烈追求使自己很难找到，甚至不可能找到别的真理，而只能找到虚荣（Eitekeit）的唯一真理，这种虚荣的真理始终比自己杜撰的和来自其他人的任何观念更有智慧。这种虚荣能败坏（vereiteln）一切[普遍的]真理，使之回到自身，陶醉在它自己的知性中，这种知性旨在解体所有的观念，不会找到任何[客观的]内容，而只能找到枯萎的（trockne）自我，这种虚荣是一种满足，必须[轻蔑地]任其自然。因为它逃避普遍，仅仅追求自为的存在。”

在这里，黑格尔承认三种本质上非哲学的态度，即人拒绝在客观上和主观上变化，因而也拒绝把他的自我意识延伸到给定的界限之外的三种类型的态度。

首先，有“无思虑的懒惰”(gedankenloser Trägheit)。至多，“笨蛋”*被动地承受*历史，正如一块石头“被动接受”其下落的规律。他不能有意识地和有意志地*主动接受*一种变化；尤其是接受对他来说可能意味着死亡的变化。但是，他不可能——有意识地和有意志地——拒绝变化。同样，当这种情况出现的时候，他必然走向死亡，正如牲畜必然走向屠宰场。不过，我们刚才看到，在黑格尔看来，这正是动物的特征。但是，尽管人们对这种“无思虑的懒惰”是非常严厉的，但人们能真正地肯定在这种“无思虑的懒惰”中和通过这种“无思虑的懒惰”变得愚蠢的人根本就不是人吗？

此外，不应该忘记，与这种懒惰的和懒散的人相反，即进行反抗、反驳，试图改变不合乎其要求的东西而行动的人，并不是人们通常所理解的“哲学家”。更确切地说，他是尼采忧伤地谈论的“金头发的野蛮人”“金头发的野兽”。人实际上通过自己的行动改造世界，并通过这种改造的反作用改造自己；但是，无任何证据表明，他意识到他自己的变化，或他会接受别人对他说他已经发生了变化。[1]总之，按照定义，行动的人并不是哲学家。按照黑格尔的定义，“金头发的野兽”仍然是野蛮人，如同懒惰的、被动的、因循守旧的野蛮人。然而，很明显，后者要比前者好。这表明人面对一种*人的*现实：因为纯粹自然的现实没有价值之分，从这个观点看，它绝对是同质的。

为了与哲学家保持一致：在“粗俗的人”看来，这不就是黑格尔在上述引文中谈到的持有感情(Empfindsamkeit)态度的人的特点吗？因为黑格

① 例如，经验证明，之所以参加大革命的人没有保住政权，正是因为他们仍然处在，或以为仍然处在大革命之前的状况中，也就是他们仍然是非因循守旧者。

尔在这里看到的东西，就是“理解一切，宽恕一切”的态度，这种态度意味着解释一切和接受一切。这就是人们从学者，尤其是从“哲学家”那里期待的真正的“客观性”，人们认为，哲学家活着仅仅是为了说：“越是变化，越是相同”。当然，人们能够和应该说，这种“哲学家”只不过是一个可笑的人，只不过是一个“诡辩者”。也许，哲学家能够和应该理解一切，不“宽恕”任何东西。但是，还不应该忘记，那些不“宽恕”的人同样也不能“理解”。经验证明，如果没有那些行动但不理解的人的参与，变化能被变化和应该被变化的东西的哲学欲望，通常是无效的。当然，人们能（和亚里士多德一起）回答说，人也利用牲畜来实现自己的目的。但是，这种回答在我看来根本没有说服力，因为“牲畜”通常不服从，有时也“反抗”。

人们认为黑格尔有道理的地方，是在他谈论“虚荣”（Eitekeit），人们称之为“个人主义”的东西的地方。仅仅知道一切来自他感受到的“感情”的人；仅仅对自以为是“个人的”的自我，但实际上孤独的、自闭的和抽象的自我，即完全与“个人主义的”自我相同的自我感兴趣的人；自以为“不介入纠纷”，仅限于观察其他人的变化和冲突，以便乐此不疲地重复证明自己与自己永恒地保持一致，不参与政治和不介入社会，自以为超脱的人；这种“精神的动物王国”（geistiges Tierreich）的人看来是真正名副其实的，黑格尔称之为“有学问的或有知识的野兽”。但是，尽管他十分厌恶这种人，更确切地说，由于他十分厌恶这种人，但还应该说，这只不过是一个比喻。

最后，最严厉的反对意见来自教徒，但在黑格尔看来，教徒也没有意识到自己，因为教徒始终谈论本质上不同于他自己的自我的一个自我。黑格尔没有在他的名单上提到教徒决不是出于偶然。[①]他之所以

① 黑格尔可能已经提到教徒。因为教徒（以一种意识的形式）把他的自我意识限定在永恒地与自己保持同一的一个上帝身上，也把自己对立于人的生活的一切本质变化；他始终反对社会革命，他永远不接受社会革命带来的变化，至少作为教徒。

没有提到教徒，是因为显然不可能在这里谈论*动物*的存在，即使是用一种比喻的语言。

毫无疑问，是或自以为是哲学家的人，必然知道自己远远比仅仅作为教徒的教徒更优越，更不必说其他人了。因为只有哲学家能*理解*和*解释*其他人仅限于*做*和*被动地接受*的东西的真正和真实意义。一般地说，一个（个体的或集体的）人比其他人优越，是因为他能理解他们，而其他人不能理解他。（“进步”的唯一可能定义就在于此。）然而，正如黑格尔好像曾经说过的，断言*只有*哲学家能代表人的现实，实际上表明了一种“职业偏见”。[①]

我认为，黑格尔有理由说，如果没有哲学，就不可能有历史。之所以没有*被理解*的历史，是因为哲学正是“被理解的历史”（verstandene Geschichte），是在其整个范围中人的现实的自我意识。之所以没有*现实的*历史，是因为历史的现在是由过去共同决定的，必定是由*被理解的*过去共同决定的：只要人没有意识到他在世界中的新处境，比较新处境和旧处境，他就不可能看到新处境所包含的*矛盾*（即否定）；他就不可能通过自己的行动进行否定，因而他的行动本身不可能真正是人的或*历史的*行动。事实上，始终有一种基于革命的哲学。不过，历史只不过是一场永恒的革命，因为历史是通过对社会给定物的否定前进的。

但是，无任何东西能证明，只要在世界上有人，就始终有哲学。换句话说，历史*可能*在到达其绝对不可超越的终点之前停止。因此，必须做出努力，以便不让这种情况发生。或者也可以说：仅仅对自己说一个哲学家迟早将出现是不够的；即使没有充足的理由，每一个人都应该对自己说，也许只有他能成为人们期待的这位哲学家。

然而，不应该忘记，实际上，如果历史要由哲学家来理解，那么历

① 此外，人只可能比人“更优越”；事实上，人不比牲畜或石头更优越；人本质上是“他者”，这就是一切。

史是由那些通常不是哲学家的人创造的。黑格尔清楚地知道这一点，因为他说，如果没有拿破仑建立的帝国，他自己的哲学是不可能的。当然，他在谈论拿破仑的时候，强调指出，这就是意识的一个实例，而不是自我意识的一个实例（471页倒数第5—4行）。他是有道理的，因为拿破仑实际上不是一个哲学家。但是，断言这位伟人不是一个真正的人的存在，则显然太过分了。

我们回到第八章的原文。

在黑格尔看来，历史最终归结为哲学的历史。在我引用的段落中，问题必然在于“现实的历史”（wirkliche Geschichte），而不仅仅在于哲学的历史，在接下来的一段里，也同样如此。

在这一段的第一句里，黑格尔又一次明确指出了在哲学和宗教，即神学之间的差异。在第二句里，他（和笛卡尔一起）讨论基督教神学在文艺复兴时期消亡后基督教哲学的诞生。最后，在结束本段的一些句子里，他概述了基督教哲学，甚至现代哲学的历史，谈到了（没有指名）笛卡尔、斯宾诺莎、莱布尼茨、启蒙运动时代的哲学、费希特和谢林。

我没有翻译这一段（559页第15行—560页倒数第5行），因为如果没有注释，它几乎是难以理解的，而一个差强人意的注释需要花费几个月的时间。

我仅仅想解释为什么在这个概述中，黑格尔谈论在一般意义上的哲学，即笛卡尔、斯宾诺莎等的形而上学体系，而在《精神现象学》的正文中他却不谈论它们，仅仅提到这些哲学家的人类学理论，尤其是康德的人类学理论。

为了理解这一点，必须回想一下，智慧（或绝对知识）是意识和自我意识的综合。如果哲学通向知识，那么哲学就是这种综合的尝试。因此，哲学有一个双重的方面。一方面，哲学是自我意识：通过哲学的这个方面，人知道自己对立于外部世界。在这个（“主观主义的”）方面，哲学是一种人类学。在《精神现象学》的前七章，问题仅仅在于这种哲学的人类学。因为在这些章节中，意识仍然对立于自我意识。哲学的主观主义人类学一方面得到揭示客体或自然世界的一般意义上的科学的补充，另一方面得到无意识地和象征性地揭示社会世界的宗教或神学的补充。①但是，任何名副其实的哲学都追求一种完全的知识。这就是说，哲学追求意识和自我意识的综合。在这个综合的方面，哲学是本义上②的“形而上学”或哲学。

然而，意识和自我意识的综合仅仅在第八章，更确切地说，在前七章的概述中得到讨论。因此，仅仅在第八章，在这个概述之后，人们才能理解过去的哲学家的形而上学。在《精神现象学》的前七章，这些哲学家作为意识的代表出现。相反，在这里，这些哲学作为意识和自我意识的综合的尝试出现。也许，在黑格尔的科学中，这种综合只有历史终结时才能充分完成。只要历史在继续，人和世界之间就存在着矛盾，任何综合（或哲学的“统一”）只能是虚假的，本身不与现实一致。这就是为什么各种哲学相互“取消”，不可能有智慧的历史。哲学的历史就是为了在实现存在的整体之前实现思维的整体而进行的但必然流产的尝试。③

黑格尔在第八章第二部分第二节的第三和最后阶段中概述的，就是这些形而上学综合的过早尝试。

我们转入第八章第二部分的最后和第三节。

---

① 正是在人类学方面，哲学进入文学，通常决定了一个时代的“文化”。同样，也是在这个方面，哲学为历史运动的实现做出了贡献，向人揭示包含在人身上和他的世界中的矛盾，由此引导人行动。

② 文学和“一般文化”根本想不到的意义。

③ 正如我们所知道的，完全的存在就是完成其生命或其历史的人，即已死的人的存在。

黑格尔刚才阐述(在第二节的第三阶段),智慧何以和为什么是哲学发展过程的结果,这种发展过程何以和为什么仅仅在黑格尔的绝对知识出现时停止。换句话说,黑格尔在哲学上解释了智者出现的原因和方式。

现在,在第三节,问题涉及智者本身。黑格尔在那里谈论完成和完善哲学史的智者是什么。

不过,"人的真正存在是他的行动"。谈论智者是什么,就是谈论智者做什么。因为除了他的科学,智者不做任何其他事情,所以谈论智者就是谈论科学,谈论产生科学的智者的活动。①

然而,智者是成功地解释自己的哲学家。谈论智者,因而就是谈论智者是如何看自己的。谈论智者的最好方式,就是指出他对自己的(正确)理解何以区别于哲学家的(不充分的)自我理解。因此,黑格尔阐述他关于哲学家的活动的观点,把关于智者的活动的观点对立于关于哲学家的活动的观点,而关于哲学家的观点是由最后两位哲学家,即费希特和谢林阐述的。

这种阐述的方法使已经过于简短的原文更加难以理解(560页第37行—561页第5行):

"然而,精神已经向我们表明,它既不是自我意识仅仅回到(Zurückziehen)它的纯粹内在性中[如同费希特认为的],也不是自我意识沉没(Versenkung)在实体中[或在自然的给定存在中],以及在它的差别的非存在中[如同谢林认为的]。不,[精神是]自我的[辩证]运动,这个自我外化自己(sich seiner selbst entäussert),沉没在实体中,作为主体,从实体出发深入到本身之中,把实体改造成对象和[主体的

① 黑格尔在第八章的第三部分谈论这种科学本身。他打算在《体系》的第二部分阐述科学,但是,这个部分始终没有写成。

客观]内容,扬弃对象性和[主体的]内容的差异。”

为了详尽地解释这段原文,首先必须阐述费希特和谢林的思想,这可能很花费时间。由于不是讨论他们的场合,我仅限于非常肤浅地做一个解释。

问题在于精神。但是,精神是在科学中和通过科学被揭示出来的,而科学是智者的自我意识。谈论精神就是谈论智者。

黑格尔首先说,(和费希特认为的相反)智者不躲藏在他的主观的内在性中。智慧的活动与脱离世界和独善其身的诗人的活动毫不相干。但是,黑格尔接下来说,这种活动也与消失在客体中和忘记他的“自我”的(一般意义上的)学者的活动毫不相干。和人们通常认为的相反,智者决不是“非个人的”,也决不是“客观的”。他继续(和谢林认为的相反)把世界和自己联系起来。但是(和费希特认为的相反),和诗人不同,他把一个(现实)世界,而不是把一个想象的“宇宙”联系于自己。

黑格尔说,在行动中的智者是“自我的辩证运动”。智者的自我因而是对立于世界,同时取消这种对立,被对象吸收,同时被造就成主体的一种自我。不过,黑格尔对一般历史的人也持同样的观点。这并不令人惊奇,因为黑格尔在这里谈论精神,因为在他看来,“精神的辩证运动”不是别的,就是历史。如果精神在它的“运动”中通过知识被揭示,那么智者在他的思想中重演世界历史。事实上,在第八章的最后三行,黑格尔说,如果智者或科学转向过去,即转向时间,转向精神的“运动”,那么它们不是别的,就是“在概念上被理解的历史”(begriffene Geschichte)。这种历史联系于智者的“自我”,这个自我是最后的目的和历史的圆满完成;但是,在它的方面,这个自我联系于现实的历史世界,因为它只不过是这个世界的理解。因此,智者的态度同时处在“主观的”或“个人的”顶点和“非个人的”或“客观的”顶点。

在接下来的一段里，黑格尔进一步阐述他的思想。他说（561页第5—15行）：

“根据直接性的第一个反思［即费希特发现的否定性］，是主体区别于它的实体的过程；也就是分裂为二的概念，［或者是］纯粹的自我进入自身（Insichgehen）和发展过程的过程。［但是，正如谢林所理解的，］如果这种区别是“我=我”［即谢林发现的同一性］的纯粹活动，那么概念就是定在（Dasein）的必然性和上升（Aufgehen），定在的本质（Wesen）是实体和自为地继续存在（besteht）。但是，［这就是黑格尔发现的整体性］定在的自为的继续存在是在规定性之内设定的概念；这种继续存在因而同样是概念在自身中（an ihm selbst）的［辩证］运动；［这种运动在于］下降到简单的实体中［也就是说，下降到谢林的同一性中］，而实体只有作为这种［费希特的］否定性和这种［辩证］运动［也就是说，黑格尔的整体性］才是主体［或精神］。”

我们再次看到费希特、谢林和黑格尔的思想的比较。但是，这一次，原文异常艰涩，因为它是对三位思想家的形而上学的最后原则的极其浓缩的概括。

我们只要记住，黑格尔用“否定性”和“自我（Selbst）的辩证运动”来对抗费希特的“自我”（Ich），以及谢林的“实体”。这又一次意味着他用活动和历史来对抗他们。换句话说，只有以*历史的*时间世界，一个包含行动的人的世界的形式得以实现时，“实体”（即给定的存在和自然世界）才能成为“主体”或“精神”，或者换句话说，才能通过语言自己向自己显现。如果智者想充分地实现精神，通过其科学揭示存在的整体，那么他必须首先在概念上理解精神的*发展过程*，即历史。事实上，本身是“实体”的存在只有在包含人的情况下才是被揭示的存在或“精神”；揭示在其整体中的存在，就是揭示人；然而，人是活动，活动是“运动”,发展过程,时间或历史。因此,如果事先没有揭示人和历史的现象学或人类学,也就没有本体论(或《逻辑学》)。

最后,同样的观点在结束第二部分第三节的一段里(561页第16—27行)最后和第三次得到阐述:

“我[Ich;在这里:智者的我]不必[和费希特认为的相反]固定在与实体性和对象性对立的自我意识的形式中,好像它害怕它的外化(Entäusserung)。相反,精神的力量在于在它的外化中与自己保持同一,在其作为自在存在的实体的性质中,把自在存在和自为存在仅仅设定为[一个]因素,如同自在存在。我[在这里,即智者]也不是[和谢林认为的相反]一个第三实体,把差别遗弃在绝对的深渊中,并宣布在这种绝对中差别的等同。相反,[体现在智者中的]知识在于这种表面的不活动,仅仅直观有差别的实体在自身中[辩证地]运动和回到其统一中的方式。”

仍然是同样的东西。黑格尔用“对立面走向统一的辩证运动”来对抗费希特的孤立的自我意识,以及自我意识在其中消失的谢林的绝对。我们现在知道这意味着什么。在现实方面,这意味着国家的完全的和同质的统一不是给定的,(因为在对立之前的统一是不可认识的),而是在使人或主体对立于自然或客体的时间中和通过这种时间形成的。在语言的揭示方面,这意味着本体论或存在的概念揭示(应该在《体系》的第二部分里的《逻辑学》中得到阐述)必然是发展过程的——历史的、人的——先决概念揭示的“结果”(已经在《体系》的第一部分,即《精神现象学》中得到阐述)。

在结束之前,还要说几句。

黑格尔谈论绝对知识,即构成智者的存在本身的东西的“表面的不活动”。之所以“不活动”，是因为智者（正如人们通常所说的）仅仅直观存在的东西，而不改变任何东西。但是，不活动仅仅是“表面的”，因为智者直观活动，因为仅仅通过对活动，即对“运动”发展过程或历史的直观，他才到达与本身永恒地保持同一的存在的直观。因此，科学在本质上必须以活动为前提。这就是为什么可以这样说，在科学是一种永恒的循环运动的意义上，科学本身就是一种活动。换句话说，科学是辩证的。但是，仅仅因为科学所揭示的存在是辩证的，所以科学才是辩证的。存在是辩证的，因为存在实际上包含人或活动，因为包含人的存在是在时间中和通过时间，即在人的历史活动中和通过这种活动实现的。

智者的活动，即科学的活动，与人分离，进入书籍。“辩证的运动”不再是世界或历史的运动，成为一般意义上的词语-概念或“辩证法”的运动。与人的这种分离，或从“运动”到词语-概念的这种转变之所以发生，是因为在矛盾消除后，人和世界不再能“运动”。换句话说，世界死了；世界连同它所包含的一切东西，包括人，消失了。世界和在世界中的人不再能用物质来支撑继续“活着”或继续“运动”的“辩证”概念。从今以后，概念的永恒“运动”的物质支撑就在叫作《逻辑学》的书本中：这本书（“圣书”）就是具体化的永恒的语言（Logos）。

因此，智者不是作为人行动。之所以他不行动，仅仅是因为在智慧成为可能的时候，人不再能行动。反过来说，只有当人的所有可能目标实际上已经达到时，智慧才成为可能。

第十一次讲课

第八章第三部分的解释

（561页第28行—564页）

在第八章第二部分，问题在于智者（黑格尔称之为“绝对知识”或“一般知识”），即产生“科学”（Wissenschaft）——完全地和完整地揭示已完成的存在的整体——的人。或者也可以说：问题在于“科学”在自然世界中的定在（Dasein）。相反，在第三部分，问题在于被当作科学，即独立于产生科学的智者或人，即独立于它在世界中的定在（Dasein）的“科学”本身。在之前的全部论述中，即在整部《精神现象学》中，黑格尔论证“科学”的“出现”（Erscheinung）的原因和方式。现在，在《精神现象学》的最后一段里，他将简要地解释这种科学本身是什么，他打算在《体系》中完整地加以阐述的科学（Wissenschaft）是什么（《体系》就是《科学的体系》，但我们仅仅拥有其中的第一部分，即《精神现象学》，正如我们将看到的，《精神现象学》只不过是本义上的“科学”，应该在第二部分，即在《逻辑学》之前被阐述的科学）。

黑格尔首先回顾精神现象学的展开所导致的结果，而精神现象学反映了世界历史的实际进程（561页第28—34行）：

“在知识中[即在智者中]，精神完成了它的成形的[辩证]运动，尽管这种成形伴随着意识的没有被克服的差别。[在知识或智者中，]精神到达了其定在的纯粹因素，[即]概念。”

在这里，黑格尔重复我们早就知道的东西。知识（Wissen），就是“科学”和科学的“导论”，即《逻辑学》和《精神现象学》的智者或作者。然而，作为智者本人，黑格尔说：“精神完成了它的成形的运动”。形式（Gestalt），诸形式（Gestalten），成形（Gestaltung），即精神的“具体形式”，其实就是历史的人。黑格尔说，随着智者的出现，一系列历史的和社会的，即真正人性的现象就完成了。因此，智者的出现是历史的最后事件。黑格尔提到，历史的发展过程是“意识的被克服的差别”。这意味着：本义上的人或历史的人对立于自然，只要人没有通过斗争和劳动的否定活动“消除”这种对立，历史就将延续。当智者和科学出现的时候，这种对立就已经消除了。换句话说，人不再有欲望；人通过存在的东西，通过其所是完全地和最终地得到满足；人不再行动，不再改造世界，因而不再改造自己。总之，人成了……智者，绝对的智者。通过语言和概念揭示存在着的东西的智者最终揭示这一切：因为在那个时候，存在的东西永恒地与本身保持同一，不再由于不安宁（Unruhe）而变化。智者的科学因而是普遍的科学，即本义上的、普遍和最终真正的科学。

然而，真理是实在事物或对象（Gegenstand）和概念（Begriff）的一致。人们因而能说，在智者中和通过智者，概念“到达”实在事物。不过，人们也能说，是实在事物在智者中和通过智者到达概念。然而，通过概念或通过语言（Logos）被揭示的存在不仅仅是纯粹的和单纯的存在(Sein),而且也是精神的存在,即实在的精神(Geist)。人们因而也能说,在智者中和通过智者(智者产生绝对科学,绝对科学完全地揭示存在的整体),精神"到达"概念。这就是黑格尔在上述引文中所说的东西。

他说,从这个时候开始,精神在世界中的定在(Dasein)就是概念。但是,它是一种不再与它的对象(Gegenstand)对立,不在它所揭示的东西之外的概念。因此,它是一种不再有历史的、行动的和否定的人的存在作为物质支撑的概念。它是不再有时间的概念。它是不再变化和永恒地与本身保持同一,即永恒地与它显示给这种存在的同一存在保持同一的概念。我们知道,"永恒的"概念的物质支撑不再是历史的人,甚至不再是智者,而是通过语言揭示它自己的(以印刷文字的形式被物质化的)内容的书籍,即其第一部分是《精神现象学》的《科学的体系》。[①]

---

① 如果人们只知道第八章的内容,那么我给予"书籍"的作用可能需要解释一下。为了给我的解释提供理由,我想引用在《精神现象学》序言末尾的一段,黑格尔说(58页第7—15行):"我们应该确信,真理在时间到来的时候必然为自己开辟道路,真理也仅仅在时间到来的时候出现;因此,真理的出现不会太早,真理不会遇到还没有成熟的读者。我们还应该确信,作者个人需要这种[对读者产生的]影响,以便能通过这种影响来证实(bewähren)原本仅仅属于其孤独的事业的东西,以便能使他体验到的最初仅仅属于特殊性的确信是普遍的东西。"

这是相当清楚的。为了证实的目的,哲学必须普遍地得到承认,即最终得到普遍的和同质的国家的承认。科学的定在(Dasein),因而不是智者的个人思想,而是其得到普遍承认的论述。很明显,要实际上得到这种"承认",只有出版一本书。然而,以书籍形式存在的科学,实际上已经与它的作者,也就是与智者或人分离了。

此外,在第五章A节c,有一段证明了序言中的上述引文。黑格尔说(236页第36行—237页第10行):"当人们把一个人的作品(Werk)对立于他的内在可能性,对立于他的能力或他的意向的时候,只有作品能被当作这个人的真正实际情况;即使他弄错了,从他的活动(Handlung)回到他自己,认为自己在这种内在因素中,而不是在行动(Tat)中。变成作品的个体性依赖对象性的因素,因而陷入被改变和变坏的危险。但是,把性格变成行动,正是[在于知道]这种行动是一个继续存在的实在存在,或仅仅是在自身中消失(nichtig vergeht)的纯粹意向(Gemeintes)的作品。对象性不改变行动本身,仅仅指出行动是什么;这就是说,[对象性显示]行动是[某种东西],还是什么都不是。"很明显,智者的行动(Tat)和现实(Wirklichkeit)不是他的思想,而是他的书。

在上述引文之后的三句话组成了一个插入说明。原文相当艰涩，黑格尔解释“概念”一词的含义。更确切地说，从此以后，精神的定在（Dasein）不再是“意识的形式”，即人的，甚至社会的和历史的现实，而是概念本身。

他说（561页第32行—562页第1行）：

“按照其存在的自由，内容是外化的自我和自我认识的直接统一。这种外化的纯粹［辩证］运动，如果我们从内容方面考察它，构成内容的必然性。有差别的内容，作为特定的内容，在关系中存在，而不是自在地存在。［它是］它的［在于］自我扬弃的不安宁，即［它是］否定性。因此，必然性或差别既是自我，也是自由的存在。在这种自我的形式中，定在直接地是思想（Gedanke），内容是概念。”

原文是相当艰涩的。它仍然属于一种表意的论述，黑格尔成功地用几行字来对作为其整个体系的基础的思想做一个概括。这是一种描述存在、人和科学之间关系的新方式，科学是人对存在的揭示；或者这样说也一样：永恒、时间和概念之间的关系。

然而，我已经长时间地讨论了所有这些东西。如果我想把上面一段的“难解”语言翻译成“普遍”语言，可能会相当长，我就会不得不重申我已经多次说过的东西。我之所以不这样做，是因为这段文字并没有真正的新东西，仅仅证实我以前已经说过的东西。

在撰写这个解释性说明（人们能把它放在括号里）之前，黑格尔回到已经引用的简短概述的最后一句，他说，在智者中和通过智者——“精神到达概念”（562页第1—3页）：

“当它到达概念时，精神在它的生命的以太中［即在概念中］展开它的定在和[辩证]运动,[它因而]是科学。”

当精神在知识或智者中和通过知识或智者,“到达”它的概念时,它成为“科学”(Wissenschaft)。在接下来的论述中,即在《精神现象学》最后一章的最后和第三部分,问题正是在于这种科学,这种科学应该在《体系》的第二部分,即首先在《逻辑学》中得到阐述。

我们首先注意到,科学(Wissenschaft)不是一种精神的科学。精神是科学(der Geist ist Wissenschaft)。事实上:精神就是由语言和概念揭示的存在;揭示存在的语言或概念最终说来是科学。因此,精神是科学,科学是精神。或者也可以说:科学是存在(Sein)的揭示;但是,科学所揭示的存在是精神,并且只有当存在现实地和实在地被科学揭示时,存在才是精神。然而,只有当科学本身是现实的和实在的,存在才能现实地和实在地被科学揭示。科学必然存在;科学必然是存在的一部分,进入存在;科学必然也出现在存在的定在(Dasein)中,即在世界中,并在那里有一种实在性;因此,科学必然在世界中继续存在。为了这是可能的,世界(以及存在)必须包含人。因为人存在于世界中,因而存在于存在中,在谈论存在的时候揭示存在。更确切地说:作为人的现实,存在自己谈论自己,因而自己揭示自己。只要存在的揭示不是完全的,人们就能在存在(仅仅是整体的一部分的存在)和存在的揭示之间做出区分。与它所揭示的存在有区别的概念,就是本义上的人。但是,概念趋于和存在统一;概念趋于包括存在的整体。概念趋于整体的这种“运动”是人,即时间或历史的发展过程。在这种运动结束的时候,存在与概念一致,概念与存在一致。人因而不再存在。然而,与本义上的人(与对立于世界的人,即与仅仅是整个存在的一部分的人)分离,并与存在的整体一致的完全概念,是科学,和作为科学在书籍中存在。这种科学是被揭示的存在的整体,即精神。因此,“定在”(Dasein)和“辩证运动”(Bewegung)现在不在概念之外,也就是说，不在对立于人的揭示、还没有被揭示的存在中，而是在实在的精神本身中，即在完全的概念中，或者在以书籍的形式“定在”的科学中。不再对立于存在的概念，也不再改变存在（它不再是欲望、行动、人的历史的或时间的存在）。即使还有“运动”，这种运动也不再打乱永恒：它是一种周而复始的运动，一种返回本身的永恒回复。这种周而复始的“运动”就是科学。不过，因为精神的这种“运动”是语言或概念揭示的存在的过程，所以人们能说，被揭示的存在，即精神的“定在”从此以后归结为完全的概念或科学的“定在”，归结为使这种科学物质化的书籍。因为即使人在地球表面完全消失，书籍仍然继续存在。因此，世界，即存在着的存在的实在整体，包含语言或概念。这个世界因而是精神的“定在”。从此以后，由于书籍，而不是由于人（他不再带来任何新的东西，但如果没有人，书籍则是不可能的），存在得以是精神。

现在，问题在于弄清科学是什么。换句话说，必须弄清精神以书籍的形式的存在何以区别于精神以人的形式的存在。或者也可以说：必须弄清存在的永恒显现何以区别于存在的时间显现，历史的最终目的何以区别于这种历史本身。或者最后也可以说，因为时间的现实，即历史，是由《精神现象学》描述的和揭示的，所以必须弄清《精神现象学》何以区别于本义上的《科学》或作为其导论，或作为通道的《逻辑学》，正如现实的历史是通向智慧和科学之路，而科学是必须以人类的整个历史活动为前提的智者活动的结果。

这就是黑格尔现在谈论的东西（562页第3—8行）：

“在科学中[在本义上的科学中，即在《逻辑学》中]，精神的[辩证]运动的因素不再表现为[如同在《精神现象学》中的情况]意识的诸特定形式；相反，[它们表现为]回到自我的意识的差别，表现为特定的概念，以及表现为以本身为根据的[辩证]运动。”

精神现象学描述“意识的形式”(Gestalten des Bewusstsein),即一种意识的具体的或有形的,甚至空间的形式,这种意识本身存在着,并知道自己不同于它所揭示的存在。换句话说,精神现象学描述人:它是一种人类学。但是,精神现象学描述精神在其具体形式中的“运动”(Bewegung)。这就是说,精神现象学是一种发生的或历史的人类学:它描述在其发展过程中的人;它描述这样的人:他在世界历史中和通过世界历史,更确切地说,作为世界历史创造自己。正如黑格尔在本章末尾所说的,精神现象学在其最终完成的整体中是“在概念上被理解的历史”(begriffene Geschichte)。

相反,在本义上的“科学”(Wissenschaft)中,也就是在《体系》的第二部分中,黑格尔说:“差别回到自我。”这就是说:如果历史的人在否定活动中和通过这种活动,或作为这种活动联系于世界,而这种否定活动在主体和客体之间造成了一种实在的或客观的差别,那么智者只能在他的思想或他的被动直观中和通过这种思想或直观联系于客体,产生科学。换句话说,在智者那里,不再有揭示事物的概念和被概念揭示的事物之间*实在的*对立。这就是说,在有智者的地方,就不再有本义上的人。只有概念。因此,主体和客体之间的关系既不再改变主体,也不再改变客体。人们不再脱离同一,科学的“运动”或发展因而不再创造任何新的东西。这种“运动”因而不再有将来。因此,它不再是时间,因而也不再是历史。也可以说,这种“运动”是“永恒的”。它是概念在自身之内的“有机运动”;这就是说,概念(即存在的概念)“辩证地”*发展*为“完全的”语言,永恒地回到自身,因为促使它继续发展的它自己的理由在它的整体中。

这一切在接下来的一段里(562页第8—20行)得到了确认,黑格尔在那里阐述和评论他刚才所说的东西,比较精神现象学和本义上的“科学”或“逻辑学”,也就是比较《体系》的第一部分和第二部分:

“如果在精神现象学中，每一个因素都是知识和真理［被揭示的现实］之间的差别，以及这种差别在其中被扬弃的［辩证］运动，那么相反，科学［即逻辑学］既不包含这种差别，也不包含它的扬弃。相反，［科学的］每一个因素具有概念的形式，把真理的对象性形式和认识的自我的［对象性形式］结合在直接的统一中。［科学的］每一个因素不是表现为在意识或外化的表象和自我意识之间的往返［辩证］运动。不。因素的纯粹形式，即摆脱了它在意识中的显现的具体形式，［本身是］抽象概念的［形式］，唯一地联系于因素的纯粹规定性。”

只要（主观的）“知识”和（客观的）“真理”或由知识揭示的现实之间的差别继续存在，人的历史，即时间，就将延续。这就是说，只要在世界中有一个犯错误和自己逐渐清除其错误的存在，历史就将延续。其实，这种存在就是人，也仅仅是人。因为动物和自然一般不犯错误。或者也可以说，自然也会犯错误。只是如果自然犯错误，那么它的错误（例如，一个怪物，或一个不适应其环境的生物）直接地被清除：它或是死亡或是消失，不可能在时间中持续存在下去。人能把错误保持在世界中，使之以一种错误语言的形式在世界中延续下去。历史是人的错误语言的历史，而错误的语言逐渐成为真理。这不仅仅是因为错误的语言在变化后与给定的现实一致，而且也是因为人在斗争和劳动中改变现实本身，以便使现实符合其最初背离现实的语言。当现实和语言的一致完全得以实现的时候，当人因不再超越实在的给定物而不再有欲望，不再犯错误的时候，在这个时候，历史停止了。于是，主观的知识同时也是客观的；这就是说，它最终和完全是真实的。这种“绝对”知识就是科学。

在科学中也有一种“运动”，因为科学是一种“辩证的”概念或一种发展的语言。但是，这种“运动”不再是一个时间的，甚至历史的、人的、主动的运动。黑格尔说，问题不在于从主体到客体，反之亦然。换句话说，问题既不在于纠正知识，直观实在事物，正如人们所说的，“体验”实在事物，也不在于“纠正”实在事物，与之做斗争，通过劳动改造它。主观的“运动”揭示“客观的运动”，但不改变它；现在，也仅仅现在，人们能说：ordo et connexio rerum idem est ac ordo et connexio idearum（实在的秩序和联系同样是观念的秩序和联系）。人们也能说，“运动”是在概念中，即在被揭示的实在事物中，或在真正的，甚至实在的揭示中进行的。这种语言的“运动”尽管没有矛盾，处在发展中，但仍然与本身保持同一。这种“运动”因而是“永恒的”。更确切地说：它是自己向自己揭示为语言“运动”的永恒。它不再是否定活动的时间“运动”；它是语言的“永恒的”，甚至逻辑的“运动”。

科学的逻辑“运动”因而产生存在的“运动”。不过，存在是在时间中，更确切地说，是作为时间“运动”。时间是历史；历史是人。因此，世界历史的实在“运动”完全相当于科学的观念“运动”。《体系》要变得完整，必须不仅仅呈现或包含被揭示的存在——本身是概念——的永恒的或逻辑的“运动”，而且也呈现或包含概念——本身是实在的存在或人——的实在的或历史的“运动”。因此，《体系》必然有两个部分，或两个互补的方面：《逻辑学》和《精神现象学》（562页第20—30行）：

“相反，显现的精神的一种形式［在《精神现象学》中得到描述的形式］对应于科学的每一个抽象因素。正如定在的精神不比科学更丰富，同样，它在其内容方面不［比科学］更贫乏。以这种意识的形式来认识科学的抽象概念，就是构成科学的实在性的方面，按照这个方面，科学的本质，［即］在科学中被当作思维（Danken）的单纯中介的概念，展开这种中介的因素，并根据内在的对立（Gegensatze）进行描述（darstellt）。”

历史不比存在本身更丰富，也不比存在本身更贫乏。这是显而易见的。人们只能在时间中展开*存在*的东西；存在的永恒整体不是别的，就是在时间中*存在*的一切东西。存在*形成*了；但是，在存在形成的时候，它没有超越自己；因为在存在之外，*没有任何东西*：虚无。出于这个同样的原因，在时间之外，也没有将来。因此，存在的时间-空间整体本身不是空间的，也不是时间的。它不是别的，就是通过概念自己向自己揭示的存在本身。换句话说，这种整体就是精神。但是，只有当它*包含*概念，它才是精神。然而，包含在存在中的概念，就是人。概念在存在中的"运动"，即概念的*实在*"运动"，就是历史。

因此，《逻辑学》和《精神现象学》有一种唯一的和同样的内容。只是"科学"的*永恒*"运动"以历史的*时间*"运动"的形式出现在《精神现象学》中。因此，《精神现象学》的每一个阶段对应于《逻辑学》的每一个阶段；反之亦然。人们只有理解了《逻辑学》的本体论，关于永恒*存在*的东西的本体论，以《精神现象学》描述的时间的、历史的或人的形式向自己显现（erscheint）的精神，才能真正地理解《精神现象学》的人类学。反过来说，人们只有理解了《精神现象学》，才能理解《逻辑学》。因为如果没有《逻辑学》，语言的永恒"运动"就是空洞的和没有意义的。人们只有知道精神如何出现在它的定在（Dasein）中，才能理解精神*是*什么。然而，精神的"定在"就是人、历史或时间。

仅仅在有两个部分——人类学的现象学和本体论的逻辑学——的情况下，《体系》才有一种意义。如果没有另一个部分，那么其中的一个部分就是不完整的；只有整体才具有一种意义：在整体中，正如在存在本身中，语言（Logos）的永恒是通过在《精神现象学》中产生的时间"运动"*实现*的。

换句话说，《科学的体系》必然是*循环的*或周而复始的。在阅读《精神现象学》之前，人们必然被推向《逻辑学》。因为人们认识到，能撰写或阅读《精神现象学》的人不能做别的事情，只能理解在与本身的永恒同一中存在的东西，也就是只能理解作为《逻辑学》的主题的存在。在阅读了《逻辑学》之后，人们也必然被推向《精神现象学》。因为当人们最终和通过整部《逻辑学》认识到存在是精神或观念，即向自己显现的存在的时候，人们也看到，只有当存在是时间和发展过程，这种显现才是可能的。不过，为了理解作为发展过程的存在，应该阅读《精神现象学》。

这就是黑格尔在结束《精神现象学》的最后两页中所解释的东西。他首先在最后一段的第一行，以浓缩的形式说出这一切，阐述科学的圆圈的概念。在接下来的描述中，他对这段浓缩的文字进行注释。

黑格尔在这段浓缩的原文中说（562页第31—40行）：

“科学本身包含抛弃（entäussern）抽象概念的形式的必然性；[科学因而要求]概念到意识的过渡。因为自己认识自己的精神，正是因为把握（erfasst）了它的概念，所以才是与本身的直接同一性（Gleichheit），这种同一性，[如果人们把它放]在其差别性（Unterschiede）中，就是直接的实体的[主观]确定性，即我们[在《精神现象学》中]作为出发点的感觉意识。这种摆脱（Entlassen）自我的形式的[精神活动]，就是其自我知识的最高自由和保障。”

一方面，这段文字可能要么联系于《精神现象学》，要么联系于《逻辑学》，最后，要么联系于《体系》。在这三种情况下，我们面对的都是一种循环的，甚至周而复始的知识。另一方面，人们能对这段文字给出人类学的解释，不仅仅把它联系于作为科学的科学，而且也联系于科学的“定在”，即联系于书籍和写书的人，即智者。

我们首先把这段文字联系于科学，并在狭义上使用“科学”这个词。换句话说，我们把它联系于《逻辑学》，或一般地说，《体系》的第二

部分。因此,这段文字的意思是:

黑格尔说,《逻辑学》必然包含概念到意识的过渡(Übergang)。然而,意识(Bewusstsein)就是对立于客体的主体。不同于被认识的客体的认识的主体就是人,即本义上的人,或在《精神现象学》中得到描述的历史的人。因此,《逻辑学》必然包含在《精神现象学》中的返回,而《逻辑学》也必然来自《精神现象学》,正如人们在阅读《精神现象学》的最后一章时看到的。

为什么这种过渡是必然的?黑格尔说,因为"把握它的概念"的精神是"与本身的直接同一性"。

在《逻辑学》中,如同在《精神现象学》中,精神最终"把握它的概念"。因为仅仅在逻辑发展的终点,人们作为出发点的"存在"(Sein)才显现为"理念",即存在的概念和被设想的或在概念上被理解的存在。不过,构成存在的特征,就是它的同质性和它的统一性,即它与本身的绝对同一性。"理念",即概念和存在的绝对同一性因而不是别的,就是存在。因此,在到达发展的终点时,人们又回到起点。因此,《逻辑学》本身是循环的。

更确切地说:《逻辑学》是周而复始的。因为在回到起点的时候,必须重新开始已经走过的道路。事实上,人们在《逻辑学》的起点找到或重新找到的存在(Sein)绝对等同于本身,绝对是同质的,绝对是普遍的,而不是被揭示的存在(理念)。因为存在是通过概念被揭示的。被揭示的存在因而包含一种两重性或一种对立;一种差别,正如黑格尔所说的。然而,存在(Sein)等同于本身:它是同质的,在其同质性中是普遍的,它本身充满一切。因而在它之中,没有概念的地位。它因而不是——作为存在——被揭示的。不过,《逻辑学》的开始不是存在本身,而是"存在"这个概念(一个词语有一种意义)。因此,一开始就有不同于存在(Sein)的他者(Anderes)。然而,存在是同质的和普遍的(同一性=正题)。不同于存在的他者(否定性=反题),因而只能是纯粹的虚无(Nichts)。但是,存在(Sein)绝对是普遍的,在它之外没有任何东西。因此,只“有”虚无,如果存在(Sein)本身是虚无的话。本身是虚无的存在(Sein)(即存在的虚无)必然是发展过程(Werden;整体性=合题)。这意味着:存在(Sein)在存在的时候消失;这意味着存在是在时间中,更确切地说,存在是时间,存在着的时间。只有在这种情况下,存在才能作为存在(Sein)被揭示,能是(或成为)有意义的词语或概念:“存在”(Sein)。因而必然从一个阶段到另一个阶段向前发展,人们将到达在其整体中通过概念完全地被揭示的存在,也就是到达绝对同质的、普遍的和与本身同一的,与它的存在和它自己的概念同一的“理念”,这个理念就是人们作为出发点的这种永恒的(或前时间的和后时间的)存在(Sein)。不过,这种存在(Sein)被揭示出来了;它是词语或概念:“存在”(Sein)。所以,人们永无止境地在圆圈上重新开始,永远不能停下来。

《逻辑学》,《体系》的第二部分,因而本身是循环的。但是,更有甚者,因为整个《体系》是一个永恒的圆圈。

事实上,《逻辑学》的开始是这个词语:“存在”(Sein)。然而,为了和康德一起进行讨论,如果没有存在(Sein)本身,那么这个词语就是空洞的(没有意义的);如果没有这个词语,那么存在(Sein)是盲目的(没有被揭示或沉默的)。因此,《逻辑学》必须以存在(Sein)或概念的一种两重性或一种对立(Entzweiung)为前提。在《逻辑学》中,这种两重性在理念中和通过理念被“扬弃”。但是,为了能开始,必须已经有和早已有概念和存在的两重性。然而,概念的存在对立于在存在中的存在——就是人。更确切地说,它在同一的存在和永恒的理念之内产生两重性或分裂(Entzweiung),并把这种理念改造成对立于虚无的存在(Sein)和改造成对立于主体的客体的否定欲望。然而,这种欲望是在《精神现象学》中得到描述的“运动”的根源:它是在《精神现象学》中和通过《精神现象学》在概念上被理解和自己显现给自己之后,最终产生《逻辑学》的历史的根源。

到达《逻辑学》的终点，即到达理念时，人们又回到自己的起点（即回到存在）：人们在圆圈上重新开始。但是，在其整体中被看待的《逻辑学》的圆圈，把我们推向它的起源，即把我们推向《精神现象学》。整个《体系》因而是一个永恒的圆圈。

还有待于弄清《精神现象学》，即《体系》的第一部分是否本身也是周而复始的。然而，如果把上述引文联系于《精神现象学》，那么人们将看到，《精神现象学》确实也是周而复始的。

事实上，实在的历史（因而也是在《精神现象学》中被揭示的历史）到达绝对知识，即到达智者或具体化的科学——到达以书籍的形式在世界中有一个定在的《逻辑学》。在书籍中和通过书籍，精神"把握它的概念"。这就是说：存在和概念在那里绝对地和完全地一致；存在完全地被书籍的意义所展开的概念揭示出来，而概念通过书籍的存在得以在存在中实现。但是，尽管如此，在智者和书籍之间仍然有一种差别（Unterschied）。如果没有这种差别，概念就不可能是一本书，概念不可能在世界中实现，而存在由于实际上不是概念，所以实际上没有被揭示，不可能真正是精神或理念。但是，书籍，即区别于智者的知识，是一种感性事物：通过感觉，通过感觉确定性（sinnliche Gewissheit），智者与书籍有实际的联系；通过感觉，智者写书，别人读书。为了理解实在的科学，必须阅读白纸黑字的印刷书。为了理解这种书籍的意义，必须理解人得以写书和理解书的可能性。然而，只有当人们开始理解印刷书所提供的感觉的性质和可能性，人们才能理解这种可能性。这就是说：必须理解一般的感觉是什么，为此，必须在《精神现象学》的圆圈上重新开始。在第一章，《精神现象学》就是讨论这种感觉确定性（sinnliche Gewissheit）或感觉，在这里，黑格尔称之为"感觉意识"（sinnliche Bewusstsein）。

这意味着知识不可能超越感性的实在事物。因为精神也是一种感性的存在，而非感性的，或超感性的存在只不过是一种虚妄。如果没有感觉，随之而来的一切东西，《逻辑学》本身，就只不过是一堆没有意义的词语（人们不理解其起源和存在）。因为《逻辑学》由此开始的“存在”（Sein）一词仅仅因为纯粹的感觉而“充满”意义，纯粹的感觉把存在揭示为存在（Sein），即揭示为在排除一切性质和其他差别的完全同质性中的绝对普遍的存在。感觉向欲望（Begierde）的人揭示存在，只有欲望的人才能在某一天撰写《逻辑学》，即在某一天把概念放入定在的存在中，由此把仅仅作为存在（Sein）的存在改造成精神或理念，证实存在是理念的《逻辑学》的最后结果，从而实现概念；——这种结果如果不经过现实的历史而达成，那么它就是假的（在其虚假中是不可理解的），而实在的历史的创造则通过这样的人和通过《精神现象学》对这种已经完成的历史的揭示。

在《逻辑学》的所有阶段，情况都是如此。仅仅因为有一种在其历史过程中人感受到的在变化中的体验（Erfahrung），《逻辑学》在其整体中才有一种意义，历史造成有意识的和有意志的，唯有它能使存在进入概念的发展过程，而概念本身仅仅来自主体和客体之间的对立，这种对立构成了体验，本身是被当作人类发生的欲望，或通过斗争和劳动的否定与创造活动得以实现和满足，在其整体中产生世界历史的欲望的对立。

与《逻辑学》和整部《体系》一样，《精神现象学》也是周而复始的。

作为《精神现象学》的人类学的这种周而复始的特性有一种直接的人类学意义。

黑格尔的智者（即完人）与柏罗丁的智者毫不相干。例如，（按照波菲利的说法，）柏罗丁的智者在绝对知识的恍惚中从地面上升了几寸。而黑格尔的智者仍然坚定地脚踏实地。只要人们把他的科学与感觉和欲望，以及随之而来的一切东西分开，他的科学就没有任何意义，成为空谈。

当然，柏罗丁的智者也要吃喝，否则，他就不能上升到地面之上。但是，作为智者，也就是在他的科学中，他好像忘记了这一点，好像对吃喝不感兴趣，好像不需要吃喝。然而，黑格尔对我们说，这是荒谬的。必须看到和注意到，要撰写科学的书籍，必须吃喝，要让书籍有一种意义，也必须吃喝。之所以存在不再是晦涩的和难以理解的，即本质上不明显的、纯粹自然的、沉默的和兽性的，是因为它已经被人在历史过程中，通过其历史活动揭示。如果没有欲望，人的历史活动是不可能的，而人的和否定的欲望只有依靠一种（它所否定的）自然的和动物的欲望，才能产生和继续存在。

总之，断言存在是通过历史的时间或作为历史的时间被揭示的；或者这样说也一样，断言只有人们撰写或阅读和理解了《精神现象学》之后，才能撰写或阅读和理解《逻辑学》，就是断言智者不可能在他之中和在他之外否认感性的实在事物。之所以他自己不行动和无所欲求，是因为在他看来和他的读者看来，不再有要做的事情和可欲求的东西。但是，欲望和行动对他来说也是必不可少的，正如对普遍人来说是必不可少的。因为他必须记住欲望和行动，这只不过是在使之成为智者的《精神现象学》中描述的行动和欲望的内化（Erinnerung），智者就是能揭示同质的和普遍的存在的整体的完人，智者正是在吃喝，在回忆吃喝的欲望所产生的一切东西时体验到存在的整体，但在某一天，吃喝的欲望"第一次"将受到真正人性的，更确切地说，人类发生的承认欲望抑制。

当黑格尔在上述引文的最后一行中说，回到感觉是智者对他自己的知识的"最高自由和保障"，他有意识地把智者和逃避世界的新柏拉图主义的或基督教的苦行者对立起来，他在第四章里谈论这样的苦行者，认为（168页）他只能是"局限于自己和自己的无关紧要的行动，沉湎于自己，苦恼的和可怜的人"。

这就是人们必须考虑的东西，如果人们不想对《精神现象学》的神学解释的意图做出让步的话。

精神是科学(Wissenschaft)。科学是绝对知识(absolutes Wissen),即一种意识的形式(Gestalt des Bewusstsein),在自然世界中的一个有生命的存在。这种存在因而是具体化的语言(Logos)。然而,尽管有神性,但上帝没有出生和死亡,没有生命,不吃不喝,能超越这些东西。相反,黑格尔看到的存在是语言(Logos),因为他确确实实要吃喝、出生、活着和死亡,不会复活。其精神的实在性是其感觉的实在性的(语言)揭示,其精神的实在性不可能与其感觉的实在性分离。因为这样的一种分离对它来说并非意味着在明亮的天空中的上升,而是意味着在虚无的黑夜("Diese Nacht...")中的解体,也就是说死亡。

这就是为什么必须说,本身是科学和绝对知识的黑格尔的精神,不是上帝,而是人:智者实际上达到了完善,但不愿意也不能够否认时间的不完善,而时间的不完善产生了智者,智者仅仅因为理解和解释,或者也可以说,"证明"这种不完善的事实而完全地得到"满足",并指出如果没有这种不完善,他就不可能理解。

第十二次讲课

第八章第三部分的解释

（续完）

在黑格尔谈论《体系》的循环性的一段里说，在到达《逻辑学》的终点时，人们被推向它的起点，在进行这种循环运动时，人们知道超越它，即过渡到《精神现象学》的必然性。

从《逻辑学》到《精神现象学》的过渡，就是从主体和客体、概念和现实、意识和自我意识的同一或完全一致到它们的对立或如同黑格尔所说的“差别”(Unterschied)的过渡。

然而，《精神现象学》的特征——在意识和自我意识之间的差别，必须以一般意识和无意识的现实之间的实在差别为前提。或者也可以说人和世界之间的实在差别。

因此，必然分为两个部分，即分为《逻辑学》和《精神现象学》的一个体系，如同人们所说的，必然是“实在论的”。

这个事实对于理解黑格尔来说是决定性的。因为由于受到黑格尔的表达方式“绝对唯心主义”(absoluter Idealismus)的欺骗，人们通常认为黑格尔的体系是“唯心主义的”。然而，事实上，黑格尔的绝对唯心主义与人们通常称为“唯心主义”的东西毫不相干。如果人们在一般意义上使用这些术语，那么必须说，黑格尔的体系是“实在论的”。

为了以理服人，只需引用他在青年时期的论文《费希特和谢林的体系的差异》(1801年)中的一些段落就够了。

例如，黑格尔在那里说(第一卷，47、48、77页)：

“并非仅仅主观的东西，也并非仅仅客观的东西充满意识。纯粹主观的东西和纯粹客观的东西一样，是[一个]抽象概念……。为了主体和客体的同一，我以设定我自己的[主观]确定性的方式来设定在我之外的事物：事物存在着，正如我存在着一样确定(So gewiss Ich bin, sind die Dinge)。[因此，黑格尔还比笛卡尔有更多“实在论”倾向。]……人们在两者中(即在主体和客体中)不仅仅发现同样的[存在]理由，而且也发现同样的必然性。因为如果一个仅仅联系于绝对，而另一个不联系于绝对，那么它们的本质可能不等同地(ungleich)被设定；两者的结合[因而是]不可能的；旨在扬弃[主体和客体的]分裂(Entzweiung)的哲学的任务[也是不可能的]。”

这是清楚的。不过，《精神现象学》第八章的“实在论”的“证明”已经揭示了几乎未被认识但非常重要的问题的两个方面。

黑格尔在紧接着的一段里提出了形而上学的“实在论”原则，他指出了从《逻辑学》到我已经讲解的《精神现象学》的过渡的必然性。

在指出这种必然性之后，黑格尔继续说(563页第1—4行)：

“然而，这种外化(Entäuserung)仍然是不完全的。它表达自我的[主观]确定性和对象的关系(Beziehung)；正是因为对象处在[与主体的]关系中，所以对象还没有到达它的充分的自由(Freiheit)。”

从《逻辑学》到《精神现象学》过渡还不够。在《精神现象学》中,问题在于意识和自我意识之间、思维和现实之间的关系。只有当客体联系于主体,客体才出现在与主体的关系中。然而,在像赖因霍尔德和费希特那样的人看来,主体和客体的这种关系是在主体之内实现的,客体只不过是主体活动的方面之一。相反,在黑格尔看来,在主体之内实现的和在《精神现象学》中得到描述的主体和客体的辩证法,只有当人们假定本义上的客体,即外在于主体和独立于主体的客体的存在时,才有意义。或者如同黑格尔所说的:必须把"它的充分的自由"(seine völlige Freiheit)给予客体。

总之,黑格尔在这里按照谢林的观点,(针对费希特)阐明了"实在论的"形而上学的绝对必然性。

在接下来的一段里(563页第4—11行),黑格尔简要地指出这种"实在论的"形而上学的性质,并表明它的必然性。

"知识不仅仅认识(kennt)自己,而且也认识自己的否定,即自己的界限(Grenze)。知道(wissen)自己的界限意味着:知道(wissen)牺牲自己。这种牺牲(Aufopferung)是一种外化,在这种外化中,精神以自由的偶然事件(Geschehens)描述(darstellt)向着精神发展的过程,把它的纯粹的自我(Selbst)直观(anschauend)为在它之外的时间,把它的存在(Sein)直观为空间。"

这一段首先包含一个实在论的"推断",如果我们孤立地看待这个推断,那么它就会被误解。

这一段针对费希特。在谈到费希特的时候,黑格尔使用费希特的语言(界限,等等)。因此,这一段看来在谈论主体的行为,主体在设定它自己的界限时,设定了客体。这看来是纯粹费希特的,即"唯心主义"的东西。然而,当我们仔细地阅读,把黑格尔所说的东西和费希特在别处所说的东西加以比较时，我们看到，这是一场论战。首先，设定或限定客体的不是自我或主体（Ich），而是精神（Geist）。然而，黑格尔不厌其烦地重申（他在后面又一次重申）精神不是起源或开端，而是终结或结果。精神就是被揭示的存在，即（客观的）存在和（主观的）揭示的综合。不是主体，而是精神（因而存在）被设定为空间和时间，或者正如我们就要看到的，被设定为自然（=存在）和历史（=人=主体=自我）。之后，和费希特一样，黑格尔不说知识“设定”（setzt）它的“界限”（即客体），而是仅仅说，知识认识（kennt）它的界限。因此，黑格尔只是想说，只有假定一种非知识的存在，即一种实在的，甚至外在于和独立于揭示客体的知识的客体的存在，知识才能被理解，即被解释或被“推断”。这和费希特所说的正好相反。

因此，在费希特意义上的实在论的“推断”是没有的。只有在黑格尔意义上的“推断”，即关于存在的东西的后天推断或概念理解。正如在费希特那里，问题不在于从主体或理念推断客体和实在事物。[①]黑格尔从精神，从实在事物和观念事物的综合出发，拒绝从其中的一个推断另一个（正如他在我们已经引用的1801年论文中阐明的）。他设定两者，即假定两者。他仅仅在事后“推断”它们，除了本身是它们的共同结果的精神。换句话说，他仅仅试图理解它们的关系，它们的关系是认识的发展过程，从他获得的事实出发，从实在事物和观念事物在其中相一致的绝对真正的认识出发。他说，在拥有真理，即拥有“科学”或“体系”的时候，不应该认为，如果科学是知识，那么存在也是知识（或主体）。存在是精神，即知识和实在事物的综合。《体系》本身不是主体在它自己之内的一种作用，而是主体和客体之间相互作用的结果；因此，它是主体对客体的一种揭示和主体在客体中的一种实现。

---

① 事实上，试图推断，即证明实在论是荒谬的。因为如果人们从认识开始推断实在事物，那么唯心主义可能是有道理的，可能没有独立于认识的现实事物。

黑格尔从精神出发，他说，精神是一种“结果”。他试图把精神理解为一个结果，也就是把精神描述为它自己的发展过程（das Werden des Geistes zum Geiste——从精神到精神的发展过程）的结果。精神是主体和客体（或正如黑格尔所说的：自我和存在）的一致，它的发展过程是通向这种一致的道路，沿着这条道路，仅仅一种形而上学的实在论发现的两者之间的差别继续存在着。

在说了这一点之后，黑格尔给出两个非常重要的说明。第一，黑格尔说，“精神的发展过程”具有“自由的偶然事件”（des freien zufälligen Geschehens）的形式。他重申我们早就知道的东西，即“推断”仅仅在事后，或正如人们所说的，由果溯因，才是可能的。断言精神的发展过程是“偶然的和自由的”，就是断言从本身是发展过程的终结或结果的精神出发，人们能重建发展的进程，但人们不可能根据它的开端来预测它的进程，也不能从中推断出精神。精神是主体和客体的同一，人们从这种同一推断出两者之间原先的对立，以及消除这种对立的过程。但是，从最初的对立出发，人们既不能推断出其最终的消除，也不能推断出通向这种消除的过程。这就是为什么这个过程（特别是历史）是偶然（zufällig）事件的一个自由（frei）结果。

第二，黑格尔说，在其发展过程中，精神（即被揭示的存在的整体）必然是双重的：一方面，它是自我（Selbst）或时间，另一方面，它是存在（Sein）或空间。这一点是非常重要的。

首先，这是实在论的一个新证明。因为很明显，实在论必然是二元论的，而一种本体论的二元论必然是“实在论的”。[①] 整个问题在于知道如何定义在本体论的实在论方面对立的两个术语。然而，黑格尔说，

① 一切东西都是客体或物质的断言等同于认为一切东西都是主体或精神的断言；“唯物主义的”和“唯心主义的”或“唯灵论的”断言是一致的，因为两者都是没有意义的。

应该把它们作为时间和空间对立起来。在这样说的时候，他在某种程度上概括了他的哲学，并指出，在他的哲学有真正的新东西。不过，孤立地看，这个断言是矛盾的。没有人想把存在的整体分成时间和空间。如果（西方）哲学是“实在论的”，甚至是二元论的，那么它能把存在的整体分成主体和客体，思维和现实，等等。但是，我们知道，在黑格尔看来，时间是概念。因此，黑格尔的划分看来并不矛盾，只是没有新意：它是笛卡尔（仅仅取笛卡尔的名称）的广延和思维的对立。不过，事实上，黑格尔做出了一个伟大的发现，用“时间”一词代替“思维”一词。但是，我已经指出了这一点，所以不再回过头来讨论。

然而，上述引文之所以使人感兴趣，还有另外一个原因。黑格尔要把空间和存在（Sein）等同起来，这不是新的东西，纯属笛卡尔的哲学。相反，把时间和自我（Selbst），也就是人等同起来，则是一种创新。不过，这就是我们知道的但现在没有必要讨论的黑格尔的思想：人=行动=否定性。我想强调指出的是，黑格尔在这里把自我（=时间）对立于存在（=空间）。而人是非存在（Nicht-sein），虚无。[①]把时间和存在对立起来，这是意味着时间是虚无。毫无疑义，时间实际上被理解为存在或空间的消失。但是，如果人是时间，那么人本身就是空间存在的虚无或消失。我们知道，在黑格尔看来，本身是人的否定性正是在于这种存在的消失，而人是斗争和劳动的活动，人通过这种活动破坏空间的存在，创造前所未有的新事物，把空间的存在改造成一个不再存在的和非空间的真正过去，从而继续存在于空间的存在中。正是这种否定性，即作为时间消失在空间中的虚无，构成了真正人性的，即真正主动的或创造性的、历史的、个体的或自由的存在的基础。也正是这种虚无使人成为在空间世界中的过客：他作为人在空间的世界中出生和死亡。因而有

① 事实上，在《逻辑学》中，存在的整体，即精神，最初被定义为存在（Sein）和虚无（Nicht），即作为发展过程的它们的综合。

一个没有人的自然：在人之前和在人之后，正如黑格尔马上要说到的。

最后，如果把上述引文和认识联系起来，那么必须说，本义上的人，即对立于在空间中唯一的存在的人，或黑格尔称为“Selbst”(自我)的自由的历史个体，必然是错误，而不是真理。因为不符合存在的思维是虚假的。因此，当真正人性的谬误最终变成绝对科学的真理时，人也不再作为人存在，历史也终止了。人(即时间、活动)为了存在(即空间、自然)被取消，因而就是谬误为了真理被取消。如果历史确实是人的谬误的历史，那么人本身只能是“偶然地”(自由？)被直接取消的自然的一个谬误。

按照我的意见，被揭示的存在的整体分为空间和时间，既不矛盾，也不平庸，而是黑格尔发现的真理。如果人们承认这个真理，那么必须说，哲学上的“实在论”最终只能是“历史主义”。谁主张“实在论”，谁就主张本义上的二元论。如果人们把根本对立的两个成分叫作“空间”和“时间”，人们就把历史的概念引入哲学，从而不仅仅提出历史人的人类学或现象学的问题，而且也提出历史的形而上学和本体论的问题，断言哲学必定是实在论的，就是最终断言必须解释历史的事实。

我认为这是非常正确的。如果没有人们在本体论上称为“否定性”，在形而上学上称为“时间”或“历史”，在人类学上称为“活动”的东西，那么唯心主义(=一元论)可能是有道理的：在本体论上把存在和思维对立起来，可能是不必要的，人们不需要超越巴门尼德。事实上，我不认为人们能定义本义上的实在事物，换句话说，正如曼恩·德·比朗所说的：实在事物就是能承受的东西。然而，人们错误地认为，实在事物能承受思维。事实上，实在事物不能承受思维：它甚至不能承受虚假的思维；而真实的思维与实在事物是一致的。[①]实在事物能承受行

① 事实上，如果我说我能穿过这堵墙，那么这堵墙根本不能承受我所说的或所想的东西：只要我愿意，我就能够这样说。只有当我通过行动实现我的思想，也就是当我撞在墙上时，它才能承受。事情通常就是这样的。

动，但不能承受思维。因此，只有在哲学考虑和分析活动，即历史、时间的地方，才真正地有“实在论”。因此，“实在论”，甚至哲学的“二元论”意味着“时间主义”或“历史主义”。①

---

① 正如实在论通常所做的那样，把认识的主体和被认识的客体对立起来，是没有意义的。因为在把它们对立起来的时候，人们就不能在真正的认识中理解它们的结合或它们的一致。如果人们重视“实在事物”，那么就不应该把（自然）世界和一个我们不知道在何处，其唯一功能是认识这个世界，即通过语言或概念揭示这个世界的主体对立起来。不应该把存在和思维或认识的主体对立起来，而是应该把自然的存在和人的存在对立起来。或者，为了和黑格尔一起讨论：在现象学方面，人们把存在（Sein）和自我（Selbst）对立起来；在形而上学方面，人们把空间和时间对立起来；在本体论方面，人们把同一性和否定性对立起来。换句话说，应该在人那里看到认识的主体之外的东西；如果（自然）世界是这种他者（Anderes），那么应该把人和（自然）世界对立起来。

真正的认识——人们通常谈论的认识——是非个人的（selbst-los），即非人的。在这种认识中，主体（思维、概念，等等）和客观一致。人们能说，客体在这种认识中和通过这种认识自己向自己显现。事实上，我们假设，一个被理解为“认识的主体”的人归结为对一个唯一的特殊实在事物，例如，“狗”这个实在事物的（完全一致的）认识。那么，人也许不是别的，就是对“狗”这个实在事物的揭示。这就是说，我们将面对“狗”这个被揭示的实在事物。换句话说，我们将面对“意识”到自己的狗，而不是面对认识到狗的一个人。在这种情况下，我们将面对一条真正的狗（一个自然的存在），而不是一个具有狗的外形的人。或者，为了和黑格尔一起讨论，也许只有（缄默的）自我感觉（Selbstgefühl），而没有（会说话的）自我意识（Selbstbewusstsein）。或者也可以说：概念可能体现在它所揭示的东西中，而不是作为词语存在于它所揭示的东西之外。由于在主体和客体之间没有区分，“实在论”因而可能没有意义。

为了有“实在论”，概念（认识）必须对立于事物（客体）。然而，只有人的或“主观的”认识对立于它被联系的客体，在客体之外和在语言中被物质化。但是，按照定义，这种“主观的”认识是一种不与客观一致的认识。因此，它是一种假的认识。因此，需要“实在论的”解决办法的问题是错误的问题，而不是真理的问题。然而，当提出错误的事实时，必须提出它的起源的问题。很明显，被动的、对客体开放的和使客体变得可理解的认知直观，并不能解释避开和掩盖客体的错误的起源。如果错误或假的认识，甚至对立于客体的认识的根源是人或“主体”，那么人必然有除了对给定物的被动直观之外的其他支撑。在黑格尔那里，这个他者被称为否定性、时间和活动（Tat、Tun、Handeln）。（因此，当人在失去冷静，匆匆忙忙或没有足够的时间，或顽固地说不的时候犯错误，并不是出于偶然。）

只有当人们把自然世界或由概念揭示的存在（Sein），也就是和它的认识在（转下页）

我们言归正传。

把存在或空间和自我或时间对立起来之后，黑格尔明确指出这两个对立的实体的性质，他首先谈论空间（563页第11—15行）：

“最后提到的精神的这个发展过程，即自然，是它的直接的有生命的发展过程。自然，[即]外化的精神，在它的定在中只不过是它的继续存在的永恒外化和产生主体的[辩证]运动。”

存在（Sein）或空间就是自然，无意识的自然世界。在它外在于时间的意义上，这个世界是永恒的。自然就是精神的“永恒的外化”（ewige Entäusserung）。在这里，仍然有发展过程（Werden）或运动，但是，正如在笛卡尔那里，它涉及一种非时间的或几何的运动；自然的变化（生物的发展过程）并不改变自然的本质，因而自然的本质永恒地与本身保持同一。这种自然的“运动”（“发展过程”）必然产生主体，即人，更确切地说，成为人的动物。但是，人一旦在人的特殊性中成形，就对立于自然和由此产生一种新的发展过程，这种发展过程在本质上改造给定的自然存在，是使之消失的时间，即否定活动的历史。

因此，黑格尔的“实在论”不仅仅是本体论的，而且也是形而上学的。自然独立于人。自然是永恒的，自然在人之前存在，在人之后继续存在。正如我们刚才看到的，人是在自然中产生。正如我们将在后面看到的，本身是时间的人也消失在空间的自然中。因为这个自然在时

（接上页）一起的存在，和被理解为对存在的否定活动的人对立起来，“实在论”才有意义。或者，人们还可以说，认识（揭示）无差别地联系于自然的存在和人的存在，空间和时间，同一性和否定性；因此，在存在和认识之间没有对立；对立仅仅存在于自然的（被认识的）存在或存在（Sein）与人的（被认识的）存在或活动之间；至于错误和一般的“主观”认识，它们必须以这种本体论的对立为前提。

间之后继续存在。[①]

---

① 因此，人在历史终结时的消失不是一种宇宙的灾难：自然世界仍然永恒地保持其原来状态。所以，它也不是一种生物的灾难：只要动物与自然或存在和谐一致，人仍然继续存在。消失的东西不是本义上的人，即否定给定物或错误的活动，或一般地说，对立于客体的主体。事实上，人的时间或历史的终结，即本义上的人或自由和历史的个体的最终消失，仅仅意味着在强意义上的活动的停止。在实际上，这意味着：——战争和流血革命的消失。还有哲学的消失；因为人本质上不再改造自己，不再有理由改造作为人对世界和自我的认识的（真正）原则。但是，其余的一切能无限地继续存在下去；艺术，爱情，游戏，等等，等等；总之，能使人幸福的一切东西。我们记得，和许多其他主题一样，黑格尔的这个主题被马克思重新采用。人（"阶级"）为了得到承认相互进行斗争，并通过劳动与自然做斗争，在马克思那里，这种本义上的历史叫作"必然王国"（Reich der Notwendigkeit），"自由王国"（Reich der Freiheit）在彼世（jenseit），在那里，人们（无保留地相互承认），尽可能地不再斗争和劳动（自然最终被驯服，与人和谐一致）。参见《资本论》第三卷，第48章，第三节第二段末尾。

第二版的注解。

这个注解（481页注1）是含糊的，但不能说是矛盾的。如果人们承认"人在历史终结时消失"，如果人们肯定"人仍作为动物活着"，并且明确指出"消失的东西，就是本义上的人"，那么人们就能说"其余的一切能无限地继续存在下去；艺术，爱情，游戏，等等"。如果人重新成为动物，那么人的艺术、人的爱情、人的游戏必然也重新成为"自然的"。因此，应当承认，在历史终结之后，人仍将建造大型建筑，创作其艺术作品，就像鸟儿筑巢和蜘蛛织网，仍将模仿青蛙和知了，演奏乐曲，像幼小动物那样玩耍，像成熟的野兽那样做爱。但是，在这种情况下，人们不能说，这一切"能使人幸福"。应当说，（将生活在富足和安全之中的）智人物种的后历史动物因他们的艺术、性爱和游戏的行为而感到满意，因为按照定义，他们将感到满意。但是，更有甚者。"本义上的人的最终消失"也意味着本义上的人的语言（Logos）的最终消失。智人物种的动物通过条件反射对有声的或手势的信号做出反应，其所谓的"语言"可能类似于蜜蜂的"语言"。这样，消失的东西不仅仅是哲学或语言智慧的探索，而且也是这种智慧本身。因为在后历史动物那里，不再有"关于世界和自我的[语言]认识"。

在我撰写上述注解的时候（1946年），在我看来，人回到动物的状态在（或多或少最近的）将来是不可想象的。但是，稍后（1948年），我理解历史的黑格尔-马克思的终结还没有到来，而是在目前的一个现在。当我观察在我周围发生的事情和思考自耶拿战役以来在世界中发生的事情时，我理解，黑格尔在耶拿战役中看到本义上的历史的终结是有理由的。在这个战役中和通过这个战役，人类的先驱者潜在地已经到达了终点和目的，即人的历史发展过程的终结。从此以后，发生的事件只不过是在法国由罗伯斯庇尔-（转下页）

（接上页）拿破仑实现的普遍革命力量在空间的延伸。从真正的历史观点看，两次世界大战和一系列大大小小的革命的结果使边缘省份的落后文明向最先进的（实在的或潜在的）欧洲历史观点看齐。之所以俄国的苏维埃化和中国的共产主义化超过和不同于德意志帝国（通过希特勒主义）的民主化和/或多哥的独立和巴布亚的自治，仅仅是因为罗伯斯庇尔的波拿巴主义在中国–俄国的实现迫使后拿破仑的欧洲加速清除它的大革命前的过去中或多或少不符合时代的许多后遗症。从现在起，这个清除过程在欧洲的延伸部分，即北美，比在欧洲更快。人们同样能说，从某种观点看，美国已经到达了马克思主义的"共产主义"最后阶段，因为事实上，"无阶级社会"的所有成员从现在起能拥有他们喜欢的所有东西，而不必付出他们在内心认为应当付出的那样多的劳动。

（1948年和1958年之间）我在美国和苏联进行了几次旅行，在比较之后，我产生了一个印象：美国人看来是中国–苏联的富人，这是因为苏联人和中国人只是仍然贫穷的但正在富起来的美国人。我倾向于从中得出，"美国的生活方式"是后历史时代特有的生活方式，在世界中，美国的现实预示着整个人类的"永恒的现在"的将来。因此，人回到动物状态不再表现为一种有待于到来的可能性，而是表现为一种已经存在的确定性。

在最近一次到日本的旅行之后，我完全改变了在这一点上的观点。我在那里观察到一个独一无二的社会，因为只有这个社会在"历史终结"的时代，即在没有内外战争的时代（平民丰臣秀吉清除了"封建制度"和他的贵族继承者德川家康制定和实现锁国政策之后）经历了差不多三个世纪。然而，不再冒生命危险（甚至在决斗中）和不再劳动的日本贵族的存在，仍然不是动物的存在。

"后历史的"日本文明进入完全与"美国道路"不同的道路。也许，在日本没有在"欧洲的"和"历史的"意义上的宗教、道德和政治。但是，在纯粹状态中的*追求高雅*在那里创造了否定"自然的"或"动物的"给定物的纪律，这些否定的纪律在效率上远远超过了在日本和其他地方产生于"历史的"活动，即战争和革命斗争或强迫劳动的纪律。当然，（不见于其他地方的）纯属日本的追求高雅的顶点是能乐、茶道和花卉艺术，它们仍然是贵族和富人的特权。然而，尽管存在着经济和社会的不平等，但所有的日本人，毫无例外地实际上能按照他们的完全*形式化的*价值，即在"历史的"意义上完全没有*人的*内容的价值生活着。严格地说，每一个日本人原则上都因这种纯粹的追求高雅进行"非理性的"*自杀*（武士的古剑能被飞机或鱼雷代替），然而，这与在根据社会和政治内容的历史"价值"进行的斗争中冒生命危险毫不相干。这也许能使人相信，最近在日本和西方世界之间产生的相互作用最终到达的不是日本人的重新野蛮化，而是西方人（包括俄国人）的"日本化"。

由于没有一个动物是追求高雅者，所以"日本化的"后历史时期是人特有的。因此，只要有使用"自然"工具为人服务的智人物种的动物，就没有"本义上的人的最终消失"。但是，正如我在上述说明中所说的，一个"与自然或存在*和谐一致*的动物"是（转下页）

存在(Sein)和空间(Raum)就是永恒的,甚至时间的自然。至于本身是自我(即人)或时间的对立实体,它不是别的,就是历史。

这就是黑格尔现在所说的东西(563页第16—20行):

"精神的发展过程,历史,是认识的和以自己为中介的发展过程——在(an)时间中外化的精神。但是,这种外化同样也是对自己的外化——否定者(Negative)是对自己的否定者。"

自我(Selbst),即本义上的人或自由的个体是时间;时间是历史,也仅仅是历史。(它们只是精神的"认识的发展过程"(das wissende Werden),即最终是哲学的发展过程。)人本质上是否定性,因为时间是发展过程,即存在或空间的消失。人因而是一种成为虚无和仅仅在否定存在时维持在(空间)存在中的虚无,这种否定就是活动。不过,如果人是否定性,即时间,那么人就不是永恒的。人作为人出生和死亡。黑格尔说,人是"对自己的否定者"(das Negative seiner selbst)。我们知道这意味着什么:在建立了普遍的和同质的国家之后,人作为活动(或自我)自我取消,不再对立于世界;或者,在认知方面:在建立了"科学"的真理之后,人作为错误(或对立于客体的主体)自我取消。

在接下来的和结束第八章与整部《精神现象学》的一段里,黑格尔明确提出了他的历史的理论。这表明,哲学中的历史导论对黑格尔来说是他的主要和决定性发现。

(接上页)一个无人性的有生命的存在。为了保持人性,人必须仍然是"对立于客体的主体",即使"否定给定物和错误的活动"消失了。这意味着:当后历史的人从此以后以适当的方式谈论为他规定的东西时,他必须继续把它们的"内容"和"形式"分开,这不是为了主动地改造这些内容,而是为了把自己作为一种纯粹的"形式"对立于作为任何"内容"的他自己和其他人。

黑格尔首先说(563页第20—29行):

"这种发展过程[即历史]描绘了精神的缓慢的(träge)[辩证]运动和前后的连续。它是陈列画像的画廊,其中的每一幅画像都具有精神的整个财富,所有的画像十分缓慢地运动,是因为自我必须深入和消化它的实体的整个财富。因为精神的完成在于知道其所是,即它的实体,所以这种知识就是它的深入自身的过程,在这个过程中,它离开它的定在,把它的形式交给内在的记忆(Erinnerung)。"

这是清楚的,没有什么东西要补充。发展过程的每一个阶段,即每一个历史的世界,都"具有精神的整个财富"(mit dem vollständigen Reichtum des Geistes ausgestattet)。这就是说:在时间的任何时刻,都没有存在于人的历史世界之外的精神。因而没有超越;历史是精神的发展过程,精神不是别的,就是人的这种历史发展过程。

至于历史的目的,它是自我认识(Wissen),即(最终成为智慧的)哲学。人创造一个历史的世界仅仅是为了知道这个世界是什么,为了由此认识在世界中的自己。然而,我已经说过,例如,"狗"这个概念不可能来自实在的狗,不可能在"狗"这个词语中被物质化,或者换句话说,之所以有在概念上或语言上的狗的认识(Wissen),仅仅是因为狗死了或成为过去。正如黑格尔刚才所说的,对人和人的历史世界来说,事情也是如此。之所以人们认识一个历史的世界,仅仅是因为世界是历史的,即时间的,因而是有限的或终有一死的。因为人们只能在记忆(Erinnerung)里真正地,即在概念上和哲学上认识这个世界:对过去的一个实在事物的记忆(Erinnerung)是对这种实在事物的内化,即外部现实的"意义"(或"本质")到在我之中和在"主体"之内的概念的转变。如果历史的整体只能在历史终结时(在《精神现象学》中和通过《精神现象学》)被理解,那么一个特殊的历史世界也只能在它在历史中终结和死亡之后被理解。

黑格尔在《法哲学》中说(第六卷,17页):

“作为世界的思想,哲学只有在现实完成其形成过程(Bildungsprozess)和完成(fertig gemacht)之后才能出现在时间中……。之所以哲学绘出其灰色的单色画,是因为生命的形式[已经]变老了;哲学不能通过灰色的单色画变得年轻,但仅仅认识到(erkennen):智慧女神密涅瓦的猫头鹰只有当夜幕降临时才开始飞翔。”

这个著名的一段是在《精神现象学》之后十五年撰写的,是对我解释的原文的最好注释。

在接下来的一段里,黑格尔进一步阐述了他的思想(563页第29行—564页第2行):

“在它深入自身的过程中,精神深入到它的自我意识的黑夜里。但是,它的消失的定在被保存在这个黑夜中,已经过去的存在重新从知识中产生——是新的定在:[这是]一个新的[历史]世界和一个新的精神形式。在新的形式里,精神必须在这个形式的直接性中重新开始,必须从直接性中成长和成熟;[它必须]幼稚地[行事],好像之前的一切东西对它来说已经消失,没有从以前的[历史]精神的经验中学到任何东西。但是,内化的记忆保存了这种经验;并且[这种记忆]是内在的实体,其实是实体的更高级(hähere)形式;虽然这种精神看起来从自己出发,再次从头开始它的成形,但它同时也从一个更高的(höhern)阶段开始。”

问题在于存在的辩证法的现象学方面,这个方面是历史。至于历史的节奏,它正如我在前面所指出的那样:活动→意识→活动。历史的进步代表在历史中真正属于历史的和人的东西，是一种通过知识或通过可理解记忆的“中介”。历史因而是一种在双重意义上的哲学的历史：一方面，它通过哲学和为了哲学存在；另一方面，之所以有历史，是因为有哲学和为了有哲学，或者——最终说来——智慧。因为被整合到现在中的过去的理解或知识把这个现在转变成历史的现在，即与它的过去相比，实现了一种进步的现在。

这种行动和知识的辩证法本质上是时间的。更确切地说，它是时间，即一种非同一的发展过程，在那里，真正地和实在地有一种进步，因而有一个“前”和一个“后”。

这就是黑格尔所说的（564页第2—5行）：

“精神的王国以这种方式在定在中成形，构成一种前后的连续（Anfeinanderfolge），在那里，一个［历史的］精神被另一个［历史的］精神代替，每一个精神从以前的精神那里接受世界的王国。”

然而，之所以这个辩证的发展过程是时间，是因为它有一个开始和一个结束。它因而有一个不可能被超越的目的（Ziel）。

现在，黑格尔谈论的就是这个目的（564页第5—21行）：

“这种［即世界历史的］前后连续的目的（Ziel）是深奥的揭示；这种揭示是绝对概念。这种揭示因而是精神的深奥，即它的广延（Ausdehnung）的扬弃；［换句话说，这种揭示是］这个在自身中存在的抽象的我（Ich）的否定性；而［否定性］是这个抽象的我的外化，即它的实体。［这种揭示也是］这个抽象的我的时间——［时间在于这个事实：］这种外化在它自身中外化，［存在］于它的广延中，也存在于它的深奥中，［即在］自我（Selbst）中。”

历史的目的，历史的终结，就是“绝对概念”，即“科学”。黑格尔说，在这种科学中，人扬弃他的时间的或“准时的”存在。即真正人性的、对立于自然的存在，人本身成为广延或空间。因为在《逻辑学》中，人局限于认识世界或存在(Sein)，人的认识是真实的，它与世界，与存在(Sein)，即与永恒的或非时间的空间一致。但是，黑格尔又说，在科学中和通过科学，人也取消他自己的广延或他的外化(Entäusserung)，并且仍然是“准时的”或时间的，即真正人性的：他仍然是一个自我(Selbst)。但是，正如黑格尔接下来所说的，仅仅在其历史的过去的可理解记忆中和通过这种记忆，构成《体系》的第一部分，即《精神现象学》的记忆中，他才是一个自我。

事实上，这就是黑格尔在最后一段里所说的东西(564页第12—24行)：

“目的，[即]绝对知识，[或作为科学创造者的智者]，即知道自己是精神的精神，必须经过通向[历史的]精神的内化记忆的道路，精神存在于自身中和完成其王国的组织。精神被保存在其自由的定在中，其定在以偶然性的形式出现，并且是历史[即仅限于叙述事件的一般历史科学]。至于它们在概念上被理解的组织方面中的保存，就是显现的(erscheinenden)知识的科学[即精神现象学]。[被当作]整体的两者[时间的历史和精神现象学，即]在概念上被理解的历史，构成了绝对精神的内在记忆和墓地，构成了它的宝座的现实性、真实性[或被揭示的现实性]和[主观]确定性，如果没有这个宝座，它就是没有生命的孤独实体。唯有：

从这个精神王国的圣餐杯里，
他的无限性的泡沫向他涌来。”

本义上的"科学",即《逻辑学》或《体系》的第二部分,揭示永恒的存在或实在的永恒的科学,本质上是在第一部分之后。在第一部分,问题在于在时间中或作为时间的存在的发展过程,即历史。一方面,它是作为人类的"幼稚"记忆的一般意义上的历史科学;另一方面,它是在这种"幼稚"记忆中通过这种"幼稚"记忆保存的过去的概念上或哲学上的理解,这种理解就是《精神现象学》。因此,在黑格尔看来,如果没有对实在的历史的一种先决认识,《精神现象学》是不可能被理解的,正如如果没有《精神现象学》,历史不可能真正地被理解。因此,我有理由谈论雅典、罗马、路易十四……和拿破仑,解释《精神现象学》。只要人们看不到这本书所联系的历史事实,人们就不能理解这本书所说的东西。但是,《精神现象学》不同于在一般意义上的"世界历史"。历史叙述事件。《精神现象学》解释事件或使之成为可理解的事件,揭示事件中人的意义和事件的必然性。这就是说,《精神现象学》以人的本质特征重建("推断")人类的实在的历史的进程。《精神现象学》先验地重建历史事实,从针对另一个欲望(因而是承认的欲望)、通过否定给定存在(Sein)的行动而实现的人类发生的欲望(Begierde)"推断"历史事实。但是,这种先验的"重建"又一次只能在事后进行。首先,实在的历史必须完成;然后,实在的历史必须被讲述给人听。[①]仅仅在这种情况下,成为智者的哲学家才能理解历史,在《精神现象学》中"先验地"重建历史。正是这种对历史的现象学理解把哲学家转变成智者;因为这种理解最终取消时间,从而使在《逻辑学》中和通过《逻辑学》对完成的和完善的,即永恒的和不变的存在的充分揭示成为可能。

关于《精神现象学》作为结尾的席勒的诗歌《友谊》的引文,还有

① 此外,如果没有历史的记忆,即如果没有口头的或书面的记忆,就没有实在的历史。

一个说明。这个引文不是原封不动地照搬。黑格尔（有意识或无意识）所做的修改是启示性的。

我不准备讨论黑格尔为什么不说“Seelenreich”（灵魂王国），而是说“Geisterreich”（精神王国），尽管这种（非常“现代的”）替换可能是非常有意义的。重要的是，黑格尔说“Dieses Geisterreich”（这个精神王国），而不是说“das ganze Seelenreich”（整个灵魂王国）。他之所以这样说，是因为他想抛开席勒谈到的“天使”；他试图强调，永恒的和无限的存在，即绝对精神（在席勒那里，就是上帝），仅仅来自人的或历史的存在的整体。永恒存在的时间的过去因而是人的过去，也仅仅是人的过去。如果人们想谈论黑格尔的“上帝”，那么不应该忘记，这个“上帝”的过去是人：他是成为“上帝”的一个人，而不是成为人（在这里，人又重新成为上帝）的一个上帝。黑格尔对席勒的诗句所做的第三个改动具有同样的意义。席勒说：“Die Unendlichkeit”（无限性）。黑格尔写道：“seine Unendlichkeit”（他的无限性）。《精神现象学》通过对一切超验性的彻底否定而完成。被揭示的无限存在，即绝对精神，是作为世界历史存在的同一种存在的无限的或永恒的存在。这就是说，这种无限是人的无限。揭示这种无限的存在的“科学”因而在双重的意义上是人的科学：一方面，科学是历史的结果，即人的产物；另一方面，科学谈论人：谈论人的时间的或历史的发展过程（在《精神现象学》中）和人的永恒的存在（在《逻辑学》中）。“科学”因而是自我意识，而不是意识。在到达《精神现象学》的终点时，智者能说，他现在要阐述的本义上的“科学”（在《逻辑学》中）真正地是他的科学和他的知识。

但是，正如我多次所说的，只有当智者能像谈论他的死亡那样谈论一般的死亡，智者才能像谈论他的科学那样谈论一般的科学。因为在到达《逻辑学》时，智者完全摧毁了时间，即历史，即他自己的真正人性的现实，而在《精神现象学》中，这种现实只不过是一种过去的现实：他最终抛弃了他的自由的和历史的个体，对立于客体的主体，或本质上不同于自然的他者(Anderes)的现实。

黑格尔本人清楚地知道这一点。至少自1802年以来他知道这一点。因为在1802年他的题为《信仰和知识》的论文里,我们发现了明确地道出他知道这一点的一段,我想以这段引文作为我讲解《精神现象学》的结尾。

在这一段,我们读到(第一卷,303页):

"有限性的整个范围,由于本身是感性事物的某种东西,在思维和直观(Anschauung)前,永恒的东西陷入了真正的信仰,[思维和直观]在这里成为一种唯一的和同样的东西。主体性的所有小飞虫在吞噬一切的火焰中被焚为灰烬;这种自我献身(Hingebens)和这种消失(Vernichtens)的意识本身已经消失了(vernichtet)。"

黑格尔知道和说出这一点。但是,他也在一封信里说,这种知识对于他来说是非常重要的。他谈到他在二十五岁和三十岁之间度过的一个消沉时期:"直到失去所有的力量"(bis zur Erlähmung aller Kräfte)的"忧郁症"(Hypochondrie),这正是因为他不能接受绝对知识的观念所要求的个体性,即人性的必然放弃。但是,他最终克服了这种"忧郁症"(Hypochondrie),在几年之后出版了《科学的体系》的第一部分,即《精神现象学》,在那里,他最终与存在的和曾经存在的一切东西和解,宣布在世界上不再有新的东西。

附　录

I

黑格尔关于实在的辩证法和现象学方法

（1934—1935学年课程的第六至第九次讲课全文）

在黑格尔看来，什么是辩证法？

对这个问题的第一种回答可能是在《哲学全书》中，更确切地说，在被称为《逻辑学》* 的《哲学全书》第一部分中的一段给出的。

在第79节（第三版），黑格尔说（第五卷，104页第27—30行）：

“逻辑思想就它的形式而言有三个方面（Seiten）：a）抽象的或知性的（verständige）方面；b）辩证的或在否定中理性的（vernünftige）方面；c）思辨的或在肯定中理性的方面。”

---

* 全名是《哲学的体系 · 第一部分 · 逻辑学》。商务印书馆的中译本叫作《小逻辑》（贺麟译），下同。——译者

这个著名的论断容易造成一种双重的误解。一方面,人们可能认为,辩证法归结为能与其他两个方面分离开来的“逻辑思想”的第二个方面。但是,在解释性说明中,黑格尔强调指出,这三个方面实际上是不可分离的。我们在别处知道,这三个方面的同时出现为“逻辑思想”规定了其广义的辩证特点。但是,从现在开始必须注意到,“逻辑思想”之所以是辩证的,仅仅是因为它包含一个“否定的”,在狭义上所谓的“辩证的”方面。尽管如此,辩证的“逻辑学”必然包含互补的和不可分离的三个方面:(由知性揭示的)“抽象的”方面,本义上的“否定的”和“辩证的”方面,以及“肯定的”方面(后两个方面是由理性揭示的)。

另一方面,人们能假设,辩证法是逻辑思想的本质;换句话说,它涉及一种哲学方法,一个研究或阐述方法。然而,实际上事情并非如此。因为黑格尔的《逻辑学》并不是一种一般意义上的逻辑学,也不是一种认识论,而是一种本体论或作为存在的存在科学。上述引文中的“逻辑思想”(das Logische)并不表示在自身中被考虑的逻辑思想,而是表示在思维或语言(Logos)中并通过思维或语言被(正确地)揭示的存在(Sein)。上述三个方面因而首先是存在本身的诸方面:它们是本体论的范畴,而不是逻辑的或认识论的范畴;它们当然不是研究或阐述方法的单纯技巧。黑格尔在接下来的说明中特别强调了这一点。

他在那里说(第五卷,104页第31—33行):

“这三个方面并不构成逻辑学的三个部分,而是每一个逻辑真实体的诸因素(Momente),一般地说,即每一个概念或每一个真理的诸因素。”

真实体,真理(Wahre),就是一种真实的实体,正确地和完全地由具有一种意义的一致的语言（Logos）揭示的存在本身。这就是黑格尔也称为概念（Begriff）的东西；在黑格尔那里，这个术语不是表示（至少他没有说，正如他在青年时代的作品中，偶尔仍然在《精神现象学》中所做的）与它所联系的真实的实体分离的“抽象概念”，而是意味着“在概念上被理解的现实事物”。真理和概念，正如黑格尔本人所说的，是一种逻辑的和真实的东西（Logisch-Reelles），一种已实现的概念或一种被设想的现实事物。然而，被认为真实的“逻辑”思想，被认为完全一致的概念，仅仅揭示或描述*存在着*的存在，不增加任何东西，不删除任何东西，不改变任何东西。思维的结构因而是由它所揭示的存在决定的。之所以“逻辑”思想有三个方面，换句话说，之所以“逻辑”思想（在广义上）是辩证的，仅仅是因为存在本身（在广义上）是辩证的，因为它包含一个“否定的”（在狭义和强意义上的“辩证的”）“因素”或“方面”。只有当思维正确地揭示*存在着*的存在和*存在着*的实在事物的辩证法，思维才是辩证的。

当然，不是纯粹的和单纯的存在（Sein）拥有一种三位一体的或辩证的结构，而是逻辑的和真实的东西，概念或真理，即由语言或思维揭示的存在，拥有这种结构。人们能倾向于说，存在只有被思维揭示时才是辩证的，思维为存在规定了辩证特点。然而，这种说法是不正确的，或至少容易造成误解。因为在黑格尔看来，相反的说法也是正确的：存在不可能被思维揭示，之所以有在存在中的和存在的思维，仅仅是因为存在是辩证的；这意味着，仅仅因为存在包含一个否定的或否定性的因素。存在着的存在的真实辩证法，其中包括语言或思维对实在事物和存在的揭示。语言和思维本身是辩证的，仅仅是因为和仅仅当它们揭示或描述*存在和实在事物的*辩证法。

不管怎样，在黑格尔意义上的哲学的或“科学的”思维，即完全真实的思维，是为了用一种一致的语言（Logos）的意义来揭示在其现实

(Wirklichkeit)的整体中存在着的存在(Sein)。[①]哲学的和科学的方法必须保证思维和存在的一致,而思维必须适应存在和实在事物,但又不改变存在和实在事物的任何东西。这就是说,哲学家或“学者”(=智者)面对存在和实在事物的态度,是纯粹被动的直观的态度,哲学的或“科学的”活动归结为一种纯粹和单纯的对实在事物和存在的描述。因此,黑格尔的方法并不是“辩证的”:他的方法纯粹是直观的和描述的,甚至是在胡塞尔意义上的现象学的。在《精神现象学》的序言和导论中,黑格尔一直坚持科学方法的被动的、直观的和描述的特性。他强调指出,之所以有一种“科学”思维的辩证法,仅仅是因为有一种由这种思维所揭示的存在的辩证法。一旦揭示性的描述是正确的,人们就能说:ordo et connexio rerum idem est ac ordo et connexio idearum(实在事物的秩序和联系同样是观念的秩序和联系);因为在黑格尔看来,实在事物的秩序和联系是辩证的。

这就是黑格尔在《精神现象学》的序言中所说的(45页第7—20行):

“但是,科学的认识(Erkennen)反而要求人们委身(übergeben)于对象(Gegenstandes)的生命,或者这样说也一样,要求人们面对和用语言表达(anszusprechen)这个对象的内在必然性。在由此深入到(sich vertiefend)它的对象的时候,这种认识忘记了这种面貌(Uebersicht)[被认为由外部造成的][实际上]只不过是按照其内容的知识(Wissen)在自身中的反思。然而,在深入(versenkt)到物质中,并在物质的[辩证]运动中延伸(fortgehend)的时候,科学认识回到自身;但是,不是在

① 被揭示的存在的实在整体不仅仅是存在(Sein),而且也是存在或思维(Denken)的揭示;这种被揭示的整体是精神(Geist)。辩证的和三位一体的东西,是精神(Geist),而不是存在(Sein);存在只不过是精神的第一因素。

完成(Erfüllung)和[思维的]内容在自身中重新开始,直至在规定性(Bestimmtheit)中简单化,本身下降(herabsetzt)到定在(Dasein)的一个方面(Seite)[另一个方面是思维],以及转变成(übergeht)它的更高级的(hähere)真理[或被揭示的现实]之前。因此,呈现出自己的面貌(sich übersehende)的单纯整体(Ganze)本身从它的[多样性的]丰富中显露出来,在那里,它[在自身中]的反思好像消失了。"

"科学认识"没有预先想法,没有内心打算,毫无保留地委身于或把自己交给实在事物的"生命"和"辩证运动"。因此,这种真正地真实的认识与假哲学(即前黑格尔的哲学)和(牛顿的)假科学的"反思"毫不相干,这种"反思"思考实在事物,但置身于实在事物之外,人们不知道它在何处;这种反思企图通过所谓的自由的和独立于认识对象的认识主体,给出实在事物的"面貌";在黑格尔看来,这个主体只不过是人为地与被认识和被揭示的实在事物分离的一个方面。

当然,"科学认识"最终回到它自身,自己向自己显现:它的最终目的是在它的本质中,在它的发生中和它的发展过程中描述自己。和一般的哲学认识一样,科学认识也是一种自我认识。然而,它是一种完全的和一致的,即在强意义上真实的自我认识。它是真实的,因为它回到它自身,它也仅仅被动地遵循它的内容,即"对象",即实在事物和存在的辩证运动。实在事物本身形成结构和具体化,以便成为一个确定的,能被一个"一般概念"揭示的"种类";实在事物本身通过会说话的认识被揭示,因而成为必然对应于认识的主体的被认识的客体,因此,"定在"分为会说话的存在和被谈论的存在。其原因是,为自然存在的实在存在产生了揭示和谈论这种自然的人。实在存在由此转变成"真理"或语言所揭示的现实,随着语言的揭示变得越来越一致和完全,它也成为越来越"高级的"真理。

在遵循实在事物的这种"辩证运动"的时候,认识考察它自己的产生，直观它自己的发展过程，由此最后到达它的终点，即对它自己的一致的和完全的理解，语言对实在事物和存在——在其辩证运动中和通过这种运动产生揭示它们的语言的实在事物和存在——的逐步揭示。实在存在的一种完全揭示或一种完全被揭示的整体（“单纯的整体”）因而最终形成：在现实宇宙中实现的存在的一致整体，在单一的和唯一的“科学”或智者的“体系”给出的“面貌”中得到完全的和完善的描述，最终从存在中显露出来，这个存在最初只不过是由分离的和分散的实体构成的一个自然世界，只不过是一种没有“反思”，没有语言的认识，没有会说话的自我意识的不一致的“丰富”。

孤立地看，主体和客体是没有实在性（Wirklichkeit），没有“定在”（Dasein）的抽象概念。在现实中存在的东西，从它成为被谈论的现实事物开始存在；因为我们实际上谈论现实事物，所以在我们看来它是一种被谈论的现实事物；我认为，在现实中存在的东西，就是认识客体的主体，或这样说也一样，被主体认识的客体。这种分裂的现实事物仍然是一种在自身中的现实事物，因为无差别地是实在的，在其整体中或作为整体被看待，黑格尔称之为“精神”（Geist）或在《逻辑学》中的“绝对观念”（absoluter Idee）。黑格尔也说：“绝对概念”（absoluter Begriff）。但是，“概念”这个术语也能用于被揭示的完全存在的一个部分，精神或观念（能被定义为所有概念，即所有特殊观念的总和）的一个因素。从这个意义上看，概念（Begriff）表示由一个词语的意义，即由一个“一般概念”揭示的存在的一个特殊的实在实体或一个实在方面；或者这样说也一样，概念（Begriff）是不仅仅以一个实际上被思的、说出的或写下的词语的形式——而且也作为一个“事物”——定在的一种“意义”（“观念”）。如果（普遍的或“绝对的”）观念是存在的东西的单一的和唯一的整体的“真理”或语言所揭示的现实，那么一个（特殊的）概念则是被孤立看待，但被理解为整体的组成部分的一个实在实体的“真理”。或者也可以说，“概念”是一个“真实的实体”（das Wahre），即一个有名称的，或由一个词语的意义揭示的实在实体，这个意义使之联系于所有其他的实在实体，使之进入由“科学的”语言的整体所揭示的完整的实在事物的“体系”中。最后，或者还可以说，“概念”是一个具体实体的“本质”（Wesen），更确切地说，在这个实体中与指称和揭示它的词语的意义一致的现实事物。

和精神或观念一样，每一个概念既是单一的，也是双重的，既是“主观的”，也是“客观的”，既是一个实在实体的实在思维，也是实际上被思的实在实体。概念的实在方面叫作：“对象”（Gegenstand），“存在”（Sein），“存在的实体”（Seiendes），“自在”（Ansich），等等。概念的思维方面叫作：“知识”（Wissen），“认识活动”（Erkennen），“认识”（Erkenntniss），“思维活动”（Denken），等等；有时叫作：一般意义上的“概念”（Begriff）（黑格尔说：nur Begriff，抽象概念）。但是，这两个方面是不可分离的和互补的，弄清这两个方面中的哪一个方面应该叫作知识（Wissen）或概念（Begriff）；哪一个方面应该叫作对象（Gegenstand），则是不重要的。重要的是，在真理中有概念和对象的完全一致，知识是与本质被动的一致。这就是为什么真正的学者或智者必须把他的存在归结为对实在事物和存在及其“辩证运动”的纯粹直观（reines Zusehen）。他观察存在的一切东西，用语言描述他看到的一切东西：他因而不做任何事情，因为他不改变任何东西，不增加任何东西，不删除任何东西。

至少，这就是黑格尔在《精神现象学》的导论中所说的东西（71页第28行—72页第11行）：

“如果我们把知识叫作概念，把本质（Wesen）或真理（Wahre）叫作存在的实体（Seiende）或对象（Gegenstand），那么检验（Prüfung）就在于观察（zuzusehen）概念是否与对象一致。但是，如果我们反过来把对象的本质或自在（Ansich）叫作概念，把对象的概念理解为对象，即对象的概念为一个他者(即为认识的主体)存在,那么检验就在于观察对象是否与它的概念一致。显而易见,两者[两种表达方式]是一回事。但是,重要的是,在整个研究(Untersuchung)中必须记住,这两个因素(Momente),[即]概念和对象,为他存在和自在存在,都在我们研究的知识内,我们因而不需要携带尺度,不需要在研究的时候运用我们的直觉(Einfälle)和思维(Gedanken)。由于我们抛开我们的直觉和思维,我们就能够按照事物自在的和自为的样子来考察它。

由于不仅仅在这个方面(nach dieser Seite),概念和对象,尺度和需要检验的东西都呈现(vorhanden)在意识[在《精神现象学》中,我们作为哲学家研究的意识]本身中,而且我们也没有必要对两者进行比较,所以我们的帮助(Zutat)是多余的;因此,既然[被研究的]意识能自我验证,那么在这方面的检验就只不过是纯粹的旁观(Zusehen)。”

总之,黑格尔的学者的“方法”在于不需要科学特有的思维方法或方式。幼稚的人,普通的学者,前黑格尔的哲学家,他们都以自己的方式抵制实在事物,以其特有的行动方式和思维方法抵制实在事物,歪曲实在事物。相反,智者完全地最终与存在的一切东西一致:他毫无保留地信赖存在,完全地向实在事物敞开,不抵制实在事物。他的作用是一面十分平整和无限延伸的镜子的作用:他不在实在事物上面反射,而是实在事物在他上面反射,反映在他的意识中,通过如实地描述它的智者的语言显现在它自己的辩证结构中。

可以说,黑格尔的“方法”纯粹是“经验的”或“实证主义的”:黑格尔观察实在事物,描述他看到的东西,他看到的一切东西,也仅仅描述他看到的一切东西。换句话说,他“体验”(Erfahrung)辩证的存在和实在事物,他由此使它们的“运动”进入描述它们的语言中。

这就是黑格尔在《精神现象学》的导论中所说的东西(73页第3—7行):

“意识在自身中——既作为它的知识也作为它的对象——进行的辩证运动，就它所产生新的[呈现给]意识的真实对象而言，在严格意义上是人们叫作经验(Erfahrung)的东西。”

当然，这种“在严格意义上的”经验完全不同于一般科学的经验*。一般科学的经验是由一个所谓的独立于客体的主体进行的，它被认为能揭示独立于主体存在的客体。然而，事实上，经验是由生活在自然之内和自然紧密地联系在一起，但也对立于自然和试图改造自然的一个人产生的：科学产生于按照人的意愿改造世界的欲望，科学的最终目的是应用技术。这就是为什么科学认识绝不是被动的，也不是直观的和描述的。由于主体的主动干预，科学经验干扰了客体。主体把一种研究方法用于客体，但是，这种方法是主体特有的，与客体本身无任何一致之处。这个方法所揭示的东西既不是被认为独立于主体的客体，也不是被认为独立于客体的主体，而仅仅是两者相互作用的结果，或者也可以说，这种相互作用本身。然而，科学经验和认识的对象是独立于主体和与主体分离的客体。因此，科学经验和认识没有找到它们寻找的东西，没有产生它们许诺的东西，因为科学经验和认识不揭示或不描述在它们看来实在事物之所是。一般地说，真理(=被揭示的现实)是思维或描述性认识与具体的实在事物的一致。然而，对一般科学来说，实在事物被认为独立于描述它的思维。但是，事实上，科学并没有到达独立的实在事物，康德-牛顿的“自在之物”，因为科学始终在干扰它。科学思维因而没有到达真理，没有在本义上的和强意义上的科学真理。科学经验因而只不过是一种假经验。事情不可能不是这样，因为一般科学不与具体的实在事物打交道，而是与抽象概念打交道。如果学者思考和认识其对象，那么实在地和具体地存在的东西，就是被主体认识

* 在法语中，“经验”和“实验”为同一个词：expérience。我们能把它解读为“实验”。但是，为了和德语的Erfahrung一致，我们一律译为“经验”。下同。——译者

的客体或认识客体的主体的整体。孤立的客体只不过是一个抽象概念，这就是为什么客体没有稳定的持续存在（Bestehen），不断地在变化和变动。因此，客体不可能作为一种按照定义普遍和永远有效的真理的基础。对心理学、认识论和一般哲学的"对象"来说，情况都是如此，因为其对象是被人为地分离的客体，即仍然是一个抽象概念。①

对黑格尔的经验来说，情况完全不同：黑格尔的经验揭示具体的现实事物，它揭示具体的现实事物，但不改变或"干扰"现实事物。这就是为什么当人们用语言描述这种经验的时候，这种经验代表一种强意义上的真理。这就是为什么黑格尔的经验没有特别的方法，特别的方

① 黑格尔十分强调的对科学的这种解释，目前已经被科学本身认可。在量子物理学中，这种解释以数学的形式通过海森堡的测不准原理表达出来。一方面，测不准原理表明，物理学实验不是完善的，因为它不能同时完全地和（恰当地）精确地描述"物理学的实在事物"。另一方面，它导致玻恩提出的著名的"互补概念"原则：例如，波和粒子的概念。这意味着对物理学的实在事物的（语言）描述必然包含矛盾："物理学的实在事物"同时是充满空间的波和位于某一点的粒子，等等。根据物理学的证明，物理学不可能到达强意义上的真理。事实上，物理学不研究和不描述具体的实在事物，而仅仅描述人为地被分离的实在事物的一个方面，即一个抽象概念。这就是说：呈现给"物理学的主体"的实在事物的一个方面，这个主体是归结为他的（被理想化的）眼睛的人，即仍然是一个抽象概念。物理学描述呈现给主体的实在事物，但不描述主体本身。物理学只考虑把实在事物"给予"这个主体的行为，以及看的行为（这必须以广义上的光的呈现为前提）。然而，这种抽象的描述不是通过有一种意义的词语（Logos）进行的，而是借助于算法进行的：如果具体的人谈论实在事物，那么抽象的物理主体使用一种数学"语言"。在算法方面，没有不确定性，没有矛盾。但是，也没有在本义上的真理，因为没有能揭示实在事物的真正语言（Logos）。只要人们从算法转到物理学的语言，人们就引入了矛盾和不确定的成分。因此，在物理学（和一般的科学）领域，没有真理。只有哲学的语言能到达真理，因为只有哲学的语言能联系于具体的实在事物，即联系于存在的现实的整体。各种科学总是与抽象概貌打交道：一方面，这是因为它们不把实在事物联系于有生命的人，而是把实在事物联系于或多或少简化的，甚至抽象的"认识主体"；另一方面，这是因为在它们的描述中，它们要么忽视对应于它们所描述的（抽象）客体的（抽象）主体，要么忽视呈现给它们所研究的（抽象）主体的（抽象）客体。这就是为什么这些科学有一些它们所特有的思维和行动方法。

法是作为经验、思维和语言描述为科学所固有，但同时不是一种它所描述和揭示的具体实在事物本身的“客观”结构。

（我们谈论的）具体的实在事物同时是语言所揭示的实在事物和揭示实在事物的语言。黑格尔的经验不联系于实在事物，也不联系于被孤立看待的语言，而是联系于不可分割的两者的统一。黑格尔的经验因本身是一种能揭示的语言，所以本身是它所描述的具体实在事物的一个方面。它不从外面带给实在事物任何东西，从中产生的思维和语言不是对实在事物的反映：是实在事物自我反映，或者被反映在语言中或作为思维被反映出来。尤其是，之所以黑格尔的学者或智者的思维和语言是辩证的，仅仅是因为它们忠实地反映了它们作为其中一部分的实在事物的“辩证运动”，当它们被用于实在事物，但不借助于任何预先设定的方法时，它们一致地体验到实在的辩证运动。

因此，黑格尔的方法不是辩证的，在他那里，辩证法完全不同于一种思维或阐述方法。人们甚至能说，在某种意义上，黑格尔第一个抛弃了作为一种哲学方法的辩证法。至少，他第一个有意识地和在完全知情的情况下做到了这一点。

有意识地和系统地运用辩证法的是苏格拉底和柏拉图，然而，在事实上，辩证法和哲学本身同样地古老。因为辩证法不是别的，就是对话的方法，即讨论的方法。

一切似乎表明，科学是以神话的形式产生的。神话是一种理论，即一种对实在事物的语言揭示。当然，神话被认为是与给定的实在事物一致的。但事实上，神话总是超越它的材料，在它的材料之外，为了显现真理，只需神话能自圆其说，即没有内在的矛盾就够了。神话的阶段是一个内心独白的阶段，在这个阶段，人们没有证明任何东西，因为人们没有进行“讨论”，还没有遇到相反的或仅仅不同的意见。这就是为什么有“神话”，以及或真的或假的“意见”(doxa)，但是，没有本义上的“科学”或“真理”。

然后，出于偶然，有某种意见的人，或创作或采纳一种神话的人，遇到了一种不同的神话或一种相反的意见。这样的人首先试图清除它们：或通过某种内在的或外在的“审查”，塞住自己的耳朵；或通过处死或放逐相反意见的宣传者取缔（在非辩证的意义上）相反的神话或意见，或通过暴力行为强迫其他人附和他（即使他们在内心不是这样想的）。

但是，可能发生（我们知道，这种情况实际上在某天和某处发生了）人开始和他的对手进行争论。通过一种自由的行为，他力图“战胜”他的对手，“反驳”他的对手，向他的对手证明自己的观点。最后，他与他的对手进行交谈，他介入与他的对手的一种对话之中：他使用一种辩证的方法。当神话或意见的人成为辩证论者的时候，他就成为学者或哲学家。

在柏拉图那里（可能已经在苏格拉底那里），这一切都是有意识的。之所以柏拉图借苏格拉底之口说，能教给他某种东西的不是树木，而是城邦里的人，是因为他理解只有通过讨论，即通过一种对话或论证*，才能从神话或（真的或假的）意见出发到达科学和真理。总之，按照苏格拉底和柏拉图的观点，不同的和相反的意见的碰撞最终产生了单一的和唯一的真理的火花。“正题”对立于通常由正题引起的“反题”。它们相互对抗，相互纠正，即相互诋毁，最终结合在一起，产生了一种“综合的”真理。但是，这样的真理也只不过是许多意见中的一种意见。它是一个新的正题，从而又产生了一个新的反题，对这个新的反题进行否定，即在一种新的综合中修改它，使之成为不同于最初的反题。如此往下，直至产生不再是一个争论的“正题”或一个可争论的“正题”的一个“合题”；直至产生一种不再是简单的意见或可能意见之一的无可争论的“真理”；或者，客观地说，直至到达不再与另一个“大一”相矛盾

* 按照字面和最初的意思，辩证法（dialectique）是论证的艺术。——译者

的唯一的“大一”,因为它就是整体——理念或善。

在起源于讨论的哲学或科学中,也就是在用语言揭示“大一”和整体并在人那里实现善的辩证(综合)真理中,正如黑格尔后来所说的,正题、反题、和介于之间的合题就是扬弃(Aufheben)。在德语Aufheben的三种意义上,它们被“扬弃”,即辩证地被取消。一方面,在其不完整的、相对的、局部的和部分的东西中,在其中之一不是被当作一个意见,而是被当作一般真理时使之成假的东西中,它们被取消或抛弃。另一方面,在其本质的、普遍的东西中,在揭示其中完全的和唯一的现实的诸方面之一的东西中,它们得到保存或保留。最后,它们得到升华,即上升到认识、现实和真理的更高一级的水平;因为正题和反题是互补的,所以摆脱了它们的片面性和有限性,甚至“主观性”,作为综合,它们揭示了“客体的”实在事物的一个更广泛,因而更可理解的方面。

但是,如果辩证法最终到达语言思维、现实和存在之间的一致,那么在三者之间就没有任何东西不符合辩证法。辩证的运动是一种人的思维和语言的运动;然而,人们所思考的和谈论的现实本身并没有辩证的东西。辩证法只不过是一种哲学的研究和阐述方法。顺便说一下,我们知道,方法之所以是辩证的,仅仅是因为它包含一个否定的因素,即在语言的争论中对立于正题,要求论证的努力,与反驳混淆在一起的反题。仅仅在有讨论或对话,即否定一个正题的反题的地方,才有本义上的真理,即科学的或哲学的真理。

在柏拉图那里,论证的方法仍然十分接近其历史起源(诡辩的讨论)。在柏拉图那里,论证是真正的对话,正题和反题由不同的人物充当(苏格拉底扮演反题的角色,他的对话者们肯定所有的正题,或他们中间的一个不断地提出正题)。听众通常扮演合题的角色;听众是本义上的哲学家:柏拉图本人和他的弟子能理解他。这样的听众最终能到达绝对真理,绝对真理来自论证的整个过程或所有对话的协调运动的整个过程,揭示“完全的”或“综合的”善,这样的善能充分地和最终地满足认识到它，因而处在讨论或论证之外的人。①

在亚里士多德那里，论证的方法没有在柏拉图那里明显。但是，论证的方法继续得到运用。它成为一种怀疑的方法：问题的解决是讨论（有时，仅仅列举）所有的可能意见，即本身一致的或不矛盾的意见的结果。在这种“经院的”形式下，论证的方法一直在科学和在哲学中保存至今。

但是，同时还有其他的东西。

和任何一种意见一样，神话也自发地产生，自发地被接受（或被抛弃）。人在其（“诗歌的”*）想象中并通过这种想象创造了神话，仅仅满足于阐述其最初的观念或“直觉”，以避免矛盾。但是，与不同意见或神话的对抗产生了一种证明的要求，因为这种要求在讨论的过程中还没有通过论证得到满足，人们认为有必要在不同于个人信念或“主观确定性”（Gewissheit）的方面为自己提出的意见或神话提供理由（意见和神话被认为在经验上是不可证明的，即不能根据共同的感性经验被证明），因为其主观确定性显然与对手的主观确定性是同类型的和具有同样的分量。人们寻找和发现一个更高级的或“神性的”价值的基础：神话看来受到一个上帝的“启示”，上帝被认为是神性的真实性，即神话的普遍的和永恒的有效性的保证。

和论证的真理一样，这种“受到启示”的神话真理不可能是由一个孤独的、单独面对自然的人发现的。在这里，“树木仍然没有教给人任

① 在柏拉图那里，还有一种连续性的飞跃，一种连续性的解决。论证仅仅在于引起对善的看法，但不一定导致对善的看法：这种看法是一种神秘的或入神的启迪（参见第七封信）。也许，看法是沉默的，善是不可言喻的（因此，柏拉图是一个神秘主义者）。但不管怎样，看法仍多于和不同于思想的辩证运动的整体：它是一种特殊的直觉。客观地说，上帝或大一不同于实在事物的整体：上帝在存在之外；它是一个超验的上帝。柏拉图显然是一个神学家。（参见前面，1938—1939年课程《关于永恒、时间和概念的解释》。）

* 按照希腊语的本来意义，“诗歌的”（poétique）=“创造的”。——译者

何东西”。然而,“城邦里的人”也没有教给他任何东西。是上帝向人显示在“神话”中的真理。但是,和论证的真理相反,这种神话的真理不是讨论或对话的结果:只有上帝在说话,人仅限于倾听、理解和记录(在相距城邦很远的地方,在山顶上,等等)。

在成为柏拉图主义的哲学家之后,人有时仍可能回到“神话的”阶段。这就是圣奥古斯丁的情况。但是,这种“重返”实际上是一种“综合”:神话中启示上帝成为一个准苏格拉底式的对话者;人和他的上帝进行对话,尽管他还没有到达与上帝讨论的地步(但是,亚伯拉罕和耶和华进行讨论!)。然而,这种神-人之间的“对话”只不过是论证方法的一种混杂的和过渡的形式。在各种“神秘主义者”那里,在真正的对话和山顶上的各种“启示”的两端之间,论证的方法也有无限的多样性。在真正的对话中,在与上帝进行讨论的人性的对话者看来,上帝只不过是一个称号,而在山顶上的“启示”中,人性的合作者只不过是一个沉默的和预先“被说服的”听众。

无论如何,神性的对话者其实是虚构的。一切都发生在“学者”的灵魂里。这就是为什么圣奥古斯丁已经和他的“灵魂”进行对话。信奉柏拉图(柏罗丁)哲学的这位基督教徒的一个后世的弟子,笛卡尔,也故意地把上帝搁在一边,仅限于和自己进行对话和讨论。因此,论证的艺术变成了“沉思”。在笛卡尔的沉思的形式下,从十七世纪到十八世纪的宏伟哲学“体系”的创始人使用论证的方法:从笛卡尔到康德-费希特-谢林。乍看起来,这是一种倒退,回到苏格拉底-柏拉图-亚里士多德。宏伟的现代“体系”很像不经过讨论堆放在一起,由其创作者彻头彻尾虚构的,不是以前的对话的结果的“神话”。但事实上,事情并非如此。一方面,创作者本人讨论他的“正题”,论证其真实性,驳斥可能的反对意见或“反题”:他运用一种辩证的方法。另一方面,事实上,柏拉图的对话先于这些体系,而这些体系是通过亚里士多德和经院学派的亚里士多德哲学信奉者的怀疑式讨论,“辩证地”得出的结果。正如在柏拉图的一篇对话中，听众（在这里，是一位哲学家兼历史学家）发现了绝对真理。这种真理是在宏伟的历史体系之间暗含的或不言明的“讨论”的结果，因而是其“辩证法”的结果。

黑格尔是这些听众-历史学家-哲学家的先驱。无论如何，他第一个有意识地成为听众-历史学家-哲学家。这就是为什么他第一个有意识地抛弃被当作一种哲学方法的辩证法。他仅限于观察和描述在历史过程中完成的辩证法，而不把它当作一种方法。这种辩证法，或各种哲学的“对话”，在他之前已经存在。他只需“体验”它，用一致的语言描述其最后的综合结果：绝对真理的表达式不是别的，就是产生这种表达式的辩证法的恰当语言描述。因此，只有当在历史过程中酝酿它的哲学是辩证的，黑格尔的科学才是“辩证的”。

乍看起来，黑格尔的这种态度纯粹是重返柏拉图。如果柏拉图让巴门尼德、普罗塔戈拉、苏格拉底，以及其他人进行对话，那么黑格尔则仅限于记录他组织的在柏拉图和笛卡尔、斯宾诺莎和康德、费希特和谢林等之间的讨论的结果。在这里，问题仍然在于一种探索真理和阐述真理的论证方法，这种方法并不影响真理所揭示的实在事物。事实上，黑格尔曾经说，他仅仅重新发现了古代的，即柏拉图的论证艺术。但是，如果进一步加以考察，人们发现事情并非如此，当黑格尔讨论论证艺术的时候，涉及的问题完全不同于其前辈的问题。[①]

人们也能说，黑格尔的真理的永恒光芒也发自在他之前的所有哲学意见之间的碰撞。只是在黑格尔看来，作为哲学对话的这种观念的辩证法之所以能产生，仅仅是因为它是关于存在的实在的辩证法的一种反映。仅仅因为它反映了这种实在的辩证法，所以它在黑格尔的身上最终到达了真理或一致地和完全地揭示实在事物。每一种哲学都正

① 不过，黑格尔有理由说，他重新发现了柏拉图。因为柏拉图的论证艺术，论证艺术-方法，实际上是黑格尔发现的实在事物的辩证法的一个方面。

确地揭示和描述实在的辩证法和存在着的存在的运动固有的正题的、反题的和合题的转折点或停顿点。这就是为什么每一种哲学在某种意义上都是“真实的”。但是，它仅仅相对地和暂时地是真实的：作为一种新的哲学，它是真实的，如果没有证明它的“错误”，它也是“真实的”。但它不是一种自我转变，转变成另一个哲学，或在自由的辩证运动中或通过这种运动产生另一种哲学的哲学。符合某种哲学的实在事物本身变成了（正题的、反题的和合题的）另一种实在事物，而这另一种实在事物又产生了另一种相应的哲学，它作为“真实的”哲学代替已经成为“虚假的”前面一种哲学。因此，到达绝对和最终真理的哲学史的辩证运动，只不过是实在事物的*实在*历史的辩证运动的一种反映，一种“上层建筑”。这就是为什么任何一种“真实的”哲学本质上也是“虚假的”：如果它不表现为实在事物的一个构成因素或辩证“因素”的反映和描述，而是表现为对在其整体中的实在事物的揭示，那么它就是“虚假的”。不过，即使是“虚假的”或成为“虚假的”，任何一种（名副其实的）哲学都仍然是真实的，因为完整的实在事物始终包含和将包含它所揭示的方面（或“因素”）。因此，绝对真理或智者的科学，甚至黑格尔的科学，也就是对在其整体中的实在事物完全的和一致的揭示，就是一种对在历史过程中出现的所有哲学的全面综合。然而，不是进行讨论的哲学，也不是历史学家－哲学家观察它们和进行这种综合，而是*实在的*历史在其固有的辩证运动结束时完成了这项工作；黑格尔仅限于把它记录下来，他不需要做任何事情，因而不必求助于一种特殊的运作方式或属于他自己的一种*方法*。

“世界历史是审判世界的法庭”（Weltgeschichte ist Weltgericht）。是世界历史审判人，人的行动和意见，审判人的哲学意见。当然，人们也可以说，历史是一种在人与人之间长期的“讨论”。但是，这种*实在的*历史“讨论”完全不同于哲学对话或讨论。人们不用语言的论据进行“讨论”，而是一方用大棒、刀剑或大炮，另一方用镰刀、锤子或机器进行

"讨论"。如果人们想讨论历史使用的"辩证方法",那么必须明确地指出,它是一种战争和劳动的方法。实在的,甚至主动的历史"辩证法"反映在哲学的历史中。之所以黑格尔的科学是辩证的或综合的,仅仅是因为它描述在其整体中的这种实在的辩证法,以及一系列前后相继和相应于这种辩证的现实的哲学。不过,顺便说一下,现实之所以是辩证的,仅仅是因为它包含一种否定的因素:即对给定物的主动否定,基于一切流血斗争和一切体力劳动的否定。

黑格尔不需要上帝来为他"启示"真理。为了找到真理,他不需要与"城邦里的人"进行对话,也不需要与自己进行"讨论"或进行笛卡尔式的"沉思"。(再说,没有一种纯粹语言的讨论,没有一种孤独的沉思能通向真理,斗争和劳动是真理的唯一"标准"。)他能独自找到真理,他安静地坐在"树木"的阴影下,这些树木不能教给苏格拉底任何东西,但能教给他关于树木本身和关于人的许多东西。然而,这一切之所以是可能的,仅仅是因为已经有城邦,人们在那里劳动与为了和根据其意见进行斗争,讨论斗争和劳动的本质(在其他地方的城邦周围,有同样的树木,其木材用于建造城邦的房屋)。黑格尔不再进行讨论,因为他利用其前辈的讨论。之所以他没有属于他自己的方法,不再做任何事情,是因为他利用在历史过程中实现的所有活动。他的思想仅仅反映了实在事物。但是,之所以他不能做任何事情,是因为实在事物是辩证的,即充满了斗争和劳动的否定活动,正是这种否定活动产生了思维和语言,并使之运动,最终实现了思维和语言与它们所揭示或描述的实在事物的完全一致。总之,黑格尔不需要一种辩证的方法,是因为他所体现的真理是世界历史的实在的或主动的辩证法的结果,他的思想仅限于通过他的语言来再现世界历史。

从苏格拉底-柏拉图到黑格尔,辩证法只不过是一种在实在事物中没有对等物的哲学方法。在黑格尔那里,有一种实在的辩证法,但是,哲学方法是一种纯粹和单纯的描述方法,仅仅在它描述一种关于现实的辩证法的意义上，它才是辩证的。

为了更好地理解这种真正的革命变化的意义和原因，必须要和黑格尔一起感受他在《精神现象学》的第一章向读者建议的哲学体验。他对他的读者说，看看你们的表，现在是中午十二点。你们把它说出来，你们就说出了一个真理。现在，你们把这个真理记录在一张小纸条上："现在是中午十二点"。黑格尔在这个时候指出，既然一个真理被记录下来了，就不可能不是真实的。现在，你们再看看你们的表，重新读出记录下来的东西。你们将看到，真理已经变成了错误，因为现在是十二点零五分。

除了说实在的存在能把人的真理变成错误，我们还能说什么。至少当实在事物是时间的，时间有一种实在性。

这个事实早已被证实：自从柏拉图以来，甚至自从巴门尼德以来，也许，自从更早的年代以来。但是，直至黑格尔，问题的一个方面被忽略了。这就是通过他的语言，尤其是通过他的写下来的语言，人成功地把错误保持在现实之内。如果自然犯了一个错误（例如，动物的畸形），那么自然会立即清除它（动物死了，或至少不能繁衍）。只有人犯的错误能无限期地延续，并通过语言传播开来。我们能把人定义为保存在存在中，在现实中延续的一种错误。然而，因为错误意味着与实在事物的不一致，因为不同于其本质的东西是虚假的，所以人们也能说，犯错误的人是一种在存在中成为虚无的虚无，或一种在实在事物中的"理想"。①

只有人犯了错误而不至于因而消失：即使人弄错了存在的东西，他也能继续存在；人能体验他的错误或生活在他的错误中；本身什么都

① 巴门尼德的论点"存在和思维是同样的东西"只能用于真实的思想，显然不能用于虚假的思想。虚假的东西显然是和存在不同的东西。但是，人们不能说，虚假的东西"是无"，错误"不存在"。错误以自己的方式存在着：可以说，在观念上存在着。

不是的虚假或错误在人那里成为实在的东西。上述体验向我们表明，已经过去的中午十二点为什么由于人的关系，以错误的句子的形式出现在十二点零五分，当前的现在中。

但是，错误在实在事物中的保存之所以是可能的，仅仅是因为错误转变成真理是可能的。因为错误能得到纠正，所以错误不是一种纯粹的虚无。经验表明，人的错误实际上在时间的过程中能自我纠正，并成为真理。人们甚至能说，本义上的每一个真理都是一种被纠正的错误。因为真理超过一种现实事物：它是一种被揭示的现实事物；它是现实事物加语言对现实事物的揭示。因此，在真理之内，存在着实在事物和能揭示的语言之间的区别。但是，区别是在对立的形式下实现的，与实在事物对立的语言正是一种错误。然而，一种永远不可能实现的区别实际上并不是一种区别。因此，仅仅在有错误的地方，才有真理。但是，错误实际上仅仅以人的语言的形式存在。如果只有人能真正地弄错和生活在错误中，那么也只有人能使真理具体化。在其整体中的存在之所以不仅仅是纯粹和单纯的存在（Sein），而且也是真理、概念、观念或精神，仅仅是因为它在实在的存在中包含一种人的或会说话的、会弄错的和纠正错误的实在性。如果没有人，存在就是沉默的：它是定在（Dasein），但它不可能是真实的东西（das Wahre）。

黑格尔的例子说明人为什么会制造错误和把错误保存在自然中。不见于黑格尔的著作中，但能清楚地阐明其思想的另一个例子，能使我们看到人为什么能把保存在实在事物中的错误转变成真理。

我们假设，在中世纪，有一位诗人在一首诗里写道："在这个时候，一个人飞过海洋。"这无疑是一个错误，这个错误一直保留下来了。但是，如果我们现在重读这个句子，很有可能读到一个真理，因为在这个时候，某个飞行员正好在大西洋的上空，这是非常可能的。

我们已经知道，自然（或给定的存在）能使人的真理变成虚假的东西（人依然能无限期地把它作为错误保存下来）。我们现在看到，人能把他自己的错误转变成真理。[1]当人们像谈论会飞的动物那样谈论在地面上行走的动物、智人物种时,一开始就弄错了(故意还是非故意,并不重要);但是,人们在谈论智人物种的动物的飞行时,最终说出了一个真理。不是错误的语言在改变后与存在(Sein)一致,而是这种存在在改变后与这种语言一致。

改变给定的实在事物,以便使人的错误,也就是与这种给定物不一致的语言成为真实的东西的行动,叫作*劳动*。在劳动中,人制造能把诗人的(故意)错误变成真理的飞机。然而,劳动是对给定物的实际否定。作为人在其中劳动的世界而存在的存在,因而包括否定的因素。这就是说,存在有一种辩证的结构。因为存在有一种辩证的结构,所以在存在中有一种揭示它的语言,存在不仅仅是给定的存在,而且也是被揭示的存在或真理、观念、精神。真理是一种成真的(或作为错误"被扬弃的")错误;不过,是劳动对给定物的实际否定把错误变成真理;因此,在真理来自劳动的*实在的*辩证法的意义上,真理必然是辩证的。同样,真正符合真理的语言表达也必须考虑和分析语言的辩证起源,通过人在自然中进行*劳动*而产生。

这适用于和自然世界有联系的真理,即适用于揭示自然的现实和存在的语言。但是,真理与人联系在一起,这就是说,在真理源于人的(或社会、历史的)给定物的否定和真理必定能解释这种否定的意义上,揭示人的现实的语言也是辩证的。

为了解释这一点,应该考察"道德错误"(=罪行)转变成"真理"或德行的一个例子。因为任何一种伦理学都是一种不言明的人类学,当人在道德上判断其行为的时候,人也谈论他的存在本身。[2]

---

① 人们能说,在发明飞机之后,人们纠正了"自然创造没有翅膀的人的错误,但这只不过是一个比喻",这样的说法,就是把自然拟人化。仅仅在有语言(Logos)的地方,才有错误,因而有真理。

② 反过来说,任何一种人类学都是一种不言明的伦理学。因为人类学谈论的"正常"人始终是经验人的行为或评价的"标准"。

我们假设，一个人出于政治的目的暗杀了他的国王。他认为自己干得很好。但是，其他人把他当作罪犯，逮捕他和处死他。在这种情况下，他实际上是一个罪犯。因此，和自然世界一样，一个社会世界也能把人的真理（“主观的”真理，即一种“确定性”）转变成错误。

但是，我们假设，暗杀活动引发了一场取得成功的革命。于是，社会把刺客当作英雄。在这种情况下，他实际上是一个英雄，道德和公民责任感的一个模范，一个典型的人物。因此，人能把罪行转变成德行，把道德的或人类学的错误转变成真理。

正如在飞机的例子中，这里的问题仍然在于存在着的世界的实际改变，即对给定物的主动否定。但是，那里的问题在于自然的世界，而这里的问题在于人的或社会的、历史的世界。如果那里的否定活动是劳动，那么这里的否定活动则是斗争（为了得到承认的生死斗争）。但是，在两种情况下，都是对给定物的实际主动否定，或正如黑格尔所说的：实在事物的“辩证运动”。

在斗争和通过劳动进行的对给定物的主动的或实在的否定，构成了决定实在事物和存在的辩证结构的否定因素。因此，问题显然在于一种辩证的实在事物或一种实在的辩证法。但是，这种辩证法有一个观念的“上层建筑”，也可以说，在思想和语言中的一种反映。尤其是在历史过程中，一种（广义的）哲学每次都能解释在世界的辩证发展过程的一个重要转折点上实现的事物状态。因此，哲学和一般“文化”的历史本身是一种“辩证运动”；然而，它是一种继发的或派生的运动。最后，如果黑格尔的思想与语言揭示和描述在其发展过程中的实在事物的整体，那么其思想和语言也是一种“辩证运动”。黑格尔的语言是辩证的，因为它描述斗争和劳动的实在的辩证法，以及这种辩证法在一般的思想中和在特殊的哲学思想中的“观念上的”反映。但是，黑格尔的语言本身并没有辩证的东西：它不是一种对话，也不是一种讨论；它是一种纯粹的和单纯的描述，关于实在事物的实在的辩证法，以及在时间中反映这种辩证法的语言讨论的“现象学”描述。同样,黑格尔也不需要“论证”他所说的东西,也不需要“反驳”其他人的语言。“论证”和“反驳”*在他之前*,在先于他的历史过程中已经完成了,它们不是通过语言的论据,而是最终通过斗争和劳动的考验(Bewährung)完成的。黑格尔只需记录这种“辩证的”考验的最终结果,并正确地描述这个结果。因为按照定义,这种描述的内容永远不可能变化,不需要补充或不会被驳斥,所以人们能说,黑格尔的描述是绝对的、普遍和永远(即“必然”)有效的真理的陈述。

当然,这一切必须以斗争和劳动的实在的辩证法的*完成*,即历史的最终停止为前提。只有“在时间终结时”,一个智者(在这种情况下,名叫黑格尔的智者)才能抛弃辩证的方法,即抛弃对给定物的实在的或观念的否定、转变、“批判”,也就是不需要用语言来揭示给定物的本来面目。更确切地说,当成为智者的人通过这种纯粹和单纯的描述得到充分满足时,对给定物的主动的或实际的否定不再有必要,因此,描述永远有效或真实,不必付诸讨论,也不再进行论战形式的对话。

作为哲学的*方法*,辩证法仅仅在主动改变给定物的*实在*的辩证法最终停止时才被抛弃。只要这种改变在延续,关于给定的实在事物的描述只能是部分的或暂时的:如果实在事物本身发生变化,那么为了继续保持一致和真实,他的哲学描述必然也发生变化。换句话说,只要历史的实在的或主动的辩证法在延续,错误和真理在它们迟早要被“扬弃”(aufgehoben)的意义上是辩证的,真理部分地或在某种意义上成为虚假的东西,“错误”则成为真实的东西;在讨论、对话或辩证的*方法*中和通过讨论、对话或辩证的*方法*,真理和错误成为其反面。

为了仅限于纯粹的描述,不经过“讨论”或“论证”就能抛弃辩证的方法和得到绝对的真理,必须确保历史的实在的辩证法已经真正地完成。但是,何以知道这一点?

乍看起来,回答是简单的。当人在强意义上不再行动,即不再通过流血斗争和创造性劳动否定和改变自然的或社会的给定物时,历史就停止。当给定的实在事物给予人充分的满足(Befriedigung),完全实现了人的欲望(Begierde)(在人那里,这种欲望是在世界上独一无二的个性得到普遍承认的一种欲望)。如果人通过存在的东西得到真正的和充分的满足,那么他不再欲求任何实在事物,不再改变现实,因而实际上也不再改变自己。他仍能拥有的唯一“欲望”——如果他是一个哲学家的话,就是理解存在的东西和其所是,以及通过语言揭示的欲望。智者的科学关于在其整体中的实在事物的一致性描述因而最终使人,甚至使作为哲学家的人感到满足:人不再对立于智者所说的东西,正如智者不再对立于他所描述的实在事物。因此,智者的非辩证的(即非否定的)描述将是绝对真理,而绝对真理永远不会再产生任何哲学的“辩证法”,永远不再是有一个反题与之相对立的“正题”。

但是,何以知道人通过存在的东西得到真正的和充分的满足?

在黑格尔看来,人就是承认的欲望(“der Mensch ist Anerkennen”,第二十卷,206页第26行),历史只不过是这种欲望的逐渐满足的过程,这种欲望能在普遍的和同质的国家(在黑格尔看来,就是拿破仑帝国)中得到充分的满足。但是,黑格尔必须首先预测历史的未来(按照定义,未来是不可预测的,因为未来是自由的,产生于对当前的给定物的否定),因为他所看到的国家仅仅在形成的过程中;我们知道,即使在今天,远远没有到达一种“定在”(Dasein)或一种“客观的现实”(Wirklichkeit),甚至一种“实在的现在”(Gegenwart)。其次,更为重要的是,何以知道在这种国家和通过这种国家得到的满足真正地是人的最终的满足,而不仅仅是人的可能欲望之一的满足?何以知道历史“运动”在帝国中的稳定状态不是单纯时间的停顿,短暂疲劳的结果?依据什么理由肯定这种国家不会在人身上产生不同于承认欲望的新欲望,因而这种国家在某一天不被不同于斗争和劳动活动的否定活动或创造活动(Tat)所否定?

只有假设承认的欲望能穷尽人的所有可能性，人们才能肯定这一点。但是，只有当人们对人有一种完全的和完善的，即普遍和最终（“必然”）有效的，即绝对真实的认识，人们才有权做出这样的肯定。不过，按照定义，绝对真理只有在历史终结时才能到达。但是，问题正是在于如何确定历史的这个终结。

我们因而陷入一种恶性循环。黑格尔完全知道这一点。但是，他以为已经找到了一个标准：他对实在事物的描述，其描述的正确性和完整性，以及实在事物的“运动”的终结，即历史的最终停止的标准。然而，奇怪的是，这个标准就是他的描述，即“科学的体系”的循环性。

黑格尔从实在事物的任何一种（在历史过程中出现的一种哲学所代表的）描述出发，选择一种看来最简单、最基本，可归结为一个词语的哲学（实际上是一种非常古老的哲学，例如，巴门尼德的哲学，这种哲学最终归结为：存在存在着）。对这种描述的正确表达证明，它是不完全的，它仅仅揭示存在和实在事物的一个方面，它只不过是必然产生“反题”的一个“正题”，正题和反题结合在一起，从而产生只不过是一个新的“正题”的“合题”；如此往下，以至无穷。[①]以这种方式逐步进行下去，通过简单的一致性描述，或通过哲学史的（派生）辩证法的正确重复

① 阐述“正题”的哲学家并不知道，它只不过是必然产生一个反题的一个正题，等等。换句话说，他所描述的实在事物的方面并没有被正确地描述。不过，他以为描述了实在事物的整体。相反，黑格尔知道，问题就在于实在事物的一个方面，这就是为什么他正确地描述了这个方面，即为了表明描述互补方面的反题的必然性。（他知道这一点，因为他不再对立于他所描述的实在事物，他通过他所描述的实在事物得到满足，其欲望仅仅在于对实在事物的正确描述，不再对实在事物进行改造；正是这种不想改造实在事物的欲望造成了哲学家的错误。）黑格尔看到了这一切，因为他已经知道所有的正题、反题和介于其间的合题的最后综合，因为他描述了已完成的、真正完全的、哲学史反映的实在的辩证法的整体所创造的实在事物。但是，对这种历史（一般历史）以及一系列的正题、反题和合题的阐述向他表明，他实际上（正确地和完全地）描述了实在事物的整体，也就是说，他的描述是一种最终的或完全的综合。

描述，其中的每一步都是必然的或必不可少的，正如描述一个复杂的实在事物的各种成分（描述树干、树枝、树叶，等等）是“必然的”，黑格尔最终到达了一个点，但这个点就是他的出发点：最后的合题也是最初的正题。他由此发现，他经过和描述了一个圆圈，如果他想继续，那么他只能沿着圆圈转：要延伸他的描述是不可能的；人们只能再做一次描述，就像已经做过的描述。

这就是说，黑格尔的语言穷尽了思维的所有可能性。人们不可能用一种不属于黑格尔的语言，不是在体系的一部分中作为整体的因素（Moment）产生的语言来反对他。人们因而发现，黑格尔的语言阐述了任何人都不能否定的绝对真理。人们由此知道，在这种语言不是能被“扬弃”的“正题”的意义上，它不是辩证的。但是，如果黑格尔的思想不能被思想超越，如果黑格尔的思想不能超越给定的实在事物，而仅限于描述实在事物（因为黑格尔的思想知道和觉得自己通过存在的东西得到满足），那么对给定物的任何观念的或实在的否定都是不可能的。因此，实在事物仍然永恒地与本身保持同一，它的整个历史永远属于它的过去。因此，关于实在事物的完全的和正确的描述是普遍和永恒有效的，即绝对真实的。然而，黑格尔的描述的循环性证明，这种描述是完全的，因而是正确的：因为一种错误的或不完全的描述不可能回到本身，它将停留在中途或陷入绝路。

因此，仅仅由智者证实的循环性未经“讨论”，即未经“反驳”和“论证”就能证明体系的绝对真理，并为其纯粹描述的或非辩证的方法提供理由。

没有必要强调黑格尔的非辩证的方法的特点。对此，没有重要的东西可说。人们能说的东西，埃德蒙德·胡塞尔关于他自己的“现象学”方法已经说过了，但是，他的最大的错误是把他自己的方法和他不甚了解的黑格尔的方法对立起来。因为黑格尔的方法其实就是人们今天称为“现象学的”方法。

相反，有必要花更多的时间来讨论黑格尔看到的辩证法，即他在《精神现象学》和《哲学全书》中设想和描述的实在事物与存在的辩证结构。

首先，我们来考察在黑格尔的本体论中，即在构成《哲学全书》第一部分的《逻辑学》中得到描述的存在本身的三位一体结构是什么。其次，必须知道在《精神现象学》中得到描述的在“定在”(Dasein)的“显现”(Erscheiung)中的存在的辩证的三位一体意味着什么。

我们再次引用第三版《哲学全书》的第79节(第五卷，104页第27—30行)给出的辩证法的一般定义：

“逻辑思想就它的形式而言有三个方面(Seiten)：a)抽象的或知性的方面；b)辩证的(在狭义上)或在否定中理性的方面；c)思辨的或在肯定中理性的方面。”

“逻辑思想”或“逻辑实在事物”(das Logisch-Reelle)，即用一致的语言(Logos)正确描述的存在和实在事物，必然有三个“方面”(Seiten)或“因素”(Momente)。这三个因素构成了被揭示的存在，它们因而处在正确揭示这种三位一体的或辩证的存在的语言中。

现在，我们来考察实在的存在和揭示这种存在的语言的这三个因素或方面是什么。

第一个方面在《哲学全书》的第80节被界定(第五卷，105页第2—5行)：

“作为知性(Verstand)的思维(Denken)维持固定(fasten)的规定性(Bestimmtheit)和这种规定性与其他规定性的差别(Unterschiedenheit)；

对知性来说，这种有限的（beschranktes）抽象实体（Abstraktes）自为地继续存在（bestehend）[即独立于其他规定性，以及思考或揭示其他规定性的思维的存在]。”

在知性方式中的思维是人，即“幼稚的”人、一般学者、前黑格尔的哲学家的一般思维。这种思维不揭示在其整体中的存在；它不反映存在和每一个存在中的三个因素，而是停留在第一个因素；它仅仅描述（原则上，正确地描述）存在的“抽象”方面，这个方面就是“知性的”（verständig）因素。

知性的思维完全受同一性的最初的本体论（因而“逻辑”）范畴的支配。其逻辑理想是思维与本身的完全一致，或没有内在的矛盾，也就是说，它的内容是同质的，甚至同一的。按照定义，任何同一的东西都是真实的，任何真理都有一种与本身和在本身中保持同一的内容。正如真理是对存在或实在事物的完全揭示，对知性来说，存在和实在事物也在任何时间和任何地方与本身和在本身中保持同一。然而，在存在和实在事物的整体中的真实东西，对存在的一切东西来说，对实在地存在的每一个特殊实体来说，也是真实的。对知性来说，每一个实在的实体始终与本身保持同一；它是一次性地在其特殊性中得到规定（fest Bestimmtheit），它确定地、固定地和恒定地区别于和它一样被规定的其他实在的实体（Unterschiedenheit gegen andere）。总之，这是一种人们不能产生，不能摧毁，也不能改变其内容的给定的实体。这就是为什么人们能说，它自为地（fur sich）存在，尤其是独立于思考它的知性。

然而，在黑格尔看来，实在的存在其实就是知性所揭示的存在。同一性是既适用于存在本身，也适用于一切存在的东西的一个基本的本体论范畴。因为任何事物实际上都与本身保持同一，区别于所有的其他事物，这一点能使（科学的或“幼稚的”）思维把它“定义”为“同样的东西”和“不同于”非其所是的“东西”，或揭示它的“特殊性”，即承认它是这样的东西。知性的思维因而原则上是真实的。如果没有在存在中和存在的同一性,任何关于实在事物的科学都是不可能的(正如希腊人清楚地看到的),也没有真理或用一致的语言揭示的现实。但是,这种“一致的”或同一的思维也是虚假的,尽管它以为揭示存在的整体,而不仅仅揭示整体的(三个)方面之一。因为事实上,存在和实在事物仍然不同于与本身的同一。

知性的思维本身仍表现出它自己的不足之处。因为在追求其同一性的理想时,知性的思维最终到达一种没有意义和没有内容的周延的同义反复,它的“语言”最终归结为一个词:“存在”或“大一”,等等。只要它试图在真正的语言中阐明这个词,只要它试图说出某种东西,它就将引入与同一性相矛盾的多样性,在它自己的观点中使同一性失效或成为虚假。

知性的思维的这种不足之处已经由柏拉图阐明(特别是在《巴门尼德篇》中)。黑格尔在《精神现象学》(特别是在第三章)和其他地方谈到这一点。今天,梅叶松(Meyerson)也不断地强调这一点。因此,没有必要再加以讨论。需要指出的是,在黑格尔看来,这种思维之所以有不足之处,是因为存在本身多于和不同于同一性,是因为存在不仅仅是同一性,而且思维也能超越知性或同义反复的“语言”的阶段。[①]这种思维之所以不能到达真理,是因为它不能在揭示实在存在的语言中展开;它不是循环的,它不能回到它的起点,因为它不能超越它的起点。然而,之所以这种思维不是一种真理,是因为实在的存在仍然不同于思维在其中所揭示的东西。因此,必须超越知性,以便揭示在其整体中的实在的存在。更确切地说,知性的思维之所以能被超越,是因为存在通

① 同义反复归结为一个词;它不是一种真正的语言(Logos)。但是,它接受无限的算法展开,在这种形式下,它能被当作一个实在事物的“揭示”或一个“真理”。但是,(数学的或其他的)同义反复只能揭示存在和实在事物的同一的方面。人们能说,它正确地和完全地揭示给定的存在(Sein)或自然现实,即自然世界,不包括人及其社会的和历史的世界在内。但是,黑格尔没有说出这一点。

过语言的自我揭示不仅仅揭示它与本身的同一，而且也揭示它的其他基本的本体论方面。

为了到达真理，即为了揭示实在的存在的整体，思维必须超越知性（Verstand）的阶段，成为理性（Vernunft）或“理性的”（vernünftig）的思维。这种思维能揭示作为存在的存在和一切实在的东西的其他基本方面。首先，作为“否定的”理性，它用自己的语言揭示存在的东西——（被揭示的）存在和实在事物的因素，也就是黑格尔在狭义上或本义上所称的“辩证的”因素的“在否定中理性的”方面，因为那里的问题正是在于一种否定的因素。

我们来看看（被揭示的）存在的第二因素在《哲学全书》的第81节中是如何被定义的（第五卷，105页第7—9行）：

“[本义的]辩证因素是这些有限的规定性（Bestimmungen）的自我扬弃（Sichaufheben）本身（eigene）及它们向自己的对立面（entgegengesetzte）的转变（Uebergehen）。”

首先，应该注意到，并不是在否定中理性的思维（或理性）把否定因素引入存在，从而使之成为辩证的因素，而是（知性所揭示的）确定的和固定的实在的实体本身被“扬弃”，从而实际上成为不同于其所是或曾经所是。“在否定中理性的”或“辩证的”思维仅仅描述“知性的”给定物及其“规定性”的这种实在的否定。

黑格尔在本节的说明（2）中强调这一点。

其中，他这样写道（第五卷，105页第13—37行）：

“辩证法通常被当作一种外在的艺术[即被当作一种‘方法’]……实际上，辩证法通常只不过是一个主观任性和来回推理（hin- und herübergehendem Räsonnement）的体系。……[但是，]在其特有的

(eigentümlichen)规定性中，辩证法反而是知性的规定性，事物(Dinge)和一般有限实体(Endlichen überhaupt)的真实的本性(eigene)。……辩证法……是这种*内在的*超越(Hinausgehen)，在这种内在的超越中，知性的规定性的片面性和局限性(Beschränkteit)表现出(darstellt)其本来面目，即本身的否定性。一切有限的东西(alles Endliche)都自我扬弃。因此，辩证法(das Dialektische)构成科学进步(Fortgehen)的动力灵魂，是唯一的原则。只有通过这个原则，科学内容才能到达(kommt)一种内在联系(Zusammenhang)和一种必然性。”

因此，实在事物本身是辩证的，它之所以是辩证的，是因为除了同一性，它还包含黑格尔称为“否定性”的第二个基本因素。

同一性和否定性是两个最初的和普遍的本体论范畴，[①]由于同一性，每一个存在仍然是*同样的存在*，*永恒地与本身保持同一*，*区别于其他的存在*；或者，正如希腊人所说的，每一个存在通过其时间的存在代

---

① 在《哲学全书》中，黑格尔说，*任何*实体都能自我扬弃，因而都是辩证的。但是，在《精神现象学》中，他断言只有*人的*现实是辩证的，自然仅仅由同一性决定(参见145页第22—26行和563页第11—17行)。就个人而言，我赞同《精神现象学》的观点，但不接受自然存在(Sein)的辩证法。我不能在这里讨论这个问题。我仅仅说：否定性在同一的存在(Sein)中的蕴涵等同于人在现实中的存在；人，也只有人，能用语言揭示存在和实在事物；在其整体中*被揭示的*存在因而必然包含否定性；它就是一个普遍的本体论范畴；但是，在整个现实之内，必须区分纯粹同一的*自然的*现实——它本身不是辩证的，不自我扬弃，以及本质上否定的*人的*现实——它自我扬弃和“呈现”给同一的自然的现实；不过，(通过斗争和劳动)对给定物的扬弃必然通向语言对给定物的揭示；语言揭示的现实，也就是在其整体中的现实或*具体的*现实，因而是辩证的。例如：橡栗和橡树，从橡栗到橡树的转变(以及“橡树”这个物种的进化)不是辩证的；相反，从橡树到橡桌的转变则是对自然给定物的否定，是某种*本质上*新的东西的创造：这是因为人“加工”(劳动)橡树，他有一种关于橡栗、橡树，等等的“科学”；这种科学是辩证的，但不是因为它揭示了橡栗及其到橡树的转变，等等，橡栗及其到橡树的转变不是辩证的；当这种科学在历史过程中演变成(自然)科学时，它是辩证的；然而，之所以它辩证地演变，仅仅是因为人通过斗争和劳动辩证地否定给定物。

表一种永远不变的“理念”，它有一种一成不变的“本性”或“本质”，它在一个永恒的有序世界（cosmos）中有一个固定的和恒定的位置（topos）。然而，由于否定性，一个同一的存在能否定或扬弃与本身的同一，并成为非其所是，甚至成为它自己的对立面。换句话说，否定的存在，决不能（作为“现象”）必然地“代表”或“证明”其原本同一的“理念”或“本性”，但能否定它们和使之成为对立面（即“败坏的东西”）。或者也可以说，否定的存在能中断使之区别于其他同一的存在的固定“差异”的硬性联系（从而“摆脱”这些联系）。总之（正如黑格尔在第一版《逻辑学》中所说的），受否定性范畴支配的否定的存在（Etre）的存在（être），在于“不是其所是，是其所不是”（das nicht zu sein, was es ist, und das zu sein, was es nicht ist）。

（被揭示的）具体的实在存在同时是同一性和否定性。因此，它不仅仅是给定的静态存在（Sein）、空间和自然，而且也是发展过程（Werden）、时间和历史。它不仅仅是同一性或与本身的等同（Sichselbstgleichheit），而且也是他在（Anderssein）或作为给定物的自我否定和作为不同于给定物的东西的自我创造。换句话说，它不仅仅是定在（Dasein）和必然性（Notwendigkeit），而且也是行动（Tat、Tun、Handeln）和自由（Freiheit）。

不过，不同于其所是（否定性），但同时仍然是它自己（同一性），或者等同于其他东西，但同时又区别于其他东西，就是（通过语言揭示）其所是和其所不是。[①]成为不同于其所是的东西，就是肯定自己，就是（如同以前那样）自为地（如同现在那样）存在。扬弃给定的实在事物的存在，同时把它作为被否定的东西，即作为非实在事物或“观念”事物加

① 作为存在被扬弃，但仍然是它自己的存在，即存在，就是“存在”的概念。等同于一棵树，但没有成为一棵树，就是形成和拥有（完全一致的）树的概念。在仍然是它自己的同时成为树，就是（在“记忆”中和通过“记忆”）拥有和保存概念。

以保存：把它作为能揭示实在事物的语言的“意义”加以保存。因此，这种存在“意识”到它所否定的东西。如果它否定自己，那么它也意识到自己。相反，单纯同一的存在仅仅自在地和他为地存在，即在与本身的同一中并通过使之联系于在世界中其他同一的存在的差别关系而存在：它不是自为地存在，其他的存在也不是他为存在。

因此，同时是同一性和否定性的存在不仅仅是同质的和不变的自在存在（Ansichsein），以及固定的、恒定的他为存在（Sein für Anderes），而且也是分裂为实在存在和能揭示的语言的自为存在（Fürsichsein），以及在永恒的变化之中的他在（Anderssein），这种变化使之作为呈现给自己和其他存在的东西摆脱自己。

在同一的和否定的存在多于其给定的存在，同时也是语言对存在的揭示的意义上，这种存在是“自由的”。但是，如果语言揭示在其整体中的存在，如果语言确实是真实的，那么它不仅仅揭示存在的同一性，而且也揭示存在的否定性。这就是为什么语言不仅仅是（受同一性的本体论范畴支配的）知性的语言，而且也是一种（受否定性的本体论范畴支配的）否定的或本义上“辩证的”理性的语言。但是，我们马上将看到，这还不够：只有当语言同时也是一种肯定的或“思辨的”理性的语言时，它才是真实的或能揭示（被揭示的）存在的具体的整体。

事实上，否定的存在自己否定自己。正是因为如此，它自我否定，或成为和是其他存在：它是否定的，因为它是同一的，它是同一的，因为它是否定的。因此，人们不能说存在是同一性和否定性：如果它同时是两者，那么它就既不是被分别看待的一个，也不是被分别看待的另一个。（被揭示的）实在的具体存在既不是（纯粹的，作为存在的）同一性，也不是（纯粹的，作为虚无的）否定性，而是（作为发展过程的）整体性。因此，整体性是第三个基本的和普遍的本体论范畴：仅仅在其整体中，存在才是实在的和具体的，任何实在的具体实体都是同一的和否定的因素的整体。正是在整体性方面，存在和实在事物被“在肯定中理性的”思维，黑格尔称为“思辨的”思维所揭示。然而，这种思维之所以是可能的，仅仅是因为在存在和实在事物本身中，有一个“思辨的”或“在肯定中理性的”实在因素，“思辨的”思维仅限于揭示这个因素。

我们来看看黑格尔在《哲学全书》第82节如何定义这种实在的“思辨”因素（第五卷，105页第41行—106页第2行）：

“思辨的阶段和在肯定中理性的阶段在其对立（Entgegensetzung）中认识到（fasst auf）诸规定的统一性（Einheit），或在其分解（Auflösung）和转变（Übergehen）中认识到它们所包含的肯定。”

否定的存在否定与本身的同一，从而成为它自己的对立面，但是，它仍然是同样的存在。在与自己对立中的这种统一是它的肯定，尽管它被否定、分解，甚至转变。正是作为这种自我否定的肯定，正是作为与本身的最初同一的重新肯定，存在是一个“思辨的”和“在肯定中理性的”实体。在自我否定后，存在作为与本身同一的存在重新自我肯定，因此，存在既不是同一性，也不是否定性，而是整体性。正是作为整体性，存在真正地和完全地是辩证的。但是，存在是辩证的整体性，而不是同义反复的同一性，因为它也是否定性。整体性是同一性和否定性的统一：这是通过否定的肯定。

换句话说，被当作整体性的存在既不是纯粹的自在存在，也不是纯粹的自为存在，而是两者的整合或自在和自为存在（An-und Fur sichsein）。这就是说，整体性是被揭示的存在或意识到自己的存在（黑格尔称之为“绝对概念”“观念”或“精神”）：它被否定性分裂为给定的静态存在（Sein）和它的“观念的”对立面，但是，当存在的整体被智者的“完全的”或循环的语言正确地揭示时，它在这种分裂（Entzweiung）中和通过这种分裂成为或重新成为单一的和同质的。因此，尽管包含否定性和必须以否定性为前提，但最终的整体性和最初的和原本的同一性一样，也是单一的和唯一的，同质的和独立的。作为否定的结果，整体性是一种肯定，正如同一性被否定后成了整体性。

在第82节的说明(1)中，黑格尔解释了为什么否定性不是虚无，为什么否定性不导致自我否定的存在的彻底取消，而是导致这种存在的一种新的肯定的规定，在其整体中，这种存在重新绝对地与本身同一(合题是一个新的正题)。

他这样说(第五卷，106页第3—8行)：

“辩证法有一个肯定的结果，因为它有一种确定的(bestimmten)内容；也就是因为它的结果真正地(wahrhaft)不是空的和抽象的虚无(Nichts)，而是某些规定(gewissen Bestimmungen)的否定，而这些被否定的规定也包含在结果中，因为这个结果不是直接的(unmittelbare)虚无，而是一个结果。”

(辩证的)否定是一种同一性，即某种确定的、特定的、符合一种永恒的“观念”或符合一种固定和恒定的“自然”的东西的否定。然而，(同一的)被否定物的规定性(Bestimmtheit)决定和规定了否定本身及其(整个)结果。A的否定有一种肯定的内容或特殊地规定了一种内容，因为它是A的否定，而不是M或N，或某个不确定的X的否定。因此，“A”被保存在“非A”中；或者也可以说，“A”在“非A”中被“扬弃”(aufgehoben)。这就是为什么“非A”不是纯粹的虚无，而是如同在“非A”中被否定的“A”，也是“肯定的”，即确定的或特定的，甚至与本身同一的一个实体；“非A”是这一切，因为它是一个确定的或特定的“A”的否定的结果；或者也可以说，“非A”不是虚无，因为“A”在一个有序的世界之内有一个固定的和恒定的位置。

如果同一性体现在与本身等同的“A”(A=A)之中，那么否定性则在“非A”的“非”之中和通过(或作为)这种“非”被具体化。在其自身中,这个“非”是纯粹的虚无:仅仅由于它所否定的“A”,它才是某种东西。孤立的“非”绝对是不确定的;它在绝对的自由中代表面对任何一次性确定的“自然”的任何规定,面对在一个有序世界中的任何定位的独立性。正是“非”在“非A”中出现,能使属于“A”的东西从“A”在世界中所占据的位置出发走向任何地方,能使之产生不同于“A”的固有“性质”的任何“性质”,能使之自我确定,不同于“A”被其固定的差异和非其所是规定的方式规定自己。但是,“A”在“非A”中的出现限制了“非”的绝对自由,并使之具体化,也就是说,确定或规定了它。当然,人们能走向任何地方,但只能从“A”所占据的位置出发;当然,人们能产生任何“性质”,但只有当这种性质不同于“A”的性质。总之,如果(辩证的)否定的终点是任何地方,那么它的起点则是固定的和恒定的,或确定的和特定的,即给定的。因此,否定不是任何一种否定,而是“A”的否定。在“非A”中的“A”使“非”的绝对的自由具体化,或规定这种自由,绝对的自由只不过是纯粹的虚无,或死亡。

此外,自从有“非A”的时候起,纯粹否定的“非”就如同纯粹同一的“A”,是一个抽象概念。实在地存在的东西,就是两者的统一,即作为整体或实体的“非A”和“A”本身一样,也是单一的和唯一的,确定的和特定的;本身是“非A”,即“B”。

“A”保存在“B”(=“非A”)中。但是,否定“A”的“非”也保存在那里。因此,“A”仅仅保存在它的否定中(正如“非”仅仅作为“A”的“非”得到保存)。更确切地说,“B”是“A”的否定:保存在肯定的存在(Bestehen)中的一种否定。更确切地说,“B”是“A”的否定的(肯定)结果。因此,“B”是不仅仅被取消和被保存,而且也通过这种保存的否定而升华(扬弃)的“A”。因为如果“A”是直接的(unmittelbare),那么“B”就被否定间接化(vermittelt);如果“A”是纯粹的同一性,那么“B”就是包含否定性的整体性；如果“A”完全是给定的，那么“B”就是一种否定的，即创造的活动的结果；如果“A”仅仅自在地(an sich)或他为地(für Anderes)存在，那么“B”也自为地(für sich)存在，因为在“B”之中，“A”肯定自己，作为给定物否定自己，作为这种自我否定所创造的东西肯定自己。

但是，“B”并不仅仅自为地存在；它自在和自为地(an und für sich)存在。因为在“B”之中，“A”作为整体性自我肯定，作为被否定者、否定者和否定的结果，保持与本身的同一：“A”本身通过“非”被否定，它本身成为“非A”，即“B”。这就是为什么“B”不仅仅是来自否定，因而包含否定性的整体性，而且也是同一性。因此，“B”也是给定的和自在的：它也有一种特定的“性质”，在世界中有一个固定的位置。

这就是说，“B”能产生新的“非”，否定性能在“非B”中和通过“非B”具体化。非“B”又将成为“C”，“C”又产生新的“非C”。如此往下，以至无穷。更确切地说，直到某个“N”的否定不把我们带回起点：非N=A。于是，人们只能无限地重新走一遍刚刚因这个最后的创造性否定而闭合的圆圈。

事实上，实在的(或主动的)辩证法止于“N”，其“非N”是“A”。这个“N”是本义上和强意义上的整体性：它是一切被肯定、被否定和被重新肯定的东西，一切能被肯定、能被否定和能被重新肯定的东西的总和：因为否定“N”，就是肯定已经被肯定的“A”，等等。然而，“N”是整体性，即自在和自为存在，即完全意识到自己或通过一致的语言(智者的科学)完全地被揭示的实在存在。为了实在地，即主动地否定自己，实在的整个存在必然要求自己成为非其所是。然而，由于完全地意识到自己，所以它知道如果否定其所是，它只能成为其曾经所是(因为非N=A)。但是，当它否定自己的时候，其曾经所是最终成了其现在所是。试图否定其现在所是，最终说来，就是试图使之成为其现在所是：换句话说，这其实不是真正地试图否定。[1]因此，“N”真正地否定自己，在成为“非N”的时候，不可能重新成为“A”。

但是，整个的存在重新成为其所是的愿望并不是荒谬的。可以说，这种愿望仍然是否定的：这是一种要重新成为与人们曾经成为的状况不同的状况的愿望。然而，任何否定都把自在转变成自为，把无意识转变成意识。因此，上述的愿望仅仅是实在事物的整体在一致的语言中和通过这种语言理解自己，在其实在的发展过程中理解自己，通过语言或思想再现这种发展过程的愿望。人们从实在的“N”出发，经过否定（或为了承认而放弃生命），到达观念的“非N=A”，人们在思想中重新走一遍通向“非N”的道路，在这里，这个终点也是观念的（《逻辑学》的“理念”）。实在存在的这个最后否定行动体现在产生这种科学的智者的愿望中。

因此，智者的否定是观念的，而不是实在的。智者的否定因而不创造任何新的现实，仅限于揭示在其发展过程的整体中的实在事物。因此，只有当科学的运动再现或描述现实的辩证法，它才是辩证的。这就是为什么这种运动不仅仅是循环的，而且也是周而复始的：在到达观念的“N”时，人们在观念上否定它（这种否定是重新思考科学或重新阅读包含科学的书籍的欲望），人们因而回到最初的“A”，努力向前进，直到“N”。换句话说，描述实在的辩证法的整体的科学语言只能无限地重复，它在任何方面都不可能变化。这就是说，这种“辩证的”语言是绝对真理。

实在的具体存在是整体性。因此，它包含同一性和否定性，但在整体性中和通过整体性“被扬弃”。同一性和否定性实际上不是存在于

---

① 我们知道，实在的辩证法（历史）通过包含人的斗争和劳动的否定向前发展。然而，整个的现实（我们的“N”）包含得到满足的，即不再行动和否定给定物的人。实在的辩证法的终点就在那里。

孤立的状态；和整体性一样，它们也只不过是一个唯一的和同样的实在存在的互补方面。但是，在对这种实在的具体存在的语言描述中，这三个方面必然孤立地和一个接着一个地被描述。因此，三位一体的辩证实在事物的正确描述是在三个时段中运作的一种“辩证”语言：正题先于反题，接下来是合题；然后，合题表现为一个新的正题；等等。

正题描述实在事物的同一性方面。正题揭示一个存在，把它当作给定物，把它当作是其所是、没有真正成为非其所是的一个静态存在。[①]相反，反题描述实在存在的否定性方面。反题揭示一个（辩证的）存在，把它当作否定其所是和成为非其所是的运动。如果正题描述实在事物的存在（Sein），那么反题描述实在事物的活动（Tun）；同样，它对自己的意识不是别的，就是实在事物分裂为在其给定的存在（这个存在因而成为“抽象概念”或“意义”）中被否定的一个实在事物，和通过一种自发活动否定这个给定的存在的一个实在事物。最后，合题描述作为整体性的存在。合题揭示一个（辩证的）存在，把它当作其活动的结果，通过这种活动，它作为给定的存在被取消，在这种取消中它意识到自己是给定的存在。如果在正题中，存在仅仅自在和他为地存在，那么在反题中，存在也自为地存在，如同它正在实在地和主动地取消的一种材料；在合题中，存在自在和他为地存在，如同自为地存在（即如同意识到自己）和作为它自己的否定活动的结果。可以说，正题描述活动适合的给定的材料，反题揭示这种活动本身以及引起这种活动的思想（“计划”），合题则显示这种活动的结果，即完成的和实在的成果（Werk）。和最初的给定物一样，这个成果存在着；只是它不是作为给定的东西存在，而是作为否定给定物的活动所创造的东西存在。

① 但是，同一的存在可能成为其所是。换句话说，它能以一种时间变化的形式表现其给定的永恒“性质”：正如变成鸡的蛋（而鸡又下了一个新的蛋）。但是，这种变化始终是循环的，甚至是周而复始的。这就是说，人们始终能找到无限地与本身保持同一的一个发展过程的环节（例如，从蛋到新的蛋的变化）。

但是，从给定的存在到否定活动所创造的成果的转变，并不是一下子完成的。给定材料的某些因素或方面如实地保存在成果中，也就是说，没有主动的否定或创造转变。通过其中的某些方面，在其中的某些因素中，成果也是一种纯粹和单纯的材料，能在活动中被否定和被用作一个新成果的材料。这就是为什么合题必须描述不仅仅作为活动的成果或结果，而且也作为能引起其他否定活动的材料，也就是作为在（新的）正题中有待于揭示的一个存在。除非在合题（在这种情况下，将是最后的合题）中被描述的存在不再包含能通过否定活动转变为成果的材料。

黑格尔阐述了在“理论的”存在和实在事物（同一性），以及“综合的”存在和实在事物（整体性）之间的差异，他说，前者是直接的（unmittelbar），而后者通过否定其“直接性”的“真正”行动（否定性）被间接化（vermittelt）。人们能说，直接性（Unmittelbareheit）和间接性（Vermittlung）的基本范畴概述了黑格尔看到的实在的辩证法。直接实体（das Unmittelbare），就是给定的静态存在（Sein）、必然性（Notwendigkeit），没有真正的活动和自我意识的持续（Bestehen）。相反，间接实体（das Vermittelte）是在一个成果中实现的活动、自由、辩证运动和对自己及它的世界的语言理解。在直接性和间接性中，只有程度的不同。在实在的辩证法中的每一个进步都代表（相对的）直接性的（部分的）间接性，当每一个直接实体通过（有意识的）否定活动实在地被间接化时，这种辩证法就终止了。至于科学的“观念的”辩证法，它仅仅描述逐步间接化的“运动”或过程，从它的起点，即绝对的直接实体，直到它的终点，即完全被间接化的同样的直接实体。

但是，人们能说，用一个基本范畴就能整个地概括黑格尔的辩证法，这个基本范畴就是扬弃（Aufheben）。因为有待于“扬弃”的东西，就是直接实体，所以“扬弃”本身是通过创造间接实体的否定活动的间接化，而间接实体不是别的，就是被当作和被设定为“被扬弃的东西”

的直接实体。当然，实在的存在本身最终完全地被“扬弃”：科学的语言“扬弃”仅仅描述通过活动的主动“扬弃”，或存在的间接化，或直接实体的实际过程。①

人们能说，归根结底，黑格尔的辩证法之所以有一种辩证特点，是因为他的辩证法试图解释自由，或者这样说也一样，本义上的行动，即有意识的和有意志的人的行动的现象；或者再换一种说法也一样，因为他的辩证法试图解释历史。总之，这种哲学之所以是辩证的，是因为它试图解释人在世界中存在的事实，揭示或描述实在地存在着的，即在其不可取消的特殊性中或本质上不同于自然的一切东西的人。

如果自由不同于一种梦幻或一种主观错觉，那么自由必定在现实（Wirklichkeit）中，自由仅仅在作为在实在事物中和对实在事物作用的行动实现时，才能在现实中。但是，如果行动是自由的，那么行动必然是任何一种给定的实在事物的必然结果；行动必然独立于这种给定物，作用于这种给定物，与之结合在一起，如果它实现自己，因而成为一个给定物的话。然而，黑格尔的出众之处是认识到这种在独立中的联系和这种在联系中的独立仅仅在有给定物的否定的时候才是可能的：自由=行动=否定性。但是，之所以行动独立于给定的实在事物，是因为行动否定实在事物，行动在实现的时候创造了某种与给定物相比本质上是新的东西。只有不断地从给定物中创造新的东西，自由才能在实在事物中维持，才能实在地延续。然而，真正的创造性发展过程，即本

① 黑格尔经常谈到“否定性”，但很少使用“同一性”和“整体性”术语。“正题”“反题”和“合题”的表达方式也很少出现在他的著作中。常用的“辩证”术语是：“直接性”，“间接化”（中介），“扬弃”（以及它们的派生词）。有时，黑格尔表达存在和实在事物的辩证结构，认为它们是一种“三段论”（Schluss）或“辩证的三段论”（dialektischer Schluss），其中的“中项”（Mitte）是两个端项（Extreme）直接实体和间接实体的中介。当黑格尔谈论辩证的实际过程时，他仅仅说：“运动”（Bewegung），很少说“辩证运动”（dialektische Bewegung）。

身不是过去通过现在的单纯延续的一个将来的具体化，叫作历史：自由=否定性=行动=历史。但是，真正人性的东西，使人在本质上区别于动物的东西，就是人的历史性。理解历史，就是理解人，把人理解为一种自由的和历史的存在。只有考察人具有或实现的否定性，也就是描述人的实在存在，与本身一致又与本身不一致的一种存在（être）的存在（existence）的“辩证运动”，人们才能理解人，并把人理解为否定性。这就是为什么在黑格尔的科学中的描述有一种辩证特点。

当然，不仅仅（在黑格尔的《精神现象学》中得到阐述的）人类学（在其内容方面）是辩证的；（在《哲学全书》中得到阐述的）他的本体论和他的形而上学也是辩证的。但是，为了发现作为存在的存在和一般实在事物的辩证特点，只需黑格尔认真地考虑具体事物的概念，记住哲学应该描述具体的实在事物，而不是构造或多或少任意的抽象概念就够了。因为如果人和人的历史世界和自然世界一样，实在地和具体地存在着，那么具体的实在事物和实在地存在着的存在除了包含自然的现实，还包含人的现实，因而包含否定性。这就是说，正如我们所知道的，存在和实在事物是辩证的。

黑格尔多次强调，哲学必须与具体的现实打交道；尤其在《哲学全书》的第82节的说明（2）中（第五卷，106页第9—15行）：

“这个理性的东西［肯定的或思辨的东西，即作为整体性的存在］，尽管是一种思想的和抽象的东西，但同时也是一种具体的东西（ein Konkretes）……因此，哲学与单纯的（blossen）抽象概念或形式的思想（Gedanken）毫不相干；［哲学］仅仅与具体的观念［即与符合具体现实的概念］打交道。”

然而，黑格尔不仅限于认为他的哲学与具体的现实有关。他还断言，在他之前的哲学，以及一般科学和“幼稚的”人都与抽象概念打交道。不过,具体的实在事物是辩证的。抽象概念不是辩证的。这就是为什么只有黑格尔的科学能揭示或描述实在的辩证法。

为了理解这个乍看起来矛盾的论点,我们举一个简单的例子:

我们来考察一张实在的桌子。它既不是“一般的”桌子,也不是一张任意的桌子,而始终是这张具体的桌子。然而,当“幼稚的”人或某种科学的代表谈论这张桌子的时候,他们把这张桌子从世界的其余部分中分离出来:他们谈论这张桌子,不谈论不是这张桌子的东西。然而,这张桌子不是悬浮在空虚中。它在这层地板上,在这间屋子中,在这所住宅里,在地球的这个地方,而地球与太阳有一个确定的距离,太阳在银河系中有一个确定的位置,等等。谈论这张桌子而不谈论其余的东西,就是不考虑这些其余的东西,而这些其余的东西也和这张桌子本身一样,是实在的和具体的。谈论这张桌子而不谈论包括这张桌子在内的整个世界,如同谈论这个世界而不谈论被包含在其中的这张桌子,就是谈论一个抽象概念,而不是谈论一个具体的现实事物。在空间方面是真实的东西,在时间方面也是真实的。这张桌子有一个确定的“历史”,而不是其他的历史,也不是一个“一般的”过去。它是在某个时候用木料制成的,而木料是在某个时候从这棵树上裁下来的,这棵树是在某个时候从这粒种子生长出来的,等等。总之,作为一个具体的现实事物存在的东西,是自然世界的时间-空间的整体:人们从中分离出来的一切东西因而只不过是一个抽象概念,抽象概念仅仅在思考它的人的思想中和通过他的思想,孤立地存在着。

这一切不是新的,因为巴门尼德已经分析了这一切。但是,还有巴门尼德和所有前黑格尔的哲学家没有注意到的问题的另一个方面。这是因为这张桌子(甚至每一张桌子)包含某种实在的和具体的东西,并且必须以此为前提,人们把这种东西称为完成的劳动。从这张桌子存在的时候起,谈论具体的实在事物,就是也谈论劳动。具体的,即完整的实在事物包含人的劳动,就像实在事物包含这张桌子,包括构成这张桌子的木料和一般的自然世界。然而，包含劳动的具体的实在事物正好具有黑格尔的科学所描述的三位一体的辩证结构。因为被包含在实在事物中的实在劳动实在地改造这个实在事物，主动地否定作为给定物的实在事物，并在否定之后把它保存在完成的成果中。在这个成果中，给定物以一种“升华的”或“间接化的”形式出现。这就是说，这个具体的实在事物就是黑格尔看到的实在的辩证法或“辩证运动”。之所以幼稚的人，一般的学者或前黑格尔的哲学家忽略这种辩证法，正是因为他们研究的对象不是具体的实在事物，而是抽象概念。

然而，把劳动引入实在事物，就是把否定性，因而把意识和揭示实在事物的语言引入实在事物。事实上，这张桌子是我在这个时候谈论的桌子，我们的话语也同桌子的四个脚和围住桌子的房间一样，是这张桌子的一部分。当然，人们能不考虑这些话语和许多其他的东西，例如，所谓的“第二”性质。但是，不应该忘记，当人们在这样做的时候，就不再与具体的实在事物打交道，而是与一种抽象概念打交道。具体的实在事物包含这张桌子，以及它所引起的所有感觉，人们关于它所说的所有话语，等等。仅仅在它与这些感觉、话语等，一般地说，与实在地存在和实在地已经存在的一切东西的不可分离的结合中和通过这种结合，抽象的一般桌子才真正是这张桌子。再说一次，具体的实在事物不是别的，就是实在事物的时间-空间的整体，这个整体除了包含自然，还包含实在的行动和实在的话语的整体，即历史。

在历史过程中，人谈论实在事物，并通过其话语的意义揭示实在事物。具体的实在事物因而是语言所揭示的实在事物。这就是黑格尔称为“精神”(Geist)的东西。因此，当他说(例如，在《精神现象学》，24页第10行)自然只不过是一个抽象概念，只有精神是实在的和具体的时，他的陈述并不是矛盾的。他只是说，具体的实在事物是实在事物的整体，人们不能通过抽象作用删去其中的东西，这个实在地存在着的整体包含人们称为历史的这种东西。描述具体的实在事物，因而也就是描述它的历史的发展过程。不过，这个发展过程正是黑格尔称为“辩证法”或“运动”的东西。断言具体的实在事物是精神，因而就是肯定实在事物的辩证特点，也就是肯定实在事物是语言所揭示的实在事物或精神。①

① 黑格尔的推理显然是正确的：如果实在的整体包含人，如果人是辩证的，那么实在的整体也是辩证的。但是，按照我的看法，由此出发，黑格尔犯了一个严重的错误。从实在的整体的辩证性，他得出其两个基本因素，自然和人（=历史）的辩证性。在这样做的时候，他仅仅遵循能追溯到希腊哲学家的本体论一元论的传统：一切存在的东西都以一种唯一和同样的方式存在着。在哲学上发现自然的希腊哲学家把仅仅受同一性范畴支配的“自然主义”本体论延伸到人。黑格尔（继续笛卡尔、康德和费希特的努力）发现了否定性和整体性的“辩证的”本体论范畴，分析人的存在（人被理解为与犹太-基督教的前哲学传统一致），把他的“人类学的”辩证本体论延伸到自然。不过，这种延伸没有得到证明（在黑格尔那里没有得到讨论）。因为如果自然的最后基础是同一的给定静态存在（Sein），那么人们在那里并没有找到类似于否定行动（Tun）的东西，而否定的行动是人特有的和历史的存在的基础。古典的论据“一切存在的东西都以一种唯一和同样的方式存在着”不一定能迫使黑格尔把一种唯一的和同样的本体论（在黑格尔那里，是一种辩证的本体论）应用于人和自然，因为他自己（在《精神现象学》中）说“人的真正存在是他的行动”。然而，行动（=否定性）在行动不同于存在（=同一性）存在着。无论如何，在只能通过人的语言，即通过一种不同于其所是的现实揭示的自然，以及揭示其所是的现实和非其所是的（自然）现实的人之间，存在着一种差异。因此，在被揭示的存在或精神的（受整体性支配的）辩证本体论之内，看来必须区分出一种（受希腊影响的和传统的）非辩证本体论，和一种（受黑格尔影响的，因而被改变的）关于人或（受否定性支配的）历史的辩证本体论。黑格尔的一元论错误有两个严重的后果。一方面，基于其唯一的辩证本体论，他试图制定一种关于自然的形而上学和辩证的现象学，虽然它们明显是不可接受的，但在黑格尔看来，却能取代“一般的”科学（古代的、牛顿的科学，因而也是我们的科学）。另一方面，由于承认一切存在的东西的辩证性，所以黑格尔必然在其循环性中看到真理的唯一标准。不过，我们已经看到，关于人的知识的循环性仅仅在历史终结时才是可能的；因为只要人彻底地发生变化，即把自己造就成非其所是，他的描述，尽管是正确的描述，也只不过是一种部分的和暂时的“真理”。如果自然和人一样，也是创造性的和历史的，那么本义上的真理和科学仅仅在“时间终结时”是可能的。在这之前，没有真正的知识（Wissen），人们只能在怀疑主义（相对主义、历史主义、虚无主义，等等）和信仰（Glauben）之间做出选择。但是，如果人们承认传统的“辩证”本体论实际上适用于自然，那么一种关于自然的真理，一种自然的科学，原则上在任何时候都是可能的。（转下页）

正如每一种真正的哲学，黑格尔的科学在三个重叠的方面展开。首先，他的科学描述实在存在的整体，这种实在的存在“显现”(erscheint)或显示给实在的人，而人是实在事物的一部分，并在其中生

(接上页)因为人不是别的，就是对自然的主动否定，所以有一种关于人的可能科学，如果人属于过去和现在的话。于是，只有人的将来可能陷入怀疑主义或信仰(用圣保罗的话来说，可靠的希望)：作为“辩证的”，即创造性的或自由的过程，历史本质上是不可预测的，和“同一的”自然相反。

看来，为了解释历史的现象本身，一种本体论的二元论是不可缺少的。事实上，历史包含用现在和将来的世代来解释过去的世代的理解，并且必须以这种理解为前提。然而，如果自然像人那样变化，那么在时间过程中语言就变得不可交流。如果石头和树木，以及伯里克利时代的人的身体和动物“心理”不同于我们的身体和心理，就像古代城邦的公民不同于我们，那么我们就不能理解农业和建筑术的希腊著作，不能理解修昔底德的历史，也不能理解柏拉图的哲学。一般地说，之所以我们能理解任何一种非母语的语言，仅仅是因为这种语言包含了联系于现实事物的词汇，而现实事物在任何地方和在任何时候都是与本身同一的：之所以我们知道德语的“Hund”和拉丁语的“canis”表示“狗”，是因为存在着实在的狗，在德国和在法国，在恺撒时代的罗马和在现代的巴黎，它都是一样的。然而，这些同一的现实事物就是自然的现实事物。一个印象就能使人承认二元论的本体论的所作所为并不荒谬。我们有一个金戒指。它有一个洞，这个洞对金戒指来说是非常重要的；如果没有金，那么“洞”(它可能不存在于某个地方)就不可能是戒指；但是，如果没有洞，那么金(它仍然存在着)也不是戒指。但是，如果人们发现了金里面的原子，那么就没有必要在洞里面寻找原子。无任何东西能证明金和洞以一种唯一的和同样的方式存在着(当然，问题在于作为“洞”的洞，而不是在于“洞”里的空气)。洞是一种虚无，仅仅由于环绕在它周围的金，它才存在着(作为一种不存在的存在)。同样，本身是行动的人也能是一种虚无，由于它所“否定”的存在，这种虚无在存在中“成为虚无”。无任何东西能证明描述虚无的虚无化(或存在的虚无化)的最后原则必定与描述存在的存在的原则相同。

二元论的(“同一的”和“辩证的”)本体论(更确切地说，形而上学)的最初(非常不充分的)尝试是由康德进行的，其无与伦比的伟大正在于此，他的伟大能与提出“同一的”(一元论的)本体论原则的柏拉图的伟大媲美。自康德以来，看来是海德格尔第一个提出了双重本体论的问题。人们不认为他超越了人们在《存在与时间》第一卷(它只不过是应在尚未出版的第二卷中阐述的本体论的一个导论)发现的二元论的精神现象学。但是，这足以使人承认他是伟大的哲学家。至于二元论的本体论本身，它可能是将来的主要哲学任务。但人们几乎还没有做任何事情。

活、行动、思考和谈论。这种描述是在所谓的“现象学”方面展开的：现象学是“精神的现象科学”，即通过人的语言向自己显现的实在存在的整体的科学，这种存在包含人（“精神的现象科学”是《精神现象学》的第二个标题）。但是，哲学家不仅限于这种现象学的描述（这种描述是哲学的，因为它讨论具体事物，即实在事物的整体，与注重抽象概念的“一般”描述相反）。哲学家还问自己，为了能以作为“现象”实在地“显现”的方式“显现”，现实（Wirklichkeit），即实在的（自然的和人的）世界应该是什么。对这个问题的回答是由黑格尔称为“自然哲学”和“精神哲学”（在这里，“精神”是在人的意义上）的形而上学给出的。最后，哲学家超越了形而上学的描述的这个方面，上升到本体论的方面，以便回答作为存在的存在本身应该是什么的问题，以便能作为在形而上学——以在现象学中描述的方式出现的形而上学——中描述的自然和人的世界实现和存在。关于这种存在的结构的描述是在黑格尔称为逻辑学的本体论中进行的（他在形而上学之前，但在现象学之后阐述这种逻辑学）。①

然而，黑格尔（在《精神现象学》中）描述“现象的”定在（Dasein）的辩证特点。他只有假设现实和作为存在的存在的一种辩证结构，才能解释这种辩证特点。因此，如果黑格尔哲学的方法是一种单纯描述的方法，那么这种哲学的内容就不仅仅在“现象学”中，而且在“形而上学”和“本体论”中也是辩证的。

到目前为止，我主要谈论（黑格尔在《逻辑学》和《哲学全书》中描述的）存在和实在事物的辩证法。但是，我也应该谈论定在的实在辩证法，即在其现实中辩证存在的“现象”或“显现”（Erscheinungen）。因为如果客观上说，这种“现象的”辩证法只不过是实在事物和存在的“形

① 在二元论的假设中，本体论分别描述作为自然实现的存在，以及否定存在、作为历史（在自然中）实现的行动。

而上学”和“本体论”辩证法的“显现”，那么在主观上说，它是能直接被描述的唯一辩证材料，根据这种材料或它的描述，人们就能描述或重建“基本的”其他两种辩证法。

但是，在指出黑格尔的（整部《精神现象学》所描述的）“现象”辩证法是什么之前，我必须做一个总体的说明。

在黑格尔看来，辩证的东西就是具体的实在事物，即整体或完全的综合，甚至精神。换句话说，仅仅*给定的*存在（Sein），*被揭示的*存在（Begriff，概念）本身才有一种辩证的结构。然而，在本体论方面，被揭示的存在包含两个因素：作为*被揭示者*的存在（同一性，正题）和作为*揭示者*的存在（否定性，反题）。因此，在形而上学方面，必须区分两个不可分离的但本质上不同的世界：自然的世界和历史的或人的世界。最后，现象学方面是由*自然的*定在在*人的*定在（意识）中的反映构成的，而人的定在又在自身（自我意识）中得到反映。

不过，黑格尔明确地说，否定性是特有的辩证因素。同一性没有辩证的东西，之所以整体性是辩证的，仅仅是因为它包含否定性。因此，从这个本体论方面到形而上学方面，必须说，之所以实在事物是辩证的，仅仅是因为自然的世界包含人的世界，自然在自身中并不是辩证的。关于“现象”，必须说，之所以有现象的辩证法，是因为实在事物“属于”*人*：只有当人的“现象”存在在自身中是辩证的，自然的“现象”被包含在人的现象中，自然的“现象”才是辩证的（例如，作为自然科学）。

在《精神现象学》中，黑格尔看来承认这种看事物的方式。他在那里多次强调人和动物、历史和自然之间的本质区别。他在这样做的时候，总是揭示与人有关的东西的辩证特点和与自然有关的东西的非辩证特点。因此，当他（在第八章）把自然等同于空间，把历史（即人）等同于时间的时候，这意味着在他的思想中自然仅仅受同一性的支配，而历史包含否定性，因而是辩证的。（参见145页第一段，以及563页第

11—17行。）

然而，即使在《精神现象学》中，黑格尔的立场也缺乏清晰性。一方面，他把辩证的人特有的存在（在"人"的意义上的意识或精神）和非辩证的动物生命（Leben）对立起来。但是，另一方面，他（在第五章A节，a）给出关于自然的生机论的"现象学"描述，这种描述把自然当作一种辩证的"现象"。当然，这里涉及以谢林为代表的某种类型的"自由民"知识分子对自然的描述。在黑格尔仅仅在谢林的《自然哲学》中看到一种现象学描述，而谢林却以为在研究自然的形而上学的意义上，黑格尔与谢林彻底决裂。但是，黑格尔认为，作为"现象"，自然实际上就是"显现"给谢林的自然，他想用谢林的生机论来代替一般的自然科学。然而，在黑格尔的笔下，这种生机论具有一种清楚的辩证特点。

在《哲学全书》中，这种看法毫不含糊地得到了证实。一方面，黑格尔阐述一种自然的形而上学，在这种形而上学中，自然被描述为一种完全辩证的现实，具有和在人或精神的形而上学中被描述的人的现实相同的三位一体结构。另一方面，在本体论中，即在《逻辑学》中，黑格尔可以说并没有考虑到这个事实：他所描述的完全存在或"观念"（=精神）一方面表现出一个辩证的方面——它把它的辩证特点传递给存在的整体，但本身是行动（Tun），而不是存在（Sein），另一方面表现出一个基本的非辩证的方面——它是给定的静态存在或自然的存在。

按照我的看法，这是黑格尔的一个错误。当然，我不能在此批判或多或少有说服力的黑格尔哲学。但是，我想强调指出，按照我的看法，自然的实在的（形而上学）和"现象的"辩证法仅仅在黑格尔的（"谢林的"）想象中存在。

在这种情况下，我难以概述我们在《精神现象学》中（第五章A节，a）看到的并且我承认不怎么理解的自然"现象"的辩证法。我并不想夸大黑格尔的这个错误，它只能损害黑格尔的哲学权威，对一般的辩证法的价值，特别是对黑格尔关于人的存在的“现象”辩证法的描述产生怀疑。然而，按照我的看法，（在《精神现象学》中的）这种描述是黑格尔的荣誉的主要标志。我现在仅仅想谈论这种描述，阐述我到目前为止谈论的形而上学和本体论辩证法的现象学转换。当然，为了弄清在黑格尔看来的人的定在的现象学辩证法是什么，必须阅读完全致力于这种描述的整部《精神现象学》。[①]但是，我们发现，《精神现象学》的一些非常短小的段落强调这种辩证法的真正价值，说明本体论和形而上学的基本辩证范畴是如何在现象学方面和作为人们描述人的定在的人类学基本范畴“显现”给人的。

我现在想引用和解释这些段落。

黑格尔在阐述他的现象学人类学的基本原则时，批判高尔的颅相学，即等同地看待人和动物，看不到人的动物之间的本质差异的自然主义人类学（第五章A节，a）。他用他的辩证的和“三位一体的”概念反对这种静态的和一元论的概念。

他说（227页第14—16行和22—29行）：

“[人的]个体是自在的和自为的；他是自为的，也就是说，他是一个自由的行动（Tun）；但是，他也是自在的，也就是说，他本身有一种天生的特定存在（ursprüngliches bestimmtes Sein），……这个存在，即身体（Leib），是他的天性（Ursprünglichkeit），他的还没有形成的东西（Nichtgetanhaben）。但是，个体只不过是他自己造成的东西，所以他的身体也是他自己造成的东西（hervorgebrachte）的表达（Ausdruck）；

① 在第五章A节，a中得到阐述的自然的（辩证）现象学，能被当作人的现象学的一个因素：人的存在的描述（在某些社会和历史条件下）完全在于以谢林的方式观察（Beobachtung）自然和用生机论解释自然。以这种方式被理解的第五章A节，a的描述仍然是有效的。

[他的身体]同时是一个符号(Zeichen),因而不再是一个直接的东西(unmittelbare Sache),而是在他把自己的天性放入作品(ins Werk richtet)的意义上个体得以认识其所是[的某种东西]。"

断言人存在和"显现",如同"自在和自为地"存在——就是断言人是自在和自为的存在,即整体和综合;这就是说,人是一个辩证的(或"精神的")实体,人的实在的和"现象的"存在是一种"运动"。[①]然而,任何辩证的整体性首先也是同一性,即自在的存在或正题。就本体论而言,这种同一性就是给定的存在(Sein);就形而上学而言,它是自然。在"显现的"人中,同一性、存在(Sein)或自然的方面(Seite)或因素(Moment)是他的"身体"(Leib)或他的天性(ursprüngliche Natur)。

由于身体的这个方面,人是一种有固定特性的自然存在,一种生活在自然中和在自然中有其"自然位置"(topos)的"特定"动物。我们立即看到,辩证的人类学没有为在自然世界之外"继续存在"的人留出位置。只有当人也是自然、空间的或物质的"同一"实体时,人才是真正辩证的,即人性的;只有当人同时是一个动物,如同一切动物在死亡中消失时,人才能真正地成为人和是人。

但是,在人那里,同一性或自在不仅仅是他的本义上的身体:它们也是"天性",即他的还没有形成的东西。问题首先在于人的"天性",即在他身上因唯一的生物遗传而存在的一切东西:他的"个性",他的"才能",他的"爱好",等等。这也是生来是"奴隶"或"自由人"(als Freier geboren)的单纯事实。在黑格尔看来,这种纯粹天赋的所谓"自由"(以及世袭的贵族,一般的"阶级"归属)只不过是一种自然的或动

① 如果承认只有在黑格尔的意义上人是辩证的,那么人们能说,黑格尔的辩证法是一种在现代意义上的存在的辩证法。无论如何,这就是在《精神现象学》中得到描述的辩证法的含义。

物的特性，它与通过斗争和劳动积极地获得的真正人性的自由毫不相干：一个人只有自己把自己造就（getan）为自由的，他才是自由的。但是，在人那里，这种“同一的”和“自然的”还没有形成的东西也是他“出于习惯”或“自动地”，按照传统，通过模仿等，即通过单纯的“惰性”所是和所做的一切以一种纯粹被动的方式在他身上所产生的一切影响。如果人不再否定给定物，不再否定给定的和天生的自己，即不再创造新的东西，不再把自己造就成“新人”，仅仅满足于与自己保持同一，保存他已经在世界中占据的位置；或换句话说，如果他不再根据将来或“计划”生活，完全使自己受过去或“回忆”的支配，那么他就不再是真正的人；他将是一个动物，也许，他是“有学问的”和非常“复杂的”，完全不同于自然的其他存在的动物，但本质上并非“不同于”这些其他的存在。因此，他不再是“辩证的”。[①]

只有人在其存在中，在其生存中和其“显现”中包含否定性的因素，人才是“完全的”或“综合的”，甚至“辩证的”，人才“自为地”或有意识地存在，人只有在说话时，才是“精神的”或真正人性的。从本身看，否定性是纯粹的虚无：它什么都不是，它不存在，它不显现。仅仅作

① 我说：“如果”，因为在黑格尔看来，只要人没有实现“显现”为他的最终“满足”（Befriedigung）的完全综合，人迟早总是要否定给定物。就个人而言，我承认在中途停止的可能性。但是，我认为，在这种情况下，人实际上不再是人。黑格尔承认历史“运动”的最终停止：在历史终结之后，人不在本义上（即主动地）进行否定。但是，人不会成为一个动物，因为人继续说话（否定进入智者的“辩证”思想）。但是，后历史的人，全知、全能和满足的人（智者）也不是一个本义上的人，他是一个“上帝”（这是真的，一个终有一死的上帝）。任何教育都包含一系列儿童做出的自我否定：父母不仅仅鼓励儿童否定其动物天性的某些方面，而且也要求儿童实际上这样做。（只要小狗不再做某些事就够了；但儿童还必须耻于做这些事，等等。）仅仅由于这些自我否定（“压抑”），每一个“受过教育的”儿童不仅仅是一个训练有素的（与自己和在自己中“同一的”）动物，而且也是一个真正人性的（或“复杂的”）存在：在大多数情况下，事情都是如此，只有在极少数的情况下，事情不是这样，“教育”（即自我否定）一般过早地停止。

为同一性的否定，即作为区别，它才存在。[①]它只有作为一种对自然的实在否定才能存在。然而，否定性的这种存在就是人特有的存在，人们知道为什么当人作为动物死去时归结为虚无，可以说处在自然之外，不能再实在地否定自然。但是，只要否定性以对同一的自然给定物的实在否定的形式存在，它也显现，它的“显现”不是别的，就是人的“自由行动”(freies Tun)，正如黑格尔在引文中所说的。在(人的)“现象”方面，否定性是作为行动实现和表现或显现的实在的自由。

在引文中，黑格尔还说，“[人的]个体只不过是他自己造成的东西”。

他在稍后的一段里说(236页第10—12行和14—16行)：

“真正地说(vielmehr)，人的真正存在是他的行动(Tat)；在行动中，个体性是现实的(wirklich)，……个体性呈现[或：表现；或：显现](stellt sich dar)在作为否定的本质(Wesen)的行为(Handlung)中，只有当它扬弃(aufhebt)存在(Sein)的时候，这种行为才存在。”

如果在本体论方面，存在(Sein)与自然一致，那么行为(Tat)在本体论方面就代表作为人的人。作为人的人不是给定的存在，而是创造行动。如果自然的“现实”是人的实在存在，那么本义上的人的存在则是其实际的行动。动物仅仅活着；但是，活着的人行动，正是通过他的实际行动(Handeln)，人才表现出他的人性和作为真正的人“显现”。当然，人也是给定的存在和自然：人也“自在地”存在，如同动物和事物那样存在。但是，仅仅在行动中或通过行动，他才是真正的人，他作为

---

① 巴门尼德有理由说，存在存在着，虚无不存在；但是，他忘记了补充说，在虚无和存在之间有一种“区别”，这种区别在某种程度上和存在一样存在着，因为如果没有这种区别，如果在存在和虚无之间没有区别，存在本身也不存在。

真正的人，即作为自为的存在，或作为意识到自己、谈论自己和非其所是的一种存在存在和显现："他是自为的，也就是说，他是一种自由的行动"。在行动的时候，他实现和表现出否定性或他和自然的给定存在的区别。

因此，在"现象学"方面，否定性不是别的，就是人的自由，也就是人之所以不同于动物的东西。[①]但是，之所以自由在本体论方面是否定性，是因为自由仅仅作为否定得以存在。然而，为了能否定，必须有被否定的某种东西：一种存在着的给定物和一种同一的给定存在。这就是为什么只有作为动物生活在给定的自然世界中，人才能自由地，即人性地存在。但是，只有否定这种自然的或动物的给定物，人才能人性地生活。但是，否定仅仅作为完成的行动，而不是作为思想或纯粹的欲望得以实现。不是在他的或多或少"崇高的""观念"（或他的想象）中，不是通过他的或多或少"高尚的"或"升华的""愿望"，而是仅仅在给定的实在事物的实在的，即主动的否定中和通过这种否定，人真正地是自由的，或实在地是人性的。自由不在于两个材料之间的选择：自由是对给定物，属于他自己的给定物（作为动物或作为"具体化的传统"）和不是属于他自己的给定物（自然的和社会的世界）的否定。此外，这两种否定实际上是融为一体的。辩证地否定（扬弃）自然的或社会的世界，即在否定它的同时保存它，就是改造这个世界；因此，要么必须改变自己以适应这个世界，要么必须消亡。反过来说，在存在中否定自己和保存自己，就是改变世界的面貌，因为这个世界包含一个被改变的因素。因此，只有通过自己的行动实在地改造自然的和社会的世界，也随着这种改造而改变自己，人才作为人存在；或者这样说也一样，只有在主动地自我否定其动物的或社会的"天性"之后改造这个世界，人才作

① 参见卢梭："不是知性，而是自由力量的性质，使人与动物有特殊的区别。"（《论不平等的起源》，Flammarion出版社出版，93页）

为人存在。

因此，作为辩证的或否定的行动得以实现和显现的自由本质上是一种创造。因为否定给定物，但不让它成为虚无，就是产生某种还不存在的东西；这就是人们称为“创造”的东西。反过来说，只有否定给定的实在事物，人们才能真正地进行创造。因为这个实在事物可以说是无所不在，本身是充实的，其原因是在它之外或除了它之外没有任何东西(只有虚无)；因此可以说，在世界中没有新事物的位置；从虚无中产生的新事物只有侵占给定的存在的位置，即否定它，才能进入存在和存在着。

在人，即自由或行动的辩证解释中，术语“否定”和“创造”必须在强意义上被使用。问题不是在于用另一个给定物来代替一个给定物，而是在于为了还不存在的东西取消给定物，由此实现还不是给定的东西。这就是说，人改变自己和改造世界，不是为了实现与一种为他设定的(上帝所规定的，或仅仅“先天的”)“理想”的一致。之所以人进行创造和自我创造，是因为他(没有成见地)进行否定和自我否定：之所以他成为非其所是，是因为他不想保持不变。仅仅因为他不想保持其所是，所以其将来可能所是在他看来是一个“理想”。这个理想为他的否定或创造行动，即他的变化“提供理由”，并给予它们一种“意义”。一般地说，否定、自由和行动不是从思想中产生的，相反，而是从作为实在的自由行动(通过在意识中的思想)得以实现和“显现”的否定性中产生的。

总之，作为创造行动得以实现和显现的否定性(或自由)，就是生活在自然世界中，在始终(或“必然”)变化的同时保持不变的人。因此，人们能说，辩证的人类学是人的哲学科学，人就是出现在(前黑格尔的)犹太–基督概念中的人，即被认为能在强意义上改变，或在本质上和根本上成为非其所是的人。按照这个概念，被完美地创造出来的人能在根本上改变给定的天性；但是，本质上堕落的人能重新否定“老亚当”，并由此成为“新亚当”,不同于前者但比前者更完善的“新亚当”;人能“扬弃”决定其天性的原罪,从而成为一个不同于在堕落之前的人的圣人;其“自然位置”是地狱的异教徒能“皈依”基督教,并由此到达天堂;等等。不过,在黑格尔的或辩证的人的概念中,事情也同样如此:在《精神现象学》中描述的辩证法的阶段不是别的,就是人在历史过程中进行的,智者在其生命结束时“皈依”(体现在拿破仑帝国中的)绝对真理的一系列“转变”。

黑格尔赞同亚里士多德的观点,承认奴隶和主人之间有一种根本的区别。在他看来,人只能出现在自然中,或从原本的动物把自己造就成人,仅仅为了得到承认(Anerkennen)的生死斗争产生了一种在自由人和受自由人奴役的人之间的关系。最初,人必然要么是主人,要么是奴隶。这就是亚里士多德所说的。但是,在亚里士多德看来(他没有看到人的存在的辩证性),事情始终是这样的:人*生来*就带着一种奴性的或自由的“本性”,人*永远*不可能取消和改变这种本性;主人和奴隶构成了两个不同的、不可取消的或“永恒的”动物物种,其中的每一种不能离开在不变的世界中的“自然位置”。相反,在黑格尔看来,主人和奴隶之间的根本区别仅仅*在最初*存在,能在时间的过程中被取消。这是因为在他看来,主人身份和奴隶身份并不是*给定的*或*天生的*属性。至少在最初,人并非*生来*就是自由的或受奴役的,通过自由的或有意识的行动,人把自己造就成是自由的或受奴役的。主人是在斗争中坚持到底的人,如果得不到承认,他准备付出生命的代价,而奴隶怕死,自愿地服从主人,承认主人,但却没有得到主人的承认。同样,斗争的自由行动能把唯一和同样的动物天性改造成受奴役的或自由的人的“本性”:主人能转变成奴隶,奴隶也能转变成主人。(智人物种的)两种动物之一只能成为主人而不是奴隶,这是没有“理由”的。主人身份和奴隶身份没有任何“理由”,它们不可能通过在它们之前的过去被“推断”出来或预测出来:它们是*自由*行动(Tat)的结果。这就是为什么人能

“扬弃”其天生的“奴性”，成为自由人，即（自由地）把自己造就成自由人；即使人生来就在奴役之中，他也能否定其天生的“奴性”。自然世界的整个历史，即人的存在的整个“运动”不是别的，就是奴隶对奴隶身份的不断否定，一系列连续的从奴役到自由（这种自由不是仅仅*自在*地自由的主人的“同一的”或“正题的”自由，而是普遍的和同质的国家的公民的“完全的”或“综合的”，也是*自为*存在的自由）的“转变”。①

如果否定性是作为否定给定物的行动得以实现的自由，如果否定性是人的人性本身，那么人的否定性只能作为否定或“扬弃”其动物天性的一个存在，第一次“出现”在自然中：只有作为动物否定自己，人才能造就自己的人性。这就是为什么否定性的第一次“出现”，在《精神现象学》中（第四章）被描述为一种为了得到承认的生死斗争，更确切地说，被描述为这种斗争所包含的生命危险（Wagen des Lebens）。导致斗争的承认欲望是一种欲望的欲望，对某种实际上不存在的东西的欲望（欲望是一个现实事物的*缺乏*的“明显”表现）：希望得到承认，就是希望获得一种“肯定的”价值，也就是说，希望满足“欲望”。为了某种不*存在*的和不可能存在——就像无生命的实在事物或仅仅有生命的东西那样存在——的东西，愿意冒生命危险，而生命就是生物的整个实在性，就是否定其所是的给定物，就是*摆脱*或*独立*于这种给定物。然而，在强意义上的否定自己，并在存在中保存自己，就是把自己造就成新的东西，因而作为被自己创造出来的东西，即作为自由和独立的东西存在。

① 真正地说，只有奴隶能“扬弃”他的“本性”，最终成为公民。主人没有变化：与其说他不再是主人，还不如说他死了。使奴隶变成公民的最后斗争以非辩证的方式取消主人身份：主人只是被杀死而已，不是作为主人死去。只有在其奴役的方面，人的存在才是辩证的或“完全的”：其实，主人仅仅代表同一性（这是真的：人的同一性）。人们因而能说，亚里士多德正确地描述了主人。他的错误仅仅在于认为主人是人，即否定奴隶的人性。他有理由说，作为奴隶的奴隶不是真正的人；但他错误地认为奴隶不可能成为人。

这就是生命危险，生命为生物整合给定物的整体（并且也是最高的自然和生物“价值”），在为了纯荣誉，即完全没有生物学的“存在理由”和“生命利益”的斗争中经受危险，这种生命就是否定的和创造的或自由的行动，实现和“表现”否定性或自由，以及人的行动。在仅仅“为了荣誉”或仅仅为了“虚荣”（通过冒生命危险，虚荣不再是“虚妄的”或“不存在的”，成为人特有的荣誉的价值）冒生命危险，或至少能够和愿意冒生命危险的时候；或者这样说也一样，在仅仅为了“责任”（之所以是责任，仅仅是因为人不是给定的存在，因此，人仅仅被承认的时候才存在，这种承认必须以生命危险为前提，包含和要求生命危险）冒生命危险[①]的时候，人实现（=创造）和“表现”他的人性（=自由）。没有一个动物会因为单纯的羞耻或纯粹的虚荣而自杀（如同在陀斯妥耶夫斯基的《群魔》里的基里洛夫企图自杀）；没有一个动物会为了夺取或重新夺取一面旗帜，为了得到晋升和获得荣誉而冒生命危险；动物不会为了纯粹的荣誉进行流血斗争，这种斗争的唯一回报是由此产生的荣誉，这种斗争不能用保存本能（保护生命或寻求食物）和繁衍本能来解释；没有一个动物会为了洗清并不损害其生命利益的耻辱而参与决

① 人们仅仅按照自己所承认的责任行动。但是，人们自己承认的责任，始终被认为是应该得到其他人承认的责任，按照定义，其他人也必须承认按照这种责任行动的人的价值。愿意按照责任行动，实际上就是希望得到其他人的“承认”。但是，人们不能理解这一点；人们能想到责任，但没有想到“承认”。通常，人们认为，承认“按照责任”行动的人的存在是上帝。因此，人们在行动的时候相信自己能被唯一的上帝“承认”。不过，“上帝”其实只不过是被实体化和被投射在彼世中的“社会环境”。看来，人们尽自己的责任仅仅是为了在他自己看来不失尊严。但是，这仍然只不过是一个错觉。在这种情况下，个体性分裂为它的两个组成部分：行动的人代表行动者的特殊性；在道德上评判他的人代表他的普遍性，即他的存在的社会方面；人按照自己属于其中一分子的社会所承认的“普遍”价值评判他自己的“特殊”行为。当然，人们能不承认“公认的”价值。但是，如果人们认真地看待他的“非因循守旧”，如果人们用行动实现他的这种态度，那么人们就要改造或希望改造给定的社会，以便让社会承认人们为之行动的价值。在这里，事实上，人们仍然按照“承认”的欲望行动；但是，人们始终不理解这一点。

斗，正如没有一个雌性动物由于“维护自己的贞操”而反抗一个雄性动物而死。正是由于这种否定行动，人才实现和显示他的自由，也就是使人区别于动物的人性。

但是，斗争和危险并不是在自然世界中的否定性或自由，即人性的唯一“显现”。劳动是人性的另一种显现。

严格地说，动物不劳动，因为动物不改造它生活在其中的世界，它按照不能用在这个世界中它的实在存在的给定条件来解释的“计划”生活。地球上的陆地动物不制造工具，以使自己能生活在一个不同于自然环境（例如，在水中，在空中）的环境中。但是，人通过自己的劳动制造潜水艇和飞机。事实上，劳动之所以能改造给定的自然世界，并使劳动者离开在这个世界中的“自然位置”，从而在根本上改造劳动者自己，是因为他的行动是真正否定的，他的行动不是出于某种“本能”，也不是出于某种天生的倾向，他的行为否定遗传的本能，取消在与行动抗争时“表现”为“惰性”的“天性”。在自由中的动物决不是懒惰的，因为如果动物是懒惰的，它就会饿死，不能繁殖。人只有在*劳动的时候*是懒惰的，因为本义上的劳动不符合生命的需要。

劳动是“否定性”的一种实现和一种“表现”，劳动始终是一种“强迫”劳动：人必须被迫进行劳动，人必须用暴力对待他的“本性”。至少在最初，*另一个人*强迫一个人劳动，用暴力对待他，在《圣经》中，上帝把*劳动*强加于堕落的人（但是，在那里，这只不过是原本的“自由人”的堕落的一个“必然”结果；在这里，劳动是一种自由行为的结果，人得以否定其“完美的”天性的否定行动的表现）。在黑格尔那里，劳动第一次以第一个主人强加于第一个奴隶（他自愿地服从主人，因为他不能逃避奴役和劳动，除非他在战斗中接受死亡或在失败后自杀）的奴役劳动的形式“出现”在自然中。主人强迫奴隶劳动，以便通过奴隶的劳动满足自己的欲望，而他的欲望本身是“自然的”或动物的（主人在满足自己的欲望时，只是因为不靠自己的努力，而是靠奴隶提供的必要努力，主人才有别于动物；因此，与动物的不同之处在于主人能作为“享受者”生活）。但是，为了满足主人的这些欲望，奴隶必须压抑自己的本能（备制不是供自己享用的食物，尽管他自己很想享用它，等等），他必须用暴力对待他的“本性”，作为*给定物*，即作为动物否定自己或“扬弃”自己。因此，劳动是一种自我否定的行为，是一种自我创造的行为：劳动实现和表现自由，实现面对一般给定物，即其所是的给定物时的独立；劳动创造和表现劳动者的人性。在劳动中和通过劳动，人作为动物否定自己，正如在斗争中和通过斗争，人作为动物否定自己。这就是为什么奴隶劳动者能在本质上改造他生活在其中的自然世界，创造真正人性的一个技术世界。他按照一个“计划”劳动，但这个计划不是他自己的“天性”的必然结果；他通过劳动实现在他身上（还）不存在的某种东西，这就是为什么他能创造不存在于其他地方，仅仅存在于通过他的劳动产生的世界中的东西：艺术产品或艺术作品，即自然永远不能产生的东西。

奴隶劳动者的主动自我否定所产生的“制品”融入自然世界，从而*实在地*改造自然世界。为了能在这个被改造的（=人性化的）世界的现实中继续生存下去，奴隶必须改造自己。但是，因为*他*在劳动中改造给定的世界，所以他通过反作用*承受*的变化实际上是一种*自我创造*：他自己发生了变化，使自己*成为*不同于其*原先*之所是。这就是为什么劳动能把奴隶从奴役上升到自由（这种自由不同于有闲的主人的自由）。

因此，在表面上奴隶为主人劳动，但奴隶（也）*为自己*劳动。当然，主人利用奴隶的劳动。主人在为了得到承认的斗争中接受死亡，否定他的动物本性，从而实现了他的人性。和动物相反，正如人所做的那样，他能消费奴隶的劳动所制造的人工产品，尽管他不“订购”它们：他能享用艺术产品和艺术作品，尽管最初他并不“想得到”它们。这就是为什么主人自己也随着奴隶的劳动给世界带来的变化而发生变化。但是，他不劳动，不是他造成在他之外和在他之中的这些变化。但主人也在变化，因为他消费奴隶的劳动产品。但是，奴隶提供给他的东西多于和不同于他所需要的东西，于是，他非本意地和被迫地消费这些（真正人性的、非“自然的”）多余产品：他从奴隶那里受到一种训练（或教育），如果他必须用暴力对待他的本性，以消费奴隶提供给他的东西的话。所以，他承受历史，但不创造历史：如果他在变化，也只是被动地变化，就像自然或一种动物物种那样变化。相反，奴隶在人的意义上，即有意识地和有意志地、主动地和自由地变化（在完全知情的情况下否定自己）。他通过劳动否定自己的本性，他上升到自己的本性之上，与自己的本性形成（否定的）*关系*。这就是说，他意识到自己，因而意识到非其所是。他通过劳动创造的，因而不具有*自然的*实在性的实体，作为*观念的*实体，即作为以他进行的劳动的“模式”或“计划”的形式显现给他的“观念”，反映在他自身中。[①]劳动的人*思考*和*谈论*他劳动的东西（正如他思考和谈论自然以及他的劳动的“第一材料”）；仅仅在思考和谈论的时候，人才真正地*劳动*。因此，奴隶劳动者意识他制造的东西和他已经制造的东西：他*理解*他所改造的世界，他*体验到*为了适应世界而改变自己的必要性；他因而希望“继续”自己实现的和通过自己的语言

① 观念（Gedanke）产生于欲望，即产生于还没有实现的给定物的否定。只有劳动的实际行动能实现这种否定。人们因而能说，劳动按照一种预想的观念或一个计划进行：实在事物按照理想被改造。但是，观念先验地仅仅与实际的和完成的劳动有关，而不是与劳动的人有关：它不是一种“天赋的”观念或“柏拉图的”理念。当人在观念上创造（自然的或社会的）给定物的时候，*创造*了观念，当人通过劳动使观念进入给定物的时候，实现了观念，而劳动按照观念实在地改造给定物。例如，交通工具的进步并不是按照汽车的“观念”或“理想”进行的，“观念”可能预先已经形成，人通过不断的努力越来越接近它。人之所以最初想让他人或动物载着他走，是因为他不再想“自然地”行走，即用脚走。不断地否定最初*提供*给他的交通工具，最终制造出汽车，这是一种不仅仅作为物品，而且也作为不在人身上和其他地方“自古以来预先存在”的“观念”的一种真正创造。

揭示的“进步”。[①]

因此，劳动是否定性和自由的真正“显现”，因为劳动使人成为一种辩证的存在，不使人永恒地保持同一，而是使人不断地成为在给定物中和作为给定物的非其所是。可以说，斗争和体现斗争的主人只不过是历史或人的存在的辩证“运动”的催化剂：它们产生这种运动，但本身不受这种运动的影响。所有(真正的)主人只有作为主人才是有价值的(如果他是主人的话)，没有人自我“取消”自己的主人身份，以便成为非其所是(因为他不可能成为奴隶)；即使主人在变化，他们的变化也纯粹是外在的或“物质的”，而不是真正人性的，即有意识的；斗争的人性的内容，即冒生命危险，在世代的过程中没有变化，尽管或多或少受奴役的劳动者为战士提供不断更新的武器。只有奴隶想改变原有的身份(即奴隶身份)。如果奴隶通过能无限变化的劳动“扬弃”自己，他就

① 如果人真正地意识到自己，那么创造技术世界的人知道，他只有作为劳动者生活的时候，才能生活在这个世界中。这就是为什么人在不再是奴隶之后能愿意继续劳动：他能成为一个自由的劳动者。事实上，劳动(通过斗争)产生于承认的欲望，劳动按照这种同样的欲望继续存在和发展。为了实现一个技术进步，人类必须更多更好地劳动，即做出额外的努力(对付自然)。当然，总有一些人知道，他们是“为了荣誉”劳动，认识给定物的唯一欲望促使他进行科学“观察”，但不导致他用劳动进行改造；甚至不导致“实验的”干预，正如希腊人的例子所表明的。但是，大多数人认为，他更多地劳动是为了赚取更多的钱，或为了增加自己的“舒适”。然而，人们能容易地看到，赚取的剩余部分被纯荣誉的花费所吸收，所谓的“舒适”在于比他的邻居生活得更好，而不是比别人生活得更坏。因此，劳动的剩余部分和技术的进步实际上与“承认”的欲望有联系。当然，“穷人”也从技术进步中获益。但是，不是他们，也不是他们的需要或欲望创造了技术进步。进步是由“富人”或“有权势者”(即使在社会主义国家也是如此)实现的、引发的和激起的。富人“在物质上”是满足的。他们仅仅为了增加他们的“荣誉”或他们的权力，或者也可以说出于义务行动[义务完全不同于爱邻人或“仁爱”，之所以仁爱不可能产生技术进步，因而也不可能实在地消除贫困，正是因为仁爱不是一种否定行动，而是一种天生的“仁慈心”的本能流露，这种情感事实上与使之感到“痛苦”的给定世界的“不完善”完全相容。康德在源于“本能倾向”(Neigung)的行为中没有看到“美德”，即人特有的一种感情表露]。

不断地能成为非其所是，直至获得真正的自由，即通过其所是完全地得到满足。因此，人们能说，否定性作为斗争“显现”，仅仅是为了能作为劳动“显现”(否则，就不可能有劳动)。当然，归根结底，为了最终获得自由或真正地成为非其所是，奴隶或前奴隶劳动者必须重新进行反对主人或前主人的荣誉斗争：因为只要在世界上存在着有闲的主人特性的残余，在劳动者身上就始终存在着奴性的残余。但是，人的这种最后的改造或“转变”之所以采取生死斗争的形式，仅仅是因为有闲的主人是不可教育的，人的和平的教育改造(Bildung)只能通过劳动完成。奴隶必须非辩证地取消主人，即消灭主人或置主人于死地，从而取消主人身份，因为主人顽固地坚持与自己的(人的)同一性。这种消灭在为了得到承认的最后斗争中和通过这种斗争表现出来，这种斗争必然包含获得自由的奴隶的生命危险。是这种生命危险完成了劳动所造成的奴隶的自由，并把在奴隶身上缺乏的主人态度的因素(Moment)引入奴隶中。在最后的斗争中和通过最后的斗争，前奴隶劳动者仅仅为了荣誉参加战斗，从而把自己造就成普遍的和同质的国家的公民，这样的公民同时是主人和奴隶，但不是主人，也不是奴隶，而是“综合的”和“完整的”人，在他身上，主人身份的正题和奴隶身份的反题被“扬弃”，即取消它们的片面性和不完善，但保存它们的本质和真正人性的东西，因而它们在其本质中和在其存在中得到升华。

断言人是辩证的，人作为人“显现”，就是断言人是一种与自己保持同一，又不与自己保持同一的存在，因为通过斗争和劳动，人作为给定物，即要么作为动物，要么作为在某个社会的、历史的、由他确定的环境中出生的人否定自己，然而，尽管有自我否定，但他仍在存在中，或者也可以说，在与自己的人的同一性中继续存在。这就是说，人不仅仅是同一性和否定性，而且也是整体性或综合，他自我扬弃，或者在他的存在中和通过他的存在被“间接化”。然而，断言这一切，就是断言人是一种本质上历史的存在。

如果在人身上，同一性或自在存在显现为其广义上的动物性，即显现为其固有的和天生的，甚至遗传的一切东西：如果在世界中，否定性或自为存在显现为作为斗争和劳动的否定行动实现的人的自由，那么在人的“现象”方面，整体性或自在和自为存在就显现为历史性。事实上，在作为动物否定自己的同时，进行斗争和劳动的人本质上是一种历史的存在，也只有人是一种历史的存在：自然和动物没有本义上的历史。①

为了有历史，不仅仅必须有一个给定的现实，而且也必须同时有对这种现实的否定和对被否定的东西的保存（“升华”）。因此，仅仅在这种情况下，发展过程才是创造性的，并且在这个过程中有一种真正的连续性和一种实在的进步。这就是人的历史与纯粹生物的或“自然的”发展过程的不同之处。在否定的同时加以保存，就是记住过去之所是，同时彻底成为非其所是。通过历史的记忆，人的同一性在历史过程中得以保持下来，尽管在历史过程中进行自我否定。因此，人通过历史，作为他的矛盾的过去的整合或作为整体性，甚至作为辩证的实体实现自己。历史因而始终是一种有意识的和有意志的传统，任何实在的历史也显现为一部史书：如果没有实际的和有意识的历史记忆，也就没有历史。

通过记忆（Erinnerung），人“内化”他的过去，使之成为他的真正的过去，自在地保存它和使之进入他的现在的存在中，他的现在的存在同时也是一种对这个保存下来的过去的主动的和实际的否定。由于记忆，“被改变”的人能继续是“同样的”人，因“突变”而变成另一个物种的动物则与原来的物种完全不同。记忆能使人的自我否定具体化，并且能把这种否定变成一种新的现实。因为在回忆其曾经所是和所否定的给定物时，人仍然被这个给定物的具体特性所“规定”（bestimmt），同

---

① 在《精神现象学》中，黑格尔把历史和自然对立起来（参见563页第11—17行）。

时，面对这个给定物，他又是自由的，因为他否定了这个给定物。仅仅在这种情况下，人通过他的自我否定成为特定的非其所是，并且作为具体的实在事物得到保存：在一个新的世界中的另一个人，但始终是一个有纯属人的个性，生活在人的世界，即一个特殊地被组织起来的历史世界中的人。正是通过这个被创造出来的，实际的和作为“传统”实在地被回忆起来的历史，人才作为辩证的整体得以实现或“显现”，而不因为“纯粹地”或“抽象地”否定某个实在的或观念的给定物而消亡或“消失”。①

因此，完整的或辩证的，即实在的或具体的人不仅仅是否定的行动：他也是一种完成的创造行动，也就是说，一件作品（Werk）。在作品中，被否定的给定物得以保存，正如原材料被保存在成品中。这就是为什么黑格尔在我引用的《精神现象学》中的一段的末尾说，仅仅因为“他把自己的天性放入作品”，人才作为人存在着。黑格尔说，人“不再是一个直接的东西”，因为他“只不过是他自己造成（getun）的东西”，也就是因为他在行动，作为给定物否定自己。但是，人是通过一个“符号”“显现”或“认识自己”（erkennen lässt）的一个具体的现实事物，因为人是一件用给定物制成的作品（Werk），被否定的东西在作品中得以保存。否定的东西在人那里的保存，是在否定给定物的人的记忆中和通过他的记忆实现的。这就是为什么只有当人是历史的，人才是一个人性的辩证现实事物，并且仅仅在回忆他的已经过去的过去时才表现

① 虚无主义或怀疑主义的致命危险就在于缺乏历史的记忆（或历史），它们试图否定一切，不保存任何东西，即使以记忆的形式加以保存。花费时间倾听彻底的“非因循守旧的”知识分子的一个社会，之所以乐于（在语言上）否定任何给定物（甚至保存在历史记忆里的“升华的”给定物），仅仅是因为给定物最终将淹没在无生机的无政府状态中，并消失。同样，梦想一场“永恒革命”的革命者否定一切传统，不考虑具体的过去，除非为了取消它，最终必然要么导致社会无政府状态的虚无，要么导致自己在身体上和政治上的消失。只有维护或重建历史传统，把他自己通过否定而遗弃在过去中的当前给定物保存在一种肯定的记忆里的革命者，才能创造一个能存在下去的新的历史世界。

出其所是。

总之，把人描述为一个辩证的实体，就是把人描述为一种否定行动，否定行动在它从中得以产生的内部否定给定物，正如这种否定本身从被否定的给定物中创造出的一件作品。在"现象学"方面，这意味着人的存在作为一系列通过记忆被整合的斗争和劳动，即作为人在其中自由地造就自己的历史，"显现"在世界中。

因此，黑格尔的辩证法在哲学上分析包含在已经世俗化和成为现代人类学的前哲学的犹太-基督教人类学中的两个基本范畴：自由和历史性的范畴。这种辩证法也能使人理解为什么这两个范畴实际上是不可分离的。显而易见，只有当存在着自由的因素，才有历史，即创造性的和不可预测的发展过程，自由只有通过一个真正人性的，即历史的世界的创造才能实现。不过，辩证法使我们看到，否定性（=自由）之所以有别于虚无，仅仅是因为否定性被纳入整体性（=历史的综合，在这种综合中，将来通过过去进入现在），之所以实在事物是整体性，而不是纯粹的同一性，仅仅是因为实在事物包含自己的否定（这种否定使之从作为给定物的自身中解放出来）。历史是历史之所是，即整体性或综合，以及创造的发展过程或进步，而不是纯粹的同义反复，不是"永恒的回复"，因为历史是本质上不同的各种因素的统一，而这些因素是通过否定以前的因素形成的，因而独立于以前的因素，或摆脱以前的因素。

不过，犹太-基督教和现代人类学（或多或少明显地）包含与这两个范畴不可分离的第三个基本范畴，这就是个体性的范畴：在这种人类学中，人是一个自由的历史个体。黑格尔的哲学人类学接受人的这个概念。因此，在上述引文中，问题始终在于个体，人的个体性。

与动物、植物和没有生命的东西相反，一个人不仅仅是一个"自然"物种的一个纯粹"标本"或一个任意的、能与人互换的代表。（黑格尔经常强调，法语的表达方式"……的物种"如果用于人，则有一种贬义。）一个人被认为"在其种类中唯一的"，本质上不同于所有的人。同时，在其不可替代的独特性中，人被认为具有一种肯定的价值，这种价值比属于作为物种的物种[①]的价值更绝对和更普遍。属于某种绝对唯一的东西的这种价值正是个体性所特有的，也仅仅属于个体的价值。

在黑格尔的专门词汇中，人的存在所特有的个体性是特殊和普遍的综合。如果这种存在“表现”在“现象”方面，那么个体性就“显现”为人特有的对承认(Anerkennen)的欲望的主动实现。在黑格尔看来，只有当其他人(严格地说：所有的人)承认他为人，人才是真正的人，反过来，他也承认其他人为人(因为只有得到被人们承认的人的承认，一个人才真正地得到“承认”)。人们能说，是社会的承认区分了作为精神实体的人、动物，以及纯粹自然的一切东西。然而，正是在人的特殊性的普遍承认中和通过这种承认，个体性才得以实现和显现。

黑格尔在1805—1806年的《耶拿讲演》中非常清楚地阐明了这一点(第二十卷，206页第16—19行和22—27行)：

“在承认(Anerkennen)中，自我不再是这种特殊的实体(Einzelne)；他在法律上[即普遍地，或作为绝对的价值]存在于承认中，这就是说，他不再存在于直接的[或自然的]定在(Dasein)中……人必然是被承认者，人必然是承认者。这种必然性是他自己的必然性，而不是与内容相反的我们的思想的必然性。作为承认的行动，人本身是[辩证]运动，正是这种运动扬弃(hebt auf)他的自然状态：他是承认的行动；自然实体(Natürliche)仅仅存在着(ist)；自然实体不是精神实体(Geistiges)。”

任何人，只要他是人性的(或“精神的”)，都希望一方面有别于其

① 例如，杀死一个动物或植物物种的某个代表，我们不认为是罪过。但是，灭绝整个物种则差不多被认为是罪行。

他人，是“在世界上唯一的”。[①]但是，另一方面，他希望很多人，如果可能的话，希望所有人承认其唯一的特殊性有一种肯定的价值。这就是说，在黑格尔的专门词汇中，真正人性的，或完全不同于动物的人，始终寻求承认，并且只有实际上得到承认的时候，人才能实现自己。这意味着人（主动地）追求个体性，并且只有被承认为个体，从而（主动地）实现自己的时候，人才是实在的。

只有生活在社会中，人才可能真正地是人。只有在与其成员的实际相互作用中，其间，这种相互作用“表现”为政治的存在或国家，社会（和一个社会的归属）才是实在的。只有作为一个国家的“得到承认的”公民行动和生活，人才是真正的人，即“个体”。（参见第七章，475页第23—25行。）但是，在国家出现的时候，以及在国家的整个历史发展过程中，国家没有充分地满足人的承认欲望，因而没有完全地实现作为个体的人。这是因为在人的存在的实际历史条件中，一个人不仅仅是在其唯一的和不可替代的特殊性方面得到国家承认的“这个特殊的人”。他通常也是人的一个“物种”——一个家庭，一个社会阶级，一个民族或一个种族，等等——的可互换的“代表”。仅仅作为这样的一个“代表”或作为“特殊性”（Besonderheit），人才能*普遍地*得到承认，并作为享有全部政治权利和作为公民权的“法人”得到国家的承认。因此，如果人没有通过他的社会和政治存在充分地得到满足（befriedigt），人就不是真正*个体的*。这也就是为什么人主动地和自由地（即通过否定）改造给定的社会和政治现实，以便能在经过造成的社会和政治现实中实现其真正的个体性。通过承认欲望的主动的和自由的逐渐满足，个体逐渐得以实现，这种实现就是*历史*的“辩证运动”，而历史只不过是人

① 当拿破仑的马来亚园丁把他当作传说中的远东征服者时，拿破仑感到恼火和不快。当一位上流社会的女士看到一个女友穿着一件她也买到的“在其种类中唯一的”连衣裙时，感到恼火和不快。一般地说，没有人希望成为人们经常谈论的“平均人”，总是希望与众不同。

本身。

事实上，只有在普遍的和同质的国家中，个体性才能充分地实现，承认的欲望才能完全地得到满足。因为在同质的国家中，阶级、种族，等等的“特殊性”（Besonderheit）被“扬弃”，这种国家因而直接联系于特殊的人，特殊的人在其特殊性方面被承认为公民。这种承认是真正普遍的，因为按照定义，国家包括人类的整体（这种国家在现在，在将来，甚至通过历史传统在他的过去中永存，因为从此以后，将来不再有别于人在那里已经充分得到满足的现在）。

当充分地实现个体性的时候，普遍的国家就完成了历史，因为在这种国家中并通过这种国家得到满足的人，不再想否定某种东西和创造取代它的新东西。然而，这种国家也必须以从历史过程中流逝的整体为前提，人不可能一下子就实现这种国家（因为国家和人本身产生于斗争本身，而斗争必须以一种差别为前提，因而不可能发生在普遍的同质性中）。换句话说，一个存在只有也是历史的，才能真正是个体的（不仅仅是特殊的）。我们已经看到，一个存在只有实际上是自由的，才能真正是个体的。反过来说，一个真正自由的存在必然是历史的，一个历史的存在通常或多或少是个体的，以便最终完全成为个体的。[1]

因此，人的定在的“现象学”描述揭示支配人的存在和把人的存在与纯粹自然的存在区分开来的（犹太-基督教徒不言明地发现的）三个基本范畴：个体性，自由和历史性。这种描述阐明了在它们之间不可分割的联系，证明了如果人不“显现”为历史的自由因素，那么人就不

① 真正地说，在本质上不同于所有其他人的意义上，智者也不是“个体的”。如果智慧在于拥有真理（在黑格尔和他的所有读者看来，真理是唯一的，是同样的），那么一个智者和另一个智者并没有区别。这就是说，智者不是如同历史的人那样，是人性的（在同样的意义上也不是自由的，因为他不通过行动否定任何东西）；更确切地说，他是“神性的”（但终有一死的）。不过，在这个意义上，智者是一个个体，在他的存在的特殊性中，智者拥有普遍的知识。在这个意义上，他仍然是人性的（因而终有一死的）。

可能“显现”为一个个体，人只有“显现”为一个历史的个体才能显现为自由的，人只有在其个体的自由或自由的个体性中显现，才能历史地“显现”出来。不过，当“现象学”描述在揭示三个基本范畴的这种联系时，把人呈现为在其定在中辩证的一个存在。更确切地说，这种描述必然把人呈现为辩证的，以便能解释这三个范畴的联系和每一个被孤立看待的范畴。

我们已经知道，一个自由的和历史的存在必然是辩证的。显而易见，对作为在黑格尔意义上的个体的一个存在来说，也同样如此。

事实上，个体性是特殊和普遍的综合，普遍是特殊的否定或反题，特殊是正题的或与本身同一的给定物。换句话说，个体性是一种整体性，个体的存在因而也是辩证的。

此时此地和它在世界中的“自然位置”（topos）所规定的一个实体的特殊性，不仅仅把这个实体与不是这个实体的一切东西严格地区分开来，而且还把它固定在与本身的同一中。这种特殊性是一种材料或一个“正题”，甚至是一种给定的存在（Sein）。最初存在的东西（虽然可以说，这是“笛卡尔主义者”的看法，但起源于柏拉图），不是普遍，而是特殊：例如，没有一般的桌子或一个任意的动物，而是有这张桌子或这种特殊的动物。然而（至少在人们谈论的，即在人生活在其中的世界中），人们能否定存在着的实体的特殊性，使之脱离它的给定的此时此地，使之从自然世界进入语言世界。例如，此时此地存在的这张桌子能成为一般桌子的“一般”概念，可以说，一般桌子无所不在和无所在（除了“在思想中”），这个动物，就是一个任意的动物的“抽象”概念。但是，构成（人居住的世界的）具体现实的东西，不是仅仅对本身来说的特殊实体，也不是相应于孤立地被看待的特殊实体的一般概念。具体的现实是具有一般内容的语言所揭示的特殊实体，以及在时间–空间的世界中通过诸特殊性的此时此地揭示的一般（甚至同类）概念的整体或整体性。仅仅作为一般概念的特殊的实现，或作为一个物种或一个种类的“代表”，一个给定的实在实体才是一个“个体”。(同样,如果概念不符合给定的存在,那么它也是一个纯粹的抽象概念,即纯粹的虚无;包含在这种存在中和有鉴别作用的特殊性区分了一般概念和使之“个体化”。)

但是,当问题在于纯粹自然的实在特殊实体(即动物、植物或没有生命的东西)时,普遍化的否定仅仅是在人的思想(或语言)中,即在特殊实体*之外*进行的。这就是为什么人们能说,自然实体在本身中仅仅是特殊的:只有通过思考它或谈论它的人和在这样的人看来,它才同时是普遍的,因而是“个体的”。因此,个体性(以及一般的辩证法)只能“出现”在人的自然科学中,而不是在自然本身中。严格地说,纯粹自然的实体不*是*一个个体:在自身中,通过自身和为了自身,它不是个体。相反,人在自身中和通过自身是个体的(因而是辩证的),正如人自为地是个体的。之所以人自为地是个体的,是因为人认识到自己不仅仅是“这个特殊的人”,而且也是人类的一个“代表”(他能作为人类的一个代表行动)。他*通过自身*也是个体的,因为他在他的动物的特殊性中否定自己,以便在他的人的普遍性中(通过语言和行动)想象自己和表现自己。最后,人在自身中,即*实在地*或在他的定在本身中是个体的,因为他的特殊存在的普遍性不仅仅被他和其他人*想到*,而且也通过(他自己创造的)实在的或国家的普遍被*承认*为一种实在的价值,并实在地和主动地得到承认。这种实在的或国家的普遍实在地使人普遍化,使人成为按照“*一般利益*”行动(或*存在*)的公民。

断言人是个体,或特殊和普遍的(实在的,甚至“存在的”)综合,就是断言人本身是对作为(特殊)给定物的自己的保存性(普遍化)否定,这就是说,个体必然是一个辩证的存在。然而,我们已经看到,在“本体论”方面,辩证的存在必然被描述为同时是同一性、否定性和整体性。我们也已经看到,否定性在“现象”方面“表现”为人的自由,整体性在“现象”方面“表现”为历史性。理所当然地可以说,同一性在现象学方面“表现”为个体性,人类学的第三个基本范畴。

确实，我曾经说过，同一性在人的“现象”方面“表现”为动物性。但是，在这种说法中，没有任何矛盾。事实上，问题不在于纯粹的动物性，即“显现”在自然中的动物性，而是在于在人那里的动物性，即在人的存在的整体中被扬弃的人的（最初，动物的）本性。不过，一个人的（动物的和社会的）天赋“本性”就是决定其特殊性，决定他与一切非其所是本质的和不可消除的区别的东西。作为被扬弃的东西，这种“本性”显现为一种被否定的特殊性，即显现为一种普遍性。如果这种“本性”在它的否定中得到保存和升华，那么在人那里的普遍性就包含特殊性，因而普遍性是个体性的一种体现。因此，人们能说，如果人的个体性保存和升华人的天赋“本性”的特殊性，那么是个体性实际上“揭示”了在人那里的同一性，如果否定性是自由的本体论基础，整体性是历史性的本体论基础，那么同一性就是个体性的本体论基础。由于被包含在个体性中的同一性，一个人仍然是“同一个个体”，尽管他已经成为“非其所是”，尽管他在否定其“本性”的特殊性和由此摆脱其本性的时候，本质上已经发生了变化。正是作为这样的一个“个体”，在否定自己的同时保持同一的个体，一个人才有一部个人的“历史”。[①]

然而，这种表达方式并不完全正确。实在地存在的东西，既不是同一性，也不是否定性，而是包含作为构成因素的两者的整体性。因此，始终是整体性在人的“现象”方面“显现”个体性、自由和历史性。人的这三个“现象”只不过是一个唯一的和同样的实在整体——人的存在（être）本身的存在（existence）——的“显现”的三个不同的但互补的方面。在个体性包含同一性的情况下，个体性“揭示”整体性；自由

① 今天，人们经常谈论一个人的“个性”。然而，“个性”（在黑格尔那里的“人”）不是别的，就是“自由的和历史的个体性”：这不是一个人类学的新范畴，而是表示犹太-基督教人类学的三个基本范畴的（实际上不可分离的）整体的一个词语。

“表现”这种整体性，因为它包含否定性；历史性是作为整体性本身，即作为个体的同一性和自由的否定性，更确切地说，使人获得自由的否定性的综合的整体性的“显现”。

断言人是自由的和历史的个体，就是断言人在其定在（Dasein）中“显现”（erscheint）为一个辩证的实体，因此，人在其现实（Wirklichkeit）中和在其存在（Sein）中是辩证的。因此，这就是断言人只有被扬弃，即在保存和升华的时候才能存在。

然而，在已经引用过的《哲学全书》的一段里，黑格尔说（第五卷，105页第33行），人属于自我扬弃的一切有限的实体。

我们暂且不考虑这一段所肯定的东西：一切有限的实体都是辩证的，并且必然都是辩证的。在那里，有一种语言的误用和一种严重的错误，我不准备详细解释。我们仅仅应该记住，按照上下文来看，这一段认为，只有一个有限的实体才可能是辩证的，一切辩证的（或可能辩证的）实体必然在其存在本身中，因而在其现实中和在其“现象的”定在中是有限的。断言人是辩证的，就是不仅仅断言人是个体的、自由的和历史的，而且也肯定人本质上是有限的。不过，在人的“现象”方面，存在和现实的基本有限性“显现”为人们称为“死亡”的这种东西。因此，断言人“显现”为历史的自由个体（或“个性”），人“显现”为在本质上终有一死（在本义上和强意义上），就是有差别地表示一个唯一的和同样的东西：一个历史的自由个体必然是终有一死的，一个真正终有一死的存在始终是一个历史的自由个体。①

为了消除在这个论断中的矛盾方面，必须立即说，在黑格尔看来，人的死亡必然不同于纯粹自然的存在的有限性。死亡是一种辩证的有限性。唯有辩证的存在，也就是人，在本义上是终有一死的。一个人的死亡在本质上不同于一个动物或一个植物的“终结”，因而不同于一个

① 关于黑格尔哲学中的死亡概念，参见附录II。

物体因单纯的“耗尽”而“消失”。

在青年时期的黑格尔(1795年?)论述爱情的残篇(由Nohl编辑,《黑格尔青年时期的神学作品》,蒂宾根,1907年)中,我们发现了有一段关于死亡的论述,他后来阐述的基本主题已经出现在那里(379页最后一段和381页):

“因为爱情是有生命的东西(Lebendigen)的一种感情(Gefühl),所以只有当情人是终有一死的,[也就是]当他们想到这种分离的可能性的时候,而不是当某种东西实在地分离,与一个存在(Sein)的可能结合是一种现实事物(Wirkliches)的时候,情人才能[相互]区别。在[作为情人的]情人中,没有[原始的或给定的]材料,他们是有生命的整体[或精神的整体,因为在当时,黑格尔等同地看待生命和精神];情人有一种独立性(Selbständigkeit)。[一种]自己的(eigenes)生命原则,[这]仅仅意味着:他们会死亡。植物有盐分和土地的成分,它们本身包含自己特有的行为方式的规律;[植物]是一种外在实体(Fremden)的反映,人们仅仅能说,植物会腐败(verwesen)。但是,爱情倾向于扬弃(aufzuheben)这种区别(Unterscheidung),这种作为纯粹(blosse)可能性的可能性,倾向于结合终有一死的东西(Sterbliche),使之成为不死的东西……因此,人们有:合为一体者(Einige),分离者,重新结合者(Wiedervereinigte)。结合者重新分离,但是,孩子身上,结合(Vereinigung)本身仍然是不分离的(ungetrennt worden)。”

为了理解这段“浪漫”论述的整个意义,必须首先知道,在撰写它的时候,黑格尔一度认为已经在爱情中发现了在人的存在中人所特有的内容,在分析恋爱关系时,他第一次描述了存在的辩证法,这种辩证法把人的存在和纯粹自然的存在区分开来。描述作为情人的人,在黑格尔看来,就是描述作为人特有的和本质上不同于动物的存在的人。

在《精神现象学》中，爱和爱的欲望变成了承认的欲望和为了满足这种欲望而进行的生死斗争，以及随之而来的一切东西，即通向得到满足的公民或智者的历史。在《精神现象学》中，爱情中的相互承认变成了通过行动的社会和政治承认。“现象的”辩证法因而不再被描述为一种爱情的辩证法，而是被描述为一种历史的辩证法。在历史的辩证法中，在性行为和（在上述引文的最后一句里提到的）孩子中的承认的实现（Verwirklichung）被在斗争、劳动和最终到达智者的历史进步中的承认的实现所代替。[①]在《精神现象学》中，引文中的“合为一体者”就是

---

① 承认和斗争的辩证法的“浪漫主义”或“生机论”显然可以追溯到我们在《精神现象学》第四章导论中（135页倒数第2行—138页第20行）发现的这种辩证法的“形式”描述。与上述引用的青年时期作品的紧密联系是明显的。（人的）爱情也是一种承认欲望：情人希望被爱，在使之区别于所有其他人的特殊性本身中，希望作为绝对的和普遍的价值得到承认。爱情因而（在某种程度上）实现了个体性，这就是为什么爱情能（在某种程度上）产生满足。无论如何，这是一种人特有的现象，因为人欲求另一个欲望（另一个人的爱），而不是欲求一种经验的现实事物（例如，当人们纯粹地“欲求”另一个人的时候）。黑格尔在《精神现象学》中（不言明地）对爱情提出的非难，一方面是它的“私有”性（人们只能得到极少数人的爱，但人们能普遍地得到承认），另一方面是它“缺乏真实性”，因为不需要冒生命危险（只有生命危险是使人区别于动物的人特有的内容的真正实现）。如果不要求生命危险，那么爱情（爱的承认）一般就不需要行动。因此，在爱情中，被承认为绝对价值的东西不是行动（Tun）和成果（Werk），而是存在（Sein），即不是真正人性的东西。（正如歌德所说的：人们爱一个人不是因为那个人做了什么，而是那个人是什么；这就是为什么人们能爱一个死者，因为不做任何事情的人和已经死了的人差不多；这也就是为什么人们能爱一个动物，但能不“承认”它：我们记得，在一个男人和一个动物或一个女人之间不可能有决斗；我们也记得，完全致力于爱情的人“不配做一个人”：赫拉克勒斯和参孙的传奇故事，等等。）因此，一个人即使“沉浸在爱情的幸福”中，也没有完全地得到满足，因为他没有普遍地得到“承认”。如果接受《精神现象学》的观点，那么就必须说，之所以人能真正地爱（没有一个动物能做到这一点），仅仅是因为他已经通过在为了得到承认的斗争中经历的危险事先把自己造就成人性的存在。这就是为什么只有（源于本义上的承认欲望的）斗争和劳动能产生人特有的一种现实（Wirklichkeit）（技术的和社会的，甚至历史的世界）；爱情的现实纯粹是自然的（性行为，孩子的出生）：爱情的人性的内容始终是纯粹内在的（innerlich）。是历史，而不是爱情，创造了人；爱情只不过是已经作为人存在的人的第二“表现”。

在斗争之前，受到承认欲望激励的人（更确切地说，史前人）。这种承认欲望（最初）在所有的人中都是一样的。"分离者"是主人和奴隶，他们在"最初的"斗争和通过这种斗争产生，本质上互不相同。最后，"重新结合者"既不是性行为，也不是孩子，而是得到满足的公民或智者，他们是主人和奴隶的"综合"，是人类历史发展过程的整体的结果，作为斗争和劳动的"辩证运动"的整体。一般地说，人的辩证现实的完全的和一致的"揭示"不是爱情，即一种完全结合的"生物的感情"，而是智慧或科学，即给予人的和由人创造的存在的整体的语言或概念理解。

但是，在人的辩证法的两种"现象学"描述中，死亡起着一个极其重要的作用。因为在青年时期的作品中，黑格尔已经断言，只有当（表现人身上的人性的）情人是*终有一死的*，情人才能相互区别，并区别于一切非其所是；这就是说，仅仅因为他们是*终有一死的*，他们才拥有*个体性*，因为个体性必然包含"在世界上唯一的"特殊性，并必须以这种特殊性为前提。同样，仅仅由于*死亡*，情人才有一种独立的或自主的，甚至*自由的*存在。最后，仍然是由于情人的*必死性*，爱情才作为"分离者"的辩证的"重新结合"，即作为以一系列相继的世代或历史发展过程的形式在时间中展开和整合的综合（情人的"综合"是孩子）或整体得以实现。然而，我们知道，在他的成年的作品中，黑格尔坚持认为，在死亡以及个体性、自由和历史性之间有不可分割的联系。

但是，特别需要强调指出的是，这个"浪漫主义的"论述彻底地把人（=情人）的*死亡*与纯粹自然的实体的单纯消失或"分解"对立起来（黑格尔在那里关于植物所说的一切也适用于动物和没有生命的东西）。自然实体的有限性和实际消失（例如，一个动物的"死亡"）必然仅仅由外在（Fremdes）于它们的规律，或者也可以说，由它们在给定的世界中占据的自然位置（topos）决定。相反，人（=情人）的死亡是一种*内在的*规律，一种*自我取消*：它真正地是人的死亡，即人所固有的和属于人自己的，因而能被人认识、欲求或否定的某种东西。自然的存在的

“死亡”仅仅“自在或为我们”，即为意识到它的人存在：自然的有限存在不知道它自己的有限性。相反，人的死亡也为人存在，它是“自在和自为的”：在他们的死亡中和通过他们的死亡，情人“想到分离的可能性”。这就是为什么只有人(=情人)能期望本身是有限的和终有一死的东西的无限性和永存，正如只有人能献身：在自然中，死亡只不过是一种给定物，但是，在人那里和在历史中，死亡也是(或至少能始终是)一个成果，即一个有意识和有意志的行动的结果。

然而，断言这一切，就是断言结束其“定在”的一个自然实体的“分解”或“腐败”是一种纯粹和单纯的(或“同一的”)消失，而人的死亡是一种“扬弃”(或“完全的”扬弃)，即在取消的同时保存和升华。这就是把(亚里士多德的)“发生和腐败”的“同一的”自然世界和(主动的或否定的)创造和(始终有意识的，偶尔有愿望的或有意志的)死亡的“辩证的”人的历史世界对立起来。

我们将看到，在黑格尔那里，人的死亡的这种辩证特点意味着什么。但是，我们已经知道，它所包含的“保存和升华”与“死后继续存在”无任何关系，因为我们知道辩证的存在必然是有限的或终有一死的(在强意义上)。如果在黑格尔看来，人之所以真正地是人性的，仅仅是因为人必定会死去，人不是为了复活，不是为了生活在不同于他在那里出生和通过行动创造他自己的历史世界的自然世界的一个世界中死去。

一般地说，死亡概念的引入并不改变黑格尔关于我们已经知道的辩证法的描述。总之，断言人是终有一死的(在人意识到自己的死亡，在人能自愿地献身或在一个关于永存的神话中“否定”死亡的意义上)，恰恰就是断言人是一个整体或辩证的实体：整体性始终显现为一个必然终有一死的、历史的自由个体，这个个体必然是终有一死的，一个真正地终有一死的个体必然是作为一个整体或辩证实体存在着的历史的自由个体。

但是,我们还要进一步考察事情为什么是这样的。

首先,十分明显的是,一个辩证的或“完全的”存在只能是有限的或终有一死的。事实上,按照定义,仅仅在有否定性的地方,才有辩证法,因而有整体性。然而,在孤立状态中的否定性是纯粹的虚无。因此,它与同一性或存在(Sein)的“综合”只能是虚无取代存在,即存在的消失或虚无在存在中的虚无化。但是,存在仅仅在时间中消失,虚无仅仅在作为时间的存在中成为虚无。因此,辩证的或完全的存在(即在精神现象学中的精神,或在青年时期的黑格尔的专门词汇中的生命)必然是时间的:它是一种完成的,或者也可以说,物质化的时间,即一种(在存在或空间中)延续的时间。然而,延续,就是必然(在时间中)有一个开端和一个终结,它们“显现”为出生和死亡。一个辩证的或完全的存在实际上始终是终有一死的,至少在这个意义上:它的定在通过时间和在时间中是有限的。

但是,“辩证的”死亡不止是纯粹的终结或从外面强加的限制。如果死亡是否定性的一种“显现”,那么正如我们所知道的,自由就是否定性的另一种“显现”。因此,死亡和自由只不过是一个唯一的和同样的事物的两个(“现象学的”)方面,因此,说“终有一死的”,就是等于说“自由的”,反之亦然。黑格尔实际上多次肯定这一点,尤其在他关于“自然权利”的论文(1802年)的一段。

他在那里说(第七卷,370页第10—13行):

“这种否定的绝对,纯粹的自由,在其显现(Erscheinung)中就是死亡;由于死亡的能力(Fähigkeit),主体(=人)表现为(erweist sich)[是]自由的和绝对地超越(erhaben)一切强制(Zwang)。”

在“形而上学”方面,事情就是如此。如果存在是在其整体中被决定的(换句话说,没有可能的科学,也没有真理),那么它也通过其整体决定构成它的一切东西。一个不可能摆脱存在的存在也不可能摆脱自己的命运，只能永远地固定在它在世界中占据的位置。或者，换句话说，即使人永远活着和不会死，他也不可能摆脱上帝的无限权力。然而，如果他能自我献身，那么他就能拒绝任何强加的命运，因为当他不再存在的时候，他就不再承受任何强加的命运。如果转入"现象学"方面，人们就会看到，没有"生命必要性"自杀和自愿死亡，是否定性或自由最明显的"表现"。因为为了逃避一种在生物学上能适应的生存环境（人们能继续在这个环境中生存）而自杀，就是表现他面对环境时的独立性，也就是他的自主或他的自由。只要人们能为了逃避任何给定的环境而自杀，我们就能和黑格尔一起说，"死亡的能力"就是面对任何一般的给定物时"纯粹的"或绝对的"自由"的（至少潜在的）"显现"。[①]然而，如果自杀（显然，它能区分人和动物）"表现"自由，那么自杀并不实现自由，因为自杀通向虚无，而不是通向一种自由的生存。在黑格尔看来，显示和实现自由的东西，是为了纯荣誉，仅仅为了得到承认而没有生命必要性的斗争。但是，这种斗争仅仅在包含生命危险，即有死亡的实在可能性的情况下，才能显示和实现自由。[②]

① 黑格尔的这个主题，在《群魔》中被陀斯妥耶夫斯基重新采用。基里洛夫试图自杀，只是为了"没有任何必要"，即自由地自杀的可能性。他的自杀能表明人的绝对自由，人面对上帝时的独立性。陀斯妥耶夫斯基的有神论反对意见是，人不可能自杀，人必定在死亡面前退缩：基里洛夫自杀是因为耻于不能自杀。但是，这种反对意见是无效的，因为"出于羞耻"的自杀也是一种自由行为（没有一个动物会自杀）。如果基里洛夫因自杀而消失，那么正如他所愿望的那样，当他"过早地"和这一切"被写下来"之前死去时，他取消了外在者（或"超验者"）的全部力量，限制了无限性或上帝。关于基里洛夫的故事的解释，我受惠于雅各布·克莱因先生。

② 此外，为了纯荣誉的斗争是一种（出于偶然的）自杀。正如黑格尔在1805—1806年的《耶拿讲演》（第二十卷，211页的最后三行）所说的："在［每一个］作为意识［的对手］看来，他走向另一个人的死亡；但是，他也走向自己的［死亡］；如果他［故意地］暴露在危险之中，那么［这是一种］自杀。"对手仍然活着的事实使他接受生存的必要性；但是，（拒绝危险的）奴隶接受这种必要性，而（接受危险的）主人仍然是（转下页）

因此，死亡只不过是自由的一个补充方面。但是，在何种程度上，自由也是个体性的一个补充方面？

按照定义，个体性是普遍和“在世界上唯一的”特殊的综合。然而，如果上升到“本体论”方面，那么人们能证明自由的特殊性（或特殊的自由）与无限性是不相容的。

亚里士多德已经非常清楚地看到，一个永远（=只要时间在延续）不能成为现实或不能实现的“可能性”，实际上是一种绝对的不可能性。如果任何一个存在，特别是人的存在，在它能永恒地（=只要时间在延续）延续的意义上是无限的，如果它不能实现存在的某些可能性，那么这些可能性对它来说或相对他而言就是不可能性。换句话说，在其存在中和在其生存中，以及在其显现中，它完全是由这些可能性决定的：它不是真正自由的。一个存在如果能永恒地存在下去，那么它必将实现它的所有可能性，不实现它的不可能性。它的可能性，或者这样说也一样，它的不可能性的给定整体构成了它的不变“本质”，或它的永恒“本性”，或它的天赋“个性”，或它的柏拉图的“理念”，等等，它能在时间中发展、实现和“表现”这种本质，但不能改变它或使之消失。在现实的和“现象的”世界中，这种存在只不过是一个物种的（可能是唯一的）“代表”，可以说，它的本质在时间上“实现”和“显现”之前，已经由它作为其中一部分的存在的给定结构决定了。或者也可以说，为了和加尔文一起谈论，在这一点上，加尔文有一种严密的逻辑：永恒存在

（接上页）自由的：在他的劳动中，奴隶接受给定物的规则，而有闲的主人则消费通过劳动和为人制造的已经“人性化的”产品，不接受限制（当然，在原则上）。人们也能说，主人实际上已经在斗争作为人死了：严格地说，他不再行动，因为他是有闲的；他虽然活着，但好像已经死了；这就是为什么他在历史过程中不再发生变化，直至寿终正寝：他的存在是一种单纯的（在时间上有限的）“苟活”或一种“延期的死亡”。奴隶通过表现其自由的劳动逐渐获得解放；但是，奴隶最终必须重新进行斗争和接受危险，以便实现这种自由，在胜利后创造普遍的和同质的国家，并成为在其中得到“承认”的公民。

的人在他的“创造”之前，要么被“选中”，要么“下地狱”，绝对不可能通过他在世界中的“主动”存在改变他的“命运”或他的“本性”。

无限的或永恒的存在，特别是不死的和“死后继续存在”的人可能被他的有限的可能性或被他的不可能性特化，他可能不同于所有其他人，具有其他人所没有的不可能性。因此，他是一个特殊的存在。但是，这种特殊的人不是自由的。他因而不可能是一种本义上的个体性。由于不能超越他的“本性”，所以他不能否定或“取消”，甚至“超越”其给定的特殊性，上升到普遍。由于本身没有任何普遍的东西，所以他仅仅是特殊，不是一个真正的个体。同样，在人的这种概念中，也只有当人的特殊性投射在神的普遍性上面，个体性才显现。加尔文眼里的人仅仅因为被“选中”或“下地狱”，即在其特殊性中得到一个普遍的上帝的“承认”，他才是一种不同于纯粹动物的特殊性的个体性。但是，这个上帝在“承认”他的时候，也规定了他，并仅仅按照一种先于存在本身和先于有待于“承认”的被规定者的“出现”的预先规定承认他。从本身看，具有“不死的”有限可能性的人既不是自由的，也不是本义上的个体。至于实现存在的所有可能性的无限存在，人们能说，他是“自由的”：至少在古代的和斯宾诺莎的意义上，在他身上没有内在的或来自外部的一切限制。但是，如果每一个人都实现和显现存在（尽管仅仅指人的存在）的所有可能性，那么在人与人之间就没有任何真正的区别，没有人会表现出一种特殊性。然而，如果没有特殊性，也就没有本义上的个体性。亚里士多德已经理解这一点，他的发现被阿拉伯哲学家和斯宾诺莎重新采纳。在不受在别处可实现的不可能性限制的意义上，无限的或永恒的（“不死的”）存在是“自由的”，因而必然是单一的和唯一的：一种普遍的神性的“实体”，在特殊的“属性”和“方式”的无限多样性中和通过这种多样性实现与显现。或者也可以说，在这种无限性的概念中，有自由和个体性；但是，自由的个体在这里仅仅是上帝，不再有纯自然的世界，因而也没有本义上的人；因此，不再有人们称为历史的运动。①如果人是不死的,如果人在生命死亡后"继续存在",那么在人那里就没有自由,没有个体性。人的自由是他对自己的"本性",即他的"已经由他实现的,规定其不可能性的可能性",所有与不可能性不相容的东西的实际否定。他的个体性是他的特殊性和他自己的普遍性的综合。只有当人在其存在中包含存在的所有可能性,但又没有时间实现和表现所有这些可能性的时候,人才可能是个体的和自由的。自由是与以前实现的可能性的整体(因此,它们必然要被否定)不相容的(因为已经实现)一种可能性的实现;因此,只有当这个整体不包含所有的一般可能性,在它之外的东西不是一种绝对的不可能性,才有自由。人之所以是个体,仅仅是因为在他那里,其存在的可能性的普遍性与在时间的实现和表现中唯一的特殊性结合在一起。仅仅因为人在潜在中是无限的,在现实中由于死亡而始终是有限的,所以人是一个自由的个体,有一部历史,能自由地为自己创造一个在历史中的位置,而不像动物和事物那样,仅限于被动地在给定的世界中占据一个由世界的结构决定的自然位置。②

只有当人是终有一死的,人才是一个(自由的)个体,只有人在实现和显现死亡的时候,人才能作为个体得以实现和显现。如果在"现象

① 参见1938—1939学年课程《关于永恒、时间和概念的解释》(336—380页)。

② 如果一个动物,或一个作为动物的人,面对两条分岔的道路,它能走右边的道路或左边的道路:作为可能性,这两种可能性是并存的。但是,如果它实际上走右边的道路,那么它就不可能走左边的道路,反之亦然:作为已经实现的可能性,这两种可能性不是并存的。进入右边道路的动物必须返回后才能走左边的道路。作为动物的人也以同样的方式行事。但是,作为人,即作为历史的(或精神的,甚至辩证法的)存在,他永远不会返回。历史不走回头路,历史在走了右边的道路之后,仍然能处在左边的道路上。这是因为有大革命,这是因为人能否定自己处在右边的道路上,因而成为非其所是,处在左边的道路上。人在否定自己的时候,没有完全消失,并非不再是人。但是,位于右边道路上的动物就不能处在左边的道路上:它因而必然消失,动物所体现的人必然死亡。(如果革命不用改朝换代,也就是自然的,或多或少诉诸暴力的方式,那么这是奇迹。)

学”方面考察人的存在，那么这是显而易见的。

当黑格尔在其“浪漫的”青年时期分析“情人”的“明显”存在时，已经看到了这一点，情人就是超越其动物性，在一种真正人性的唯一和同样的生活中（在那里，给予自己的人的价值随着给予他人的人的价值而变化，反之亦然）充分地交流的两个人。他已经看到，只有死亡能使两个情人分离和区别开来，即使之具有自己的特性，使之具有自己的个性。因为如果其中的一方能在另一方中和通过另一方，以及在另一方的位置上生活，那么每一方都应该为自己而死，他的死亡真正地是自己的死亡，也只能是他自己的死亡。即使人们不从浪漫主义的角度看问题，即使人们考虑人的历史存在，而不是人的爱情生活，这个事实仍然是真实的。如果在真正同质的和作为国家在历史终结时实现的人类中，在每一个人的行动（在黑格尔看来，“人的真正存在是他的行动”）也是所有人的行动和反之亦然（Tun Aller und Jeder）的意义上，人的存在实际上是可相互交换的，那么死亡必然将使每一个人对立于所有其他人，并在其定在中使之具有自己的特性，普遍的行动因而也将是特殊的（或在另一个行动成功时可能失败），因而也将是个体的。①

因此，人的自由和个体性必须以为了得到承认的“最初”斗争为前提。对人的历史性来说，也同样如此，因为人的历史性不是别的，正如我们已经看到的，就是自由的个体性，或个体的和个体化的自由。

在黑格尔看来，历史始于“最初的”为了得到承认的斗争，如果这种斗争不包含实际的生命危险，那么它就不是真正的斗争，即人类发生的斗争。历史在其整体中只不过是矛盾（Widerspruch）的一种发展过程，起源于因主人和奴隶的对立（Entgegensetzung）而形成的社会和人的最初冲突的直接（unmittelbar）解决。在黑格尔看来，如果人不是终有一死的，那么历史就没有任何存在的意义，没有任何存在的理由和可

① 如果耶稣没有出生和死亡，基督的个体性还剩下什么？

能性。显而易见，事情正是如此。

事实上，如果人永恒地活着（=只要时间在延续），人显然就能如同动物和植物那样“经历一种变化”。但在时间中“变化”时，人只能“发展”一种预先给定的或强加于他的永远确定的“本性”；他的变化仍然是一种人们不知道其终结的历史悲剧。只有当人最终错过人的命运，历史不能到达它的目的，严肃剧才干预历史的处境，并把给定的存在处境变成一种“历史的”处境；只有当历史在时间中和通过时间是有限的，因而只有当作为历史创造者的人是终有一死的，这才是可能的。仅仅因为人和历史的本质有限性，历史才不是悲剧，而是人的演员为诸神的娱乐而演出的喜剧，他们是喜剧的作者，因而知道喜剧的结局，所以不像所有的演员那样认真地看待喜剧的结局，也不真正地把喜剧的结局看成悲剧，好像他们知道他们所扮演的角色是预先给定的。一切历史行动的有限性，即绝对失败的可能性，产生了一个人实际参与历史的严肃剧：严肃剧能使创造历史的人不需要除他之外的任何观众。①

最终说来，人的死亡呈现为人的自由、个体性和历史性，即人的存在和生存辩证性或“完整”性的一种“表现”。特殊地说，死亡是否定性的一种“显现”，否定性是辩证运动的真正动力。但是，之所以死亡

① 柏拉图提出的和康德重新采用的解决办法，也并不是令人满意的。在柏拉图和康德看来，每一个人，即使是永恒的或不死的，也仍然（在时间之外）选择他在某个时期里经历的特定存在。但是，显而易见，这样的一种时间存在没有真正的历史含义。严肃剧至多在于“先验的选择”：其时间的实现只不过是一个喜剧，因为内容的结局已经预先知道，所以难以说出这个喜剧为什么和为谁演出。还有，之所以永恒的人仅仅扮演时间的角色，是因为有某种东西（其实就是上帝）不让他扮演其他角色（尤其是如果他扮演的角色不得善终）：因为他是永恒的，所以他不是自由的。此外，人们不知道超越世界的人为什么选择这个角色，而不是选择其他角色，不知道他为什么选择一个“坏的”角色（除非他“随机”选择，即不自由地选择）。同样，加尔文有理由说，在柏拉图的假设中，角色的选择必然是由上帝决定的，而不是由表面上做出选择的人决定的。最后，如果每一个人都能选择任何一个角色，如果上帝规定已经做出选择的人不能再有其他的选择，那么人只不过是为了上帝和通过上帝才是一个个体。

是人的辩证性的表现，是因为死亡扬弃人，即在取消的同时加以保存，死亡本质上不同于一个纯粹自然的存在的单纯“终结”。

在黑格尔那里，问题可能不在于人在死后的“继续存在”；使人永恒地处在存在中的“继续存在”与辩证的存在的本质有限性是不相容的。在死亡中和通过死亡，人完全地和最终地消失；人成为纯粹的虚无(Nicht)，或者也可以说，不再是存在(Sein)。因此，通过死亡的和死亡的“扬弃”完全不同于永存。

在存在(=同一性)中的否定性为存在规定了时间性(=整体性)，时间性作为世界的实在延续而存在，并表现为历史的时间或历史。否定性通过存在的否定(存在消失在“过去”的虚无中)得以实现。但是，在不走向纯粹虚无的意义上，这种否定是辩证的：在超越存在(Sein)的时候，人们创造了概念(Begriff)，而概念是存在减存在的存在。因此，否定保存存在(作为概念:“存在”)的“内容”，否定使存在升华，使之以“观念的”形式，而不是以“实在的”形式继续存在下去。如果没有否定性，也就是如果没有有限性或时间性，存在就不可能是一个在概念上被理解的(begriffen)存在。

因此，如果死亡是在人那里的否定性的一种表现，那么死亡就是从它的实在的存在到观念的概念的转变。正是因为人是终有一死的，所以人能在概念上被理解为其实际所是，也就是终有一死的：和动物相反，人想到自己终有一死的，因而想到自己的死亡。因此，人“超越”死亡，或者也可以说，人在死亡之外；但是，人只能以超越存在同时又不消失在纯粹的虚无中的方式超越死亡，即在思想中和通过思想超越死亡。

在黑格尔看来，人“第一次”上升到动物的自我感觉(Selbstgefühl)之上，通过没有必要接受的生命危险，通过走向死亡和不受死亡限制的行动，到达人的自我意识(Selbstbewusstsein)，到达一般的概念和语言意识。正是因为自主地接受死亡，人才“超越”他自己的存在，这种“超越”就是向他自己和其他人揭示这种存在，并从外面和从一个不存在的彼世照亮存在的思想。如果人没有意识到自己是终有一死的(即自由的、个体的和历史的,即完全的或辩证的),那么人就不可能思维,不可能说话:人也就并非不同于动物。

断言人的死亡和动物的“终结”相反,是一种“扬弃”(也就是自由的取消,因为生命过早地被取消),就是首先断言人知道自己必定死亡。动物、植物和物体“自在和为我们”终结,即仅仅为一个外在的观察者终结,相反,一个人的死亡也“自为地”存在,因为人意识到自己的死亡。这种“自在和自为的”,也就是辩证的或“完整的”终结就是仅仅发生在人那里的本义上的死亡;因为在人是真正人性的和本质上不同于动物的意义上,人是终有一死的。①

当人实在地冒生命危险(虽然没有必要性)的时候,他到达了他的死亡意识。一旦拥有这种意识,人就不同于动物,或是能有意识地和自愿地去死,或是在他的思想和意志中和通过他的思想和意志拒绝死亡。一方面,人能在“不失去意识的情况下”死去;人也能有意识地面对死亡,估计危险的程度,或意识到不可避免的死亡的临近;人甚至能出于他认为值得献身的目的自愿地走向死亡。另一方面,人也能否认自己的死亡,就像他(在弄错的情况下)能否认实际上在他的意识中和通过他的意识呈现给他的一切东西:他能认为自己是不会死的。

但是,人实际上不可能不死。被否定者的存在进入否定,并实现其结果。因此,在(主动地)否定实在的自然世界的时候,人能创造一个虽

① 伊壁鸠鲁的著名推理仅仅对动物,或仅仅对辩证的一般存在有效,因为动物被动地接受自己的终结,不能预见到自己的终结。这种存在因为活着,才存在着,在死亡后,它就消失了。死亡实际上不是为它而存在的,对于这种存在,人们不能说:“它死了”。但是,人在存在中和通过存在超越自己:在活着的时候,他也超越他自己的实在存在;他的将来的不存在呈现在他的生活中。伊壁鸠鲁的论据不能取消在其存在中的这种不存在的呈现。因此,人的死亡是自为的,这就是为什么只有人能在本义上死去。因为只有人能在知道他会死去的情况下活着。这就是为什么在某些情况下,人能按照死亡的概念活着,使他的生活给他规定的一切东西服从他(苦行)。

然不同但同样实在的历史的或人的（“技术的”）世界。但是，死亡是纯粹的虚无，死亡仅仅作为死亡的概念继续存在（=生命的不存在的呈现）。然而，如果否定一个概念，那么人们只能创造另一个概念。否定自己的死亡的人只能“想象”自己是不死的：他只能相信他的永恒的生命，或他的“复活”，但是，他不可能实在地经历其“想象的”复活。但是，这种信仰作为补偿和起源，具有自由献身的能力，因而也使人区别于动物。人不仅仅是知道他必定死亡和能自由献身的有生命的唯一存在，而且也只有人能渴望不死，并或多或少坚定地相信不死。

因此，断言人的死亡，以及人的存在本身是辩证的，就是断言人“显现”为一种知道自己终有一死和渴望永存，即在思想中和通过思想“超越”死亡的存在。但是，人对自己的死亡的“超越”还通过死后继续存在的错误的“主观确定性”（Gewissheit）表现为另一种方式；这种超越也“显现”为揭示现实（Wirklichkeit）的真理（Wahrheit）。

断言人本义上是辩证的或终有一死的，就是断言人能自由地走向死亡，或超越其给定的存在，尽管这种存在独立于其固有的本质。因此，这就是断言，人的可能性超越其所有实现的东西，不是唯一地由这些实现的东西决定的。但是，这也就是断言，人实际上只能实现其无限的（更确切地说：无限定的，正如任何“非A”都是无限定的）可能性中的一小部分。换句话说，人总是过早地死去（在某种程度上，这“解释”了人的永存欲望）。动物在实现了它所能做到的一切东西之后消失，因此，它的生命的延续不再有任何意义：它的死亡是“自然的”。但是，人总是因“暴卒”而告终，因为人的死亡阻止他做他还没有做过的其他事情。[①]

① 虽然动物的“暴卒”或“偶然”死亡看来是“自然的”，如果人们考察在其整体中的自然的话，这种终结通常也是由动物在世界中的自然联系决定的，“证明”。动物的后代仅仅再现其本身的存在的这个事实表明，动物在繁衍的时候穷尽了其所有的基本存在可能性，但是，“精神之子”总是比他的“父亲”走得更远，即使他走错了路；这就是为什么“父亲”有“权”（或人的可能性）比他实际经历的时间活得更长。

每一个已经死去的人都能延伸或否定他的活动，因此，他没有穷尽自己的人的存在可能性。这就是为什么他自己的人的可能性能以人的方式，即在另一个人那里和通过另一个人实现，因为另一个人将重新采用他的成果和延伸他的活动（即他的存在本身）。因此，历史是可能的，这就是为什么历史通过死亡，更确切地说，由于死亡得以实现。因为知道自己是终有一死的，所以人们教育自己的孩子，以使自己的孩子能完成自己的事业，在回忆故世的祖先时行动。不过，在将来中的这种投射在认识到这一点的人看来决不是一个现在，在过去的存在中的这种延伸不是本身的延伸，它构成了历史存在的特点，使历史的存在本质上区别于人们在自然中观察到的纯粹发展过程。

死亡在历史中和通过历史的超越就是“死后继续存在”的主观确定性的真理（=被揭示的现实）：如果人的存在不是别的，就是他的行动，并且他的这种行动通过历史（本身是有限的历史）延伸，那么人就“超越”他的死亡。最初，人相信（更确切地说：愿意相信）在死后继续存在，他在他的想象中否定自己的最终消失。但是，只有生活在世界中的人才是真正的人。只有当他想象一个超验的世界或所谓的神的“彼世”（神祇或“圣人”只不过是死人的“自然位置”），他才能设想自己在死后继续在此世作为人活着。我们已经看到，如果有永恒的生命和上帝，那么就不再有人的自由，个体性和历史性的位置。同样，认为自己不死的人最终还是认为自己是一个在其纯粹自然的、特殊的和没有创造性的存在中已经被决定的存在，如果他超越矛盾的话。如果他拥有历史的自由个体的概念，那么他只能把这个概念归于上帝，因而把自己拒绝接受的死亡归于上帝。但是，只有实现了自己的个体性，并且知道他实现了自己的个体性，人才能得到满足。因此，认为自己不死的人，或者这样说也一样，相信上帝的人，永远得不到满足（Befriedigung），永远生活在自我矛盾中：正如黑格尔所说的，他是一个“苦恼的意识”（unglückliches Bewusstsein），生活在分裂（Entzweiung）之中。

完成历史的人的最终满足，必然包含（通过对特殊性的普遍承认）已实现的个体性的意识。这种意识必然包含死亡意识。如果人的完全满足是历史的目的和自然终点，那么人们能说，历史的完成需要通过人对死亡的完全理解。然而，在黑格尔的科学中和通过黑格尔的科学，人第一次充分地理解他的本质有限性的现象学、形而上学和本体论的意义。如果本身作为智慧的这种科学只能在历史终结时出现，那么只有通过这种科学，历史才能完全地和最终地完成。因此，只有在这种科学中认识到自己是终有一死的，自己是一个历史的自由个体，人才能到达没有理由自我否定和成为非其所是的一个自我的完全意识。

在把人描述为一个完全的和辩证的存在的时候，黑格尔的科学到达了顶点。不过，断言人是辩证的，就是断言人向自己“显现”为终有一死的（在现象学方面）；或者这样说也一样，人必然在一个自然世界中存在，这个自然世界没有彼世，即没有上帝的位置（在形而上学方面）；或者这样说也还是一样，在他的存在中，人本质上是时间的，所以他的存在就是行动（在本体论方面）。①

结论是：

① 长期以来，有些人就否认上帝和永存。但是，黑格尔第一个试图建立一种关于人的彻底无神论和有限论哲学（至少在宏伟的《逻辑学》中和其他著作中）。他不仅仅正确地描述了在“现象学”方面人的有限存在，从而能使他无矛盾地使用犹太–基督教思想的基本范畴，而且他还试图（确实，没有完全成功）用同样彻底的无神论和有限论，形而上学和本体论的分析来充实这种描述。然而，只有少数读者认识到，辩证法最终意味着无神论。自黑格尔以来，无神论没有上升到形而上学和本体论的水平。今天，海德格尔第一个致力于建立一种彻底的无神论哲学。但是，看来他没有把无神论延伸到在《存在和时间》的第一部（仅出版的一部）中阐述的现象学人类学之外。这种人类学（毫无疑义，无与伦比的和真正哲学的人类学）其实没有为精神现象学的人类学增加任何新的东西（如果海德格尔不出版他的著作，人们可能不理解这种人类学）；但是，其中的无神论或本体论的有限论不言明地得到了完全的肯定。这不能阻止某些有才华的读者谈论海德格尔的神学，在他的人类学中找到死后继续存在的概念。

黑格尔的辩证法不是一种研究或哲学阐述的方法，而是关于存在的结构，以及存在的实现和显现的一致性描述。

断言存在是辩证的，就是首先意味着（在本体论方面）存在是包含同一性和否定性的整体性；其次意味着（在形而上学方面）存在不仅仅作为自然的世界，而且也作为一个历史的（人的）世界得以实现，这两个世界穷尽了现实的整体（没有神的世界）；最后意味着（在现象学方面）现实不仅仅作为无生命的东西，植物和动物，而且也作为本质上时间的或终有一死的，（进行斗争和劳动的）历史的自由个体得以实现。或者也可以说：断言存在整体性、间接化和扬弃，就是意味着除了存在，还有通向一种成果的创造活动。

II

黑格尔哲学中的死亡概念

（1933—1934年课程最后两次讲课全文）

在《精神现象学》序言的一个主要段落中（19—24页），黑格尔描述了他的哲学的要点；他在那里列举了作为其思想的基本原则和从中得出的主要结论。对这一段的理解能为理解黑格尔的整个体系，尤其是《精神现象学》，提供钥匙。这一段清楚地显示死亡概念在黑格尔哲学中所起的重要作用。

黑格尔首先指出，在他看来，其哲学的新的基本内容之所在。

他说（19页第23—26行）：

"按照我的意见，其正确性只能通过体系本身的阐述来加以证明，一切取决于（es kommt alles darauf an）把真实的东西（Wahre）不仅仅表达和理解（aufzufassen）为实体，而且也表达和理解为主体。"

这句话首先针对谢林及其作为"实体"的"绝对"的概念。但是，谢林的这个概念只是重新采用斯宾诺莎的概念。在斯宾诺莎方面，这个概念表示传统的，即希腊的或异教的本体论的一种基本形式。黑格尔把他的哲学和在他之前的所有哲学（仅仅除了康德和费希特的哲学，在某种程度上除了笛卡尔的哲学）对立起来。在泰勒斯和巴门尼德之后，前黑格尔的哲学家专一地附和“实体”的概念，但忘记了“主体”的概念也是非常重要的和不可缺少的。

哲学不仅仅是一种真理或一种真实的描述，而且也是，或应该是真理的一种描述。然而，如果真理（Wahrheit）是一致的语言（Logos）对存在或实在事物正确和完全的“揭示”（=描述），那么真实的东西（Wahre）就是在其现实中语言所揭示的存在。对哲学家来说，描述存在是不够的；他还必须描述被揭示的存在和分析语言对存在的揭示。哲学家必须描述存在的东西的整体。不过，这个整体实际上包含语言，尤其是哲学语言。因此，哲学家不仅仅要处理给定的静态存在（Sein）或作为论述对象的实体，而且也要处理语言和哲学的主体：对哲学家来说，谈论呈现给他的存在是不够的；他还必须谈论他自己和在谈论存在与自己的时候向自己解释。

换句话说，哲学家必须解释存在为什么和何以不仅仅作为自然和自然世界，而且也还作为人和历史世界而实现。哲学不应该仅仅是一种自然哲学；它还必须是一种人类学：除了自然的现实的本体论基础，哲学还必须研究人的现实的本体论基础，只有人的现实能通过论述被揭示。

黑格尔在上述引文接下来的一段中说（20页第5—19行）：

“其次，有生命的［既不是静态的，也不是给定的］实体是存在，这个存在实际上是主体；或者这样说也一样，仅仅当实体是自我设定（Sichselbstetzens）的［辩证］运动，或自我变化（Sichanderswerdens）和自己的中介（Vermittlung）时，它才是现实的。作为主体，实体是纯粹的单纯(einfache)否定性,因而是单一东西的分裂(Entzweiung)或对立的(entgegensetzende)倍增(Verdopplung),而对立的倍增也(wieder)是这种无关紧要的(gleichgültigen)差别(Verschiedenheit)和它的对立面(Gegensatzes)的否定。只有这种自我重建的同一性,或自己在他在(Anderssein)中的反映是真实的东西,而原始的(ursprüngliche)或直接的(unmittelbar)统一性不是真实的东西。真实的东西是它自己的完成过程,是这样的一个圆圈:它预先设它的终点(Ende)为其目的(Zweck),以它的终点为起点,并且只有实现(Ausführung)和到达终点才是现实的。"

非常浓缩的这一段包含了黑格尔的辩证法的所有基本概念,概括了他的哲学中的一切真正的新内容。

如果被设想为给定的静态存在(Sein)的实体是(与本身的)同一性的本体论基础,那么揭示这种存在和自己,即揭示人的语言的主体,就是否定性的最后基础。不过,在其存在中受否定性支配的人,不是给定的静态存在,而是行动或设定自己或造就自己的行动。仅仅作为一种"辩证运动",其结果"间接地"通过作为其出发点的对给定存在的否定,人才是现实的。在存在中结合于存在的同一性的这种否定性把这种存在分裂为客体和主体,并创造出对立于自然的人。然而,也是在自然之内作为人的存在而实现的这种否定性,在真正的认识中和通过这种认识重新把主体和客体结合在一起,在那里,语言与它所揭示的存在"一致"。真实的东西,即被揭示的存在,并不是如同巴门尼德和他的追随者所设想的,是存在和思维的最初的,甚至"直接的"或给定的和自然的同一性,而是始于把人和人谈论的、用其行动否定的自然对立起来的一种长期的主动过程的结果。

统一性的建立,或"主体"和"实体"的最终一致,是在"绝对"哲学(其作者或智者的人的存在归结为这种哲学的完成,因为他不再主动地使作为“主体”的自己对立于作为“实体”的自然）对存在和实在事物的整体的一致性描述中完成的。但是，实在事物的整体包含仅仅作为一种创造*运动*而存在的人的现实。因此，存在（=实体）和语言（=主体）的完全和最终一致只能在时间终结时，在人的创造运动完成时实现。这种完成是由人不再前进，仅限于（在其哲学思想中）重复（他的主动存在所）已经走过的道路这个事实所表明的。因此，“绝对”哲学，或强意义上的真理，只能以在其整体中实在的辩证法的循环描述形式出现。一方面，这种哲学描述从语言（=人）在存在（=自然）之内的诞生直到通过其语言揭示存在整体的人的诞生所走过的道路，另一方面，这种哲学描述揭示整体的语言。但是，这种整体包含揭示它的语言，以及这种语言的发展过程。因此，在到达哲学描述的终点时，人们又回到它的起点，这个起点就是对它本身的发展变化的描述。被描述的这个发展变化的“终点”是绝对哲学的诞生。然而，这种诞生也是人们一开始追求的目的，因为哲学仅仅在描述它自己的发展变化和理解它自己的时候，才是绝对的，才能描述整体。但是，这种描述只能以绝对哲学的观点进行，因此，绝对哲学是任何一致性描述的“开始”或起源。这就是说，作为它所描述的整体，绝对哲学只有在它的“发展”中和通过它的“发展”，即作为它的构成一个不可分的整体并再现现实的封闭辩证法的循环论述的*整体*，才能客观地实现。哲学论述的这种循环性能保证它的不可超越的和不可改变的整体性，以及它的绝对*真理*。

黑格尔重新采用（在写了一个解释性说明之后）在上述引文的结尾处陈述的观念，他说（21页第3—8行）：

“真理是整体。但整体只不过是通过自己的发展而完成的本质（Wesen）。关于绝对，我们应该说，它本质上是*结果*，它只有在*终点*才能成为其真正之所是；它的作为现实（Wirkliches）、主体或自我变化（Sichselbstwerden）的本性，正在于此。”

真理，或通过语言揭示的存在，是一个整体，即在存在之内产生语言的创造或辩证运动的整体。绝对或实在事物的整体不仅仅是实体，而且也是完全地揭示实在事物的主体；只是它仅仅在其辩证的（=历史的）发展过程的终点，到达它自己的显现时，才是主体。这种揭示的发展过程意味着整体包含人的现实，而人的现实不是一种永恒地与本身同一的给定物，而是一种在时间中前进的自我创造的活动。

人的这种自我创造是通过对（自然的或人的）给定物的否定完成的。人的现实，或自我，因而不是一种自然的或"直接的"现实，而是一种辩证的或"间接的"现实。把绝对设想为主体（在黑格尔看来，这是关键所在），就是把绝对设想为包含否定性，不仅仅作为自然，而且也作为自我或人，即作为创造的或历史的发展过程的实现。

这就是黑格尔在上述引文之后的一段里所说的东西（21页第27—31行）：

"中介不是别的，就是进行［辩证］运动的自我同一（Sichselbstgleichheit）；或者它是自身的反映，自为存在的自我的因素（Moment），纯粹的否定性，或就是其纯粹的抽象而言，是单纯的发展过程。"

黑格尔（在一个新的说明后）继续说（22页第27—35行）：

"刚才所说的东西还可以这样来表达：理性（Vernunft）是一种有目的的行动（zweckmässiges Tun）。"

断言绝对不仅仅是实体，而且也是主体，就是断言整体性除了包含同一性，还包含否定性。这也就是说，存在不仅仅作为自然，而且也作为人而实现。最后，这就是说，只有当人是理性（Logos）或具有一种意义和揭示存在的一致性语言，人本身不是给定的存在，而是创造（=否定给定物)活动的时候,人本质上才不同于自然。之所以人是用语言揭示存在的辩证的或历史的(=自由的)运动,仅仅是因为人根据将来活着,将来以有待于通过否定给定物的行动来实现的一个计划或一个目的的形式呈现给人,是因为只有在人通过这种行动把自己造就成一个成果(Werk)的情况下,人作为人才是实在的。

黑格尔(=辩证)哲学的所有特征都源于否定性或行动(Tat或Tun,行动是"人的真正存在")的基本范畴在本体论中的引入。

从中得出了一个我们已经知道的结论,黑格尔表达如下(23页第21—24行):

"在来自以上分析的结论中,人们能注意到一个结论:知识只有作为科学或体系才是现实的和能被描述的(dargestellt)。"

在黑格尔那里,"科学"或"体系"意味着实在的辩证运动的完成或封闭整体的一致性和循环性描述。事实上,一旦人们把否定性或创造活动引入给定的存在,人们就只有承认创造的辩证过程已经完成,才能到达绝对的,或完全的和最终的真理。然而,对完成的辩证过程——到达一个终点,否定一个终点已不再是创造一个新的终点的过程——的一种描述实际上只能是循环的。[①]

最后,在结束这一段的时候(19—24页),他简要地阐述了其整个体系的基本特点。黑格尔说,人们能概括当他说"绝对是精神"(Geist)时他关于存在的辩证性所陈述的一切东西。

黑格尔这样说(24页第6—14行和26页第26—29行):

---

① 在黑格尔看来,在辩证的(=历史的)过程完成之前,没有任何一个真理是可能的。但是,只有当人们承认存在的整体的辩证性,这个结论才是必然的。相反,如果承认否定性仅仅出现在人的现实中,给定的存在仅仅受同一性的支配,那么人们就能坚持传统的真理概念,至少在自然和人的过去方面。

“真理仅仅作为体系才是现实的，或者，实体本质上是主体，就是‘绝对是精神’这句话所表达（ausspricht）的观念。精神是最高的概念，属于现代和［基督教］宗教的概念。唯有精神的实体（das Geistige）是现实的实体（das Wirkliche）：［一方面，］精神的实体是本质或自在存在的实体（Ansichseiende）；［另一方面，］它是［与自己和其他东西］有关系的实体（das sich Verhaltende）和规定的实体（das Bestimmte），他在（Anderssein）和自为存在（Fürsichsein）；［最后，］它是在这种规定性和它在自己之外的存在（Aussersichsein）中停留在自身中的实体（in sich selbst Bleibende）；这就是说，它是自在和自为（an und für sich）……认识自己和发展为（entwieckelt）精神的精神，是科学。科学是精神的现实，以及在它自己的因素中为自己建造的王国。”

断言绝对是精神，就是肯定在其整体中，或作为整合的整体的存在和实在事物的辩证结构。因为精神同时是自在存在（=同一性，正题，给定的存在，自然）、自为存在（=否定性，反题，行动，人）与自在和自为存在（=整体性，合题，成果，历史=“运动”）。作为辩证的整体，精神实体是现实的实体，也只有它是现实的实体。因为具体的现实包含以任何一种方式存在的东西：自然的世界，人的或历史的世界，以及语言的世界。主体和客体，思维和存在，自然和人，如果人们孤立地看待它们，只不过是抽象概念，正如孤立的语言和特殊的对象性实体是抽象概念。只有语言的整体所揭示的现实的整体，才是一种现实；这个有两个方面的整体，即包含谈论它的人的自然世界，正是黑格尔称为“精神”的东西。

在哲学上研究实在事物，把实在事物设想为精神，就是不像希腊人和哲学传统所做的那样，局限于对给定的存在和“永恒的”自然世界进行现象学、形而上学和本体论的描述，而是把这种三重的描述扩大到作为人本身的创造活动，扩大到历史的世界。只有在这个时候，被描述的实在事物才显现为辩证的或“三位一体的”,甚至“精神的”。

然而,黑格尔所看到的人,并不是希腊人以为发现的和传给后来的哲学的人。古代传统所认为的人实际上是一个没有自由(=否定性)、没有历史、没有本义上的个体性的纯自然存在。和动物一样,在其实在的或活动的存在中和通过这种存在,他仅仅“表示”一次性给定的和始终与本身保持同一的一个“观念”或永恒的“本质”。和动物一样,他的定在完全是由他一开始就在不变的给定世界之内占据的自然位置(topos)决定的(其可能“差异”只不过是“偶然性”的作用)。之所以人本质上不同于动物,仅仅是由于他的思想或他的一致性语言(Logos),然而,其思想或语言在世界中的出现却始终不能得到解释。但是,这种语言既不否定任何东西,也不创造任何东西:它仅限于揭示给定的实在事物(错误实际上仍然是不可解释的)。语言,即人,因而与给定的存在融为一体。最终存在的东西,就是这种单一的和唯一的,永恒地在其给定的整体中自己思考自己的存在。或者,正如斯宾诺莎后来所说的,最终存在的东西,就是本身是实体的上帝。

相反,黑格尔所分析的人,是出现在前犹太–基督教哲学传统中,唯一真正的人类学传统中的人。这个传统以与科学或古代和传统哲学不相容的“信仰”或“神学”形式,保存在“现代”中。这个传统把历史的自由个体(或者“人”)的概念传给了黑格尔,而黑格尔是第一个在哲学上分析这个传统,试图调和这个传统和异教的自然哲学的基本概念的人。[①]按照这种犹太–基督教传统,人本质上不同于自然,但这种不同不

---

① 事实上,在这条道路上,在黑格尔之前的有笛卡尔(基督教哲学的最初尝试)、康德和费希特(尤其作为基督教哲学家)。但是,这三种哲学人类学的尝试都失败了,因为它们的创始人不敢抛弃人或灵魂不死的传统观念(最终说来,“异教的”或“自然主义的”观念:同一性!)。由于提出“单子”或“充足理由”的概念,莱布尼茨是黑格尔的精神,即“主观的”和“客观的”整体的概念的先驱者。但是,莱布尼茨没有看到在自然和历史之间存在的本质差异,在他那里,没有本义上的(明确的)人类学。至于(转下页)

在于人的独一无二的思维，而是通过人的活动本身。自然在人那里和对人来说是一种“罪恶”：人能够和必须对立于自然，并在他自身中否定自然。人生活在自然中，却不接受自然规律（奇迹！）：如果人对立于自然和否定自然，那么他就独立于自然；人是自主的或*自由的*。他作为“局外人”生活在自然世界中，对立于自然世界及其规律，他创造了一个属于他自己的世界，一个*历史的*世界，在这个世界中，人能“转变”和完全成为不同于其本性的其他东西（他在，Anderssein）。在这个历史的世界中，和通过这种自由的“转变”，人不是一种永恒或不变“物种”的一个任意“代表”：人被造就和自我造就成一个唯一的个体。

当黑格尔说他的整个哲学只不过是一种把实体设想为主体的尝试时，他想表达的意思是，这种哲学的主要目的是解释在自然世界中的人的存在，人以犹太–基督教的人类学传统设想人的方式被设想。这就是为什么在上述引文中，黑格尔使用“精神”来概括整个哲学。因为他特别强调“精神”的人类学概念的犹太–基督教起源，并把这个“现代”概念和整个古代的和异教的传统对立起来，而古代的和异教的传统就是唯一的“实体”或自然的给定存在的传统。

但是，如果按照上述引文，黑格尔与异教的哲学传统分离，接受犹太–基督教的人类学传统，那么他在同一段引文中强调指出，在一个最具有哲学重要性的观点上，他也与后者分离。

这是因为犹太–基督教的人类学传统是一种本质上宗教的，甚至有神论的（和“神学的”）传统。当然，犹太–基督教徒发现了人的“精神性”（=辩证性），即人的自由、历史性和个体性。但是，在他们看来，“精神性”只有在彼世才能完全实现和显现，本义上的精神，真正“现实的”

（接上页）黑格尔本人，他也没有成功地调和他的（“辩证的”）人类学和传统的（“同一的”）自然哲学。他有理由拒绝把希腊人的“自然主义”范畴用于人，并抛弃了他们的假人类学。但是，他也错误地抛弃了他们的自然哲学，试图把他自己的辩证范畴用于（人的和自然的）实在事物的整体，他自己的范畴实际上是人类学特有的和专有的。

精神，是上帝：一个无限的和永恒的存在。精神按照上帝的形象造出来的人只有是永恒的，才是真正“精神的”，人是永恒的或“不死的”，正是在于人是精神这个事实本身。在人也生活在一个超验世界中（不仅仅生活在内在于自然的一个“先验的”历史世界中）的意义上，人实在地超越自然世界。这个超验世界是包括在其定在（Sein）中的人在内的自然的彼世；这个超验世界被认为比此世的自然世界更“客观”和更“实在”。人在死后进入这个超验世界；人在活着的时候也分享这个超验世界，甚至在出生前就已经在这个超验世界中。断言人有一个“不死的灵魂”（它就是在人身上的精神），就是承认这个超验世界的实在性；承认这种实在性，就是肯定人的永存和无限性。然而，这个世界不取决于人：它是一次性为人给定的，是“在之前的”和本质上本身保持不变。相反，时间的人绝对地取决于这个超验世界：人在此世创造的历史世界实际上只不过是彼世的永恒世界在时间-空间的自然中的一种反映。严格地说，这个永恒世界不是人的世界：它是历史的自由个体的彼世，正如它在动物和物体之外。这个无限的和永恒的世界是一个神的世界，其单一的和唯一的整体，即精神，不是人，而是上帝：人只有在死后才能到达上帝，也仅仅在这个时候，人才能充分地实现和表现出他的“精神性”。

然而，在黑格尔看来，“精神的”或“辩证的”存在必然是时间的和有限的。一种无限的和永恒的精神的基督教概念本身是矛盾的：无限的存在必然是“自然的”，永恒地与本身保持同一的静态存在；被创造的或创造性的，甚至历史的或“精神的”“动态”存在必然在时间中是有限的，也就是说，必然是终有一死的。犹太-基督教的传统终于对此做出了解释。犹太-基督教传统承认灵魂不死，承认神的世界的实在性，神的世界是人在死后的“自然位置”（这种死亡把人作为此世，即自然的和人的世界的组成部分加以取消）。出于事物的逻辑力量，基督教思想必然使不死的人服从其永恒的、无限的和超验的上帝。它必然拒绝承认人的自由，因而拒绝承认人的真正的个体性。因此，人类学的(=辩证的)三个基本范畴只能严格地用于作为上帝的真正精神：在基督教神学思想看来，耶稣-基督是本义上唯一的历史的自由个体，普通人的自由、历史性和个体性只不过是神的“恩惠”，即超人间的上帝的超人行动的简单结果。然而，即使把这些范畴用于永恒的人-上帝，人们也会遇到不可克服的困难。只有当基督是上帝时，他才真正是自主的。但是，如果基督是上帝，那么他就只能是单一的和唯一的存在，永恒地与本身保持同一，自己思考自己。他不是一个历史的自由个体，而是绝对实体，巴门尼德已经看到、斯宾诺莎重新发现、当黑格尔在潜心研究他的“辩证”哲学或人类学哲学时谢林重新采用的这种绝对实体。

黑格尔一开始就想把历史的自由个体的犹太-基督教概念用于人，这个概念在古代的异教世界闻所未闻。但是，在哲学上分析这个“辩证”概念的时候，他发现这个概念包含有限性和时间性，他认识到，只有当人在本义上和强意义上是终有一死的，即在时间中是有限的，并意识到自己的有限性，人才能是一个历史的自由个体。在认识这一点之后，黑格尔否定死后继续存在：他所看到的人之所以是实在的，仅仅是因为人在自然之内生活和行动；在自然世界之外，人是一个纯粹的虚无。

然而，否定死后继续存在，其实就是否定上帝本身。因为断言实际上超越自然和(用行动)进行否定的人，一旦处在自然之外和作为动物死去时就消失，就是断言在自然世界之外没有任何东西。所谓“超验的”或“神的”非自然世界，其实只不过是人的历史存在的“先验的”(或会说话的)世界，这个世界并没有超越自然世界的时间和空间范围。因此，在生活在世界的人之外，没有精神。只有在这个自然世界之内，“上帝”才是现实的，上帝在这个世界中仅以人的神学语言的形式存在。

因此，黑格尔仅仅以彻底世俗化和无神论的形式接受犹太-基督教人类学的传统。黑格尔谈论的绝对-精神或实体-主体不是上帝。黑格尔的精神就是自然世界的时间-空间整体，自然世界包含揭示这个世界和自己的人的语言。或者这样说也一样，精神是在世界中的人：生活在一个没有上帝的世界中，谈论一切存在的东西和他所创造的东西，也谈论他自己，以及终有一死的人。

这就是黑格尔在上述引文末尾不言明地所说的东西。他说“精神”是“科学”，“科学”是唯一的精神的“实在性”。然而，这种“科学”不是别的，就是在人的历史发展过程终结时出现在自然之内的黑格尔的科学。精神不是别的，就是自然世界的时间-空间整体，完人(=得到满足的人)或智者的论述完全地揭示这个整体，而这种论述本身只不过是在历史过程中人们陈述的所有论述的真正意义的整合。或者也可以说：犹太-基督教徒称为“上帝”的精神实际上就是黑格尔的哲学，这种哲学是绝对真实的，也就是说，它正确地和完全地揭示一切过去存在、现在存在和将来存在的东西。

然而，在黑格尔看来，只有当揭示的和会说话的存在本质上是有限的或终有一死的，用语言揭示存在才是可能的。因此，真正地说，黑格尔的精神不是一种“神的”精神(因为没有终有一死的神)：在精神是一种内在于自然世界并以其在时间和空间存在中一个有限自然存在为“支撑”的语言的意义上，精神是人的精神。

当黑格尔说其整个哲学的主要内容能概括为把实体解释为主体，或把绝对设想为精神时，这意味着这种哲学必须首先要在哲学上解释其本身，解释完全地和一致地揭示存在和实在事物的整体的语言。当这种哲学解释了人何以和为什么能一致地谈论他自己与他在其中生活和他所创造的世界时，就能做到这一点。这种解释是对被理解为历史的自由个体的人的一种现象学、形而上学和本体论的描述。不过，把人描述为历史的自由个体，就是在本体论方面把人描述为本身和通过本身是“有限的”，在形而上学方面把人描述为“世俗的”，或时间和空间的，在现象学方面把人描述为“终有一死的”。在最后这个方面，人“显现”为始终意识到自己的死亡，自由地接受自己的死亡，有时在完全知情的情况下自愿献身的一个存在。因此，最终说来，黑格尔的“辩证的”或人类学的哲学是*一种死亡哲学*（或者这样说也一样：无神论哲学）。

黑格尔在《精神现象学》序言的一段里描述了他的哲学的要点，对这一段的分析清楚地表明死亡概念在其哲学中所起的重要作用。毫无保留地接受死亡的事实，或有自我意识的人的有限性，是黑格尔整个思想的根基。黑格尔的思想从这个事实的存在中得出所有结论，甚至最遥远的结论。在这种思想看来，正是人自愿地接受在为了纯荣誉的斗争中的死亡危险，人才第一次出现在自然世界中；正是甘心死亡，通过语言揭示死亡，人才最终到达绝对知识或智慧，从而完成历史。因为正是从死亡概念出发，黑格尔才得以构思他的科学或“绝对”哲学，并且只有他的科学能解释一个意识到自己的有限性并通常能随心所欲地支配其有限性的存在，及其在世界中存在的事实。

因此，黑格尔的绝对知识或智慧与对被理解为完全和最终消失的死亡的有意识接受融为一体。黑格尔在《精神现象学》序言的另一段，极其重要的一段中，清楚地表达了这一点。只有阅读真正值得注意的这一段，人们才能把握黑格尔思想的主要动机，才能理解其真正意义和了解其全部影响力。

这一段的原文差不多能被翻译如下（29页第23行—30页第15行）：

“分离（Scheidens）活动（Tätigkeit）是知性（Verstandes）的力量和工作，知性是在所有力量中最惊人的（verwundersamsten）和最强大的，更确切地说，绝对的力量（Macht）。自我封闭的和把（hält）自己的因素（Moment）当作实体的圆圈，是直接的关系（Verhältnis），因而不是（nicht）令人惊奇的。但是，作为与它的周围（Umfange）分离，与其他东西连接，并且仅仅在这种连接中才是现实的偶然事物（Akzidentelle）之所以获得一个自己的定在（Dasein）和一种特殊的（abgesonderte）自由，就是否定的东西的巨大（ungeheure）力量［的表现］；这是思维（Denkens），纯粹的我（Ichs）的力量。死亡——如果我们愿意这样称呼这种非现实（Unwirklichkeit）的话，是最可怕的东西（Furchtbarste），要保持死亡的东西，需要极大的力量。软弱无力的美之所以憎恨知性，是因为知性要求（zumutet）它做它不可能做到的事情。但是，精神生活不是畏惧（scheut）死亡和幸免于（rein bewahrt）蹂躏（Werwüstung）的生活，而是承受死亡和在死亡中保存（erhält）的生活。精神只有在绝对的分裂（Zerrissenheit）中保全自己才能获得自己的真实性。精神不是作为肯定的东西离开（wegsieht）否定的东西的这种［巨大］力量，正如我们对某种东西说：它是虚无或［是］虚假的，就完事了（damit fertig），转向别的东西；相反，精神之所以是这种力量，仅仅是因为它面对面地注视（ins Angesicht schaut）否定的东西和停留（verweilt）在它那里。这种停留（Verweilen）是一种魔力（Zauberkraft），它能把否定的东西转变（umkehrt）为给定的存在（Sein）。这种［精神的力量，或这种魔力］就是我们在上面称为主体的东西，它在它自己的因素中把一种定在给予规定性，扬弃（aufhebt）抽象的，即仅仅一般存在着的（nur überhaupt seiende）直接性（unmittelbarkeit），因而成了真正的（wahrhafte）实体，［即］存在，或在其之外没有中介（Vermittlung）而本身就是中介的直接性。”

为了理解这一段有点费解的，然而又是完全清楚的和单义的开头部分，必须记住如下的东西：

哲学是智慧的研究，智慧是完全的自我意识，在探索和追求智慧的时候，黑格尔最终试图分析和解释自己：自己是什么和自己做什么。然而，他的活动，其真正人性的存在归结为的活动，是一个哲学家或智者的活动，哲学家通过自己的论述揭示其所是和非其所是的存在。在进行哲学探讨的时候，黑格尔必须首先分析他自己的哲学论述。不过，在观察这种论述的时候，黑格尔发现，问题不在于一种消极的材料，而是在于能被叫作“劳动”的“活动”的结果，这种劳动需要一种巨大的、他在这里称为“知性”的东西所提供的“力量”。他因而发现知性是一种“力量”，他说，这种力量比所有的其他力量更“强大”，更“惊人”。

显然，这里的“知性”表示在人那里真正的和人特有的东西，因为是语言的能力把人与动物和物体区分开来。这也是在任何哲学家身上，因而也在黑格尔自己身上的本质的东西。整个问题在于弄清这是什么。黑格尔对我们说，知性（=人）是在“分离活动”中和通过这种活动，更确切地说，作为“分离”（Scheiden）表现出来的一种“绝对力量”。但是，他为什么这样说？

他这样说是因为知性的活动，即人的思想，本质上是*语言的*。人不是闪电般地立即揭示实在事物的整体：人不是在一个唯一的词语-概念中把握这个整体。他是用分离的词语或部分的论述，一个一个地揭示构成整体的因素，把它们从整体中分离出来，以便构成整体，只有在时间中延伸的其论述的整体才能揭示整个现实。不过，事实上，这些因素与它们所构成的整体是*可分离的*，它们通过空间的和时间的，甚至物质的联系相互连接在一起，是不可分离的。*它们的*分离因而是一种“奇迹”，作用于这种分离的力量完全称得上是“绝对的”。

最终说来，黑格尔所看到的知性的绝对力量或能力不是别的，就是我们在人那里发现的*抽象*能力或力量。

当人们描述任何一个孤立的物体时，人们不考虑（抽象）世界的其余东西。例如，当人们谈论“这张桌子”或“这条狗”的时候，好像它们是世界上唯一的。然而，事实上，作为实在事物，狗和桌子在某个时间占据了在现实世界中确定的位置，它们不可能与周围的东西分离。但是，通过其思维分离它们的人，能在这种思维中把它们组合成其原来的样子。例如，人能把这条狗放在这张桌子下，尽管实际上它们在同一时刻相距一千公里。然而，思维具有的这种分离和重新组合事物的能力事实上是“绝对的”，因为实际上无任何连接力或排斥力强大到足以对抗这种能力。这种能力绝不是虚构的或“观念上的”。因为在其推论的思维中和通过这种思维分离与重新组合事物的时候，人形成了他的技术计划，这些计划一旦通过劳动实现后，就能实在地改变给定的自然世界的面貌，创造出一个新的文化世界。

一般地说，当人们形成一个实在的实体的概念时，人们就把这个实体从它的此时此地分离出来。一个物体的概念是与它的此时此地分离的这个物体本身。因此，“这条狗”的概念并非不同于这个概念所联系于的具体而实在的狗，除非这条狗此时此地存在着，而它的概念无所不在和无所在，永远在和永远不在。然而，把一个实体从它的此时此地分离出来，就是使之与它的“物质”支撑分离，而它的物质支撑是由这个实体属于其中之一的时间-空间世界的其余部分单义地被确定的。这就是为什么实体在成为概念后，能被人随意地摆弄“或简化”。因此，作为概念，这条实在的狗不仅仅是“这条狗”，而且也是“任何一条狗”“一般的狗”“四足动物”“动物”，等等，甚至纯粹的“存在”。我再说一遍，作为科学、艺术和工艺的起源的这种分离能力是自然无法抗衡的“绝对”力量。

然而，断言成为概念的实在的实体处在时间和空间之外，则是不正确的。亚里士多德有理由地明确指出，柏拉图的“理念”仅仅存在于空间的、时间的、“物质的”事物中，它们是理念的“本质”和“实现”。知性的绝对力量能把一个“本质”——“狗”这个本质从其自然的支撑，从在此时此地奔跑和吠叫的这条狗分离出来。但是，这种力量不能把它带到一个“天上的”世界，在时间和空间之外。一旦与其自然支撑分离，“本质”就成了“意义”或“观念”。然而，“意义”并不是悬在空中的；它必然是一个词语或一种语言的意义：词语和语言是有声的，写下的或仅仅想到的，但始终存在于时间和空间世界之内。概念不是一个“观念”或一种“意义”，而是一个有一种意义的词语，或一种一致性语言（Logos）。因此，知性的绝对力量之所以把观念-本质从它的自然支撑分离出来，仅仅是为了把它作为观念-本质重新联系于特殊的语言支撑，语言也此时此地存在着（因为只有当被一个具体的人理解时，语言才是一种有意义的语言）。

但是，“本质”与其自然支撑的分离仍然不是在自然之内自发的一个事件，而是“知性”的“活动的结果”，或需要一种具有“绝对能力”的“力量”的“工作”的结果。然而，人们能和黑格尔一起说，这种力量称得上是“惊人的”，哲学或科学的主要任务是解释这种力量。

但是，黑格尔的先驱哲学家干得并不好，不能回答这个问题，不能解释这个奇迹。他们看错了问题和错误地提出了问题。他们谈论一般的“主体”或作为思维的“思维”，问存在为什么和何以也是概念，即存在为什么和何以能有一种意义；但是，他们忘记了说，也有人们在空间和时间中说出的、写下的和想到的具有一种意义的论述。他们由此简化了问题，当然能得出一个结果。巴门尼德肯定存在和思维的同一性；亚里士多德谈论在整体中永恒地自己思考自己的存在；斯宾诺莎受到笛卡尔的启发并继而启发谢林，认为思维是实体的一个属性。黑格尔并没有对在他之前的哲学的这个结果提出异议。他仅仅说，这种哲学所看到的存在和思维之间的关系没有任何值得注意的地方。为了真正地解释这种关系，只需和黑格尔一起把概念和时间等同起来就够了；或者这样说也一样，只需肯定存在本身的时间性就够了。因为概念，更确切地说，存在的意义，并非不同于存在本身，除了不在这种存在的存在意义之中。对任何存在的事物的意义来说，情况也是一样，因为存在是一切存在的东西的整体，因此，“存在”这个意义是所有一般意义的整体。正如人们所说的，一个事物的意义-本质就是这个事物减去它的存在。但是，在存在中删去存在的“减法”不是别的，就是时间，时间使存在从它存在的现在转入它不存在（不再存在）的过去，在过去中，它只不过是纯粹的意义（或没有存在的本质）。因为在现在中存在的不是一个新的存在，而是“以前的”或过去的存在，人们能说，存在是一个获得存在的本质；或者这样说也一样，存在不仅仅是存在，而且也是概念；或者这样说也一样，存在有一种意义，如果它（作为时间）存在的话。同样，因为在现在中存在和在将来中（在那里，因为还不存在，所以它也是没有存在的本质）存在的存在，就是过去的存在，人们能说，存在有一个目的（这个目的是把将来变成现在，或把存在给予本质，因而不是别的，就是把现在变成过去，即把存在变成概念）：人们也能这样表达，存在的存在本身有一种意义；或者这样说也一样，存在有一个存在的理由（这个“理由”是通过存在的存在的思维）。因此，如果存在和时间融为一体，那么人们就能说，存在与思维一致，存在永恒地自己思考自己，思维是其实体的属性，或者也可以说——它的“目的”。

黑格尔也赞同这种说法。只是在他看来，在巴门尼德的“圈子”内，或（黑格尔在引文中提到的）亚里士多德的圆圈内，存在和思维的这种关系没有“惊人”的东西。因为黑格尔说，这种关系是“直接的”。不过，在黑格尔那里，“直接的”表示“自然的”或“给定的”。事实上，这种关系不必以“活动”“劳动”“力量”或“能力”为前提。因为在这里，“本质”不与其“自然的”支撑分离：存在的本质存在于存在本身中，也仅仅存在于存在本身中，正如狗的本质仅仅存在于狗中（这就是为什么在这种存在中，不可能有桌子，即人工制品）。在这里，没有活动，没有劳动，没有力量，因为给定的存在仍然保持原状，与本身不变地保持同一。

相反，“惊人的”东西，就是知性进行的分离。因为分离实际上是“违背自然的”。如果没有知性的干预，“狗”本质上就仅仅存在于实在的狗之中，实在的狗通过其存在本身反过来单义地确定其本质。这就是为什么人们能说，狗和“狗”本质之间的关系是“自然的”或“直接的”。但是，由于知性的绝对力量，当本质成为意义和体现在词语中时，在本质和其支撑之间不再有“自然的”关系；否则，在作为时间-空间的、语音的和图形的或诸如此类的现实事物的词语（狗、dog、Hund，等等）之间无任何共同之处的词语，虽然都有一种唯一的和同样的意义，但不能当作一种唯一的和同样的本质的支撑。在这里，有给定物，即（根据在本质和存在之间“自然的”关系）给定的东西的否定；也就是说，有*创造*（概念或有一种意义的词语的创造，作为词语，它们通过自己本身与体现在其中的意义无任何关系）；也就是说，有*活动*或*劳动*。

但是，如果存在-思维的传统概念能解释揭示存在的东西的意义的语言的*可能性*，能解释存在为什么和何以有一种意义，那么这个概念就不能说明语言为什么和何以成为*实在的*，即人们为什么和何以实际上能“取出存在的意义”，使之体现在词语的整体中，而词语与这种意义无任何共同之处，是为了这种体现而整个地被创造出来的。不过，语言的实在性就是哲学必须解释的奇迹。

黑格尔说，惊人的东西是，实际上与其他东西*不可分离的*某种东西仍然获得了一种*分离的*存在；或者也可以说一个单纯的或“偶然的”属性成了一种*独立的*实在性。

然而，本质是一种“联系于”其支撑的“实体”，本质仅仅“在与其他东西”，即与它的支撑“的连接中才是现实的”。但是，知性能把本质从它的自然支撑*分离*出来，使之获得“一个自己的定在”，使之体现在说出的、写下的或想到的词语或语言中。已成为意义的本质的它自己的“定在”，也是它的“分离的自由”。因为体现在词语和语言中的意义，不再服从支配联系于其各自的自然支撑、由它们的此时此地单义地确定的本质的必然性。例如，体现在词语“狗”中的意义，即使在世界上所有的狗消失之后也能继续存在，它能跨越（例如，用无线电通讯）对一条实在的狗来说不可克服的障碍；它能处在对一条实在的狗来说没有位置的地方；等等。正是这种“分离的自由”，以及它所起源于的

“绝对力量”决定了前黑格尔的哲学所不能解释的错误的可能性。因为这种自由能使体现在词语中的意义以不同于相应的、联系于其自然支撑的本质的组合方式组合。

这种“活动”取出存在的意义，分离存在和本质，使意义-本质体现在语言中，它就是哲学（更确切地说，科学或智慧）试图加以揭示的奇迹。在力求解释这个奇迹的时候，黑格尔发现（或明确指出）了他在这里称为“否定的东西”或“否定的实体”的否定性的（本体论）基本范畴。这种否定性就是取出存在的意义，分离存在和本质的“思维能力”。这种否定性就是产生“思想”，即“知性”及其论述的“纯粹的我的力量”。然而，尽管人们经常这样说，但论述不是从天上掉下来的，它不悬在“水上”的空中。如果人们表达一种本身属于一个“我”的“思想”，那么这个我必然在时间-空间的世界中有一个定在，是人的一个我。在本体论方面的“我”（Ich）（这个我是否定性在同一性中或在给定的存在中继续存在的形式），就是在形而上学方面的人的“自我”（Selbst）：这就是作为一个会说话的历史的自由个体“显现”在现象学方面的人。

因此，哲学需要解释的语言存在的奇迹不是别的，就是人在世界中存在的奇迹。事实上，人们能把黑格尔的说法联系于人自己，我在解释黑格尔的说法的时候，把它联系于语言。因为人也是一个这样的“实体”：它“仅仅在与其他东西的联系中才是现实的”。如果没有支撑他的动物，人就什么也不是，他在自然世界之外是纯粹的虚无。尽管如此，人仍然与这个世界分离，并对立于这个世界。他把自己造就成“一个自己的定在”，本质上不同于所有纯自然的定在。他获得了一种“分离的自由”，能使他以不同于体现自由的动物的行动方式来运动和行动，如果这种动物不体现否定性，因而不是一个能思维和会说话的我。人具有一种“绝对的力量”，这种力量在他身上成为一种“惊人的”有效“力量”，在“活动”中，或在合理的或渗透着“知性”的“工作”中，人创造了一个违背自然的现实世界，通过为了一个他“自己的定在”而

“分离的自由”,人创造了技术的或文化的、社会的或历史的世界。

正如他所说出的话语,人既不是一个给定的存在,也不是一个“实体”的“偶性”。人是绝对力量的努力的结果,人是这种力量本身:人是具体化的否定性,或正如黑格尔所说的“否定的东西”(das Negative)。只有把人理解为否定性,人们才能理解在其“惊人的”人的特殊性中的人,把人理解为一个能思维和会说话,或“分离”本质和他与存在的自然“联系”或给定“联系”的我。

另外,我们知道,在本体论方面,否定性是作为否定或创造行动实现的(以便作为“我”继续存在下去)。我们也知道,在形而上学方面,“人的真正存在是他的行动”,并且仅仅在行动中“个体性是现实的”(《精神现象学》236页第10—12行)。最后,我们知道,在现象学方面,正是通过斗争的活动,人第一次“出现”在自然“现象”的世界中,正是通过劳动活动,知性及其思想和语言“出现”在这个世界中。[①]

然而,如果孤立地看,否定则是纯粹的虚无(在本体论方面)。但是,行动在使这种存在消失的时候,自己也消失了,这种虚无作为在存在中的行动(我)成为虚无,从而自我消失,因为如果没有存在,行动只

① 黑格尔在《精神现象学》第四章A节中这样说。参见前面《代序》中的译文。行动打乱了时间的、有一个意义的给定存在在其中延续的“自然的”时间过程。行动把将来的优先地位引入时间,在时间中,存在仅仅在现在存在或被给定。因为行动的现在是一个将来的计划的实现:在行动中和通过行动(更确切地说:作为行动),将来实际地呈现在存在中。然而,和过去一样,将来也是存在的虚无,即存在的意义。但是,这种意义实际上过去不联系于,现在也不联系于当前的或给定的存在。这就是为什么可以这么认为,它离开它的自然“存在”(它可能是其存在的本质),转向一种“人为的”存在,即语言的存在(它将是语言的意义)。正是作为推论的计划,将来实际上是作为将来呈现的。当然,计划是在现在中实现的,它在过去中作为已经实现的东西存在。但是,计划的现在和过去被将来渗透和确定,将来以语言的形式继续在其中存在。因此,行动所创造的实在事物是一种由思维或话语揭示的实在事物。是行动(=人)创造了受将来支配的世界,在受现在(如果世界是无生命的或“物质的”)和过去(如果世界是有生命的)支配的自然世界之内的科学和艺术世界。

不过是虚无。因此，否定性不是别的，就是存在的有限性（或真正的、永远不是其现在的将来在其中的呈现）；行动本质上是有限的。这就是为什么（在形而上学方面）行动所创造的历史世界必然有一个开端和一个终结。作为在其存在本身中的行动的实体，（在现象学方面）作为无可挽回地终有一死的东西，向自己和其他实体“显现”。

这就是为什么黑格尔在引文中把死亡叫作“非现实”，即否定性或“否定的东西”。但是，如果人是行动，如果行动是“显现”为死亡的否定性，在他自己的人的或会说话的存在中，人只不过是一种死亡：或迟或早，意识到本身的死亡。

因此，在哲学上解释语言，或会说话的人，就是直截了当地接受死亡的事实，就是在三个哲学方面描述死亡的意义和影响。然而，在黑格尔之前的哲学没有做的事情就在于此。

黑格尔对此不感到惊讶。他知道死亡“是最可怕的东西”，接受死亡“需要极大的力量”。他说，知性需要这种接受。因为知性用它的语言揭示实在事物和揭示自己，因为知性来自有限性，所以仅仅在思考和谈论死亡的时候它才真正地是其所是：意识到自己和自己的起源的语言。但是，黑格尔也知道，“软弱无力的美”不可能屈服于知性的要求。唯美主义者、浪漫主义者、神秘主义者回避死亡概念，像谈论某种存在的东西那样谈论虚无本身。

然而，黑格尔说，“精神生活”不是“畏惧死亡和幸免于蹂躏的生活，而是承受死亡和在死亡中保存的生活”。因为精神是语言所揭示的存在，精神生活是意识到世界和其存在的哲学家或智者的存在。但是，只有意识到自己的有限性，因而意识到自己的死亡，人才能真正地意识到自己。因为人是有限的和终有一死的。

此外，精神“只有在绝对的分裂中保全自己才能获得自己的真实性”。因为，我再说一遍，精神是语言所揭示的实在事物。然而，语言来自对立于自然的人，或在斗争中——否定其本身所是的动物性，通过劳动——否定为其设定的自然世界的人。揭示实在事物和使之成为精神的知性及其语言,正是源于实在事物分为人和自然的这种“分裂”。人和给定的实在事物之间的这种对立,这种冲突,首先通过人的能揭示的语言的错误特性表现出来,只有在时间终结的时候,在历史终结的时候,智者的语言才能重返现实。仅仅在那时,人们才能说,“精神保全自己”,精神“获得自己的真实性”,精神是现实的完全一致的揭示。但是,精神在“分裂”中和通过“分裂”才得以保全自己,而分裂是以在历史过程中错误的多种形式表现出来的。这个过程是一系列前后相继、在时间中出生和死亡的世代的过程。

是死亡形成了在自然中的人,是死亡使人走向他自己的最后命运,这个命运就是完全意识到自己,因而完全意识到自己的有限性的智者的命运。因此,一般人没有到达智慧或完全的自我意识,因为一般人跟在常人后面,假装不知道作为人的存在基础的否定性。否定性不仅仅作为斗争和劳动,而且也作为死亡和绝对的有限性在人身上和向人显现出来。常人把死亡当作人们谈论的某种东西:“它是虚无或虚假的”;他赶快离开这个话题,赶紧面对现实问题。[①]但是,如果哲学家想到达智慧,那么他必须“面对面地注视否定的东西和停留在它那里”。当面对面地注视通过死亡揭示的否定性的时候,意识到自己和体现精神的智者的力量就显示出来了。黑格尔说,在否定的东西那里“停留”就是“把否定的东西变成给定的存在的魔力”。在这样说的时候,他暗示在他看来就是人在世界中出生的事实,[②]因为在否定的东西的力量通过自愿地接受生命危险(主人)或死亡意识所引起的焦虑(奴隶)而表现出来的斗争中,人造就自己的人的存在,用“魔力”把其所是、作为死

① 海德格尔在《存在与时间》第一卷“人和闲话”(das Man und das Gerede)中再次讨论这个主题。

② 黑格尔在第四章A节谈到这一点。参见前面《代序》中这一节的译文。

亡向他和通过他显现的虚无改造成一种创造历史的战士和劳动者的否定存在。在死亡那里的这种“停留”实现否定性，使之以人的存在的形式进入自然世界。正是因为他的论述与死亡重新建立这种人类发生的联系，智者才把人的错误描述的虚无改造成作为真实性被揭示的存在。

黑格尔继续说，这种“魔力”就是他在前面(19页)称为“知性”的“主体”或“我”的东西。这就是说，揭示实在事物的思维和语言源于通过实现虚无和使存在——在斗争中，人的给定存在，和通过(作为在斗争中与死亡的实际联系的结果的)劳动，自然的给定存在——变成虚无的否定行动。因此，这就是说，人的存在本身不是别的，就是这种行动；人的存在是过着一种人的生活的死亡。

可以说，人的存在是一种延期的死亡，或通过否定给定物对虚无的肯定，或者也可以说——创造，所以，人的存在不是一个给定的存在。人自己“规定”自己，和自然存在一样，人不是“存在的直接性”。相反，只有通过否定行动“扬弃”这种自然的“直接性”和使之“间接化”，人才能作为人存在。这种“直接性”有“在其之外的中介”，因为是人通过其劳动和斗争否定或改造自然，是人的语言揭示自然。相反，人否定自己；是人自己造就和改造自己；人自己就是给定的存在通过主动的，因而语言的或能揭示的否定的“中介”。这就是为什么唯有人是揭示存在和意识到自己的存在。或者这样说也一样，如果人的存在包含其死亡的意识和意志，那么人的存在就是一个以否定为“中介”的存在，即一个辩证的存在。

这就是《精神现象学》序言的引文的意义。在本体论方面解释这一段，意味着不是存在(或存在的“大一”)的(无限的)整体自己揭示自己，而是它的一个自己揭示自己的(有限的)部分揭示这个整体。从形而上学方面说，这一段意味着精神，即自己揭示自己的存在，不是上帝，而是在世界中的人。因为揭示存在的那个部分是人的、本质上有限的存在，它通过存在的主动否定在时间中造就自己，它是否定或否定性，它在延续之后自我消失。时间的和暂时的人的存在对存在所做的揭示，是一种语言的和辩证的揭示，在它出生和终有一天消失的时间里展开。在这种语言的揭示中，人的存在联系于给定存在的整体：首先通过来自人的存在的否定活动和错误的语言，但最后通过来自智者的消极沉思的一致性语言，而智者通过给定的存在得到“满足”，不再否定、改造和“改变”给定的存在，即使在他的论述中。

黑格尔在引文中没有提到的但作为其整个体系的结果的东西，其完全的世界意识和自我意识必须以此为前提的这种“满足”(Befriedigung)，只有在死亡意识中和通过死亡意识才能到达其完善和完整。

事实上，人只有意识到自己的满足，即意识到已经得到满足的自己，才可能是满足的。然而，如果人本质上是有限的，那么他只有意识到自己的死亡，才能完全地意识到自己。因此，只有知道自己无可挽回地是终有一死的，智者才能到达完全的满足。

如果进一步加以考察，人们将发现，黑格尔哲学的这个最后结论在心理学上比最初看起来的更像是真实的。当然，死亡概念并不增加人的幸福；死亡概念不会使人幸福，不给人带来快乐，也不给人带来愉快。但是，唯有死亡概念能满足人的骄傲，即能给人带来黑格尔所看到的这种“满足”。因为黑格尔的“满足”不是别的，就是人类发生的和人的承认(Anerkennen)欲望，看到所有其他人把一种绝对价值给予其历史的自由个体或其个性的人的欲望的充分满足。然而，只有自己是和认识到自己是终有一死的和有限的，即自己存在于和认识到自己存在于一个没有彼世或没有上帝的世界中，人才能肯定和使人承认(在世界上唯一的)他的自由，他的历史性和他的个体性。

《精神现象学》序言的引文清楚地表明了死亡概念在黑格尔哲学中

所起的关键作用。但是，我还想引用其他的一些段落，以阐明黑格尔的死亡概念。出于多种理由，我们仅仅引用《精神现象学》和之前的著作中的一些段落。

死亡主题已经出现在1795年论述爱情的残篇中，见《附录I》中的译文（本书571页）。

在上述残篇中，在黑格尔看来，爱情是在人那里更具人性的东西；“情人”就是作为人的存在的人。黑格尔强调，在人的死亡和一个纯自然存在的“终结”或“腐败”之间存在本质区别；对于植物，他这样说；对于动物或没有生命的东西，他可能也这样说。区别在于：自然存在的终结是由自然的一般规律决定的，是由外面的东西，由世界的其余部分，由“外在”于有限的存在本身的东西规定的。相反，人的死亡应该被理解为一种“内在的”或“自主的”，即自愿的或有意的，因而被理解为有意识的终结。

此外，黑格尔还说，只有当人是终有一死的，人才是个体的。之所以在互不相同和每个人都过着一种属于他自己的个人生活的人的存在的形式下，精神（在这里叫作爱情）是无限的和不死的，——仅仅是因为人的或“精神的”，甚至“情爱的”存在是终有一死的。

同样，人的存在的“自主”，或自由也联系于死亡。断言一个存在是“自主的”，就是断言它是终有一死的。

最后，上述残篇也包含人在此世的历史生存的概念。人们最终在死亡中和通过死亡相互分离和消失；但是，人以人的方式生活，与孩子和通过孩子结成社会关系（正如我们将在后面看到的，由于教育和历史传统）。孩子蕴含父母的死亡和以父母的死亡为前提；但是尽管有使他们分离的“否定”，但在相继的代与代之间存在着“同一性”。这就是人们称为历史的东西。或者也可以说，这就是“完整的”“综合的”或“辩证的”人的存在，在这种存在中，“结合”（同一性）的正题和“分离”（否定性）的反题在“重新结合”（整体性）的合题中重合。因此，人的历史性（或辩证性）不可分割地与其死亡的事实联系在一起。

黑格尔的死亡哲学的所有主题因而已经出现在其最初的著作之一中。所有这些主题在后来的著作被重新提起、解释和阐述。

人的死亡——本义的死亡与仅仅有生命的存在的死亡-腐败之间的本质区别的主题在《精神现象学》的导论中再次被提到。

黑格尔说（69页第12—16行）：

"局限于自然生活的东西不能由自己超越（hinauszugehen）它的直接的定在（Dasein）；但是，它会被另一种东西推出（hinausgetrieben）这种存在，这种被推出的事实（Hinausgerissenwerden）就是它的死亡。"

自然存在的"终结"再次表现为一种被动承受的外在规律。自然存在本质上是"给定的"，即"静态的"或与本身"同一的"：不同于其给定或天赋"本性"的"发展"的一切根本变化都是从外面强加于它的，并意味着它的消失。相反，人能自发地超越自己，由自己超越其"天赋本性"，同时仍保持其所是，即人的存在。但是，对作为其本性的支撑的动物来说，这种超越意味着死亡。仅仅在人的动物中，这种死亡才不再是外在的：它本身（作为人）是其死亡（作为动物）的原因。只有这种"自主的"或"自发的"死亡才可能是有意识的，也能自由地被接受或承受的（生命危险）。只有这种死亡才是人性的、人性化的或人类发生的死亡。

作为一个否定的存在，人能无限地超越自己（同时又不失为人，不需要成为"超人"）。只有以人为支撑的动物能终止人的自我超越。这就是为什么人的死亡通常是夭折或暴卒，和完成其生命周期的动物或植物的"自然"死亡相反。这也就是为什么人的超越能作为一种单一的和唯一的历史实现，尽管（或由于）在动物界和植物界中有绝对相互分离的代与代之间的相传。

黑格尔在1803—1804年的《耶拿讲演》中(第十九卷,〈说明〉4的最后一行)阐明了这一点:

"个体首先是这种正在进行中的(werdende)死亡……但是,在其死亡过程(Totwerden)中,个体沉思他们的生命过程。如同在动物中,[人类的]孩子不是存在的种类,但父母[在孩子中相互承认……]。"

正如我们还将看到的,这种自我否定的,即个体性的、自由的和历史的活动因体现它的动物的死亡而中断,但在通过这种活动被教育和被造就成人的孩子中和通过孩子,得以延续、完成和完善。

但是,如果人不是有限的或终有一死的,那么人就不能否定自己或超越自己。人的人性因而*必须以*体现其动物的有限性*为前提*,因而必须以人自己的死亡为前提。另一方面,人在通过其否定行动超越其"本性"的时候,也*造成*动物的死亡:在极端情况下,人冒生命危险和自杀,却没有正当的生物理由。人们因而能说,人是动物的一种致命*疾病*。

黑格尔实际上就是这样说的。

在1803—1804年的《耶拿讲演》中,我们找到如下的一段:

"如果普遍的体系把在它自己之内的动物上升到这样的高度:其普遍的东西相对于(gegen)其差别[使之区别于一切非其所是]被规定下来,为这种差异存在,但不与这种差异一致,这就是动物想超越自己而产生的*疾病*。[但是,]如果它不能为这种差异组织普遍的东西,不能把差异联系于动物的过程,……那么它就只能转入死亡(第十九卷,174页第28—35行)。带着疾病,动物超越其本性的界限;然而,动物的疾病是精神的成长。*在疾病中,普遍的东西*……是孤立的;这……只能以死亡告终(第十九卷,168页第12—15行和18行)。疾病所规定的普遍性仅仅使对立(Gegensatzes)的无限性消失,自己转变成(geht über）死亡；[相反，]精神的普遍性继续存在（bestehen），如果这种普遍性在自身中扬弃（aufgehoben）对立的话（第十九卷，189页第4—7行）。”

动物的死亡和疾病只不过是自我超越的一种不成功尝试。疾病是动物和自然世界的其余部分的不协调；可以说，生病的动物离开了它的“自然位置”（topos），离开了规定其特殊性并使之与一切非其所是相区分的此时此地。然而，离开此时此地，就是普遍化，形成一般概念或概念。但是，动物完全是由它的位置（topos）确定的。使它离开这个位置，就是使它消失，就是使它生病，直至死亡。因为和人相反，动物不能“在自身中组织普遍的东西，不能把它联系于动物的过程”：换句话说，动物不能将通过与它的此时此地的分离而成为概念的特殊东西，在世界中发展成语言（并且还将通过自己的行动把它变成一种实在的技术和历史世界）。不过，人之所以能做到这一点，仅仅是因为代表人的动物能通过疾病和死亡离开其位置（topos）。

由于疾病，动物试图超越其给定的“本性”。但它没有取得成功，因为这种超越对动物来说等于它的消失。但是，人的成功必须以这种尝试为前提，这就是为什么导致动物死亡的疾病是“精神的成长”或人的成长。（精神因而不是永恒的和完善的、化为肉身的上帝，而是生病的和终有一死的，在时间中超越自己的动物。）

表现为疾病的普遍性是“规定的”；这就是说，普遍性不是综合的、完全的、辩证的。它仅仅取消特殊和普遍的对立，在死亡中和通过死亡使动物的特殊性消失。相反，“精神的普遍性”，即表现为人的存在的普遍性，维持特殊和普遍的对立，扬弃对立的各方，即把它们综合在个体性的整体中。因为语言和合理行动的普遍性是在人的个体的特殊性中和通过这种特殊性实现的。但是，我再说一遍，这种历史的自由个体性必须以特殊和普遍的对立为前提，这种对立表现为动物性——也是人的动物性的疾病和死亡。

这就是为什么黑格尔在1805—1806年的《耶拿讲演》中(第二十卷,164页第8—9行)说:

“动物死了。[但]动物的死亡[是人的]意识的成长。”

总之,人是自然的致命疾病。这就是为什么人必然是自然的一部分,必然是终有一死的。

在其青年时期的著作中,黑格尔把人的自由、历史性和个体性与死亡联系在一起。这个三重的主题也在后来的著作中被重新提起和阐述。

我们首先来考察自由。

黑格尔多次把自由和否定性等同起来。在《道德体系》(1802年?)中,他清楚地表明了这一点,例如,他说:

“否定的东西(das Negative),或自由,即罪行[第二节的标题;第七卷,450页]。这种否定的东西,或纯粹的自由,进行(geht auf)实在事物的扬弃(aufhebung),以致……把否定的东西当作本质(Wesen),从而否定在其规定性(Bestimmtheit)中的实在性,但规定这种否定[第七卷,452页第28—32行]。”

自由,即否定性的实现和表现,因而在于否定在其给定结构中的实在事物,并以这种主动的否定本身所创造的成果的形式维持否定。这种作为否定性的自由,就是人的“本质”。

但是,从本身看,这种否定性不是别的,就是能“表现”为死亡的虚无。黑格尔也多次说到这一点。

例如,在1805—1806年的《耶拿讲演》中,他在一个旁注中写道

(第十卷,166页,〈说明〉2的最后三行):

“其结果:死亡,纯粹的否定,直接的非存在。”

因此,如果一方面,自由是否定性,如果另一方面,否定性是虚无和死亡,那么就不存在没有死亡的自由,仅仅终有一死的存在可以是自由的。人们甚至能说,死亡是自由的最后和真正“表现”。

然而,黑格尔并没有在这个结论前退缩,他明确地接受这个结论,正如引自1802年的《道德体系》和1803—1804年的《耶拿讲演》的如下一段所表明的:

“这种否定的绝对,纯粹的自由,处在其显现(Erscheinung)——死亡中;由于死亡的能力(Fähigkeit),主体表现(erweist)为是自由的和绝对地超越一切限制(Zwang)。主体是绝对的制服活动(Bezwingung);因为这种活动是绝对的……它是本身的概念,因而是无限的和本身的对立面(Gegenteil),也就是绝对的;在死亡中的纯粹特殊性是它自己的对立面,[即]普遍性。之所以有在制服活动中的自由,仅仅是因为它的目的纯粹在于(geht auf)扬弃[给定的]规定性……,是因为从本身看,这种活动以一种纯粹否定的方式(rein negative)表现出来(sich hült);[第七卷,370页第10—14行、20—25行、27—28行]。……自由的最高抽象概念,即直至扬弃的制服活动(Bezwingens)的关系,即自由的暴卒[第七卷,389页第17—19行]。意识[=人]的这个绝对点是意识的绝对存在(absolutsein),但作为一种否定的东西;或者[换句话说],它是个体的绝对存在,作为一种特殊的东西(Einzelnen)。这是固执(Eigensinns)的自由。特殊(Einzelne)能转化(sich machen)为这个点;它绝对能不考虑一切,抛弃一切;它不可能成为依赖性的,不可能受任何东西束缚(gehalten);它能使自己摆脱必须被维系

(gafasst)于的一切规定性,它能在死亡中实现其独立和绝对的自由,作为绝对否定的意识[实现自己]。但是,死亡本身是与生命矛盾的[第十九卷,218页第1—12行]。其[=特殊]特殊的(einzelne)自由不是别的,就是它的固执,它的死亡[第十九卷,232页,"说明"2的最后一行]。"

死亡,被理解为自愿的或在知情的情况下接受的死亡,是自由,至少孤立的个体的"抽象"自由的最高表现。如果人在本质上和意识上不是终有一死的,那么人就不可能是自由的。自由是面对给定物的自主,即否定给定的东西,仅仅通过自愿的死亡,人才能摆脱任何给定的(=规定的)生存条件的制约。如果人不是终有一死的,如果人不能在没有"必要"的情况下献身,那么人就不能摆脱存在的给定整体所设定的严格规定性,在这种情况下,这个存在的整体称得上是"上帝"。

个人自由的本质是在纯粹或绝对状态下表现为死亡的否定性。这就是为什么当"纯粹的"或"绝对的"自由在社会方面,在一场真正的、即真正否定社会给定物的革命的第二阶段中实现的时候,它必然表现为集体的暴卒或"恐怖"。

在《精神现象学》的分析大革命的一节中,黑格尔清楚地阐述了这一点(418页第19—27行):

"因此,一般(allgemeinen)自由的唯一成果和行动是死亡;即没有任何内容(Umfang),没有任何实质(Erfüllung)的死亡,因为[在这种死亡中通过这种死亡]被否定的东西,是绝对自由的自我(Selbst)的没有内容的点;它因而是最冷酷、最平淡的死亡,比切开一棵菜和喝一口水没有更多的意义。在这个音节的平淡中,包含着[革命]政府的智慧,[能使]一般意志得以实现(vollbringen)的知性。"

在革命的第二阶段，追求“绝对自由”的革命者作为孤立的个体对立于体现在国家中的世界。他们试图绝对地否定现有的国家，使之完全消失，因而绝对地对立于这个世界。只有绝对地否定这些“特殊个人”，就像通过对普遍的现实事物的否定绝对地肯定他们那样，国家才能维持，一般意志才能实现。这就是为什么“政府的智慧”在这个阶段中表现为恐怖。不过，我们已经看到，在一种否定的斗争中有意识面对的死亡，正是绝对的个人自由最真实的实现和表现。正是在恐怖中和通过这种恐怖，这种自由才能传播到社会中，这种自由不可能在一个“宽容的”国家中实现，因为这样的国家并不认真地对待其公民，以保证其死亡的政治权利。

黑格尔从这些分析得出，本质上是否定性的自由既不可能在纯粹状态下实现，也不可能自为地是有意识的。绝对的自由(=“非因循守旧”)是纯粹的否定性，即虚无和死亡。然而，死亡与生命、生存和存在本身是矛盾的。仅仅由于它在否定的同时所保存的存在(=同一性)，否定性才是某种东西，而不是虚无。(给定物的)否定仅仅作为(新事物的)创造或完成的成果才是实在的。革命者如果能保存其否定的成果，重新把它联系于在其否定中通过记忆或传统维持的存在的同一性，他自身就不至于消失。

这就是说，自由仅仅作为历史才能实现，人只有是历史的(=社会的，=国家的)，才可能是自由的。反过来说，仅仅在有自由，即进步或创造，甚至给定物的“革命性”否定的地方，才有历史。既然否定的自由包含死亡和必须以死亡为前提，那么唯有终有一死的存在才可能真正是历史的。

但是，历史必须以死亡为前提，即使与死亡体现自由的事实无关。仅仅在有历史记忆、教育和抵制教育的地方，才有历史。这一切都必须以一系列前后相继、来到世上和在那里死去的世代为前提。因为孩子的生命必然包含父母的死亡。

在1805—1806年的《耶拿讲演》的一个旁注中(第二十卷,202页,《说明》3),黑格尔非常无情地说出这一点:

"北美的野蛮人杀死他们的父母;我们也做同样的事情。"

当然,受其父母教育的孩子延续作为其存在本身的父母的社会和政治活动,孩子由此确保其父母在此世的"死后继续存在",这是与自由相容的(并且在时间中有限的)唯一"死后继续存在"。但是,历史的延续在使其特殊性消失的同时,保存个体行动的普遍性,这种消失就是个体的死亡。父母在教育孩子的时候,准备他们自己的死亡,人的或历史的死亡,有意识地从现在转入过去。

在1803—1804年的《耶拿讲演》中(第十九卷,223页第18—20行和224页第13—22行),黑格尔清楚地阐明了这一点:

"在教育孩子的时候,父母把他们已经形成的(gewordenes)意识放在孩子身上,他们准备自己的死亡。在教育中,孩子的无意识的统一性被扬弃;它在自身中结成联系,它成为受到教育的意识;父母的意识是统一性得以形成的材料。对孩子来说,父母是不知其所以然的预感(Ahnen);他们扬弃孩子的单纯的[和]受到压抑的(gedrugenes)在自己之内的存在(Insichsein)。他们丢失了给予孩子的东西;他们在孩子那里死去;他们给予孩子的东西,就是他们自己的意识。在这里,意识是在它之中的另一个意识的成长,父母在孩子的成长中看到他们[自己的]扬弃(Aufgehobenwerden)。"

历史是(在此世的)超越。人的"扬弃"就是通过保存的自我否定,在"否定"自己(作为给定物)的同时"保存"自己(作为人的存在)和"升华"自己(=进步)。这种"辩证运动"包含"运动"的东西的有限性，并且必须以这种有限性为前提，这种有限性就是创造历史的人的死亡。

作为有限性，或时间性和否定性，或自由，死亡既是历史的最后基础，也是历史的最初动力。这就是为什么历史过程必然包含通过战争和流血革命的死亡的实现。

在1802年的《论自然权利》中，断然地肯定战争的历史必然性（第七卷，372页第5—8行、16—21行、24—35行和373页第21—22行）：

“绝对形式［=人］的肯定面（Positive）是绝对道德（Sittliche），即一个民族［=国家］特有的东西，仅仅在否定面中，通过［战争所包含的］死亡危险，个体才毫不含糊地表明（erweist）与民族的一致（Einssein）。［政治的］个体性与［政治的，=国家］个体性的这种联系（Bezeihung）是一种关系（Verhätnis），因而是一种双重的联系；一种是肯定的联系，两者在和平之中平等地［和］安宁地共存（Nebeneinanderbestehen），另一种是否定的联系，个体性的相互排斥；这两种联系是绝对必然的。由于联系的第二个方面，道德整体［=国家］的形式（Gestalt）和个体性产生了战争的必然性。战争，因为在战争中有这种自由的可能性：对于绝对本身来说，即对于民族［=国家］来说，不仅仅规定性，而且作为生命的完整性（Vollständigkeit）也将消失，［战争］能防止民族的道德（sittliche）健全无视规定性和规定性的适应与固定（Festwerden），正如风的运动能防止湖水腐败发臭，而持久的平静能导致湖水腐败发臭，正如持久的和平，或更（gar）糟糕的是，永恒的和平［能导致民族的腐败］，由于其本性［即行动］而否定［——作为人——］的东西必须依然是否定的，不必成为某种固定的（Festes）东西。”

在1805—1806年的《耶拿讲演》中，黑格尔强调，死亡在战争中的存在使战争成为创造历史的动力（第二十卷，261页第18行—262页第2行)：

“战士的状况和战争是自我的实在牺牲，对特殊个人来说的死亡危险，其直接的抽象否定性的这种直观(Anschauen)；正如战争也是特殊个人的直接肯定的自我，……因此，[在战争中，]特殊个人把自己造就(macht)为绝对的力量，把自己视为绝对自由的、自为的和实际上对他人(Anderes)的否定性。在战争中，这就是特殊个人可得到的(gewärht)东西：战争对于普遍[=国家]来说[被理解为]是[一个]罪行；[战争的]目的[是][通过否定]保存整体[=国家]，对抗力求摧毁这个整体的敌人。[从特殊到整体的]外化(Entäusserung)必然有这种抽象的形式，必然是没有个体性的；死亡必然冷酷地被接受和给予；不是通过特殊个人发现对手和在直接的仇恨中杀死对手这种进展缓慢的(statarische)战斗；不，死亡是在空虚(leer)中——非个人地，通过硝烟被给予和接受的。”

正是杀人的战争确保了历史的自由和人的自由的历史性。只有主动地分享国家的命运，人才是历史的，在纯粹的政治战争中自愿地冒生命危险时，这种分享到达了顶点。也只有成为一个战士，至少潜在的战士，人才真正是历史的和人性的。

黑格尔在《道德体系》(1802年？)中清楚地表明了这一点。他还认为，社会必然分为三个“等级”(Stände)或阶级：农民，产业者和商人，贵族。前两个“等级”进行劳动，不为国家进行斗争和冒生命危险。相反，贵族基本上是战士，这能使他过一种真正人性的生活，尽管他是有闲的，享用其他阶级的劳动产品：“他们的劳动只是不同于战争的劳动，或是一种为了这种劳动的教育(Bildung)。”(第七卷，476页第16—18行)。实现历史的是贵族，也仅仅是贵族。其他的阶级仅仅承受历史，它们只能被动地直观体现在贵族的政治和军事存在中的历史过程。

黑格尔用一种坚定的“形而上学的”，甚至谢林的，但非常清楚的语言表述这一点（第七卷，476页第38行—477页第8行）：

“[军事贵族的等级的]第一用处在于：它是绝对的实在道德的形式，为它们[=其他两个等级]构成了存在的和[辩证地，=历史地]运动的绝对[=国家]的形象，[这就是]道德本质所要求的最高的实在直观。由于它们的本性，这些[非军事的]等级停留在这种直观中。它们不是在绝对的概念中，通过这个概念仅仅作为外在实体（Ausseres）为它们的意识设定（gesetzes）的这个[实体]，就是它们自己的、绝对的精神，这个精神[辩证地]运动，克服（überwände）其所有的差别和规定性。之所以它们的道德本质能到达这种直观，这种优势，是由于[军事贵族的]第一等级。”

之后，尤其是在《精神现象学》中，黑格尔不再承认这种“封建”社会的概念。在他看来，一个有闲的军人阶级的存在只不过是一个暂时的历史现象。但是，战争的历史必然性的主题在《精神现象学》中重新被提起。

其中，黑格尔说（324页第9—30行）：

“一方面，社团（Gemeinwesen）能被组织为个人自主、个人所有权、物权和人身权的体系；另一方面，首先为了获得和享受的个人目的的劳动方式能划分为自己的团体（Zusammenkünften），并使之独立。一般团体[=国家]的精神就是这些相互孤立的体系的统一性（Einfachheit）和否定的本质（Wesen）。为了不让这些体系在这种孤立状态中生根和固定下来（festwerden），不让它们因孤立而瓦解整体和涣散精神，政府必须不时地用战争来震动它们，打乱（verwirren）它们已经建立起来的秩序和剥夺它们已经得到的(zurechtgemachten)自主权,对于深深陷入这些体系中,与整体分离,追求不可侵犯的*自为存在*和个人安全的个体来说,必须[用战争所]强制的劳动使他们感受到他们的主人,[即]死亡。通过打破稳定存在(Bestehen)的形式,精神[=国家]维护[历史的或人的]道德[的定在],以免陷入(Versinken)自然的定在(Dasein),在自由和它的力量中保存和提高其意识的自我。"

这段原文见于分析古代国家的章节(第六章A节,a)。然而,按照定义,主人,异教国家的公民,是有闲的。他不劳动,不"否定"外在于他的自然。他的真正人性的,即自由的和否定的活动,归结为否定他自己的天赋"本性"。这种否定在为了纯荣誉的斗争中,在纯政治的和没有"生存必要性"的战争中自愿地冒生命危险时,到达了顶点。仅仅在通常为了荣誉而进行的战争中和通过这种战争,其公民是有闲军人的异教国家才是真正人性的,即自由的和历史的。

奴隶和前奴隶劳动者原则上通过自己的劳动,不需要冒生命危险就能获得人性。因为在劳动中,他们"否定"外在的给定实在事物,并通过反作用改造自己。公民在那里劳动的国家原则上因而也能不诉诸战争,同时又不至于使国家或真正人性的实体解体。但是,黑格尔在引文中说,一种本质上和平的国家实际上不再是一个本义上的国家,而是成了一个个人的、工业的和商业的国家,其最高目的是增进其成员的福利,即满足其"自然的",甚至动物的欲望,因此,最终说来,只有参与流血的政治斗争才能使人超越动物和使人成为公民。

尽管如此,在黑格尔看来,人的发展的最后目的是主人的军事存在和奴隶的劳动存在的综合。通过其存在充分得到满足和由此完成人类的历史发展过程的人,是普遍的和同质的国家的公民,即在黑格尔看来的拿破仑革命军队中的劳动者战士。是(为了得到承认的)战争终结历史和使人到达完善(=满足)。因此,只有当人是终有一死的,并在知情的情况下接受生命危险，人才能得到满足。

当然，普遍的和同质的帝国一旦建立后，就不再有战争，也不再有革命。从此以后，人不需要冒生命危险就能生存。但是，真正人性的存在是智者的存在，他仅限于理解一切，不否定或改变任何东西(除了使实在事物的“本质”进入语言)。这种存在因而在本义上，在黑格尔谈论在历史终结之前的人时给予的意义上，不是自由的，不是历史的。本义的自由的历史性和死亡联系在一起：唯有终有一死的存在才是自由的历史的，只要能接受其死亡的概念和现实，能按照一个“观念”或一种“理想”在无任何“必要性”的情况下冒生命危险。

最后，人的个体性也取决于死亡。如果我们和黑格尔一起承认，人只有是自由的，才可能是个体的，人只有是有限的或终有一死的，才可能是自由的，那么我们就能得出这个结论。但是，这个结论也直接来自黑格尔对个体的定义。

在黑格尔看来，个体是特殊和普遍的综合。如果在人的个体性中，特殊性不结合于语言和行动(语言来自行动)的普遍性，那么它就是纯粹“给定的”、“自然的”、动物的。不过，特殊个人的行动，通常是行动中的特殊个人，只有代表和实现一个“社团”(Gemeinwesen)，归根结底，一个国家的“一般意志”，才真正是普遍的。只有作为公民而行动(违背其“个人的”、特殊的利益)，人才真正地和实在地是普遍的，同时仍然是特殊的；仅仅在国家中和通过国家，人的个体性才能表现出来和实现，因为国家赋予特殊个人一种实在性和一种普遍地得到承认的价值。但是，在为纯政治的(=普遍的)目的而冒的(个人)生命危险中，通过和为了国家的行动到达了顶点；拒绝为国家冒生命危险的公民将丧失自己的公民身份，即普遍的承认。归根到底，正是因为人会死亡，所以人才能是一个个体。

在1803—1804年的《耶拿讲演》中(第十九卷，230页第32行—231页第10行)，黑格尔清楚地表明了这一点：

“特殊的整体[即公民、个体]的这种扬弃存在(Aufgehobenseins)是绝对普遍的和作为绝对*精神*[=民族,=国家]的整体。这就是作为绝对实在的意识的精神。特殊的整体[即个体][在国家中,作为公民]被视为一种观念的、被扬弃的[整体];它不再是特殊的;相反,它自为地是这种自我扬弃,仅仅作为这种被扬弃的整体,它才被承认[为公民],才是*普遍的*[作为公民]。作为特殊性[即个体性]的整体[=普遍],在(an)自身中被设定为一个仅仅可能的,不是自为存在的,仅仅[作为一个整体]在其持续存在(Bestehen)中的整体,随时会死亡,忘记自己,确实,作为特殊的整体,作为家庭,或在[个人]财产和[个人]享受中存在,因此,这种[作为家庭、财产和享受的纯粹特殊]关系自为地是一种观念上的[关系],正如其自我牺牲所表明的(erweist)。”

个体性包含有限性或死亡,以及必须以有限性或死亡为前提的事实还能以另一种方式被证明。

普遍是作为特殊的特殊的否定。如果人们想把一个具体的(=特殊的)实体转变成概念(=普遍),转变成“一般概念”,那么就必须使这个实体与其定在的此时此地分离(这条狗此时此地存在,但是,概念“这条狗”却“到处”和“始终”存在)。同样,如果人们想*实现*个体性,把存在的特殊性转变成人的普遍性,那么就必须*实际上*使人与其此时此地分离。但是,对于人的*动物*来说,这种实际的分离等于死亡,因为如果不再此时此地存在,它就根本不存在(作为*死亡*,这条狗也是“到处”和“始终”存在)。因此,普遍在特殊中的实际深入是特殊的有限性的完成,即它的实际死亡。之所以*人的*存在是特殊的,但同时也能是普遍的,也就是说,之所以人能作为个体*存在*,仅仅是因为死亡的普遍性能在人活着的时候出现在他身上:在观念上,在他对死亡的意识中;事实上,通过自愿地冒生命危险(意识必须以危险为前提)。

黑格尔多次强调,死亡是普遍在定在中的表现,或者也可以说,最后的“实现”。他在1803—1804年的《耶拿讲演》中，在1805—1806年的《耶拿讲演》中，以及在《精神现象学》中说：

“死亡是类别分裂[为特殊性和普遍性]的方面和[特殊和普遍的]因素的完全解放;[死亡是]存在(Seins)的直接统一，但在它的概念中，[死亡是]作为普遍存在的普遍的自我(Selbst)[第十九卷，254页第4—8行]。在死亡——绝对的力量中，特殊的主人，即共同的[普遍的]意志，成为纯粹的存在[为国家而死的公民的尸体][第二十卷，225页，《说明》3]。特殊作为特殊所到达的普遍性，是完成(Vollendung)和作为个体[即作为特殊]的个体为社团[=国家=普遍]所做的最高工作[《精神现象学》，231页第31—32行和232页第6—8行]。”

因此，“死亡的能力”(Fähigkeit des Todes)不仅仅是人的自由与历史性的必要和充分条件，而且也是人的普遍性的必要和充分条件，如果没有普遍性，人就不可能是真正的个体。

黑格尔说：“人的真正存在是他的行动。”然而，行动是作为死亡表现在“现象”方面的否定的实现。不言而喻，它是作为有意识的和自愿的，即自由地接受的，无任何生存必要性的死亡。当人根据唯一的“承认”(Anerkennen)欲望，其唯一的“虚荣”欲望，有意识地冒生命危险时，就产生了死亡的这种接受。承认的欲望是一个欲望的欲望，即不是一个给定的(=自然的)存在的，而是这种存在的不存在的显现的欲望。这种欲望超越自然的给定物，如果它能实现的话，那么它将创造一个超自然的或人的存在。但是，只有欲望比自然的给定存在更有力量，也就是说，它能使自然的给定存在消失，欲望才能实现。确实，按照一种承认欲望而消失的存在消失了；但是，它的消失是一个人的存在的消失，这就是本义上的死亡。动物的这种消失是人的产生。确实，人在他的死亡中消失了。然而，只要这种死亡作为意识到生命危险的意志和为了承认而延续，人就继续作为人在定在中存在，也就是说，超越给定的存在，超越自然。

因此，人第一次在（给定的）自然世界中，在为了纯荣誉的最初流血斗争作为战士出现（或被造就）。这就是说，只有当一个存在是有限的或终有一死的（即“有生命的”），才能作为人的存在被造就。这也就是说，一个存在只有“实现”自己的死亡：只有意识到自己的死亡，能有意识地面对自己的死亡，才能作为人活着。在黑格尔看来，做人，就是可能和会死亡。因此，最终说来，“人的真正存在”是作为有意识的现象的人的死亡。[①]

为了得到承认的流血斗争产生了主人身份和奴隶身份的关系，这个概念见于黑格尔在1802年的著作中（《道德体系》，第七卷，445—447页）。然而，尤其在1803—1804年的《耶拿讲演》中，黑格尔反复强调这个概念。在1805—1806年的《耶拿讲演》中，这个主题再次被提到。在《精神现象学》（1806年）中，斗争和生命危险的人类发生的价值的概念最终完全地确定下来了。

我们首先来考察引自1803—1804年的《耶拿讲演》中的几个段落：

黑格尔一开始说，我们在动物中观察到的纯“自然的”拥有，只有在为了得到这种承认而进行的斗争中和通过这种斗争，才能成为本质上人的所有权，即一种得到承认的，甚至法律上的拥有。不是为了实际上拥有一件有争议的物品，而是为了使别人承认他的独占权，人才在为了纯荣誉的斗争中冒生命危险。仅仅在生命危险中和通过这种危险，

① 在黑格尔之后，海德格尔说，人的存在（Dasein）是一种“为了死亡的生命”（Leben zum Tode）。早在黑格尔之前，基督教徒也这样说。但是，在基督教徒看来，死亡只不过是进入彼世：基督教徒不接受本义上的死亡。基督教徒不面对虚无。基督教徒在其存在中期待一个本质上给定的“彼世”。因此，在基督教徒身上，没有黑格尔和海德格尔意义上的“超越”（=自由）。

最终说来，仅仅在死亡中和通过死亡，这种权利才能成为实在的，“法律上的主体”（=纯属人的存在）才能实现。

黑格尔解释说：

“只有当他的财产（Besitzes）和他的存在的每一个特殊性表现为联系于其整个本质（Wesen），表现为被包含（aufgenommen）在其无差别中，只有当他把每一个因素（Moment）设定为他自己［之所是］，特殊个人才是一个意识，才是这个［=人］；因为这个是意识，世界的理想存在。因此，对其特殊性之一的伤害是无限的；它是一种绝对的侮辱，一种对作为一个整体的他的侮辱，一种对其名誉的侮辱；为了每一件特殊物品的冲突是一种为了整体的斗争。［有争议的］物品，［即］规定性，根本没有被视为价值，没有被视为物品；相反，它完全消失，完全是观念的；唯有它联系于我，我是一个意识，物品失去了与我的对立［成为我的得到承认的财产］。相互承认、希望相互承认为特殊个人的这个整体的两个［对手］，作为整体对峙着。他们相互给予的意义（Bedeutung）是：a）每一个人在他人的意识中都被看作排斥其特殊性的延伸的人，b）在这种他自己的排斥［或排他性］中，他实在地是［一个］整体。没有人能用语言、保证、威胁或承诺向他人表明这一点。因为语言只不过是意识的观念存在，而现实的东西，即绝对自为存在的东西，在这里是相互对立的，它们的关系绝对是一种实际的、本身现实的关系。它们的承认（Anerkennen）的中项（Mitte）本身必定也是现实的。因此，它们必定（müssen）成为现实的；侮辱是必然的；［第十九卷，226页第6行—227页第20行］。这种冲突必定和应该（muss und soll）发生，因为只有他的拥有和他的存在的每一个特殊性在这种无差别［？］中被设定，并且他作为［一个］整体联系于这种无差别，作为特殊的特殊是一种理性［一种］无差别，这个事实才能被认识到。只有当他为了并非自己绝对分享的拥有［作为所有者］投入（daraufsetzt）其整个存在，这才能被证明。这种证明只有伴随着死亡才能完成。[第十九卷,226页,《说明》3,第1—7行]。"

但是,人必须在为了纯荣誉的生死斗争中冒生命危险,不仅仅是为了使别人承认他的财产,承认他是所有者(=主体或法人)。一般地说,他冒生命危险也是为了使别人承认他的人的实在性和价值。然而,在黑格尔看来,人只有得到这样的承认,才是人性上现实的,才是现实上人性的。为了做人和表现或显现为人,人必须会死亡和冒生命危险。

黑格尔是这样表达的:

"只有当他的多形式显现(mannigfaltige Erscheinung)在自身中是无差别的,在他的拥有的每一个特殊性中表现为无限的,为每一个冒犯(Verletzung)报仇,直至[冒犯者的]死亡,每一个人才能得到他人的承认。这种冒犯必定会发生,因为意识[=人]必定要求(auf...gehen)这种承认;特殊个人必定相互冒犯,以便认识(erkennen)[和弄清]他们是否具有理性[=人]。因为意识本质上就是如此,特殊的整体置身于这种成为他者的过程(Anderswerden)中和在其中保持不变,它在他人的意识中,它自为具有的整体的这种绝对继续存在就在他人的意识中;也就是说,[意识本质上就是如此,]它必须得到他人的承认。但是,作为一个特殊个人[的整体]的我的整体,在另一个意识中正是这种自为存在的整体,[即]它必须得到承认和尊重,只有通过他人对我的整体的行为(Handelns)显现,我才能知道这一点。同样,他人也同时向我显现为一个整体,正如我向他显现的那样。如果他们[相互避开][和睦地]相互谦让,那么没有人能向另一个人显现为[一个]整体,也没有一个人的存在显现为在另一个人的意识中的一个整体,没有呈现(Darstellen),也没有承认。语言、解释、承诺,只不过是这种承认;因为语言只不过是一个[在两者之间]观念上的中项:它如同出现那样消失,这只不过是一种持久的(bleibendes)、实在的承认。[第十九卷,226页,“说明”3,第15行直至结束]。每一个特殊个人在另一个人的意识中必然被当作整体,因此,他与另一个人做斗争,以便保存任何一个特殊性,他的显现的整体,[甚至]他的生命;同样,每一个整体都必然以另一个整体的死亡为其目的。只有当我在他人的意识中被当作在我的排他性中的一个排他的整体,[即]以他的死亡为目的,我才能在他人的意识中被承认为这种特殊的整体[即被承认为个体或人]。因为我以他的死亡为目的,所以我自己也暴露在死亡之中,我冒生命危险。我试图肯定(behaupten)我的存在和我拥有的特殊性,但我陷入了矛盾;这种肯定转化为它的对立面,[即]我放弃这种拥有,以及所有拥有和享受的可能性,甚至牺牲生命。当我被当作特殊性的整体时,我自己扬弃作为特殊性的整体的我自己;我希望在我的存在的这种延伸中,在我的存在和我的拥有中得到承认;但是,我反而扬弃这种存在,只有当我以他人的死亡为目的,冒生命危险和扬弃我的存在本身的延伸,[即]我的特殊性的整体时,我才能真正地被承认为具有理性[=人]。

整体的特殊性的这种承认必然导致死亡的虚无。每一个人必然要认识他人是不是一个绝对的意识[=人]。每一个人必然要处在与他人的关系中,是这种关系揭示了他人;每一个人必然冒犯他人,每一个人只有强迫他人直至死亡(bis auf den Tod treibt),才能知道他们是不是[一个]整体[=个体或人];同样,每一个人只有自己走向死亡,才能向自己表明为[是一个]整体。如果他在死亡之内(innerhalb)停留在自身中,如果他向他人仅仅表现为丧失了拥有的一部分或全部,表现为有受伤的危险,而没有生命的危险,那么在他人看来,他直接是一个非整体;他绝对不是自为,从而成为他人的奴隶。如果他在死亡之内停留在自身中,在死亡面前不再战斗(Streib),那么他就不表现为整体,也不承认他人是整体……。

因此,特殊个人的这种承认本身是[一种]绝对的矛盾:承认只不过是在另一个意识中作为整体的意识的存在；但是，如果意识是现实的，那么它就扬弃另一个意识［杀死它］；因此，承认本身扬弃自己。承认本身没有实现，它不再存在，如果（indem）有［=存在］承认的话。然而，意识同时只不过是作为被另一个人承认的事实，它同时只不过是作为绝对的数字单位（Eins）的意识，因而必然被承认为这样的单位；但是，这意味着它必然以他人的死亡和自己的死亡为目的，它仅仅在死亡的实在性中才存在［第十九卷，228页第17行—229页第31行和230页第17行］。”

因此，最终说来，人的实在性是“死亡的实在性”：人不仅仅是终有一死的；人是具体化的死亡；人是他自己的死亡。和“自然的”、纯生物的死亡相反，人的死亡是一种意识到本身和自愿的“暴卒”。人性的死亡，人的死亡，因而真正人性的整个存在，可以说是一种自杀。

在1805—1806年的《耶拿讲演》[1]（第二十卷，211页第34—36行）中，黑格尔清楚地表明了这一点：

“它向作为意识的意识［=为了得到承认而进行斗争的人］显现，意识以另一个人的死亡为目的；但是，［自在或为我们，即真实地］意识以自己的死亡为目的;［它是］自杀，因为它暴露在死亡之中。”

仅仅在为了得到承认的斗争中，仅仅通过这种斗争所包含的生命危险，（动物的）给定存在才被造就成人的存在。因此，人的存在本身“显现”或表现为因否定行动而延期的自杀，或如同黑格尔所说的，“间接的”（vermittelt）自杀，否定行动产生了对外部和对自己的语言意识。人是自杀，或至少有自杀能力（Fähigkeit des Todes）的一个存在。人的

① 黑格尔仅仅用两页的篇幅分析为了得到承认的斗争，但其中没有真正的新东西。

人性存在是一种在进行之中的有意识的和有意志的死亡。

在《精神现象学》[①]中，黑格尔重新提到和阐明为了得到承认的斗争。他坚持其中的人类发生的特征：只有在斗争中和通过斗争，人才能脱离动物，把自己造就成人。黑格尔明确指出，在斗争中，重要的不是杀死他人的意志，而是暴露在没有必要性、没有作为动物受到强迫的死亡危险中。正是通过在为了纯荣誉的斗争中自愿所冒的死亡危险，人们才到达承认的真理。"真理"就是被揭示的现实，即现实本身。然而，人只有得到承认，才作为人是实在的。因此，只有在有意识面对死亡的行为中和通过这种行为，人的实在性才能形成或被造就。

因此，黑格尔在《精神现象学》中坚持和强调1803—1804年的《耶拿讲演》中的基本概念，他把人的自我创造和人的死亡的实现等同起来。但是，他放弃了最初坚持的矛盾。当然，他继续认为，死亡对人来说意味着他的完全和最终消失（参见《精神现象学》145页的第二段）。但是，他不再认为人的实现只有在实际的死亡中，即在消失中，才能彻底完成。在有关的引文中，他明确指出，唯有生命危险能实现人的存在。自愿地冒生命危险和避免死亡的存在，能作为人活着，即作为在自然世界之内的定在（Dasein）中的人继续存在下去。

正是通过生命危险，人才能理解自己本质上是终有一死的，在这个意义上，人不能在作为其自我意识支撑的动物之外作为人存在。

参与为了得到承认的斗争的人必须活着，才能作为人活着。但是，只有得到他人的承认，人才能作为人活着。他的对手也必须避免死亡，和黑格尔在1803—1804年的《耶拿讲演》中（第十九卷，229页）所说的相反，战斗必须在死亡面前停止。

在这些《耶拿讲演》中，黑格尔承认这种可能性。当两个对手中的一个对手拒绝冒生命危险，屈服于另一个人，成为另一个人的奴隶，即承认他

---

① 参见在《代序》中第四章A节的注释性译文。

人但没有得到另一个人承认的时候，这种可能性就产生了。但是，拒绝生命危险，就是继续留在动物性的界限内。奴隶不是真正的人的存在，他的“承认”因而不能实现被承认者的人性。因此，真正的承认只有在死亡中和通过死亡才能实现，死亡使承认者消失，因而使承认本身消失，并且使作为被承认者，即作为真正的人的被承认者消失。矛盾由此产生。

在《精神现象学》中，黑格尔回避这个矛盾，承认奴隶的人性，以及奴隶承认主人的人类发生的价值。但是，他如何来解释拒绝使人的动物生命服从人的和人类发生的承认欲望的这种存在的人性？

由于得到奴隶的承认，主人获得了人性(作为主人，即作为纯属人的存在而实现的人性)，因为主人愿意冒未来的奴隶所拒绝接受的、“违背自然”的生命危险，从而使未来的奴隶屈服于自己。至于奴隶，由于意识到其本质的有限性，体验到死亡的焦虑，他也获得了人性(作为奴隶而实现的个性，这也是纯属人的一种存在方式)，在为了得到承认的斗争过程中，这种死亡向他显现为没有纯生物必要性的某种东西。

和主人一样，奴隶也意识到自己，也就是说，在其定在中本质上作为人的自我。当然，在最初，可以说在其初始状态中，奴隶仅仅是潜在的人，而主人的人性是“现实的”，因为主人实在地得到了承认。然而，通过斗争，人被造就成主人和奴隶，两者都是真正的人。最终说来，由于他们都面对死亡，所以他们是真正的人。

奴隶在为主人服务的*劳动*中，实现和完善他的人性。但是，只有当这种受奴役和服侍人的劳动源于死亡的焦虑，并伴随着用劳动提供服务的人的本质有限性的意识，劳动才具有一种人类发生的作用。

和始终固着于主人的人性中的主人相反，奴隶发展和完善其最初受奴役的人性，他上升到语言思维的高度，制定抽象的自由概念；他把自己造就成自由的，最终得到充分满足的公民，通过劳动改造给定的世界，使之服务于社团。因此，本义上的人，自由地创造历史的是个体，是奴隶，而不是主人。但是，我们应该看到，只有当服务和劳动是在源于死亡意识的焦虑中进行的，它们才是自由的和创造性的。最终说来，死亡意识是使人获得人性，并构成人性的最后基础。

之所以有为了得到承认而进行的谋杀和流血斗争，是为了有“自杀”和自愿地冒生命危险。但是，在主人中实现的这种生命危险之所以存在，是为了能在奴隶中有死亡的体验，这种死亡向奴隶揭示了他自己的有限性。面对死亡的生命是“精神的生命”，也就是说，纯属人的、能到达其完善和完全满足的生命。

人是在世界上唯一知道他必然会死的存在，我们能说，人是自己的死亡的意识：真正的人的存在是一种死亡的存在意识，或一种意识到自己的死亡。人的完善是完全的自我意识，人在其存在本身中本质上是有限的，正是在有限性的有意识接受中，人的存在才到达顶点。对死亡意识的（推论的）完全理解构成了黑格尔的智慧，这种智慧在使人得到满足的同时完成了历史。

因为在到达智慧的时候，人认识到：唯有他的有限性和他的死亡能确保其绝对自由，不仅仅使之从给定的世界中解放出来，而且也使之从永恒的和无限的给定物中解放出来，如果人不是终有一死的，那么这种给定物可能是上帝。这种绝对自由的意识满足了人的无限的骄傲，而人的骄傲是人的存在的基础本身，是人的自我创造活动的不可还原的最后动力。

一般地说，黑格尔的人类学是一种世俗化的基督教神学。黑格尔完全意识到这一点。他多次重申，基督教神学所说的一切东西绝对是真实的，只要不应用于一个想象的超验上帝，而是应用于实在的、生活在世界上的人。神学家研究人类学，但却没有意识到这一点。黑格尔真正地意识到所谓的神学知识，他解释说，他的实际对象不是上帝，而是历史的人，或正如他所喜欢说的：“民族精神”（Volksgeist）。

其中，在1805—1806年的《耶拿讲演》的末尾（第二十卷，268页第7—21行），黑格尔清楚地表达了这个概念：

"[一般的]宗教是[为一个外在实体]呈现(vorgestellter)的精神;[它是]没有把它的纯粹意识和它的现实意识合在一起(nicht zusammenbringt)的自我(Selbst),对它来说,现实意识的内容在本身中,作为另一个实体,对立[于它]。[换句话说,教徒是不知道当他以为在谈论上帝时实际上在谈论自己的人]……绝对[或基督教]宗教的观念是这种思辨的观念,正如自我,[或]现实的实体是思维,本质(Wesen)和存在(Sein)是同一种东西。它这样被设定(=表达),因此,上帝,[即]超验的(jenseitige)绝对本质成了人,在这里,成了现实的存在;同样,这种现实也被扬弃,成为一个过去的[现实],这个上帝,[一方面]作为[给定的特殊]现实,[另一方面]作为被扬弃的,即普遍的现实,是和'民族精神'相同的东西;仅仅作为直接性[即表现(vorgestellt)为一个唯一的名叫耶稣的人],它才是[基督教]社团的精神。上帝是精神,这就是这种[基督教]宗教的内容。"

黑格尔赞同基督教,他说,"绝对"或存在的东西的整体不是同一性、存在、实体或自然,而是精神,即通过语言或语言的理性(Logos)被揭示的存在。但是,在基督教徒看来,这种"绝对"精神是一个超验的上帝,而在黑格尔看来,则是在世界的人。这种根本性的和不可克服的区别最终归结为这一点:基督教的精神是永恒的和无限的,而黑格尔所看到的精神本质上是有限的或终有一死的。当人们引入死亡概念的时候,就把神学改造成人类学。如果按照字面来理解这个概念,也就是说,删除死后继续存在和复活的含义,人们就能到达真正的、黑格尔的人类学。

黑格尔完全地意识到这一点,当他在与引文有关的一个旁注中解释福音神话时(第二十卷,268页,"说明"3,最后两行),明确地说:

"不是人死了,而是[作为神的]神死了;正因为这一点(eben dadurch),神成了人。"

因此，黑格尔论证说，意识、自我意识、理性的意志和推论的理性包含有限性和死亡，并必须以此为前提，从而证明“绝对精神”，或被揭示的存在的整体，不是从虚无中创造世界的永恒上帝，而是始终否定给定的自然世界的人，在自然世界中，人作为历史的人类出生和死亡。

归根结底，（受古代或异教启发的）基督教神学的上帝是永恒地与本身保持同一，在一个自然世界中和通过这个世界实现和显现的存在，而自然世界仅仅表现存在着的存在的存在本质和力量。相反，黑格尔的人是虚无（Nichts），使作为世界而存在的给定存在成为虚无，并在给定物的这种消失中和通过这种消失使自己（作为实在的历史时间或历史）成为虚无。

自然的或“神的”定在（Dasein）的最后基础是永恒地与本身保持同一的给定存在或力量（Macht）。相反，人的定在的最后基础，人的实在性的根源和起源，是否定性的虚无或力量，而否定性的实现和显现仅仅是由于存在的给定同一转变成创造“辩证的”或历史的变化过程的矛盾，在这个过程中，仅仅在行动中和通过行动（可以说，行动是人的“本质”）才有存在，动力不是（作为给定物）存在的东西，而是（原本）不存在的东西。如果自然或“上帝”拥有（作为实在的或“物理的”空间）存在的存在，那么人是在“扬弃”存在的东西和创造不存在的东西的时候（作为行动或实在的、“历史的”时间）成为虚无的虚无，黑格尔哲学的中心和最后概念，人的实在性（Wirklichkeit）和定在（Dasein）的根基是表现或显现为否定的或否定性的、自由的和意识到自己的行动的虚无，这个概念在黑格尔在撰写《精神现象学》时讲授的1805—1806年《耶拿讲演》中的“浪漫主义的”优美段落中明确地得到表达。

这一段如下（第二十卷，180页第24行—181页第8行）：

“人是把一切包含在其单一性中的这个黑夜，这种空洞的虚无：无数的形象，意象，其中的每一个意象都是人所想到的，或者［还］没有呈现(gegenwartig)出来。黑夜,自然的内部(Innre),在这里存在纯粹的自我。在虚幻的形象中,周围一片漆黑:在这里,突然出现了一个血淋淋的头,在那里突然出现了一个白色的形象(Gestalt);它们又突然消失。当人们注视一个人的眼睛时,看到的就是这个黑夜:[人们把目光投向]变得可怕的(furchtbar)黑夜;世界的黑夜呈现(hängt antgegen)在我们面前。

从这个黑夜中汲取意象或投射意象的力量(Macht):自我定位(Selbstsetzen)[即自由的创造],内在的意识,行动(Tun)。存在的东西(das Seiende)就藏在这个黑夜中;但是,这种力量的[辩证]运动也形成了。"

在存在中维持作为虚无的人的力量的辩证运动,就是历史。这种力量本身是作为否定或创造活动实现和显现的:否定给定物——人自己——的活动,或创造历史的人的斗争活动;以及否定给定物——动物生活在其中的自然世界——的活动,或创造文化世界的劳动活动。在这个文化世界之外,人只不过是纯粹的虚无,在这个文化世界中,人仅仅在一段时间里不同于虚无。①

① 受到一元论的本体论传统误导,黑格尔有时把他关于人的或历史的存在的分析延伸到自然。他说,一切存在的东西是虚无的虚无化(这显然没有任何意义,导致一种站不住脚的自然世界)。例如,他在1805—1806年的《耶拿讲演》中阐述其(受到谢林启发的)自然哲学时说:"黑暗是虚无;正如空间和时间不存在;正如一般地说,一切都是虚无。"(第二十卷,80页第5—6行)。海德格尔重新采用黑格尔的死亡主题;但他忽略了斗争和劳动的互补主题;他的哲学也不能分析历史。马克思坚持斗争和劳动的主题,因此,他的哲学本质上是"历史主义的";但他忽略了死亡的主题(尽管承认人是终有一死的);这就是为什么他没有看到(有些"马克思主义者"也没有看到)大革命不仅实际上是流血的,而且在本质上和必然也是流血的(黑格尔的恐怖主题)。

III

《精神现象学》的结构

只有意识到其辩证的连接，我们才能理解《精神现象学》。不过，黑格尔自己也很少解释他是如何连接的。下面的分析向读者指明这些连接。

精神现象学是对人的存在的一种现象学描述。这就是说，人的存在是这样来描述的：人的存在向经历这种存在的人本身“显现”（erscheint）或“表现”。换句话说，黑格尔描述人的自我意识的内容，在其存在中，人或是受制于出现在任何地方和任何时间的存在态度之一（第一部分），或是受制于显示一个重要的历史时代的特征的态度（第二部分）。在《精神现象学》中，人被称为“意识”（Bewusstsein），黑格尔指出，问题在于一种现象学的描述，他说，他描述“为意识本身”（für das Bewusstsein selbst）而存在的态度。

但是，黑格尔在进行了思考之后，即在把所有可能的存在态度整合在他的思想中之后，才撰写《精神现象学》。他因而知道人的存在的整体实际上和事实上是什么。他由此拥有“绝对知识”，他所看到的一种给定的、部分的或受历史制约的态度不同于实现它的人所看到的态度。

在后者看来，问题在于一种他认为是完全的、唯一可能的或至少可接受的态度。相反，黑格尔知道，问题在于一种整体存在的形成过程的一个环节或一个阶段。唯有他看到了把这些环节结合在一起的联系，以及诸阶段的顺序。

这些联系和这种顺序的阐明保证了（不是纯粹字面上的）现象学描述有一个"科学的"或哲学的特征。这就是为什么黑格尔把用"绝对知识"的观点进行的描述放入框架，因为他用这种观点为自己（für es）描述所做的分析，这个观点就是黑格尔自己的观点。在这些框架中，黑格尔描述了向他，或正如他所说的，向我们（für uns）"显现"的态度，这个"我们"是黑格尔本人和理解黑格尔的读者。然而，黑格尔认识到事物实际上和事实上之所是，或正如他所说的："自在"（an sich）。这就是为什么当他想强调问题不在于现象学的描述，而是在于一种哲学的或科学的处境分析时，他不加区别地说："自在或为我们"（an sich oder für uns），或仅仅说"自在"，或仅仅说"为我们"。

不幸的是，黑格尔经常忘记神圣的形式，以及在为自己的（für es）各种描述之间的界限，为我们（für uns）描述因而并非始终都能容易地被界定。尤其是因为他有时在描述中和在没有通知读者的情况下插入用绝对知识的观点（für uns=an sich，为我们=自在）撰写的说明。但是，这些说明原则上不应该存在，每一个为自己（für es）的描述都应该在前面加一个导论，黑格尔在导论中指出了有关因素或历史阶段在人的存在的同时性和连续性整体中的位置，接下来是一个结论，他在结论中证明有关的因素或阶段（通过"扬弃"）转变成作为结果的因素或阶段的"真正"原因和方式。至于经历这些转变（更确切地说，引起这些转变）的因素或阶段的实际"辩证"转变，它们在现象学部分中为自己（für es）描述。

接下来的分析的主要目的是指出在现象学的各部分，导论和把它们放入框架、都是用绝对知识（für uns）的观点被描述的过渡之间的界限。分析也表明现象学的各部分本身的辩证的(三位一体的)联系,指明为我们(für uns)插入的说明。

在第八章,为自己(für es)和为我们(für uns)之间的区别消失了,因为这一章描述拥有绝对知识的智者,即黑格尔本人的自我意识,他向自己(für es)"显现"实际上(an sich)其所是,也向真正理解他的人(für uns)"显现"其所是。在这里,现象学的描述与哲学的或"科学的"分析一致。不过,这种为自己(für es)和为我们(für uns)的一致仅仅出现在第八章的末尾。这就是为什么第八章有一个总导论,及其第一节——一个导论和一个过渡。

显然,《精神现象学》的序言(Vorrede)和导论(Einleitung)整体上是用为我们的(für uns)绝对知识的观点撰写的。

括号之间的开头两个数字标明Hoffmeister版本(莱比锡,Meiner出版社,1937年)的页和行;最后三个数字标明Hyppolite的法译本(巴黎,Aubier出版社,1941年)的卷、页和行。

序　言

1. 黑格尔提出的目的：科学的体系。

a 一种部分真理的不可能性（9,2；I,5,3）。

b 真理是一种完全的和有序的知识（11,34；I,7,33）。

2. 出发点：当代哲学，尤其是谢林哲学的批判。

a 当代的一般特征（12,27；I,8,32）。

b 一个新时代的先兆（15,26；I,12,12）。

3. 通向目的——精神现象学——之路（19,16；I,16,28）。

a 作为主体的实体（19,24；I,17,2）。

b 科学的体系（23,21；I,22,4）。

c 精神现象学在体系中的位置。

α 作为体系的导论的精神现象学（24,30；I,23,21）。

β 作为体系的第一部分的精神现象学（28,18；I,27,31）。

γ 作为意识体验的科学的精神现象学（32,1；I,31,29）。

4. 到达目的的手段：方法。

a 历史的方法（35,6；I,35,23）。

b 数学的方法（35,20；I,36,5）。

c 哲学的或科学的方法（39,10；I,40,10）。

d 假哲学的方法。

α“推理”(48,37; I,51,25)。

β“自然理性”或“常识”(54,20; I,57,22)。

5. 结果：公认的真理标准的接受(57,21; I,60,20)。

导　论

1. 一种精神现象学的必然性。

　a 认识：康德的批判（63，2；I，65，2）。

　b 现象：费希特和谢林的批判（65，25；I，67，18）。

2. 精神现象学的主题。

　a 部分的知识和作为通向完全的知识之路的精神现象学（66，39；I，69，1）。

　b 完全的知识（68，19；I，70，23）。

3. 精神现象学的方法。

　a 真理的标准（70，10；I，72，15）。

　b 体验（73，3；I，75，15）。

第一部分(=A. 意识和B. 自我意识；=第一章至第四章)

人的存在的因素
第一卷(=A 意识；=第一章至第三章)
认知因素

第一章(=第一章)：感觉的态度。

A. 导论(79,3；I,81,3)。

B. 辩证法。

1. 感觉的对象：这个。

a 导论(80,31；I,83,2)。

b 此时的辩证法(81,18；I,83,26)；82,7—18(I,84,20—31)：关于语言的说明。

此地的辩证法(82,19；I,84,32)。

c 过渡(82,28；I,85,5)。

2. 感觉的主体：我。

a 导论(82,39；I,85,15)。

b 此时此地的辩证法(83,14；I,85,30)。

c 过渡(83,40；I,86,25)；—83,40—84,7(I,86,25—30)：反对克鲁格的批判说明。

3. 在其整体中的感觉。

a 导论(84,3；I,87,2)。

b 此时的辩证法(85,18；I,88,14)。

此地的辩证法(86,15; I,89,16)。

C. 结论。

1. 概述(86,32; I,89,31)。

2. “幼稚的实在论”的批判(86,39; I,90,4); 87,19—40(I,90,22—91,5): 关于欲望的说明。

第二章(=第二章): 知觉的态度。

A. 导论。

1. 在其整体中的知觉(89,10; I,93,3)。

2. 知觉的对象。

a 导论(90,8; I,94,9); 90,25—30(I,94,25—30): 关于“扬弃”的说明。

b 作为肯定的普遍的对象(90,31; I,94,35); 91,12—26(I,95,19—96,2): 说明。

c 作为否定的普遍的对象(91,27; I,96,3)。

d 作为一个整体的对象(92,11; I,96,25)。

B. 辩证法。

1. 导论(93,17; I,98,1)。

2. 知觉的对象(93,22; I,98,6)。

3. 知觉的主体。

a 导论(94,22; I,99,9)。

b 作为中项的我和作为统一体的事物(95,18; I,100,1)。

c 作为统一体的我和作为中项的事物(95,32; I,100,19)。

d 作为统一体和中项的事物(97,1; I,102,1)。

4. 在其整体中的知觉(97,17; I,102,18); 98,4—7(I,103,3—10): 说明。

C. 结论。

1. 过渡(99,4; I,104,13)。

2. 针对常识哲学的批判说明（100,11; I,105,22）。

第三章（=第三章）：知性的态度。

A. 导论。

1. 前两章的概述（102,26; I,109,4）。

2. 第三章的主题（103,3; I,109,15）。

B. 辩证法。

1. 无条件的普遍。

a 导论（103,37; I,110,22）。

b 辩证法（104,28; I,111,16）。

2. 力。

a 导论（105,20; I,112,23）; 106,12—26（I,113,29—114,4）：说明。

b 唯一的力（106,27; I,114,5）。

c 力的作用。

α 辩证法（107,29; I,115,14）; 108,25—109,10（I,116,23—117,13）：说明。

β 过渡（109,11; I,117,14）。

3. 内在的东西和现象。

a 导论（110,10; I,118,23）。

b 辩证法。

α 超感觉的世界。

I. 导论（112,1; I,120,29）; 112,4—14（I,120,32—112,10）：针对康德的说明；112,16—39（I,121,10—32）：针对基督教神学的说明。

II. 辩证法（113,25; I,122,22）。

III. 过渡（114,25; I,123,20）。

β 规律的王国（牛顿科学）。

I. 导论（115,3; I,124,6）。

II. 辩证法(115,13; I,124,17); 115,26—116,7(I,124,25—125,17): 针对牛顿的说明; 117,1—118,30(I,126,9—128,10): 解释性和批判性说明。

III. 过 渡(119,30; I,129,22); 120,37—121,15(I,131,27—25): 说明。

γ 颠倒的世界。

I. 导论(121,16; I,131,26)。

II. 辩证法(122,26; I,133,9); 121,39—122,8(I,132,4—23)和122,31—37(I,133,15—20): 关于自然哲学的说明; 122,8—25(I,132,23—133,8) 122,37—123,1(I,133,21—37)和 123,21—24(I,134,21—34): 关于罪行和惩罚的说明。

III. 过渡(124,19; I,135,20)。

c 过渡(124,6; I,135,28); 124,36—125,3(I,135,27—136,12): 说明。

d 作为统一体和中项的事物(97,1; I,102,1)。

C. 结论。

1. 第三章和第一卷的结果, 以及到第五章的过渡: 生命的概念(125,14; I,136,24)。

2. 前三章的概述和到第四章和第二卷的过渡: 自我意识的概念(126,23; I,138,5)。

第二卷(=B. 自我意识; =第四章): 情绪和活动因素

总导论: 自我意识的概念。

A. 第一卷的概述和第二卷在精神现象学的整体中的位置(133,3;

I,145,3)。

B. 被当作第一卷的辩证法之结果的自我意识的分析(134,6; I,146,6)。

C. 生命的本体论分析(正常情况下应是《逻辑学》的一部分)(135,39; I,148,17); 136,27—40(I,149,12—25): 说明。

第一章: 欲望的态度(相应于感觉的态度)。

A. 导论: 生命和自我意识(138,21; I,151,30)。

B. 辩证法(139,1; I,152,15); 139,31—38(I,153,12—18): 关于生命的说明; 140,28—39(I,154,16): 关于精神的说明。

第二章(=第四章A节): 为了得到承认的斗争的态度(相应于知觉的态度)。

A. 导论(141,5; I,155,4); 142,33—36(I,157,9—12): 说明。

B. 辩证法。

1. 生死斗争。

a 导论(143,18; I,158,5)。

b 辩证法(144,8; I,159,3)。

c 过渡(145,27; I,160,30)。

2. 主人身份(146,5; I,161,11)。

3. 奴隶身份(147,34; I,163,27); 149,30—150,14(I,166,6—30): 说明。

第三章(=第四章B节): 自由的态度(相应于知性的态度)。

A. 导论(151,5; I,167,3); 152,1—19(I,168,5—23): 关于思维的说明。

B. 辩证法。

1. 斯多葛主义。

a 导论(152,29; I,169,1); 153,22—25(I,169,32—170,2): 说明。

b 辩证法(153,26; I,170,3); 153,40—154,7(I,170,17—25): 说明。

c 过渡(154,27; I,171,13)。

2. 怀疑主义。

a 导论(154,34; I,171,21)。

b 辩证法(155,26; I,172,21)。

c 过渡(156,8; I,174,1)。

3. 苦恼的意识。

a 导论(158,8; I,175,32); 158,19—30(I,176,10—22): 说明。

b 辩证法。

α 犹太教态度(159,6; I,177,10)。

β 犹太教态度转变成基督教态度(160,7; I,178,16); 160,33—161,7(I,179,13—180,2): 说明。

γ 基督教态度。

I. 导论(161,38; I,181,2)。

II. 内部感觉: 沉思的宗教态度(162,22; I,181,25)(162,26—32; I,182,2—3): 说明。

III. 外部活动: 活动的宗教态度(164,26; I,184,18)。

IV. 自我牺牲: 禁欲主义的宗教态度。

* 导论(167,23; I,188,10)。

** 僧侣(168,7; I,188,35)。

*** 教士(168,31; I,189,25)。

**** 在俗教徒(170,16; I,191,24)。

C. 结论: 到在第五章描述的非宗教态度的过渡(171,14; I,192,28)。

第二部分 （=C. 理性；=第五章至第八章）

具体的存在态度
第一卷（=第五章）：
非政治态度：知识分子。

总导论：理性的概念。

A. 理性的，即非宗教的和非政治的或“个人主义的”，甚至“唯心主义的”态度的一般特征（175，3；I，195，3）。

B. 唯心主义的批判。

1. 费希特的唯心主义（176，23；I，196，30）。

2. 康德的唯心主义（178，14；I，199，4）；179，2—15（I，200，1—14）：说明。

C. 第一卷的主题（180，29；I，202，1）。

第一章（=第五章A节）：学者。

A. 导论。

1. 科学态度的一般特征（183，3；I，204，2）。

2. 本章的主题（183，21；I，204，21）；183，25—184，11（I，204，26—205，11）：说明。

3. 本章的划分（185，7；I，206，18）。

B. 辩证法。

1.（=第五章A节，a）自然科学。

a 机械论的物理学。

α 导论（185，13；I，206，25）。

β 事物的描述（185，28；I，207，9）；186，31—35（I，208，10—14）：说明。

γ 分析：特性（186，36；I，208，15）。

δ 解释：规律。

I. 导论（188，38；I，210，24）。

II. 消极的体验（189，21；I，211，6）；189，23—39（I，211，3—23）：说明。

III. 主动的实验（191，12；I，213，4）；191，29—192，14（I，213，22—214，12）：说明。

IV. 物理学“原理”（192，14；I，214，12）。

b 生机论生物学（基尔梅叶，等等）。

α 导论（192，34；I，214，31）。

β 功能关系（193，21；I，215，25）；194，33（I，217，4—17）：说明。

γ 目的论（195，4；I，217，25）；197，37—40（I，221，7—41）：说明。

δ 内在“原理”和外在形式。

I. 导论（199，8；I，222，24）；199，27—30（I，223，10—13）：说明。

II. 内在“原理”。

* 导论（199，36；I，223，21）。

** 感受性、兴奋性和繁殖（201，32；I，226，2）。

*** 有机形式（205，32；I，230，27）。

**** 到概念的过渡（c）（207，7；I，232，12）；209，19—210，29（I，234，33—236，10）：说明。

III. 外在形式（210，30；I，236，11）；211，31—212，11（I，

237,16—238,4)：说明。

IV. 到概念的一般过渡(c)(212,12；I,238,4)。

c 被设想为有机体的世界(谢林)。

α 导论(212,29；I,238,22)。

β 物质(213,3；I,239,4)。

γ 生命(216,3；I,242,21)；217,24—30(I,244,22—245,1)和218,13—18(I,245,23—27)：说明。

δ 宇宙(218,19；I,245,28)。

d 过渡(219,16；I,247,1)；219,13—18(I,247,7—19)：说明。

2.(=第五章A节,b)天赋"官能"的心理学。

a 导论(221,10；I,249,5)。

b 逻辑规律(221,25；I,249,20)；222,40—223,6(I,251,14—20)：说明。

c 心理学规律(223,7；I,251,21)。

d 社会环境决定个体的定律(225,1；I,254,1)。

e 过渡：在世界中的人(226,8；I,255,19)。

3.(=第五章A节,c)自然主义的人类学。

a 导论(227,5；I,256,22)。

b 活动和器官(228,31；I,258,30)。

c 面相学(拉瓦特尔)。

α 简介(230,14；I,260,21)；230,39—231,3(I,261,16—21)：说明。

β 批判(232,30；I,263,16)。

d 颅相学(高尔)。

α 导论(237,24；I,268,20)。

β 简 介(238,8；I,269,12)；240,17—25(I,271,22—31) 和240,33—241,7(I,272,9—17)：说明。

γ 批判（243，26；I，275，9）。

C. 过渡。

1.（3）的辩证法的结果（249，22；I，281，19）；250，1—16（I，281，37—282，15）：说明。

2. 本章的概述（250，19；I，282，16）；251，37—40（I，284，5—9）：说明。

3. 本章的结果（252，18；I，284，25）。

第二章（=第五章B节）：享受者和道德家。

A. 导论。

1. 第五章至第八章的主题：从孤独的个体到普遍的同质的国家的公民（255，5；I，288，3）。

2. 第五章B—C节的主题：知识分子的一般特征（他试图生活在国家中，好像他是世界上唯一的“个人主义”）。

a 国家和历史的一般特征（256，19；I，289，23）。

b 知识分子和国家。

α 导论（258，30；I，292，30）。

β 知识分子不再是（大革命前国家的）公民（258，35；I，293，1）。

γ 知识分子还不是（大革命后国家的）公民（259，28；I，294，4）。

δ 大革命前的自由民知识分子：革命的意识形态的（但不是行动的）先兆（260，6；I，294，26）。

3. 第五章B节的主题：从存在的“个人主义”到文学的存在（261，8；I，206，9）。

B. 辩证法。

1.（=第五章B节，a）享有世界（=普遍=社会=国家）的个体（=特殊）：在快乐中的唯美主义和粗野。

a 特殊(262,3; I,297,17)。

b 普遍(263,35; I,299,22)。

c 特殊反对普遍(265,7; I,301,12)。

d 过渡(266,8; I,302,20)。

2.(=第五章B节,b)批判世界的个体:在孤独中的空想和精神错乱。

a 导论(266,20; I,302,30)。

b 普遍(266,39; I,303,16); 267,10—31(I,303,27—304,7):说明。

c 特殊(267,22; I,304,8)。

d 特殊反对普遍。

α 导论(268,3; I,304,27)。

β 普遍(268,23; I,305,15)。

γ 特殊(270,25; I,307,29); 271,8—22(I,308,18—33):说明。

δ 两者的冲突(272,22; I,310,16)。

e 过渡(273,32; I,311,25)。

3.(=第五章B节,c)想改善世界的个体:改良主义和非革命干预的无能。

a 导论。

α(1)、(2)和(3)的主题(274,11; I,312,9)。

β(3)的主题

I. 改良主义的理想(特殊)(274,20; I,312,19; 274,26—29(I,312,25—28):说明。

II. 政治的现实(普遍)(275,11; I,313,13; 275,14—17(I,313,16—19):说明。

b 辩证法。

α 导论(275,40; I,314,8)。

β 特殊(276,23; I,314,32); 277,35—278,5(I,316,15—24):说

明。

γ 普遍（278，30；I，317，17）。

δ 特殊反对普遍（279，19；I，318，10）；279，29—34（I，318，20—25）和280，20—281，2（I，319，14—320，2）：说明。

c 过渡（281，3；I，320，3）。

第三章（=第五章C节）：文学家。

A. 导论（283，4；I，322，3）。

B. 辩证法。

1.（=第五章C节，a）不行动、仅限于谈论世界和声称服务于“永恒价值”的个体：“文学的共和国”和“客观性”的冒充。

a 导论（285，12；I，324，13）。

b 文人对自己的看法。

α 天性：才华（285，21；I，324，22）；286，5—11（I，325，16—23）：说明。

β 活动：文学作品的创作（286，29；I，326，6）；288，1—10（I，327，26—328，3），288，39—289，7；（I，328，32—329，3）和289，25—290，4（I，329，23—330，9）：说明。

γ 结果：文学创作的纯粹快乐（290，18；I，330，19）。

c 文人的存在体验。

α 导论（290，34；I，331，3）。

β 文学作品和追求“公正的客观性”（291，16；I，331，24）；295，5—10（I，335，36—336，4）：说明。

γ 诚实的外表（296，40；I，337，2）。

δ 冒充（296，37；I，388，8）。

d 过渡和公民的预先描述（299，38；I，341，33）。

2.（=第五章C节，b）不行动、意欲将自己的规律强加于世界的个体：道德家和道德严格主义的矛盾。

a 导论(301,10; I,343,14)。

b 辩证法。

α 导论(302,29; I,344,35)。

β 诚实的道德:“幼稚的”道德家(303,1; I,345,11)。

γ 仁慈的道德:浪漫主义者和雅各比(304,11; I,346,22)。

δ 形式主义的道德:康德和费希特(305,10; I,347,24)。

c 过渡(305,31; I,348,6)。

3.(=第五章C节,c)试图“理解”和“解释”(大革命前的)世界的个体:假哲学家(=智者的讽刺画)和相对主义的平庸。

a 导论(306,3; I,348,12)。

b 辩证法。

α 导论(307,3; I,349,22)。

β 个人财产和共产主义的合法性(307,6; I,349,26)。

γ 两者的不合法性(307,20; I,350,6)。

δ 两者的合法性(308,22; I,351,12)。

c 过渡(308,26; I,351,16); 308,28—32(I,351,18—24):说明。

C. 过渡:知识分子和公民(308,34; I,351,25)。

第二卷(=第六章和第七章):政治态度:忠诚的公民和革命者

第一节(=第六章):历史现实的辩证法

总导论:

A. 公民、国家和历史的一般特征:精神(312,3; II,9,2)。

B. 前五章的概述(314,33; II,11,1)。

C. 第六章的主题(315,27; II,12,6)。

第一章(=第六章A节): 古代: 异教世界。

A. 导论。

1. 古代世界的一般特征(317,4; II,14,2)。

2. 第六章A的主题(317,16; II,14,15)。

B. 辩证法。

1.(=第六章A节,a)异教存在的社会和政治框架: 城邦。

a 导论(318,11; II,15,14)。

b 辩证法。

α 出发点。

I. 普遍: 国家和公民(318,29; II,16,7)。

II. 特殊: 家庭(319,23; II,17,7)。

III. 家庭和国家的关系(320,10; II,18,8)。

β 运动。

I. 导论(323,27; II,22,6)。

II. 普遍: 政府和战争(323,35; II,22,15)。

III. 特殊: 丈夫和妻子,父母和孩子,兄弟和姐妹(324,36; II,23,23)。

IV. 家庭和国家的冲突(327,1; II,26,5)。

γ 结果(328,10; II,27,16)。

2.(=第六章A节,b)在异教世界的活动: 悲剧的命运。

a 导论(330,34; II,30,12)。

b 辩证法。

α 出发点(331,17; II,31,1); 331,25—38(II,31,10—21): 说明。

β 运动。

I. 导论(332,36; II,33,1)。

II. 普遍：忠诚的行动（332，40；II，33，4）。

III. 特殊：有罪的行动（333，39；II，34，8）。

IV. 冲突和特殊的消失：悲剧的命运（335，15；II，36，5）。

γ 结果。

I. 导论（337，37；II，39，1）。

II. 普遍：国家的胜利（338，6；II，39，10）。

III. 特殊：家庭的复仇（339，1；II，40，10）。

IV. 冲突和普遍的消失：个人权力（亚历山大大帝）（339，36；II，41，6）。

c 过渡（342，1；II，43，13）。

3.（=第六章A节，c）古代世界的终结和基督教的先兆：罗马帝国。

a 导论：从（古代）公民到（基督教）自由民的转变（342，26；II，44，2）。

b 辩证法：自由民或基督教存在的起源。

α 私有权和法人（相应于第四章B节的“斯多葛主义”）（343，18；II，45，4）。

β 个人财产（相应于第四章B节的“怀疑主义”）（344，3；II，45，27）。

γ 世界的主人：罗马皇帝和基督教上帝（345，5；II，47，9）。

c 向基督教世界的过渡（346，19；II，48，30）。

第二章（=第六章B节）：中世纪和现代：基督教或自由民世界。

A. 导论。

1. 与异教存在相对立的基督教或自由民存在的一般特征（347，4；II，50，3）。

2. 第六章B的主题（348，13；II，51，15）。

B.（=第六章B节，I）本义的基督教世界的辩证法：中世纪和十七世纪。

1. 导论(350,11; II,54,2)。

2.(=第六章B节,I,a)封建制度和专制制度。

a 导论:异化、文化和道德冲突(350,32; II,54,22); 352,11—20(II,56,21—30):说明。

b 出发点。

α 导论(353,30; II,58,12); 353,32—40(II,58,15—22)和354,16—20(II,59,6—11):说明。

β 善和恶的冲突(354,24; II,59,16)。

γ 国家和个人资本的冲突(354,40; II,60,2); 355,23—24(II,60,27—60,7)。

δ 阶级的冲突:贵族和第三等级(355,35; II,61,8)。

c 运动。

α 导论(359,22; II,65,21)。

β 封建制度(360,7; II,66,9); 361,21—36(II,68,3—16):关于阶级精神的说明。

γ 专制制度:路易十四。

I. 导论(361,37; II,68,17); 363,19—21(II,69,7—70,5):关于语言的存在功能的说明。

II. 朝臣(364,35; II,71,26)。

III. 从贵族到自由民的转变(365,33; II,72,30)。

IV. 自由民(366,30; II,73,28)。

δ 自由民社会:路易十五和约翰·劳。

I. 导论(367,8; II,74,9)。

II. 穷人(366,38; II,75,5); 368,18—22(II,75,23—27)和368,40—369,6(II,76,111—17):说明。

III. 富人(369,7; II,76,18)。

IV. 波希米亚人(370,8; II,77,22)。

d 结果：自由民社会的解体。

α 导 论（371，10；II，78，27）；371，23—26（II，79，10—13）和 372，17—25（II，80，5—12）：说明。

β 谎言（372，26；II，80，13）。

γ 高雅（373，16；II，81，10）。

δ 精神的轻浮和虚荣（374，31；II，82，22）。

3.（=第六章B节，I，b）信仰主义和理性主义。

a 导 论（376，13；II，84，16）；376，36—377，9（II，85，8—22）和 377，25—33（II，86，6—15）：说明。

b 出发点（378，1；II，86，21）；378，33—40：说明。

c 运动。

α 导论（379，35；II，89，3）。

β 在自身中发展的信仰：神学（380，4；II，89，11）。

γ 批判现实世界的信仰：宗教的孤立（380，30；II，90，7）。

δ 受到理性主义批判的信仰（381，31；II，91，12）。

d 结果：十七世纪的理性主义。

α 导论（381，34；II，91，16）。

β 理论的理性主义（381，39；II，91，21）。

γ 存在的理性主义（382，9；II，91，31）；382，29—383，8（II，92，16—93，1）：说明。

δ 到启蒙运动时代的过渡（383，16；II，93，7）。

C.（=第六章B节，II）大革命前的世界的辩证法：启蒙运动时代。

1. 导论（383，20；II，93，12）。

2.（=第六章B节，II，a）（无神论的）革命宣传。

a 导论（385，4；II，95，13）；385，4—11（II，95，13—20）：说明。

b 宣传的否定内容。

α 给定世界的微小转变（385，22；II，96，3）；387，4—7（II，97，

34—98,4)：说明。

β 反对给定世界的公开（语言）斗争（388,10；II,99,8）；392,9—20（II,104,4—15）：说明。

γ 在（自由民和基督教的）因循守旧看来的（无神论）革命宣传（392,21；II,104,16）。

c 宣传的肯定内容。

α 导论（396,26；II,109,11）。

β 自然神论（396,40；II,109,24）。

γ 感觉主义（397,17；II,110,4）。

δ 功利主义（398,5；II,111,3）。

d 宣传的结果。

α 导论（400,6；II,113,23）。

β 自然神论（402,22；II,116,15）。

γ 感觉主义（403,14；II,117,12）。

δ 功利主义（404,14；II,118,18）。

e 到革命行动的过渡（405,25；II,120,1）。

3.（=第六章B节,II,b）革命的意识形态。

a 导论（407,7；II,121,33）；408,81—19（II,123,9—20）：说明。

b 自然神论（唯心主义）和感觉主义（唯物主义）（408,20；II,123,21）；410,8—16（II,125,25—34）：说明。

c 功利主义（410,17；II,125,35）。

d 到革命世界的过渡：基督教理想在此世的实现（412,13；II,128,1）。

D.（=第六章B节,III）革命世界的辩证法：卢梭,法国大革命和拿破仑上台。

1. 导论（413,23；II,130,2）。

2. 革命的第一阶段：绝对自由和无政府状态（413,38；II,130,

19)。

3. 革命的第二阶段：恐怖和专政(416,9; II,133,13)。

4. 革命的第三阶段：大革命后的国家的诞生(419,12; II,137,4)。

E. 到(大革命后的)现代世界的过渡(420,9; II,138,6)。

第三章(=第六章C节)：现代：德国哲学和拿破仑帝国。

A. 导论(423,4; II,142,3)。

B. 辩证法。

1.(=第六章C节,a)康德和费希特的人类学。

a 导论(424,26; II,144,3)。

b 康德的人类学。

α 假设。

I. 道德意识(425,28; II,145,11)。

II. 责任和现实之间的和谐(426,6; II,145,29)。

III. 无限的任务(427,11; II,147,11)。

β 行动的理论。

I. 导论(429,8; II,149,25)。

II. 责任的多样性(429,23; II,150,4)。

III. 作为道德保证的上帝(430,3; II,150,25)。

IV. 在彼世的恩赐和报偿(431,8; II,152,8)。

γ 结论(431,29; II,152,28)。

c 费希特的人类学(432,31; II,154,8)。

2.(=第六章C节,b)康德和费希特的人类学的自毁。

a 导论(434,6; II,156,2)。

b 辩证法。

α 第一假设。

I. 第一阶段(435,8; II,157,16)。

II. 第二阶段(436,7; II,158,16)。

III. 第三阶段(436,40; II,159,16)。

IV. 结果(437,18; II,160,1)。

β 第二假设。

I. 导论(437,32; II,160,16)。

II. 第一阶段(437,35; II,160,18)。

III. 第二阶段(439,12; II,162,18)。

IV. 第三阶段(439,28; II,162,28)。

V. 结果(440,4; II,163,10)。

γ 结论: 神的立法者。

I. 第一阶段(440,30; II,164,1)。

II. 第二阶段(441,23; II,165,6)。

III. 第三阶段(441,38; II,165,20)。

c 过渡(442,19; II,166,7)。

3.(=第六章C节,c)雅各比、浪漫主义(诺瓦利斯)和黑格尔的出现。

a 导论(444,33; II,168,27)。

b 雅各比的人类学。

α 导论(445,23; II,170,2)。

β 个人信念(446,30; II,171,13); 447,7—12(II,171,23—172,4): 说明。

γ 得到其他人的承认(448,34; II,174,1); 450,31—451,10(II,176,9—28): 说明。

δ 个人自由(451,11; II,176,29); 453,15—454,6(II,179,16—180,13): 说明。

ε 过渡: 个体的自给自足(455,15; II,181,24)。

c 浪漫主义的人类学(诺瓦利斯)。

α 导论(456,3; II,182,17)。

β 个人主义(456,12; II,182,26)。

γ 作为个体性的表达的语言(457,37; II,184,18); 458,7—21(II,184,29—185,10): 说明。

δ 天才的统治和孤立个体的消失(459,38; II,186,28); 460,40—461,4(II,188,4—7): 说明。

d 拿破仑帝国的德国式批判,黑格尔对拿破仑帝国的“解释”。

α 导论(462,33; II,190,1)。

β 批判的虚伪(463,26; II,191,7); 464,39—465,11(II,192,24—35): 说明。

γ 判断的吝啬(465,24; II,193,10); 466,35—467,10(II,194,26—195,5)和467,14—23(II,195,3—18): 说明。

δ 黑格尔的解释: 拿破仑建立的普遍的和同质的国家完成了人类历史的发展过程,并使智慧的实现成为可能(469,36; II,197,28)。

第二节(=第七章):
历史的意识形态(艺术、文学、宗教)的辩证法

总导论。

A. 在《精神现象学》的第一章至第六章描述的,即作为个人意识内容的宗教(473,3; II,203,2)。

B. 在第七章描述的,即作为社会意识形态的宗教(474,38; II,205,8)。

C. 第七章的主题(476,11; II,207,1); 476,24—477,8(II,207,13—208,5): 关于精神现象学的结构的说明。

第四章(=第七章A节):受在为了得到承认的斗争之前的欲望支配的社会意识形态:原始社会和古代埃及(第七章A节没有第六章中的同样内容,因为黑格尔没有在那里讨论在城邦之前的政治形式)。

A. 导论(481,3;II,212,2)。

B.(=第七章A节,a)没有斗争和没有劳动的感觉和欲望的社会意识形态的辩证法:过着采集生活的和平社会的单一神教。

1. 导论(483,10;II,214,15)。
2. 辩证法(483,26;II,215,1)。
3. 过渡(484,31;II,216,6)。

C.(=第七章A节,b)知觉和通过斗争(没有得到奴隶的承认)实现欲望的社会意识形态的辩证法:狩猎者战士的图腾崇拜。

1. 导论(485,3;II,216,16)。
2. 辩证法(485,9;II,216,23)。
3. 过渡(484,30;II,217,15)。

D.(=第七章A节,c)知性和通过劳动(没有得到主人的承认)实现欲望的社会意识形态的辩证法:埃及的艺术和宗教。

1. 导论(486,14;II,218,10)。
2. 辩证法。

a 劳动产品的象征:金字塔和方尖碑,在金字塔中的木乃伊和照亮方尖碑的太阳(486,19;II,218,16)。

b 劳动者的象征。

α 导论(486,39;II,219,3);487,10—14(II,219,13—17):说明。

β 神庙(487,22;II,219,25)。

γ 雕像(487,39;II,220,7)。

δ "兽笼"(488,25;II,220,32)。

c 源于劳动的语言的象征:狮身人面像(488,33;II,211,6)。

3. 过渡(489,11;II,221,24)。

第五章(=第七章B节):受为了得到承认的斗争支配的社会意识形态:异教主人(希腊)的艺术和文学(第七章B节相应于第六章A节)。

A. 导论(490,3;II,223,2);492,9—15(II,225,23—30):说明。

B.(=第七章B节,a)在为了得到承认的斗争的框架中,欲望的社会意识形态的辩证法。

1. 导论(493,3;II,226,25)。

2. 辩证法。

a 造型艺术。

α 雕像和神庙(493,10;II,227,4)。

β 人形的上帝(493,30;II,227,24)。

γ 艺术家(494,25;II,228,27)。

b 诗的语言:宗教赞美歌(495,35;II,230,11);496,22—498,12(II,231,9—233,3):关于神谕的说明。

c 宗教崇拜。

α 导论(498,24;II,233,14)。

β 欲望的象征:秘密祭礼(498,34;II,233,24)。

γ 斗争的象征:牺牲(499,13;II,234,9)。

δ 劳动的象征:典礼(501,5;II,236,7)。

ε 过渡(501,25;II,236,20)。

C.(=第七章B节,b)为了得到承认的斗争的社会意识形态的辩证法。

1. 导论(502,3;II,237,2);502,6—29(II,237,5—28)和502,40—503,3(II,238,7—10):说明。

2. 辩证法。

a 酒神节(503,19;II,238,25);503,21—27(II,239,2—9):说明。

b 竞技者和奥林匹克竞技会(504,24;II,239,35)。

c 诗的语言：抒情诗（505,11; II,239,35）。

D.（=第七章B节,c）在为了得到承认的斗争框架中,劳动的社会意识形态的辩证法。

1. 史诗。

a 导论（506,7; II,241,25）。

b 辩证法。

α 史诗的世界：同盟战争（506,34; II,242,24）。

β 史诗的人：史诗的行动（507,36; II,244,1）。

γ 史诗的上帝：史诗的命运（509,3; II,245,11）。

2. 悲剧。

a 导论（509,39; II,246,11）。

b 辩证法。

α 悲剧的世界：特殊（=家庭）和普遍（=国家）的冲突。

I. 合唱队（511,11; II,247,29）。

II. 英雄（512,4; II,248,27）。

III. 观众（512,18; II,249,2）。

β 悲剧的人：主人的悲剧行动（512,18; II,249,7）; 512,23—39（II,249,11—27）: 说明。

γ 悲剧的上帝：悲剧的命运和主人的虚伪（514,40; II,252,1）。

3. 喜剧。

a 导论（517,10; II,254,11）。

b 辩证法。

α 喜剧的世界：自由民的社会（517,15; II,254,15）。

β 喜剧的人：自由民的喜剧行动（517,38; II,252,1）。

γ 喜剧的上帝：喜剧的命运和自由民的“个人主义”自由（519,24; II,256,27）。

第六章(=第七章C节)受在为了得到承认的斗争之后的劳动支配的社会意识形态,自由民世界的宗教。(第七章C节相应于第六章B节;第六章C节没有第七章中的同样内容,因为在第六章C节中,黑格尔已经描述了大革命后的世界的意识形态。)

A. 导论(521,3;II,258,2);533,37—524,31(II,261,16—262,12):说明。

B. 辩证法。

1. 基督。

a 导论(525,19;II,263,4)。

b 新柏拉图主义(526,4;II,263,27)。

c 到基督教的过渡(526,34;II,264,20);426,27—36(II,264,23—32):说明。

d 耶稣(527,10;II,265,9)。

2. 原始基督教。

a 福音书(527,34;II,226,5);528,9—529,2(II,266,21—267,23)和529,16—24(II,267,35—268,7):说明。

b 使徒(529,25;II,268,9)。

c 原始教会(530,15;II,269,11);531,28—532,8(II,270,25—271,20):说明。

3. 成熟的基督教。

a 导论(532,9;II,271,21);532,18—33(II,271,28—272,6)和533,16—29(II,272,28—273,13):说明。

b 基督教思想:神学(533,30;II,272,7);534,28—34(II,274,17—24)和535,8—22(II,274,37—275,13):说明。

c 基督教行动:神学道德。

α 导论(535,23;II,275,14)。

β 原罪(536,12;II,276,5)。

γ 善和恶，上帝和魔鬼的冲突（537，19；II，277，14）；537，27—538，32（II，277，18—279，7）和539，11—14（II，279，25—35）：说明。

δ 得救（539，30；II，280，10）；539，34—39（II，280，14—20）和540，29—542，35（II，281，19—284，5）：说明。

d 基督教社团：教会和国家。

α 导论（542，36；II，284，6）。

β 信仰：圣保罗（543，10；II，284，18）。

γ 圣体和教会：天主教（544，16；II，285，35）。

δ 基督教的“真理”：基督教神学实际上是黑格尔的人类学（546，8；II，288，3）。

C. 到无神论智慧的过渡（546，31；II，288，25）。

第三卷（=第八章）
后历史的态度：智者：黑格尔

A. 导论（549，3；II，293，3）。

B. 辩证法。

1. 出发点：哲学。

a 导论（550，40；II，294，31）。

b 精神现象学的辩证法的回顾。

α 第五章至第六章B节（550，11；II，295，28）。

β 第六章C节（552，14；II，297，15）。

γ 第七章（553，4；II，298，14）。

c 到智慧的过渡（555，37；II，302，4）。

2. 运动：智者。

a 智者的概念（556，10；II，302，19）。

b 智者的现实。

α 导论（557,4; II,303,23）。

β 现实（557,17; II,304,5）。

γ 时间（558,3; II,305,4）; 559,9—12（II,306,16—19）: 说明。

δ 历史（559,13; II,306,26）。

c 智者的活动（560,37; II,308,31）。

3. 结果：科学（561,28; II,309,19）; 561,32—562,（II,309,22—301,3）: 说明。

译者说明

法国哲学家、存在主义的新黑格尔主义的代表亚历山大·科耶夫(1902—1968年)的主要著作《黑格尔导读》,不是纯粹的黑格尔的《精神现象学》的导读。在这部由他的学生的笔记整理而成的著作中,科耶夫融入了他自己的存在主义思想。因此,在某种程度上,这是一部独立的著作。除了《黑格尔导读》,科耶夫的著作还有:三卷本的《论异教哲学思想史》(第一卷,前苏格拉底哲学家;第二卷,柏拉图-亚里士多德;第三卷,希腊化时代哲学-新柏拉图主义哲学家)、《康德》、《论法学现象学》、《概念、时间和语言》。

在翻译的过程中遇到黑格尔的《精神现象学》的引文时,我参考了贺麟和王玖兴的中译本(商务印书馆),但没有照搬。我的译文同时根据科耶夫的译文(有些地方附有德文原文)和中译本。在贺麟的中译本中,德文Dasein至少分别被译为"定在""特定的存在""独有的存在""实际的存在""具体的存在"。现在,我把Dasein统一译为"定在",事实上,我们也能把它译为"亲在",在科耶夫的译文中,这个词语被译为"经验的存在"。我把德文Moment统一译为"因素",而在贺麟的中译本中分别译为"环节""要素"和"因素"。此外,《精神现象学》中译本把Aufklärung译成"启蒙",现更正为正确的译文:"启蒙运动"。

科耶夫把相对于Selbstbewusstsein（自我意识）的Bewusstsein（意识）译为“外部意识”，意思是“对外部事物的意识”，我仍然译为“意识”。但是，我们应该根据科耶夫的解释性译文来理解“意识”这个词。另外要说明的是：科耶夫在一些地方把德文Sein译为“给定的存在”，而不是“存在”。

同一个法语单词bourgeois在不同的历史时期有不同的译法：在中世纪，叫作“自由民”；在法国大革命前夕，叫作属于第三等级的“资产者”；在马克思主义的意义上，叫作“资本家”或“资产阶级分子”。在1806年成书的《精神现象学》研究人的历史发展过程，止于法国大革命时期，时间跨度相当大。所以，当我把bourgeois统一译为“自由民”的时候，就不能照顾到法国大革命前夕的时期，请读者注意这一点。

在《精神现象学》引文中，方括号里的文字是科耶夫增加的解释性译文，这是他对原文的理解。

姜志辉，2004年4月

人文与社会译丛

第一批书目

1.《政治自由主义》(增订版),[美]J. 罗尔斯著,万俊人译　118.00 元
2.《文化的解释》,[美]C. 格尔茨著,韩莉译　89.00 元
3.《技术与时间:1. 爱比米修斯的过失》,[法]B. 斯蒂格勒著,裴程译　62.00 元
4.《依附性积累与不发达》,[德]A. G. 弗兰克著,高铦等译　13.60 元
5.《身处欧美的波兰农民》,[美]F. 兹纳涅茨基、W. I. 托马斯著,张友云译　9.20 元
6.《现代性的后果》,[英]A. 吉登斯著,田禾译　45.00 元
7.《消费文化与后现代主义》,[英]M. 费瑟斯通著,刘精明译　14.20 元
8.《英国工人阶级的形成》(上、下册),[英]E. P. 汤普森著,钱乘旦等译　168.00 元
9.《知识人的社会角色》,[美]F. 兹纳涅茨基著,郏斌祥译　49.00 元

第二批书目

10.《文化生产:媒体与都市艺术》,[美]D. 克兰著,赵国新译　49.00 元
11.《现代社会中的法律》,[美]R. M. 昂格尔著,吴玉章等译　39.00 元
12.《后形而上学思想》,[德]J. 哈贝马斯著,曹卫东等译　58.00 元
13.《自由主义与正义的局限》,[美]M. 桑德尔著,万俊人等译　30.00 元

14.《临床医学的诞生》,[法]M. 福柯著,刘北成译 55.00元
15.《农民的道义经济学》,[美]J. C. 斯科特著,程立显等译 42.00元
16.《俄国思想家》,[英]I. 伯林著,彭淮栋译 35.00元
17.《自我的根源:现代认同的形成》,[加]C. 泰勒著,韩震等译 128.00元
18.《霍布斯的政治哲学》,[美]L. 施特劳斯著,申彤译 49.00元
19.《现代性与大屠杀》,[英]Z. 鲍曼著,杨渝东等译 59.00元

第三批书目

20.《新功能主义及其后》,[美]J. C. 亚历山大著,彭牧等译 15.80元
21.《自由史论》,[英]J. 阿克顿著,胡传胜等译 89.00元
22.《伯林谈话录》,[伊朗]R. 贾汉贝格鲁等著,杨祯钦译 48.00元
23.《阶级斗争》,[法]R. 阿隆著,周以光译 13.50元
24.《正义诸领域:为多元主义与平等一辩》,[美]M. 沃尔泽著,褚松燕等译 24.80元
25.《大萧条的孩子们》,[美]G. H. 埃尔德著,田禾等译 27.30元
26.《黑格尔》,[加]C. 泰勒著,张国清等译 135.00元
27.《反潮流》,[英]I. 伯林著,冯克利译 48.00元
28.《统治阶级》,[意]G. 莫斯卡著,贾鹤鹏译 98.00元
29.《现代性的哲学话语》,[德]J. 哈贝马斯著,曹卫东等译 78.00元

第四批书目

30.《自由论》(修订版),[英]I. 伯林著,胡传胜译 69.00元
31.《保守主义》,[德]K. 曼海姆著,李朝晖、牟建君译 58.00元
32.《科学的反革命》(修订版),[英]F. 哈耶克著,冯克利译 68.00元

33.《实践感》,[法]P. 布迪厄著,蒋梓骅译 75.00 元
34.《风险社会:新的现代性之路》,[德]U. 贝克著,张文杰等译 58.00 元
35.《社会行动的结构》,[美]T. 帕森斯著,彭刚等译 80.00 元
36.《个体的社会》,[德]N. 埃利亚斯著,翟三江、陆兴华译 15.30 元
37.《传统的发明》,[英]E. 霍布斯鲍姆等著,顾杭、庞冠群译 68.00 元
38.《关于马基雅维里的思考》,[美]L. 施特劳斯著,申彤译 78.00 元
39.《追寻美德》,[美]A. 麦金太尔著,宋继杰译 68.00 元

第五批书目

40.《现实感》,[英]I. 伯林著,潘荣荣、林茂、魏钊凌译 78.00 元
41.《启蒙的时代》,[英]I. 伯林著,孙尚扬、杨深译 35.00 元
42.《元史学》,[美]H. 怀特著,陈新译 89.00 元
43.《意识形态与现代文化》,[英]J. B. 汤普森著,高铦等译 79.00 元
44.《美国大城市的死与生》,[加]J. 雅各布斯著,金衡山译 78.00 元
45.《社会理论和社会结构》,[美]R. K. 默顿著,唐少杰等译 128.00 元
46.《黑皮肤,白面具》,[法]F. 法农著,万冰译 58.00 元
47.《德国的历史观》,[美]G. 伊格尔斯著,彭刚、顾杭译 58.00 元
48.《全世界受苦的人》,[法]F. 法农著,万冰译 17.80 元
49.《知识分子的鸦片》,[法]R. 阿隆著,吕一民、顾杭译 59.00 元

第六批书目

50.《驯化君主》,[美]H. C. 曼斯菲尔德著,冯克利译 88.00 元
51.《黑格尔导读》,[法]A. 科耶夫著,姜志辉译 98.00 元
52.《象征交换与死亡》,[法]J. 波德里亚著,车槿山译 68.00 元
53.《自由及其背叛》,[英]I. 伯林著,赵国新译 48.00 元

54.《启蒙的三个批评者》,[英]I. 伯林著,马寅卯、郑想译 48.00 元
55.《运动中的力量》,[美]S. 塔罗著,吴庆宏译 23.50 元
56.《斗争的动力》,[美]D. 麦克亚当、S. 塔罗、C. 蒂利著,李义中等译 31.50 元
57.《善的脆弱性》,[美]M. 纳斯鲍姆著,徐向东、陆萌译 55.00 元
58.《弱者的武器》,[美]J. C. 斯科特著,郑广怀等译 82.00 元
59.《图绘》,[美]S. 弗里德曼著,陈丽译 49.00 元

第七批书目

60.《现代悲剧》,[英]R. 威廉斯著,丁尔苏译 45.00 元
61.《论革命》,[美]H. 阿伦特著,陈周旺译 59.00 元
62.《美国精神的封闭》,[美]A. 布卢姆著,战旭英译,冯克利校 89.00 元
63.《浪漫主义的根源》,[英]I. 伯林著,吕梁等译 49.00 元
64.《扭曲的人性之材》,[英]I. 伯林著,岳秀坤译 69.00 元
65.《民族主义思想与殖民地世界》,[美]P. 查特吉著,范慕尤、杨曦译 18.00 元
66.《现代性社会学》,[法]D. 马尔图切利著,姜志辉译 32.00 元
67.《社会政治理论的重构》,[美]R. J. 伯恩斯坦著,黄瑞祺译 72.00 元
68.《以色列与启示》,[美]E. 沃格林著,霍伟岸、叶颖译 128.00 元
69.《城邦的世界》,[美]E. 沃格林著,陈周旺译 85.00 元
70.《历史主义的兴起》,[德]F. 梅尼克著,陆月宏译 48.00 元

第八批书目

71.《环境与历史》,[英]W. 贝纳特、P. 科茨著,包茂红译 25.00 元
72.《人类与自然世界》,[英]K. 托马斯著,宋丽丽译 35.00 元

73.《卢梭问题》,[德]E. 卡西勒著,王春华译　39.00 元
74.《男性气概》,[美]H. C. 曼斯菲尔德著,刘玮译　28.00 元
75.《战争与和平的权利》,[美]R. 塔克著,罗炯等译　25.00 元
76.《谁统治美国》,[美]W. 多姆霍夫著,吕鹏、闻翔译　35.00 元
77.《健康与社会》,[法]M. 德吕勒著,王鲲译　35.00 元
78.《读柏拉图》,[德]T. A. 斯勒扎克著,程炜译　68.00 元
79.《苏联的心灵》,[英]I. 伯林著,潘永强、刘北成译　59.00 元
80.《个人印象》,[英]I. 伯林著,覃学岚译　88.00 元

第九批书目

81.《技术与时间:2. 迷失方向》,[法]B. 斯蒂格勒著,
赵和平、印螺译　59.00 元
82.《抗争政治》,[美]C. 蒂利、S. 塔罗著,李义中译　28.00 元
83.《亚当·斯密的政治学》,[英]D. 温奇著,褚平译　21.00 元
84.《怀旧的未来》,[美]S. 博伊姆著,杨德友译　85.00 元
85.《妇女在经济发展中的角色》,[丹]E. 博斯拉普著,陈慧平译 30.00 元
86.《风景与认同》,[美]W. J. 达比著,张箭飞、赵红英译　79.00 元
87.《过去与未来之间》,[美]H. 阿伦特著,王寅丽、张立立译　58.00 元
88.《大西洋的跨越》,[美]D. T. 罗杰斯著,吴万伟译　108.00 元
89.《资本主义的新精神》,[法]L. 博尔坦斯基、E. 希亚佩洛著,
高铦译　58.00 元
90.《比较的幽灵》,[美]B. 安德森著,甘会斌译　79.00 元

第十批书目

91.《灾异手记》,[美]E. 科尔伯特著,何恬译　25.00 元

92.《技术与时间:3. 电影的时间与存在之痛的问题》,
[法]B. 斯蒂格勒著,方尔平译 65.00 元
93.《马克思主义与历史学》,[英]S. H. 里格比著,吴英译 78.00 元
94.《学做工》,[英]P. 威利斯著,秘舒、凌旻华译 68.00 元
95.《哲学与治术:1572—1651》,[美]R. 塔克著,韩潮译 45.00 元
96.《认同伦理学》,[美]K. A. 阿皮亚著,张容南译 45.00 元
97.《风景与记忆》,[英]S. 沙玛著,胡淑陈、冯樨译 78.00 元
98.《马基雅维里时刻》,[英]J. G. A. 波考克著,冯克利、傅乾译 108.00 元
99.《未完的对话》,[英]I. 伯林、[波]B. P. -塞古尔斯卡著,
杨德友译 65.00 元
100.《后殖民理性批判》,[印]G. C. 斯皮瓦克著,严蓓雯译 79.00 元

第十一批书目

101.《现代社会想象》,[加]C. 泰勒著,林曼红译 45.00 元
102.《柏拉图与亚里士多德》,[美]E. 沃格林著,刘曙辉译 78.00 元
103.《论个体主义》,[法]L. 迪蒙著,桂裕芳译 30.00 元
104.《根本恶》,[美]R. J. 伯恩斯坦著,王钦、朱康译 78.00 元
105.《这受难的国度》,[美]D. G. 福斯特著,孙宏哲、张聚国译 39.00 元
106.《公民的激情》,[美]S. 克劳斯著,谭安奎译 49.00 元
107.《美国生活中的同化》,[美]M. M. 戈登著,马戎译 58.00 元
108.《风景与权力》,[美]W. J. T. 米切尔著,杨丽、万信琼译 78.00 元
109.《第二人称观点》,[美]S. 达沃尔著,章晟译 69.00 元
110.《性的起源》,[英] F. 达伯霍瓦拉著,杨朗译 85.00 元

第十二批书目

111.《希腊民主的问题》,[法]J. 罗米伊著,高煜译　　48.00 元
112.《论人权》,[英]J. 格里芬著,徐向东、刘明译　　75.00 元
113.《柏拉图的伦理学》,[英]T. 埃尔文著,陈玮、刘玮译　　118.00 元
114.《自由主义与荣誉》,[美]S. 克劳斯著,林垚译　　62.00 元
115.《法国大革命的文化起源》,[法]R. 夏蒂埃著,洪庆明译　　38.00 元
116.《对知识的恐惧》,[美]P. 博格西昂著,刘鹏博译　　38.00 元
117.《修辞术的诞生》,[英]R. 沃迪著,何博超译　　59.00 元
118.《历史表现中的真理、意义和指称》,[荷]F. 安克斯密特著,周建漳译　　58.00 元
119.《天下时代》,[美]E. 沃格林著,叶颖译　　78.00 元
120.《求索秩序》,[美]E. 沃格林著,徐志跃译　　48.00 元

第十三批书目

121.《美德伦理学》,[新西兰]R. 赫斯特豪斯著,李义天译　　68.00 元
122.《同情的启蒙》,[美]M. 弗雷泽著,胡靖译　　48.00 元
123.《图绘暹罗》,[美]T. 威尼差恭著,袁剑译　　76.00 元
124.《道德的演化》,[新西兰]R. 乔伊斯著,刘鹏博、黄素珍译　65.00 元
125.《大屠杀与集体记忆》,[美]P. 诺维克著,王志华译　　78.00 元
126.《帝国之眼》,[美]M. L. 普拉特著,方杰、方宸译　　68.00 元
127.《帝国之河》,[美]D. 沃斯特著,侯深译　　76.00 元
128.《从道德到美德》,[美]M. 斯洛特著,周亮译　　58.00 元
129.《源自动机的道德》,[美]M. 斯洛特著,韩辰锴译　　58.00 元
130.《理解海德格尔:范式的转变》,[美]T. 希恩著,邓定译　　89.00 元

第十四批书目

131.《城邦与灵魂:费拉里〈理想国〉论集》,[美]G. R. F. 费拉里著,刘玮编译 69.00元

132.《人民主权与德国宪法危机》,[美]P. C. 考威尔著,曹晗蓉、虞维华译 58.00元

133.《16和17世纪英格兰大众信仰研究》,[英]K. 托马斯著,芮传明、梅剑华译 168.00元

134.《民族认同》,[英]A. D. 史密斯著,王娟译 55.00元

135.《世俗主义之乐:我们当下如何生活》,[英]G. 莱文编,赵元译 58.00元

136.《休谟的人生智慧》,[英]J. 巴吉尼著,杨春丽译 68.00元

137.《自由意志、能动性与生命的意义》,[美]D. 佩里布姆著,张可译 69.00元

138.《自由与多元论:以赛亚·伯林思想研究》,[英]G. 克劳德著,应奇等译 58.00元

139.《暴力:思无所限》,[美]R. J. 伯恩斯坦著,李元来译 59.00元

140.《中心与边缘:宏观社会学论集》,[美]E. 希尔斯著,甘会斌、余昕译 88.00元

第十五批书目

141.《自足的世俗社会》,[美]P. 朱克曼著,杨靖译 58.00元

142.《历史与记忆》,[英]G. 丘比特著,王晨凤译 59.00元

143.《媒体、国家与民族》,[英]P. 施莱辛格著,林玮译 68.00元

144.《道德错误论:历史、批判、辩护》,

[瑞典]J. 奥尔松著,周奕李译　58.00 元

145.《废墟上的未来:联合国教科文组织、世界遗产与和平之梦》,[澳]L. 梅斯克尔著,王丹阳、胡牧译　88.00 元

146.《为历史而战》,[法]L. 费弗尔著,高煜译　98.00 元

147.《康德与现代政治哲学》,[英]K. 弗利克舒著,徐向东译　58.00 元

148.《我们中的我:承认理论研究》,[德]A. 霍耐特著,张曦、孙逸凡译　69.00 元

149.《人文学科与公共生活》,[美]P. 布鲁克斯、H. 杰维特编,余婉卉译　52.00 元

150.《美国生活中的反智主义》,[美]R. 霍夫施塔特著,何博超译　68.00 元

第十六批书目

151.《关怀伦理与移情》,[美]M. 斯洛特著,韩玉胜译　48.00 元

152.《形象与象征》,[罗]M. 伊利亚德著,沈珂译　48.00 元

153.《艾希曼审判》,[美]D. 利普斯塔特著,刘颖洁译　49.00 元

154.《现代主义观念论:黑格尔式变奏》,[美]R. B. 皮平著,郭东辉译(即出)

155.《文化绝望的政治:日耳曼意识形态崛起研究》,[美]F. R. 斯特恩著,杨靖译　98.00 元

156.《作为文化现实的未来:全球现状论集》,[印]A. 阿帕杜莱著,周云水、马建福译(即出)

157.《一种思想及其时代:以赛亚·伯林政治思想的发展》,[美]J. L. 彻尼斯著,寿天艺、宋文佳译　88.00 元

158.《人类的领土性:理论与历史》,[美]R. B. 萨克著,袁剑译(即出)

159.《理想的暴政:多元社会中的正义》,[美]G. 高斯著,范震亚译（即出）

160.《荒原:一部文化史》,[美]V. D. 帕尔玛著,梅雪芹等译 88.00 元

第十七批书目

161.《浪漫派为什么重要》,[美]P. 盖伊著,王燕秋译 49.00 元

162.《欧美思想中的自治》,[美]J. T. 克洛彭伯格著,褚平译(即出)

163.《冲突中的族群》,[美]D. 霍洛维茨著,魏英杰、段海燕译(即出)

164.《八个欧洲中心主义历史学家》,[美]J. M. 布劳特著,杨卫东译（即出）

165.《记忆之地,悼念之地》,[美]J. 温特著,王红利译(即出)

166.《20 世纪的战争与纪念》,[美]J. 温特著,吴霞译(即出)

167.《病态社会》,[美]R. B. 埃杰顿著,杨靖、杨依依译(即出)

168.《种族与文化的少数群体》,[美]G. E. 辛普森、J. M. 英格尔著,马戎、王凡妹等译(即出)

169.《美国城市新主张》,R. H. 普拉特著,周允程译(即出)

170.《五种官能》,[法]M. 塞尔著,徐明译(即出)